전쟁과 인간 그리고 '평화'

- 러일전쟁과 한국사회 -

전쟁과 인간 그리고 '평화'

- 러일전쟁과 한국사회 -

조재곤 지음

일조각

이 저서는 2012년 정부(교육부)의 재원으로
한국연구재단의 지원을 받아 수행된 연구임(NRF−2012S1A6A4020513).

책을 내면서

러일전쟁은 한국근대사뿐 아니라 동아시아, 나아가 세계사를 이해하는 데 중요한 역사적 사건으로 일본의 군사적 제국주의는 이 전쟁의 결과 확립된 것이었다. 전쟁국가 일본은 청일전쟁과 러일전쟁을 통해 한국을 파탄내고 제국주의 강국으로 부상하였다. 이 두 전쟁은 일본이 광적인 파시즘 국가로 나아가는 계기였고 아시아·태평양전쟁을 통해 세계지배를 꿈꾸는 극단적인 결과를 초래하였다. 결국 제국주의 국가 일본은 패망했지만 얼마 후 그들이 만들어놓은 단초 '덕분에' 식민지 조선은 자신들의 의지와 상관없이 대한민국과 조선민주주의인민공화국이라는 남북으로 나누어져 동족 간의 전쟁을 겪게 되었다. 아이러니하게도 전쟁 특수를 누린 일본은 더 이상 손에 피를 묻히는 '전쟁 없이도' 제2차 세계대전 후 부흥의 극적 전기를 마련할 수 있게 되었다.

1894~1895년의 청일전쟁부터 1904~1905년의 러일전쟁에 이르는 기간은 일본자본주의의 성장기로 그것은 군사력을 주축으로 하여 전개되었다는 특징을 갖는다. 특히 러일전쟁으로 인해 일본은 자본주의체제를 발전시켜 갔으며, 이 전쟁의 결과 군사적 제국주의를 확립하였다. 대한제국이 일본

제국주의에 지배되는 과정 속에서 일어난 러일전쟁은 러시아가 의도하지 않았던, 일본이 도발한 대륙 침략전쟁이었다. 일본이 조선, 중국 동북부와 타이완, 러시아 연해주와 사할린(가라후토樺太) 등 극동아시아에 우선적으로 관심을 보이고 있었다면, 러시아는 북·서유럽을 제외한 유라시아 전역에 대한 자국의 지배력 확산을 도모하였다.

러시아는 이미 19세기 초반부터 한 세기 동안 크림·발칸반도와 특히 중앙아시아, 티베트의 지배권을 중심으로 영국과 '그레이트 게임The Great Game'이라는 패권경쟁을 지속하고 있었다. 다른 한편에서는 청국과의 일련의 조약으로 아무르 강(흑룡강)을 경계로 하여 태평양 지역의 블라디보스토크까지 진출한 이후 시베리아 횡단철도Trans Siberian Railroad 건설을 시작으로 극동 지역으로 발판을 넓혔다. 프랑스, 독일과 연합하여 청일전쟁 처리과정에 개입한 러시아는 이후 뤼순·다롄 등지에 조차지를 확보하는 한편, 아관파천을 기회로 한국의 정치, 경제에도 적극 개입하는 정책을 취하고 있었다. 일본과 러시아 간의 정치·경제적 게임은 결국 국제전으로 귀결되었다.

서양에서는 19세기 말부터 1914년 제1차 세계대전 발발까지의 기간을 '아름다운 시대Belle Époque'라 하여 혁명과 폭력, 정치적 격동기를 겪은 후 평화와 번영을 구가하던 시기로 회상하고 있다. 그러나 우리에게 당시는 청일전쟁과 러일전쟁을 지나 대한제국의 멸망과 일제의 식민지로 전락한 좌절과 쇠퇴의 시기였을 뿐이다. 특히 대한제국에 대한 독점지배권을 둘러싸고 전개된 러일의 전쟁은 전장戰場이 되었던 우리나라에 국가적 위기를 초래하였고, '대혼란' 과정에서 물적·인적 손실도 막심하였다. 전쟁 이후 일본의 군사·정치·경제적 지배가 강화되면서 대한제국은 준 식민지에서 일본의 완전한 식민지로 전락해 갔으며, 그에 따라 농민층뿐만 아니라 각 계층에서도 저항이 가중되었다.

따라서 식민지화의 단초를 여는 데 가장 큰 구조적 변수였던 러일전쟁에 대한 정치, 경제, 사회생활사 측면에서의 종합적인 연구는 역사학에서 매우 중요한 과제가 아닐 수 없다. 이는 과거 역사의 정리라는 단순한 명제에 국한된 것이 아니라 오늘날 한국과 동아시아를 둘러싼 국제관계와 우리의 현실적 처지를 반추하고 그 대안을 모색하는 데도 시의적절한 주제이기 때문이다. 그러나 지금까지의 대체적인 연구경향은 그렇지 않았다. 일본에서는 천황제와 일본 근대국가 형성사, 자본주의 발달사, 또는 국제정치학의 측면에서 열강을 중심으로 한 세력과 동맹관계 등에 대한 이해 연구에 치중되어 왔다. 러시아에서는 러일전쟁을 군사적·봉건적 제국주의 전쟁으로 규정하거나 로마노프 왕조 체제 붕괴의 필연성과 사회주의혁명 및 소비에트 연방 건설의 당위성 부각, 제정러시아의 극동정책 등에 초점을 두고 연구가 진행되었다.

이 분야에서 많은 연구자들이 '동아시아'란 시각을 강조하고는 있지만 러일 간 전쟁의 실제 무대였던 한국과 중국 동북부 지역은 단지 시간과 공간으로서의 의미만 부여되어 있을 뿐 정작 지역사정과 지역민의 삶은 시야에서 사라져 있다. 우리나라와 불가분의 관계가 있음에도 불구하고 러시아와 일본에서의 대부분의 연구는 '전쟁' 그 자체에 한정하여 러시아와 일본 간의 전투과정을 서술하는 데 초점이 맞추어져 있다. 또한 전쟁 수행과정에서 자행된 러시아와 일본의 무차별적인 광범위한 폭력과 인적·물적 동원, 여기서 파생된 생존을 위한 동시대 한국인들의 지난한 몸부림 등에 대한 조명은 제대로 되어 있지 않다.

결국 이 전쟁에 대한 당시 대한제국 측의 상황인식과 대응은 도외시되어 왔다 해도 과언이 아니다. 러일전쟁을 올바르게 이해하기 위해서는 '타자가 아닌 우리의 인식' 속에서 부분이 아닌 전체를 조망할 필요가 있다. 단층 dislocation을 극복해야 한다는 필자의 문제의식은 여기에서 출발한다. 국가의 운명과 결부시켜 비유하자면, 러일전쟁 기간 대한제국 정부가 남사당의 외줄타기를 하는 심정이었다면 그곳에 사는 인민들은 끝이 보이지 않는 가파른 벼랑 끝에 몰려 있었다. 러시아와 일본, 그들에 의해 좌우되었던 우리 정부에 의한 '3중의 쥐어짜기Triple Squeeze' 대상이었던 것이다. 당시는 마치 루마니아 작가 콘스탄틴 버질 게오르규Constantin Virgil Gheorghiu의 소설 『25시La Vingt-cinquième heure』 주인공 요한 모리츠Johann Moritz의 삶처럼 전쟁의 수난 속에서 점령군의 향배에 의해 개인과 가족의 운명이 결정되는 시대였다.

근대 이행기 한국·러시아·일본 삼국의 가장 대표적인 공통언어가 '러일 전쟁'이다. 그러나 한국에서 지금까지 이 분야의 연구가 제대로 이루어지지 못한 이유는 러일전쟁이 러시아와 일본 내지는 열강의 대리전, 즉 '남의 전쟁'이라는 기본시각에도 연유하는 바 크지만 직접적으로는 그동안 일차적인 연구가 부족하였던 점이 지적될 수 있다. 다음으로는 당시의 문헌자료 중 특히 러시아 측 자료를 쉽게 접할 수 없었기 때문이다. 이에 이 책은 제정러시아대외정책문서보관소(АВПРИ; Архив Внешней Политики Российской Империи), 러시아연방국립문서보관소(ГАРФ; Государственный Архив Российской Федерации), 러시아군역사문서보관소(РГВИА; Российский Государственный Военно-Исторический Архив), 러시아국립역사문서보관소(РГИА; Российский Государственный Исторический Архив), 러시아국립극동역사문서보관소(РГИАДВ; Российский Государственный Исторический Архив Дальнего Востока), 러시아지리협회문서보관소(АРГО; Ассоциации Российских Географов-Обществоведов) 등 러시아의 대표적 아카이브의 제정러시아 시기 관련 자료의 전면적인 활용과 일본 자료와 한국 자료의 교차적 분석을 통해 이를 해결하고자 한다. 일본 측 자료는 『주한일본공사관기록駐韓日本公使館記錄』과 『통감부문서統監府文書』, 국립공문서관, 방위성 방위연구소, 외무성 외교사료관 아카이브 자료와 일본국회도서관, 도쿄도립도서관 소장 자료와 연구서를 대거 활용하였다. 이는 현재 우리 학계에 소개되지 않은 내용이 대부분으로 원자료를 정밀하게 비교 분석한다면 그동안 연구의 많은 공백을 메꿀 뿐아니라 러일전쟁 연구 전체의 외연을 확대할 수 있을 것이다. 또한 인식의 균형성을 제고하는 데도 기여할 것으로 판단된다. 한국 자료는 『대한매일신보大韓每日申報』·『황성신문皇城新聞』 등 당시 간행 신문류, 『승정원일기承政院日記』·외교문서 등 정부의 연대기 사료, 정부 각 부처의 내거안來去案·『각사등록各司謄錄』 등 규장각 소장 고문서, 기타 개인문집과 일기 등도 분석 대상으로 인용하였다.

이 책은 1904~1905년 한반도와 만주, 연해주 지역을 중심으로 전개된 러일전쟁이 근대 이행기 우리나라 사회 전반에 끼친 영향력의 정도를 살피는 데 일차적인 목적을 두었다. 이는 서구 열강의 주변에서 군사력 팽창을 기반으로 독점자본주의 국가로 성장하는 과정에 있던 후발 제국주의 국가 러시아와 일본에 의해 휘둘린 대한제국과 그곳에서 살아가던 인민의 예측 불가능한 운명에 대한 검토 작업이기도 하다. 나아가 이 시기 외압의 실태, 정치·군사적 상황, 여러 세력의 정세인식과 활동, 경제현실, 시대인식과 논의 등을 분석하고, 그 시대사적 의미까지 유기적으로 이해해 보고자 한다. 이 책은 연구 범위를 총 5부로 설정하였다. 그 골간은 제1부 '대한제국을 둘러싼 러일의 대립과 전쟁', 제2부 '전쟁과 동원', 제3부 '러일전쟁의 경제적 배경과 결과', 제4부 '가중되는 탄압과 저항', 제5부 '인식론과 논의의 지점'으로 구획하여 작업을 진행하였다. 이를 주제로 설정하고 글을 써나가는 과정에서 이상의 내용을 어느 정도 정리하지 않고서는 한국 근현대 사회의 구조적 틀과 변화의 모습을 제대로 이해할 수 없을 것이라는 필자 나름의 생각도 적지 않게 작용하였다.

서문을 다듬고 있는 지금 이 순간에도 한반도는 그곳에 살고 있는 절대 다수의 의지와 전혀 관계없이 전쟁의 공포가 엄습하고 있다. 20세기 초 러일전쟁 당시의 상황을 반추해보면 그 진행과정이 어찌될 것인가를 상상하는 것만도 끔찍한 악몽이 아닐 수 없다. 일찍이 고대 로마의 역사학자 타키투스 Tacitus는 "사람들은 학살을 하면서 그것을 평화라고 부른다"고 지적한 바 있다. 힘이 뒷받침되어야만 하는 평화, 인도주의의 이름으로 수행되는 전쟁에서 과연 평화는 무엇인가. 이 책의 제목에서 '평화'에 따옴표를 한 것도 공허한 수사rhetoric가 아닌 아무쪼록 함께 더불어 사는 영원히 평화로운 세상이 와야만 한다는 미완의 바람(몽상?)을 담고 있기 때문이다.

그동안 글을 준비하고 책으로 정리하는 과정에서 김도형 선생은 초고에 대한 세세한 논평을, 김원수, 은정태 선생은 일본의 최근 연구서와 규장각의 숨어있는 자료를 제공하고 소개해주셨다. 도면회, 김영수 선생은 일부 글에 대한 심도 있는 강평과 토론을, 박재만 선생으로부터는 러시아 원문자료 해석에 많은 도움을 받았다. 여러분들께 늘 감사드린다. 상업성이 없는 책을 흔쾌히 출간해주신 김시연 사장님, 거칠고 산만한 글을 품격 있는 책으로 정리해주신 일조각 편집부의 강영혜님께도 고맙다는 말씀을 전한다.

2017년 4월

조재곤

차례

제2부_ 전쟁과 동원

제4부_ 가중되는 탄압과 저항

제1부

대한제국을 둘러싼
러일의 대립과 전쟁

러일전쟁의 발발과 추이

1. 러일전쟁 연구의 동향과 시각

러일전쟁과 관련한 일본, 러시아, 한국의 연구동향과 논점을 정리하면 다음과 같다.

먼저 일본의 연구동향이다. 러일전쟁 전사의 공식기록으로 참모본부 편 『메이지삼십칠·팔년일로전사明治三十七·八年日露戰史』(18책, 1912~1914) 와 해군군령부 편 『메이지삼십칠·팔년해전사明治三十七·八年海戰史』(3책, 1909~1910)가 있다. 육군성은 『일로전쟁통계집日露戰爭統計集』(15책, 1911년) 을 간행하였다. 러일전쟁 당시 육군 대좌였던 다니 히사오谷壽夫의 미공개 기밀자료를 활용한 군사사 연구도 주목된다.[1] 전쟁 당시 육군 대위였던 누마타 다카조우沼田多稼藏의 『일로육전신사日露陸戰新史』도 있다.[2] 한편 유명 작가인 시바 료타로司馬遼太郎의 소설 『언덕 위의 구름坂の上の雲』과 같이 러일 전쟁을 '조국방위전쟁'으로 주장하는 전후 논리에 영향을 주는, 1934년 게

---

1 谷壽夫, 『機密日露戰史』, 原書房, 1925.
2 沼田多稼藏, 『日露陸戰新史』, 岩波新書, 1940.

무야마 센타로煙山專太郎의 논조[3]와 이후 이와 동일한 이해를 가진 쿠로바네 시게루黑羽茂의 연구[4]가 있는데, 이러한 시각들은 개전의 책임을 러시아에 돌리는 과오를 범하고 있다.

근대 천황제 국가의 성격 규정과 러일전쟁을 둘러싼 1947~1948년 시가 요시오志賀義雄와 카미야마 시게오神山茂夫의 논쟁도 있다. 카미야마는 레닌이 제기한 군사적·봉건적 제국주의를 일본의 대외침략을 설명하는 개념으로 설정하면서, 러일전쟁 후 일본 자본주의의 근대 제국주의로의 전환에 따라 일본은 절대주의적 형태를 띠는 군사적·봉건적 제국주의와 근대 제국주의가 공존했다는 '이중二重의 제국주의'론을 주장하였다. 이에 반해 시가는 군사적·봉건적 제국주의는 절대주의가 근대 제국주의의 성립에 대응하여 그대로 제국주의 권력을 대신하는 형태로, 러일전쟁 후 일본은 군사적 봉건적 제국주의 그 자체이므로 카미야마가 말한 이중의 제국주의는 존재하지 않는다고 하였다.[5]

시노부 세이자부로信夫淸三郎가 주도하는 나고야名古屋대학 공동연구에서는 러일전쟁을 '천황제에 의한 절대주의의 전쟁'으로 역사적 성질을 규정하고 있다.[6] 시노부는 국제정치의 입장에서 러일전쟁을 분석하였는데, 러시아와 일본 쌍방의 제국주의 전쟁으로 규정하였다.[7] 이에 반해 후지무라 미치오藤村道生는 같은 공동연구에서 러일전쟁을 천황제 주도의 절대주의적 전쟁으로 보고 있다.[8]

이노우에 기요시井上淸는 러일전쟁을 천황제 군부·관료가 제국주의 부르

3 煙山專太郎,「日淸·日露の役」,『岩波講座 日本歷史』, 岩波書店, 1934. 그는 러일전쟁을 단일민족 국가 대 다민족국가, 입헌국가 대 전제국가의 싸움으로 규정하였다.
4 黑羽茂,『世界史上より見た日露戰爭』, 至文堂, 1960.
5 이 논쟁에 대해서는 小山弘健,『日本資本主義論爭史』(下), 靑木文庫, 1953, 50~58쪽 및 小山弘健·浅田光輝,『天皇制國家論爭』, 三一書房, 1971, 265~296쪽 참조.
6 信夫淸三郎·中山治一 編,『日露戰爭史の硏究』, 河出書房新社, 1959.
7 信夫淸三郎,「日露戰爭の硏究史」, 위의 책.
8 藤村道生,「戰爭と民衆」, 위의 책.

주아지의 시장독점욕과 결합하여 감행한 제국주의적 전쟁이라고 규정하였다.[9] 오에 시노부大江志乃夫는 러일전쟁을 세계 최초의 본격적인 제국주의 상호 간 전쟁으로 정리하였다. 그는 러일전쟁을 일본의 입장에서는 '조숙早熟한 국가총력전'으로 규정하였다.[10] 요코야먀 아쓰오橫山篤夫와 니시카와 토시카쓰西川壽勝도 러일전쟁을 세계사상 최초의 국민총동원 전쟁으로 보고 있다.[11]

이구치 가즈키井口和起는 전쟁으로 인한 양국 간의 사상자 수를 청일전쟁과 비교하여, 일본 민중의 전쟁비용 부담으로 인해 교육·토목사업이 중지되거나 연기되었다는 점을 강조하였다. 또한 전신선과 군용철도 보호를 명목으로 한국에 전시 군율軍律 발포와 함경도의 군정軍政 실시, 군표軍票의 강제 유통의 문제점도 적시하였다.[12] 일본제국주의의 침략을 강조하는 견해는 오에, 이구치 이후 근년의 연구에까지 계승되고 있다.[13]

미타니 다이이치로三谷太一郎는 청일전쟁, 러일전쟁, 제1차 세계대전, 중일전쟁 및 태평양전쟁의 4개 전쟁을 거론하여, 각각의 전쟁에 의해 어떠한 전후戰後가 만들어지는가를 비교사적 시각에서 검토하였다.[14] 미타니 입론의 연장선상에서 하라 아키라原朗는 1894년부터 1945년까지의 시기를 동아시아 50년 전쟁으로 규정하면서 청일전쟁을 '제1차 조선전쟁'으로, 러일전쟁을 '제2차 조선전쟁'으로 불러야 한다고 주장하였다.[15] 그는 양대 전쟁의 목적이 한반도의 지배권 쟁취에 있었다는 것을 이유로 들고 있다. 하라는 일본군의 타이완 침공을 '타이완 정복전쟁'으로, 경복궁 점령을 '7월 23일 전쟁'으로, 의화단운동도 '의화단전쟁'으로 규정하였다. 그러나 이는 모든 사

9 井上清, 『日本の軍國主義―軍國主義と帝國主義―』, 現代評論社, 1975.

10 大江志乃夫, 『日露戰爭の軍事史的研究』, 岩波書店, 1976.

11 橫山篤夫·西川壽勝, 『兵士たちがみた日露戰爭―從軍日記の新資料が語る坂の上の雲―』, 雄山閣, 2012.

12 井口和起 編, 『近代日本の軌迹(3) : 日淸·日露戰爭』, 吉川弘文館, 1994.

13 中西寬·奈良岡聰智, 「日本における日露戰爭研究の動向」, 日露戰爭研究會 編, 『日露戰爭研究の新視點』, 成文社, 2005.

14 三谷太一郎, 『近代日本の戰爭と政治』, 岩波書店, 1997.

15 原朗, 『日淸·日露戰爭をどう見るか―近代日本と朝鮮半島·中國―』, NHK出版社, 2014.

실을 '전쟁론'으로 풀어가려는 당위성을 위한 단순한 선언적 언설로 논리적인 접근은 아니다. 앞의 미타니·하라와는 또 다른 관점에서 야마무로 신이치山室信一는 러일전쟁에 이르는 과정과 결과를 '연쇄시점連鎖視點'이라는 국제 비교론적 입장에서 설명하고 있다. 그의 연쇄이론은 '전쟁과 혁명의 시기'인 20세기에 러일전쟁이 일본이 아시아와의 교류와 단절의 출발점에 서게 된다는 문제의식에서 출발한다.[16]

외교사의 입장에서 치바 이사오千葉功는, 러일 간 전쟁으로 가는 외교 결정 과정에서 '만한滿韓교환론'을 검토하면서 야마가타 아리토모山縣有朋·가쓰라 다로桂太郎·고무라 주타로小村壽太郎 등 적극적 입장과 이토 히로부미伊藤博文로 대표되는 소극적 입장이 대립되지만 만주와 한국 문제를 러시아와 교섭한다는 점에서는 입장 차이가 없었다고 이해하고 있다.[17] 포로 취급을 둘러싼 국제법규와 러시아와 일본 간 논의, 일본 측의 포로 대우와 관련해서는 사이카미 토키오才神時雄, 후키우라 타다마사吹浦忠正, 마쓰야마松山대학의 공동연구 등이 참고된다.[18] 일본군 포로에 대해서는 사이카미 토키오, 히로세 타케오広瀬健夫, 모우리 요시히코藻利佳彦, 후키우라 타다마사 등의 연구가 있다.[19]

경제사 관련 주요 자료와 연구서로는 대장성 편찬 자료집과 보고서, 카지니시 미쓰하야楫西光速, 사이토 히사히코齊藤壽彦, 다카무라 나오스케高村直助, 카미야마 쓰네오神山恒雄, 이시이 간지石井寬治, 오노 케이시小野圭司 등의

16 山室信一,『日露戦爭の世紀―連鎖視点からみる日本と世界―』, 岩波書店, 2005.
17 千葉功,『舊外交の形成―日本外交, 1890~1919』, 勁草書房, 2008; 千葉功,『桂太郎―外に帝國主義, 內に立憲主義―』, 中公新書, 2012.
18 才神時雄,『松山捕虜收容所 : 捕虜と日本人』, 中央公論社, 1969; 才神時雄,『ロシア捕虜の記錄』, 新時代社, 1973; 吹浦忠正,『捕虜の文明史』, 新潮選書, 1990; 松山大学 編,『マツヤマの記憶 : 日露戦爭100年とロシア兵捕虜』, 成文社, 2004.
19 才神時雄,『メドヴェージ村の日本人墓標』, 中央公論社, 1983; 広瀬健夫,「日露戦爭における日本兵捕虜についての一考察」,『人文科學論集』22, 信州大学 人文学部, 1988; 藻利佳彦,「ノヴゴロド州メドヴェージ村日本人捕虜收容所」, 松山大学 編,『マツヤマの記憶 : 日露戦爭100年とロシア兵捕虜』, 成文社, 2004; 吹浦忠正,『捕虜たちの日露戦爭』, 日本放送出版協會,「日露戦爭と日本人捕虜」, 2005.

연구가 대표적이다.[20] 이들 중 카지니시 미쓰하야 등은 청일전쟁은 산업자본 단계의 전쟁, 러일전쟁은 제국주의로 가는 과도기의 전쟁으로 보면서, 각기 일본자본주의 성립과 발달을 담보하는 계기로 이해하고 있다. 이시이 간지는 1902년부터 일본이 대한제국에서 발행하던 제일은행권第一銀行券 문제를 거론하였는데, 전쟁 개전까지도 발행고가 부진하였음을 지적하였다. 또한 일본 측은 강화를 위해 '절대적 요구조건'으로 일본의 한국지배권 승인, 랴오둥반도 조차권과 하얼빈-뤼순 간 철도의 양도, 청일 양국군의 만주 철병을, '비교적 필요조건'으로 15억 엔円의 군비 상환, 사할린[樺太]의 할양 및 연해주 연안 어업권 획득 등을 제시한 사실을 정리하였다.[21]

최근에는 미디어와 사회생활사의 관점에서 새로운 연구가 주목받고 있다. 오에 시노부를 필두로 1980년대부터 연구되기 시작된 러일전쟁에 참여한 병사의 수기手記나 편지 등이 주목되고 있다. 오에는 후쿠이 현福井縣에서 발견된 이 지역 출신 병사들이 전장에서 보낸 500여 통의 편지를 분석하였는데, 러일전쟁 당시 병사들의 관심사는 가족과 농사 등 개인의 일상사였지 국가와 천황이 아니었음을 보여주고 있다.[22] 니가타 현新潟縣 출신 제1군 보병 제16연대 소속 상등병 무사와 유사쿠茂澤祐作의 일기는 일본군의 식량 현지 징발, 박봉薄俸, 통신 등의 문제를 하급 군인의 시점과 육성으로 생생하게 전달하고 있다.[23] 천황제 군제 하의 병사와 가족들의 궁핍한 생활상과 전쟁준비를 위한 메커니즘의 문제점,[24] 전쟁준비금을 위한 외채外債 모집을 통한

---

20 大藏省,『明治三十七·八年戰役後財政整理報告』, 1911; 大藏省,『明治大正財政史』第1～20卷, 財政經濟學會, 1937～1940; 楫西光速 外,『日本資本主義の發展』II, 東京大學出版會, 1969; 齊藤壽彦,『金本位制下の在外正貨』, 國連大學人間と社會の開發プログラム研究報告, 1981; 高村直助,『日露戰後の日本經濟』, 塙書房, 1988; 神山恒雄,『明治經濟政策史の研究』, 塙書房, 1995; 石井寬治,『日本の産業革命: 日淸·日露から考える』, 朝日新聞社, 1997; 石井寬治,『日本經濟史(第二卷)』, 東京大學出版會, 2000; 小野圭司, 「日露戰爭の戰費と財政·金融政策」, 日露戰爭研究會 編,『日露戰爭研究の新視点』, 成文社, 2005.

21 石井寬治, 위의 책(1997).

22 大江志乃夫,『兵士たちの日露戰爭』, 朝日新聞社, 1988.

23 茂澤祐作, 兵頭二十八 編,『ある步兵の日露戰爭從軍日記』, 草思社, 2005.

24 大濱徹也,『庶民のみた日淸·日露戰爭─帝國への步み─』, 刀水書房, 2004; 大濱徹也,『天皇の

자금 조달 문제에 관해서도 많은 연구가 있다.[25]

러일전쟁 100주년을 맞아 일본 동아시아근대사학회에서는 2004년과 2005년에 심포지엄을 개최하였다. 2004년에는 '러일전쟁과 20세기 동아시아 세계의 사회와 문화', 2005년에는 '20세기 동아시아 세계와 러일전쟁'이라는 주제로 진행되었다. 심포지엄에서는 전후의 러일전쟁에 대한 연구사를 개관하고 최근 러일전쟁의 역사학적 연구성과들을 분석하는 데 주안점을 두었다. 연구 결과 일본사의 범주를 넘는 동아시아 세계의 제 연구와의 공동연구, 새로운 분야로 시작된 미디어와 사회사 등의 공동연구 방법론도 제기되었다. 이 학회의 회장이자 러일전쟁 연구자인 이구치 가즈키井口和起는 현재 일본 사학계의 가장 큰 과제로 한국과 중국 동북부를 무시한 러일전쟁의 중대한 결함을 극복하는 것과 한국·중국을 시야에 넣는 동아시아 안에서의 의미 부여, 다양한 역사적 팩트fact의 실태와 개념 규정의 불명확성을 극복하는 것이라고 주장하였다. 이를 위해서는 한국과 중국을 비롯한 여러 국가의 연구 성과를 반영한 학제적 공동연구가 필요하다고 전망하였다.[26]

다음은 러일전쟁과 관련한 러시아의 연구동향이다. 러일전쟁에 대한 연구는 크게 러일전쟁 직후부터 10월 혁명 이전(1905~1917년: 제1기), 10월 혁명 이후부터 소비에트 러시아 연방 해체기(1917~1991년: 제2기), 연방 해체 이후부터 현재(1991~현재: 제3기)까지로 구분하는 것이 일반적인 경향이다.[27]

제1기를 보면, 러일전쟁 직후 제정 러시아 당국은 참모본부 총국 산하에 전쟁기록을 담당하는 전사위원회를 설치하여 1910년에 전 16책의 저작물을

　　　軍隊』, 講談社, 2015.

25　上塚司 編, 『高橋是淸自傳(上·下)』, 中央公論新社, 1976; 鈴木俊夫, 「日露戰爭時公債發行とロンドン金融市場」, 日露戰爭硏究會 編, 『日露戰爭硏究の新視点』, 成文社, 2005; 神山恒雄, 「日露戰爭時公債の發行とその影響」, 東アジア近代史學會 編, 『日露戰爭と東アジア世界』, ゆまに書房, 2008; 梅谷敏彦, 『日露戰爭, 資金調達の戰─高橋是淸と歐米バンカーたち』, 新潮社, 2012.

26　井口和起, 「日露戰爭史硏究の現代的課題」, 東アジア近代史學會 編, 『日露戰爭と東アジア世界』, ゆまに書房, 2008.

27　Дмитрий Павлов. Б, 「ロシアにおける日露戰爭硏究の動向」, 日露戰爭硏究会 編, 『日露戰爭硏究の新視点』, 成文社, 2005. 러시아의 연구사 정리는 이 글을 많이 참조하였다.

편찬하였다. 또한 해군 군령본부도 독자적인 역사위원회를 설치하여 7권의 연구서와 9권의 자료집을 간행하였다. 그런데 일본과의 전쟁은 숙명적인 것으로 불가피했다고 보는 이 러시아의 공식 역사기술들에서는 러시아 외교의 특징이 타협과 평화애호성에 있다는 점을 강조하여, 무력분쟁의 책임을 일본 측으로 돌리고 있다.

이 시기에는 공식 전사 외에도 군인과 민간인 전쟁 참가자와 목격자의 회상록, 일기와 서간문 등이 출판되었다. 러시아가 전쟁에서 패한 한 원인으로 전투능력을 약화시킨 국내 각 지역의 혁명적 분위기 고조도 지적되었다. 또한 전쟁의 빌미를 제공한 니콜라이 2세를 비롯한 황제 측근인 알렉산드르 미하일로비치 베조브라조프Александр Михайлович Безобразов 집단의 조선 북부 삼림이권 문제를 둘러싼 군사전략상의 문제를 지적하고 있다. 그러나 베조브라조프파派와 재무상 비테 등 지배층 내부의 대립과 투쟁은 일단 권역에서 제외하고 있다.

제2기는 소비에트 역사학파의 활동 기간으로 러시아 사학계의 연구동향은 1905년 혁명과의 상호관계, 제1차 세계대전의 전망을 근거로 한 국제정치사 연구, 군사사적 연구 등 크게 3가지 방향으로 집약된다.[28]

1930년대 전쟁사가인 안톤 안토노비치 케르스노프스키Антóн Антóнович Керсновский는 10월 혁명 이전 역사가들의 저작과는 달리, "국무상 베조브라조프가 이끄는 페테르부르크의 무원칙한 삼림벌채업자 집단"이 전쟁 전야에 무책임한 행동을 취한 것으로 규정하였다.[29]

이 시기 소비에트 역사학계는 러일전쟁의 기원과 성격, 러시아 내부의 사회 정치 투쟁의 내용에 주목하고 있었다. 이와 관련된 저작에서는 로마노프 황실 전제체제 붕괴의 불가피성과 볼셰비키 혁명의 합리성을 부각시키는 데 주력하였다. 그러던 중 일시적으로 니키타 세르게예비치 흐루쇼프Никúта С

---

28 小木曾照行・櫻井敏照・藤村道生・義井博,「日淸・日露戰爭の硏究史」,『國際政治』19輯, 1962.
29 А. А. Керсновский, История русской армии. Т. 1-4, Белград, 1933-1938.

ергéевич Хрущёв의 '해빙'시대에 『비테 백작의 회상기』와 같은 제정시대의 관료 및 동료, 가족들의 회상기 등이 출간되기도 하였다.

소비에트 러시아 시기에는 러일전쟁을 '약탈적이고 정의롭지 못한 전쟁'으로 규정하는 것이 일반적인 견해였으며, '중국과 한국의 약탈과 예속화를 목적으로 한' 러시아와 일본에 의해 행해진 무조건의 제국주의 전쟁으로 받아들이고 있었다. 이러한 입론은 블라디미르 일리치 레닌Влади́мир Ильи́ч Лéнин의 제국주의론을 적극 받아들인 것으로, 블라디미르 야코브레비치 아바린Владимир Яковлевич Аварин은 러시아의 극동정책을 레닌이 정의한 표현 그대로 '군사적·봉건적 제국주의Военно·феодальный империализм'로 규정하였다.[30]

국제관계를 주요 연구 포인트로 둔, 소비에트 시기 역사학계를 대표하는 보리스 알렉산드로비치 로마노프Борис Александрович Романов는 『만주에서의 러시아—제국주의 시대에서 전제정치의 대외정책사 개론(1892~1906)』을 발표하여 러시아와 세계 열강과의 상호관계와 극동정책을 설명하였는데 그 역시 자본주의 최고 단계로서의 군사적·봉건적 제국주의 관점을 거론하였다.[31] 군사사 연구자인 아나톨리 이바노비치 소로킨Анато́лий Ива́нович Сорокин은 러일전쟁과 제1차 혁명과의 연관성을 규명하였다.[32] 이반 이바노비치 로스투노프Иван Иванович Ростунов를 책임 편찬자로 하는 구소련 전사연구소의 『러일전쟁사』는 군사 전술의 입장에서 러일 양국의 개전 준비와 전투 상황 시말을 상세히 정리하였다.[33] 한편 이오시프 비사리오노비치 스탈린Иосиф Виссарионович Сталин은 러일전쟁으로부터 40년 후인 1945년 9월 2일 일본의 항복문서 조인에 감격하여 "1904년 러일전쟁 패배는 (소

30 В. Я. Аварин, *Империализм в Маньчжурии*, Т. 1-2, Москва, 1931-1934.

31 Б. А. Романов, *Россия в Маньчжурии(1892-1906)*, Ленинград, 1928.

32 А. И. Сорокин, *Русско-японская война, 1904-1905*, Москва, 1956.

33 Институт Военной Истории, *История русско-японской войны, 1904-1905*, 1977 [김종헌 역, 『러일전쟁사』(건국대학교출판부, 2004)로 국내에 출간되었다].

비에트 러시아) 국민들에게 쓰라린 기억을 남겼다. 우리는 일본을 무찔러 오점을 설욕할 날이 올 것을 믿고 기다렸다. 그리고 마침내 그날이 온 것이다"라 하여, 러일전쟁에서의 패배를 역사적 수치로 생각하였고 제2차 세계대전에서 일본에게 승리한 것이 이를 설욕한 것으로 보고 있다.

소비에트 연방이 붕괴된 제3기는 비밀 취급이 해제되고 외국으로부터도 새로운 정보가 유입되기 시작하면서 로마노프 황실과 황제 니콜라이 알렉산드로비치 로마노프Николай Александрович Романов[34], 재무상 세르게이 율리예비치 비테Сергей Юльевич Витте[35], 육군상 알렉세이 니콜라예비치 쿠로파트킨Алексей Николаевич Куропаткин[36] 등에 관한 서적이 발간되었다. 주제도 다양해졌는데, 블라디보스토크와 발트의 러시아 함대, 극동에서의 전투작전, 뤼순 항 방어, 러시아 군함들의 운명, 코사크군의 역할, 일본의 첩보기관, 일본 국내의 러시아 병사 묘지 등도 연구대상이 되었다. 러일전쟁 직전 제정 러시아의 만주 침투와 팽창에 대해서는 앤드루 말로제모프Andrew Malozemoff의 연구도 참고할 수 있다.[37] 전쟁을 전후로 한 시기에 작성된 러일전쟁 관련 주요 문서 자료 모음집도 발간되었다.[38]

그러나 현재 사상적·논리적 측면에서 러일전쟁에 관한 연구는 '객관주의적'인 시각과 '네오슬라브주의적' 시각의 두 흐름이 대립하고 있는 것이 특징이다. 특히 후자를 대표하는 지정학 연구자인 그루시코프와 사랴빈은 "중국과는 동청철도東淸鐵道의 부설과 운영을 기초로 하고 … 한국과는 '노령임업조합露嶺林業組合'이 취득한 이권을 기초로 한, 극동 여러 국가 간에

---

34 Mikhail Iroshnikov, Liudmila Protsai and Yuri Shelayev, *The Sunset of the Romanov Dynasty*, TERRA Publishing Centre, Moscow, 1992.

35 시드니 하케이브 저, 석화정 역, 『위떼와 제정 러시아』 (上), (下), 한국학술정보, 2010.

36 Alexei Nikolaievich Kuropatkin 저, 심국웅 역, 『러일전쟁(러시아 군사령관 쿠로파트킨 장군 회고록)』, 한국외국어대학교출판부, 2007(원저는 스페인 Barcelona 출판사에서 *Guerra Ruso-Japonesa 1904-1905, Memorias del General Kuropatkin*이라는 제목으로 1909년 발간되었다).

37 А. 말로제모프 저, 석화정 역, 『러시아의 동아시아정책』, 지식산업사, 2002.

38 Вячеслав Шацилло·Лариса Шацилло, *Русско-японская война, 1904-1905*, Молодая гвардия, Москва, 2004.

평화적 호혜협력을 달성하려는 노력이 있었다"고 주장하였다. 그 까닭으로 "일본인이 강탈하고자 한 중국과 한국 등 러시아의 우호국가의 비호자로서의 역할"과 함께 러시아군의 만주 주둔으로 유라시아 대륙에서의 일본의 군사침략이 지체된 것이라고 이해하였다. 더 나아가 통념과는 달리, 베조브라조프 일파의 활동은 군비증강론의 지지자로서 대대적으로 평가하면서 "그들은 전력을 다해 침략적인 '대일본국' 계획의 실현을 저지하였다"고 규정하고 있다. 이 같은 네오슬라브주의적인 발상에서 그들은 러시아의 전쟁준비 소홀과 전쟁책임의 화살을 극동에서의 무력 위협에 반대하는 지도자인 비테와 쿠로파트킨에게 돌리고 있다. 이러한 '애국주의' 관점은 러시아뿐 아니라 한국의 일부 연구자로부터도 지지받고 있으나 사실의 정확한 이해에 걸림돌로 작용하고 있다.

그동안 한국과 관련한 러일전쟁 연구는 대체로 지배정책사 내지는 수탈사, 항일 민족운동사를 중심으로 하여 일부 정치·사상 분야까지 시각을 넓혀가고 있다. 정치·군사 문제와 관련하여 일본의 전쟁 기획과 만주 지역 전투 등에 관해서는 일본과 러시아 측 연구자에 의해 많은 연구가 이루어졌지만, 그 과정에서 전쟁터가 된 한국 상황과 한국인의 인식에 대해서는 연구가 크게 진척되지 않았다.[39] 1980년대에는 역사학회 주관으로 외교사와 정치경제사 분야의 러일전쟁 관련 공동 연구서가 발간되었다.[40] 그러나 이 공동 작업은 러일전쟁에 대한 본격적인 연구서의 성격을 띤 것은 아니다. 이후 최문형은 국제관계사의 시각에서 러일전쟁 시기까지 러시아의 동아시아 진출

---

39 李昊宰, 「露日戰爭을 前後한 韓國人의 對外認識變化―大韓每日申報의 內容을 中心으로―」, 『社會科學論集』, 高麗大 政經大學, 1977; 梶村秀樹, 「朝鮮からみた日露戰爭」, 『史潮』 7·8號, 1980 [이 논문은 「러일전쟁과 조선의 중립화론」(楊尙弦 편, 『韓國近代政治史硏究』, 사계절, 1985)으로 改題, 번역되었다.]; 鄭昌烈, 「露日戰爭에 대한 韓國人의 對應」, 歷史學會 편, 『露日戰爭前後 日本의 韓國侵略』, 一潮閣, 1986; 柳海信, 「露日戰爭期 日本軍의 韓國駐屯과 抵抗」, 서울대학교 석사논문, 1989; 한철호, 「우리에게 러일전쟁이란 무엇인가」, 『역사비평』 69, 2004 ; 조재곤, 「1904~5년 러일전쟁과 국내 정치동향」, 『國史館論叢』 107, 2005.

40 歷史學會 편, 『露日戰爭前後 日本의 韓國侵略』, 一潮閣, 1986.

의 전 과정을 소개하였다.[41] 그의 논리를 발전시킨 김원수도 러일전쟁과 조선 및 만주문제, 제1, 2차 영일동맹과 한국문제 등을 정리하였다.[42] 제정 러시아 공문서 자료를 중심으로 개전 직전 러일 간의 충돌상황부터 포츠머스 강화조약에 이르기까지의 내용을 정리한 박종효의 연구도 있다.[43]

경제적 측면에서의 연구는 러일전쟁의 단초가 된 브리네르 이권 획득의 결과 압록강 삼림벌채를 둘러싼 러시아의 이권 침탈,[44] 용암포를 정점으로 하는 러시아와 일본의 대립,[45] 주제를 러시아 국내로 한정하여 이권을 둘러싼 정부 내의 정책 대립[46]과 군사전략으로의 활용 시도 등과 관련한 내용들이 강조되었다.[47] 러시아의 삼림채벌 이권이 치밀한 사전 준비를 거쳐 러일전쟁 이후 일본에 이전되는 내용도 정리되었다.[48]

한반도에서의 러일 간의 전투는 북부 지역인 함경도와 평안도에서 전개되었다. 사회사적 관점에서 만주 방면에 중점을 둔 전쟁 지역 주민들의 피폐상에 대한 연구[49]와, 전쟁사의 관점에서 러시아 군사 관련 아카이브 문서자료를 중심으로 한 기초연구[50]와 함경도와 평안도의 사회경제 상황과 러시아로

---

41 최문형, 『러일전쟁과 일본의 한국병합』, 지식산업사, 2004; 최문형, 『러시아의 남하와 일본의 한국침략』, 지식산업사, 2007.

42 김원수, 「한국의 러일전쟁연구와 역사교육의 과제―개전원인을 보는 시각―」, 『歷史敎育』 90, 2004; 김원수, 「러일전쟁과 만한문제의 국제화(1905~1912)―4국 앙탕트와 연계하여―」, 『만주연구』 16, 2013; 김원수, 「러일전쟁의 역사를 다시 읽기―변경/경계와의 접속―」, 『역사교육연구』 19, 2014; 김원수, 「일본의 대한제국 보호국화와 영국의 대한정책―영일동맹과 러일전쟁을 중심으로―」, 『한국독립운동사연구』 51, 2015.

43 朴鍾涍, 『한반도 分斷論의 起源과 러·日戰爭(1904~1905)』, 선인, 2014.

44 姜英心, 「舊韓末 러시아의 森林利權 획득과 森林會社의 採伐實態」, 『梨花史學研究』 17~18합집, 1988.

45 김원수, 「러시아의 鴨綠江森林伐伐權 活用計劃」, 『首善社會』 9, 1998.

46 최덕규, 「니콜라이 II세와 압록강 삼림채벌권」, 『제정러시아의 한반도정책, 1891~1907』, 경인문화사, 2008.

47 이재훈, 「러일전쟁 직전 러시아의 압록강 삼림채벌권 활용을 통해 본 한·러 경제관계의 성격」, 『역사와 담론』 56, 2010.

48 조재곤, 「브리네르 삼림이권과 일본의 대응」, 『역사와 현실』 88, 2013.

49 차경애, 「러일전쟁 당시 전쟁견문록을 통해서 본 전쟁지역 민중의 삶」, 『중국근현대사연구』 48, 2010.

50 심헌용, 『한반도에서 전개된 러일전쟁 연구』, 국방부 군사편찬연구소, 2011.

끌려간 한국인 포로를 분석한 연구도 있다.[51] 러일전쟁 시기와 이후 대한제국 정부, 통감부와 일본군 등[52] 정부 측과 일진회와 자위단 등 민간 차원에서 이루어진 의병과 민중운동 탄압 등에 관한 기초연구도 진척되었다.[53]

한국의 경우 주체적 노력을 강조하는 측면에서 항일의병 연구는 많이 있었지만 이것만으로 당시의 전체상을 이해하기에는 부족하다. 결국, 우리 측의 상황인식과 대응에 대한 접근은 도외시되어 왔다 해도 과언은 아니다. 이러한 사실이 그동안의 연구에서 소홀히 처리되고 있었다는 점을 지적하지 않을 수 없다. 러일전쟁에 관해서 수많은 연구가 있음에도 불구하고 전장이었던 한국과 중국의 현지상황과 지역민의 현실과 전쟁 동원 등의 문제는 배제되어 있다. 현재의 연구수준으로는 당대 현실을 정확히 인식하면서 사실史實의 객관적 파악이 어려운 일이겠지만, 그럼에도 불구하고 이를 강조하는 이유는 이 문제를 체계적으로 정리하지 않고서는 한국 근대사의 큰 줄기를 설명하기 어려운 점이 많기 때문이다.

2. 러일의 군사적 대립과 전쟁 발발

청일전쟁 이후 일본이 다시 러시아와 전쟁을 치르기까지의 정세와 전쟁 준비과정을 살펴보면 다음과 같다. 1895년 초 청과의 전쟁이 종반으로 치달

---

51 조재곤, 「러일전쟁 시기 함경도 전투의 전개과정」, 『軍史』 86, 2013; 조재곤, 「전쟁과 변경: 러일전쟁과 함경도의 현실」, 『東北亞歷史論叢』 41, 2013; 조재곤, 「러일전쟁과 평안도의 사회경제상」, 『東北亞歷史論叢』 49, 2015; 조재곤, 「러일전쟁과 한국인 포로 문제」, 『軍史』 97, 2015.

52 洪淳權, 『韓末 湖南地域 義兵運動史 硏究』, 서울대학교출판부, 1994, 134~168쪽; 洪淳權, 「의병학살의 참상과 '남한대토벌'」, 「역사비평」 45, 1998; 洪英基, 『대한제국기 호남의병 연구』, 일조각, 2004, 369~409쪽; 辛珠柏, 「湖南義兵에 대한 日本 軍·憲兵·警察의 彈壓作戰」, 『歷史教育』 87, 2003.

53 洪英基, 「1907~8년 日帝의 自衛團 組織과 韓國人의 對應」, 『한국근현대사연구』 3, 1995; 姜昌錫, 「日本의 對韓政策과 自衛團의 組織에 관한 硏究」, 『東義史學』 11~12합집, 1997; 이용창, 「일진회와 자위단의 의병사냥」, 『내일을 여는 역사』 30, 2007; 조재곤, 「러일전쟁 이후 의병탄압과 협력자들」, 『한국학논총』 37, 2012.

자 일본 국내는 가히 열광적인 분위기가 충만하였다. 마침내 그해 4월 시모 노세키조약 체결로 승리를 확정하면서 일본은 청으로부터 랴오둥遼東반도· 타이완臺灣·펑후澎湖열도의 영구 할양 및 2억 냥兩이라는 거액의 배상금까 지 얻게 되었다. 그러나 이것도 잠시뿐, 며칠 후 러시아를 비롯한 프랑스·독 일 삼국의 개입Triple Interference으로 일본은 전리품을 청에 되돌려줄 수밖 에 없었다. 이는 결국 그들의 축제분위기에 찬물을 끼얹은 것이었다. 이 같 은 상황 변화는 곧바로 좌절감으로 이어져 '복수'의 개념으로 바뀌게 되었 다. 이후 일본은 러시아를 '숙명의 적'으로 삼고 그들과의 한판 승부를 위해 이른바 '와신상담臥薪嘗膽'하며 10여 년간 노력하였다.[54]

일본은 청일전쟁의 승리감을 채 만끽하기도 전에 이와 같은 일이 도출된 것을 외교력의 실패로 결론지었다. 이를 만회하기 위해 일본은 그들에게 우 호적인 입장을 보이고 있던 영국과 미국의 외교적 지원 확보에 총력을 기울 이게 되었다. 뿐만 아니라 총액 8억 엔에 달하는 국가경영비 중 약 40%의 과 중한 비용을 투자하여 육해군 병력을 증강하고 전함을 구축하는 등 군비 확 장에 심혈을 기울였다. 육군 병력은 상비 7개 사단, 평시 약 5만 명, 전시 20 만 명 내외를 다시 6개 사단으로 증설하고 해군은 전시 5만 톤 내외를 20만 톤으로 확장하였다. 그러나 과중한 군사비 부담이 문제였다.[55] 당시 자본 기 반이 미약했던 일본으로서는 재원 마련이 쉽지 않은 처지였기 때문에 많은 액수를 영국·미국 등 선진 자본주의 국가의 차관[國債]에 의존하지 않을 수 없었다.

이와 같이 일본이 대러시아 정책을 추진할 즈음, 갑오개혁 이후 정권에서 소외된 조선의 국왕과 민씨 일파는 '인아거일引俄拒日'의 친러반일책으로

---

54 松下芳男, 『日淸戰爭 前後』(近代日本歷史: 第5册), 白揚社, 1939, 289~309쪽. 이 용어는 삼국간 섭 이후 평론가 미야케 세쓰레이三宅雪嶺가 자신의 심정을 중국고사를 인용해 잡지 『日本』에 언 급한 것으로 당시 일본 내 유행어가 되었다. 河田宏, 『日淸戰爭は義戰にあらず』, 彩流社, 2016, 228쪽.
55 黑羽茂, 『日露戰爭史論―戰爭外交の研究―』, 杉山書店, 1982, 259쪽.

새로운 돌파구를 모색하고자 하였다. 이에 위기의식을 느낀 일본 정부는 자국의 료닌浪人을 동원하고 조선의 친일군맥을 사주하여 왕비 민씨를 학살하였다. 그러나 '국모國母' 시해와 단발령 시행은 일본의 의도와는 달리 조선 인민들에게 반일 복수의식을 더욱 고취시키는 계기가 되었다. 국제적으로 일본의 도덕적 위상도 실추되었다.[56] 급기야는 국왕마저 러시아공사관으로 피신하였다. 이로 인한 여파로 일본은 일정 기간 조선에 대한 주도권을 상실하게 되었고, 일본쪽으로 기울어 있던 많은 관리들도 그 와중에 살해되거나 일본으로 망명하였다. 반면 아관파천 이후부터 러시아의 한국 진출과 세력 확대는 본격화되었다.

그렇지만 당시 러시아는 한국문제에 대한 간섭보다는 오히려 만주 경략에 주력하고 있었다.[57] 따라서 1898년 4월 25일 「로젠-니시Rosen-西협정」[58] 체결 이후부터 대한제국은 대외적으로 어느 정도 정치적 독자성을 유지하고 황실 중심의 점진적 개혁을 추진해 나갈 수 있게 되었다.

그러나 일본 정부의 부단한 외교 노력과 영국의 동아시아정책이 맞물려 성립된 1902년 1월 30일의 「제1차 영일동맹Anglo-Japanese Alliance」은 세력 균형을 깨뜨리는 데 결정적으로 작용하였다. 1900년 의화단운동(북청사변)의 복선에서 출발한 영일동맹[59]은 러시아의 만주 점령을 의식한 것이었다. 이 동맹은 한반도에서 일본의 특수이익과 중국에서 영국의 특수이익을 상호 인정하는 취지에서 체결되었는데, 조약문에 동맹국으로서의 공동작전과 강화

---

56 왕비 시해에 대해 당시 영국의 『Daily Mail』 기자 매켄지F. A. Mckenzie는 "사건의 내막이 유럽과 미국에 알려졌을 때 일본은 하나의 큰 전쟁에서 입은 손실 이상의 상처를 입었다"고 기술하고 있다(F. A. 매켄지 저, 申福龍 역, 『大韓帝國의 悲劇』, 探求堂, 1981, 87쪽. 원저는 1908년 간행되었다).

57 A. 말로제모프 저, 석화정 역, 앞의 책, 111~207쪽; 시드니 하케이브 저, 석화정 역, 앞의 책, 155~188쪽 참조.

58 「併合以前における朝鮮問題の推移」, 金正柱 編, 『朝鮮統治史料』 제3권, 韓國史料硏究所, 1970, 827~828쪽.

59 야마무로 신이치 저, 정재정 역, 『러일전쟁의 세기—연쇄시점으로 보는 일본과 세계—』, 小花, 2010, 94쪽.

를 명기하였다. 이 동맹은 첫째, 러시아를 주축으로 하는 열강의 한국에 대한 공동간섭을 다시 부르지 않을까 하는 악몽으로부터 일본을 해방시켜 주었다. 둘째, 영국자본의 유치 가능성 증대와 연합을 통해 해군 증강에 소요되던 군사비를 절감함으로써 일본을 재정난으로부터 구해주었다. 셋째, '한국에서 발생하는 소요사태나 제3국의 간섭'으로부터 일본의 특수이익을 인정해줌으로써 결정적으로 대한제국에 대한 일본의 발언권은 커지게 되었다. 이로써 러시아와의 협상에서도 일본의 입장은 강화될 수밖에 없었다.[60]

이후 1903년에 이르면 러일 간의 전쟁이 임박했다는 풍설이 청淸 내에서도 감지되고 있었다. 러시아가 압록강 하구 의주에 있는 용암포를 기습적으로 불법 점령한 1903년 4월부터 '일본과 러시아 개전 결정', '일본병 1만여 명 부산 상륙', '러시아 군함 아산만 진격', '러시아 병사 5,000명 압록강 도착', '러시아 병사 3,000명 평황청 주둔', '일본 군사탐정 1명 진저우 성金州城에서 체포', '다롄 만 수비대 증가', '뤼순 항 엄중 경계' 등등 풍설이 분분히 나돌았다.[61] 서울에 거주하는 일본 상인과 회사들도 외상값을 걷어 들이기 시작하였고 심지어 전당포마저 문을 닫았다.[62]

청일전쟁 직전과 마찬가지로 일본 국내에서도 국가와 개인을 일체화시키는 강렬한 쇼비니즘 선동을 통한 전쟁 환기 여론이 비등하였다. 같은 해 10월 9일에 자칭 '3만 7,000의 전국청년동지자'는 "러시아는 만주에서 감히 철병하지 않고 도리어 그 방비를 엄하게 하고, 오래 머물 뜻을 표하였다. 게다가 군사를 한국에 파견하고, 일·러 협상을 멸시하였다. 그 방약무인한 것은 제국의 공적公敵이다. … 마땅히 속히 싸움을 개시하여 저 러시아를 정토征討하고 안으로는 제국의 자위권을 보전하고 밖으로는 동양의 평화를 오랫동안

---

60 申相溶, 「英日同盟과 日本의 韓國侵略」, 歷史學會 편, 『露日戰爭前後 日本의 韓國侵略』, 一潮閣, 1986, 50~51쪽.
61 『東京朝日新聞』, 明治 36년 4월 19일.
62 H. B. 헐버트 저, 申福龍 역, 『大韓帝國滅亡史』, 平民社, 1984, 188쪽(원저는 Homer B. Hulbert, The Passing of Korea, William Heinemann Co., London, 1906).

유지하여야 할 것"[63]을 주장하면서 가쓰라 다로桂太郎 수상에게 러시아를 응징할 방책을 마련하라고 청원하였다.

또한 정치학자 와타나베 치하루渡邊千春도 "일본국민이 유신의 변동에 맞추어 통일적 국가를 조직한 것은 신일본 발전의 제1기가 된다. … 드디어 28년의 일청전역日淸戰役에서 청국의 사대주의를 깨고 절동絶東에 있어 패권을 장악한 것은 신일본 발전의 제2기가 된다. 이번의 일로전쟁日露戰爭은 신일본 발전의 제3기. … 일로전쟁 후 우리 일본은 가장 먼저 동방의 천지에 국한되지 않고, 크게 세계적 대정책을 강구하고 세계적 대발전을 기약하지 않으면 안 된다"[64]고 주장하였다.

청일전쟁 이후 동북아의 안정정세는 1900년 중국의 의화단운동과 이를 틈탄 러시아의 만주 침략 등으로 균형이 깨지고 새로운 정세가 도래하였다. 이는 열강들 간의 분쟁으로 나타났고 결국 러시아와 일본의 군사적 대립 양상으로 발전하였다.

러시아의 만주 침략 동기 및 배경 그리고 이후 열강들의 이해대립 과정을 보면, 청일전쟁 직후 러시아는 프랑스, 독일과 연합하여 일본에 압력을 가하였다. 그 보상으로 1896년 6월 3일에 청과 동아시아에서 러시아, 청 혹은 조선을 일본이 공격할 경우 상호 원조한다는 사실을 규정하고, 군사작전 기간에는 청의 모든 항구를 러시아 전함에게 개방한다는 비밀조약을 체결하게 되었다. 이후 러시아의 뤼순 항 획득과 동청철도 지선을 통한 남만주 침투에 대해 위기의식을 느낀 영국은 1898년 4월 산동성 웨이하이웨이威海衛 항을 조차하여 러시아의 팽창에 제동을 걸었다. 그러던 중 1900년 중국 동북부와 만주 일대에서 의화단운동(義和團運動, Boxer Rebellion)[65]이 일어나자 러시아는 그해에 만주를 점령하였다. 그리고 이를 둘러싼 중국 및 열강과의 갈

---

63 『時事新報』, 明治 36년 10월 10일.

64 渡邊千春, 「日露戰爭の意義」, 『外交時報』 75, 1904년 1월.

65 이은자, 『의화단운동 전후의 산동─민간종교결사와 권회에 관한 연구─』, 고려대학교출판부, 2004.

등이 다시 불거진 결과 1902년 4월 8일 러시아는 청과 만주철병협정인 노청조약露淸條約을 체결하였다. 그러나 러시아는 철병 약속을 지키지 않고 계속 주둔하였다. 이는 일본과 열강의 강력한 반발을 야기하여 결국 영국과 미국의 지원을 받는 일본으로 하여금 러일전쟁 개전의 빌미를 제공하기에 이른다.[66]

대한제국을 둘러싼 러일의 군사적 각축과 한반도 내에서 군사기지를 쟁탈하기 위한 대립상황을 살피면, 먼저 일본군은 아관파천 이후부터 대한제국 시기에 이르러서도 여전히 한반도에 다수의 병력을 주둔시키고 있었다. 즉, 부산-서울 간 전신선 보호라는 명목으로 대구에 50명, 가흥에 50명, 부산-서울 간 10개 파출소에 각 10명씩을 두어 총원 약 200명의 헌병을 배치하였고, 서울 및 개항장의 일본인 거류지 보호 명목으로 서울에 2개 중대, 부산에 1개 중대, 원산에 1개 중대를 배치하였다. 반면 러시아 측은 공사관 및 영사관 보호를 위해 각지에 일본병과 비슷한 비율을 초과하지 않는 범위 내에서 수비병 배치가 가능하였지만, 실제로 대규모 군대를 파견하지는 않았다.[67]

한편 러시아와 일본의 전운이 감돌기 시작하던 1903년 4월부터 러시아도 소극적인 동아시아 정책에서 벗어나 강경론으로 선회하였고, 그 결과 대한제국에 대해서는 압록강 삼림벌채 개시와 용암포 불법 군사기지 건설로 나타나게 되었다. 이렇듯 전쟁 분위기가 팽만한 시점에서 일본 정부는 1903년 12월 러시아와의 개전에 앞서 그 구체적인 진행방법으로 우선 한국침략 방침을 다음과 같이 확정, 제시하였다.

조선반도는 우리 국방상 극히 중대한 관계에 있는 지역이므로 타국으로 하여금 여기에 손끝조차도 건드리게 함은 결단코 용서할 수 없다. 그러므로 시국의

---

66 제정 러시아의 만주 침투와 팽창에 대해서는 A. 말로제모프 저, 석화정 역, 앞의 책, 125∼282쪽이 참조된다.
67 서영희, 『대한제국 정치사 연구』, 서울대학교출판부, 2003, 126∼127쪽.

추이가 불행히 일로(러일) 개전에 이른다면 반드시 먼저 조선 점령을 완전히 하고 이로써 우리의 근거지를 굳게 하지 않을 수 없는 바다. … 때문에 미리 각종의 수단을 강구하여 해전의 결과에 의뢰함이 없이 일부의 육군을 경성에 파견하여 조선 내에 선제의 형세를 갖도록 노력해야 할 것이다.[68]

이 방침에 따라 일본은 곧바로 1903년 12월 28일 추밀원에서 긴급지출칙령, 전시대본영조례 개정안, 군사참의원조례, 경부철도속성령, 타이완 거주인 전시소집령을 공포하였다. 또한 1904년 1월 22일에는 방어해면령, 23일에는 철도군사공용령供用令 등을 공포함으로써 러시아와의 전쟁 준비에 완벽을 기하고자 하였다.[69] 개전 준비가 어느 정도 완수된 일본은 곧바로 2월 4일 어전회의에서 러시아와의 국교 단절과 개전을 결정하였고, 5일 러시아 주재 공사 구리노 신이치로栗野愼一郎에게 전훈電訓하여 러시아 정부에 통첩하였다. 6일에는 공사관을 철수하고, 2월 8일에는 드디어 러시아에 대한 전쟁을 본격적으로 도발하였다.

3. 대한제국 정부의 동향

러일전쟁의 기운이 감돌면서 황실을 포함한 대한제국 정부는 여러 외교 채널을 통해서 일본의 침략에 대응하고자 하였다. 그것은 국외중립선언이었다.[70] 러일 간의 전쟁이 기정사실화될 무렵인 1903년 9월 3일 주일 특명전권공사 고영희는 일본 외무대신 고무라 주타로에게 영토보전을 위해 국외중립을 선언하겠다고 통보하였다. 같은 해 11월 23일 한국 정부도 장차 러일 간

68 松下芳男, 『近代日本軍事史』, 高山書院, 1941, 174~175쪽에서 재인용.
69 藤原彰 外, 『近代日本史の基礎知識(增補版)』, 有斐閣, 1983, 188쪽.
70 梶村秀樹, 앞의 논문; 鄭昌烈, 앞의 논문, 222~223쪽; 玄光浩, 『大韓帝國의 對外政策』, 신서원, 2002; 서영희, 앞의 책 참조.

에 전쟁이 발발하면 국외중립을 선언하겠다고 공개 표방하였고, 1904년 1월 21일 재차 중립을 선포하면서 열국에 통보하였다.[71] 또한 이를 구체화하기 위해 현상건·이학균 등을 중국·러시아와 유럽에 밀사로 파견하였다. 이러한 정부 취지에 발맞추어 프랑스 주재 공사 민영찬도 러일이 개전할 경우 대한제국은 엄정 중립을 지킬 것이기 때문에 양국의 회전지會戰地가 되는 것을 허락할 수 없다는 단호한 입장을 밝혔다.

현상건은 1903년 7월에는 한국에 들어온 벨기에인 아데마르 델크와느 Adhémar Delcoigne와 대한제국의 중립화를 추진하였다.[72] 이어 그는 그해 8월 철도원 회계과장인 현영운과 각기 유럽과 일본에 파견되어 대한제국의 영구중립화 가능성을 타진하고 귀국하였다. 당시 현상건의 파견은 만국평화회의萬國平和會議 참석을 표면적인 명분으로 하였고, 탁지부에서는 여비 2,100원을 지불하였다.

대한제국 황제의 밀명을 받은 현상건은 프랑스와 러시아에 한국의 중립화 방안을 타진하는 한편, 러일 간의 전쟁이 발발할 경우를 대비하여 만국평화회의 등 국제기구의 중재를 얻으려는 임무를 띠고 있었다. 그는 프랑스에 도착하여 주재 공사 민영찬에게 황제의 의지를 전달하고 만국평화회의 개최국인 네덜란드로 출발하였으나 회의가 개최되지 않았고, 국제재판소도 휴정 중인 관계로 목적을 이룰 수 없었다. 그리고 1903년 11월 러시아 수도 페테르부르크로 가서 고종황제의 친서를 러시아 황제 니콜라이 2세에게 전달하였다. 친서의 내용은 러시아와 일본이 개전하면 대한제국은 러시아를 지지할 것이며 양국이 힘을 합쳐 일본을 막아내자는 것이었다.[73]

현상건은 전 조선 주재 러시아공사 카를 이바노비치 베베르Карл Иванович Вебер와 만나 황제의 밀서를 전달하면서 한국 중립화 문제를 상의한 후, 중

---

71 『日本外交文書』37-1, 「韓國中立聲明關係ノ件」, 明治 37년 1월 21일.
72 玄光浩, 앞의 책, 112쪽.
73 이 책의 제1부 제1장 각주 77번 참조. 이 문서는 1903년 8월 15일에 작성된 것이다.

국 뤼순으로 가서 러시아 극동총독 알렉세예프를 만나 대한제국 정부의 의견을 전한 후 1904년 1월 11일 귀국하였다.[74]

이후 현상건은 이용익, 강석호, 이학균, 이인영 등과 함께 벨기에 고문, 영국·미국·프랑스·독일어학교 등 외국인 교사들과 연계하여 러일전쟁 직전인 1904년 1월 21일 프랑스공사관의 협조를 받아 전시국외중립을 추진하였다. 이때 공표된 중립선언문은 주한 프랑스 대표 비콩트 드 퐁트네Vicomte de Fontenay가 작성하였고, 중국 즈푸芝罘 주재 프랑스부영사가 한국 주재 총영사를 겸하고 있었기 때문에 그를 통해 각국에 발송되었다.[75]

러일전쟁 과정에서 1904년 2월 23일 일본에 의해 「한일의정서」가 강제로 체결되자 현상건은 이학균과 함께 조약 체결에 적극 반대하여 조인의 연기와 관련한 내용을 황제에게 건의한 바 있다.[76] 또한 길영수, 강석호, 이인영 등과 함께 서울에 주둔 중인 평양진위대 병사들로 하여금 황제를 호위케 하고, 보부상을 동원하여 프랑스공사관으로 파천할 계획을 시도하기도 하였으나 일본의 사전 탐지로 실행할 수 없었다.

일본의 침략욕구가 더욱 강해지면서 대한제국 황제는 현실적으로 이를 억제할 힘을 가진 나라는 오직 러시아뿐이라 단정하게 되었고, 적극적인 지원을 얻고자 하였다. 1903년부터 대한제국의 지배권과 극동아시아의 패권을 둘러싼 러일 간의 전운이 감돌자 이를 간파한 황제는 그해 8월 15일 러시아황제 니콜라이 2세에게 비밀 서한을 보냈다.[77]

짐의 어진 형제 아라사국俄羅斯國(러시아) 황제 폐하에게 공경하게 알립니다. 현재 귀국의 군대가 만주滿洲에 집결해 모인 일은 동양의 정치계에 끝없이 공포스런 마음을 야기하였으며, 이처럼 급박한 형세도 일찍이 없던 것입니다. 전에

---

74 서영희, 앞의 책, 141쪽.
75 玄光浩, 앞의 책, 121~122쪽; 서영희, 앞의 책, 181~182쪽.
76 玄光浩, 앞의 책, 71~72쪽.
77 АВПРИ(제정러시아대외정책문서보관소), ф.150, оп.493, д.79, лл.76~79, 1903. 8. 15.

일본의 신문 보도[報紙]로 인하여 사람들의 논란을 격동시켰고 드디어 일본 조정도 어찌할 수 없이 전쟁을 일으키고자 하니 이는 예견해 보건대 조만간 귀국과 일본이 혹여 결렬하게 될 단서를 만들게 될 것입니다. 만일 전쟁이 발발하게 된다면 우리나라는 전쟁터 중 한 곳이 됨을 면할 수 없을 것입니다. 그렇게 된다면 귀국의 군대가 승전보를 알릴 것은 의심할 것도 없으니 짐이 미리 축하드리는 바입니다.

근래 귀국과 우리 두 나라의 교의交誼가 친밀하게 됨은 분명 쓸데없는 말을 더할 필요도 없을 것입니다. 그러나 장래에 만일 우리나라가 위급하고 곤란하게 되어 다사多事한 때를 만나게 된다면 폐하가 모름지기 우리나라에 머물고 있는 귀국의 공사에게 명하여 우리에게 은혜와 호의의 정을 더욱 도야하도록 하신다면 거룩한 마음 둘 곳을 짐은 반드시 잊지 않을 것입니다. 일본은 이와 같지 않아 오로지 침략하고 피해를 입히는 것만 일삼으니 이것이 분통하고 한스럽습니다. 우리나라는 이미 짐의 통할統轄에 맡겨 있으니 만일 하루아침에 일이 발생한다면 짐은 반드시 귀국과 연대하여 관계를 맺고자 합니다. 하지만 일이 이루어지지 않을 단서가 있을까 걱정되어 이에 특별히 소리 높여 알리는 것입니다. 일본의 수비가 우리나라의 수도에 있게 되면 개전開戰하는 첫날부터 반드시 일본 사람에게 견제를 받을 것이며, 또한 우리나라의 군사 준비가 많지 않아 방어하기도 어렵습니다. 만일 그때 어려움이 있게 되면 분명 폐하가 우리나라의 몇 세대에 걸친 원수[世讎]를 타파함을 도우리니 짐은 의당 사람을 시켜 일본 군사의 숫자며 거동과 그들의 의향이 어떠한가를 탐지해서 정밀하게 밝혀내어 귀국 군대의 원수에게 알려 귀국 군대를 돕겠습니다. 그리고 우리 인민에게 신칙申飭하여 적병이 오는 날 미리 재산과 곡식을 가져다 옮겨 숨기고, 곧바로 산과 계곡 사이로 몸을 피신하는 청야지책淸野之策을 사용하도록 할 것입니다.

바라옵건대 폐하는 우리나라의 곤란한 정황을 헤아려주시길 간절히 기원하고 축원합니다. 지금의 서신은 뒷날의 유사시에 족히 짐이 폐하에 대한 깊은 우의를 사용할 큰 근거가 될 것입니다. 이전부터 폐하가 우리에 대해 허다하게 잘 대해주신 점은 항상 절실히 감사하게 생각하고 있습니다. 지금 이후로 바라옵건대 폐하가 우리나라를 더욱 잘 대해주시리라 짐은 깊이 믿습니다. 폐하의 덕화가 융성하고 왕업이 영원하기를 기원합니다.

광무光武 7년(1903년) 8월 15일

한양 경운궁慶運宮에서 보냅니다.

폐하의 어진 형제

형희炯熙

황제어새皇帝御璽

내용에서 일본을 우리나라의 '몇 세대에 걸친 원수[세수世讎]'이자 '적국
敵國'으로 규정하고, 만약 전쟁이 일어나면 대한제국은 반드시 러시아군을
돕고 최대한 편의를 제공하여 일본을 물리칠 것을 약속하였다. 이처럼 황실
은 겉으로는 일본의 압력에 굴복하는 척하지만 안으로는 강한 친러·반일정
책을 취하였음을 알 수 있다.

러일 간의 전쟁이 임박할 무렵 국정 전반에 대한 일제의 압력이 거세지자
춘천, 프랑스공사관, 평양 등으로의 황제의 도피설이 세간에 나돌았고 일본
공사는 이를 저지하고자 하였다.[78] 당시 황실과 정부는 일본에게 형식적인
호의와 친절을 베풀고 있었다. 고종황제는 일본 함대의 뤼순 항 정박 러시아
함대 포격소식을 접하자마자 며칠 후 그것을 축하하였고, 13도 관찰사에 칙
령을 발하여 일본 군대의 통행 시 숙박 및 군수품 제공에 편의를 줄 것을 지
시하였다.[79] 또한 일본군이 압록강 일대 전투에서 러시아군을 한국 국경 밖
으로 철퇴시켰다는 소식이 통보되자 황제는 1904년 5월 2일 군부대신 윤웅
렬을 하야시 곤스케林權助 주한 공사에게 보내 승전을 축하하였다.[80] 1904년
8월에는 황제와 황태자, 황태자비, 엄귀비, 영친왕이 일본군 출전 군인과 가

---

78 幣原坦, 『日露間之韓國』, 博文館, 1905, 100~101쪽.

79 「日露戰爭ニ對スル韓國皇帝ノ勅語外務大臣ヲ通ジテ傳達依賴ノ件」, 明治 37년 2월 14일(林 공
사→小村 외무대신), 金正明 編, 『日韓外交資料集成』 제5권─日露戰爭 編─, 巖南堂書店, 1967,
62~63쪽.

80 「韓國皇帝鴨綠江戰勝ニ對シ祝辭ノ件」, 明治 37년 5월 2일(林 공사→小村 외무대신), 『日韓外
交資料集成』 제5권─日露戰爭 編─, 197쪽.

속家屬에게 각기 5,000원부터 2,000원까지 휼병금恤兵金을 전달하였다.[81]

그러나 1905년 1월 뤼순 함락 직후 고종은 다시 비밀리에 니콜라이 2세에게 서한을 보내 러시아 군대의 서울 파병을 요청하였다.[82]

짐의 어진 형제 아라사국 황제 폐하께 공경하게 알립니다. 지금 듣자하니 뤼순이 함락된 것은 비록 부득이한 사세事勢로 인한 것이지만 국가 간 교린交隣에 서로 애석해하는 점에 있어서는 짐이 분통하고 깊이 탄식함을 지금도 그칠 수 없습니다. 그러나 귀국과 같은 강대국의 용맹한 장군과 강력한 병사들이 반드시 오래지 않아 회복해 차지할 것을 기약하리니 이것을 우러러 기원합니다. 게다가 황천皇天이 귀국貴國을 말없이 도와 개선가를 울림도 빨리 될 것입니다.

현재 일본이 우리나라를 무례하게 상대함이 극심하고 병력을 억지로 데려와 내정을 간섭하여 백성을 선동해 혼란스럽게 만들어 나라의 형세가 위태한 지경에 이르니 그 까닭을 모르겠습니다. 장차 시각을 다투는 재앙이 생길듯 함에 짐이 오직 바라고 믿는 것은 귀국의 대군大軍이 빠른 시일로 경성京城에 이르러 일본의 악독한 싹을 쓸어 없애버려 짐의 사정의 곤란함을 널리 구원하여 길이 독립獨立의 권리를 공고하게 만들 수 있기를 바랍니다.

귀국의 군대가 우리나라에 도착하면 내응하여 맞아들일 계책을 몰래 마련해 둔 것이 이미 오래되었으며, 이후로 의당 전국의 인민들이 곳곳에서 도와 힘과 정성을 다할 것입니다. 근일 수도 페테르부르크[彼得京]에 있는 공사 이범진李範晉이 서면으로 알린 것을 받아 보니 폐하가 외부대신 람즈도르프[南西道乙孚]에게 명하여 우리 공관의 봉비俸費를 여러 차례 나누어 빌려주었다고 합니다. 이 말을 듣고는 은혜에 매우 감격하였습니다. 이는 바로 격식을 넘어 특별하게 베푸는 후의厚誼이니 더욱 간절히 마음에 새기며 감사드립니다. 폐하의 덕화德化가 융성하고, 왕업王業이 영원하기를 기원합니다.

---

81 『大韓每日申報』, 1904년 8월 10일.
82 АВПРИ,ф.150, оп.493, д.79, л.45, 1905. 1. 10.

광무光武 9년(1905년) 1월 10일

한성 경운궁慶運宮에서 보냅니다.

폐하의 어진 형제

형熙

황제어새皇帝御璽

여기서 '보호국화'정책을 추구하던 일본을 러시아 군대의 힘을 빌려서라도 몰아내려는 외교적 갈망을 살필 수 있다. 반면 같은 시기인 1905년 3월 황제는 일본 천황 메이지에게 일본의 랴오양 점령, 뤼순 함락, 펑톈(심양) 점령 등을 '동맹의 우의'로 축하하는 친서와 하례물품을 특파대사 의양군 이재각李載覺을 통해 전달한 사실도 있었다.[83] 대한제국 황실은 다른 한편으로 열강들의 개입을 인위적으로 유도하였다. 1905년 11월 18일경 밀명을 받은 미국인 호머 B. 헐버트Homer B. Hulbert는 대한제국 황제의 친서를 가지고 엘리후 루트Elihu Root 미 국무장관에게 면담을 요청하였다. 12월 11일에 프랑스공사 민영찬도 을사조약의 무효를 알리는 황제의 서한을 미국 대통령에게 전하기 위하여 국무장관을 방문했지만 헐버트와 마찬가지로 면담을 거절 당하여 이렇다 할 성과는 거두지 못하였다.

한편 황실과 긴밀한 관계에 있던 관리의 강력한 대응 사례도 몇 가지 보인다. 「한일의정서」가 성립되자마자 중추원 부의장 이유인 등은 이에 반대하는 건의서를 올리고, 의정서 체결에 앞장섰던 외무대신 이지용 등에게 위해를 가하려고 하였다.[84] 또 황제의 측근인 전 한성판윤 길영수吉永洙가 평양진위대 혹은 1904년 2월 28일에 상무사商務社와 각 지사의 철폐로 특권을 상실한 보부상褓負商을 동원해 「한일의정서」 체결에 반대하려 한다는 첩보가 있었다.[85] 「한일의정서」 체결과 상무사 해체는 황제의 의도와는 전혀 다른, 일

---

83 한국학중앙연구원 장서각 소장 고문서, 문서번호 # 616.

84 『日本外交文書』37-1, 「京城政情報告ノ件一」, 明治 37년 3월 6일.

85 『日本外交文書』37-1, 「京城政情報告ノ件二」, 明治 37년 3월 7일.

본의 입장만 작용한 것이라 보고 보부상들이 이에 강력한 저항을 보인 것이
다. 같은 해 6월 평리원관사 허위 등은 이 협약은 구절마다 국제공법國際公法
에 위배된다고 주장하는 한편, 우리의 강토와 권리 보호를 위해 '의군義軍'
을 규합하여 일시에 일제에 항거하자는 격문을 전국에 돌렸다.

> 일본은 최근 용암포 사건으로 러시아인을 내쫓을 구실을 삼아서 의로운 깃발
> 을 올린다고 하여 돌연히 출병하여 우리의 외부外部를 위협하고 협약을 맺었다.
> 첫째, '시정施政을 개선하고 충고를 받아들인다.' 이것은 언뜻 보기에 좋은 것
> 같으나 실은 우리 내정을 간섭하려는 것이다.
> 둘째, '대한의 황실 및 영토가 위험한 경우에는 필요한 임기응변의 조치를 빨
> 리 취한다.' 이것은 겉으로는 우리를 위하는 것 같으나 실은 우리의 국권을 빼앗
> 으려는 것이다.
> 셋째, '군략상 필요한 지점을 때에 따라 사용한다.' 이것은 말과 행동이 어긋남
> 을 나타내는 것이요, 우리나라를 집어삼키려는 뜻을 부드럽게 나타낸 것이다.[86]

이러한 반일 성향의 관리들의 저항에 대해 일본은 전시에 서울을 점령한
상황에서 이용익을 체포하여 일본으로 강제 송환하고, 길영수 등 많은 관리
들을 감금하거나 유배하였다. 그리고 황제의 집사 역할을 하던 현상건과 이
학균 등은 망명의 길을 택하지 않을 수 없었다.

그러나 대한제국 정부는 내치內治의 힘이 현격히 약화되었음에도 불구하
고 동학과 의병운동에 대해서는 기존의 입장을 그대로 견지하고 있었다. 그
한 가지 예는 "일본 군대가 경내에 이르면 영접과 부탁을 헤아림에 혹 소홀
히 하지 말고 무릇 그들이 청구하는 것은 철저하게 대접하고 응해야 할 것이
다. 이것이 토비土匪를 탄압하고 인민을 보호하는 뜻이다"[87]라는 1904년 2월

---

86 『駐韓日本公使館記錄』, 「平理院判事 許蔿 등 排日通論文에 대한 조사요청」, 1904년 6월 25일(萩
原 代理→李 外相).
87 金允植, 『續陰晴史』 下[국사편찬위원회 복간본(1960), 78쪽에서 인용].

15일 자 외부 전보에 따른 전남관찰사의 훈령을 통해서도 알 수 있다. 또한 같은 해 9월 23일 정부회의에서는 '동학東學과 의병을 효유, 진압하기 위해' 각 도에 순찰사를 파견하기로 결정하였다.[88] 당연히 이는 일본의 지배력 강화 문제와도 밀접한 연관이 있는 것이었다.

4. 문명개화론자의 동향

이 기간 문명개화론의 선상에 있던 사람 중 하나인 유길준은 청일전쟁(갑오지역甲午之役)의 요인은 임오군란에서, 러일전쟁(갑진지역甲辰之役)은 아관파천에서 싹이 텄다고 인식하고 있었다. 일찍이 일본과 손을 잡고 갑오개혁을 추진한 경험이 있었던 그는 러일전쟁을 '황인종과 백인종의 인종전쟁'으로 보았기 때문에 대한제국은 마땅히 일본과 연합을 해야 한다고 주장하였다.[89] 나아가 1907년 「정미조약」 단계에 가면 일본을 맹주로 하는 '동족보치同族輔齒'의 '동양평화'론에 접근하는 인식을 보이고 있었다.[90]

또한 이 당시까지만 해도 안중근 역시 러일전쟁을 러시아의 침략전쟁과 일본의 자위책 또는 황인종과 백인종의 경쟁이므로, 황인종이 뭉쳐 백인종을 막아야 하기 때문에 우리나라는 청과 단절하여 일본을 도와야 한다고 인식하였다. 뒷날 뤼순 옥중에서 안중근은 일본 천황의 선전포고 중 '동양평화를 유지하고 대한독립을 공고히 한다'라는 말은 '청천백일靑天白日의 빛보다 더 밝았기 때문에 한청 인사는 지혜로운 이나 어리석은 이를 막론하고 일치 동심해서 복종'하였다는 것이다.[91] 이와 비슷한 인식에서 1904년 4월 이준·정순만·이현석 등은 일본군을 위해 일본 적십자사에 의연금을 보내

---

88 『大韓每日申報』, 1904년 9월 26일.
89 兪吉濬全書編纂委員會, 『兪吉濬全書』 IV, 一潮閣, 1995, 260쪽.
90 위의 책, 268쪽.
91 최원식·백영서 편, 『동아시아인의 '동양' 인식: 19~20세기』, 문학과 지성사, 1997, 206쪽.

자는 권고문을 발기하였고 이에 대한 책임을 물어 평리원 공개재판 문제까지 거론하기도 하였다.[92]

유길준·안중근 등의 논리와 유사한 입장에서 황인종의 연대를 통한 러시아 세력의 축출을 주장하는 논지는 『황성신문皇城新聞』에서도 보인다. 동 신문 1904년 5월 3일 자에 의하면 전쟁은 일본이 승리할 것이고, 이는 동양과 황인종을 지키는 일이라고 보았다.[93] 다음 날의 논설에서도 오늘날 서구 열강의 문명이 보편화되었으나 이는 황인종에 화를 주고 황인종을 공격하는 것이라 하였다.[94] 그러나 러일전쟁에서 일본의 승리가 확실히 예견되던 8월 5일 동 신문의 논설에서는 러시아가 승리하면 2천만 한국 인민이 모두 죽게 될 것이요, 일본이 승리하면 이권을 모두 주어 노예의 처지로 전락하게 될 것이라는 양비론적兩非論的 입장[95]으로 바뀌어 전쟁의 결과를 전망하고 있었다. 그리고 일본의 뤼순 함락 소식을 접한 다음 날인 8월 6일에는 이를 '국가의 행복이요, 동양의 보호'라고 축하하는 등 다시 5월의 입장으로 논조는 전변되었다.[96]

이 시기 문명개화론의 논조는 나름대로의 차별성을 유지하였지만[97] 대체로 '황인종연대론'이라는 일본의 입장 쪽으로 기울어 러시아보다는 그들의 승리를 다행스럽게 생각하고 있었다. 러일전쟁의 주변국이던 중국과 베

---

92 반면 이와는 정반대로 유럽과 미국에서는 청일전쟁과 삼국개입 이후 뒤늦게 제국주의 반열에 참가한 독일황제 빌헬름 2세가 제기한 '黃禍論(Yellow Peril)'이 풍미하였다(小森陽一·成田龍一編, 『日露戰爭スタタディーズ』, 紀伊國屋書店, 2005, 112~113쪽 참조). 이는 백인종으로 구성된 유럽 여러 나라의 연대를 호소하는 것으로 '아시아주의'의 유럽판이라 할 수 있지만 실제로는 'Japan Shock'에 한정된 것이다.

93 『皇城新聞』, 1904년 5월 3일.

94 『皇城新聞』, 1904년 5월 4일.

95 『皇城新聞』, 1904년 8월 5일.

96 『皇城新聞』, 1904년 8월 6일.

97 비교적 진보적 입장을 견지하던 『대한매일신보』는 논설에서 일본의 대한제국에 대한 '억제'정책, 즉 '보호'라 칭하고 마음대로 '점령'하는 현상을 영국의 대 이집트 정책과 유사하게 이해하였다. 신문에서는 당시 현안으로 전쟁경비의 전가, 광산과 어업 이권·황무지 개간권 획득 등을 들어 일본이 '한국을 진보되게 한다는 것은 다만 자기 나라에만 유조有助함이 분명'하다고 결론을 내렸다(『大韓每日申報』, 1904년 9월 14일).

트남의 진보적 지식인들의 입장도 이와 대동소이하였다.[98] 이는 전쟁에 관한 대부분의 정보를 일본 측의 과장된 전보에 의존하고 있었던 당시의 상황과도 무관하지 않았다.[99] 만주의 랴오양전투가 한창이던 기간에 『대한매일신보』도 '일본군'과 대적하던 러시아군을 '적병'으로 규정하였다.[100] 「제2차 영일동맹」 이후에는 강원도 원주 의병장 원용팔元容八에 대해 '자칭의병대장自稱義兵大將'[101] 혹은 '비괴匪魁'[102]로, 그 여당餘黨들의 활동은 '폭도행패暴徒行悖'[103]라고 폄하하기까지 하였다.

당시 문명개화론의 선상에 있는 사람들 중에는 「한일의정서」대로 일본이 한국의 내정을 개혁해 주기를 바라는 여론도 폭넓게 존재하고 있었다. 예를 들면 1905년 7월 이승만 등이 작성한 '미 대통령 루스벨트에 보내는 하와이 교민의 청원서'에서 알 수 있는 것처럼 '동양평화', '한국의 내정개혁', '한국의 독립과 영토보전' 등 일본이 전혀 보장할 수 없으면서도 상투적으로 강조하는 어구를 그대로 믿는 인식도 적지 않았다.[104] 일본 유학생들도 일본이 청일전쟁과 러일전쟁에서 승리한 요인을 그들의 애국심·단합력·상무정신에서, 전쟁 승리의 가능성은 국민교육·입헌정치·민족적 각성 등에서 찾고 있었다.[105] 일본을 배워야 한다고 역설한 최석하崔錫夏 같은 경우는 러일전쟁에 일본군 통역으로 참여하기까지 하였다.[106]

---

98 이에 대해서는 柳鏞泰,「환호 속의 警鐘 : 戰場 中國에서 본 러일전쟁」,『歷史敎育』 90, 2004; 盧英順,「러일전쟁과 베트남 민족주의자들의 維新運動─東遊運動과 東京義塾을 중심으로─」,『歷史敎育』 90, 2004 참조.

99 『大韓每日申報』, 1905년 1월 22일, 논설「로국을 비방하는 까닭이라」.

100 『大韓每日申報』, 1904년 9월 2일.

101 『大韓每日申報』, 1905년 10월 3일.

102 『大韓每日申報』, 1905년 10월 11일.

103 『大韓每日申報』, 1905년 10월 10일.

104 鄭昌烈, 앞의 논문, 226~227쪽.

105 권태억,「자강운동기 문명개화론의 일본인식─일본유학생을 중심으로─」, 권태억 외,『한국근대사회와 문화』 I, 서울대학교출판부, 2003, 459~465쪽.

106 細井肇,『現代漢城의 風雲과 名士』, 日韓書房, 1910, 227~228쪽; 金度亨,『大韓帝國期의 政治思想研究』, 지식산업사, 1994, 67~68쪽.

한편 극단적인 문명개화론과 맹목적인 근대화 지상주의를 행동으로 실천하고 있던 일진회—進會도 러일전쟁을 일본이 중심이 되는 황인종, 즉 '동양인민'과 백인종의 싸움으로 인식하고 있었다.[107] 일진회는 러일 간 전쟁이 한창인 1904년 8월 20일 한국주차군사령부의 적극적인 지지와 일본 극우 정치인들의 후원 등을 배경으로 조직되었다. 주차군사령부에서 일진회 조직을 후원한 것은 러시아와 전쟁을 벌이는 상황에서 전방의 물자 공급과 철도 부설 등을 지원하고, 만약에 있을지도 모르는 한국 내에서의 정치적 상황에 대비하기 위한 것이었다. 이는 일본군의 북진 시 함경도 군수물자 수송과 러시아군 동태 감시, 경의철도 부설공사 자원봉사 등으로 실행되었다. 회원 중 일부는 북진하는 일본군을 따라 간도까지 침투하여 러시아군이나 주민들의 동태를 파악해 보고하는 간첩행위까지 수행하였다.

일진회는 1904년 8월 22일에 ① 황실을 존중하게 하고 국가의 기초를 공고히 할 것, ② 인민의 생명과 재산을 보호하게 할 것, ③ 정부의 개선정치를 실시하게 할 것, ④ 군정軍政과 재정財政을 정리하게 할 것의 '4대강령'을 제시하였다.[108] 이 강령은 일제의 대한제국 지배권 강화를 목적으로 하였다. 일진회는 성명서에서 "일본은 동양평화를 유지하기 위해 십수 년 동안 노력해 왔으며 갑오년의 청일전쟁과 금일의 러일전쟁도 모두 그런 의협심에서 나온 것"이라고 역설하였다. 그리고 이를 실천하기 위해 한국인들도 지원을 아끼지 말아야 할 것이며, 그 주체는 개화조직인 일진회가 되어야 한다고 주장하였다.

일본과의 관계 속에서 국권보다는 민권, 생명과 재산 보호를 더 강조한 일진회는 '문명개화'를 절대과제로 내세운 친일 사회단체였다.[109] 이러한 인식 아래 러일전쟁 발발 이후 현실을 체감한 일반인들의 일본에 대한 거부감이

---

107 『大韓每日申報』, 1904년 9월 21일.
108 李寅燮, 「1904년 8월 22일」, 『元韓國一進會歷史』 卷之一, 文明社, 1911 .
109 김종준, 『일진회의 문명개화론과 친일활동』, 신구문화사, 2010.

증폭되는 것과는 정반대로 일본의 전쟁 승리를 위해 철도 부설 역부로 수천 명의 일진회 회원이 참여하였으며 서북의 일본군 병참 수송에까지 자원응역自願應役하였다.[110] 일본군의 랴오양 점령 소식을 접한 일진회 지도부는 승전을 기념하여 이틀간 정회까지 하였다.[111]

러일전쟁 이후 「을사조약」 체결 직전인 1905년 11월 6일에 일진회는 이른바 「외교권 이양선언서」를 통해 '동양평화' 회복을 위해 대한제국의 외교권을 일본에 이양할 것을 주장하였다.[112] 기관지 『국민신보國民新報』를 통해 통감부의 정책과 일제의 침략논리를 여과없이 적극 홍보하고 친일여론을 확산하는 데 앞장섰다. 또한 1907년 헤이그Hague 밀사를 빌미로 한 고종황제의 강제퇴위와 군대해산을 계기로 전국에서 의병이 봉기하자, 일진회는 9월 19일 부회장 홍긍섭 등의 명의로 「거의선언서擧義宣言書」를 발표하고 의병토벌을 공식적으로 선언하였다. 이들은 11월 '자위단自衛團'을 조직하여 민간 차원에서 의병을 진압하거나 의병토벌 일본군을 인적·물적으로 돕는 데 노골적으로 협조하였다. 이는 마치 과거 1894년 청일전쟁과 농민전쟁 당시 스스로 '의병'이라 칭했던 민보군民堡軍이 보인 조일연합군朝日聯合軍 행태와 유사한 것으로, 어제의 '피해자'였던 '동비여당東匪餘黨'이 10년 만에 역설적으로 일본의 힘에 기대어 그들을 유린했던 민보군, 즉 '가해자'의 모습으로 나타난 것이다. 자위단은 면 단위로 조직되었다. '남한대토벌작전'에도 일진회 회원들이 자발적으로 참여하였다. 그 과정에서 일본 육군성의 기밀비 10만 원을 받기도 하였다.

이들은 1909년 안중근 의사의 이토 히로부미伊藤博文 살해사건을 빌미로 그해 12월 4일 '100만 회원' 명의로 순종황제, 소네 아라스케曾彌荒助 통감, 총리대신 이완용에게 「합방청원서」를 올리고 대국민 선언서를 발표하여, 대

---

110 『大韓每日申報』, 1905년 10월 13일.
111 『大韓每日申報』, 1904년 9월 10일.
112 李寅燮, 「1905년 11월 6일」, 『元韓國一進會歷史』 卷之二, 文明社, 1911.

한제국 신민臣民들은 일본의 정책을 찬성하고 식민지 체제로 가기를 스스로 원한다면서 여론을 대대적으로 조작하였다. 그 결과 한국인들에게 일진회는 일제의 지배정책을 그대로 따르는 친일매국단체의 대명사로 인식되었고,[113] 당연히 격렬한 저항에 직면하게 된다.

5. 전쟁의 추이와 파장

일반적으로 러일전쟁은 1904년 2월 8일 오후 일본 함대가 무력시위 차원에서 제물포의 러시아 함선 카레예츠Kopeйц호를 위협 사격한 사건으로 시작된 것으로 알려져 있다. 그러나 이보다 이틀 앞선 2월 6일 오전 12시 54분 일본 군함 헤이엔고우平遠號가 부산항에서 러시아 상선 '무크덴Мукден'과 인근 해양에서 러시아 선박 1척을 포획한 것이 최초의 러일전쟁 전투상황이다.[114] 이 사건은 일본 군함의 뤼순 도착 이틀 전의 상황으로 부산항 주재 일본영사가 일본공사 하야시 곤스케에게 전보하였다. 그런데 하야시 공사가 경성우편전신국장 다나카 지로田中次郎를 불러 전신선 고장을 핑계로 일본 연결선만 제한 공전公電 이외의 모든 전신의 3일간 발송금지를 지시했기 때문에 당시 세간에는 알려지지 않았다.[115]

---

113 『大韓每日申報』의 1909년 12월 8일 자 「두 번 한국동포에게 고하노라」는 논설에서 "일진회라 이름하는 자가 동포의 손을 묶으며 동포의 입을 막으며 동포의 껍질을 벗기며 피를 빨아내며 동포의 머리에 물을 부으며 동포의 가슴에 불을 던지며 검극의 산악과 형극의 천지로 동포의 전도를 막아서 단군 자손 이천만을 사람마다 일개 종자가 입시 전멸코자 하는데 동포는 어찌 듣고 보기만 하리오. … 정탐객이 되어 무고한 양민들을 의병이라 폭도로 하여 일병日兵의 총에 참혹히 죽음을 당하게 한 자도 일진회오. … 토벌대를 조직하여 동포끼리 서로 살육을 행한 자도 일진회오. … 국가를 팔아먹고 그 값으로 돈을 받아서 두령 몇 명이 나누어 먹은 자도 일진회오. … 역적 정부와 창자를 연하여 날마다 나라 파는 일만 하던 자도 일진회오"라 하여 그들의 친일행위를 강하게 통박한 바 있다.

114 防衛省 防衛研究所, 『海軍省公文備考類』, 「日本戰時機關部記事 平遠(1)」, 1904년 4월 18일; 「상서 말렙스키말레비치의 비밀 전문(1909. 10. 2)」, АВПРИ, ф.150, оп.493, д.1279, л.2a.

115 林權助, 『わが七十年を語る』, 第一書房, 1935, 182~185쪽; 林權助, 「舊韓國政府와 日露戰爭」,

일본 정부는 이미 전쟁 전인 1월부터 비밀리에 마산포에 상륙한 일본군을 통해 부산과 마산·진남포 등 한국 내 주요 전신국 장악과 전신선 통제 계획을 준비하였고, 2월 6일 밤에 일본군은 마산의 전신국을 점령하였다.[116] 일본군은 당일부터 부산·창원·충주·전주 우편국·전신국의 서신 왕래를 검사하고 내외의 암호전문 발송도 금지하였다.[117] 이후 마산과 부산의 교신이 중단되었고, 서울~의주를 연결하는 전신선도 차단되었다.[118]

당시 한성은행漢城銀行 취체取締였던 한상룡韓相龍의 회고에 따르면, 2월 7일 인천 방향의 대포소리를 듣고 서울 니혼마치日本町의 노즈 스네다케野津鎭武 수비대장을 급히 찾아가자, 그는 한국인 중에는 일본이 약하다고 생각하고 일본인에게 위해를 가할 소지가 있는 자들이 있어 친일파는 지금 매우 위험한 형국이라고 말하였다 한다. 이에 대한 대책으로 노즈는 일본인 시가지에서 한국인 시가지를 향해 대포를 설치하고 군사를 준비하여 만일 그 같은 사태가 벌어지면 단호한 조치를 할 것이라고 하였다. 또한 '화약통의 뚜껑을 열면(즉, 전쟁이 개시되면) 한국인 시가지는 전멸할 것이다'라고 말하면서 한상룡에게 일본인 시가지와 일본 군대를 자유롭게 통행할 권리증서를 작성해 주었다.[119]

그런 상황에서 2월 8일 인천에 상륙한 일본군은 당일 서울에 진입하였고, 2월 9일 아침에는 제3전대가 제물포에 정박 중인 러시아 군함 바랴크Варяг호와 카레예츠호를, 밤에는 제2전대가 중국 뤼순 항의 러시아 군함 2척을 차

『三千里』, 1938년 5월, 120~121쪽.

116 外務省 外交史料館, 『韓國電信局占領一件』, 「馬山電信局占領ノ件」, 1904년 1월 22일(마산영사 三浦彌五郎)·1904년 2월 8일(三浦 마산영사 →小村 외무대신). 와다 하루키는 2월 6일 아침 쓰시마를 출항한 제3함대 제7전대가 당일 저녁 병력을 진해만에 상륙시키고 마산전신국을 점령한 이 사건을 러일전쟁 최초의 상황으로 보고 있다(와다 하루키 저, 이경희 역, 『러일전쟁과 대한제국』, 제이앤씨, 2011, 59~60쪽).

117 高麗大學校 亞細亞問題研究所 編, 『舊韓國外交文書』 제6권, 「日案」 6, #7798 「日兵의 郵電司業侵害, 負軍徵募, 物資請求恣行에 對한 抗議」, 1904년 2월 10일.

118 ГАРФ(러시아연방국립문서보관소), ф. 568, оп. 1, д. 182, л. 36, 1904. 1. 26(2. 8).

119 韓翼敎, 『韓相龍君を語る』 第一卷, 韓相龍氏還曆記念會, 1941, 63쪽.

례로 격침[120]시킨 후 10일에 뒤늦은 선전조칙을 포고하였다. 러일 간 전쟁이 일어나자마자 2월 8일 일본군은 마산 외에 후방의 주요 지역인 창원, 대구, 부산 등지의 전보사를 점령하였다.[121] 정확한 일자는 알 수 없지만 일본은 제물포의 러시아 전함을 공격하기 며칠 전에 네덜란드 회사 소유의 케이블과 한국 정부의 전신을 의도적으로 훼손했고, 그 결과 러시아 전함 함장들은 일본과의 관계 단절 소식을 들을 수 없었다 한다.[122]

2월 8일 일본군 제12사단이 서울로 들어오자 하야시 공사는 황제를 알현하고 다시 한일동맹조약 체결을 강요하였다. 이어 2월 11일 궁내부 고문 가토 마스오加藤增雄는 한국의 '전시중립선언'을 강력히 반대하였고, 이는 실제로 국제적으로도 아무런 효력이 없다면서 이를 속히 철회하고 한일동맹조약 체결을 재차 강조하면서 보호국화 추진을 기도하였다.

2월 13일에 하야시 공사는 다시 "② 대일본제국 정부는 대한제국 황실의 안전 강령을 성실히 보장한다. ③ 대일본제국 정부는 대한제국의 독립 및 영토보전을 확실히 보증한다. ④ 제3국의 침해 혹은 내란에 의해 대한제국 황실의 안녕 및 영토의 보전에 위험이 있을 경우에는 대일본제국 정부는 속히 임기필요臨機必要의 조치를 행할 수 있다. 대한제국 정부는 이러한 대일본제국 정부의 행동을 용이하게 하기 위한 충분한 편의를 제공한다. ⑤ 양국 정부는 상호 승인 없이 장래 본 협약의 취지에 반反하는 협약을 제3국과 맺을 수 없다"[123]는 내용의 조약안 초안을 제시하였다. 이는 일본이 견지해오던 군사동맹적 성격을 재차 강조하는 것이었고, 그 결과는 2월 23일 「한일의정서」 강제 체결로 반영되었다.

---

120 뒷날 『대한매일신보』는 이 사건을 각기 '제물포 해전'과 '뤼순 구 함락'으로 규정하고 있다 (『大韓每日申報』, 1905년 1월 26일 자 논설). 이 중 제물포 해전과 이후 상황에 대한 상세한 내용은 가스통 루르 저, 이주영 역, 『러일전쟁, 제물포의 영웅들』, 작가들, 2006이 참고된다.
121 『皇城新聞』, 1904년 2월 11~12일.
122 「한국과 관련한 일본 정부의 조치에 대해 외국 주재 러시아 외교대표들에게 보내는 회람 통지문(1904. 2. 20.)」, ГАРФ,ф.818,оп.1,д.74,лл.1-2 об.
123 『駐韓日本公使館記錄』, 「한일밀약협의 재개와 밀약안 교환건」, 1904년 2월 13일.

한편 같은 달 12일에 러시아공사 파블로프Павлов는 서울을 떠나 본국으로 귀국하였고, 17일 이후에는 일본이 경복궁과 창덕궁 내 건물을 일본군 숙소로 일시 차용하였다.[124] 19일에는 일본군 제12사단이 서울을 완전히 점령하였고, 22일에는 평양병참사령부가 평양을 점령하였다. 이미 일본은 1903년 12월 30일 "왕년의 청일전쟁과 마찬가지로 공수동맹共守同盟이나 혹은 다른 보호적 협약을 체결하면 가장 편의하다"[125]는 입장의 기본요강을 결정하였다. 그 준비 작업으로 대한제국 황실 내 친일세력의 포섭을 완료했고, 2월 23일 일본군 사단장 이하 장교들이 황제를 알현하는 등 군사적 위력을 통한 공포 분위기 속에서 '대한제국 내에서 군사적으로 필요한 긴급조치와 군사상 필요한 지점을 임의로 수용'할 수 있도록 하는 「한일의정서」를 강제로 체결하였다.[126]

「한일의정서」의 주요 골자는 다음과 같다. 제1조 시정개선에 관해 일본의 충고를 들을 것, 제2조 일본은 한국 황실을 확실한 신의로서 안전 강령케 할 것, 제3조 일본은 한국의 독립과 영토보전을 확실히 확증할 것, 제4조 제3국의 침해 혹은 내란으로 인하여 대한제국 황실의 안녕과 영토보전에 위험이 있을 시에는 일본 정부는 곧 임기 필요한 조치를 취할 것, 대한제국 정부는 일본 정부의 행동이 용이하도록 십분 편의를 제공할 것, 일본 정부는 전항의 목적 달성을 위하여 군략상 필요한 지점을 수시 수용할 수 있을 것, 제5조 대한제국 정부와 일본 정부는 상호 승인 없이는 본 협정의 취지에 반하는 협약을 제3국과의 사이에 체결하지 않을 것, 제6조 미비한 세부 조항은 일본 대

---

124 『舊韓國外交文書』제6권, 「日案」 6, 「景福宮內 建物의 日軍宿舍 一時充用懇請」, 1904년 2월 16일; 同書, 「昌德宮 一部의 日軍宿舍充用要請 및 鐵道院 等의 直時使用通知」, 1904년 2월 20일.

125 「對韓交涉 決裂時에 日本이 가져야 할 對韓方針」(明治 36년 12월 30일), 日本外務省 編, 『日本外交年表並主要文書』上, 1995.

126 藤村道生, 「日韓議定書의 成立過程―大三輪長兵衛韓国関係文書 "諸事抄録" "渡韓始末録" 史料解説として―」, 『朝鮮學報』 61, 1971. 최근의 한 일본 측 주장에 의하면 2월 23일 수정된 「한일의정서」가 체결되기까지는 대한제국 황실과 가까웠던 오사카大阪의 정상政商 오미와 초베에大三輪長兵衛의 막후 사전교섭이 큰 역할을 하였다고 한다(葦津泰國, 『大三輪長兵衛の生涯―惟新の精神に夢かけて―』, 葦津事務所, 2008, 196쪽).

표자와 대한제국 외부대신이 정황에 따라 협정할 것이다.[127] 일본은「한일의
정서」를 근거로 러일전쟁 과정에서 대한제국 황실의 안전과 독립 및 영토보
전을 보장한다는 명목으로 대한제국의 국권을 유린하였고, 군사행동은 물론
토지에 대한 강제 수용도 임의로 행할 수 있게 되었다.

그런데 일본 측 '의정서' 초안은 이미 전쟁 직전인 2월 5~6일경에 작성된
것이다.[128] 나아가 일본은 8월 22일 "대한제국 정부는 일본 정부가 추천하는
재정고문과 외교고문 각 1명을 두고, 재정과 외교에 관한 사항은 일체 그들
의 의견을 물어 시행"토록 하는「제1차 한일협약」이라 불리는「한일외국인
고문용빙에 관한 협정서」체결을 강제하여 이른바 '고문정치'를 실시하였
다.[129] 조선의 정치권 박탈에 이어 재정권·외교권을 장악하기 위해 일본은
다시 10월 5일 제실제도정리국帝室制度整理局을 설치하여 황실의 재산을 정
리하였고, 13일과 17일에는 일본 주차군사령관으로 하세가와 요시미치長谷
川好道와 재정고문으로 대장성 주세국장 메가타 다네타로目賀田種太郎를 부
임시켰다. 러일전쟁 시 한국의 보호국화 정책은 주로 외무대신의 지시를 받
지 않는 메이지 천황 직속의 주차군사령관을 정점으로 한 군대에 의해 추진
되었고, 전후에는 식민지화 정책에 중대한 영향을 주었다.[130] 메가타는 일본
통화가 제한 없이 통용될 수 있도록 대한제국의 화폐 생산을 담당하던 전환국
典圜局을 철폐하고, 관세를 담당하던 총세무사를 폐지하는 등 대폭적인 재정
정리사업을 단행하였다. 그 다음 달 27일에는 주미 일본공사관 고문인 미국
인 더럼 화이트 스티븐스Durham White Stevens를 외교고문으로 초빙하였다.

일본은 대한제국 정부를 강박하여 재정고문, 외교고문 외에 한국 정부의
초청이라는 형식을 빌려 군사, 경찰, 궁중, 학부 등에까지 일본인들을 파견

127　국회도서관 입법조사국,『舊韓末條約彙纂』上, 東亞出版社, 1964, 65~69쪽.
128　崔永禧,「韓日議定書에 關하여」,『史學硏究』20, 1968, 245쪽.
129　「保護より倂合に至る日本側の記錄」, 金正柱 編,『朝鮮統治史料』제3권, 韓國史料硏究所,
　　　1970, 641쪽.
130　由井正臣,『軍部と民衆統合―日淸戰爭から滿州事變期まで―』, 岩波書店, 2009, 38쪽.

하여 식민지화의 기반을 마련하였다. 그 결과 군사고문으로는 일본 육군 중좌 노즈 스네타케野津鎭武, 경무고문에 일본 경시청 제1부장 마루야마 시게토시丸山重俊, 궁내부 고문에 농상공부 고문 가토 마스오加藤增雄, 학부참여관에 문학박사 시데하라 타이라幣原坦를 각기 파견 내지 겸직시켜 해당 분야의 정책 수립과 집행에 깊이 간여하였다. 이 고문관들은 한국 주재 일본공사의 지휘, 감독을 받았고, 주요 사무는 반드시 공사의 동의를 얻어 시행하였다. 공사는 이를 일본 외무대신에게 보고해야 하였다.

「한일의정서」 성립 당일부터 일본은 반일관리의 고립화 및 퇴출에 주력하여 고종황제의 재정담당자였던 이용익을 일본으로 강제 납치하였다. 뿐만 아니라 '제2의 이용익'으로 불린 길영수와 황실에서 강한 영향력을 발휘하던 이학균·현상건도 일본으로 강제 출국시킬 계획을 구상하고 있었다.[131] 이 같은 구상은 전쟁 기간에 일본의 한국 지배정책에 지장이 있다고 판단되는 인물들을 고립시키고 그 자리에 국내와 일본에 망명 중인 친일적 인물들을 배치시킴으로써 그들을 통해 목적을 관철하려는 입장에서 취해진 조처였다.

그런대 1904년 3월부터 전쟁동원 노동자(역부役夫)의 강제모집도 큰 문제였다. 지방관들의 협조 없이는 군수물자 수송과 군량 징발에 엄청난 지장을 초래할 것을 염려한 일본은 한국 정부의 엄한 칙령을 이용해 식량 운반을 위해 가능한 인부와 우마牛馬를 징발하였다.[132] 일본은 단순한 형식적 포고로서는 지방민들의 민심 수습에 성공을 거두기 어렵다고 단정하고 강한 통제책으로 국면을 타개하려 하였다. 이러한 목적에서 과거 청일전쟁 당시의 경험을 기초로, 한국 정부로부터 지방관리의 임면권을 위임받은 선유사宣諭使를 서북지방에 파견 활용하면 일본군의 행동에 큰 편의를 줄 수 있을 것으로 생각하였다. 이에 일본은 한국 정부와 협의하여 외무참의 이중하를 평양관

---

131 『日本外交文書』37-1, 「日韓議定書調印事情報告ノ件」, 明治 37년 2월 23일.
132 이에 대해서는 이 책의 제2부 제1, 2장 참조.

찰사로 임명하고 선유사의 임무까지 부여하였다.[133]

3월 17일부터 10일간 일본 추밀원 의장 이토 히로부미는 한국 답사와 정세 분석을 마쳤다. 이토가 한국에 들어온 때는 일본군이 서울을 장악하고 있던 시기였다. 그렇지만 그때까지도 러시아군은 평안도와 함경도 도처에 포진하고 있었고, 일본 육군은 이 지역으로 계속 북상하는 시점이었다. 해상에서도 3월 21일에야 일본군 제1군이 진남포 상륙작전을 마칠 수 있을 정도로 전쟁 승패 여부도 불투명한 상태였다. 따라서 이토는 이 기간에 한국 내부에서 러시아에 화응하는 행위가 일어날 때는 일본의 전쟁 수행에 큰 지장을 미칠 것이라 판단하였다. 이에 그는 고종황제와 정부 관료들을 접촉하면서 「한일의정서」의 '취지'를 설명하고 만약 한국 측이 이를 위반할 시에는 단호히 조처하겠다고 위협하였다. 특히 궁내부대신에게는, 러시아와 전쟁 중 일본 측이 불리할 때 만일 한병韓兵이 자신들에게 창을 돌릴 경우 이를 적국행위로 간주할 것이라고 엄포하는 등 대러 전쟁 협력을 강요하였다.[134] 하야시 공사는 궁중宮中과 부중府中을 막론하고 외국과 약조를 맺을 경우 자신과 사전에 협의할 것을 공식 요청하였다.[135]

이러한 상황 속에서 러일 간의 전투가 본격적으로 시작되는 것은 3월 말부터였다. 전투는 청일전쟁 때와 마찬가지로 한반도의 북부에서 치열하게 전개되었다. 3월 28일 평안도 정주성 부근에서 기병의 도보전으로 러시아 병사를 격퇴한 일본군은 4월 4일 의주를 점령하였다. 이어 10일부터는 압록강 연안에서 소규모의 전투가 빈번하였고, 16일에는 러시아 병사가 함경도 성진과 길주를 점령하는 등 일진일퇴를 거듭하고 있었다.

133 「平安 兩道 地方官의 協力方에 관한 參謀總長으로부터 依賴의 件」, 明治 37년 3월 28일, 『日韓外交資料集成』 第5卷―日露戰爭 編―, 133~134쪽.
134 「3월 25일 伊藤特派大使皇帝謁見始末」, 明治 37년 3월 28일, 『日韓外交資料集成』 제5권―日露戰爭編―, 147쪽.
135 『舊韓國外交文書』 제6권, 「日案」 6, 「內外政刷新에 關한 對外國人約書의 事前協議要請」, 1904년 3월 31일.

압록강변의 대회전에서 일본군은 청일전쟁의 경험을 바탕으로 도하작전을 개시하여 러시아군 주력 부대를 압록강 건너 청의 안둥 현으로 퇴각시켰고, 4월 말 압록강을 넘어 주롄청九連城과 평황청鳳凰城을 차례로 함락하였다. 한반도에서 러시아 주력군을 몰아낸 일본은 한국 정부를 강박하여 5월 18일 의정부 참정 조병식 이하 명의로 러시아와의 국교 단절 선칙서宣勅書를 각국 정부에 통첩토록 하는 한편, 지방관들에 대해서도 이를 전달토록 하는 등 승리의 기운을 굳혀 가고 있었다.[136]

그렇지만 당시 전투가 일본군의 일방적인 승리로 점철된 것만은 아니었고, 적지 않은 희생이 있었다. 압록강 도하 이후 최초의 전투인 주롄청 점령 시 일본군의 사상자도 700여 명이나 되었다.[137] 4월 26일 일본군 보병 제37연대 제9중대가 탑승한 긴슈마루金州丸는 함경도 이원을 정찰하고 원산으로 귀항하던 중 신포新浦에서 러시아 군함에 의해 격침되기도 하였다.[138] 또한 6월 30일 새벽 러시아군 수뢰정 4척은 계속해서 원산항을 습격하여 정박한 소증기선 코운마루幸運丸와 범선 세이사마루淸沙丸를 격침시켰다.[139] 7월 23일에는 러시아의 블라디보스토크 함대 3척이 일본 도쿄 만 부근 미야케지마三宅島에 상륙하여 돼지 몇 마리를 강제로 구입해 간 적도 있었다.[140] 그럼에도 불구하고 승세는 일본쪽으로 기울고 있었다. 8월 14일 울산만해전에서 일본 카미무라上村 함대는 러시아 블라디보스토크 함대를 격파하였고, 이를 이용해 육지에서는 원산 후비제대가 함경도 점령지역을 함흥까지 확장하였다.[141]

이후 일본군은 중국 대륙 깊숙이 더욱 들어가게 되고 9월 4일에는 랴오양

---

136 『東京朝日新聞』, 明治 37년 5월 21일.
137 『國民新聞』, 明治 37년 5월 2일.
138 『(日本國)官報』, 明治 37년 4월 30일.
139 參謀本部 編, 『明治 三十七 · 八年 日露戰史』第10卷(이하 『日露戰史』로 약칭함), 偕行社, 1914, 383쪽.
140 『郵便報知新聞』, 明治 37년 7월 31일.
141 金正明 편, 『朝鮮駐箚軍歷史』, 巖南堂書店, 1967, 26쪽.

을 완전히 점령하였다. 그러나 이 전투에서 사상자 수가 1만 7,539명이 되는 등 일본군의 피해 또한 극심하였다. 이렇게 막대한 인적 손실을 입은 일본 정부는 9월 30일 종래의 5년 후비역後備役을 10년으로 연장하고 7년 4개월을 제1보충역, 1년 4개월을 제2보충역으로 개정하여 병력을 보강하고자 하였다.[142] 이러한 징병제도는 이듬해 약간의 수정을 거쳐 전쟁이 끝날 때까지 지속되었다.

한편 전쟁 수행을 위한 재정 확보를 위해 일본 정부는 이미 영국에서 빌려온 차관 외에 새로 국채國債를 발행하였다. 전쟁 직전인 2월 6일 주가가 대폭락하였지만 2월 9일 인천항의 승리소식이 전해지자 급반등하였다.[143] 당시 전승 기운에 편승하여 모채募債 신청은 세간의 기대 이상으로 활발하였다.[144] 그러나 전쟁비용 조달은 일반 민중에게 중세重稅 부담을 가중시켰으며, 중앙과 지방의 재정 고갈로 교육·토목 등 주민생활에 직결되는 사업이 중지되거나 연기되었다.[145] 고도쿠 슈스이幸德秋水는 이를 '일반 세민細民의 피를 쥐어짜고 뼈를 발라내는' 것으로 비유하였다.[146] 이때 청일전쟁 때 국권론적 입장을 강하게 견지하면서 조선 침략을 고무시킨 바 있던 일본 내 인기신문 『니로쿠신보二六新報』마저도 정부의 강요에 의해 이루어지는 군사공채軍事公債 모집과 국민의 애국심에 호소하는 것을 비난하였다. 그 때문에 발행인 아키야마 데이스케秋山定輔는 '러시아로부터 금전을 받은 노탐(露探; 러시아의 첩자)' 혐의로 공격을 받았고, 이 설은 세간에 유포되었다. 그 결과

---

142 『東京朝日新聞』, 明治 37년 9월 30일.
143 大濱徹也, 앞의 책, 2004, 121~122쪽. 그런데 영국 은행업자가 1904년 4월 10일 제출한 조건은 1. 발권공채는 파운드로 하고, 2. 해관세 수입을 담보로, 3. 이자는 연 6푼이고, 4. 기한은 5개년으로, 5. 발행금액 300만 파운드를 최고한도로 하는 것이었다(上塚司 編, 앞의 책, 201~202쪽). 제1회 공채 발행 개시의 대외적 발표는 일본군의 압록강 전투 승리(5월 1일) 이후인 5월 11일 영·미 양국에서 동시에 이루어졌다(上塚司 編, 앞의 책, 206쪽).
144 예를 들면 1904년 11월 제3회 국고채권 응모액은 2억 4천 14만 7천 원으로 당초 모집액 8천만 원의 3배 이상을 응모하였다(『東京朝日新聞』, 明治 37년 11월 10일).
145 井口和起 編, 앞의 책, 84쪽.
146 『平民新聞』, 明治 27년 3월 27일.

가쓰라 내각의 대동구락부大同俱樂部 소속 중의원 의원 오가와 겐이치小河源 一의 긴급동의 제안연설과 '신문지조례위반' 등의 혐의로 그해 3월 28일 아키야마는 중의원 의원직을 사임하게 되었고, 신문도 4월 14일 발매 정지당하였다. 이 사건은 당시 정우회政友會 소속 중의원 의원 하라 다카시原敬의 3월 29일 자 일기에도 기록되어 있듯이 "의회에서도 위원을 세워 조사했지만 결국 증거가 없었다"는 것이다.[147]

반전론자 우치무라 간조內村鑑三도 전쟁 직전인 1903년 10월 12일 언론 기고문에서 러일 개전에 동의하는 것은 '일본국의 멸망에 동의하는 것'으로 확신하였고, 1904년 6월 19일 '전쟁폐지론'에서는 "전쟁은 사람을 죽이는 일이다. 사람을 죽이는 것은 큰 죄악이다. 큰 죄악을 범한다면 개인도 국가도 영구히 이익을 얻을 수 없다"고 주장하였다.[148] 한때 청일전쟁을 '의전 (義戰; Just War)'이라 주장하였던 그는 자신의 과오를 인정하고 전쟁 직후 '러일전쟁을 통해 내가 받은 이익'이라는 연설에서 '동양평화를 위해'라는 명목으로 일본이 도발한 청일전쟁·러일전쟁과 주권론 확산을 경계하였다.[149] 그럼에도 불구하고 쇼비니즘의 광기는 당시 각지의 소학교를 비롯해 교육현장에서도 풍미하였다. 『헤이민신문平民新聞』에 따르면, 예컨대 소학교의 아동이 조석으로 정로征露의 군가를 부르고, 육해군의 지도를 보고 전쟁놀이를 하는 등 '일종의 광열狂熱 선동'의 모습을 갖추고 있었다 한다.[150] 일본 정부는 '충군애국忠君愛國'의 이름 아래 그 반대자를 '노탐' 내지 '비국민非國民'이라 하면서[151] 양심적 여론을 철저하게 말살하는 등 전쟁에 대한 어떠한 비

---

147 이에 대해서는 奧武則, 『ロシアのスパイ—日露戦争期の'露探'—』, 中央公論新社, 2011, 105~144쪽 참조.

148 하라다 게이이치 저, 최석완 역, 『청일 러일전쟁』, 어문학사, 2012, 229~230쪽.

149 야마무로 신이치 저, 정재정 역, 앞의 책, 251쪽.

150 『平民新聞』, 明治 27년 3월 20일, 社說「戰爭と小學兒童」; 竹長吉正, 『日本近代戰爭文學史』, 笠間書院, 1976, 199쪽.

151 藤原彰 外, 앞의 책, 185쪽.

판도 용납하지 않았다.[152] 이런 분위기는 전쟁 종결 후인 1905년 11월 30일 계엄령과 신문을 단속하는 긴급칙령 폐지 때까지 계속되었다.[153]

일본이 러일전쟁에서 확실한 승리를 굳히는 것은 1905년 1월 초 일본군이 뤼순 항을 함락한 이후부터였다. 해군기지로서 중요한 전략적 가치를 점하는 뤼순은 견고한 천연요새로 러시아와 일본은 각기 이곳의 입지를 활용하여 중국 내륙 및 만주의 교두보를 확보하고 인접 무역항인 다롄의 대규모 개발을 통해 동북아 거점을 선점하려고 하였다.[154] 뤼순전투는 육전陸戰의 승패 여부를 가늠하는 치열한 총 공방전이었다. 처음 일본군의 제2, 3차 뤼순 총공격은 실패로 돌아갔다. 종군기자 스루다 데이지로鶴田禎二郎가 "우리 병사는 적 편에 사체를 쌓아 엄보掩堡를 만들었다"고 표현할 정도로 뤼순전투는 많은 사망자를 냈던 처절한 전투였다.[155]

뤼순전투와 마찬가지로 치열한 총력전으로 기록되는 펑톈대회전奉天大會戰에서도 일본군은 승리하였고 3월 10일 펑톈을 점령함으로써 육상에서의 대규모 전투는 모두 끝이 났다. 전투에 투입된 러시아군은 37만 명으로 이 중 사상자는 9만 명, 포로는 2만 명이었다. 승리한 일본도 25만 명의 전투참가자 중 사상자가 7만 명이나 되었다. 러일전쟁은 일본의 '참혹한 승리'라는 견해처럼 청일전쟁과 비교하면 4.5배에 해당하는 장병을 동원하였고, 전사·전몰자의 수도 6.1배 이상이었다.[156]

---

152 이와 관련하여 정체성의 의식이 타인을 따뜻하게 포용할 수도 있지만 그만큼 많은 사람을 단호히 배제할 수도 있다는 인식이 보완되어야 하며, 그것이 반드시 연대의식의 근거가 되어야 한다는 '비이성적 가정'과 '공동체주의적 사고'의 문제점을 지적한 경제학자 아마르티아 센의 논리는 참고할 만하다(아마르티아 센 저, 이상환·김지현 역, 『정체성과 폭력—운명이라는 환영—』, 바이북스, 2009, 33·76~77쪽).

153 그사이 일본 내에서 긴급칙령에 근거한 경시총감의 행정처분 집행에 의해 17개의 신문 및 잡지가, 내무대신에 의해 22개의 신문과 잡지가 발행정지되었다(『東京朝日新聞』, 明治 38년 12월 1일).

154 조지 린치 저, 정진국 역, 『제국의 통로—시베리아 횡단철도와 열강의 대각축—』 글항아리, 2009, 95~103쪽(원저는 George Lynch, *The Path of Empire*, Duckworth&Co London, 1903).

155 藤原彰 外, 앞의 책, 189쪽.

156 小川原宏幸, 「日露戰爭と朝鮮」, 趙景達 編, 『近代日朝關係史』, 有志舍, 2012, 297쪽.

해군의 승부는 5월 27일과 28일 대한해협 쓰시마해전에서 도고 헤이하치로東鄕平八郞 중장이 지휘하는 연합함대聯合艦隊가 페테르부르크를 출발하여 7개월여 동안 유럽, 아프리카, 아시아를 돌아 극동에 온 러시아의 발트 함대를 격파함으로써 끝나게 되었다. 당초 러시아 황제 니콜라이 2세는 발트 함대를 파견하면서 자국의 승리를 확신하였다. 적어도 개전 직후까지는 러시아 국내에서도 전쟁이 아주 인기가 없었던 것은 아니었다. 예컨대 바랴크호와 카레예츠호 승조원 귀국 시 국내에서의 성대한 환영식, 전국 각지에서의 퍼레이드와 승리 기원 기도, 차르와 조국에 대한 충성 표명 등이 있었다.[157] 그러나 뤼순·펑톈전투의 패배와 더불어 1905년 1월 22일 '피의 일요일Кровавое воскресенье' 사건으로 상징되는 노동자·농민의 혁명적 운동 열기가 러시아 내부에 팽배해 있었고 이의 해결 문제로 차르 정부는 동요하고 있었다. 전쟁 당시 만주군 총사령관을 맡고 있던 쿠로파트킨에 따르면 전쟁을 수행하는 많은 병사들도 '혁명전선'에 물들어 있었고, '아무도 좋아하지 않는 인기 없는 전쟁에 열정 없이 싸워야만 했다'는 것이다.[158] '혁명적 패권주의' 입장에서 러시아 혁명가들도 차르 정부가 패배하기를 바랐다.[159] 어느 우익계 신문도 "비테를 광장으로 끌어내어, 시민들 앞에서 총살해야 한다"고 주장한 바 있다.[160] 노동자와 농민 그리고 지식인들까지 동조하는 이러한 안팎의 혼란은 무엇보다도 니콜라이 2세가 전쟁의 종결을 급선무로 생각하는 계기가 되었다. 그럼에도 불구하고 온건파 비테가 실각한 후 베조브라조프 등 강경파의 주도로 러시아는 전쟁을 계속하지 않을 수 없었다.[161] 결국 발트 함대의 궤멸 이후 재반격의 기회를 갖지 못하고 미국 대통령 시어도어 루스벨트Theodore Roosevelt의 권고로 1905년 9월 5일 급히 강화를 체

---

157 小森陽一·成田龍一 編, 앞의 책, 158쪽.
158 Alexei Nikolaievich Kuropatkin 저, 심국웅 역, 앞의 책, 87쪽.
159 와다 하루키 저, 이경희 역, 앞의 책, 16쪽.
160 岡田和裕, 『ロシアから見た日露戦争』, 潮書房光人社, 2012, 204쪽.
161 Alexei Nikolaievich Kuropatkin 저, 심국웅 역, 앞의 책, 328쪽.

결하였다. 이로써 1년 반 정도에 걸친 러일 간의 전쟁은 일본의 승리로 끝이 났다.

전쟁 종반에 러시아의 수도는 혁명의 열기가 팽만해 있었다. 1905년 10월에는 전국적으로 총파업이, 12월에는 모스크바에서 무장봉기가 있었다. 반면 일본도 재정 고갈과 막대한 인력 손실로 더 이상 전쟁을 이끌기에 역부족이었다. 전 국민의 총력전으로 가까스로 승리했음에도 불구하고 배상금도 받을 수 없었던 외교적 결과와 '초라한' 전리품에 실망한 도쿄 시민은 개선凱旋 의식의 열기와 정부에 대한 비판이 동시에 진행되는 가운데 급기야 히비야日比谷 시민폭동(1905. 9. 5.)을 일으켰고, 고베神戶·요코하마橫濱 등에서도 소요사건이 일어나는 등 일본도 전쟁 후유증이 심각하였다.

일본이 계획된 프로그램에 따라 한국 지배정책을 추진해 나갈 수 있었던 것은 러일전쟁의 승리과정에서 열강 간의 식민지 영토분할 담합에 의한 것이었다. 즉, 전쟁이 끝날 즈음인 1905년 7월 29일 미국 육군장관 윌리엄 태프트William Taft와 일본 수상 가쓰라 다로桂太郎 간의 비밀협약인 이른바 「가쓰라-태프트 밀약Katsura-Taft Agreement」에 의해 일본은 미국의 필리핀 지배를 인정하는 조건으로 미국으로부터 한국 지배를 약속받았다. 이러한 약속을 바탕으로 당시 미국 대통령 루스벨트는 "만일 일본이 계속해서 러시아와 대항한다면, 일본이 뤼순을 획득하고 한국에 있어 탁월한 세력을 유지하는 것을 허락하지 않으면 안 된다"라고 언급하였다. 또한 영국의 주미대사 헨리 듀랜드Henry Durand도 "우리들의 관점으로는 만일 일본의 성공이 유지된다고 한다면, 일본은 뤼순을 계속 점령하고 한국에서의 탁월한 세력을 유지할 권리가 있을 것이다"라고 하여 일본의 한국 지배 승인을 주장하였다.[162]

뿐만 아니라 일본은 "한국에서 보유하는 정치·군사·상업상의 특수이익

---

162 吉田和起, 「日本帝國主義의 朝鮮併合—국제관계를 중심으로—」, 楊尙弦 편, 『韓國近代政治史研究』, 사계절, 1985, 129쪽.

을 보호하기 위해서 정당하고 또 필요하다고 인정되는 조치를 취할 수 있는 권리를 영국이 승인한다"는 영국 측의 단서를 받아들여 이를 보완, 8월 12일 한국에 대한 '지도guidance · 감리control · 보호protection'의 3원칙 아래 「제2차 영일동맹」을 맺었다.[163] 이 동맹에 의해 일본은 인도에서 영국의 특수 이익을 인정하는 조건으로 영국으로부터도 한국 지배를 보장받을 수 있었다. 동맹 내용 전문全文이 도쿄에서 발표된 것은 9월 25일이었고, 대한제국에 알려진 것은 같은 달 29일 자『대한매일신보』보도에서였다.[164]

　그러나 당시 영일동맹에 대해 일본 내의 여론도 그리 곱지만은 않았다. 『헤이민신문』에서는 '일로(日露; 일본 · 러시아)의 전쟁은 기실 노영(露英; 러시아 · 영국)의 전쟁'일 뿐만 아니라 러시아의 시베리아 철도와 영국의 아시아 관통철도의 경쟁으로 '일본은 오직 영국의 꼭두각시에 불과하다'고 혹평하였다.[165]

　러일전쟁 기간 일본은 전사자 · 사상자 21만 8,429명, 병자 22만 1,136명의 인적 손실이 있었지만[166] 패전한 러시아와 9월 5일 「포츠머스 강화조약 Treaty of Portsmouth」을 체결함으로써 다른 것을 얻을 수 있었다. 이 조약에 의해 일본 측은 랴오둥반도의 조차권과 하얼빈-뤼순 간 남만주 철도권을 이양받고, 연해주沿海州 연안의 어업권을 획득하였으며, 사할린 남부南樺太를 할양받는 등의 성과를 올렸다.[167] 그러나 조약에서 일본이 얻은 최대 이익은 대한제국에 대한 완전한 권익, 즉 독점적 한국 지배였다.[168]

　결과적으로 일본은 영국과 미국의 도움으로 러일전쟁을 일으켜 러시아를

163 『日本外交年表竝主要文書』上, 241~242쪽.
164 『大韓每日申報』, 1905년 9월 29일.
165 藤原彰 外, 앞의 책, 187쪽.
166 『東京朝日新聞』, 明治 38년 11월 25일.
167 국회도서관 입법조사국, 『舊韓末條約彙纂』中, 東亞出版社, 1965, 218~223쪽.
168 「포츠머스 강화조약」 제2조는 "러시아제국 정부는 일본국이 한국에서의 정치상, 군사상 및 경제상 탁월한 이익을 가지는 것을 승인하고, 일본제국 정부가 한국에서 필요하다고 인정되는 지도, 보호 및 감리의 조치를 취할 때 이를 저해하거나 또는 이것을 간섭하지 않을 것을 약속한다"라고 되어 있다.

제압하고 전쟁을 유리하게 끝냈으며, 두 나라의 승인을 받아 대한제국을 식민지로 만들 수 있게 되었다. 20세기 제국주의 열강 중에서도 세계체제를 주도하던 나라는 영국과 러시아 및 태평양 지역에서 새롭게 부상하는 미국이었고, 이들은 국가적 이해관계에 따라 때로는 결합하고 때로는 경쟁하면서 패권을 다투고 있었다. 특히 일본은 영국과 미국의 동아시아 이해관계에서 밀접한 국가였다. 이제 상황은 청일전쟁 때와는 달랐다. 아시아 종주국 행세를 하던 중국은 청일전쟁 이후 '잠자는 동양의 돼지'라는 혹평을 받을 정도로 쇠퇴하여 제2차 세계대전 이후 1943년 카이로 회담Cairo Conferences 때까지 국제적 발언권이 약화된 상태에서 한국에 별다른 발언권을 행사할 수 없었다. 삼국간섭 이후 러시아와 한 축을 이루었던 프랑스와 독일도 영국, 미국과 겨루기는 버거웠다. 그러한 상황에서 일본은 말로는 '독립', '보호국화'[169]라고 하지만 실제는 식민지화할 수 있는 단계로 전환할 수 있게 된 것이다.

「포츠머스 강화조약」까지의 과정을 통해 일본은 열강들에게서 한국에서의 배타적 우월권을 최종적으로 승인받았다. 그 여세를 몰아 그해 11월 9일 한국에 온 특명전권공사 이토 히로부미는 정부대신들을 협박 또는 매수하여 11월 17일 '을사조약'(「제2차 한일협약」)을 강제하였다.[170] 최소한의 합의 없이 강압적으로 황제의 위임장과 비준서도 없는 등 조약 체결 절차상의 기본적인 요건도 갖추지 못했던 이 '조약'을 통해 일제는 대한제국의 외교권을 불법적으로 강탈하고 통감부를 설치하는 등 후속조치를 강행하였다.[171]

---

169 러일전쟁 직후 대한제국을 보호국으로 설정하는 문제와 관련된 세계사적 사례와 일본의 '명분'에 대해서는 국제법학자 有賀長雄의 『保護國論』(早稻田大學出版部, 1906)이 참고된다.

170 일본공사 하야시는 본국의 전보훈령을 받고 1905년 9월 잠시 도쿄로 간 적이 있었다. 그런데 그의 술회에 따르면 대한제국 '보호국'화의 결정은 수상 가쓰라 다로의 별장을 방문한 외상 고무라 주타로와 자신 등 세 사람의 '葉山 會合'에서 비밀리에 이루어졌다고 한다(林權助, 앞의 책, 212~215쪽).

171 이태진, 『한국병합의 불법성 연구』, 서울대학교출판부, 2003, 40~46쪽 참조.

러일전쟁의 전개과정

러일전쟁(1904~1905)은 한국 전 지역과 중국 동북지역을 두고 러시아의 남진과 일본의 대륙 진출 과정에서 발생한 20세기 최초의 국제전이자, 한국에서 시작되고 한국에서 끝난 제국주의 침략전쟁이었다. 그럼에도 불구하고 아직까지도 일반의 시선은 주로 중국 관내 전투에만 집중되어 있다. 또한 제물포해전과 평안도 지역의 전투(평양전투·정주전투·의주전투·압록강 도하 전투 등)는 어느 정도 알려져 있으나, 한반도 북부에서 또 다른 한 축을 형성하고 있던 함경도 지역의 전투뿐 아니라 당시의 지역상황 등에 관한 전반적 내용은 거의 알려져 있지 않은 변경의 '잊혀진 전쟁'이었다. 동시대 영어교사이자 대한제국 황제의 구미 외교 창구 역할을 했던 한국통 호머 B. 헐버트 Homer B. Hulbert도 평안도 정주전투와 일본 군대의 압록강 도하 이후 한반도에서 러일 간의 교전은 종식되었다고 이해하고 있었다.[1]

당시 한국 내 러일 군대의 주력 동선이 인천-서울-평양-정주-의주-압록강-만주로 이어지는 상황에서 일본군의 만주 진출 이후 평안도 지역의 전

---

1 H. B. 헐버트 저, 申福龍 역, 『大韓帝國滅亡史』, 平民社, 1984, 204쪽.

투는 소규모 게릴라전을 제하면 큰 내용이 없었다. 만주 방면의 주요 전투는 1904년 2월 일본군의 뤼순 항 기습, 5월의 난산南山전투, 8월의 랴오양전투, 10월의 샤허沙河전투와 1905년 1월의 뤼순공방전, 3월의 펑텐(심양)대회전 등으로, 이후 큰 전투는 없었다. 사할린전투도 이미 1905년 7월 7일 남사할린에 상륙한 일본군 13사단이 24일 북사할린에 상륙하여 같은 날 31일 러시아군의 항복을 받아내면서 종결되었다. 반면 러일전쟁 초기부터 시작되어 일본군의 압록강 도하 이후에도 육해전으로 이어지던 함경도 지역의 전투는 1905년 9월 5일 「포츠머스 강화조약」으로 종전이 공식화된 이후에도 크고 작은 전투가 일정 기간 지속되었다.

　함경도 지역 전투는 한국과 러시아의 국경선 및 동해에 접해 전개된 전투였다.[2] 한편 이 전투의 승패 여부는 러시아 입장에서는 일본군의 자국 영토로의 진입이 우려됨은 물론 정반대로 일본 본토 진입 계획과 관련하여 중요한 의미를 갖고 있었다. 일본 입장에서도 이 지역이 일본과 가장 근접한 전장지였는데, 블라디보스토크를 거점으로 한 러시아 함대의 일본 영토에 대한 잦은 침입이 우려됨과 동시에 만주전투와는 별개로 러시아 영토인 연해주와 사할린, 나아가 시베리아 진출에 대한 열쇠가 되기 때문이었다.

　이 장에서는 러일전쟁 당시 러시아군과 일본군 관련 자료의 비교 검토를 통해 함경도에서 전개되었던 러일 간 전투의 실시간 상황을 정리하고, 작전 구상과 군사 편제, 전투의 역사적 함의 등을 구체적으로 살피고자 한다.

2　심헌용, 『한반도에서 전개된 러일전쟁 연구』, 국방부 군사편찬연구소, 2011, 제3장 3절과 제5장 2절의 내용이다. 그러나 이 연구는 거의 러시아 군사 관련 문서를 중심으로 이해하여 다른 한 축인 일본 자료와의 균형성 문제가 제기될 수 있다. 또한 전체적인 전투지형과 정황이 제대로 밝혀져 있지 않은 한계가 있다.

1. 러시아군의 남하와 일본군의 북진

(1) 초기 전투상황

개전 직후 함경도 지역 상황을 보면, 1904년 2월 4일 일본은 어전회의에서 러시아와의 교섭 단절과 개전을 결정하였고, 이날 만일의 위기에 대비하여 함경도 일대의 일본인 노유부녀老幼婦女를 원산항으로 철수시킬 것을 내밀히 전달하여[3] 2월 10일에 완료하였다. 일본군 제4사단 제37연대 제3대대는 2월 19일 인천에 상륙하여 3월 1일 육로로 원산에 도착하였다. 종래 이 지역을 수비하던 보병 제38연대 제11중대를 대신하여 24일에는 후비보병 제45연대 제4중대도 합류하였다. 당시 함경도 북부는 2월에 파블로프 대령을 지휘관으로 하는 우수리 기병분견대가 창설되어 소수의 러시아 기병이 두만강을 넘어 웅기雄基 및 경성鏡城 부근에 출몰하는 정도였다.[4] 3월 5일에 러시아 기병이 경성으로부터 회령·길주로 향하였고, 조만간 육병陸兵이 남하한다는 보고에 따라 일본군은 거류민 보호를 구실로 원산주둔병 중 2중대를 파견하였다.

서울을 장악한 시기에 일본군은 평안도와 함경도 도처에 포진하고 있었고, 새로운 육군이 이 지역으로 계속 북상 중이었다. 2월 25일 일본군과 러시아군 척후는 평양 북방 숙천肅川에서 처음 충돌하였다. 러일 간의 전투가 본격적으로 시작되는 것은 3월 말부터였다. 일본군은 3월 13일 진남포전보국을 접수하고[5] 3월 28일 평안도 정주성 부근에서 기병의 도보전으로 러시아 병사를 격퇴한 후 4월 4일 의주를 점령하였다. 이어 10일부터는 압록강 연안에서 소규모의 전투가 빈번하였고, 함경도에서는 12~14일 사이에 러시아군이 경성과 길주에 도착하면서 일진일퇴를 거듭하고 있었다. 같은 달 16일에

3 『日韓外交資料集成』 제5권―日露戰爭 編―, 36쪽.
4 로스뚜노프 외 전사연구소 편, 김종헌 역, 『러일전쟁사』, 건국대학교출판부, 2004, 457~458쪽; 『日露戰史』, 375쪽.
5 外務省 外交史料館, 『韓國電信局占領一件』, 「鎭南浦電信局占領ノ件」, 1904년 3월 14일(染谷 진남포 부영사→小村 외무대신).

는 성진城津에 러시아 기병 약 30명이 침입하여 일본거류민 50여 명이 원산으로 철수하였다. 성진에는 영국인 선교사 2명과 세관원 1명만 잔류하였다. 이때 러시아군은 일본인 가옥 총 29동 및 창고와 관세창고를 불태워버리고 전보국 기계를 가지고 다음 날 오후 경성으로 퇴각하였다. 19일에는 러시아군 약 250명이 길주를 출발하여 북청으로 남진하고 있었다.

이에 대응하여 일본군 제2함대가 4월 22일 원산항에 들어와 1개 부대를 성진 부근에 파견하여 적정을 탐색하였다. 그런데 일본군 보병 제37연대 제9중대가 탑승한 긴슈마루金州丸는 4월 25일 함경도 이원을 정찰하고 원산으로 귀항하던 중 신포新浦 동남쪽 약 19리 떨어진 곳에 도착하였다. 이때 해군 소장 이예센이 지휘하는 블라디보스토크 함대Владивосток флот 소속 러시아 초계선이 긴슈마루에 접근하여 선명船名 및 국적을 묻고 승조원의 퇴거를 재촉하였고, 다음 날인 4월 26일 오전 1시 30분에 수뢰포를 발사하여 침몰시킨 후 퇴각하였다.[6] 또한 4월 25일 정오경에 러시아 수뢰정 2척이 원산항에 정박하고 있던 고요마루五洋丸(민간 기선으로 한국 상인 소유의 어물을 탑재)와 전진항에 있던 하기우라마루萩浦丸의 선원을 강제 상륙시킨 후 수뢰를 발사하여 격침시켰다. 이때 장교 17명, 병사 20명, 선원 65명을 포로로 잡았다.[7] 하기우라마루 탑승자 중 24명은 포로가 되어 시베리아 횡단열차로 러시아 페테르부르크 인근 노브고로트 메드베지медведь 지역에 수감되었다가 「포츠머스 강화조약」 이후 유럽, 아프리카, 인도양을 지나 일본을 경유하여 한국으로 귀환하였다. 이들 중 한국인은 사무원 한득청韓得淸을 비롯해 총 9명으로 전체 포로 중 1/3 이상을 차지하였다.[8]

반면 서북 방면 일본군 제1군은 4월 26일부터 압록강 도하작전을 개시하

---

6 『官報』, 明治 37년 4월 30일. 이때 일본인 사망자는 대위 2명, 소위 1명, 특무조장 1명, 사졸 73명, 통역 2명이었다. 생존자 중 군인은 경상 10명, 중상 1명이었고 상인과 인부는 무사하였다.

7 「6등관 플란손의 전문(1904. 4. 15/28.)」, ГАРФ, ф. 568, оп. 1, д. 187, л. 93.

8 外務省 外交史料館, 『日露戰役ノ際浦塩艦隊元山來襲金州丸, 五洋丸, 萩浦丸遭難一件』, 「日露戰役ニ關スル個人損害要償事件調査報告」, 1908년 2월 1일.

여 용암포의 러시아군 주력을 압록강 대안의 청淸 안둥 현으로 퇴각시켰고, 5월 1일 압록강을 넘어 주롄청과 평황청을 차례로 함락하였다(〈표 1-1〉 참조).

〈표 1-1〉 러일전쟁 기간 인천-서울-평양-의주-만주 방면 일본군 병참지 통과 인마人馬 수

[단위 : 명(人), 두(馬)]

병참지	부대	개설일 수	구분	전방통과 수	후방통과 수	계	1일 평균
인천	12사단	30	人	26,905	213	27,118	903.93
			馬	6,645	–	6,645	221.50
	주차군	581	人	21,964	3,762	25,726	44.28
			馬	1,109	52	1,161	2.02
서울	12사단	30	人	29,866	454	30,320	1,010.07
			馬	7,260	2	7,262	242.07
	주차군	581	人	7,617	9,156	16,773	28.87
			馬	1,157	566	1,723	2.97
고양	12사단	29	人	21,397	85	21,482	740.76
			馬	6,278	5	6,283	216.66
	주차군	581	人	1,914	1,065	2,979	5.13
			馬	799	245	1,044	1.80
임진진	12사단	29	人	19,868	–	19,868	685.10
			馬	6,448	–	6,448	222.34
	주차군	581	人	1,509	1,906	3,415	5.88
			馬	682	434	1,116	1.92
영등포	12사단	13	人	1,850	–	1,850	142.31
			馬	1,480	–	1,480	113.85
개성	12사단	28	人	15,362	155	15,517	554.18
			馬	5,166	–	5,166	184.50
	주차군	581	人	3,380	2,834	6,214	10.70
			馬	617	238	855	1.47
南川店	12사단	28	人	16,128	4,526	20,654	737.64
			馬	5,302	490	5,792	206.86
	주차군	581	人	1,348	991	2,339	4.03
			馬	594	165	759	1.31
평산	12사단	27	人	?	?	?	?
			馬	?	?	?	?

新酒幕	12사단	27	人	18,949	873	19,822	734.15
			馬	5,460	106	5,566	206.15
	주차군	581	人	1,216	432	1,648	2.84
			馬	500	47	547	0.94
서흥	12사단	27	人	?	?	?	?
			馬	?	?	?	?
興水院	12사단	27	人	20,427	10	20,437	756.93
			馬	6,162	–	6,162	228.22
	주차군	581	人	1,327	773	2,100	3.61
			馬	572	154	726	1.25
봉산	12사단	27	人	22,157	567	22,724	841.63
			馬	2,944	75	3,019	111.81
	주차군	581	人	1,883	908	2,791	4.80
			馬	711	69	780	1.34
新院	12사단	27	人	4,180	155	4,335	160.56
			馬	331	3	334	12.37
	주차군	56	人	193	571	764	13.61
			馬	12	21	33	0.59
금천	12사단	26	人	29,624	324	29,948	1,151.85
			馬	6,275	35	6,310	242.69
	주차군	581	人	1,583	1,894	3,477	5.98
			馬	607	232	839	1.44
해주	12사단	26	人	5,583	40	5,623	216.27
			馬	1,084	–	1,084	41.69
	주차군	581	人	?	?	?	?
			馬	?	?	?	?
평양	12사단	24	人	?	?	?	?
			馬	?	?	?	?
	제1군	52	人	40,702	1,082	41,784	803.53
			馬	8,536	14	8,550	164.42
	주차군	529	人	6,805	3,533	10,338	19.54
			馬	997	76	1,073	2.03
벽란도	12사단	24	人	?	?	?	?
			馬	?	?	?	?

	주차군	392	人	872	844	1,716	4.38
			馬	66	22	88	0.22
재령	12사단	24	人	3,993	129	4,122	171.75
			馬	484	2	486	20.25
	주차군	30	人	?	?	?	?
			馬	?	?	?	?
황주	12사단	23	人	21,988	168	22,156	963.30
			馬	6,130	–	6,130	266.52
	주차군	581	人	3,327	1,121	4,448	7.66
			馬	1,219	136	1,355	2.33
중화	12사단	23	人	22,256	26	22,282	968.78
			馬	6,270	1	6,271	272.65
	주차군	581	人	2,891	1,020	3,911	6.73
			馬	1,261	106	1,367	2.35
사리원	12사단	12	人	1,807	4	1,811	150.92
			馬	86	–	86	7.17
	주차군	55	人	81	195	276	5.02
			馬	2	7	9	0.16
船橋里	12사단	10	人	?	?	?	?
			馬	?	?	?	?
용강	제1군	27	人	37,818	1,286	39,104	1,418.30
			馬	7,886	62	7,948	294.37
진남포	제1군	53	人	57,868	306	58,174	1,097.62
			馬	12,884	10	12,894	243.28
	주차군	529	人	14,553	1,869	16,422	31.04
			馬	1,076	21	1,097	2.07
강서	제1군	53	人	23,336	2,557	25,893	488.55
			馬	5,215	50	5,265	99.34
	주차군	529	人	10,158	1,431	11,589	21.91
			馬	1,040	100	1,140	2.16
大平洞	제1군	28	人	26,809	1,150	27,959	998.54
			馬	5,211	218	5,429	193.89
文洞店	제1군	29	人	24,755	1,570	26,325	907.76
			馬	6,072	139	6,211	214.17

순안	제1군	55	人	24,217	763	24,980	454.18
			馬	4,962	9	4,971	90.38
	주차군	527	人	4,352	1,859	6,211	11.79
			馬	1,310	126	1,436	2.72
留雲澤	제1군	30	人	33,492	568	34,060	1,135.33
			馬	5,188	–	5,188	172.93
만경대	제1군	4	人	?	?	?	?
			馬	?	?	?	?
구 상원	제1군	18	人	18,137	3,034	21,171	1,176.17
			馬	7,295	2,328	9,623	534.61
자산	제1군	18	人	13,053	136	13,189	732.72
			馬	4,396	23	4,419	245.50
영유	제1군	32	人	15,274	1	15,275	477.34
			馬	5,143	–	5,143	160.72
숙천	제1군	56	人	33,200	524	33,724	602.21
			馬	8,787	5	8,792	157.00
	주차군	525	人	12,114	2,146	14,260	27.16
			馬	1,298	104	1,402	2.67
순천	제1군	17	人	328	66	394	23.18
			馬	39	16	55	3.24
漢川	제1군	22	人	–	–	–	–
			馬	–	–	–	–
안주	제1군	50	人	50,392	101	50,493	1,009.86
			馬	12,528	1	12,529	250.58
	주차군	525	人	6,180	2,778	8,958	17.06
			馬	574	113	687	1.31
가산	제1군	46	人	60,162	61	60,223	1,309.20
			馬	10,251	–	10,251	222.85
	주차군	525	人	12,960	2,275	15,235	29.02
			馬	1,165	154	1,319	2.51
납청정	제1군	19	人	?	?	?	?
			馬	?	?	?	?
서호리	제1군	31	人	1,569	12	1,581	51.00
			馬	107	–	107	3.45

정주	제1군	39	人	12,115	11	12,126	310.92
			馬	8,172	1	8,173	209.56
	주차군	529	人	12,290	1,993	14,283	27.00
			馬	1,045	92	1,137	2.15
영변	제1군	35	人	8,795	688	9,483	270.94
			馬	1,989	13	2,002	57.20
利沼浦	제1군	38	人	?	?	?	?
			馬	?	?	?	?
선천	제1군	39	人	46,781	191	46,972	1,204.41
			馬	6,259	6	6,265	160.64
	주차군	527	人	14,128	2,978	17,106	32.46
			馬	1,351	123	1,474	2.80
철산	제1군	31	人	12,239	87	12,326	397.61
			馬	1,732	–	1,732	55.87
楡泗浦	제1군	16	人	?	?	?	?
			馬	?	?	?	?
望東	제1군	27	人	?	?	?	?
			馬	?	?	?	?
이화포	제1군	35	人	10,587	10	10,597	302.77
			馬	1,805	–	1,805	51.57
	주차군	407	人	1,876	437	2,313	5.68
			馬	101	–	101	0.25
차련관	제1군	32	人	51,522	363	51,885	1,621.41
			馬	14,942	6	14,948	467.13
	주차군	528	人	18,306	2,999	21,305	40.35
			馬	1,589	57	1,646	3.12
운산	제1군	27	人	7,596	44	7,640	282.96
			馬	2,066	1	2,067	76.56
青山場市	제1군	23	人	9,905	–	9,905	430.65
			馬	1,525	–	1,525	66.30
新倉	제1군	21	人	1,929	17	1,946	92.67
			馬	2	–	2	0.09
中端里	제1군	24	人	?	?	?	?
			馬	?	?	?	?

良策館	제1군	20	人	?	?	?	?
			馬	?	?	?	?
南市	제1군	12	人	716	57	773	64.42
			馬	14	8	22	1.83
용천	제1군	15	人	2,399	107	2,506	167.07
			馬	1,728	33	1,761	117.40
枇峴面場里	제1군	20	人	14,774	2,794	17,568	878.40
			馬	2,996	2,250	5,246	262.30
	주차군	527	人	17,556	2,178	19,734	37.45
			馬	1,200	85	1,285	2.44
所串館	제1군	21	人	21,227	3,774	25,001	1,190.52
			馬	4,512	23	4,535	215.95
耳湖浦	제1군	12	人	13	20	33	2.75
			馬	4	1	5	0.42
창성	제1군	32	人	1,202	42	1,244	38.88
			馬	582	–	582	18.19
의주	제1군	12	人	13,302	213	13,515	1,126.25
			馬	1,622	–	1,622	135.17
	주차군	524	人	18,504	1,376	19,880	37.94
			馬	1,439	63	1,502	2.87
용암포	제1군	193	人	2,194	3,037	5,231	27.10
			馬	2	1	3	0.02
	주차군	62	人	64	4	68	1.10
			馬	–	–	–	–

* 출처: 陸軍省,『日露戰爭統計集』(復刊本) 第5卷, 第6編「兵站」, 原書房, 1994, 38~41 · 54~55쪽을 참고로 작성. 이 자료는 육군대장 데라우치 마사타케寺內正毅의 주도로 1911년 작성된 것이다.
** 비고: 1. 부대의 업무 개시부터 「포츠머스 강화조약」 시기까지의 내용이다.
    2. 12사단은 독립 제12사단, 제1군은 제1군 사령부, 주차군은 한국주차군의 略記이다.

이로써 함경도가 한국 내의 유일한 육해전陸海戰지역으로 남게 되었다. 5월 이후의 상황을 보면, 5월 18일 한국 정부는 대로조약對露條約 폐기를 선언하고 러시아와 국교를 단절하였다. 그럼에도 불구하고 러시아 기병 약 700명은 포 12문으로 5월 21일부터 26일까지 명천 남방으로부터 이분하여 약 400기와 포 7문은 길주로, 나머지는 갑산으로 향했고 후방에 약 4,000명의 보병이 속행하고 있었다.[9] 갑산甲山 지방으로 전진하던 러시아군은 다시 덕천德川 방향으로 퇴각하여 합쳤고, 또 길주吉州 방향으로 전진하던 러시아군은 점차 남진하여 30, 31일 양일에 걸쳐 함흥咸興에 도착하였다. 이 기간 러시아군은 경성鏡城-크라스노예 셀로(녹둔도)-우수리스크를 연결하는 전신선 가설을 마쳤다.[10] 함흥의 러시아군은 전진하던 중 6월 3일 그 척후가 문천文川에서 일본군의 습격을 받아 5명의 사상자를 내고 고원高原을 지나 퇴각하였다.

6월에는 당시 극동주둔군 총사령관 니콜라이 페트로비치 리네비치Нико лай Петрович Линевич 대장은 보병 8대대, 기병 1중대, 포병 3중대로 편성된 1지대로 경성-무산선을 점령한 후 남부 우수리지대 보병을 진격시켜 원산을 약취하고자 하였다. 그는 기병 14중대, 기산포騎山砲 6문으로 이루어진 지대를 함경도에 파견하였다. 그 목적은 무산을 지나 강계 및 초산 방향을 점령하고 일본군의 보급수송기관을 습격하여 후방을 교란시키는 데 있었다.[11] 한편 6월 15일에는 러시아 블라디보스토크 함대가 대한해협에 나타나 히타치마루常陸丸와 이즈미마루和泉丸를 격침시키고 사토마루佐渡丸를 포격하였고, 30일에는 수뢰정 4척이 또 다시 원산에 나타나 항내에 정박해 있던 소중기선 코운마루幸運丸와 민간 소유 범선 세이사마루淸沙丸를 격침시켰다. 이때 일본군 수비병졸 1명이 부상하고 포격으로 거류지 가옥 30호가 파손되었다.[12]

---

9 이에 대응하여 일본 주차군사령관은 서울 주둔 후비보병 제48연대 제1대대 및 기관포 4문을 원산 방향으로 파견하였다.

10 러일전쟁전사편찬위원회, 『러일전쟁 1904~1905(제1부:한반도 동북지역에서의 전투상황』, 1910(심헌용 편역, 『러시아와 일본의 전쟁 그리고 한반도』, 국방부 군사편찬연구소, 2012, 38쪽 참조).

11 『日露戰史』, 387쪽.

12 『日露戰史』, 383쪽. 그런데 幸運丸은 그해 3월 20일 함흥의병 진압차 출동한 일본군 수송의 명을 받고 함경도 서호항으로부터 부상병을 싣고 귀환 중이었다. 外務省 外交史料館, 『日露戰役 / 際浦塩艦隊元山來襲金州丸, 五洋丸, 萩浦丸遭難一件』, 「請願書」, 1918(운송업자 堀力太郎→내각총리대신 寺内正毅).

해상과는 달리 6월 하순 이래 함경도 내륙지역에서 러시아 육군의 활동은 소강상태를 보이고 있었다. 그 결과 6월 22일 일본은 원산-인천 간 전화를 개통하였다.[13] 러시아군의 육상공격에 대비하기 위해 일본군은 원산 동쪽과 북쪽 산에 요새를 건설하였다.[14] 이곳에는 야간통행금지령이 내려져 20년 이상 원산항만장을 하던 한국 관리도 일본 당국이 발행한 통행권을 소지해야만 통행이 가능하였다.[15] 7월 초 함경남도의 러시아군은 검산령을 넘어 평안도 강계로 돌아갔고, 덕천에서 장진으로 향하는 군대는 만포진을 경유해 청국 경내로 들어갔다. 7월 9일 일본 주차군사령관은 한국 정부의 비용으로 지방관 및 일본 군대의 감독하에 경성-의주 간 도로를 수복할 것을 요구하였고 지방관에 훈령하여 농사를 방해하지 않는 범위에서 속히 결행토록 하였다.

그러나 7월 하순에 이르러 러시아군은 다시 남진하여 8월 1일 경성-성진 간 진신선 가설에 착수하였다. 그러던 중 러시아 기병 400여 명이 8월 2일에 함흥, 4일에 정평, 5일에 영흥에 도착하여 이곳에서 한국인 5명을 학살하였고,[16] 약 1,000기가 강원도 접경인 고원高原까지 육박하였다. 8일 오후에는 파블로프 대령이 이끄는 부대의 약 200명의 정찰대가 덕원 북방에 나타나 그 척후가 포 2문으로 일본군 경계병과 사격을 교환하다 북방으로 퇴각하였다. 9일에도 기병 약 100명이 덕원에서 일본군 척후와 격렬한 사격전 후 문천文川으로 퇴각하였다.[17] 이날 전투에서 러시아군 사상자는 장교 이하 25명이었고 마필 2기를 잃었다. 이 기간에 일본군은 원산수비대를 교체하였고 8월 10일에 보병 소좌 우가키 가즈시게宇垣一成를 원산수비대장으로 파견하였다.

---

13 『皇城新聞』, 1904년 6월 23일.
14 루돌프 차벨 저, 이상희 역, 『독일인 부부의 한국 신혼여행, 1904』, 살림, 2009, 237쪽.
15 위의 책, 264쪽.
16 『大韓每日申報』, 1904년 8월 10일.
17 『대한매일신보』에서 이 전투를 설명하면서 러시아군('로국병')을 '적군'으로 표현한 사실이 주목된다(『大韓每日申報』, 1904년 8월 13일). 이때까지도 '한일연대론'의 시각을 견지하고 있음을 알 수 있다.

(2) 일본의 제해권 확보 이후 전황

1904년 7월 하순부터 8월 상순에 걸쳐 경흥과 경성을 경유해서 남진한 러시아군은 약 1,500기, 포 4문으로 일본군보다 병력상 우세하였다. 그럼에도 불구하고 전쟁의 대세는 만주 지역에서 연이어 승전한 일본이 승리하는 방향으로 나아가고 있었다. 동해에서의 해전은 처음에는 러시아 블라디보스토크 함대의 수차례에 걸친 해양포격전을 통한 일방적인 공격이 이어지고 있었다. 그러나 8월 14일 울산만해전에서 카미무라 히코노조上村彦之丞 중장이 지휘하는 일본군 제2함대가 블라디보스토크 함대를 격파하여 일본이 동해 제해권을 확보하였고,[18] 이를 이용하여 일본군은 파블로프 대령의 함흥지대를 격파하고 점령지역을 확대코자 하였다. 그 결과 해안도로가 위험하게 될 것을 우려하여 9월 4일 함흥 주둔 러시아 기병 1,400명은 퇴각을 개시하였다.

러시아는 블라디보스토크와 뤼순 2개 군항을 요새화하고 강력한 태평양 함대로 동해의 제해권을 장악한 후 시베리아와 유럽에서 파견한 육군으로 일본군을 파멸시킨다는 전략이었지만 선제공격을 받고 방어전으로 끝나게 된다.[19] 그 결과 블라디보스토크의 전략적 위치도 약화되었다.[20] 이에 한국 주차군사령관은 원산에 있는 후비부대를 함흥으로 전진시켜 17일 도착하였고, 같은 달 24일 우가키 소좌는 기세를 몰아 함관령咸關嶺의 러시아군을 홍원 방면으로 축출하였다.[21] 일본군의 첩보에 의하면, 9월 중순 함경도 방면 러시아군은 경성에 약 100명, 성진에 약 2,000명, 관남리館南里에 약 600명, 북청에 약 400명이 있었고, 기병 약 2,000명, 포 4문이 29일 북청에 도착하여 이 중 약 400명의 기병이 함흥과 인접한 홍원으로 전진하고 있었다. 함경도

---

18 그 과정에서 카미무라 함대가 이틀간 함경도 나진항에 정박한 일이 있었다(羅津商工會, 『大羅津』, 近澤印刷所, 1935, 4쪽).
19 야마무로 신이치 저, 정재정 역, 『러일전쟁의 세기―연쇄시점으로 보는 일본과 세계―』, 小花, 2010, 150쪽.
20 大江志乃夫, 「世界史における日露戦爭」, 『日露戦爭』, 新人物往來社, 2003, 42쪽.
21 金正明 編, 『朝鮮駐箚軍歷史』, 巖南堂書店, 1967, 26쪽; 『大韓每日申報』, 1904년 10월 13일.

일본군 점령지역에는 10월 8일부로 군정軍政이 선포되었다.

한편 주차군사령관 하세가와는 11월 30일에 원산 및 그 이북의 부대를 함경도제대咸鏡道梯隊라 명하고 보병 소장 이케다 쇼우스케池田正介를 지휘관으로 삼아 후속 전투를 준비하였다. 이어 1905년 1월 27일 대본영은 북한 방면에 투입될 후비 제2사단을 편성하고, 후비보병 제25연대 제1대대를 오사카에, 기타 제 부대를 히로시마에 집중시켰다. 그 과정에서 함경도 주둔 러시아군이 1월 하순에 이미 성진 이북으로 퇴각하였다는 보고를 접하였다. 이에 주차군사령관은 점령구역을 확장하고자 2월 11일 이케다에게 명하여 27일경에 후비보병 제32연대와 제47연대를 전진시켰다. 이케다 소장은 원산 및 영흥 지방의 후비보병 제47연대 본부 및 제2대대 제7중대를 함흥에 집결시켰고, 성진에 진출한 후비보병 제32연대는 28일 임명역을 점령하였다.[22] 포대 설치를 위해 3월 16일에는 「영흥만 내 군용지 수용에 관한 건」을 재가받아 영흥만 내 송전리 부근, 갈마반도, 연도 이북, 호도, 영흥만 입구에 산재한 여러 섬을 수용하기로 결정하였다.[23]

1905년 2월 11일부터 영흥만 요새 구축공사가 시작되었는데, 이 공사는 일본인 기술자 및 일본 본토·원산·부산 거주 일본인뿐 아니라 함경도의 영흥·고원·문천·덕원 등 여러 군에서 징발한 한국인들을 인부로 동원하여 진행하였다. 일본군은 5월 7일 영흥만 요새 제 부대를 편성하고 축성단장 지휘 아래 공사를 시작하여, 그해 7월 21일에 호도虎島 제2포대, 30일에 대도大島 지구, 8월 2일에 신도薪島 지구, 6일에 호도 제1포대, 8일에 호도 제3포대, 15일에 방구미芳久美 평지, 29일에 신장리新獐里 지구의 방어물을 차례로 준공하였다.[24]

---

22 『日露戰史』, 400쪽.
23 이는 블라디보스토크 해군기지에 대응하기 위한 영흥만 요새 구축을 염두에 둔 것으로, 이후 영흥만요새사령부, 포병대대, 병원 등이 편성되었다.
24 陸軍省 編, 『日露戰爭統計集』(復刊本) 第5卷, 第5編「築城」, 1994, 14~15쪽. 이 요새에는 포대 외에 탄약고, 병사兵舍, 취사장, 지하구조물을 비롯한 각종 시설물이 건축되었다. 그러나 평안도

그해 1월부터 3월까지 러시아군 상황을 보면, 만주군총사령관 알렉세이 니콜라예비치 쿠로파트킨Алексей Николаевич Куропаткин 대장은 1905년 1월 일본군의 뤼순 점령 이래 제3군 사령관 노기 마레스케乃木希典 부대가 여세를 몰아 연해주와 블라디보스토크 방면에 유력한 병단을 진전시킬 것을 우려하였다. 이에 그는 남우수리스크 지대 및 블라디보스토크 요새 수비병력을 증가시키고 편성배치 등을 수차례 변경하였다. 그 결과 3월 초순경 만주군 방면으로부터 부대를 증파하여 남우수리스크 지대를 시코프 지대, 다위자 지대, 파타쉬 지대, 라즈돌리노예 지대 및 총예비대로 나누어, 주력을 라즈돌리노예 부근에 집결시켰다.[25] 한편 2월 성진에서 길주를 거쳐 북방으로 퇴각한 베르노프 소장이 지휘하는 러시아 기병 3연대, 기포병(혹은 산포병) 1중대 및 기관총 부대의 주력은 경성에 있었다.[26] 3월에도 러시아군 주력은 경성에 주둔하면서, 일본군 각 부대와 대치 중이었다.

이후 러시아군은 함경도의 주을온천, 경성, 부거, 웅기, 부령과 두만강 대안의 중국 훈춘 등지에 배치되어 있었다.[27] 3월 3일, 10일, 26일에 길주吉州 지역에서 전투가 있었으나 러시아 기병에게 차단된 일본군은 패주하였다. 그러던 중 4월부터 우수리스크 주둔 러시아군은 두만강을 건너 대거 남진하였고, 선두부대는 4월 15일 경성 부근에 도착하였다. 5월 20일 베르노프 소장은 총사령부로부터 일본군 약 1개 사단이 블라디보스토크 요새와의 연락을 차단하려 두만강 방면으로 출발한다는 정보를 접하였다. 이에 그는 28일 부령의 시베리아카자크기병 제9연대 제4중대를 무산에, 훈춘의 동 연대 본

와는 달리 함경도 지역의 한국인 인부 동원에 대해서는 상세한 기록이 남아 있지 않아 요새 구축에 동원된 인력상황을 정확히 알 수 없다.

25 『日露戰史』, 414쪽.

26 『日露戰史』, 397쪽.

27 3월 6일경 일본군 정보에 의하면 우수리스크 및 북한 방면의 러시아군은 보병 21대대, 기병 24중대, 포병 7중대, 블라디보스토크 요새 포병 16중대, 파타쉬 및 훈춘 요새 포병 각 1대, 요새 공병 1중대, 수뢰 1중대, 전신 1중대, 기구氣球 1중대를 만들어 요새 포병 8중대와 공병, 수뢰, 기구 각 1중대는 러시아로부터 블라디보스토크로 향하는 중이었다.

부 및 1중대를 부령으로 전진시켜 6월 5일 목적지에 도착하였고, 기병 제9연대 주력도 28일 회령에 도착하였다.

반면 일본 국내의 후비 제2사단 잔여부대는 해군의 호위 없이 4월 27일부터 5월 1일에 걸쳐 원산에 도착하였다. 이 기간에 군사령관은 북한군北韓軍의 작전계획을 수립하였고, 5월 21일 후비 제2사단장 미요시 나루유키三好成行 중장이 북한 방면 제 부대를 지휘하게 되었다. 일본군 분견대 2,000여 명은 성진에, 1,000여 명은 단천에 도착하였다.[28] 그로부터 며칠 후인 5월 27일과 28일 양일에 도고 헤이하치로東鄕平八郎 제독이 지휘하는 일본군 연합함대가 동해에서 발트 함대를 맞아 대승리를 거두었다.[29] 대본영은 북한 방면 러시아군을 격퇴하고자 기관포대 편성에 착수하여 6월 7일에 완성하였다.[30] 이 같은 상황에서 대본영은 안둥 현 주둔 후비보병 제16여단을 해로를 통해 원산으로 수송하였고 6월 8일 점령지역을 함경도 경성 부근으로 확장하였다. 북한군은 10일부터 점차 북진하여 명천明川, 부윤富潤, 길주까지 도착하였지만 15일부터 16일에 걸쳐 러시아군이 경성에서 수성과 부령, 부거富居 방면으로 퇴각하였다는 소식을 접하였다. 이에 북한군 기병척후는 6월 20일에 경성 및 그 부근을, 22일에 보병 약 2대대, 기병 1중대로 전투 없이 수성輸城을 점령하였다.[31]

이렇듯 러시아 발트 함대의 패전 이후인 6월부터 함경도 방면에서 일본군의 행동이 활발해지고 더욱이 북진하려는 모습이 보이자, 한국 북부는 물론이고 러시아 국경까지 위협상황에 직면하였다. 이에 러시아 군관구사령관은 6월 26일경 콘스탄틴 안드레예비치 아니시모프Константин Андреевич Анисимов 소장에 속한 네르친스크기병대 제1연대로 부령과 무산茂山 사이에서

---

28 РГВИА(러시아군역사문서보관소),ф.ВУА,оп.??,д.10385л.20, 1905. 5. 25.
29 이 전투에서 발트 함대 전사자는 4,524명, 포로는 6,168명이고, 연합함대 전사자는 116명, 부상자는 570여 명이었다(千早正隆, 『寫眞圖說 帝國連合艦隊―日本海軍100年史―』, 講談社, 1969, 57쪽). 5월 27일을 일본 정부는 해군기념일로 제정하였다.
30 『日露戰史』, 413쪽.
31 『日露戰史』, 425쪽.

경계하게 하고, 동 연대 제1중대 및 시베리아카자크기병 제6연대의 2소대를 부거에, 동 연대의 1소대를 주우蛛隅 부근에, 동 연대의 1/2중대를 웅기雄基 부근에, 동시베리아 제7연대의 1중대 · 네르친스크카자크기병 제1연대 제2중대 · 기산포병騎山砲兵 1중대(4문)를 고풍산古豊山 부근에, 시베리아카자크기병 제6연대의 1/2중대를 진전榛田 부근에, 동시베리아 제7연대의 2중대를 순도기舜陶基 부근에, 동 연대 동부시베리아산포병 제2중대를 회령會寧에 집중시켜 일본군에 대비하였다.

각기 전투편제를 마친 양국군의 육상전은 6월 30일부터 시작되었다. 이날 러시아 기병 30명이 장흥평章興坪 부근 일본군 전초의 사격을 받고 퇴각하였고, 7월 2일과 4일에 장항獐項 서북 고지에서 일본군 척후와 러시아 소부대 간에 국지전이 있었다. 이 전투에 참가한 일본군은 보병 약 2개 대대, 기병 2개 중대, 포 3문이었다. 이 전투로 러시아 기병대의 손해는 사망 2명, 부상 14명, 손실 마필 27기였다.[32] 이후 러시아군 대부분은 7월 상순부터 최후 방어선인 두만강 유역의 회령을 향해 퇴각하여 일부는 다갈령多葛嶺, 백사봉白沙峰, 부령, 무산 등지에 산재해 있었고, 주력은 고풍산에 집결하였다. 이후 함경도 북부지역을 중심으로 러일 간에는 대규모 전투와 국지전이 지속적으로 교차 전개되었다.

2. 러시아군과 일본군의 작전구상과 편제

(1) 한국분견대韓國分遣隊(러시아)

러시아군의 한국분견대 편성계획은 1904년 7월 2일 프리아무르 군참모장이 선양(묵덴)의 극동총독 알렉세예프에게 보낸 보고서에 처음 나타난다. 그는 한국 주둔 일본군 부대의 측면과 후방을 상대로 한 분견대는 제2동시베

---

32 『日露戰史』, 429쪽.

리아보병사단 9개 대대 및 8개 대대로 구성된 1개 보병여단, 즉 도합 17개 대대로 구성해야 하며, 4개 산악포중대(속사포)와 대포 32문, 4개 야전포중대(속사포)와 대포 32문, 4개 백인중대로 구성된 1개 기병연대와 1개 공병대대를 보유할 것을 제안하였다. 참모장은 일본군과의 첫 번째 충돌은 국제항인 원산 근처에서 발생할 것으로 판단하고 진군을 시작한 지 약 2개월 후에는 러시아군이 원산을 점령한 뒤에 분견대는 평양 또는 서울을 공격해야 한다고 주장하였다.[33] 향후 분견대가 함경도 지역에서 평양과 압록강으로 진군하면 일본군의 후방퇴로를 차단함으로써 만주 방면 러시아군에게 실질적인 도움을 줄 것이고, 러시아군이 한국 남부로 진격하여 서울을 점령할 수 있을 것으로 보았던 것이다. 러시아 측의 한국분견대를 활용한 측면공격 작전은 수세적 측면과 공세적 측면이 당시까지는 병존하고 있었다.

그의 견해는 당시 일본은 한국에 소규모의 수비대만을 남겨 놓고 전체 육군을 만주의 전쟁터로 파병하였기 때문에 일본 본토에 잔류하고 있는 예비대는 거의 고갈된 상황임을 염두에 두고 지금 분견대를 편제하여 한국으로 진군하는 것이 중요하다는 것이었다. 참모장은 이런 행동으로 일본의 군사력을 만주 전쟁터로부터 유인하여 당장 만주 주둔 러시아군의 작전을 손쉽게 만들어 줄 수 있고, 나아가 분견대를 진군시키면 짧은 기간 내에 한국에서 대규모의 군사적·정치적 성공을 달성할 수 있을 것으로 단정하였다. 그는 입수한 정보에 따라 한국 황제와 나라 전체가 러시아군의 도착을 간절히 기다리고 있으며 그렇게 된다면 상황이 결정적으로 바뀔 것으로 판단하였다. 따라서 속히 분견대를 구성하여 추가로 파병할 것을 주장하였다.[34]

한편 프리아무르 군관구 사령관은 7월 11일 선양의 바실리 예고로비치 플르크Василий Егорович Флуг 장군에게 전문을 발송하였다. 이에 따르면 분견대의 한국 진군을 위해 러시아 쪽 두만강 대안에서 함경도 경성으로 가는 도

---

33 「프리아무르 군관구 참모장의 보고서」, РГВИА, ф. 846, оп. 16, д. 31866, лл. 26-31об.
34 「프리아무르 군관구 참모부의 전문」, РГВИА, ф. 846, оп. 16, д. 31866, лл. 32-32об.

로 부설 작업 후 분견대가 2개 제대梯隊의 형태로 경흥과 부령을 따라 한국으로 진군하는 것이 가능하며 모든 작전의 성공은 이 작업의 성공에 달려 있다고 파악하였다. 군관구 사령관은 분견대 내 8개 포병중대 중 절반은 산악포중대여야 하며, 여단 소속 포병 중 3개 속사포 산악포중대를 배치해 주기를 요청하였다. 청원이 승인될 경우 17개 대대, 8개 포병중대, 4개 백인중대 그리고 1개 공병중대의 병력으로 분견대를 구성할 것으로 전망하였다. 참모장과 마찬가지로 군관구 사령관도 현 상황에서 지체 없이 계획을 추진하자는 주장을 개진한 것이다.[35]

이에 반해 7월 27일 프리아무르 군관구 참모부 급양계 장군은 현 시점에서 특히 기병분견대 파견은 모험으로 만주 주둔 러시아 육군의 작전 성공에 영향을 미칠 수 없다고 판단하였다. 그 이유는 일본인들이 대응 차원에서 포병과 함께 예비대를 진군시킬 수 있기 때문이라는 것이다. 그러나 기병분견대의 한국 출정을 당분간 자제해야만 하지만, 군관구 내에 집결한 군단은 완편 기준으로 구성하여 원산을 거쳐 서울로 진군해야 한다고 주장하였다.[36] 당시 일본인이 서울에서 발행한 신문인 『대한일보大韓日報』에, 러시아 주재 공사 이범진이 러시아군 60만 명이 장차 함경북도로 향한다는 내용을 궁중에 전보했다는 기사가 실렸다.[37]

그러나 1904년 여름 러시아군 측에서 구상한 분견대는 만주의 전황이 급박히 돌아가는 상황에서 실현되지 못하였고 이로부터 만 1년 이후인 1905년 7월 7일 남우수리 분견대를 지휘하던 아니시모프 소장을 사령관으로 하는 한국분견대가 편성됨으로써 실현되었다. 편성 당시부터 그해 10월 중순 철병 직전까지 정리된 자료에 따라 각 부대의 구성과 변동상황을 보면 〈표 1-2〉와 같다.

---

35 「프리아무르 군관구 사령관의 금년 6월 28일 자(7/11) No.1495 암호 지급전문의 사본」, РГВИА,ф.846,оп.16,д.31866,лл.41-42об.
36 「프리아무르 군관구 참모부 소속 급양계 장군의 보고서」, РГВИА,ф.846,оп.16,д.31866,лл.45-45об.,48.
37 『大韓每日申報』, 1904년 8월 18일.

부대 예하 단위 부대	하급 병사들의 실제 구성				비고
	7월 9일	7월 26일	9월 8일 이전	10월 14일 이전	
제41동시베리아보병연대				3,885	
제6동시베리아보병연대	3,607	3,521	4,052	3,973	
제7동시베리아보병연대	3,524	3,546	4,137	4,125	
포시에트 보병연대 소속 제5·6중대			346	303	
제2동시베리아포병여단 소속 제3포병중대	255	256	279	271	대포 8문
제2동시베리아산악포중대	425	418	426	413	대포 8문
제12동시베리아산악포중대			346	438	대포 4문
기마-산악포병 예비중대	119	119	124	132	
제2동시베리아보병사단 소속 기관총중대			85	94	
자바이칼부대 소속 제1네르친스크연대	864	866	884	908	
제6동시베리아카자크연대 소속 제3백인중대 소속 1/2개 백인중대, 제4, 5백인중대	369	370	362	359	
제9시베리아카자크연대	571	559	580	584	
제3베르흐네우딘스크 카자크연대 소속 제3백인중대				117	
제9오레크부르그스크 카자크연대 소속 제5, 6백인중대				256	
제9공병대대 소속 제3중대 1/2부대	113	113	122	116	
제2동시베리아산악포병 군수품 저장소	253	253	252	249	
제12동시베리아산악포병 군수품 저장소			263	263	
기마-산악이동포병 군수품 저장소			102	102	
기마-회광통신부대			19	17	
제2동시베리아사단 소속 사단수송대	308	310	313	313	
제2동시베리아사단 소속 사단야전병원	202	203	182	184	
제3호 야전이동병원		127	126	121	
총계(명)	10,610	10,661	13,000	17,223	

* 출처: 프리아무르주 군관구 지휘관의 6월 9일 자 No. 1553 전문과 6월 10일 자 No. 1566 전문 그리고 분견대에 하달된 6월 24일 자 No. 127 명령.

　　분견대 예하 단위부대는 제41동시베리아보병연대, 제6동시베리아보병연대, 제7동시베리아보병연대, 포시에트 보병연대 소속 제5·6중대, 제2동시베리아포병여단 소속 제3포병중대, 제2동시베리아산악포중대, 제12동시베리아산악포중대, 기마-산악포병 예비중대, 제2동시베리아보병사단 소속 기관총중대, 자바이칼부대 소속 제1네르친스크Нерчинский연대, 제6동시베리아카자크연대 소속 제3백인중대 소속 1/2개 백인중대 및 제4·5백인중대, 제9시베리아카자크연대, 제3베르흐네우딘스크Верхнеудинский카자크연대 소속 제3백인중대, 제9오레크부르그스크Оренбургский카자크연대 소속 제5·6백인중대, 제9공병대대 소속 제3중대 1/2부대, 제2동시베리아산악포병 군수품 저장소, 제12동시베리아산악포병 군수품 저장소, 기마-산악이동포병 군수품 저장소, 기마-회광통신부대, 제2동시베리아사단 소속 사단수송대, 제2동시베리아사단 소속 사단야전병원, 제3호 야전이동병원로 구성되어 있었다. 3개의 포병중대는 총 20문의 대포를 소유하고 있었다. 기간별 병사들의 구성은 7월 9일 10,610명, 7월 26일 10,661명, 9월 8일 이전 13,000명, 10월 14일 이전 17,223명이었다.

(2) 북한지대北韓支隊(일본)

러일 간의 전쟁이 시작될 무렵 대본영 육군 참모차장 나가오카 가이시長岡外史는 함경도 방면의 작전을 개시하여 군대를 전진시켜 한러 국경선은 물론이고 블라디보스토크까지 점령할 것을 주장하였다. 이 같은 참모차장의 강한 주장은 대본영 육군부를 대표하는 의견이 아니었고, 참모총장 야마가타 아리토모山縣有朋의 생각과도 달랐다.[38] 그러므로 더 이상의 논의는 없었다.

그러나 유리한 전황에 따라 1905년 초부터 함경도 방면 작전 구상이 다시 구체화되었다. 1월 18일 참모총장은 「북한지대사령부편성요령北韓支隊司令部編成要領」을 작성하여 육군대신 데라우치 마사타케寺內正毅와 1월 19일부터 7일 이내에 북한지대사령부를 편제하기로 합의하였다. 그 '요령'은 다음의 7개 조로 되어 있다.

---

38 谷壽夫, 『機密日露戰史』, 原書房, 1966, 561쪽.

1. 북한 관내의 군대를 지휘하기 위하여 북한지대사령부를 편성한다.

2. 북한지대사령부 편제는 부표附表와 같다.

3. 북한지대사령부의 편성지는 도쿄로 하고 그 편성 담당관은 유수근위사단장留守近衛師團長으로 한다.

4. 북한지대사령부 요원 중 장교將校와 상당관相當官은 육군대신이 배속한다.

5. 병기, 피복, 양말糧秣, 기구器具, 재료材料에 관해서는 육군대신이 정한다.

6. 편성 담당관은 편성명령 발포 다음 날부터 7일 이내에 편성을 완결하고, 장교와 상당관 직원표 및 인마人馬 일람표를 육군대신 및 참모총장에게 보고한다.

7. 이상 외의 편성에 관해서는 육군동원계획陸軍動員計劃 제제諸 조규條規에 준거한다.[39]

북한지대사령부 편제를 마친 후 대본영은 2월 후비 제2사단 편성을 완료하고 일부를 증파하여 북한 방면의 점령구역을 확장할 것을 명하여 병참부 요원 및 함경도제대咸鏡道梯隊(3월 10일 북관지대北關支隊로 개칭)를 전진시켰다.[40] 사단장 미요시 나루유키 지휘의 보병 11대대, 기병 1중대, 포병 4중대, 공병 1중대였다. 이어 3월 31일 야마가타 아리토모는 북한군 작전계획을 입안하고 그것을 내주內奏하였다. 그 목적은 러시아군을 한국 및 만주로부터 축출하고 필요한 토지를 점령하는 데 있었다. 따라서 다음과 같은 조치를 하였다. 즉, 북관과 우수리스크 방면의 러시아군에 대해 한국 방어를 위해 1~2개 사단을 두만강 부근에 파견하고, 정황이 허락하면 만주군 일부와 북한에 있는 단대團隊로 별도로 1군을 편성하여 해군과 협력하여 블라디보스토크와 그 부근을 점령한다는 것이다.

참모총장은 북한 방면의 러시아군을 구축하여 안녕을 보장하는 것은 「일

---

39 防衛省 防衛研究所, 『陸軍省密大日記』, 「北韓支隊司令部編成要領允裁御協議」, 1905년 1월 18일. 附表(편제표)에 따르면 북한지대 사령부 편제는 지대장, 막료(참모부, 부관부), 법관부, 헌병, 관리부(위병, 치중병 예속), 경리부(金櫃部, 糧餉部 예속), 軍醫部, 獸醫部 등으로 되어 있고, 중(소)장부터 대중소좌, 대중소위 및 상당관, 하사 병졸 등의 계급을 두었다.

40 『日露戰史』, 664쪽.

한의정서日韓議定書」에 기초한 의무에 속하는 것이고, 블라디보스토크는 동양東洋에서 러시아의 유일한 군항으로 이곳을 소유한다면 러시아를 영구히 억제할 수 있다고 주장하였다.[41] 당시 러시아 만주군 총사령관 쿠로파트킨도 노기 마레스케가 인솔하는 대부대가 블라디보스토크 작전으로 전환하거나 후비대 공격을 위해 포시예트를 통해 지린吉林 방향에서 공격할 것으로 판단하였다.[42] 이보다 먼저 북한지대는 3월 초 이래 성진 인근 임명역臨溟驛 부근에 있었다. 대본영은 히로시마에 있던 후비 제2사단의 잔여 부대를 4월 10일 북한지대의 엄호하에 성진에 상륙시키고자 하였지만, 해군 군령부가 4월 8일 싱가포르 만에 도달한 발트 함대의 내습 우려를 개진하였기 때문에 작전은 지연되었다.[43]

일본군은 5월 1일 후비 제2사단을 원산 일대에 집결시키고 만주 파견 부대의 일부를 북한군으로 배속시켰다. 나아가 1군을 편성하여 해군과 협력하여 1904년 이래 참모차장의 기안인 블라디보스토크를 탈취하는 계획도 다시 대두하였다.[44] 6월 16일 야마가타 아리토모 참모총장은 "1. 만주군은 이미 정한 작전방침에 따라 예의銳意 그 실행을 기할 뿐 아니라 이룰 수 있다면 우기雨期 전에 전면의 적에 대한 공격을 요한다, 2. 만주군의 작전과 서로 협응協應하여 북한 방면에서부터 블라디보스토크를 협위脅威하고 또한 화태樺太(사할린) 점령을 실행한다"는 작전계획을 상주하였다. 이 작전계획은 펑톈 대회전 이후 강화를 추진하는 방향이 결정된 이래 중요시된 것으로 그 중심은 제2항이었으나 실행하지는 못하였다.[45] 참모차장 나가오카 가이시는 7월 1일 전 수상 가쓰라 다로를 방문하여 다음과 같은 주장을 하였다. "평화담판

41 沼田多稼藏, 『日露陸戰新史』, 岩波書店, 1940, 202~203쪽.
42 Alexei Nikolaievich Kuropatkin 저, 심국웅 역, 『러일전쟁(러시아 군사령관 쿠로파트킨 장군 회고록)』, 한국외국어대학교출판부, 2007, 255쪽.
43 그러나 발트 함대는 캄란 만에 들어가 4월 20일에도 출항하지 않았고, 우수리스크 방면의 러시아군은 점차 두만강을 건너 경성 부근에 도달하였다(谷壽夫, 앞의 책, 565쪽).
44 谷壽夫, 앞의 책, 563~564쪽.
45 古屋哲夫, 『日露戰爭』, 中央公論社, 1970, 184~185쪽.

을 유리하게 진척시키기 위해서도, 한국의 상하上下에 대해 제국의 위신을 유지하기 위해서도, 또 장차 육군의 능력상으로 말해도, 이때의 시비가 한국 토지 내의 적을 격양擊攘하고 그 영향을 조금도 남기지 않는 것"이라고 하면 서 한국을 제2영토로 간주해야 한다고 하였다.[46] 일본군 수뇌부는 7월 12일 참모본부에 모여 북한지방에 군대를 진군시키자는 의견에 대해 논의하고 2개 사단을 파견하는 데 동의하였다.[47] 이 같은 내부 조율에 따라 한국주차 군사령관은 함경도 방면의 작전계획을 수립하여 북한지대를 재편성하고 집 결을 완료하였다.[48]

3. 후반기 교전상황

사할린전투가 진행될 무렵 러시아와 일본은 각기 한국분견대·북한지대 를 편성하여 마지막 전투에 박차를 기하고자 하였다. 일본이 해양에서 주도 권을 잡고 있던 상황에서 러시아군은 1905년 7월 7일 군관구 사령관의 명 에 의해 한국 동북부에서 행동하는 군대를 한국분견대라 개칭하고 전투서 열 및 임무를 변경하였다. 설치된 분견대의 임무는 가능한 한 장기간에 걸 쳐 한국 북부를 장악하고 일본군이 두만강을 넘어 러시아 경계로 침투하 는 것을 막는 것이었다. 그러나 러시아군은 당시 한국에 주둔한 총 2만~2 만 3,000명의 일본군이 야전포와 산악포를 포함한 대포 24~40문을 보유하 고 있고, 그 선봉부대가 경성과 수성에 주둔하고 있으며, 1개 포병중대는 갑 산에서 무산으로 이동 중임을 알게 되었다. 또한 7월 17일 일본군 함선이 두 만강 하구와 해안에 모습을 드러냈고, 웅기에서는 일본 수뢰정 5척이 촌락을

---

46 谷壽夫, 앞의 책, 570쪽.
47 山本四郎 편, 『寺內正毅日記』(1900~1918), 京都女子大學, 1980, 338쪽.
48 谷壽夫, 앞의 책, 572쪽.

포격하고 상륙하여 전신선을 파괴했다는 정보도 얻었다.

이에 아니시모프Анисимов 소장은 7월 20일 연해주혼성카자크 여단장 블라디미르 안드레예비치 코사곱스키Владимир Андреевич Косаговский 장군을 지휘관으로 하는 총 2개 대대, 11개 백인중대, 1개 기병의용부대, 대포 4문, 공병 1개 소대, 1/2개 예비포병대 그리고 1.5개 수송대로 선봉분견대를 구성하였다.[49] 분견대는 당일로 다음과 같은 임무를 받고 배치되었다. 즉, 주력은 회령에 포진하고, 12.5개 백인중대와 대포 4문으로 구성된 기마부대는 로디오노프 곶[мыс Родионов][50]-부거진富居津-부령-무산-지타소Титасо[51] 전선을 점령한다. 남부 전위부대는 대포 4문에 2개 대대 그리고 기마의용부대의 병력으로 고풍산古豊山 진지에 위치한다. 이때 각각 1개 중대로 이루어진 2개 선봉부대를 백사봉白沙峰과 그 인접지에 먼저 배치한다. 특별 측면분견대는 1개 대대와 1/2개 백인중대로 웅기雄基에 주둔하면서 분견대의 좌익과 후방을 바다 방면으로부터 보호하고자 하였다.

러시아 분견대는 7월 23일 회령과 고풍산 및 부거진-부령-무산전선을 점령하였다. 다음 날인 7월 24일부터 러일 간의 전투가 시작되었다. 그러나 일본군 3개 대대와 3개 이상의 기병중대의 압박으로 파블로프 부대는 부령으로부터 철수하였다. 7월 25일 부거에서 전투가 있었고 러시아 분견대는 일본군의 공격을 격퇴하였다. 이 전투에서 러시아군 1명이 전사하고 6명이 부상하였다.[52] 같은 날 백사봉 부근 전투에서도 러시아군은 대위 2명, 병졸 4명이 전사하고 중령과 소위보 각 1명, 병졸 8명이 부상하였다. 이런 상황에서

---

49 한국분견대 총사령관 아니시모프 소장은 선봉분견대의 전반적 임무를 다음과 같이 제시하였다. "정치적 목적에서 그리고 적군이 우리 국경을 넘지 못하도록 가능한 지속적으로 한국 북부를 장악하고 있으라. 그리고 어떠한 경우에도, 또 어떠한 이유에서도 일본인들의 두만강 접근을 허용하지 말되, 도하는 더더욱 허용해서는 안 된다"(「훈령(1905. 7. 20.)」, РГВИА, ф. ВУА, оп. ??, д. 28207, лл. 26-27.

50 연해주 시코톱스키Шкотовский 지역에 위치한 곳.

51 地[芝]陀所. 간도 琿春 지역에 위치.

52 『日露戰史』, 444쪽.

일본군 1개 대대가 공격해 들어온다는 소식을 접하자 분견대는 고풍산으로 후퇴하고 일본군 마루이 지대丸井支隊가 부거를 점령하였다.

그런데 이날, 즉 7월 25일 오전 7시 30분에 일본군 약 2개 대대는 러시아군 제7연대 소속의 한인의용군(민병대)[53] 103명이 주둔하고 있던 무산령Мусальенг 고갯길에 위치한 진지를 공격하였다. 그들은 1개 기병중대를 러시아군 좌익으로 우회시켰다. 오전 11시까지 버티던 의용군은 고풍산 방면의 등천골Тынченгори 고갯길로 후퇴하기 시작했고 일본군도 무산령 고갯길의 북쪽 기슭으로 퇴각하였다.

그러나 당시는 장마철로 7월 23일 이래 강우로 강물이 불어나 교량이 유실되었다. 러시아군은 부족한 식량 때문에 현지 징발에 의존할 수밖에 없었다. 또한 소의 전염병 발생으로 주민들로부터 수레를 구하는 것도 어려웠다. 그 결과 군사행동 기간에 분견대에게 공급될 예정이었던 전체 식량의 2/3 이하만이 운송되었다.[54] 25일의 강풍호우로 대소 하천이 불어 일본군 후방연락도 전부 단절되었다.[55] 다음 날인 7월 26일에는 태풍으로 분견대에 소속된 각각의 러시아 부대들도 일본군과 마찬가지로 서로 완전히 단절되어버렸다. 회령-경흥 간 도로는 흔적도 없이 사라졌고 전신선은 파괴되었으며 모든 개천들은 도하할 수 없는 상태가 되었다. 그리고 러시아군 주력이 구축해 놓은 두만강 주요 다리는 강물에 의해 완전히 떠내려갔다. 이러한 교량 부재와 식량 부족 등으로 인하여 분견대장은 포시에트 연대 소속의 단 2개 중대만을 웅기로 파병한 뒤, 향후 식량이 확보되는 시점까지 제41연대를 두만강의 좌안에 남겨둘 수밖에 없었다.

7월 29일 송평松坪 부근의 전투에서는 이시이石井 소좌의 부대가 러시아

---

53 한인의용군 창설계획은 이미 1904년 11월 연해주 군관구의 코르프Корф 중령이 구체적인 안을 제시하였으나 대한제국 정부의 반대와 전황의 악화로 중단되었다. 그 과정에 대해서는 심헌용, 앞의 책(2011), 176~180쪽 참조.

54 「지리-통계부문」, РГВИА, ф.846, оп.16, д.27184, лл.1-27об.

55 『日露戰史』, 445쪽.

군에 승리하였는데, 일본군도 전사자 5명, 부상자 23명, 포로 1명이 발생하였다. 이날 송주동松酒洞과 오류동五柳洞 부근에서도 전투가 있었다. 특히 일본 측 기록에 따르면 일본군 2개 중대가 참여한 오류동 동북고지전투는 한국인 의용군과 러시아군이 연합하여 일본군과 매우 격렬하게 전투하였지만 패퇴하였다고 되어 있다.[56] 당시 러시아군사령관은 두만강 지역으로 북상하는 일본군들을 강력히 저지하고자 하였지만, 러시아군이 밀릴 경우 치열한 전투는 피할 것을 명령하였다. 분견대장 아니시모프 장군이 한국 북부에서 고립되어 있는 상황 때문이었다.

8월 5일 무산령으로부터 전진한 일본군의 새로운 공격이 시작되었다. 일본군은 6개 중대, 2개 기병부대 그리고 대포 2문의 군사력을 동원하여 러시아 경비부대를 격퇴하고 고풍산을 점령하였다. 그러나 8월 7~8일 이틀간의 갈포령 부근 전투에서 일본군은 막대한 손실을 입은 채 러시아군에게 격퇴되었다. 이후 당분간 전투는 소강상태에 접어들었고, 이때부터 8월 31일까지 일본군은 러시아군을 공격하지 않았으며 러시아와 일본 양측이 실시했던 정찰로 소규모의 충돌만 발생하였다.

8월 15일 주차군사령관은 후비 제2사단장에게 점령구역을 두만강까지 확장하고, 상황이 허락한다면 점차 점령구역을 확장하라는 훈령을 전달하였다. 8월 16일에는 2척의 일본 어뢰정과 순양함이 로디오프 곶의 러시아 초소에 함포사격을 가하였다.[57] 20일에는 일본군 보병 2중대, 기병 1중대가 오류동으로 향해 전진하였지만 시베리아카자크기병 제9연대의 소초가 이를 격퇴하였다.[58] 8월 30일 비가 줄어들자 일본군은 다시 전진을 개시하였다. 그러다가 8월 31일 제6동시베리아보병연대 소속 15개 중대의 화력 지원을 받고 있던 발레예프Балеев 중령 휘하의 정찰대는 일본군과 교전을 벌였다(회령

---

56 『日露戰史』, 449쪽.
57 심헌용 편역, 앞의 책(2012), 95쪽.
58 『日露戰史』, 457쪽.

창두령전투). 일본의 군사력이 우월하였지만, 이 과정에서 러시아군 정찰대는 한국인 민병대와 함께 연합전술을 전개하여 일본군의 우익右翼을 격퇴하고 4명을 생포하였다.[59] 전투에 참여한 일본군은 보병 4대대, 기병 2중대, 포 12문, 공병 1중대, 전투 총원 약 4,200명으로 그중 사상자는 장교 이하 92명이었다. 그러나 러시아 하사와 병사 5명을 생포하고 마필 5기, 소총, 탄약, 피복 및 천막 등을 노획하였다.[60] 같은 날 부거 방면 전투에서는 일본군은 하사·졸 3명이 전사하고 소위 1명, 하사·졸 4명이 부상하였고, 갈포령으로 향한 척후도 러시아 보병 약 50명의 사격을 받아 하사·졸 6명이 전사하고 부상당한 병졸 3명을 남기고 퇴각하였다. 이날부터 일본군은 러시아 선봉부대의 정면을 따라 공격을 실시하였다. 이어진 이틀간의 전투에서 러시아군은 하급병사 8명이 전사하였고, 장교 3명과 하급병사 31명이 부상당하였다. 9월 2일 총사령관 리네비치 대장은 회령의 진지로 후퇴명령을 내렸다.

9월 3일 일본군 독립기병은 회령으로 퇴각하는 러시아군을 추격하여 그중 제1중대는 성내로 진입하였다. 러시아 기병 1종대縱隊는 회령-행영의 도로로, 다른 1종대는 회령-고령진으로 퇴각하였고 일부는 두만강을 건너 후퇴하였다. 일본군 전위는 회령까지 진입하게 되었다.[61] 이 전투에서 러시아군은 하급병사 8명이 사망하였고, 장교 3명과 하급병사 33명이 부상을 입었다.[62] 일본군은 장교 2명이 전사하고 하사졸 2명이 부상하였으며, 마필 8기를 잃었다.[63] 총 4일간의 창두령과 회령전투에서 일본군은 16,069명이 참여하여 27명의 사망자와 85명의 부상자, 3명의 생사불명자를 기록하였다.[64]

이후 우천으로 전투는 또다시 중지상태에 들어갔다. 그러나 9월 5일 자로

59 「지리-통계부문」, РГВИА, ф.846, оп.16, д.27184, лл.1-27об.
60 『日露戰史』, 469쪽.
61 『日露戰史』, 482쪽.
62 РГВИА, ф.846, оп.16, д.28225, л.75.
63 『日露戰史』, 483쪽.
64 陸軍省, 『日露戰爭統計集』(復刊本) 第5卷, 第4編「作戰」, 原書房, 1994, 79쪽.

미국 포츠머스에서 러일 간의 강화조약이 체결되었다는 보도가 다음 날 전장에 전달되었고, 9월 7일 일본군 후비 제2사단장은 전투행위를 중지시켰다.[65] 당시 후비 제2사단장은 군사령관의 지시로 러시아 분견대 총사령관과 휴전을 협의하였지만 경계선에 관한 논의가 일치하지 않아 현상유지 상태에서 전투만 중지되었던 것이다.

4. 강화조약과 종전

함경도와 두만강 일대의 홍수로 전쟁이 일시 소강상태에 들어설 무렵인 1905년 7월 26일 극동주둔군 총사령관 리네비치 대장은 분견대장 아니시모프 소장에게 한러 접경의 러시아 지역 영토 고수를 강하게 지시하였다. 그는, 분견대장의 가장 중요한 임무는 일본군들이 두만강에 접근하지 못하도록 막는 것이며, 더하여 국경의 러시아 지역인 노보키예프스크Новокиевский(한국명은 연추烟秋로 현재 지명은 크라스키노Краскино)에 그들이 접근하지 못하게 할 것을 역설하였다. 총사령관은 일본군이 러시아군을 한국으로부터 밀어내는 것만 원하고 있음이 명백하다고 판단하였던 것이다. 따라서 그는 어떤 대가를 치르더라도 한국에서 절대로 물러서지 않아야 한다고 지시하였다.[66] 총사령관은 다시 7월 27일 파블로프 대령을 비롯한 분견대의 주력이 계속 퇴각하는 것에 우려를 표명하고, 이는 러시아군 전략상 매우 불리하다고 하였다. 그렇지만 현실적인 힘의 열세를 인정하여 모든 가능한 방법으로 적군을 지연시키면서 퇴각할 것이며, 오랫동안 무산을 장악하여 러시아군 수중에 보유할 것을 지시하였다.[67]

---

65 『日露戰史』』, 486쪽.
66 РГВИА,ф.ВУА,оп.??,д.28207,лл.54-57.
67 РГВИА,ф.ВУА,оп.??,д.28207,лл.39-40. 8월 1일 하바롭스크의 흐레샤티츠키Хрещатицкий 장군도 일본군이 압도적인 군사력으로 공격할 경우, 러시아 부대들은 치열한 전투에 말려들 필

당시 러시아 분견대는 한국 북부의 견고한 점령을 요구받았지만 급량기지와 거의 단절된 상태로 충분한 식량 확보가 불가능하였다. 부득이 아니시모프는 8월 9일 제9시베리아카자크연대 소속의 백인중대만 회령을 방어하도록 하고 나머지 부대는 두만강 대안 방천防川을 거쳐 도하용 선박시설이 갖추어진 훈춘Хунчун으로 퇴각할 것을 명령하였다.[68] 이후 두만강을 경계로 한국 방면에 있던 러시아군은 소극적 방어전을 전개하면서 한편으로는 점진적인 철수를 진행하였다. 그러던 중 9월 1일부터 러일 간 강화 담판 교섭이 시작되었다. 이날 잠정적으로 합의된 내용은 "만주 및 두만강 방면에 있는 양국 군대 간에 일정한 거리(구획지역)를 정할 일"이었다.[69] 그러나 같은 기간 러시아군은 제17보병사단 소속의 제1여단을 니콜스크Никольск(추풍秋豊, 현재 지명은 우수리스크)와 라즈돌노예Раздольное(블라디보스토크와 우수리스크 중간의 교통분기점)로부터 한국으로 파병하라는 총사령관의 명령이 접수되었고, 분견대장은 상황이 명료해지는 시점까지 이 여단을 노보키예프스크에 잔류시키자고 요청하였다. 강화 담판 진행 중에도 일본은 후비보병 제2사단의 점령구역을 두만강까지 확장하고자 8월 31일 고풍산을 출발하여 9월 2일 회령 점령 후 전진을 계속하였다(〈표 1-3〉 참조).[70]

그 과정에서 9월 5일 러일 강화 담판 위원 간에 휴전에 관한 「포츠머스 강화조약」이 조인되었다. 양국 군대의 전투는 강화조약 체결 순간까지도 계속되었다. 이에 러시아군과 일본군은 각 부대에 휴전을 명하였다. 그런데 당시 육전의 최고지휘관인 만주군 총사령관 쿠로파트킨의 회고록에 따르면, 러시아의 경우 전쟁을 수행하는 많은 병사들도 '혁명전선'에 물들어 있었고, '아무도 좋아하지 않는 인기 없는 전쟁에 열정 없이 싸워야만 했던' 것이다.[71]

요가 없다고 지시한 사실을 다시 환기시켰다(РГВИА,ф.ВУА,оп.??,д.28207,л.4).

68 РГВИА,ф.ВУА,оп.??,д.28207,лл.45-47.
69 『大韓每日申報』, 1905년 9월 9일.
70 沼田多稼藏, 앞의 책, 224쪽.
71 Alexei Nikolaievich Kuropatkin 저, 심국웅 역, 앞의 책, 87쪽.

〈표 1-3〉 러일전쟁 기간 함경도-서울, 함경도-압록강 방면 한국주차군 병참지 통과 인마人馬 수

[단위 : 명(人), 두(馬)]

병참지	개설일 수	구분	전방통과 수	후방통과 수	계	1일 평균
의정부	490	人	3,949	1,207	5,156	10.52
		馬	560	82	642	1.31
포천	490	人	3,991	1,753	5,744	11.72
		馬	510	58	568	1.16
김화	487	人	3,957	1,434	5,391	11.07
		馬	506	43	549	1.13
芝浦	485	人	3,933	788	4,721	9.79
		馬	514	57	571	1.18
금성	485	人	3,583	1,174	4,757	9.81
		馬	412	54	466	0.96
迎松津	19	人	34	205	239	12.58
		馬	6	11	17	0.89
회양	485	人	3,020	1,113	4,133	8.52
		馬	1,434	92	1,526	3.15
고산역	481	人	3,512	1,199	4,711	9.79
		馬	505	53	558	1.16
남산역	483	人	3,442	1,123	4,565	9.45
		馬	321	36	357	0.74
灰峴	466	人	3,570	976	4,546	9.76
		馬	481	20	501	1.08
關波	34	人	?	?	?	?
		馬	?	?	?	?
강동	28	人	56	31	87	3.11
		馬	–	2	2	0.07
성천	29	人	595	1	596	20.55
		馬	33	–	33	1.14
원산	398	人	23,999	1,020	25,019	62.86
		馬	2,710	22	2,732	6.86
문천	246	人	18,657	675	19,332	78.59
		馬	2,904	187	3,091	12.57
고원	246	人	16,874	919	17,793	72.33
		馬	2,679	153	2,832	11.51
영흥	246	人	18,068	267	18,335	74.53
		馬	2,734	44	2,778	11.29

초원	241	人	17,927	217	18,144	75.29
		馬	2,321	18	2,339	9.71
정평	241	人	16,245	231	16,476	68.36
		馬	2,690	30	2,720	11.29
함흥	241	人	18,482	554	19,036	78.99
		馬	2,698	22	2,720	11.29
임도원	241	人	15,713	330	16,043	66.57
		馬	2,686	20	2,706	11.23
홍원	241	人	17,997	275	18,272	75.82
		馬	2,796	14	2,810	11.66
平浦	241	人	18,293	432	18,725	77.70
		馬	2,299	21	2,320	9.63
북청	238	人	12,849	363	13,212	55.51
		馬	2,181	66	2,247	10.71
居山	238	人	12,481	502	12,983	54.55
		馬	2,414	38	2,452	10.30
이원	238	人	17,301	397	17,698	74.36
		馬	2,748	35	2,783	11.69
谷日驛	238	人	17,698	409	18,107	76.08
		馬	1,853	25	1,878	7.89
단천	238	人	19,028	472	19,500	81.93
		馬	2,848	25	2,873	12.07
관남리	238	人	17,616	385	18,001	75.63
		馬	2,697	29	2,726	11.45
성진	233	人	?	?	?	?
		馬	?	?	?	?
임명	167	人	?	?	?	?
		馬	?	?	?	?
洞下里	15	人	968	–	968	64.53
		馬	15	–	15	1.00
임호진	228	人	?	?	?	?
		馬	?	?	?	?
재영동	132	人	?	?	?	?
		馬	?	?	?	?

길주	132	人	?	?	?	?
		馬	?	?	?	?
古站	131	人	?	?	?	?
		馬	?	?	?	?
명천	130	人	?	?	?	?
		馬	?	?	?	?
五常津	12	人	?	?	?	?
		馬	?	?	?	?
路上	27	人	?	?	?	?
		馬	?	?	?	?
水南	125	人	?	?	?	?
		馬	?	?	?	?
柴門洞	121	人	?	?	?	?
		馬	?	?	?	?
신의주	123	人	422	862	1,284	10.44
		馬	–	6	6	0.05
주을온천	120	人	?	?	?	?
		馬	?	?	?	?
何日里浦	117	人	589	389	978	8.36
		馬	–	–	–	–
下八里	116	人	210	629	839	7.23
		馬	–	–	–	–
鏡城	111	人	?	?	?	?
		馬	?	?	?	?
獨津	105	人	?	?	?	?
		馬	?	?	?	?
수성	103	人	?	?	?	?
		馬	?	?	?	?
청진	102	人	?	?	?	?
		馬	?	?	?	?
獐項(a)	7	人	?	?	?	?
		馬	?	?	?	?
小橋洞	88	人	?	?	?	?
		馬	?	?	?	?
下仇非峴	81	人	?	?	?	?
		馬	?	?	?	?

			?	?	?	?
부령	88	人	?	?	?	?
		馬	?	?	?	?
부거	88	人	?	?	?	?
		馬	?	?	?	?
龍渚	88	人	?	?	?	?
		馬	?	?	?	?
初達洞	4	人	?	?	?	?
		馬	?	?	?	?
蒼坪	62	人	?	?	?	?
		馬	?	?	?	?
獐項(b)	50	人	?	?	?	?
		馬	?	?	?	?
內洞	48	人	?	?	?	?
		馬	?	?	?	?
고풍산	47	人	?	?	?	?
		馬	?	?	?	?
비석동	21	人	?	?	?	?
		馬	?	?	?	?

* 출처: 陸軍省, 『日露戰爭統計集』(復刊本) 第5卷, 第6編 「兵站」, 原書房, 1994, 54~57쪽을 참고로 작성.
** 비고: 부대의 업무 개시부터 「포츠머스 강화조약」 시기까지의 한국주차군 활동 내용임.

이러한 안팎의 혼란은 무엇보다도 니콜라이 2세가 전쟁의 종결을 급선무로 생각하는 계기가 되었다. 그럼에도 불구하고 온건파 비테Витте가 실각하고 베조브라조프Безобразов 등 강경파의 주도로 러시아는 전쟁을 계속하지 않을 수 없었고[72], 결국 발트 함대의 궤멸 이후 재반격의 기회를 갖지 못하고 미국 대통령 루스벨트Roosevelt의 권고로 그해 9월 급히 강화를 체결하게 되었던 것이다.

일본 대본영은 9월 6일 전군에 휴전을 명하였고, 한국주차군사령관은 다

---

72 Alexei Nikolaievich Kuropatkin 저, 심국웅 역, 앞의 책, 328쪽. 1920년대 러시아 역사가 M. 파크롭스키는 베조브라조프 일파 주도의 '군사봉건적 제국주의'와 재무상 비테 주도의 '자본주의적 제국주의'로 규정한 바 있다(와다 하루키 저, 이경희 역, 『러일전쟁과 대한제국』, 제이앤씨, 2011, 81쪽).

음 날인 7일 함경도 회령 남방 비석동에 있던 후비 제2사단장 미요시 나루유키三好成行에 명하여 위원을 정해 북한 방면 러시아군사령관 혹은 그 위원과 상의하여 휴전 조건의 세목을 협정토록 하였다. 따라서 후비 제2사단장은 8일 리네비치 대장에게 휴전 조건 세목 협정에 관한 위원을 정해 9일 정오 회령 북동지역 철동鐵洞에서 회견하자는 서한을 러시아군 전초를 통해 전달하였다.[73] 그 결과 9월 16일 함경도 방면 일본군과 러시아군 사이에 휴전에 관한 협정이 맺어졌다.[74]

두만강 방면 양국군의 휴전협정 이후 10월 14일 총사령관 리네비치는 아니시모프 장군과 코사곱스키 장군에게 비준서에 따라 한국 북부 전체는 일본인들이 차지할 권리를 갖게 되었으므로 러시아군은 철병해야만 한다는 사실을 알렸다. 그러나 두만강 좌안의 러시아 영토 지역은 일본군이 더 이상 진출하지 못하도록 반드시 점령해야만 한다는 사실도 환기시키면서, 제1네르친스크카자크연대 소속의 4개 백인중대가 이 지역 전체를 점령하라는 명령을 하달하였다.[75] 전쟁 종결 이후 11월 3일 한국주차군사령관 부소장 하야시 타이치로林太一郎는 러시아 군위원 파블로프 대령과 회견을 통해 한국 영토 내에 있는 러시아군은 이날부터 5일간 한국 영토 내에서 완전히 철퇴하고, 일본군은 그사이 전초를 부거-회령 전선으로 이동하고 러시아군이 철퇴를 마치면 전진한다는 내용의 각서를 교환하였다.[76] 그러나 당시는 두만강이 팽창하여 러시아군 철수가 지연되었기 때문에 11월 30일에 이르러 비로소

---

73 『日露戰史』, 502~503쪽.

74 그러나 같은 기간인 9월 14일 휴전과 관련한 대한제국 황제의 입장이 상트페테르부르크 주재 러시아 공사 이범진을 통해 니콜라이 2세에게 전달되었다. 서한의 핵심은 양국 군대의 휴전 체결은 희망을 상실하게 했고, 일본인들은 이제부터 더 많은 영향력을 갖게 되었다고 우려하면서, 가능하면 속히 러시아 대표를 보내달라는 내용이었다(ГАРФ,ф.818,оп.1,д.110,л.1об). 이에 러시아 측은 9월 19일 외무대신 블라디미르 니콜라예비치 람즈도르프Владимир Николаевич Ламздорф를 통해 러시아 황제는 대한제국의 국익과 영토의 온전성에 대해 항상 심려하고 있으며, 평화가 완전히 정착되는 즉시 서울에 러시아 대표를 파견할 것이라는 내용을 회신하였다(ГАРФ, ф.818,оп.1,д.110,л.2).

75 РГВИА,ф.ВУА,оп.??,д.28207,лл.81-82.

76 『朝鮮駐箚軍歷史』, 169~170쪽.

두만강 좌안으로 도강을 마쳤다. 그 과정에서 일본군 수비대 1소대와 헌병 7명, 기병 4명이 두만강 국경 경흥 지역까지 진입하였다.[77]

한편 일본에서는 천황이 10월 16일 「평화극복平和克復에 관한 조칙」을 발표하여 대내외에 종전을 공식화하였고, 함경도에 진출한 각 부대는 10월 19일부터 철수를 개시하여 같은 달 23일부터 11월 4일까지 청진에서 배로 본국으로 귀환하였다.[78] 12월 7일에는 만주군총사령부가 도쿄로 개선하였고, 31일 대본영 및 총사령부도 해산을 완료하였다. 1906년 2월 24일에는 한국 북부 수비를 전담하는 북부수비대를 새로 배치하였다.[79] 이로써 만 2년여에 걸친 러일 간의 전쟁은 일본의 승리로 끝이 났다.

한반도에서 처음 시작된 러일전쟁은 1904년 5월 일본군의 압록강 도하 이후 만주로 이전된 이후 함경도만이 한국 내의 유일한 전쟁지역이 되었다. 그러나 초전은 육전과 해전이 병행되었고, 특히 함경도 전투의 경우 양자가 복합적으로 연계 진행되었다는 특징이 있다. 러일전쟁에서 일본과 러시아가 한국 내에서 본격적인 공방전을 벌인 곳은 함경도이다. 지정학적 여건상 만주와 같은 대규모의 전투는 없었지만 초기부터 종전 시까지 함경도에서는 국지전이 지속되었다. 이는 러시아 국경과 붙어 있다는 지리적 측면뿐 아니라 러일 간의 제해권 확보와 밀접한 연관이 있는 것으로, 만약 러시아가 승리할 경우 일본 본토가 지장을 받고 그 반대로 일본이 승리할 경우는 블라디보스토크와 시베리아 등 러시아 동부 지역이 타격을 받기 때문이었다. 따라서 양국 모두 블라디보스토크 작전에 촉각을 세우고 있었다.

육상에서는 러시아군이 일본군에 비해 병력은 우세하였지만, 만주 지역에서의 연이은 승리와 해상에서 블라디보스토크 함대와 발트 함대가 일본군 제2함대 및 연합함대에게 연패하는 분위기 속에서 주도권을 상실한 러시아

---

77 『大韓每日申報』, 1905년 12월 20일. 경흥군수의 보고 내용이다.
78 『朝鮮駐箚軍歷史』, 170쪽.
79 『日露戰史』, 512쪽.

군은 방어전으로 전환할 수밖에 없었다. 이후 1905년 7월부터 러시아군 측은 한국 동북부에서 행동하는 군대를 한국분견대라 개칭하였고, 일본군도 북한지대北韓支隊사령부를 편제하여 각기 집결을 완료한 후 다시 대소규모의 전투를 지속적으로 전개하였다. 이때 러시아군 정찰대는 한국인 민병대와 연합작전을 전개하는 사례가 다수 보인다.

지도상으로 보면, 함경도 내 러일 간 전투는 함경남도와 함경북도 전역의 광범위한 지역에서 전개되었다. 예컨대 북서부 일부 산악 오지를 제하면 함경도 명천-덕천에서 갑산-검산령-장진 등을 경유해서 평안도 덕천-강계-만포진으로 이어지는 선, 강원도 접경의 원산-문천에서 두만강 하구 웅기까지 이어지는 해안 주요 거점 지역, 경성-수성-부거-부령-회령-경원-훈춘(간도)의 러시아 방어선과 그 인접 지역에서 전투가 이루어졌고, 주요 도시와 도로를 망라하고 있었다.

동해해전 이후 대세는 일본군이 우세한 상황으로 전변하였음에도 불구하고 전쟁은 일본의 일방적인 우세로만 점철되지는 않았고 종전 직전까지도 일진일퇴를 거듭하고 있었다. 러시아군과 일본군 모두 장마철의 강우로 인한 두만강과 대소 하천의 팽창과 전염병 발생, 식량 확보의 불가능, 연락 두절 등의 요인에 의해 현상유지 상태에서 소규모 공방전만 지속하였다. 러시아는 일본군의 두만강 접근을 우려하였고 만주 방면에서 전력을 소진한 일본군 또한 더 이상의 확전을 원하지 않았다. 1905년 9월 5일 「포츠머스 강화조약」 체결로 같은 달 16일 함경도 방면의 러시아군과 일본군 당국자도 휴전협정을 맺었지만, 한국 내에서 러시아군의 완전한 철퇴는 11월 30일에서야 이루어졌다. 결국 강화조약 두 달 후에도 변경인 함경도에서는 실질적으로 전투가 종결된 것이 아니었다.

요컨대 러일전쟁의 각 전투 중 가장 최후의 전투인 함경도 지역 전투는 총력전은 아니었으나 총 21개월 동안 국지전이 지속된, 지역별 전투 중 가장 최장기간 전개된 것이었다. 계속되는 전투와 더불어 전국에서 유일하게 함경도 군정軍政도 확장되었고 전쟁 종결 후에도 이는 한 달 이상 유지되었다. 당연히 지역민의 인적·물적·정신적 고통과 희생이 막심하였다.

제2부

전쟁과 동원

제1장

러일전쟁과 평안도의 사회경제상

일본의 입장에서 러일전쟁(1904~1905)은 10년 전의 청일전쟁(1894~1895)에 비한다면 총력전이었다. 전쟁비용(국민 부담)과 인력 손실 면으로 보아도 현격한 차이가 있었다. 정화준비금의 고갈에 따라 군사비는 청일전쟁 시기보다 13배 이상의 공채公債를 모집하였고 증세에 따른 일본국민의 조세 부담은 배로 증가하였다. 그뿐 아니라 인적 동원도 배가 되었다. 이 같은 경제적·사회적 딜레마를 해결하기 위한 가쓰라 다로桂太郎 내각의 최우선 과제는 통화발행량 증대와 12억 엔円의 해외공채를 발행하는 것이었다.[1] 다른 한편으로는 '야만적 독재국가 러시아와 러시아인의 불법불의에 대한 문명과 정의, 평화를 위한 문명국가 일본의 전쟁'이라는 이분법적 논리를 제시하였다. 이러한 평가는 영국이 러시아와의 대결에서 내세운 주장과 동일한 것이다. 그렇다면 당시 일본은 그들이 주장하던 명제를 과연 명실상부하게 실행

---

1 鈴木俊夫, 「日露戰爭時公債發行とロンドン金融市場」, 日露戰爭硏究會 編, 『日露戰爭硏究の新視点』, 成文社, 2005; 神山恒雄, 東アジア近代史学會 編, 「日露戰爭時公債の發行とその影響」, 『日露戰爭と東アジア世界』, ゆまに書房, 2008; 梅谷敏彦, 『日露戰爭, 資金調達の戰─高橋是淸と歐米バンカーたち』, 新潮社, 2012; 千葉功, 『桂太郎─外に帝國主義, 內に立憲主義─』, 中公新書, 2012, 118쪽.

했던 것일까?

한반도에서 러일 간의 전투는 북부 지역인 함경도와 평안도에서 전개되었다. 러시아의 국경선과 동해에 접해 전개된 함경도 전투는, 러시아 입장에서는 일본군의 자국 영토 진입 우려와 일본 입장에서는 연해주와 시베리아 진출이라는 관건이 걸려 있던 전투였다.[2] 그 과정에서 일본에 의해 함경도 소재 2개의 진위대는 폐설되었고 함경도는 한국 유일의 '군정軍政' 지역이 되어 러일전쟁이 종결될 때까지 계엄상태가 유지되면서 지역민들의 삶의 질은 크게 제약받았다.[3]

한편 평양을 중심으로 하는 평안도 지역은 러일전쟁 시기 육상전의 핵심 동선이었다. 그러나 그동안 학계에서 러일전쟁과 관련한 평안도 지역에 관한 연구는 별반 진척된 바가 없다. 그 이유는 대체로 청일전쟁과 마찬가지로 러일전쟁 역시 한반도에서 시작되고 한국이 많은 물리적 피해를 입었음에도 불구하고 '남의 전쟁'이라는 일반적 시각이 지배적이지 않았는가 생각된다. 이외에 러일전쟁의 주 쟁점bone of contention이 한반도냐 만주냐 하는 논쟁과도 결부되어 있다. 그 결과 아직까지 우리의 현실과 입장을 반영한 연구는 물론 지역상황에 대한 본격적인 연구는 없다고 해도 과언이 아니다. 사회사적 관점에서 만주 방면에 중점을 둔 전쟁지역 주민들의 피폐상에 대한 연구[4]와, 전쟁사의 관점에서 러시아 군사 관련 문서자료를 중심으로 한 평양과 정주성의 소규모 전투, 압록강전투 등에 대한 기초적 연구가 있을 뿐이다.[5]

러일전쟁 기간 정상상태steady state가 아닌 상황에서 평안도 지역은 10년 전 청일전쟁 시기의 경험과 함께 이중의 충격이 지속되었다. 이 지역에서의

---

2 조재곤, 「러일전쟁 시기 함경도 전투의 전개과정」, 『軍史』 86, 2013.
3 조재곤, 「전쟁과 변경 : 러일전쟁과 함경도의 현실」, 『東北亞歷史論叢』 41, 2013.
4 차경애, 「러일전쟁 당시 전쟁견문록을 통해서 본 전쟁지역 민중의 삶」, 『중국근현대사연구』 48, 2010.
5 심헌용, 『한반도에서 전개된 러일전쟁 연구』, 국방부 군사편찬연구소, 2011, 99~117쪽.

러일 간 전쟁은 1904년 5월 압록강전투를 기점으로 실제적으로 종식되었다. 그런데 초기 몇 달을 제하면 그 이후부터 러일전쟁 종전까지 이 지역의 모든 일상사가 일본의 의지에 의해 전적으로 규정되었다. 그 이유는 이 지역을 일본이 중국 대륙 침략을 위한 전진기지로 삼았기 때문이다. 일본은 인력과 물자의 강제 동원을 지속하면서 본국의 병참을 대체하는 효과를 얻고자 하였다.

이러한 점에 주목하면서 이 장은 러일전쟁 그 자체의 전투상황보다는 전쟁 기간 일본군의 만주 진출을 위한 한국 내의 거점 확보와 병참기지 역할을 해야만 했던 평안도의 사회생활과 지역경제에 대한 제약이 어떻게 전개되었는지 알아보고 그것의 의미와 함께 어떤 영향을 미쳤는지에 연구의 초점을 맞추었다. 구체적으로는 첫째, 전쟁 기간 러시아군과 일본군에 의해 행해진 평안도 지역의 인적·물적 피해상황을 알아보는 것이다. 둘째, 일본 군대와 물자의 만주 방면 이동과 결부된 평안도 지역 군표軍票 유통의 실태와 문제점을 살필 예정이다. 셋째, 진남포와 평양을 중심으로 한 식민지형 도시 건설과 급증하는 이민 및 회사 설립을 통한 제국주의적 인프라 구축 과정을 밝히는 것이다.

1. 러시아군에 의한 인적·물적 피해상황

1904년 2월 8일 러일 간의 전쟁이 본격적으로 시작되자마자 러시아군은 곧바로 만주와 연해주에서 압록강과 두만강 연안으로 진출하였고, 평안도 의주와 안주의 전보국도 점령하였다. 그러나 여전히 러시아군 주력은 랴오양과 펑황청 방면에 집중하였고 정주 이남 지역은 기병의 출몰만 빈번할 뿐이었다. 러시아군이 평양에 출현한 것은 1904년 2월 27일이었다. 이날 평양 외곽의 순안에는 100여 명, 평양에는 50~60여 명의 러시아 기병이 도착하였는데, 이들은 바이칼 동부 코사크군 소속 파벨 이바노비치 미셴코Павел Иванович Мищенко 장군 휘하 선견기병분견대 정찰병이었다. 평양성 내에 있

〈표 2-1〉 러일전쟁 초기 평안도의 러시아군 행패 사례(1904년 2~5월)

날짜	지역	내용 개요
2월 27일	평북 용천군	군대 통과길에 민가에 돌입하고 마량초를 임의로 취해 먹임
3월 22일	평북 철산군	연로 백성들의 소와 재산을 약탈하고 糧草를 시가의 절반 금액에 구매하거나 한 푼도 주지 않은 경우도 있음
3월 24일	평북 의주군	400~500명이 총을 들고 진위대에 돌입하여 洋銃 360자루를 탈취
4월 3일	평북 선천군	擔軍을 강제로 잡아들여 성안 인민이 놀라서 흩어짐
5월 10일	평남 영원군	민간 부녀들을 겁간하고 박 씨 집 10여 세 여아를 살해
5월 15일	평남 덕천·개천·영원군	물건을 약탈하고(덕천站), 관민을 난타하고(개천), 싹을 심은 밭에 말을 풀어 먹임(영원)
5월 17일	평남 개천군	500여 명이 패주 도중 죽은 러시아 병사를 강제로 져 나르게 하고, 민가에 불을 지르고 다리를 부수고, 행인 1명을 斬首함

* 출처 : 『平安南北道來去案』(이하 『來去案』으로 약칭) 제8책, 「보고서 제12호」(평북관찰사→외대 서리), 「보고서 제 호」(철산군수→외부대신), 「보고서 제15호」(의주군수→외부대신), 「보고서 제4호」(평북관찰사→외대 서리)[奎.17988-v.8]; 『來去案』 제7책, 「보고서 제6호」(평남관찰사→외부대신)[奎.17988-v.7]; 李重夏, 『箕府報鈔』(평남관찰사→의정부·외부)[奎古.4255.5-22] 각 해당 날짜에 의거해 작성.

던 일본군 제12사단의 일부는 칠성문七星門과 서남문西南門을 폐쇄하고 러시아군에 총격을 가하였다. 이는 비록 소규모 전투였지만 러일전쟁 최초의 육상전이었다. 한 차례의 총격전 결과 러시아군은 정주·철산·박천·의주·삭주 등 평안북도 각 지역으로 흩어져 물러갔고 일본군은 순안으로 진출하게 되었다. 그 과정에서 평양성 내 인심이 크게 들끓어 남녀노소 모두 성 밖으로 피난하고 장정과 역부만 남게 되었다.

그런데 의화단운동 진압 이후에도 철병하지 않고 러일전쟁 시기까지 만주에 그대로 주둔한 러시아군은 청 정부의 중립 지시로 지역관헌을 통한 인마의 징발과 식량의 조달에 큰 곤란을 겪고 있었다.[6] 또한 한국에서도 당시 평안북도 지역과 평안남도 일부 지역을 중심으로 한 점령 지역에서 러시아군은 인적·물적 동원과 징발 및 무차별 폭력 등으로 큰 문제를 일으키고 있었다(〈표 2-1〉 참조).

---

6 가와시마 신 저, 천성림 역, 『중국근현대사―근대국가의 모색(1894~1925)―』, 삼천리, 2013, 83~84쪽.

의주군수 남치원은 2월 16일 러시아군의 압록강 도강 이후 양초우마粮草牛馬의 응접과 도시와 시골[城村] 인민이 뿔뿔이 도망쳐 흩어지는 것이 나날이 더욱 심해서 한없이 물건을 보냄에도 그들의 구하는 것은 끝이 없고 주민의 피난으로 읍내는 '모든 집이 텅 비어버린(十室十空)' 형세라면서 다음과 같이 하소연하였다.

> 바야흐로 지금 경작기에 임해 (農牛를) 아라사인이 매일 도살하여 가격을 지불하지 않는 것이 태반이오니 백성이 물고기처럼 입을 뻐끔거려도 어느 곳에 호소할 것이며, **둔병屯兵 내왕이 불과 1달에 도시[城底]는 십실십공十室十空하여** 노인과 아이가 서로 손을 잡고 이끌고 너른 들로 끊임없이 울면서 도로에서 방황하는 정황을 차마 들을 수도 볼 수도 없으며, 연로 좌우 10리 정도에 사람과 연기가 희소하옵고 … [7] (강조 : 인용자)

그는 '일본과 아라사가 교전[交鋒]하기 전에 우선 대한 생령이 독을 입은 것이 매우 심하여 장차 어육이 될 지경'으로, 세계 각국에 공론公論이 있으니 외부대신이 각국 공사에게 설명 담판하여 전쟁을 거두고 창생蒼生을 보호하기를 바란다며 정부 차원의 외교적 해결을 요구하였다. 그러나 이에 대한 정부의 답변은 "변방의 어려움이 눈에 차서 가히 말로 다할 수 없다. 백성을 다스려서 특별히 생명을 보호할 방책을 마련하여 더하여 생령이 흩어지는 지경에 이르지 않게 하라"는 현상유지의 고식책에 불과하였다.

러시아군 점령지역의 인적·물적 징발 상황은 〈표 2-2〉, 〈표 2-3〉의 평안북도 태천군·창성군의 사례를 보면 자세히 알 수 있다.

태천군의 징발에 대한 보상금으로 러시아군은 ① 2월 29일에는 청 소은화小銀貨 20전 57원, 10전 133원, 러시아 화폐 14장 18원, 소금전小金錢 2원

---

7 『平安南北道來去案』(이하 『來去案』으로 약칭함) 제8책, 「보고서 제12호」, 1904. 3. 15(의주군수 남치원→의정부찬정 외부대신).

〈표 2-2〉 평안북도 태천군에 대한 러시아군 징발 종류와 금액(1904년 2월 29일~3월 10일)

종류	날짜	2월 29일	3월 3일	3월 8일	3월 10일	총계
白米	수량	10斗	47斗	4斗 5升	12斗	73斗 5升
	금액	54兩	423兩	40兩 5錢	108兩	625兩 5錢
木米末	수량	10斗	4斗			14斗
	금액	100兩	40兩			140兩
猪油	수량	5鉢				5鉢
	금액	15兩				15兩
(白)鹽	수량	1斗 5升	8斗 5升			10斗
	금액	12兩	42兩 5錢			54兩 5錢
黃肉(牛)	수량	1隻	2隻		1隻	4隻
	금액	330兩	610兩		280兩	1,220兩
洋燭	수량	6匣		3匣		9匣
	금액	15兩 2錢 5分		8兩 2錢 5分		23兩 5錢
長斫	수량	189束	20束	4束	95束	308束
	금액	90兩	12兩	2兩 4錢	47兩 5錢	153兩 9錢
柴木	수량	150束	540束	20束	20束	730束
	금액	75兩	270兩	12兩	10兩	367兩
馬草	수량	140束	1,132束	85束	200束	1,557束
	금액	84兩	679兩 2錢	51兩	120兩	934兩 2錢
皮车(馬粮)	수량	70斗	190斗	35斗	20石	295斗 20石
	금액	315兩	855兩	180兩	450兩	1,800兩
通詞	인원	2人			2人	4人
	금액	200兩			200兩	400兩
唐米	수량		115斗			115斗
	금액		517兩 5錢			517兩 5錢
鷄	수량		50首	1首	2首	53首
	금액		180兩	2兩 5錢	5兩	187兩 5錢
卵	수량		700介	35介	61介	796介
	금액		91兩	5兩 2錢 5分	9兩 1錢 5分	105兩 4錢
猪	수량		5首	1首		6首
	금액		85兩	22兩		107兩
唐硫黃	수량			2匣		2匣
	금액			1錢		1錢
粟	수량				40斗	40斗
	금액				160兩	160兩
捲煙草	수량					
	금액				16兩 5錢	16兩 5錢

인부고용	인원					
	금액				95兩 2錢 5分	95兩 2錢 5分
일자별 총금액		1,290兩 2錢 5分	3,805兩 2錢	324兩	1,501兩	7,220兩 4錢 5分

* 출처 : 『來去案』 제8책, 「태천군보 제35호」・「태천군보 제37호」・「태천군보 제49호」・「태천군보 제52호」(평북 관찰사→외대 서리) 각 해당 날짜에 의거해 작성.

을, ② 3월 3일에는 청 소은화 20전 31원, 10전 3원, 러시아 화폐 29장 53원, 백동화 50냥을, ③ 3월 8일에는 청 소은화 20전 11원, 러시아 화폐 3장 11원, 백동화 14냥 2전 5푼을, ④ 3월 10일에는 청 소은화 77원, 러시아 화폐 6장 24원을 지불하였다. 형식상 비용을 지불하는 절차는 갖추고 있지만 이해할 만한 특별한 설명도 없는 강압적 상태에서 그냥 주는 대로 받는 형태였다. 그 결과 태천군수도 비가比價가 얼마인지 확정하지 못하였다. 이는 거래의 상징적 의미였지, 합당한 금액을 지불한 것으로는 보이지 않는다. 날짜별 지급액도 총금액과 비례하지 않았다.[8]

〈표 2-3〉의 창성군 자료는 수량만 제시되어 있어 평금액은 물론 비용 지불 여부도 알 수 없다. 그러나 이 중 3월 13~20일의 징발 과정에서 러시아 은화와 러시아 지폐를 '시가市價'라 말하고 지불하였으나 이는 실제 시세로 환산하면 많아야 7~10냥에 불과하였다 한다. 또한 3월 29일의 철수 과정에서 많은 양을 강제로 징발하였다.

특히 평안북도 곽산군의 면리面里 단위의 민간 피해조사 보고서에 따르면, 러시아군은 가옥을 방화하고 교량을 부수는 한편, 소와 돼지・닭 등을 닥치는 대로 징발하였음을 알 수 있다. 이는 거의 약탈 수준이 아닐 수 없는데, 그 환산액은 총 1만 4,584냥이었다.[9] 기재된 액수가 타군에 비해 많은 것은

---

8 당시 이러한 현상에 대해 미국인 교사 호머 헐버트는 "코사크 병들은 음식과 馬草를 얻기 위하여 쩔쩔매면서 마을을 헤매고 있는데 그들은 음식과 마초의 대가로 한인들에게는 전혀 알려지지도 않은 러시아 화폐를 지불하려고 하였다"고 지적하고 있다(H. B. 헐버트 저, 申福龍 역, 『大韓帝國 滅亡史』, 平民社, 1984, 204쪽.

9 『1904年 7月 郭山郡被害成册』(『俄兵却掠成册』, 奎.17993).

〈표 2-3〉 평안북도 창성군에 대한 러시아군의 청구 물종(1904년 3월 7일~3월 29일)

종류 / 날짜	白米	牛	木末	鷄	鷄卵	穀草	太油	火木	唐米	猪油	鹽	白紙	草	木麥	牟	粟	粟穗
3월 7일	20	3	11	3	130	306	3	300									
3월 12일	27	9	23	6	70	460	9	121	156	3							
3월 13일	9		6	2	20	287	2	43	42								
3월 14일	9			2	20	213	3	45	40								
3월 15일	9	1	0.3	2	20	251	3	76	48								
3월 16일				2	20	254	3	63	46		10.2						
3월 17일	9			2	20	200	3	92	32								
3월 18일	9		0.2	2	20	220		63	48			2					
3월 19일	9	1	0.8	2	20	209	3	95	48								
3월 20일	9	1		2	20	265	3	80	48								
3월 21~29일	55.3	10	36.7	18	260	2,011	21	888	355.5		6.8		1	19.6	1	55	10
합계	165.3	25	78	41	620	4,676	53	1,866	863.5	3	17	2	1	19.6	1	55	10
단위	斗升	隻	斗升	首	介	束	鉢	束	斗升	鉢	斗升	卷	馱	斗升	斗	斗	馱

* 출처 : 『來去案』 제8책, 「창성군보 제29호」·「창성군보 제33호」·「창성군보 제34호」·「창성군보 제38호」(평북 관찰사→외대 서리), 각 해당 날짜에 의거해 작성.

가옥 방화, 교량 파괴 손해액까지 포함되었기 때문이다. 용천군수도 창성군과 마찬가지로 러시아 기병이 물건을 반가半價 혹은 몇 분의 1 금액만을 지불하여 큰 피해를 입었다 한다.[10]

이후 평양 주둔 일본군이 북진하였고 3월 28일 평안북도 정주에서 러일 간의 소규모 전투가 있었다. 이 전투는 미셴코 부대 소속 코사크 연대와 일본군 제12사단 근위기병대 소속 2개 기병 및 보병중대 간의 전투였다.[11] 『평안남북도래거안平安南北道來去案』에 의하면, 이때 성 내외의 전투로 러시아군은 20명이 사망하고 일본군은 6명이 사망하고, 8명이 부상하였다고 기록되었다.[12] 이날 일본군은 정주성을 점령하였고 러시아군은 압록강변 각 군으

---

10 『龍川郡守賸書』(『俄兵却掠成册』, 奎.17993).
11 朴鍾涍, 『한반도 分斷論의 起源과 러·일戰爭(1904~1905)』, 선인, 2014, 304쪽.
12 반면 러시아 기록에는 러시아군은 장교 1명과 병사 4명 전사하고, 장교 3명과 병사 12명이 부상하였고, 일본군은 장교 1명과 병사 4명이 전사하고 12명이 부상한 것으로 되어 있어 다소 차이가 있다[심헌용, 앞의 책(2011), 108쪽; 小森陽一·成田龍一 編, 『日露戰爭スタタデイーズ』, 紀伊國

로 이동하여 부대별로 개별 활동을 지속하였다. 정주는 러시아군 주둔과 이후 러일 양국 간 교전을 거치면서 약탈, 파괴와 지역민의 대규모 피난이 이어졌다. 이 기간에 제물포와 압록강 사이에는 일본군 10만여 명 이상이 배치되었다. 다시 4월 17~18일의 압록강 전투에서도 일본군이 승리하고 러시아군이 크게 패하였다.[13] 그러나 이후에도 러시아 기병의 평안북도 지역 진출과 그로 인한 소규모 전투는 계속되었다.

예컨대 5월 10일 평안남도 안주전투는 러시아군이 재차 침투하여 치른 후속 전투였고, 러시아군은 패하여 개천 방면을 지나 청의 펑황청鳳凰城과 주롄청九連城 일대로 퇴각하였고, 안둥安東으로 통하는 국경 관문인 의주도 일본군이 장악하였다. 그런데 안주전투 과정에서 군민郡民 3명이 유탄을 맞아 사망하였다.[14] 이후 압록강 일대의 국경 산악지역과 함경도 방향인 덕천 등지에서 게릴라 형태('俄匪')로 출몰하는 등의 형세는 당분간 유지되었다. 규모 있는 전투는 더 이상 이루어지지 않았고 소규모 국지전이 지속되던 함경도 북부 두만강 지역을 제하면 대한제국의 영토는 일본군의 점령하에 들어갔다.

이후의 상황을 보면, 평안남도 덕천군의 경우 러시아군은 지나가는 각 참站에서 남아 있는 대로 찾아 빼앗고 이르는 곳마다 주민들을 가혹하게 대하여 흩어지게 하였다. 개천군에서는 만나는 사람들을 때려 읍속邑屬이 대부분 도주하였고, 영원군에서는 각 전田의 입묘立苗에 말을 풀어 먹였다 한다.[15] 개천군 향장에 따르면, 러시아군이 주민들로 하여금 사망한 병사를 져 나르게 했는데 만약 따르지 않으면 심하게 구타하였다 한다. 또한 율우참에서는 교량을 부수고 행인 1명을 참수하였고, 송정참에서는 민가에 불을 지르

屋書店, 2005, 30쪽].

13 이틀간의 전투에서 러시아군은 73명의 장교와 2,324명의 병사가 사망하였고 635명의 포로가 발생하였다[심헌용, 앞의 책(2011), 115쪽]. 반면 일본군은 1,036명의 병력 손실이 있었다(로스뚜노프 외 전사연구소 편·김종헌 역, 『러일전쟁사』, 건국대학교출판부, 2004, 180쪽).

14 『來去案』 제7책, 「보고서 제6호」, 1904. 6. 22.(평남관찰사 → 외부대신).

15 『箕府報鈔』, 1904. 5. 15.(평남관찰사 → 의정부·내부).

고 다리를 부수었다. 이때 연로(沿路) 민인으로 잡혀간 자는 거의 수백 명으로 모두 운반에 강제로 동원되었다. 러시아 병사는 이들에게 자신들의 군복을 입혀 위장하여 같이 전진하다가 밤이 되면 쇠줄로 결박하여 도망갈 수 없게 하였고 또한 먹을 것도 주지 않고 채찍질만 하였다는 것이다. 따라서 살아 돌아올 바를 헤아리기 어려우며 아녀자가 남편을 잃고 아들이 아비를 잃어 소리 내어 우는 상황을 차마 듣고 볼 수 없을 정도였다고 한다.[16]

러시아군은 초기에 주둔하고 있던 평안북도 지역을 중심으로 하여 일본군과 소규모 국지전을 전개하였다. 이후 평양을 중심으로 한 일본군과 몇 차례 전투에서 패한 후 평안도에서 철수하였다. 러시아군은 기병대로 안주 등지를 습격하는 등 일부 게릴라전을 추진하였지만 성과를 거두지 못하였다. 이후 전투지역은 만주에 집중되면서 일본군이 평안도 지역을 완전히 접수하였다. 반면 함경도에서는 이후에도 육로와 해로에서 양국 군대의 일진일퇴 양상의 소규모 접전이 오랜 기간 지속되었다. 그 결과 평안도 지역은 일본군의 만주 진출을 위한 교두보이자 병참기지 역할을 하게 되었고 지역민들의 인적·물적 질고는 관내에서 전쟁이 진행되고 있었던 시기보다 더 심해졌다.

2. 일본군에 의한 인적·물적 피해상황

압록강전투 승리 이후 일본군은 전쟁의 주도권을 잡고 압록강 대안의 러시아군 근거지인 평황청과 주롄청을 압박하는 한편, 더 나아가 만주 방면 공략에 전투력을 집중하였다. 일본군 제1군(사령관 구로키 다메모토黑木爲楨)은 2월 29일 평안도 진남포에 상륙한 후 조선 북부를 거쳐 남만주로 향하였다. 그런데 평안도 지역은 러시아군이 철수하고 일본군이 진주하는 과정에서도

---

16 『箕府報鈔』, 1904. 5. 17.(평남관찰사→의정부·내부).

〈표 2-4〉 평안도 지역 일본군 강제 징발 관련 현황(1904년 3월 27일~4월 26일)

날짜	지역	내용
3. 27.	龍岡	① 지역민으로부터 각기 닭 1마리, 2마리, 1마리를 징발. 이에 저항하자 나무 말뚝으로 난타하자 그의 동생이 계란 1개를 주며 중재 의뢰 ② 닭 1마리를 빼앗아 만찬
3. 28.	龍岡	前方이 바빠 어떠한 급량을 받을 방도가 없어 각자 지역민의 품물을 징발하자 그들이 병참부에 호소
3. 31.	龍岡	일직하던 상등병과 그 사역이 양말糧秣을 나누어 주자 눈물을 흘림
4. 3.	砂泉場	숙사에 도착하면 민간의 물품을 수색하는 일이 일상화되어 오늘 수색 결과 닭 3마리, 계란 17개, 콩과 밤 등을 얻어 오랜만에 위를 채움
4. 15.	定州	小豆 구입에 실패하여 겨우 사탕을 구하여 돌아옴
4. 22.	압록강변	3인이 돼지 1마리를 징발하여 돌아옴
4. 23.	安東 대안	오늘 받은 75錢의 봉급으로는 일용품을 구매하기도 부족함
4. 26.	津里	馱牛 징발을 위해 나갔다 돌아옴

* 출처: 茂澤祐作, 兵頭二十八 編, 『ある歩兵の日露戦争従軍日記』, 草思社, 2005, 39~47쪽을 근거로 작성.

폐해가 이어졌다. 러시아군에 의한 것은 개전 초기 3개월 미만으로 그것도 일부 지역에 불과한 것이었지만 일본군에 의한 전방위 징발과 인력 동원은 거의 1년 6개월 정도 지속되었다.

일본군의 질서 없는 무분별한 징발은 3월부터 시작되었다. 이는 니가타현新潟縣 출신 보병 제16연대 소속 상등병 무사와 유사쿠茂澤祐作의 당시 일기를 통해서도 알 수 있다. 무사와가 속한 부대는 평안남도 진남포에 상륙한 후 평양을 거쳐 육로로 평안북도 의주와 압록강을 통과하여 만주 관내의 전투에 참여하였다. 〈표 2-4〉는 그 과정에서 무사와가 보았거나 직접 행한 내용의 일부를 정리한 것이다. 언어로 표현된 것이 '징발'과 '물품수색'이었지, 실제는 약탈 수준의 행태가 일상화되고 있었다.

평남관찰사 겸 선유사 이중하가 1904년 4월 12일 의정부와 내부에 보고한 평안도 민정 전반 상황은 다음과 같았다. "여러 군의 관아 공해公廨는 모두 일본병이 들어와 차지하고 읍과 연로沿路의 민가는 태반이 텅 비어 오직 인부의 운수 외에는 행인의 왕래가 전혀 없고 … 스스로 폐농에 이르고 …

평양진위대는 상원에 나가서 주둔하였으나 사방으로 흩어져 폐단을 만들어 백성은 지탱하기 어렵고 이른바 동학東學·백학白學의 무리는 곳곳에 넝쿨처럼 퍼져"[17]라고 하였다.

이중하는 그로부터 보름 후의 보고에서도, 일본군이 군량·마량·군용 각종과 운수의 인부·우마를 민호에 분배하여 민정의 곤란은 대로와 벽읍이 모두 같고, 징수물품을 배정하고 사역使役으로 몰아세우고 압박하는 데 두서가 없어 관리와 백성이 의지할 길이 없다고 주장하였다. 특히 순안·안주·용강·양덕 등은 관청이 비어 거의 무읍無邑의 지경에 이르렀다는 것이다. 그 결과 군수는 쓸쓸히 마을[村間]에 있고 이서와 하인[吏隸]은 흩어지고 여행자[行旅]는 일본군의 조사와 수색으로 인해 스스로 발걸음을 끊고 청년들[丁壯]은 물자를 나른다는 연유로 모두 업을 잃고 절도竊盜가 제멋대로 행해진다면서 그 '처참함은 차마 볼 수 없다'[18]는 사정을 전하였다. 미국인 종군기자 잭 런던Jack London도 평양을 지나 압록강 대안 중국 안동과 평황청까지 가는 길에서 본 상황을 다음과 같이 기록하고 있다.

조선의 북쪽 지방은 일본군이 통과할 때 이미 황폐해진 상태였다. 도시와 마을은 텅 비어 있었고 논과 들은 버려져 있었다. 김을 매지도 않았고 파종도 하지 않았으며 **이 들에는 녹색 식물이 아예 보이지 않았다.** … 거의 모든 마을에서 종류를 막론하고 단 한 톨의 곡식도 구할 수 없었지만 …[19] (강조 : 인용자)

그런데 전시 기간 일본군의 파견 주둔과 지원인력 동원, 물자의 강제 징

17 『箕府報鈔』, 1904. 4. 12. 평양은 객사·아사衙舍·진위대 영사·전보사, 순안은 아사·각청, 숙천은 객사·아사·각청, 안주는 객사·아사·진위대 영사·전보사, 강서는 아사·각청, 은산과 순천은 장교청, 신천은 아사·각청 등 평안남도 각 군의 공해에 일본군이 주둔하게 된다[『來去案』 제7책, 「보고서 제5호」, 1904. 6. 16(평남관찰사→외부대신)]. 평안북도 의주의 경우 진위대 병영은 근위사단의 치료병원으로, 군수 집무실은 위생대 주둔지로, 향청은 병참사령부가 점령하여 군수는 민가를 빌려 행정업무를 보았다[『來去案』 제7책, 「보고서 제23호」, 1904. 5. 4(의주군수→외부대신)].
18 『箕府報鈔』, 1904. 4. 27.
19 잭 런던 저, 윤미기 역, 『잭 런던의 조선사람 엿보기 : 1904년 러일전쟁 종군기』, 한울, 2011, 227쪽.

발, 토지 수용 등은 1904년 2월 23일 체결된 「한일의정서韓日議定書」 제4조에 근거한 것이다. 제4조는 "제3국의 침해나 혹은 내란으로 인해 대한제국 황실의 안녕 혹은 영토 보전에 위험이 있을 경우 대일본제국 정부는 속히 임기의 필요한 조치를 하며, 대한국 정부는 대일본제국 정부의 행동이 용이하도록 충분히 편의를 제공한다. 대일본제국 정부는 전항前項의 목적을 성취하기 위해 군사전략상 필요한 지점을 임시 수용할 수 있다"[20]고 되어 있다. 이는 청일전쟁 기간 맺은 「대조선국대일본국양국맹약」과 같은 형태의 일본의 강요에 의한 군사동맹 체제였다.

먼저 일본군의 전쟁 인부(군부軍夫 또는 역부役夫로 표현) 청구와 동원의 예를 살펴보기로 하자. 일본군의 초기 북상 시기부터 평양에서는 붉은색 또는 보라색 점을 왼쪽 뺨에 칠한 인부들이 동원되고 있었음이 종군기자의 눈을 통해 확인되고 있다.[21] 〈표 2-5〉는 1904년 7~9월, 1905년 6~10월 상황이다.

〈표 2-5〉 내용 중 1904년 8월 3일과 6일의 경우는 국경을 넘어 청의 안동현·주롄청·펑황청으로의 물자 수송 및 축성築城 파견 인부를 청구한 것이다. 이들 중 일부는 탕산성·장강성 축성에도 동원되었다. 일본군은 평남·평북 각 군은 물론이고 안악·은율·장연 등 황해도 지역에까지 동원 대상을 확대하였다.

정주는 이미 1904년 7월 23일 이전 두 차례에 걸쳐 각 방坊의 인부 657명을 보냈고,[22] 반면 인력이 부족한 함경도의 경우 1905년 6~10월에 이용구가 일진회원을 북진수송대北進輸送隊로 하여 두만강 방면 일본군 군수물자 수송 등 대규모 노동력 동원을 통한 협력을 전개하였다.[23]

청으로의 전쟁 인부 파견과 별도로 서울-의주 간 군용철도, 압록강의 교량 부설을 위한 인부의 강제 동원도 진행되었다. 평안북도 가산군의 사례를

---

20 국회도서관 입법조사국, 『舊韓末條約彙纂』 上, 東亞出版社, 1964.
21 잭 런던 저, 윤미기 역, 앞의 책, 60쪽.
22 『來去案』 제7책, 「보고서 제1호」, 1904. 7. 23.(정주군수→외부대신).
23 李容九, 『北進輸送隊日記』(李寅燮, 『元韓國一進會歷史』 卷之二, 文明社, 1911, 526~572쪽).

〈표 2-5〉 평양 주변 및 평북 지역 각 군별/기간별 일본군의 조선인 인부 청구 수 (단위 : 명)

평양주변 \ 날짜	1904.8.2.	1904.8.3.	1904.8.10.	1904.9.3.
용강	2,000	1,150		
삼화	2,000	700		
강서	2,000	700		
안악		1,150		
은율		500		
長連		500		
長淵		700		
신천		600		
증산	2,000			
영유			500	
순안			500	
숙천			500	
순천				150
자산				150
계	8,000	6,000	1,500	300

평북 \ 날짜	1904.7.27.	1904.8.6.	1905.6.5.	1905.6.24.	1905.7.4.	1905.7.27.	1905.8.6.	1905.9.2.	1905.10.10.
가산	2,000	1,500						300	300
정주	1,000	1,000							
곽산	1,000	1,000				100	200		
선천	1,500	1,000							
철산	1,000	1,000							
용천	1,000	1,000		700					
의주		700							
태천		500				178			1,700
구성		500	100		700		265		640
창성		500	800						
삭주				600					
영변					400				
운산						250		250	250
박천									490
계	7,500	8,700	900	1,300	1,100	528	465	550	3,380

* 출처 : 『箕府報鈔』(평남관찰사→내부); 『三和港報牒』 제5책, 「보고 제64호」(삼화감리→외부대신)[奎.17856.
v.5]; 『公文日鈔』(평안남도 편)[奎古.4254-49]; 『來去案』 제7책, 「보고서 제31호」(의주군수→외부대신),
「보고서 제73호」(평북관찰사→외부대신); 『來去案』 제10책, 「보고서 제22호」·「보고서 제35호」·「보고
서 제39호」·「보고서 제45호」·「보고서 제48호」·「보고서 제56호」·「보고서 제72호」(평북관찰사→외
부대신) 각 해당 날짜에 의거해 작성[다만 7/27은 8/15 보고].

보면, 1905년 7월 무렵 매일 1,000명을 보내라 독촉하나 2,715호의 쇠하여
황폐해진 마을 형편상 농사를 폐기하고 부역하더라도 그 절반을 충원할 수 없
다고 군수가 병참사령부에 가서 직접 설명한 경우도 있었다. 군수에 따르면,
가산군 6개 면은 전염병[輪疾]이 크게 일어나 사망자가 10에 8·9명으로 집들
은 비어있고, 철도구획에 전답이 편입되어 폐기를 기다리는 사람들은 "나
살려라!"고 부르짖고, 민가의 훼철로 "그 참혹함은 눈 뜨고 볼 수 없다"는
것이다.[24]

---

24 『來去案』 제8책, 「보고서 제44호」, 1905. 7. 19.(평북관찰사→외부대신).

평안남도	호수 (호)	인구(명)		평안북도	호수 (호)	인구(명)	
		남	여			남	여
용강군	8,203	25,580		정주군	6,579	29,081	
		14,123	11,457			16,282	12,799
순천군	4,003	12,607		영변군	6,548	36,956	
		6,782	5,825			19,665	17,291
영유군	4,021	12,616		선천군	5,030	23,077	
		7,204	5,411			12,882	10,195
강서군	4,427	16,107		용천군	4,853	16,423	
		8,761	7,346			9,209	7,214
삼화군	5,818	16,042		철산군	5,371	21,839	
		8,368	7,674			12,465	9,374
순천군	2,372	8,798		가산군	2,646	11,083	
		4,827	3,971			6,126	4,957
자산군	2,414	10,572		곽산군	3,568	12,954	
		5,777	4,795			7,452	5,502
순안군	2,096	9,268		운산군	4,347	14,433	
		5,038	4,230			8,041	6,392
증산군	1,218	5,807		박천군	2,434	11,101	
		3,105	2,702			5,862	5,239

* 출처:『독립신문』, 1897년 5월 22일, 「외방통신」;『독립신문』, 1897년 5월 25일, 「외방통신」;『독립신문』, 1897 년 6월 24일, 「외방통신」.

이 시기 평안도의 인구는 7년 전인 1897년 내부內部의 조사보고를 통해 자세히 알 수 있다. 보고가 도착하지 않은 군을 제외한 인부 징발을 행한 연로沿路 각 군의 호수와 인구수를 표로 정리하면 〈표 2-6〉과 같다.

평안남도의 경우 순천군 기록이 2개로 되어 있는데, 그중 하나는 숙천군 의 오기로 보인다. 영유군의 경우 남녀의 수에서 1명이 부족하다. 평안도는 1만 9,277호, 인구 6만 9,753명인 평양을 제한 모든 군의 호수가 1만 호를 넘 지 않을 정도로 인구가 많지 않았다. 당시 평안남도 인구는 34만 1,002명에 불과하였고, 1899년 내부의 조사보고를 보면 평안남도 가호는 9만 8,832호,

〈표 2-7〉 태천군에 대한 일본군의 징발 종류와 금액(1904년 4월 1일)

종류	稷	牟	馬草	白米	鷄	長斫
수량	81두 8승	14두 4승	138속	13두 2승	17首	30束
금액	163냥 6전	64냥 8전	69냥	112냥 2전	34냥	12냥
종류	柴木	太芽	太包	鷄卵	鹽	醬
수량	23속	8升	50方	6개	5合	6碗
금액	9냥	3냥 4푼	1냥	6냥	7전 5푼	6냥 5전

* 출처 : 『來去案』 제8책, 「태천군보 제80호」, 1904. 4. 8.(평북관찰사→외대 서리).

인구는 남 20만 2,875명, 여 17만 24명, 도합 37만 2,899명으로 3만여 명이 증가하였다. 평안북도는 가호 9만 858호이고, 인구는 남 20만 8,685명, 여 16만 1,453명, 도합 37만 138명이었다.[25]

그러나 이는 평시의 인구로 앞에서 살폈듯이 전쟁 상황에서 연선에 있던 대다수의 주민들은 피난하였고, '십실십공'(의주군)이나 주민의 8, 9할이 이산(가산군)했다는 다소 과장된 표현이더라도 실제로 지역에 남은 인원은 매우 적을 수밖에 없었다. 인부 2,000명을 배정받은 한 군의 경우 노인과 어린아이까지 포함한 남자가 겨우 3,000명을 상회할 정도였다(증산군). 동원 가능한 인력을 고려하지 않은 일괄적인 할당을 감내할 수 없었던 것은 당연한 현상이었던 것이다.[26]

태천군의 경우 러시아군이 물러나자마자 일본군의 징발이 속행되었다. 수량과 금액은 2~3월의 러시아군에 비하면 적은 것이었지만 계속되는 강제로 지역민은 곤궁에 처하지 않을 수 없었다(〈표 2-7〉 참조).

4월 1일 하루 동안의 징발금액은 합계 481냥 8전 9푼이었는데, 일본군은 1원 지폐 38장, 5원 지폐 1장, 20전 지폐 80장, 50전 지폐 2장, 10전 지폐 1장을 지불하였다. 당시 시가로 1원 지폐는 한화 8냥으로 환산되었는데, 일본군

---

25 『독립신문』, 1899년 5월 16일, 「가호인구」.
26 고종 9년(1872)에 작성된 『郭山郡地圖』(奎.10596)에 따르면 軍摠은 1,285명으로 기록되어 있는데, 이는 당시 물리적 동원이 가능한 수치를 이해하는 데 참고가 될 것이다.

〈표 2-8〉 러일전쟁 시기 일본군의 평안도 각 군별 조사 내용(1904년 7월~1905년 12월)

지역	날짜	조사 내용
삼화군 용강군 강서군 중화군	1904. 7.2.	삼화항 병참사령관이 각 군의 호수, 20세 이상 50세까지 남자 수, 牛馬豚鷄의 현재 수, 米 1년 수확고와 이전 5개년 평균 수, 大麥 1년 수확고, 30석 이상 답재할 수 있는 선박 수, 薪炭 재고량, 짚[藁]의 재고량, 社還米 저장 소재지 및 貯積高를 보고할 것을 조회
정주군	1904. 7.23.	정주군 병참사령관이 각 면리 任掌 및 頭民을 소집하여 각 리 가호와 인구수, 전답 두락 耕數와 매년 소출 穀 수, 牛馬鷄豚 등을 보고하도록 조회
철산군	1904. 7.30.	일본병참부와 이화포 주둔 일본군이 연로 좌우 30리 정도에 소재한 각 리의 호구와 전답, 耕落과 소출 穀數와 우마 필수를 조사
벽동군	1905. 6.18.	의주병참사령관이 본 군 인구·우차·태마·牛·나귀 수, 米粟·대두·소두·玉糖 및 각종 필요품을 조사하여 10일 이내에 책으로 만들어 보고할 것을 조회
용천군	1905. 6.20.	일본군의 조회에 따른 조사. 1. 조사 요령 : 조사 지역, 구역 내 각 촌 호수·인구, 각양 물산의 歲收·歲出 2. 조사 형식 : ① 호구 조사(촌명·인가·인구), ② 물자 조사(牛·馬·驢·牛車·車·白米·麥·太·唐·豆·옥수수·航의 현재 수, 1년 산출 수, 1년 비용, 1년 비용 후 남은 수), ③ 稅收 조사(결호전結戶錢 과세 표준, 수세 및 합산 등의 과세 종류, 납세 시기, 납세 총액)
	1905. 6.29.	일본인 技手 등이 경내에 와서 전답결 1,919결 97부 1속, 읍촌 가호 5,383호와 남녀 인구 18,165명 등 3개 항목의 숫자를 기록하여 감
희천군 ~ 강계군	1905. 12.5.	안주수비대장이 희천부터 강계 사이 연로 각 촌락의 명칭과 미·맥·속·두·우·마·차·계·돈·井口數, 호수·인구수. 일본인이 어느 촌에는 몇 사람이 숙박 가능함과 교량을 가설할 石數와 사용할 수목, 藁糖藁, 時候에 따라 물이 불어나는 상황과 강설 상황 등을 조사하여 통보할 것을 지시
영변군 ~ 안주군	1905. 12.11.	영변수비대장이 영변부터 안주 간 도로변 좌우 각 10리 간 白米·麥·粟·豆·馬粥, 군대가 유숙할 만한 家室, 운반력으로 사용할 牛馬·牛馬車, 장도리·톱 등 수목벌채 기구, 사용 가능한 인부 수의 조사를 급히 조회

* 출처 : 『三和港報謀』 제4책, 「보고 제52호」(삼화감리→외부대신); 『來去案』 제7책, 「보고서 제1호」(정주군수→외부대신)·「보고서 제69호」(평북관찰사→외부대신); 『來去案』 제10책, 「보고서 제29호」·「보고서 제32호」(평북관찰사→외부대신)·「보고서 제2호」(용천군수→외부대신); 『龍川港案』, 「보고 제7호」[奎.17874](용천감리→법부대신); 『來去案』 제10책, 「보고서 제98호」(안주수비대장→평북관찰사)·「보고서 제98호」(영변수비대장→평북관찰사) 각 해당 날짜에 의거해 작성.

이 지불한 금액은 합계 480냥 8전이 된다. 이는 총액에서 1냥 9푼이 부족한 것으로 러시아군과는 달리 비용을 최대한 정산하였음을 알 수 있다. 각 지역별로 현지 주둔 일본군에 의한 군세郡勢 조사도 병행되었다(〈표 2-8〉 참조).

이는 지역사정의 상세한 조사를 통해 남만주 진출 과정에서 필요한 인력과 물자를 병행하여 안정적으로 공급할 필요성에 따라 이루어진 조치였다. 이외에 평안북도 관내 마필 조사, 평안남북도 금광 조사, 운산의 역둔토 조사 등도 행해졌다. 이 같은 군사상 필요를 내세운 일본군의 각종 요구사항에 연로의 주민들은 시달리고 있었다. 예컨대 진북進北 군대 응접관으로 군수품 조달에 적극 협조했던 의주군수 구완희는 "진시황이 구하는 바는 끝이 없다可謂秦求無己也"[27]라고 비유하기까지 하였다.

〈표 2-9〉에 의하면 평안도 30개 지역에서 동원된 전쟁 사역인부는 연인원 14만 5,523명으로 지역별 평균은 4,851명이었다. 짐 싣는 말은 총 3,923두로 평균 131두이고, 마차는 962대로 지역당 평균 32대이며, 선박은 총 369척으로 평균 12.3척에 달하였다.

또한 우마의 불법 징발과 미곡의 약탈이 일본 상인 사이에서 성행하였는데, 용천군에서는 '군용'을 빙자하여 소 70마리를 마리당 군용수표 2원으로 매수하려 하였고, 철산에서는 주민의 소 20마리를 무상으로 빼앗은 일도 있었다. 가혹한 징발과 지역민에 대한 전쟁 비용 강제 배정 결과 원한을 가진 자가 의주 통군정統軍亭 기둥에 '우습도다. 호랑이와 승냥이가 큰길에서 횡행함이여!笑殺虎狼大道橫'라는 시를 몰래 쓰기도 하였다.[28] 〈표 2-10〉은 러일전쟁 말기 만주 방면 군수품 운반을 위해 일본군의 평안북도 지역 각 군별 우마의 배정 내용이다.

더욱 심각한 문제는 평안도 각 군에 주둔한 일본군이 과도하게 전시 군율軍律을 적용하여 지역민들을 살해하는 사례가 심각할 정도로 많았다는 것이다.

---

27 『來去案』제7책, 「보고서 제31호」, 1904. 8. 15.(의주군수→외부대신). 구완희가 나열한 일본군의 요구는 각 營門의 수용, 군 관사를 군용전신국으로 사용, 도로와 교량 및 厠間 설치, 馬草와 柴炭 준비, 鷄·豚·계란 등의 청구, 철도 역부의 임의 모집, 매일 350명씩 주렌청 둥지 축성 역부 모집, 구룡포 板木監視部 역부 청구, 장강성에 보낼 물자 운반 역부 200명 청구, 의주-용천, 의주-삭주 간 도로와 교량을 일일이 수축하라는 내용 등이었다(『大韓每日申報』, 1904년 9월 21일).
28 『駐韓日本公使館記錄』, 「別冊 報告書 返戾 件」, 1904년 7월 8일(한국주차군 참모장 齊藤力三郎 →임시대리공사 萩原守一) 중 「別紙 1」, 「平安北道 視察報告書」:「附屬書 1」, 「露·日戰 露·日 兩軍ノ通過地民間人ノ被害狀況調査書」, 1904년 6월 10일.

<표 2-9> 러일전쟁 기간 평안도 지역 인력 및 운반력 동원 현황

지명	인부(명)	駄馬(두)	마차(대)	선박(척)
안주	16,490	531	321	-
숙천	6,782	87	9	-
용강	1,159	62	1	-
유운택	2,193	6	-	-
순안	4,285	71	16	-
한천	2,259	4	-	-
대평동	625	11	1	-
영변	6,735	32	-	-
문동점	1,315	15	1	-
자산	4,683	283	1	-
가산	13,502	18	-	21
영유	2,782	68	-	-
진남포	4,151	-	-	-
구 상원	2,068	4	5	-
평양	729	17	6	-
강서	1,709	145	-	-
창성	3,957	89	-	-
선천	4,808	35	8	-
서호리	511	-	-	320
이호포	5,936	15	-	-
용천	6,747	-	8	-
운산	3,274	9	10	-
비현면장리	17,773	9	10	-
청산장시	3,067	26	-	-
차련관	5,810	569	28	-
이화포	3,476	212	5	28
신창	6,775	1,570	-	-
정주	2,102	-	505	-
철산	7,535	22	-	-
의주	2,285	13	27	-

* 출처: 陸軍省, 『日露戰爭統計集』(復刊本) 第5卷, 第6編「兵站」, 原書房, 1994, 58~59쪽.

〈표 2-10〉 평북 지역 각 군별 일본군의 우마 징발 배정 수(1905년 6월 5일~10월 10일)　(단위 : 두)

지역＼날짜	6.5.	6.24.	7.4.	7.27.	8.6.	9.2.	10.10.
삭주	50(-우)						
창성	100(-우)				50(-우마)	42(牛馬駄)	50(-우)
강계	850(우마)			500(駄馬)		400(-우)	
후창	100(우마)				150(-우)	250(우마)	
운산	600(우마)						50(-우)
희천	600(우마)						400(-우)
벽동	300(우마)						200(-우)
초산	1,400(우마)					400(-우)	69(牛馬駄)
위원	150(우마)						
태천		200(駄馬)			300(우마)	80(-우)	
구성		200(駄馬)					
자성			46(-우)		300(-우)		
총계	4,150	400	46	500	800	1,172	769

* 출처 : 『來去案』 제10책, 「보고서 제22호」·「보고서 제35호」·「보고서 제39호」·「보고서 제45호」;『來去案』 제7책, 「보고서 제73호」;『來去案』 제10책, 「보고서 제48호」·「보고서 제56호」·「보고서 제72호」 각 해당 날짜에 의거해 작성. 모두 평북관찰사가 외부대신에게 보고한 것이다.

강제 동원을 통한 가혹한 노동착취 과정에서 감독의 무리한 대응으로 인한 사망도 보인다. 청일전쟁 시와 같은 참형斬刑도 진행되었다(〈표 2-11〉 참조).

　현지민 살해의 경우는 군율을 통한 일본군의 공식행위와 개인의 일탈 등 비공식 행위로 대별된다.[29] 전시체제라는 것을 강조한 나머지 가벼운 절도 행위도 일반인이 보는 앞에서 총살하였다. 전쟁 직후 삼화항 진남포의 일본영사 소메다니 세이쇼染谷成章는 일본 거류민에게도 "제10항. 간첩은 사형에 처함. 간첩을 유도방조한 자도 같음. 제11항. 교전지 또는 작전지대에서 우리 (일본) 군대에 위해를 가할 행위가 있는 사람은 국적 여하를 불문하고 그 범죄

---

29 이와 관련하여 "국내에서는 '비루한' 인민이며 영내에서는 이등병이지만, 일단 외지에 나가게 되면 皇軍으로서의 궁극적 가치와 이어짐으로써 무한히 우월한 지위에 서게 된다"는 마루야마 마사오의 비유는 그러한 현상을 이해하는 데 시사하는 바가 크다(丸山眞男, 「超國家主義の論理 と心理」, 『世界』, 1946년 5월).

사정에 의하여 무거운 자는 사형에 처하고 가벼운 자는 그 지방에서 현행하는 법령 관습을 참작하여 감형할 수 있음"[30]이라는 방문을 고시하기도 하였다. 그러나 이는 지역주민들에 대한 우회적 방법의 경고였다.

특히 전신선 절단의 경우에는, 예컨대 정주 주둔 병참사령관은 엄중 처단하겠다고 다음과 같이 훈시하였다.

1. 가해자는 사형에 처함.
2. 정을 알고 은닉하는 자는 사형에 처함.
3. 가해자를 나포하는 자는 금 20원元을 상으로 줌.
4. 가해자를 밀고 나포케 하는 자는 금 10원을 상으로 줌.
5. 촌내에 가설하는 전선 보호를 그 모든 촌민에게 책임을 지우되 각 촌장·주좌위원主座委員을 두고 약간 명을 매일 교대하여 전선 보호함이 가함.
6. 촌내에서 전선을 절단하였을 때 가해자를 나포하면 마땅히 당일 보호위원을 태벌笞罰하고 또한 구류에 처함.
7. 한 촌내에 2·3회 가해자는 한국 정부에 통고하여 모든 촌을 엄히 벌하여 막기를 청구할 것[31]

이는 사형과 태벌 등 가혹한 처벌과 지역별 연대책임까지 규정한 것이다. 이러한 강경정책은 오랜 기간 지속되었고, 〈표 2-11〉의 1905년 7월 27일 사례처럼 러일전쟁 후반기 전승이 가시화되는 상황에서는 다소 완화되는 모습을 보이기도 하였다.

또한 폭력을 통한 침탈의 폐해도 적지 않았는데, 예를 들면, 일본인 마쓰이 겐지로松井嚴治郎는 순안병참지부장을 앞세워 일본 상인과 총칼을 든 일본군 병사 20여 명을 이끌고 평안남도 순안과 자산의 석광의 세감稅監을 결

---

30 『三和港報牒』제5책,「보고 제10호」, 1904. 2. 29.(삼화감리 고영철→외부대신 서리 이지용).
31 『來去案』제9책,「보고서 제81호」, 1904. 8. 20.(평북관찰사→외부대신).

〈표 2-11〉 러일전쟁 시기 평안도 지역 일본군과 일본인의 한국인 처형 및 살해 상황

날짜	지역	내용 개요
1904.3.18.	평남 평양	영변 사람 김사청을 러시아 간첩죄로 보통문 밖에서 포살
5.22.	평북 창성	마을에 들어온 일본군 3명이 총을 쏘고 칼을 휘둘러 김윤화가 즉사하고 최광순 등 4명은 중태
6.9.	평남 덕천	러시아군 통역 김인수를 체포 즉시 포살
6.21.	평북 정주	일본군 2명이 촌락에 들어가 한 푼도 주지 않고 닭과 계란을 가져가면서 칼로 홍대형을 살해
8.5.	평북 의주	함경도 출신 러시아 통역 박계혁을 참형에 처함
8.22.	평남 진남포	군용철도와 일본군의 군사행동을 방해한 혐의로 양주 사람 김백조를 총살
8.26.	평북 의주	러시아어 통역 곽종팔의 의뢰로 평양 방면 일본군 현황을 러시아군에게 보고한 최인준을 간첩 혐의로 사형 집행
9.3.	평북 희천	안주전투 시 러시아군과 협력하여 군수품을 약탈하고 요언으로 민심을 선동한 혐의로 우기순·우내순·김윤홍·이응몽·나희태를 군율로 총살
9.16.	평북 운산	전선 애자[玉甁] 1개를 절취한 홍승락을 포살
10.11.	평북 정주	일본인 철도감독이 부역에 게으르다며 김영록을 나무몽둥이로 때려 죽임
10.24.	평북 정주	전신선 절단죄(전신주를 넘어뜨리고 애자를 부숨: 대한매일신보)로 곽산 출신 문찬호를 정주 서문 밖에서 포살
12.11.	평남 평양	술에 취한 일본군 1명이 새벽에 김용한의 집에 돌입해 칼로 찔러 죽임
1905.1.21.	평북 철산	철산정거장 철도부설 재료를 절취한 노학렴을 군수 만류에도 불구하고 사형에 처함
4.13.	평남 안주	안주주차사령부 군용물품 수송 중 모포 등을 절취한 박천군민 양성해 등 8명을 군율에 따라 총살하고 나머지 5명은 옥에 가둠
5.15.	평북 창성	군용전신선을 절단 절취한 벽동군 농민 이성세를 포살
5.16.	평북 창성	군용전화선을 절단 절취한 농민 표현덕을 총살
5.21.	평북 창성	전신주 2개를 파손하고 전선을 절단 절취한 벽동군민 유용복을 총살
7.27.	의주–초산	1904년 10월 군용전신용 철선을 절취한 삭주의 조산옥과 주덕문을 창성일본군 헌병분대에서 사형에 처하라고 평북관찰사에 조회하였으나 한국 법례에 따라 태 50에 처하고 옥에 가둠

* 출처 : 『平壤報牒』 제2책, 「보고 제3호」(평양감리→외대 서리)[奎.17872.v.2];『來去案』 제7책, 「보고서 제54호」(평북관찰사→외부대신);『箕府報鈔』(평남관찰사→내부);『來去案』 제7책, 「보고서 제66호」·「보고서 제31호」(의주군수→외부대신);『三和港報牒』 제5책, 「보고 제70호」(삼화감리→외대 서리);『來去案』 제9책, 「보고서 제35호」(의주군수→외부대신);『公文日鈔』, 평남(내부 보고);『來去案』 제9책, 「보고서 제89호」·「보고서 제94호」·「보고서 제92호」(평북관찰사→외부대신);『平壤報牒』 제2책, 「보고 제17호」(평양감리→외대 서리);『來去案』 제10책, 「보고서 제3호」·「보고서 제4호」·「보고서 제17호」·「보고서 제14호」·「보고서 제20호」·「보고서 제46호」(평북관찰사→외부대신) 각 해당 날짜에 의거해 작성.

박하고 점꾼店軍을 위협 공갈하여 오쿠라 기하치로大倉喜八郎의 구역이라는 증서를 강제로 받게 하였고,[32] 일본 상인 30여 명이 전 상원군수와 협잡하여 전답문서를 위조하여 소출 곡식을 추수하는 사례도 있었다.[33]

3. 군용수표 유통과 통화시스템의 왜곡

군용절부軍用切符·군표軍票·군용수형軍用手形 등으로 표현된 군용수표 (military currency, military payment certificate)란 전쟁기에 점령지역에서 군대가 현지로부터 물자 조달 및 그 외의 지불을 위해 발행하는 임시 어음이다. 일본은 1877년 세이난전쟁西南戰爭 때 사이고 다카모리西鄉隆盛가 최초로 '사이고 사쓰西鄉札'라는 군표를 사용한 후 청일전쟁 시기인 1895년 2월 이후 점령지에서 청의 통화단위인 2전 5푼, 5푼, 5전, 1냥, 5냥, 10냥의 군표를 발행하였다. 그러나 당시 통용된 수량은 많지 않았다. 러일전쟁 때는 전장인 청과 대한제국에서 발행되어 요코하마정금은행橫浜正金銀行 각 지점, 서울·인천·평양·진남포 소재 한국금고파출소·야전우편국, 한국과 북중국 소재 일본 보통우편국, 제일은행 출장소를 통해 유통시켰다.

러일전쟁 시기 군용수표 발행은 대체로 청일전쟁 당시 대장대신이 내각에 제출한 발행계획과 결정(1894. 11. 27.)에 준거한 것으로 통화단위와 액수 외에는 큰 변화가 없었다. 일본 정부는 군표 발행의 이익으로 ① 전지戰地에서 선차마船車馬·인부 운임 및 기타 군비 지불에 사용하고, 경화硬貨는 일일이 운반·보관·출납하여 수수·노력·시간 및 경비가 소요되는 것이 많은데 비해 현금과 교환할 수 있는 지불증표로서 매우 편리하고, ② 정화正貨를

---

32 『平安南北道各郡報告』 제5책, 「보고서 제 호」, 1905. 3. 15.(순안 금광위원 보고)·「보고서 제2호」, 1905. 3. 18.(평안남북도 각광 감리 태천군수 조정구)[奎.19160.v.5].
33 『來去案』 제10책, 「보고서 제2호」, 1905. 10. 21.(평남 상원군수 이익룡).

절용節用할 수 있고, ③ 태환권의 증발을 막을 수 있다는 점을 들었다.[34] 실제 군용수표 발행은 공채公債 모집과 증세增稅에 시간이 걸리고 그 결과 일시적 세입 부족이 발생하는 데 반해 전쟁지역의 지불수단으로 사용하는 데 편리함이 있었다.[35]

이에 1903년 여름(8~9월)부터 군표 발행 준비를 진행하였다. 이는 일본 육군 경리국의 전쟁 준비를 위해 비밀리에 행한 한국 내 물자 조사 과정에서 제기되었다. 당시 총 47일간 원산 이북 지역을 제외한 한국 각 지역의 교통로, 주민생활, 물자상황, 통화 및 물가, 조달 방법, 경비 등을 조사했던 육군 3등 감독 다카야마 타카시高山嵩는 '완급을 요할 경우 일시 인환을 제한할 필요'에 따라 조선어와 일본어를 병기한 10전·50전·1원·5원·10원의 5종의 특별 화폐 발행을 제안하였다.[36] 이 보고는 그해 11월 20일에 이루어졌다. 이를 바탕으로 1904년 1월 23일 대장대신은 각의에 「군용절부軍用切符 발행에 관한 각의안」 및 「군용절부 취급순서」를 상정하여 전쟁 발발 이틀 전인 2월 6일 정식으로 의결하였다. 즉, 군표는 정화正貨의 절용과 군사비 지불 편리를 목적으로 러일전쟁 이전부터 준비된 것이었다. 이날 대장성도 '비秘 141호'로 「군용절부 취급 순서」를 금고 출납 담당관에게 통보하였다.[37]

전쟁 발발 직후 일본 외무대신 고무라 주타로小村壽太郎는 하야시 곤스케林權助 공사에게 군표 발행에 관한 순서를 다음과 같이 제시하였다. 첫째, 청한 양국에서 군비 지불의 편리를 위해 예산 범위 내에서 군표를 발행하며, 그 종류는 일본 은화 10전, 20전, 50전, 1원, 5원, 10원의 6종류로 한다. 이는 1903년 11월 다카야마의 건의에 20전 화폐를 추가한 것이다(〈표 2-12〉 참조). 둘

---

34 大藏省, 『明治大正財政史』 제20권, 財政經濟學會, 1940, 684쪽; 『中外商業新報』, 「軍票物語 (1~6)」(1942. 4. 18.).

35 神山恒雄, 앞의 논문(2008), 339쪽.

36 防衛省 防衛研究所, 『陸軍省密大日記』, 「經理局韓國物資調查報告書進呈ノ件」 중 「秘: 韓國內物 資調查報告」, 1903년 8~9월.

37 大藏省, 『明治大正財政史』 제15권, 財政經濟學會, 1938, 355쪽.

<표 2-12> 군용수표 총 발행고 (단위 : 円)

종류	10원권	5원권	1원권	50전권	20전권	10전권	합계
매수	4,622,100	8,616,000	35,235,000	32,600,000	11,020,000	53,700,000	145,793,000
금액	46,222,100	43,080,000	35,235,000	16,300,000	2,204,000	5,370,000	148,411,100

* 출처: 陸軍省, 『日露戰爭統計集』(復刊本) 第7卷, 第10編 「經費附收入」, 1994, 24쪽.
* 비고: 이 표의 금액은 러일전쟁 중 대장성에서 발행한 총액임. 일본 정부는 당초 군용수표 발행액을 1억 원으로 예정하였지만, 戰局의 발전과 더불어 유통지역도 확대됨에 따라 예정액을 큰 폭으로 초과하여 1억 4,841만 원에 달하였다(大藏省, 『明治大正財政史』 제15권, 財政經濟學會, 1938, 359쪽).

째, 육해군성으로부터 군표로 지불을 요하는 금액에 대한 예보를 받았을 때, 또는 예보를 받지 아니해도 필요하다고 인정될 때에는 대장성 이재국장은 금고 출납 담당관에게 교부해야 할 군표의 종류·매수·금액 등을 조사해서 이를 대장대신에게 보고해야 한다. 셋째, 대장대신은 전항의 보고에 따라 군표 교부의 필요가 있다고 인정될 때에는 이를 교부할 것을 이재국理財局 물품 회계 관리에게 명령하고, 동시에 전화로 그 사실을 금고 출납 담당관에게 명령해야 한다.[38]

지역별 상황을 보면 공식 개전 다음 날인 2월 9일부터 일본군 제12사단은 서울에서 군용수표를 사용하였다. 그러나 문제는 초기 유통과정에서 공사도 영사도 이에 대해 하등의 공시를 하지 않아 은행과 우편국이 이를 수수하려고 하지 않았다는 것이다. 때문에 한참 후인 2월 23일에야 처음으로 제일은행이 교환을 해주었다. 또한 주민들은 일상적으로 한화韓貨를 사용하였고, 일본 당국이 수표의 성질을 설명하지 않아 내용을 이해할 수 없었던 수취인들은 교환해주지 않을까 걱정하였다.[39]

그러나 1904년 3월 제일은행 경성지점 지배인의 보고에 따르면 군용수표의 발행 증가에 비례하여 한화는 폭등하였기 때문에 수표의 가격은 한화에

---

38 『駐韓日本公使館記錄』, 「淸韓 各 地方에서 使用할 軍票 發行 件」, 1904년 2월 26일(외무대신 小村壽太郎→특명전권공사 林權助).
39 大藏省 理財局, 『軍用切符ニ關スル調査(上卷)』 「韓國ノ部」(1908년 8월).

〈표 2-13〉 러일전쟁 시기 군용수표 사용 지역과 기간별 가격 비율표(1904년 2~5월) (단위 : %)

날짜	2월 말	3월 상순	3월 말	4월		15일	16일	21일	4월 하순	
지역	인천	안주	숙천	개성 금성	개성 봉산	경성	안주	제12 사단 소재지	안주	가산
A/B	144	100	88	70~80	100	150	150	150	142	140
보고	육	제	육	육	육	제	제	육	제	제

날짜	4월 하순					5월 4일	5월 11일	5월 17일	5월 30일
지역	정주	선천	차련관 철산	○○○ 장리	의주	제12 사단 소재지	선천	선천	선천
A/B	138	130	128	125	120	200	140	150	175
보고	제	제	제	제	제	육	黑	黑	黑

* 출처 : 大藏省 理財局, 『軍用切符ニ關スル調査(上卷)』, 「韓國ノ部」·「平安北道 視察報告書」·「附屬書 1」·「露·日戰 露·日 兩軍ノ通過地民間人ノ被害狀況調査書」를 근거로 작성.

** 비고 : '육' : '육군', '黑' : '黑井 巡查', '제' : '제일은행', '○○○'은 판독 불능.

미치지 못하였다 한다. 이에 지배인은 물가의 등귀를 조장하는 군표 발행을 중지하고 기 발행분은 속히 회수하고 가능하다면 원은圓銀 또는 태환권과 교환하는 것이 급선무라 주장하였다.[40] 제일은행의 입장은 일본 군부와는 상이함을 알 수 있다.

그럼에도 불구하고 일본군의 북상 과정에서 군용수표는 평안도 지역에서 집중적으로 사용되었다. 일자별·지역별 한화 대비 군용수표 가격은 〈표 2-13〉과 같다.

〈표 2-13〉 중 A/B는 한화(A)/군용수표(B), 즉 군용수표 대비 한화 거래 비율을 %로 표시한 것이다. 비율을 보면 거의 전 지역에서 한화의 비율이 높게 나타난다. 이는 군대가 제시한 가격이 아니라 실제 통용되는 가격으로 지역별 편차가 크다. 그만큼 민가에서 군용수표의 신용도는 낮았음을 알 수 있

---

40 大藏省 理財局, 『軍用切符ノ關スル調査(下卷)』, 「第一銀行ノ部」, 1904년 3월 23일(제일은행 지배인 佐佐木勇之助→大藏省 理財局長).

다. 실거래는 이보다 더 낮은 비율로 이루어지는 경우도 많았다. 그러나 한화가 오히려 낮게 거래된 것으로 계상된 숙천과 개성·금성 등 일부 지역의 경우 실거래가를 반영한 것인지 의문이 따른다.

일본공사의 군용수표 사용 의뢰를 내무대신이 평남관찰사에게 훈령한 것은 3월 9일부터였다.[41] 그러나 통용이 개시되자마자 진남포와 평양 방면에서 군용수표는 거의 신용이 땅에 떨어져 군수에게 명하여 상인들에게 훈유訓諭하여 극력 통용을 독려하였다. 그렇지만 특히 순안順安 이북에서는 그 수취를 매우 싫어해 인부들은 군용수표로 임금을 받게 되면 다음 날부터 응하지 않았다. 안주 서남 소재 입석立石場 주민들도 한화만을 사용하고 군용수표 수수를 거절하여 이를 강행하면 물자 및 인력 공급을 끊기에 이르렀다 한다.[42] 순천 부근에서는 원은→한화→태환권→군용수표 순서로 통용되었다. 또한 단속의 우려에도 불구하고 일본인 환전상이 한화의 50~60%로 교환하기도 하였다.[43] 이 같은 결과 황해도와 평안도 지역에서 군용수표는 일본군 병참부 소재지 근방에서만 통용되고 널리 미치지 못하였다.[44] 평양의 경우 1904년 봄에 군대가 통과하는 지역에서 군용수표가 사용되었지만 하루 교환고는 1,000원 정도에 불과하였다.[45]

인천의 일본영사도 초기부터 서울과 인천 및 부근 지방의 지불에 대해서는 일본 통화 또는 금화 본위의 어음을 사용하고 만약 여의치 않을 경우에만 군용수표를 일본 통화로 교환하자고 요청하였다.[46] 러일전쟁 이전 인천 지방에서는 유통의 대부분을 일본지폐가 점하고 있었다. 전체 수입고는 1902년 93만여 원, 1903년 70만여 원이었다. 그러다가 전쟁 기간인 1904년은 737만

---

41 『平安南北道來去案』 제7책, 「훈령 제 호」, 1904. 3. 9.(외부대신→평남관찰사).
42 『軍用切符ニ關スル調査(下卷)』, 「軍用手票 使用에 關한 第2回 報告 및 意見(제1군, 4월 19일)」.
43 『軍用切符ニ關スル調査(下卷)』, 「第12師團 經理部 報告(4월 1일 順川)」.
44 外務省 通商局, 『通商彙纂』, 「京城ニ於ケル時局ノ影響」(明治 37年 6月 18日附 在京城帝國領事館報告).
45 『通商彙纂』, 「平壤金融情況」(明治 37年 12月 28日附 在平壤帝國領事館分館報告).
46 『軍用切符ニ關スル調査(下卷)』, 「電信」(1904년 2월 22일)(인천영사 加藤→외무대신 小村).

<표 2-14> 러일전쟁 기간 한국에서의 군용수표 교환고　　　　　　　　　(단위 : 円)

시기 \ 지역		서울	인천	진남포	평양
1904년	2월	1,473	44,545		
	3월	413	117,309	2,082	
	4월	22,895	291,315	65,222	
	5월	29,258	2,197	81,320	
	6월	11,192	55,772	32,910	23,428
	7월	19,720	120,978	24,566	14,300
	8월	19,402	74,719	28,946	24,608
	9월	13,493	141,545	41,013	21,444
	10월	53,617	197,073	91,885	31,579
	11월	27,786	376,318	61,672	30,207
	12월	11,368	337,379	32,177	65,623
1905년	1월	16,783	246,318	7,315	70,382
	2월	8,896	137,769	7,245	27,189
	3월	17,205	1,172,088	28,932	49,749
	4월	291,607	1,512,995	46,760	19,650
	5월	480,399	1,954,198	27,018	25,257
누계		1,025,507	6,782,518	579,063	403,416

* 출처 : 石川亮太, 「帝國의 인프라와 仁川華商―러일전쟁 전후를 중심으로―」, 인천시립박물관 · 동국대 대외교
류연구원 주최 한러국제학술회의 발표문(2012. 11. 2.), 42쪽에서 재인용.

여 원으로, 이 중 96만여 원은 제일은행권이고 나머지는 군용수표와 기타 화
폐가 대량 유통되었다(〈표 2-14〉 참조).[47]

이 중 인천이 압도적인 것은 만주와 북중국 방면으로 보내기 위한 준비금
이었기 때문이다. 평안도 지방은 가장 늦게 군표가 유통되었음에도 불구하
고 총액은 서울과 비슷한 규모였다.

전쟁 기간 한국에서 군용수표의 유통실무를 담당한 기관은 한국주차군 경
리부였고 교환업무는 금궤부가 담당하였다.[48] 일본은 전쟁 수행을 위한 물적

---

47 『通商彙纂』, 「仁川三十七年貿易年報」(明治 39年 6月 13日附 仁川理事廳調査).
48 曺健, 「日帝 '韓國駐箚軍' 經理部의 활동과 韓國民의 대응(1904~1910)」, 동국대학교 석사논문,
2005, 22쪽.

〈표 2-15〉1904년 5~6월 한국주차 병참금궤부 군자금 현재고 　　　　　　　　　　(단위: 円)

구분	군용수표	원은	일본통화	합계
5월 10일	268,457	50,000	118,733	437,190
6월 10일	270,949	96,000	731,621	1,098,570

* 출처 : 大藏省 理財局, 『軍用切符ニ關スル調査(下卷)』(1908년 8월).

기반 확보를 위해 제12사단 경리부를 시작으로 군표를 발급하였다.[49] 1904 년 5~6월 당시의 군자금 유통상황을 군용수표 · 원은 · 일본통화 순으로 보면 〈표 2-15〉와 같다. 이에 의하면 군용수표는 5월에 집중적으로 사용되었고, 6월 이후 일본통화가 우위를 점하고 원은 유통액도 증가함을 알 수 있다.

점령군을 통해 유통된 군용수표는 일본군의 식량 구입, 노동자의 임금과 물자 징발의 대가, 운임, 군인 · 군속 등의 급여 지불 등에 사용되었다. 이를 수취한 자는 곧바로 한화로 교환하여 호구의 비용으로 충당하는 것이 일반 적이었다. 그런데 당시 통용되는 본위화와 대비할 때 군용수표의 실제 가치 가 낮았기 때문에 이를 지급받은 사람들은 막대한 손해를 보았다. 예컨대 서 울에서 북진하는 일본군은 한화 1원圓당 절반가인 군용수표 50전錢, 평양 지 역에서는 한화 1원에 대해 53전을 지불하였기 때문에 그 괴로움을 호소하는 자가 많았다 한다.[50] 숙천에서는 원은 1원당 2원으로 교환하였다.[51] 이는 1/2 가격이었다.

일본 화폐의 대체물인 군용수표는 일본의 각종 화폐 중 신용도가 가장 낮 아서 액면가를 유지할 수 없었다. 이는 신용이 두텁지 않기 때문이었지만, 제일은행 경성지점의 지적대로 무엇보다도 원은의 준비부족에도 불구하고

---

49 「第12師團經理部 軍用手形 發行의 件」, 明治 37년 2월 22일, 『日韓外交資料集成』 제5권—日露 戰爭 編—, 76쪽.
50 『舊韓國外交文書』 제6권, 「日案」 6, #7871 「日軍票의 對韓貨換率 및 物品價漏償弊端의 是正要 求」, 1904년 3월 2일; 「平壤地方에 있어 軍用手形 使用의 件」, 明治 37년 3월 3일, 『日韓外交資料 集成』 제5권—日露戰爭編—, 103~104쪽.
51 『軍用切符ニ關スル調査(下卷)』, 「1904년 4월 19일 第1軍 兵站經理部報告」.

〈표 2-16〉 일본군 군자금 월별 보급액 현황(1904년 3월~1905년 7월) (단위 : 円)

시기	구분	통화	군용수표	圓形銀塊	제일은행권	총계
1904년	3월	600,000	800,000	200,000	-	1,600,000
	4월	2,305,000	1,045,000	763,000	-	4,113,000
	5월	840,000	1,493,200	610,000	-	2,943,200
	6월	250,000	1,988,500	520,000	-	2,758,500
	7월	2,640,000	3,970,750	1,368,000	-	7,978,750
	8월	940,000	13,460,000	1,600,000	-	16,000,000
	9월	470,000	14,010,000	1,450,000	-	15,930,000
	10월	160,000	18,800,000	2,300,000	-	21,260,000
	11월	20,000	6,020,000	700,000	-	6,740,000
	12월	-	8,700,000	-	-	8,700,000
	계	8,225,000	70,287,450	9,511,000	-	88,023,450
1905년	1월	-	950,000			950,000
	2월	-	8,000,000			8,000,000
	4월	550,000	6,000,000	-	1,650,000	8,200,000
	5월	205,000	1,100,000	-	-	1,305,000
	6월	38,500	5,000,000	-	-	5,038,500
	7월	43,000	8,000,000	-	-	8,043,000
	계	836,500	29,050,000	-	1,650,000	26,536,500
합계		9,061,500	99,337,450	9,511,000	1,650,000	114,559,950

* 출처 : 陸軍省, 『日露戰爭統計集』(復刊本) 第7卷, 第10編 「經費附收入」, 原書房, 1994, 68쪽.

군대가 지불수단으로 많은 군용수표를 발행함에 기인하는 것이었다. 이렇듯 신용이 박약한 상황에서 군용수표 포기론도 일각에서 대두되었다. 그럼에도 불구하고 일본군은 처음부터 병참부와 관련되어 있는 모든 한국인들에게 군용수표 유통을 강제하였다(〈표 2-16 참조〉).

또한 이 기회를 이용하여 기민한 한국인들도 군용수표를 싼 가격으로 한화와 교환한 후 일화 90전 혹은 원은과 교환하고 다시 이를 한화로 교환하여 큰 이익을 얻는 경우도 적지 않았다.[52] 군표 발행 안내 포고문은 전쟁이 휴지

---

52 『軍用切符ニ關スル調査(下卷)』, 「時局과 關聯한 韓國 經濟狀況 第3回 報告」, 1904년 5월. 예컨대 일반인들은 군표 수수를 꺼려했을 뿐 아니라 벽지에서는 한전과 원은이 아니면 통용되지 않

기에 들어간 1904년 12월에 이루어졌는데, 군용수표는 주민을 불안하게 하고 물가 앙등만 초래하고 일본 측의 예상과 달리 막대한 발행고에 비해 유통 또한 양호하지 못하여 한국에서는 곧 폐기될 수밖에 없었다.[53]

일본공사 하야시도 전쟁 초기부터 군대의 지불준비금 부족(소액의 은화만 준비)을 지적하면서, 그 결과 군대가 '거의 불환지폐에 가까운' 다량의 군표를 발급함에도 불구하고 일본 정부에서 지정한 가격 이하로 현저히 떨어질 수밖에 없다고 사용의 난점을 토로하였다. 그 대안으로 공사는 은화와 교환을 행할 것을 주장하였다.[54]

군용수표가 화폐제도를 왜곡시키는 또 하나의 요인으로는 인플레이션과 같은 경제적 혼란만 초래하였으며 환금도 용이치 않다는 데 있었다. 예컨대 제일은행 안주임시출장소의 교환상황을 보면, 특정한 하루를 교환날짜로 정하고 교환 시 한국인 통역인과 병졸로 경호하고 한 사람씩 들어오도록 하였다. 그러나 교환자가 폭주하였기 때문에 통역인이 뇌물을 받고 선별적으로 출입을 허락하였고 그 결과 들어갈 수 없었던 많은 사람들은 교환을 포기하고 돌아갈 수밖에 없었다.

한국 정부에 대한 일본공사의 조회에 따르면, 군용수표는 처음부터 "우리(일본) 병참 및 제일은행 지점에서 하시何時를 묻지 않고 이르는 즉시 바꾸어준다"고 하였지만, 실제로는 전쟁이 종결된 이후에도 일본은행에서 이를 현금과 교환해주지 않는 경우가 비일비재하여 낭패를 본 사람들도 적지 않았다.[55] 교환의 어려움 때문에 이를 중개하고 구문을 취하는 환전상도 출현하

아 인부가 임금으로 군용수표를 받으면 곧바로 염가로 환전상에게 팔아넘겨 그들만이 큰 이익을 보는 폐해가 빈발하였다(陸軍省, 『日露戰爭統計集』(復刊本) 第7卷, 第10編 「經濟附收入」, 原書房, 1994, 11쪽).

53 幣原坦, 『日露間之韓國』, 博文館, 1905, 118쪽.

54 『駐韓日本公使館記錄』, 「李重夏의 宣諭使 確定 및 日本 軍用手票價 下落 對策 講究 件」, 1904년 3월 28일(林 공사→小村 대신); 林權助, 『わが七十年を語る』, 第一書房, 1935, 152~156쪽.

55 "軍用票磨行 日俄交戰 時에 日本 軍人이 行用하던 軍用票가 지금은 日人銀行에서 交換을 不許하니 韓人이 이 軍用票로 由하여 狼狽한 者가 많이 있다더라"(『大韓每日申報』, 1905년 11월 11일).

였다. 그러나 이들 환전상 중에는 경인지방으로부터 가격이 싼 한화를 운반하여 철산·의주 등 평안도 지역에서 군용수표와 한화를 1:1 비율로 많이 매입하여 폭리를 취하는 자도 적지 않았다 한다.[56]

이처럼 러일전쟁 기간 전지戰地에서 발행된 군용수표는 일반 사회에서 통용되는 일이 없었으며 특히 평안도 지방에서는 수수를 꺼렸던 사실상 불환지폐였다.[57] 군표는 일본 정부의 세입에 계산되지 않은 채권자에 대해 후일 지불을 약속한 대용증표代用證票에 불과한 것으로,[58] 공정가격official values으로 거래되지도 않았고 군의 지불능력 없이 발행된 것이었기에 실질적으로는 약탈을 용인한 제도에 지나지 않았던 것이다.

4. 지역경제와 '대동강 프로젝트'

평안도 지역 수출입 무역은 평양의 외항外港이자 평안도 전 지역과 황해도를 포괄하는 유일의 국제무역항인 진남포鎭南浦의 거래상황을 통해 살필 수 있다. 청일전쟁 이후 1897년 10월 목포와 함께 국제교역 단위의 대항구로 건설되기 시작한 진남포는 러일전쟁 초기 일본군의 북진과 이후 전투의 중심이 만주와 중국 화북 지역으로 이동하는 과정에서도 그 요충지로 무역거래액에서 큰 호황을 보이고 있었다.[59]

먼저 진남포의 상황을 비교하여 정리하면 다음과 같다. 러일전쟁 기간에 함경도 원산을 제치고 한국의 8개 무역항 중 3위의 무역항으로 부상한 진남포

56 『軍用切符ニ關スル調査(下卷)』, 「時局과 關聯한 韓國 經濟狀況 第3回 報告」(1904년 5월).

57 『軍用切符ニ關スル調査(下卷)』, 「時局과 關聯한 韓國 經濟狀況 第2回 報告」(1904년 4월).

58 片山徹, 「日露戰爭以降の財政·金融構造」, 『經濟論叢』 제138권 제5·6호, 京都大學 經濟學會, 1986; 石川亮太, 「日露戰爭軍票の流通實態と日本の對應―滿洲通貨政策の起點として―」, 『軍事史學』 第40卷 第2·3合倂號, 2004.

59 鎭南浦新聞社, 『鎭南浦案内記』, 1910, 28쪽.

는 수입의 현저한 증가와 약간의 수출감소를 보이고 있었다. 이는 당시 수출과 수입이 모두 감소한 원산과는 큰 대조를 보인다. 또한 8위인 성진이 수입은 대폭 감소하였고, 수출은 기록이 없을 정도로 전무한 상태였던 것과는 대조적이다.

〈표 2-17〉에서 알 수 있는 것처럼 1903년 대비 진남포의 1904년 수입액은 2배 이상 증가하였다. 그 주요 원인은 식료품, 영미제 및 일본제 옥양목(Sheeting), 담배 등 증가하는 북진한 일본군의 군수품 조달과 경의선 철도 공사를 위한 철도재료 수용 등에 따른 것이었다. 이러한 추세는 1905년에도 이어졌다. 일부 수출의 감퇴는 미곡의 수요 감소가 가장 컸다.

다음으로 진남포항 개항 이후부터 9년간의 장기지표를 알아보자. 〈표 2-18〉을 보면 진남포의 수출입 무역액은 〈표 2-17〉의 『통상휘찬』 기록과 조금 차이가 있지만 비교적 비슷한 수치를 보이고 있다. 그러나 외무성 통상국에서 작성한 동아시아 및 한국 전국 단위의 기록인 『통상휘찬』 보다는 현지 거주 일본인 상공회의소의 기록이 보다 더 신빙성이 있을 것으로 보인다.

1897년은 10월 1일 진남포항이 개항한 관계로 3개월간만 합산한 소액임을 알 수 있다. 기본적 인프라가 완성되는 1899년부터 진남포는 국제무역항의 면모를 갖추고 본격적으로 활동을 전개하였다. 그러던 중 일본인들이 '진남포의 황금시대'[60]로 부를 만큼 진남포는 러일전쟁을 기회로 비약적으로 발전하였다. 많은 일본인들이 진남포 개발 과정에 참여하면서 영주永住하는 경우도 적지 않았다. 그 결과 이 시기부터 입초入超 현상이 나타난다. 진남포는 이후 1909년에 이르면 수입액 207만 6,000원, 수출액 321만 5,000원에 이르게 된다.

그러나 전쟁 직후부터 평안도 지역의 물가 또한 앙등하였다. 진남포의 경우, 관행이었던 외상거래[延賣]는 사라지고 현금거래로 전환되었다. 또한 2월

---

60 鎭南浦史發行所, 『鎭南浦府史』, 1926, 45쪽.

〈표 2-17〉 주요 항구의 대외무역 수출입액(1902~1904년) (단위 : 圓)

지역	연도	1902	1903	1904
인천	입	7,978,485	10,109,220	16,164,951
	출	2,642,415	3,497,826	2,458,060
진남포	입	612,092	915,814	2,316,900
	출	927,343	1,087,796	1,054,970
군산	입	102,071	411,045	594,102
	출	311,066	841,981	416,484
목포	입	210,850	311,653	310,165
	출	730,577	1,029,609	683,490
부산	입	2,711,204	4,210,633	6,410,318
	출	2,607,876	1,964,783	1,619,361
마산	입	32,979	29,212	48,897
	출	71,895	87,422	35,568
원산	입	1,876,267	2,180,764	1,058,245
	출	1,001,204	768,521	645,569
성진	입	7,492	50,842	11,802
	출	24,694	199,842	–
합계	입	13,531,440	18,219,183	26,915,380
	출	8,317,070	9,477,780	6,913,502

* 출처 : 『通商彙纂』, 「韓國三十七年對外貿易槪況」(明治 38年 9月 11日附 在京城帝國領事館報告)에 의함.

〈표 2-18〉 진남포 무역액 규모(1897~1905년) (단위 : 천 圓)

내역 연도	1897	1898	1899	1900	1901	1902	1903	1904	1905
수출액	151	86	568	406	542	928	1,098	1,151	1,362
수입액	8	45	133	154	391	622	926	2,413	3,201
합계	159	131	701	560	933	1,550	2,024	3,564	4,563
초과액	143(출)	41(출)	435(출)	252(출)	151(출)	306(출)	172(출)	1,262(입)	1,839(입)

* 출처 : 鎭南浦商工會議所, 『鎭南浦港案內』, 1938, 115~116쪽.
** 비고: ( ) 안의 '출'은 出超를, '입'은 入超를 표기한 것임.

〈표 2-19〉 러일전쟁 전후 평양의 생필품 물가상황

품명		수량	가격		
			개전 전(A)	개전 후(B)	B/A(%)
白米		斤	12전	20전	167
醬油		斤	20전	70전	350
酒		斤	50전	1원	200
비루(맥주)		本	20전	60전	300
사탕		斤	15전	30전	200
味噌[된장]		斤	14전	30전	214
麥		俵	1원 50전	4원	267
石油		函	5원 70전	8원	140
담배	Hero	箱	1원 60전	2원 30전	143
	天狗	袋	12전	17전	142
	忠勇	袋	5전	7전	140
	常聲	袋	5전	7전	140

* 출처 : 外務省 外交史料館, 『日露戰爭ノ通商航海ニ及ホセル影響調查一件 第2卷』, 1904년 5월 25일(재평양부영사 新庄順貞→외무대신 小村壽太郎).

** 비고: 'Hero'부터 '常聲'까지 상품명이다.

12일부터 18일까지 일주일간 진남포항의 모든 물가는 2배 내지 4, 5할이 올랐다. 특히 수요가 많았던 주류 1통은 15원이었던 것이 35원으로 2배 이상으로 올랐다. 평양은 주류 1통이 50원으로 3배 이상 급등하기도 하였다. 2월 하순에 이르면 물가는 평시의 3, 4할 정도로 점차 하강하였지만, 반면 한화韓貨는 2배 이상 등귀하였다.[61]

개전 전과 개전 후의 평양의 물가상황은 〈표 2-19〉를 통해 자세히 알 수 있다. 러일전쟁 이후 평양의 물가는 적게는 1.4배부터 많게는 3.5배까지 오르고 있었다. 그런데 전쟁 시기 경제호황의 수혜자는 일본 군수품 조달상인과 전쟁특수에 편승한 일부 한상韓商뿐이었고, 지역주민들은 오히려 물가가 나날이 급등하는 가운데 생필품 구입에도 큰 어려움을 겪고 있었다. 그에 따

61 外務省 外交史料館, 『日露戰爭ノ通商航海ニ及ホセル影響調查一件 第2卷』, 1904년 2월 20·29일(진남포부영사 染谷正章→외무대신 小村壽太郎).

라 평안감사는 당시 물가가 크게 올라 재정이 궁핍해짐과 더불어 허다한 접대비 등의 지출로 인해 긴급 재정지원을 요청하는 보고서를 내부에 올리기도 하였다.[62]

전쟁이 평안도 지역 인구와 농업에 끼친 손해도 적지 않았다. 그중에서도 가장 큰 전화戰禍를 입은 곳은 정주–의주 간 대로변이었다. 1904년 6월 10일 자 평안도 지역의 민간인 '병참조사관'(첩보원)으로 파견된 혼마 규스케本間九介의 상세한 조사보고서에 의하면, 연이은 가뭄과 피난으로 파종 시기를 놓친 곳이 많았고 우마는 징발되고 종자는 말먹이로 되어 경작에 어려움을 겪고 있었다 한다. 혼마는 정주 성내의 민가 240~250호 중 6, 7채를 제하면 모두 빈집이었고, 선천의 600호 중 100호가 빈집이었고, 차련관은 피난으로 1/10도 남아 있지 않았고, 개천은 25~26호가 불타버렸다고 보고하였다.[63]

반면 일본인들은 평안도 각처에서 점포 등을 개설하고 상행위를 하였고, 일본 군대를 따라 다니며 영업하는 일본 상인도 출현하였다. 이들은 소자본으로 잡화점 및 음식점, 인부에 대한 가옥 임대업 등을 하였는데, 일본군 병참부가 있던 평안남도 안주의 경우 1904년 5월에 14명이 있었다.[64] 종군기자 잭 런던도 "전쟁이 발발하고 나서부터 물가가 하루하루 오르기 시작하였다. 인부와 마부 그리고 상인들은 물가를 올려 폭리를 취해 돈을 긁어 모았다"[65]고 기록하고 있다.

진남포 지역은 1904년 5월 압록강전투에서 일본군이 승리하면서부터 일본 해운회사의 진출이 확대되었다. 그 결과 오사카상선회사大阪商船會社는

---

62 『皇城新聞』, 1904년 4월 2일.
63 『駐韓日本公使館記錄』, 「別冊 報告書 返戾 件」, 1904년 7월 8일(한국주차군 참모장 齊藤力三郎→임시대리공사 萩原守一) 중 「別紙 1」, 「平安北道 視察報告書」, 「附屬書 1」, 「露·日戰 露·日兩軍ノ通過地民間人ノ被害狀況調査書」, 1904년 6월 10일.
64 外務省 外交史料館, 「堀場 警部復命書提出ノ件/各國內政關係雜件/韓國ノ部 第4卷」, 1904년 6월 16일(新庄順貞 보고).
65 잭 런던 저, 윤미기 역, 앞의 책, 54쪽.

진남포-오사카-고베神戶 간 매 2일 1회 정기항로를 개설하였고, 니혼日本기선회사는 차입선 '오하요'호로 매 3주 1회로 운항하였다. 또한 인천에서 새로 설립한 3개의 윤상회輪商會 및 그동안 활동하던 호리堀 회조점回漕店(해운대리점), 요시카와吉川 회조점도 기선을 확대하여 진남포와 한국의 각 개항장 또는 진남포와 일본 국내 간 해로교통을 확대하였다. 그 결과 일본 선박은 기선·범선·정크선을 포함하여 약 6만 톤이 증가되었다. 반면 뤼순 방면의 장기전으로 중국 상선의 수는 현저히 감소하였다.[66]

러일전쟁을 시작으로 일본 어민의 한국 내 어업은 직접 이주의 형태로 바뀌어가는 추세였고,[67] 평안도 지역 역시 일본 어민의 진출로 어업권이 침탈당하게 되었다. 러일전쟁이 발발한 지 한 달이 지난 3월에 일본공사는 한국 정부에 조회하여 1883년 「통어장정通漁章程」으로 확정된 지방 외에 추가로 황해·평남·충청도 연해어업을 인허하라고 강요하였다. 그 결과는 1904년 4월 16일 '통어구역확장'의 고시로 발표되었고 지역의 어업을 잠식해갔다.[68] 일본인 어업 허가에 따라 진남포 일본 어민들은 6월 25일에 총 5,100원의 자본으로 진남포에 어시장조합을 신설하고 조합 규약을 작성하였다.[69] 그런데 이 '규약'은 대한제국 정부에 세금 납부는커녕 조합이 자율적으로 면세조항을 설정하였다는 큰 문제가 있었다. 6월 16일 공식 허가와 더불어 와카야마和歌山 현 사람 무라카미 가쿠류村上鶴龍는 모선 1척과 어선 15척으로 영업을 개시하였다.

전쟁 기간에 일본공사 하야시는 평안도와 황해도에 농상무성 기사 시모게이스케下啓助를 파견하여 일본인 어업근거지 실지 조사를 진행하였다.

---

66 『通商彙纂』, 「鎭南浦三十七年貿易年報」(明治 38年 2月 2日附 在鎭南浦帝國領事館報告).
67 朴光淳, 「日帝의 韓國漁場 침탈과 漁民의 對應」, 『經濟史學』 18, 1994, 74~78쪽.
68 『駐韓日本公使館記錄』, 「通漁區域擴張告示ノ件」, 1904년 4월 일(萩原 대리공사→小村 외무대신). 告示의 공식 제목은 「韓日兩國人民換採區域條例」로 1904년 6월 4일부터 20년을 기한으로 상호주의에 입각한 양국 간의 자유 어업을 허용한 것이다. 그러나 한국인의 일본 내 어로활동은 형식상 명분에 불과하였다.
69 外務省 外交史料館, 「漁業關係 報告 第3券: 鎭南浦」, 1904년 7월 16일(진남포부영사 染谷正章 보고).

1905년 1월 시모의 보고서에 따르면, 작년에 새로 통어구역通漁區域이 된 이 지역은 어획량이 매우 많기 때문에 현지에 적합한 어민을 선택하여 이주시키면 막대한 이익을 거둘 수 있다고 전망하였다. 그가 선택한 어업근거지는 평안도의 단도椵島, 황해도의 초도椒島와 루파항[巡威島 및 龍威島]이었다. 그는, 특히 단도는 도미·조기·민어·갈치·새우·장어 등의 어장과 가깝고 주위에 의주를 비롯한 유망한 시장이 있고 장래에 중국 랴오둥반도까지 판로를 확대시킬 것을 전망하고 있었다.[70]

평안도로 진출한 일본인들의 이 같은 경제활동의 신장과 더불어 중의원 의원 아다치 겐조安達謙藏의 발의와 청원에 따라 1904년 12월에 자본금 1,880원으로 하는 『평양신보平壤新報』 발간이 준비되었다. 이 신문은 1905년 7월 10일에 6면 한·일문(2면은 한글, 4면은 일문)으로 첫 호가 발간되었다.[71]

같은 시기 일본 정부의 적극적 원조에 의해 진남포 거류민단장 하라다 테쓰사쿠原田鐵策는 거류민을 대표해서 공사 하야시에게 다음의 내용을 청원하였다. 하라다에 따르면, 1903년까지 진남포 거류 일본인은 500~600명에 불과하였는데 1904년 봄 러일전쟁과 더불어 도항자가 크게 증가하여 1905년 6월에는 5,000여 명, 1,000여 호로 급증하였다고 한다. 일본인 이주자들은 진남포에 가옥을 신축하고 항만 매축공사 등을 진행한 결과 이 지역 상권은 일본인이 독점하게 되었고 항후 이주자는 3,000여 호에 달할 것이라고 주장하였다. 나아가 그는 구축 중인 평남철도의 완공이 일본의 이권과 거류민의 행복과 이익을 발전시킬 것으로 전망하였다.[72] 하라다가 보는 진남포는 중국을 포함하는 일본이 주도하는 한국 내의 한·중·일 동아시아 삼국 무역

70 『駐韓日本公使館記錄』, 「平安黃海兩道沿岸漁業根據地設置ニ關スル件」, 1905년 1월 16일(林 공사→小村 대신). 시모가 계산한 단도의 토지수용비·가옥건축비 등은 총 9,175圓이었다.
71 外務省 外交史料館, 『新聞雜誌操縱關係雜件/平壤新報』 중 「平壤新報社設立意見書」, 1904년 12월 26일(安達謙藏→외무대신 小村壽太郎) 및 「平壤新報 發刊 報告의 件」, 1905년 7월 15일(평양부영사 新庄順貞→小村壽太郎).
72 外務省 外交史料館, 『鎭南浦-平壤間 鐵道敷設 一件』, 「請願書」, 1905년 6월 20일(原田鐵策→林權助).

의 거점이었던 것이다. 이는 '대동강 프로젝트'라 명명할 만한 식민도시 인프라 구축을 위한 제반 준비를 마련하고 일본인들의 이민을 장려하는 내용이었다. 당시 신문에 따르면, 평양성 내외에 일본인들이 부지런히 집을 구입한 결과 집값이 크게는 10배나 폭등하였고, 종로 등지는 일본인 거주지를 방불케 하였다 한다.[73]

> 평양에 살고 있던 어떤 한인은 시세의 1/4에 해당되는 값으로 그들의 집을 팔도록 일본의 민간인들로부터 명령을 받았다. 그는 이에 거역하였다가 일본인들에게 잡혀 이웃에 있는 일본인 마을로 끌려가서 모진 매를 맞았다. 이와 같은 불명예스러운 일을 당한 그는 치욕과 울분을 이기지 못하여 모르핀으로 자살하였다. 그의 시체의 체온이 식기도 전에 일본인들은 다시 그의 집에 와서 미망인에게 앞서 말한 값으로 집을 팔도록 요구하였다. 그 여자는 집을 팔기 전에 자기가 먼저 죽겠노라고 대답하였다. 그 후의 일이 어찌 되었는지에 관해서 나는 들은 바가 없다.[74]

이는 전시라는 특수상황을 빙자하여 지역민들의 민가를 무단으로 징발하여 사용하고 민유지를 필요 이상으로 획정 점유하고 군대의 힘으로 이들을 강제로 쫓아내고, 더불어 주민의 노동력을 부역의 형태로 동원함으로써 가능한 것이었다.

러일전쟁은 '애국주의' 인식이 가장 팽만한 제국주의 시기에 일본 내의 '거국일치' 동원의 최종 결론이었다. 그런데 당시 한반도와 한국인들은 일본의 전쟁 동원 체계 밖에 있었음에도 불구하고 전시 상황에서 강제된 조약과 급조된 군율軍律을 근거로 하여 집단적·조직적 동원과 수탈의 대상이 되었다.

---

73 『大韓每日申報』, 1905년 2월 15일.
74 H. B. 헐버트 저, 申福龍 역, 앞의 책, 215~216쪽.

특히 평안도와 평양 지역민들은 1894년 청일전쟁으로 가옥이 불타고 연도의 주민들은 피난하고 전시 축성築城에 강제 동원되었으며, 물가폭등과 한전韓錢 시가의 앙등으로 고통받은 경험이 있었다.[75] 이후 흩어진 지역민들이 다시 귀향하여 겨우 모습을 갖출 시기에 다시 1904년 러일전쟁으로 (전쟁의) 최전선이 되어 10년 전의 공포감과 고통이 재현되었다. 그러나 사실 처음 3개월여를 제하면 이 지역에서 전투 그 자체가 가장 큰 문제가 된 것은 아니었다. 그것보다는 외적인 요소였다.

한반도에서의 일본과 러시아의 전투는 함경도 지역을 중심으로 일부 국지전이 지속되는 양상이었다. 평안도 지역의 전투는 초기에 종결되었고 만주와 중국 산동 지방으로 주 전선이 이동하였다. 그럼에도 불구하고 평안도 지역 주민의 질고는 러일전쟁의 전 과정에 점철되어 있었다. 전쟁의 진행구도는 초기에는 러시아, 이후는 일본 측의 인적·물적 '동원' 필요성 때문에 서였지만 병참전략의 심각한 문제는 야만적 형태로 표출되었다. 한국의 주요 도시와 일본군이 출동하는 모든 연선에 병참사령부가 개설되었고, 제물포해전 이후 전국의 각 주요 항구와 포구에는 일본 군함과 참모본부를 비롯한 육군성, 근위사단, 제1~13사단의 부대가 연이어 들어왔던 것이다(〈표 2-20〉, 〈표 2-21〉 참조).

당시 각종 보고서에도 표현되어 있듯이, 이 지역의 피난 형국은 청일전쟁 기간 비유된 바 있던 이른바 '십실구공'[76]도 아닌 마을이 완전히 텅 비어 버린 '십실십공十室十空'의 총체적 엑소더스였다. 그나마 남아 있는 일부 주민들의 참혹한 생활상도 '차마 눈 뜨고 볼 수 없는' 지경이었던 것이다. 또한 현실적으로 전혀 가능성이 없을 정도의 과다한 지역 할당제로 어렵게 동원한 일부 전쟁 사역 인부들의 소규모 절도 행위나 그에 대한 동료와 주민들의

---

75 이에 대해서는 조재곤, 「청일전쟁의 새로운 이해 : 한국 내에서 전개된 상황을 중심으로」, 『한국근현대사연구』 74, 2015 참조.
76 『甲午實記』, 일자 미상. 이는 평양 이북부터 의주까지의 지역사정을 언급한 것이다.

〈표 2-20〉 러일전쟁 시기 한국 내 일본군 병참사령부 개폐 현황

병참지	부대	병참사령부 호칭	개설일	폐쇄일	비고
인천	제12사단	제4사단 제4병참사령부	1904.2.16.	1904.3.17.	
	한국주차군	제4사단 제4병참사령부	1904.3.18.		
서울	제12사단	제3사단 제3병참사령부	1904.2.16.	1904.3.17.	
	한국주차군	제3사단 제3병참사령부	1904.3.18.		
		수비대 겸장			1905.7.29. 교대
고양	제12사단	제12사단 제6병참사령부	1904.2.17.	1904.3.17.	
	한국주차군	제12사단 제6병참사령부	1904.3.18.		
		수비대 겸장			1904.4.17. 교대
임진잔	제12사단	제5사단 제1병참사령부	1904.2.17.	1904.3.17.	
	한국주차군	제5사단 제1병참사령부	1904.3.18.		
		수비대 겸장			1904.4.16. 교대
영등포	제12사단	제3사단 제5병참사령부	1904.2.18.	1904.3.2.	
개성	제12사단	제3사단 제2병참사령부	1904.2.18.	1904.3.17.	
	한국주차군	제3사단 제2병참사령부	1904.3.18.		
		수비대 겸장			1905.5.11. 교대
南川店	제12사단	제4사단 제5병참사령부	1904.2.18.	1904.3.17.	
	한국주차군	수비대 겸장	1904.3.18.		
평산	제12사단	제4사단 제5병참사령부지부	1904.2.19.	1904.3.17.	
新酒幕	제12사단	제5사단 제3병참사령부	1904.2.19.	1904.3.17.	
	한국주차군	제5사단 제3병참사령부	1904.3.18.		
		수비대 겸장			1904.4.18. 교대
서흥	제12사단	제5사단 제3병참사령부지부	1904.2.19.	1904.3.17.	
	한국주차군	제5사단 제3병참사령부지부	1904.3.19.	1904.4.18.	
興水院	제12사단	제12사단 제4병참사령부	1904.2.19.	1904.3.17.	
	한국주차군	제12사단 제4병참사령부	1904.3.18.		
		수비대 겸장			1904.4.17. 교대
봉산	제12사단	제4사단 제1병참사령부	1904.2.19.	1904.3.17.	
	한국주차군	제4사단 제1병참사령부	1904.3.18.		
		수비대 겸장			1904.6.5. 교대
新院	제12사단	제3사단 제4병참사령부	1904.2.19.	1904.3.17.	
	한국주차군	제3사단 제4병참사령부	1904.3.18.		
		수비대 겸장			1904.4.22. 교대
金川	제12사단	제5사단 제4병참사령부	1904.2.20.	1904.3.17.	
	한국주차군	제5사단 제4병참사령부	1904.3.18.		
		수비대 겸장			1904.4.16. 교대

		제3사단 제2병참사령부지부			동년 8.20. 교대
		수비대 겸장			동년 5.27. 교대
해주	제12사단	제12사단 제5병참사령부	1904.2.20.	1904.3.17.	
	한국주차군	제12사단 제5병참사령부	1904.3.18.		
		수비대 겸장			1904.4.24. 교대
평양	제12사단	제3사단 제1병참사령부	1904.2.21.	1904.3.16.	
	제1군	제3사단 제1병참사령부	1904.3.17.		
		근위사단 제1병참사령부지부		1904.5.8.	3.23. 교대
	한국주차군	제5사단 제1병참사령부	1904.5.9.		
		제12사단 제4병참사령부			1904.9.18. 교대
		제3사단 제2병참사령부			1905.5.16. 교대
		수비대 겸장			1905.7.5. 교대
벽란도	제12사단	제3사단 제2병참사령부지부	1904.2.22.	1904.3.17.	
	한국주차군	제3사단 제2병참사령부지부	1904.4.11.	1905.5.8.	
재령	제12사단	제5사단 제2병참사령부	1904.2.22.	1904.3.17.	
	한국주차군	수비대 겸장	1904.3.19.	1904.5.13.	
황주	제12사단	제4사단 제2병참사령부	1904.2.23.	1904.3.17.	
	한국주차군	제4사단 제2병참사령부	1904.3.18.		
		수비대 겸장			1904.4.18. 교대
중화	제12사단	제12사단 제2병참사령부	1904.2.23.	1904.3.17.	
	한국주차군	제12사단 제2병참사령부	1904.3.18.		
		수비대 겸장			1904.5.5. 교대
사리원	제12사단	제12사단 제1병참사령부	1904.3.5.	1904.3.17.	
	한국주차군	제12사단 제1병참사령부	1904.3.18.		
		수비대 겸장			1904.4.19. 교대
선교리	제12사단	제12사단 제2병참사령부지부	1904.3.7.	1904.3.17.	3.11. 교대
		제3사단 제1병참사령부지부			
용강	제1군	제1사단 제1병참사령부	1904.3.15.	1904.4.11.	
진남포	제1군	제1사단 제4병참사령부	1904.3.16.	1904.5.8.	
	한국주차군	제5사단 제4병참사령부	1904.5.9.		
		정박장사령부 겸장			1904.10.15. 교대
강서	제1군	제1사단 제2병참사령부지부	1904.3.16.		
		제1사단 제1병참사령부		1904.5.8.	4.12. 교대
	한국주차군	제5사단 제1병참사령부지부	1904.5.9.		
		수비대 겸장			1904.8.3. 교대
大平洞	제1군	근위사단 제6병참사령부	1904.3.16.	1904.4.13.	
文洞店	제1군	제1사단 제2병참사령부	1904.3.16.	1904.4.14.	

순안	제1군	근위사단 제2병참사령부	1904.3.17.		
		근위사단 제1병참사령부지부		1904.5.11.	4.28. 교대
	한국주차군	제12사단 제1병참사령부	1904.5.11.		
		수비대 겸장			1904.8.13. 교대
留雲澤	제1군	제2사단 제2병참사령부	1904.3.17.	1904.4.16.	
만경대	제1군	근위사단 제1병참사령부	1904.3.18.	1904.3.22.	
구 祥原	제1군	근위사단 제4병참사령부	1904.3.18.	1904.4.5.	
자산	제1군	근위사단 제5병참사령부	1904.3.18.	1904.4.5.	
영유	제1군	근위사단 제4병참사령부	1904.3.18.	1904.4.19.	
숙천	제1군	근위사단 제3병참사령부	1904.3.18.	1904.5.13.	
	한국주차군	제12사단 제1병참사령부	1904.5.13.		
		수비대 겸장			1904.8.13. 교대
순천	제1군	근위사단 제5병참사령부지부	1904.3.30.	1904.4.6.	
漢川	제1군	제2사단 제2병참사령부	1904.3.22.	1904.4.13.	
안주	제1군	제1사단 제3병참사령부	1904.3.24.	1904.5.13.	
	한국주차군	제12사단 제2병참사령부	1904.5.13.		
		수비대 겸장			1904.9.12. 교대
갈산	제1군	제5사단 제5병참사령부	1904.3.27.	1904.5.12.	
	한국주차군	제12사단 제6병참사령부	1904.5.13.		
		수비대 겸장			1904.9.9. 교대
남청정	제1군	제5사단 제5병참사령부지부	1904.3.28.	1904.4.16.	
西湖里	제1군	제2사단 제5병참사령부	1904.3.30.	1904.4.30.	
정주	제1군	제4사단 제5병참사령부	1904.3.30.	1904.5.8.	
	한국주차군	제12사단 제4병참사령부	1904.5.9.		
		제12사단 제6병참사령부			1904.9.12. 교대
		수비대 겸장			동년 10.15. 교대
영변	제1군	제5사단 제2병참사령부	1904.3.30.		
		근위사단 제4병참사령부		1904.5.4.	4. 7. 교대
利沼浦	제1군	제5사단 제4병참사령부지부	1904.4.2.	1904.5.8.	
선천	제1군	제12사단 제3병참사령부	1904.4.2.	1904.5.10.	
	한국주차군	제5사단 제3병참사령부	1904.5.11.		
		수비대 겸장			1905.8.13. 교대
철산	제1군	제1사단 제5병참사령부	1904.4.1.	1904.5.5.	
榆洞浦	제1군	제12사단 제3병참사령부지부	1904.4.5.	1904.4.27.	
望東	제1군	제1사단 제5병참사령부지부	1904.4.5.	1904.5.2.	
이화포	제1군	제3사단 제5병참사령부	1904.4.5.	1904.5.10.	

	한국주차군	제4사단 제3병참사령부	1904.5.11.		
		제4사단 제2병참사령부지부			1904.6.6. 교대
		수비대 겸장			동년 8.20. 교대
차련관	제1군	제2사단 제1병참사령부	1904.4.7.	1904.5.9.	
	한국주차군	제4사단 제2병참사령부	1904.5.10.		
		수비대 겸장			1905.5.14. 교대
운산	제1군	제5사단 제2병참사령부	1904.4.7.	1904.5.4.	
青山場市	제1군	제5사단 제2병참사령부지부	1904.4.30.		
		근위사단 제5병참사령부			4.14. 교대
		제5사단 제2병참사령부지부		1904.5.3.	4.29. 교대
新倉	제1군	제2사단 제6병참사령부	1904.4.14.	1904.5.8.	
中端里	제1군	제2사단 제6병참사령부지부	1904.4.16.	1904.5.10.	
良策館	제1군	제2사단 제1병참사령부지부	1904.4.19.	1904.5.9.	
南市	제1군	근위사단 제6병참사령부지부	1904.4.20.	1904.5.2.	
용천	제1군	근위사단 제6병참사령부	1904.4.20.	1904.5.5.	
枇峴面 場里	제1군	제1사단 제2병참사령부	1904.4.20.	1904.5.10.	
	한국주차군	제12사단 제5병참사령부	1904.5.11.		
		수비대 겸장			1904.8.14. 교대
所串館	제1군	제1사단 제2병참사령부지부	1904.4.21.	1904.5.12.	
耳湖浦	제1군	제2사단 제3병참사령부	1904.4.22.	1904.5.4.	
창성	제1군	제2사단 제2병참사령부	1904.4.26.	1904.5.28.	
의주	제1군	제2사단 제4병참사령부	1904.5.1.	1904.5.13.	
	한국주차군	제3사단 제4병참사령부	1904.5.14.		
		제5사단 제3병참사령부			1904.8.14. 교대
		수비대 겸장			동년 9.11. 교대
의정부	한국주차군	수비대 겸장	1904.6.17.		
포천	한국주차군	수비대 겸장	1904.6.17.		
금화	한국주차군	제4사단 제1병참사령부	1904.6.20.		
		수비대 겸장			1905.2.10. 교대
芝浦	한국주차군	수비대 겸장	1904.6.22.		
금성	한국주차군	수비대 겸장	1904.6.22.		
迎松津	한국주차군	제4사단 제1병참사령부지부	1904.6.22.	1904.7.11.	
회양	한국주차군	수비대 겸장	1904.6.22.		
고산역	한국주차군	제4사단 제3병참사령부	1904.6.23.		
		수비대 겸장			1904.9.12. 교대
남산역	한국주차군	제4사단 제3병참사령부지부	1904.6.21.		
		수비대 겸장			1904.9.12. 교대

灰峴	한국주차군	제4사단 제1병참사령부지부	1904.7.11.		
		수비대 겸장			1905.2.10. 교대
闊波	한국주차군	제5사단 제1병참사령부지부	1904.8.12.	1904.9.15.	
강동	한국주차군	제12사단 제1병참사령부	1904.8.16.	1904.9.13.	
성천	한국주차군	제12사단 제1병참사령부지부	1904.8.16.	1904.9.13.	
원산	한국주차군	제12사단 제5병참사령부	1904.9.17.		
		제3사단 제3병참사령부			1905.8.14. 교대
용암포	한국주차군	정박장사령부 겸장	1904.12.1.	1905.2.1.	
深院里	한국주차군	수비대 겸장	?	?	
문천	한국주차군	수비대 겸장	1905.2.16.		
고원	한국주차군	수비대 겸장	1905.2.16.		
영흥	한국주차군	수비대 겸장	1905.2.16.		
草原	한국주차군	수비대 겸장	1905.2.21.		
정평	한국주차군	수비대 겸장	1905.2.21.		
함흥	한국주차군	제4사단 제1병참사령부	1905.2.21.		
		수비대 겸장			1905.7.6. 교대
林道元	한국주차군	수비대 겸장	1905.2.21.		
홍원	한국주차군	수비대 겸장	1905.2.21.		
平浦	한국주차군	수비대 겸장	1905.2.21.		
북청	한국주차군	수비대 겸장	1905.2.21.		
居山	한국주차군	수비대 겸장	1905.2.21.		
이원	한국주차군	수비대 겸장	1905.2.21.		
谷口驛	한국주차군	수비대 겸장	1905.2.21.		
단천	한국주차군	수비대 겸장	1905.2.21.		
館南里	한국주차군	수비대 겸장	1905.2.21.		
성진	한국주차군	제4사단 제19병참사령부	1905.3.1.		
		제12사단 제4병참사령부			1905.6.12. 교대
부산	한국주차군	수비대 겸장	1905.3.2.		
대구	한국주차군	수비대 겸장	1905.3.2.		
臨溟	한국주차군	제4사단 제15병참사령부	1905.3.2.	1905.8.16.	
		제4사단 제2병참사령부			1905.6.21. 교대
		수비대 겸장			동년 7.8. 교대
洞下里	한국주차군	수비대 겸장	1905.3.6.	1905.3.21.	
臨湖津	한국주차군	수비대 겸장	1905.3.6.		
		제4사단 제2병참사령부			1905.6.21. 교대
		수비대 겸장			동년 7.8. 교대
才盈洞	한국주차군	수비대 겸장	1905.6.10.		

		제4사단 제2병참사령부지부			1905.6.21. 교대
		수비대 겸장			동년 7.8. 교대
길주	한국주차군	제4사단 제18병참사령부	1905.6.10.		
		수비대 겸장			1905.7.10. 교대
古站	한국주차군	제4사단 제17병참사령부	1905.6.11.		
		수비대 겸장			1905.7.5. 교대
명천	한국주차군	제4사단 제16병참사령부	1905.6.12.		
		제4사단 제2병참사령부			1905.7.13. 교대
五常津	한국주차군	제4사단 제19병참사령부지부	1905.6.16.	1905.6.27.	
路上	한국주차군	수비대 겸장	?	?	
水南	한국주차군	제4사단 제19병참사령부	1905.6.17.		
		수비대 겸장			1905.7.17. 교대
柴門洞	한국주차군	제4사단 제20병참사령부	1905.6.18.		
		수비대 겸장			1905.7.17. 교대
신의주	한국주차군	수비대 겸장	1905.6.19.		
朱乙溫場	한국주차군	제4사단 제20병참사령부지부	1905.6.22.		
		수비대 겸장			1905.7.17. 교대
何日里浦	한국주차군	수비대 겸장	?	?	
下八里	한국주차군	수비대 겸장	?	?	
鏡城	한국주차군	제4사단 제15병참사령부	1905.7.1.		
		제3사단 제2병참사령부			1905.8.5. 교대
獨津	한국주차군	제4사단 제15병참사령부지부	?		
		제3사단 제2병참사령부지부		?	1905.8.9. 교대
輪城	한국주차군	제4사단 제17병참사령부	1905.7.9.		
청진	한국주차군	제4사단 제17병참사령부지부	1905.7.10.		
		제4사단 제15병참사령부			1905.8.9. 교대
獐項	한국주차군	제4사단 제18병참사령부지부	1905.7.23.	1905.7.30.	
小橋洞	한국주차군	제4사단 제16병참사령부지부	1905.7.21.		
		수비대 겸장			1905.9.14. 교대
下仇非峴	한국주차군	제4사단 제18병참사령부	1905.7.21.	1905.10.13.	
부령	한국주차군	제4사단 제1병참사령부	1905.7.21.		
		제4사단 제18병참사령부			1905.10.15. 교대
富居	한국주차군	제4사단 제16병참사령부	1905.7.25.		
龍渚	한국주차군	제4사단 제16병참사령부지부	?	?	
初達洞	한국주차군	제4사단 제17병참사령부지부	?	?	
蒼坪	한국주차군	제4사단 제20병참사령부	1905.8.19.		
獐項	한국주차군	제4사단 제18병참사령부지부	1905.8.31.		

		수비대 겸장			1905.10.13. 교대
內洞	한국주차군	제4사단 제1병참사령부	1905.9.2.		
古豐山	한국주차군	제4사단 제19병참사령부	1905.9.3.		
碑石洞	한국주차군	제12사단 제5병참사령부	1905.9.29.		

* 출처: 陸軍省,『日露戰爭統計集』(復刊本) 第5卷, 第6編「兵站」, 原書房, 1994, 9~11 · 30~35쪽을 근거로 작성.
* 비고: 폐쇄일이 기재되지 않은 지역은 「포츠머스 강화조약」(1905년 10월 15일 비준) 이후까지 지속된 것임.

〈표 2-21〉 러일전쟁 시기 일본 군대의 승선지와 한국 내 양륙지 현황

번호	승선지	양륙지	회수	번호	승선지	양륙지	회수	번호	승선지	양륙지	회수
1	宇品	용암포	9	12	門司	이화포	1	23	大阪	인천	1
2	宇品	성진	6	13	門司	망동포	2	24	大阪	진해만	2
3	宇品	진남포	8	14	宇品·門司	이화포	1	25	大阪	성진	1
4	宇品	인천	7	15	宇品·門司	용암포	4	26	大阪	진남포	1
5	宇品	원산	6	16	宇品·門司	원산	1	27	大阪	원산	1
6	宇品	청진	1	17	宇品·門司	진해만	1	28	宇品·下關	용암포	1
7	新戶	인천	1	18	宇品·門司	진남포	4	29	兵庫	용암포	1
8	門司	용암포	4	19	門司·長崎	인천	1	30	佐世保	인천	1
9	門司	인천	6	20	門司·長崎	해주	1	31	橫須賀	진남포	1
10	門司	부산	1	21	三角	기진포	1				
11	門司	진해만	1	22	三角	진남포	1				

* 출처: 陸軍省,『日露戰爭統計集』(復刊本) 第6卷, 第7編「運輸」, 原書房, 1994, 356~373쪽을 근거로 작성.

묵인에 대해서는 전시 '군율'과 '지정불고지죄知情不告之罪'를 적용한 참형斬刑과 총살, 가혹한 매질 등으로 처리하였다. 전쟁의 승리감에 고취된 일본 군인과 일본인 역부들의 '일탈의 일상화'로 주민들이 목숨을 잃는 경우도 적지 않았다.

또한 전시 물가폭등과 전쟁비용 조달의 어려움에 따른 군용수표의 광범위한 유통으로 지역민의 생활고는 유래 없이 피폐하였고 화폐 주권도 전국 어느 곳보다도 제약되었다. 거기에 더해 평양과 진남포의 식민지형 도시 인프라 구축과 일본인 이민을 염두에 둔 중장기 '대동강 프로젝트'를 통한 지역 질서 재편도 한 요인으로 작용하였던 것이다. 그 과정에서 농민은 생계

의 터전인 경작지를, 도시 주민은 철도부지 명목으로 주거공간을 빼앗겼다.
어민 또한 어업권과 어장까지도 일본 어민에게 빼앗기고 어업노동자로 전
락하였다.

이반된 흉흉한 민심과 함께 새롭게 세력 확충을 도모하거나 자신과 지역
방어를 위한 일진회一進會·동학東學·백학白學·의병義兵·민병대[忠義社와
趨衛社]가 이 지역에서 짧은 기간에 동시에 출현하는 역사성도 이 같은 이유
에 있는 것이 아닌가 한다.

러일전쟁과 함경도의 현실

 이 장은 러일전쟁 시기 군정軍政이 실시된 대한제국의 함경도 상황과 지역주민의 현실적 처지 등에 관한 분석이다. 함경도는 두만강과 동해안을 경계로 러시아와 접하고 있어 전쟁을 일으킨 일본과 군사적으로 맞부딪친 최전선이었다. 그런데 주인 없는 땅이 아님에도 불구하고 '고래 싸움에 새우 등 터지는 격'으로 전쟁 기간에 전장戰場 지역민들은 동원·수탈·배제 등의 형식으로 러시아와 일본 누가 이기든 간에 전승국가의 전리품이 될 수밖에 없는 처지에서 크게 고통받고 있었다.[1] 지정학상 함경도 지역은 두만강을 사이에 둔 러시아 연해주 및 중국 간도間島와의 접경지대로 초전부터 종전까지 크고 작은 전투가 진행된 지역이었다. 러시아·일본 양국 군대의 물자 수송, 전신주와 전선 가설, 도로 수축에 대규모 인력의 강제 동원, 비용 전가, 불법적 살해와 구금 등으로 도처에 유이민이 발생하였고 그중 일부는 국경을 넘어 피난하였다. 빼앗고 빼앗기는 전구戰區의 변화 과정에서 어제의 점령군이 사라지면 새로운 점령군이 마치 바뀐 소유주처럼 지역민을 옥죄는 상황

---

1 주로 만주 지역을 중심으로 한 주민들의 피폐한 생활상은 차경애, 「러일전쟁 당시 전쟁견문록을 통해서 본 전쟁지역 민중의 삶」, 『중국근현대사연구』 48, 2010 참고.

이 함경도 곳곳에서 벌어지고 있었다.

자신의 의지와 관계없이 우리 땅에서 일어난 남의 전쟁의 소용돌이에 휘말려 러시아 수도 인근까지 끌려간 전쟁포로들의 귀환 과정도 지난하였다. 전쟁과정에서 무자비하게 이루어진 식량 수탈 등 경제적 수탈, 수세·매매 등 소유권 제한, 상거래 두절과 물가폭등으로 인한 인구·호구 및 구매력 감소 등으로 민생경제는 파탄에 직면하였다. 민간시설물의 군용지 수용과 군수시설 설치, 측량, 연락 두절과 행정의 공백, 지방관 교체와 관련한 인사 개입으로 인한 갈등이 있었으나 대한제국 정부는 소극책으로 시종일관하였다.

그 결과 대한제국 성립 이래 국경 치안을 담당하던 북청과 종성의 2개 진위대대도 일본의 입김으로 결국 폐설되었다. 함경도 지역은 전국 유일의 일본 군정軍政지역이 되어 계엄상태가 유지되면서 개인의 행동 하나하나가 제약받았다. 게다가 1904~1905년 여름 두만강 연안의 집중호우와 냉해, 전염병 창궐 등 자연재해도 심각하였다. 그 결과 흉흉한 지역민심과 더불어 주민들의 삶의 질은 러일전쟁 기간 한국의 그 어느 지방보다 피폐할 수밖에 없었다.

그동안 일부 연구에서 러일전쟁 기간 함경도 지역 전투 상황과 결과, 의미에 대해 정리하였으나 지역민이 처한 현실에 대해서는 아직까지 정리된 글이 없다.[2] 이를 염두에 두면서 이 장에서는 러일전쟁이 변경지역인 함경도 주민들에게 어떤 여파를 남겼는지를 그들의 전쟁경험과 현실인식 등을 통해 사회경제사적 측면에서 살피고 시대사적 함의를 밝히고자 한다.

---

2 러일전쟁 시기 함경도 전투의 경과와 의미에 대해서는 심헌용, 『한반도에서 전개된 러일전쟁 연구』, 국방부 군사편찬연구소, 2011 중 3장 3절과 5장 2절; 조재곤, 「러일전쟁 시기 함경도 전투의 전개과정」, 『軍史』 86호, 2013 참고.

1. 인적·물적 피해상황

러일전쟁 당시 함경도 지역은 변경의 전쟁터가 되어 막대한 인적·경제적 손실이 있었다. 전운이 감돌기 시작하던 전쟁 직전부터 물가는 폭등하였고, 전쟁 개시 이후 연로의 주민들은 허다한 '접대'와 함께 군량미와 마량馬糧을 약탈당했고, 곡식이 말발굽에 짓밟히고 군수물자 수송, 전선 가설과 도로 수축과 교량 부설 등에 역부役夫로 동원되었다.

전쟁 발발 직후 원산에 상륙한 일본 군대는 한국 정부에 조회하여, 연로 각 군에 훈령하여 숙사宿舍 및 군수품을 청구하는 대로 응하게 하였다.[3] 덕원 군에 들어온 일본 병사들은 동학당東學黨을 색출하여 우두머리 2명을 포살砲殺하였고, 함흥 주둔 일본군은 동학당 16명을 체포하여 8명은 방면하고, 3명은 태형과 역역에, 2명은 종신역에 처하고 윤형천尹亨天·승재원承載元·최성도崔成道 등 주모자 3명을 포살하였다.[4] 함경도 내 일본군 점령지역에서는 도로 수축을 강요하였다. 1904년 10월 일본군 지휘관은 함흥과 원산 간의 도로와 교량을 군대가 통과하기 용이토록 수선하되 11월 말까지 끝내라고 하였다.[5]

일본의 전시동원 체제는 「한일의정서」 제4조에 의거한 것이었으나 군수품 운반 등을 위한 함경도 지역 역부와 우마牛馬·마량의 강제 징발은 러시아군에 의해서도 자행되었다.[6] 1904년 4월 성진에 들어온 러시아군은 조계租界를 불태웠으며,[7] 고원군 동헌에 돌입하여 군수 홍봉관洪鳳觀을 구타한 후 관내 60여 호를 방화하였고, 함흥에서는 민가의 곡식을 탈취하였다.[8] 5월

---

3 『皇城新聞』, 1904년 2월 14일.
4 『皇城新聞』, 1904년 4월 5일·4월 12일.
5 『大韓每日申報』, 1904년 11월 2일.
6 『大韓每日申報』, 1904년 10월 4일·11월 7일·11월 18일.
7 「1904년 4월 27일 성진감리 심후택이 의정부찬정 외부대신에게 공문(제1신)」, 성진시사편찬위원회, 『城津市史』, 元一印刷社, 1993, 62쪽.
8 『皇城新聞』, 1904년 6월 9일·6월 21일.

에는 병사 100여 명이 장진군에 들어와 군기고와 순교청巡校廳을 불태우고, 관사·학교·향청을 병마兵馬 주둔지로 사용하였다.[9] 부령에서는 각종 물품을 토색하고 부녀 겁간이 잦다는 군수의 보고도 올라왔다.[10] 당시 불탄 가옥은 함흥 135호, 고원 59호, 문천 8호로 집계되었고, 불타 죽은 자는 고원 1명, 장진 4명이었다 한다.[11] 다음은 강제 징발로, 1904년 초 두만강을 건너온 러시아군은 경성·경흥의 소를 매일 100마리 정도 만주와 훈춘으로 수송하였고,[12] 길주에서도 매달 소 50~60마리를 구입하였다.[13] 경성·명천·길주·성진의 군수들은 관찰사의 지시로 남진하는 러시아 군사를 위해 매 가호마다 계란 5개, 닭 1마리, 피稗 3되를 준비해둘 것을 관내에 명하였다.[14] 장진군 연로 200리 사이에서는 가옥 집기와 닭, 개, 소, 말을 몰수하였다.[15]

그해 가을 함흥의 러시아군은 양식을 징발하고 도로를 수축하는 데 인력을 동원하였고, 회령에서도 매일 역부 400~500명씩을 동원해 북으로는 회령-무산-갑산, 남으로는 부령-경성 간 도로를 주야로 닦도록 강제하였다.[16] 러시아 군사 1,200여 명과 군마 1,500여 필이 북청에 유숙하면서 군 연무대 적치 군량을 강제 징발하였고, 홍원에 들어온 러시아군 3,000여 명은 보리 300석을 강제 징발하였다. 단천에서도 양미와 마량, 식초食草 등을 자의로 빼앗으며 연도에 쌓아둔 추수한 곡식과 청초靑草를 말을 놓아 먹게 했고, 성진에서는 전선 가설과 도로 수축에 역부 300~400명을 강제 동원하는 한편, 삼대천 다리 600여 칸을 만들기 위해 삼림을 채벌하는 등 민폐가 극심하였다. 성진항에서는 1만 3,000포대, 부령에서는 1만 5,000~1만 6,000포대

---

9 『皇城新聞』, 1904년 7월 9일.
10 『皇城新聞』, 1904년 8월 5일.
11 『皇城新聞』, 1904년 8월 6일.
12 『皇城新聞』, 1904년 4월 21일.
13 『大韓每日申報』, 1904년 6월 21일.
14 外務省 陸海軍省文書, MT(明治·大正文書) 1-194, 「北韓方面ニ於ケル露兵ノ行動情報」, 電受 제1102호, 元山 大木ヨリノ轉電(林 공사→小村 외무대신).
15 『大韓每日申報』, 1904년 8월 30일.
16 『大韓每日申報』, 1904년 8월 31일·9월 22일.

의 보리와 마량을 징발하여 중국과 한국 선박으로 각기 블라디보스토크까지 수송하였다.[17] 단천군수에 의하면, '십실구공十室九空'의 형편으로 군량미와 마량초를 시가보다 낮은 가격으로 징발당했고, 성진에서는 모미耗米 수백 석을 억지 구입했을 뿐만 아니라, 전신주 가설과 산악군용도로 개척에 동원된 주민이 채찍질당하고, 교량 건조를 위한 송판 채벌과 운반 과정에서 주민의 부상이 이어지자 부득이 중지할 수밖에 없었다 한다.[18]

그해 6월부터 7월 사이에 함흥군, 고원군, 장진군, 문천군에서 러시아군의 방화로 불타버린 관공서와 가옥을 비롯해 관내 각 사社와 동리洞里별·개인별 피해 물품과 피해액 등의 자세한 상황은 해당 군수의 관찰사 보고를 통해 알 수 있다. 이에 따르면 주요 대상인 각종 곡물과 의류(포목), 육류(가축과 어물), 화폐(은전, 엽전, 백동화) 외에 식품과 기호품, 생활용품 등 그 피해 대상은 다양하였다.

예컨대 식품과 기호품은 간장, 소금, 식초, 인삼, 사탕, 곶감, 술, 꿀, 남초南草, 궐련, 돼지쓸개, 웅담熊膽, 사향, 청심환, 약재 등이었다. 생활용품은 평상平床, 은향갑銀香匣, 은장도, 주발, 은가락지[銀指環], 짚신, 가죽신, 나막신, 우산, 양산, 안경, 성냥, 수저, 요강[溺江], 석유, 청동화로, 종이, 솥, 등燈, 양초, 도끼, 낫, 호미, 병풍, 붓, 먹[墨], 타기唾器, 담뱃대 등이었다. 기타로는 벌통, 말안장, 수달피, 조총鳥銃, 『대한지지大韓地誌』까지 보고되었다.[19] 각 군의 보고서를 총괄하는 제목에 '아병각략俄兵却掠'이라고 적시되어 있듯이 이는 징발이라기보다는 점령군의 전방위 약탈 그 자체였다.[20]

---

17 『大韓每日申報』, 1904년 10월 4일 · 10월 7일 · 11월 7일 · 12월 21일.

18 『大韓每日申報』, 1904년 11월 18일.

19 『光武八年六月咸興郡各社俄兵各樣穀物所奪民人姓名及數炙幷錄成冊』; 『光武八年六月高原郡俄兵經過時公廨民家 被燒汁物及被掠物種成冊』; 『光武八年六月長津郡兩次俄兵經過時民間掠奪及被失各種及成冊』; 『光武八年七月文川郡俄兵放火被燒人姓名及家庄汁物成冊』(『俄兵却掠成冊』, 奎.17993. v.1-6).

20 "일반적인 징발을 통한 식량 조달은 적어도 대부분의 징발에서는 실제로 지방의 관리에게 주어진 파견부대의 강제적인 집행력이 담당하게 된다. 그런데 이보다 더 중요한 것은 책임, 처벌, 가혹한 대우에 대한 주민들의 두려움인데, 이러한 경우에는 그 두려움이 광범위한 압력이 되어 모

러시아군 또한 일본군처럼 전보사와 우편국을 점령하였다. 1904년 4월 길주에 들어온 러시아군 32명은 일본영사관과 우체국에 불을 질렀고, 성진의 청과 일본 영사분관의 전신기계를 약탈하였다. 5월에는 러시아군의 단천 주둔으로 군 전보사 관리가 도망하여 북청 이북의 교신이 두절되었고, 러시아 기병이 북청 전신국과 우편국을 점거, 파괴하였다. 기병 22명이 원산전보사도 파괴하였고, 기병 20여 명은 경성鏡城-블라디보스토크 간 전선을 가설한다는 명목으로 경성전보사에 들이닥쳐 철사鐵絲 등을 약탈하였다. 8월에는 코사크 기병 13기가 함흥전보국을 점거하였다.[21]

동북 국경지방에서는 자국 군대의 유·불리에 따라 전신선을 절단하거나 가설하는 사례가 속출하였고, 러시아군은 전선을 설치하고 길을 닦는 등 공사에 지역민과 군인들을 강제 동원하였다. 러시아군은 성진에서 북청으로 후퇴하면서 북청-함흥 간 전선을 절단했고,[22] 경흥군으로부터 60리에 걸친 전신선 가설에 지역민을 동원하였다.[23] 러시아 교계관交界官은 블라디보스토크-경흥 간 전선 가설 과정에서 전간목電桿木 운반과 목재 가공 및 조달 등에 편의 제공을 독촉하였다.[24] 경성에서는 200여 명의 주민을 도로 수축과 전신선 가설에 동원한 결과, 경성-블라디보스토크 간 전신선 가설을 마쳤다.[25] 그러나 이후 상황이 바뀌자 러시아군은 1905년 1월 무렵 북청에서 이원으로 퇴각하면서 전신주를 뽑아버리고 전신선을 걷어갔다.[26] 그 과정에서 우편이 끊겨 보고체계도 지연될 수밖에 없었다.[27]

든 주민에게 늘 중압감으로 작용하게 된다"(카알 폰 클라우제비츠 저, 김만수 역, 『전쟁론』 제2권, 갈무리, 2009, 135쪽).

21 『皇城新聞』, 1904년 4월 23일·4월 29일·5월 28일·6월 1일·6월 4일·6월 30일·8월 8일.
22 『皇城新聞』, 1904년 4월 23일.
23 『皇城新聞』, 1904년 6월 30일.
24 『皇城新聞』, 1904년 7월 11일; 7월 18일.
25 『大韓每日申報』, 1904년 7월 29일; 『皇城新聞』, 1904년 8월 9일.
26 『大韓每日申報』, 1905년 1월 31일; 2월 15일.
27 『大韓每日申報』, 1905년 10월 24일; 「성진감리 심후택이 의정부찬정 외부대신에게 공문(제4신)」, 성진시사편찬위원회, 앞의 책, 64쪽. 후자는 9월 30일 발송한 것인데, 무려 한 달 반이 걸린 11월 15일에야 서울에 도착하였다.

함경도 지역은 자연재해로 인한 피해까지 극심하였다. 1904년 음력 8월 7일부터 몇 차례 서리가 내린 이후에는 추수를 기대하기 어려워 인민이 환산하는 형편이었다.[28] 이듬해에는 8월 15일 이후 장맛비로 대소 하천이 범람하지 않은 곳이 없어 침수로 인한 가옥 파손과 인명 손상이 따랐고 작물 수확도 난망한 상황이 되었다.[29] 특히 두만강 북방 국경 6진鎭 일대를 보면, 경성군의 경우 징발과 잦은 노역은 물론 강우로 인한 농작물 유실로 평년의 4할만 수확하였다. 부령군은 많은 주민이 산간으로 피난했고 큰비로 농작물 대부분이 유실되어 3할만 수확하였고, 회령군은 3할, 종성군과 은성군은 5할만 수확하였다. 특히 회령의 경우 주민 800여 호가 국경을 넘어 피난한 상태로 도합 1,708량의 조세는 전후戰後에도 징수하기 어려운 형편이었다.[30] 경원군은 약 800호가 간도間島로 피난해 전쟁 후에도 돌아오지 않았고, 경흥군의 간도 피난민 약 4,000명 중 1,000여 명도 귀환 가능성이 없었고 농작물도 5할의 수확만 거두었다 한다.[31]

러시아군의 탐학을 이기지 못한 단천 이북 지역의 피난민이 급증하였다. 그 요로인 함흥부에서 유민들의 유리 이유·거처 등을 탐문한 결과 이들은 주로 성진과 단천 사람들로 매일 100여 명 이상이 강원도 등지로 남하하고 있었다.[32] 함경도 이남으로 남하하거나 만주, 연해주로 이주하는 유이민만 있는 것은 아니었다. 주청공사 민영철閔泳喆은 베이징北京·톈진天津·탕구塘沽 등지와도 왕래가 빈번하고, 동북 3성 지방 또한 우리나라 유이민이 수를 헤아릴 수 없다고 보고하고 있다.[33] 1905년 봄 무렵에 가면 명천을 경계로 양국 군대가 대치하는 상황에서 함경북도는 러시아군이 미곡과 육류를 가격

28 『大韓每日申報』, 1904년 10월 21일.
29 『大韓每日申報』, 1905년 9월 20일.
30 『咸境南北道各郡訴狀』7冊, 奎.19162, 光武 10년 10월 27일(經理院卿→査檢員).
31 『駐韓日本公使館記錄』, 「咸鏡北道 六鎭地方 饑饉 實地調査 復命 件」, 1905년 12월 21일.
32 『大韓每日申報』, 1904년 12월 29일.
33 「照會」 제18호, 1904년 6월 1일, 奎.17823.

의 절반 혹은 1/3만 지불하거나 약탈하여 촌락이 텅텅 비었고, 늙고 병든 자만 남아 농사짓는 자가 없어 전야가 황폐한 지경에 이르렀다고 한다.[34] 이 지역의 가장 큰 민원은 농절기 노동력 강제 동원과 기근이었는데, 그로 인한 민심이 극도로 격앙되어 있었다.

2. 대내외 교역과 지역경제

러일전쟁은 일본과 한국의 무역거래는 물론 한국 전 지역의 수출입 무역과 지역경제에 큰 영향을 미쳤다. 러일전쟁 시기에는 한국의 대對 일본 무역거래액은 수입증가와 수출감소 현상이 두드러졌다. 반면 일본의 대 한국 무역거래액은 수출증가와 수입감소 현상을 보인다. 〈표 2-22〉(그래프는 표 내용을 나타낸 것임)는 러일전쟁 전후 5개년간 일본의 한국 수출입 화물 금액 내

〈표 2-22〉 일본의 한국 수출 및 수입 내역(1902~1906년) (단위: 円)

구분 \ 연도	1902	1903	1904	1905	1906
수출	10,554,183	11,761,494	20,389,728	26,618,870	25,209,796
수입	7,957,946	8,912,151	6,400,777	6,150,541	8,205,942

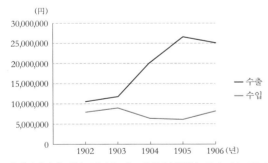

* 출처: 大藏省,『明治大正財政史』제17권, 財政經濟學會, 1940, 496~498, 504~506쪽을 근거로 작성.

---

34 『皇城新聞』, 1905년 5월 13일.

〈표 2-23〉 대외무역 수출입품 가격 항별 대조표(1902~1904년)　　　　　　　　(단위: 圓)

지역	연도	1902	1903	1904
인천	입	7,978,485	10,109,220	16,164,951
인천	출	2,642,415	3,497,826	2,458,060
진남포	입	612,092	915,814	2,316,900
진남포	출	927,343	1,087,796	1,054,970
군산	입	102,071	411,045	594,102
군산	출	311,066	841,981	416,484
목포	입	210,850	311,653	310,165
목포	출	730,577	1,029,609	683,490
부산	입	2,711,204	4,210,633	6,410,318
부산	출	2,607,876	1,964,783	1,619,361
마산	입	32,979	29,212	48,897
마산	출	71,895	87,422	35,568
원산	입	1,876,267	2,180,764	1,058,245
원산	출	1,001,204	768,521	645,569
성진	입	7,492	50,842	11,802
성진	출	24,694	199,842	–
합계	입	13,542,429	18,219,183	26,805,380
합계	출	8,317,070	9,477,603	6,933,504

* 출처: 外務省 通商局,『通商彙纂』,「韓國三十七年對外貿易槪況」(明治 38年 9月 11日附 在京城帝國領事館報告).

역을 보여준다.

〈표 2-23〉은 1902~1904년 한국의 8개 주요 항구의 수출입 상황이다. 이에 의하면 1904년의 한국 전체 수입무역은 과거 최다액을 보였던 1903년에 비해 약 5할의 증가를 보이고 있다. 그 주원인은 군용 경부·경인철도 재료의 수용과 군대 수요 증대 등이었다. 수출 총계는 1903년에 비해 약 2할 5푼, 1902년에 비해 약 1할 6푼, 1901년에 비해 약 1할 8푼 감퇴하였는데 미곡 수출감소가 가장 큰 요인이었다. 결국 수입증가와 수출감소 현상으로 나타난 것이다.

그러나 수출입 항구 순위에서 인천, 부산에 이어 3위인 함경도 원산元山은

연도 \ 수출입액	수입액	수출액	총액	비고
1895	2,090,344	1,622,630	3,712,974	입초 467,714
1896	1,420,144	1,773,453	3,193,597	출초 353,309
1897	2,103,770	2,526,004	4,629,774	출초 422,234
1898	2,333,918	2,645,226	4,979,144	출초 311,308
1899	2,317,977	2,671,748	4,989,725	출초 353,771
1900	2,510,366	3,405,942	5,916,308	출초 895,576
1901	3,121,930	4,074,864	7,196,794	출초 952,934
1902	3,185,786	4,050,277	7,236,063	출초 864,491
1903	3,636,929	4,462,053	8,098,982	출초 825,124
1904	3,501,687	2,554,241	6,055,928	입초 947,446

* 출처: 外務省 通商局, 『通商彙纂』, 「元山三十七年貿易年報」(明治 38年 9月 15日附 在元山帝國領事館報告).

수입·수출 모두 감소하였고 8위인 성진은 전쟁 기간의 수입이 1/4 이하로 대폭 감소하고 수출 기록도 확인되지 않는다. 1880년 개항 이후 함경도 최대 무역항인 원산은 전쟁 기간 일본군 점령지였다. 1895~1904년의 원산항 수출입내역을 보면 〈표 2-24〉와 같다.

이 표는 경성영사관의 통계와는 편차가 크지만 해당 지역 영사관이 작성한 것이기에 보다 정확할 것으로 판단된다. 1904년 원산항 수출입 무역 총액은 605만 5,928원으로 1895년을 제하면 9년간 수출입액은 매년 순조로웠으나 전쟁 발발과 함께 강한 입초入超 현상을 보였고 수출입 무역 총액 또한 1901~1903년보다 크게 감소하였다. 특히 1903년도 무역 총계와 비교할 때 전쟁 이후 200여만 원 이상이나 감소하였다.

1904년 2월 전쟁이 시작되자 원산-일본 간 우선郵船 및 상선회사商船會社의 정기선은 휴항하였고 수출입 모두 장애를 받았다. 또한 러시아군이 성진 부근까지 들어왔기 때문에 4월 중순에는 원산 거주 일본인들도 일시 철수할 수밖에 없었다. 이후 해륙교통이 모두 두절되어 미곡과 면포류의 판매에 큰 타격을 받았고 해약도 잇따랐다. 4월 블라디보스토크 함대가 원산항에 내습하여 고요마루五洋丸·긴슈마루金州丸 및 하기우라마루萩浦丸를 격침하였고, 또 6월 30일 러시아 함대가 다시 원산항 내에 정박한 코운마루幸運丸·세이사마루淸沙丸를 차례로 격침하였다. 8월 9일 거류지 부근의 육상전으로 시장의 거래도 거의 중지되었고 블라디보스토크 함대의 행동 여하를 주시하는 상황이었다.[35] 따라서 수송비는 평시의 몇 배로 뛰었고, 금리도 5리가 인상되는 등 금융계가 경색되면서 대부금 회수도 쉽지 않았다. 일본 상인과 청국 상인들은 현금이 아니면 거래하지 않았기 때문에 한상韓商 중에는 파산자가 나왔다.[36] 그러나 8월 14일 울산만해전에서 블라디보스토크 함대가 패배했다는 보도를 접하면서부터 두절되었던 상거래와 부산 및 오사카와의 항해도 점차 회복되었다. 원산 및 그 부근에서 러시아 화폐의 교환 및 통용 금지 군령은 9월 20일부로 해제되었다.[37]

다음 해인 1905년 3월 중순부터 성진 이남 항로가 해금되어 교통이 재개되어 원산 왕래 상인도 현저히 증가하였다. 이 기간 수출입 총액은 9만 9,251원으로 전년도 같은 계절과 비교하면 13만 8,421원이 감소하였지만, 4월부터 6월 사이 원산항의 수출입 무역 총액은 179만 4,170원(수입액 130만 9,498원, 수출액 48만 4,672원)으로 수출입 총액은 전년도 같은 계절과 비교하면 무려 77만 1,074원 격증했고, 그해 1~3월과 비교해도 14만 1,870원 증가하였다. 1년 전은 초기 전쟁 단계로 블라디보스토크 함대의 두 차례에 걸친 원산항 내습과 거류지 부근의 육상전으로 큰 영향을 받았기 때문이었다.[38] 7월 이후는 러일 양군의 군자금 살포와 군수품 매입을 목적으로 한 물품 반입이 격증하였다.[39] 그러나 10월 이후부터 일반상품의 수입과 함께 흉작으로 곡물의 수입도 감소하였다. 특히 12월에는 그해 초 일시 폭등했던 러시아 루블

---

35 『通商彙纂』, 「元山ニ於ケル時局ノ影響其八」(明治 37年 9月 13日附 在元山帝國領事館報告).
36 高尾新右衛門, 『元山發展史』, 啓文社, 1916, 355쪽.
37 위의 책, 353쪽.
38 『通商彙纂』, 「元山三十八年第二季貿易」(明治 38年 12月 15日附 在元山帝國領事館報告).
39 『通商彙纂』, 「元山三十八年第三季貿易」(明治 39年 1月 29日附 在元山帝國領事館報告).

구분 / 연도	외국무역			국내무역							총계
	수출	수입	소계	이출			이입			소계	
				외국화물	내국화물	계	외국화물	내국화물	계		
1903	768,531	2,185,781	2,954,312	1,015,748	1,161,257	2,177,005	195,720	1,216,773	1,412,493	3,589,498	6,543,010
1904	645,569	1,064,324	1,709,893	158,033	831,801	989,834	927,590	846,509	1,774,099	2,763,933	4,473,826
1905	617,855	3,954,785	4,572,640	1,361,361	920,891	2,282,252	1,083,104	1,303,714	2,386,818	4,669,070	9,241,710

* 출처: 外務省 通商局, 『通商彙纂』, 「元山ニ於ケル最近三年間貿易狀況」, 韓國統監府 調查.

화 폭락으로 무역은 다시 침체에 빠졌다.[40] 그럼에도 불구하고 전반적으로 1905년의 무역은 원산항 개항 이래 가장 큰 폭으로 증가하였다.

〈표 2-25〉에 의하면 1904년은 대체로 전년도에 비해 무역액이 약 3할 감소하였고, 1905년에는 대두大豆 흉작에 따라 수출은 전년보다 다소 감소했지만 수입은 인구 격증과 러일 양국군이 함경도에 살포한 군사비와 명태 어획 호황으로 구매력이 상승함에 따라 크게 증가하였다.[41]

함경도 제2의 국제무역항인 성진城津은 전쟁 이전인 1902년에는 원산을 기점으로 함경도 북부 연안을 왕래하는 소중기선에 의존하고 있었다. 그러다가 1902년 10월부터는 고베神戶-블라디보스토크 항로의 일본우선회사日本郵船會社 기선이, 1903년부터는 오이에 시치헤이大家七平의 일본해 항로 기선도 운행을 개시하였다.[42] 개전 직후 성진의 물가 상황은 〈표 2-26〉과 같다.

수출입품 모두 1904년 2월까지 전반적으로 상승 추세에 있었다. 특히 수입품으로는 일본 카네킨[和金巾]과 방적사가, 수출품으로는 백미白米·대두大豆·우피牛皮 등의 상승이 두드러졌다. 원래 성진과 그 이북 지역은 러시아 화폐 루블이 유통되고 있었다. 그러나 전쟁이 시작되자 일본 상인들이 수

---

40 大藏省 理財局, 『軍用切符ニ關スル調查(下卷)』, 「第一銀行ノ部」(1908년 8월); 『通商彙纂』, 「元山三十八年貿易年報」, 韓國統監府 調查.

41 高尾新右衛門, 『元山港』, 東書店, 1922, 104쪽.

42 『通商彙纂』, 「城津三十六年貿易年報」(明治 38年 12月 15日附 在城津帝國領事館分館報告).

〈표 2-26〉 성진 지역 물가 상황표(1904년 1~3월)

품명 시기	和金巾	일본 목면	방적사	백미	粟	打綿	燐寸	大豆	荒銅	牛皮	砂金
1월 말	3원 10전	1원 30전	4원 70전	15원 40전	7원 50전	18원 30전	24원	6원 80전	19원 20전	24원	4원 65전
2월 말	3원 20전	1원 40전	4원 80전	16원	8원 40전	18원 30전	25원	6원 60전	20원	28원	4원 90전
3월 말	3원 50전	1원 50전	5원 20전	17원 30전	9원	18원 50전	27원	7원 30전	18원	28원 50전	4원 50전
단위	1疋	1疋	1丸	1石	1俵(6斗)	20丸	1箱	1石	100斤	100斤	1刃

* 출처: 外務省 通商局, 『通商彙纂』, 「城津ニ於ケル時局ノ通商航海ニ及ホセル影響」(明治 37年 2月 29日附 在城津 帝國領事館分館報告); 『通商彙纂』, 「城津ニ於ケル時局ノ貿易ニ及ホセル影響其二」(明治 37年 4月 4日附 在城津帝國領事館分館報告).

수를 거절하였고, 지역민들도 꺼려하여 루블화 가격이 점차 하락하는 추세였다. 그 결과 2월 한화 1원에 590문이던 것이 3월에는 500문으로 하락하였다.[43] 더하여 4월 러시아군의 성진과 길주 점령, 일본거류민 50여 명의 원산 철수 이후부터 1905년 5월 동해해전으로 발트 함대가 패배할 때까지 1년 이상 성진은 러시아 점령지 또는 러일 양국의 교전지가 되었다.

양국 간의 전쟁이 격렬하게 진행되면서부터 이 지역은 무역거래 기록조차도 남길 수 없었다. 이후 성진항의 1905년 4월부터 6월 사이 무역상황은 수입이 수출을 초과하였는데, 그 액수는 4만 6,304원 22전이었다. 이 기간은 1904년 10월 일본군의 함경도 군정軍政 시행 이후로 자유롭게 왕래할 수 없었던 시기로 육진六鎭 지방 상인의 통행도 두절되었다. 블라디보스토크 함대가 언제 내습할지 알 수 없어 원산 지역과의 항해도 원활치 않았다. 게다가 원산-성진 간 항해 선박은 모두 군용 선박으로 징발되었기 때문에 상품 운반이 두절되어 군용 외에는 거래가 없었다. 그 결과 시장은 위축되었고 상거래도 휴지기를 맞게 되었다. 이 지역에 주둔한 러시아군의 징발·도살 결과 소의 수도 현저히 감소하여 가격이 평시의 2배 이상 등귀하였다.[44]

---

43 『通商彙纂』, 「城津ニ於ケル時局ノ貿易ニ及ホセル影響其二」(明治 37年 4月 4日附 在城津帝國 領事館分館報告).
44 『通商彙纂』, 「城津三十八年第二季貿易」(明治 38年 7月 6日附 在城津帝國領事館報告).

수출입 항구	내국품 수출		외국품 수입		내국품 수입	
	1903	1904	1903	1904	1903	1904
永興	–	2,113	–	4,768	–	164
新浦	32,856	6,693	46,105	3,497	24,408	29,008
端川	78,498	21,605	122,947	19,118	26,721	12,387
明川	74,057	7,767	89,329	4,350	20,477	5,367
鏡城	151,171	17,259	190,404	41,367	160,482	26,133
靑津	47,807	2,516	67,619	4,523	8,920	3,698
新昌	88,133	18,556	152,066	15,705	115,387	43,845
前津	5,625	7,372	5,681	932	946	9,101
遮湖	72,159	7,931	109,224	8,165	29,820	5,593
西湖	4,250	722	7,101	9,666	417	2,754
慶興	22,903	5,202	44,346	2,104	34,703	17,695
총계	577,459	97,736	834,822	114,195	422,281	155,745

* 출처: 外務省 通商局, 『通商彙纂』, 「元山三十七年貿易年報」(明治 38年 9月 15日附 在元山帝國領事館報告).

1905년 6월 이후 일본군의 경성 이북 전진과 함께 일본 상인들은 상거래 구역을 확장하였지만 군정 시행으로 내지행상을 허가받을 수 없었다. 그러나 항해업자가 소증기선을 증선함에 따라 연안항로는 점차 수송력이 회복되는 중이었다. 8월 경상호慶尙號가 경성에서 러시아함의 포격을 받은 사건도 있었지만, 9월 러일 간에 강화가 성립되었다는 보도를 접하자 지역 인심도 비로소 안도하게 되었다 한다.[45]

러일전쟁 이후 상거래 부진과 지역경제권의 악화는 원산과 성진에만 한정된 것이 아니었다. 함경도 역내권 전역에서는 더욱 심각한 상황이었다. 전쟁 기간에도 기타 군소 항구와 포구에서 소규모의 거래가 이루어지고 있었다. 그 거래 상황은 〈표 2-27〉과 같다.

특히, 영흥의 경우 1903년 거래기록이 없었음에도 불구하고 1904년 내 ·

---

45 『通商彙纂』, 「城津三十八年第三季貿易」(明治 38年 12月 18日附 在城津帝國領事館報告).

외국품 수출입과 내국품 수입이 모두 큰 폭으로 감소하였다. 즉, 전쟁의 영향으로 1904년 모든 항구·포구의 총계는 1903년에 비해 내국품 수출은 약 1/6, 외국품 수입은 약 1/7 감소했고, 내국품 수입은 약 1/3의 미증유의 감소 폭을 보이고 있었다.

이처럼 러일전쟁 처음부터 끝까지 전장이 되었던 함경도 지역의 경제상황은 매우 열악할 수밖에 없었다. 전쟁특수 현상에 따라 다른 지역 대부분의 항구들은 수출 부진에도 불구하고 수입초과를 보이고 있었지만, 성진과 원산은 물론 군소 항구와 포구까지도 수입과 수출 모두 크게 감소하였다. 게다가 미곡 외에 함경도의 주요 수출품인 명태(북어) 어업도 일본 어민의 연안어업으로 타격을 입었다.[46] 러일전쟁을 기점으로 일본의 어업 침탈은 통어通漁[出漁]의 방식에서 직접이주 형태로 바뀌어가는 추세와 크게 연동되었기 때문이다.[47]

3. 저항과 협력의 사례

이런 현실에서 러일전쟁 기간 최초의 반일 의병봉기가 이 지역에서 시작되었음은 우연이 아니었다. 1904년 3월 20일 함경도 함흥에서 의병이 구식무기를 들고 기의한 것을 시작으로,[48] 전국 각처에서 의병이 출현하였다. 그

---

46 일본 어민들은 러일전쟁 발발 직후부터 계속 한국 연해로 出漁하고 있었다(『皇城新聞』, 1904년 2월 24일). 나아가 블라디보스토크 함대 출몰로 연안 어업이 위험하게 된 北海道의 일본 어민들도 함경도 일원에 출어하였다(『皇城新聞』, 1904년 7월 6일). 그 결과 원산상민 김원일·이국광 등이 정부에 청원하여, 함남 연해 등지의 북어 어업을 일본인들이 주장하여 해변 漁戶의 凋殘으로 어민들은 그들의 고용이 되는 현실을 개탄하기도 하였다(『大韓每日申報』, 1905년 11월 18일). 러시아 수뢰정의 습격으로 함흥·북청·고원 등지의 상인들도 8만 원 이상의 손해를 호소한 일도 있었다(『皇城新聞』, 1904년 8월 8~9일).
47 朴光淳,「日帝의 韓國漁場 침탈과 漁民의 對應」,『經濟史學』18, 1994, 74~78쪽.
48 「咸興派遣隊로부터 元山守備隊편의 報告電報의 件」, 明治 37년 3월 21일, 『日韓外交資料集成』 제5권 —日露戰爭 編—, 122쪽;「咸興事件에 관한 陸軍 측의 情報報告의 件」, 明治 37년 3월 22일, 『日韓外交資料集成』 제5권 —日露戰爭 編—, 125~126쪽.

날 밤 11시 반 의병 약 200명이 봉기하여 다음 날 오전 2시 30분까지 일본군 파견대와 교전하였다. 이때 의병 사망자는 5명, 부상자는 약 20명, 포로는 36명이었다. 의병이 사용하던 무기는 화승총·권총·도창刀槍 등이었다. 일본군은 맹약연판장盟約連判狀 등 다수의 서류를 노획하였고 의병 군기軍旗도 1개 압수하였다. 일본군은 병사 1명이 부상하였을 뿐이다.

당시 러시아군이 함경도 북부에 주둔하고 있었고 '청비淸匪'와 '홍후즈[紅鬍賊]' 등 변경의 마적도 수시로 출몰하여 인명을 살상하는 상황(삼수·무산·길주·경흥 등지의 사례[49])에서 스스로의 방비를 위해 4월부터 9월 사이 무산과 후창에서는 사포私砲를 설치하고 포군砲軍을 모집한 사실도 확인된다.[50] 길주군수는 20명의 별순교別巡校 파견을 요청하였다.[51] 러시아군에 의해 군기창과 순검청이 불탄 장진에서는 군수가 주대駐隊 혹은 사포를 설치하는 예에 따라 사포를 설립하자고 정부에 청의한 일도 있었다.[52] 이외에 사포를 모집하여 지방 치안에 주력하는 사례도 많이 보인다.

평안도와 함경도에서 한러 군대 사이에 몇 차례 교전이 있었다. 평안도의 안주·정주·가산·박천 등지 러시아 병사의 부녀겁간과 약탈 소식을 들은 평남진위대 위관과 병정 수십 명은 3월 러시아군을 박천까지 추격하였고, 강계에서도 진위대가 러시아군을 사격하여 축출한 사실이 확인된다.[53] 5월 러시아군은 돌연 함흥에 나타나 한국 군대와 충돌하였다. 이들은 북방으로부터 남하한 기병으로 5월 10일 평안도 안주安州에서 일본군에게 패주하고 덕천·영원을 거쳐 19일 오후 7시 함흥으로 들어왔다. 이를 방어하기 위해 함흥 주둔 진위대는 약 1시간 접전하여 러시아군을 성 밖으로 격퇴시켰고 그들은 장진으로 퇴각하였다. 이때 한국군 1명이 전사하였고 러시아군 1명이 부

49 『皇城新聞』, 1904년 4월 9일·5월 12일·5월 27일·8월 6일.
50 『皇城新聞』, 1904년 4월 4일·5월 12일; 『大韓每日申報』, 1904년 9월 20일.
51 『皇城新聞』, 1904년 5월 27일.
52 『大韓每日申報』, 1905년 1월 2일.
53 『皇城新聞』, 1904년 3월 7~8일.

상하였다. 또한 러시아군의 방화로 민가 수백 호가 소실되었고, 함흥 이북의 전선과 전신주의 과반은 지역민이 파괴하여 전보도 불통되었다.[54] 3월의 사건은 평안도진위대와 일본군의 합동작전으로 한국군이 일본군에 부속된 것이었고, 5월의 사건은 러시아 패잔병사와 진위대 사이의 우발적인 총격전이었다.

러시아군의 도하와 불법점령 과정에서 한국군과의 소규모 전투는 그해 가을에도 있었다. 그러나 방어차 함경북도에 출동하였던 평양진위대는 오히려 그들에게 퇴축되어 철원까지 후퇴한 바 있다.[55] 원래 대한제국 정부의 입장은 러시아군의 불법행패에 대해 파병, 격퇴하는 것이었는데, 이후 단천 이북 러시아군 주둔 지역 군수에게 담판하여 금단토록 하는 소극적 대응으로 바뀌었다.[56] 이러한 상황에서 11월 러시아군 100여 명이 종성수비대에 난입해 총과 탄환을 빼앗고, 경무서의 군도軍刀 69자루를 수거하고 군기고 군물을 수색하여 파괴하였다. 러시아군 60여 명은 다시 12월 경무 분서에 돌입하여 군도 25자루를 빼앗아갔고, 그 결과 북도변계 경무관 최남륭과 김병악이 면관되었다.[57]

1905년 6월 상순에는 북간도 관리사 이범윤李範允이 무산 · 회령 · 종성 · 경원 지방의 각 진위대로부터 모제르 단발총 약 300정을 징집하고, 사포대射砲隊를 조직하여 일본군과 치열한 전투를 전개하였다. 부대 편성은 50명으로 구성된 6개 소대로 사격술을 갖춘 자로 조직되었고 모두 옅은 황색의 한복을 착용하였다.[58] 이들은 이범윤 및 러시아 장교의 증명표를 휴대하였다. 당시 이범윤 휘하의 주요 맹장은 김인수[59] · 김도현 · 이충렬 등으로 러일전쟁

---

54 「韓露 兩國 交戰狀況 成立時期에 關한 件」, 外交官補 岡部 稿, 『日韓外交資料集成』, 318~319쪽.
55 『大韓每日申報』, 1904년 9월 17일.
56 『大韓每日申報』, 1904년 12월 16일.
57 『大韓每日申報』, 1904년 12월 31일.
58 북한의 연구에서는 이 부대를 '노랑포수의병대'로 표현하고 있다. 오길보, 『조선근대반일의병 운동사』, 과학백과사전종합출판사, 1988, 124~125쪽 참조.
59 전 진위대 참령 김인수는 전쟁 발발 후 대규모의 한러 연합부대를 편성하였다(『大韓每日申報』, 1904년 8월 11일 · 8월 31일 · 9월 5일).

시기 반일의병으로 재구성된 것이다.

함경도 지역민과 러시아군은 한인의용군(민병대) 부대를 편성하였다. 이는 함경도 출신 포수들의 제안을 러시아군이 접수한 것인데, 러시아 육군장교의 지휘를 받는 조건으로 의용민병대를 조직한 것이다. 러시아군 측의 기록에 따르면 베르뎡 단발총으로 무장한 2,000명이 넘는 포수들은 아무런 보상도 요청하지 않았다 한다.[60] 그 결과 러시아 분견대에 배속된 의용군부대는 기마부대로 편성되어 정찰과 보고 등을 수행했고, 그 보고의 정확성으로인해 러시아군에서도 긍정적으로 인식하였다. 이들 한인의용군은 7월 말부터 9월 1일까지 회령의 오류동과 창두령 전투에 실지 투입되어 러시아 분견대와 공동으로 반일 연합전선을 전개하였다.[61]

이와는 정반대로 일어학교 졸업생 중 10여 명은 일본군 북진 시 통역으로 참여하였고,[62] 외국어를 하는 한국인 대부분도 전선에 동원되었다.[63] 함경도 주민 중 일부와 진보회원進步會員·일진회원一進會員들은 일본군을 위한 전쟁 수송대에 참여하여 보급품을 운반하고, 러시아 부대의 기밀 정탐을 위한 첩보활동에도 앞장섰다. 1904년 12월 함경도 진보회 회원들은 이 지역에 진출한 일본 군대의 병참 임무를 자진 부담하고자 당해 사령관에게 요청했고, 그들에게 지급되는 노임도 군사비로 헌납키로 결의한 사실도 있었다.[64] 한편 1905년 4월 29일(음력) 부령 근처 광산에서 한진기·김내용·박일화·심윤찬·임응관이 서명한 '동학회'(일진회) 한글 전단이 러시아군에게 발견되었다. 그 내용은 조속한 종전과 주민들이 고생하지 않고 손해를 입지 않도록 '강한 쪽을 도와주고 약한 쪽을 괴멸하고자' 삼수三水와 갑산甲山에 이르는

60 РГВИА, ф.846, оп.16, д.28225, л.4.
61 이에 대해서는 「지리-통계부문」, РГВИА, ф.846, оп.16, д.27184, лл.1-27об;『日露戰史』, 449·457·469쪽 참조.
62 『皇城新聞』, 1904년 2월 26일.
63 루돌프 차벨 저, 이상희 역, 『독일인 부부의 한국 신혼여행, 1904』, 살림, 2009, 245쪽.
64 『駐韓日本公使館記錄』, 「一進會員 首領 宋秉畯의 信書 寫本送付 件」, 1905년 1월 10일.

지점에서 합류하여 일본인들에 동조하자는 것이다.[65] 함경북도에서는 1905년 6월 10일부터 10월 20일 사이 일진회 회원 연인원 11만 4,500명이 일본을 위한 군수물자 수송에 적극 협력하였다.[66] 원산 거주 사태균史泰均이라는 자는 북진 일본군 휼병금恤兵金으로 25원을 기부하기도 하였다.[67]

일본군을 위한 함경도 지역 기밀정찰 내용은 다음과 같다.[68] 성진부 상인 이순창李順昌은 전쟁 전부터 영사관 분관 주임 가와카미川上와 동행하여 러시아의 정세를 정탐하였고, 전쟁 기간에는 길주와 경성 방면 러시아군 상황을 3차례나 정찰 보고하던 중 러시아군에게 발각되어 포박된 후 틈을 보아 도주하였다. 성진 상인 김정원金正元은 개전 이후 길주·명천·경성의 러시아군 상황을 보고하였다. 성진 상인 고운봉高雲峰은 경성 방면의 러시아군 상황을 가와카미에게 보고하던 중 러시아군 한인 탐정의 밀고로 체포 수감된 적이 있었다. 성진 상인 강희원康希元은 경성과 회령의 정황을 정찰하여 경성전신국을 통해 함흥영사관에 타전하였다. 원산 주민 석삼봉昔三鳳은 블라디보스토크에 건너가 그곳 정황과 러시아군의 남하 정보를 일본영사관에 제공하고, 원산에서의 러시아 탐정의 정찰, 탐정 고용원의 고용 등에 협력하였다. 원산 주민 한용락韓龍樂은 1904년 8월부터 다음 해 5월까지 3회에 걸쳐 블라디보스토크를 정찰하고 러시아군의 남하 정탐을 위해 단천까지 내왕하였다. 원산 주민 백무요白無曜는 1904년 7월부터 다음 해 2월까지 2회에 걸쳐 러시아군 남하 정황을 보고하였고, 원산 주민 김병엽全丙葉은 1904년 7월부터 다음 해 3월까지 2회에 걸쳐 블라디보스토크 정찰 왕복을 행하였다. 이 같은 '공로'로 1908년 1월 부통감이 일본 내각총리대신에게 각기 욱일팔

65 「전문[1905. 4. 29(음력)]」, РГВИА, ф.ВУА, оп.??, д.10385, л.29.

66 李寅燮, 『元韓國一進會歷史』卷之二 附錄 上, 文明社, 1911, 526~572쪽.

67 防衛省 防衛研究所, 『明治 38年 2止 40年 恤兵金關係書類 3止(14)』, 明治 38年 8月 23日(해군대신→외무대신).

68 이보다 앞서 개전 직전 참모본부 제1부는 독자적으로 소속 참모를 정보장교로 전장 예정지인 서울과 鏡城, 義州에 보냈는데, 경성에는 보병대위 櫻井久治治를 배치하였다(大江志乃夫, 『日本の 參謀本部』, 中央公論社, 1985, 110쪽).

〈표 2-28〉 러일전쟁 당시 원산 주재 일본영사 정찰 보고 내용

보고일	정보 획득일	주 보고대상 지역	보고자
1904. 5. 21.	5. 20.	단천, 경성, 명천, 길주, 성진	'본방인本邦人 정찰'
6. 3.	5. 25.	북청	'파견한 한인'
6. 4.	5. 25.	성진	'가장 믿을 만한 한인의 정찰'
7. 4.	7. 3.	경흥	'한인 정찰'
8. 5.	8. 3.	함흥	'믿을 만한 한인의 정찰'
8. 14.	7. 25.	성진	'한인 정찰'
8. 18.	8. 15.	삼수, 갑산, 함흥	'한인 정찰'
8. 24.	8. 24.	양덕, 영원	'한인 정찰'
8. 26.	8. 18.	성진	'한인 정찰'
8. 27.	8. 14.	경흥, 북청, 단천	'한인 정찰'
9. 6.	9. 4.	함흥	'한인 정찰'
9. 12.	9. 8.	북청, 삼수, 갑산	'한인 정찰'
10. 4.	9. 20.	경흥	'한인 정찰'
10. 10.	9. 25.	북청, 이원	'한인 정찰'
10. 20.	10. 16.	단천	'한인 정찰'
10. 26.	10.10~11.	경성, 단천	'파견한 간첩'
11. 8.	10. 18.	성진	'한인 정찰'
11. 21.	11. 4.	경흥	'한인 정찰'
11. 26.	11. 13.	경흥	'한인 정찰'
1905. 1. 2.	1904. 10. 10.	블라디보스토크, 단천	'한인 정찰'

* 출처: 外務省 陸海軍省文書, MT(明治·大正文書) 1-194,「北韓方面ニ於ケル露兵ノ行動情報」.

등장旭日八等章과 서보팔등장瑞寶八等章을 상신하였다.[69] 이들의 훈공勳功은 모두 '밀정密偵'이 명분이었다.

일본 육해군성 문서를 통해 파악되는 함경도 일본군 점령지 외 지역에서 원산영사 오키 야스노스케大木安之助가 공사 혹은 대리공사를 경유해서 외무대신에게 보낸 정찰보고는 〈표 2-28〉과 같다.

일본 측의 정찰 행위는 '본방인本邦人', '파견한 한인', '일반 한인', '믿

---

69 『駐韓日本公使館記錄』,「日露戰爭 中 有功 韓人 李順昌 外 7名 敍勳 上奏案 進達 및 移牒書 送付의 件」, 1908년 1월 29일.

을 만한 한인', '가장 믿을 만한 한인', '파견한 간첩' 등으로 구분하여 이해 하고 있었다. 지역민의 경우 '한인 정찰' 내지는 여기서는 다루지 않은 '~ 로부터 온 한인' 등으로 언급하여 구분하고 있지만 일본인 간첩 파견을 통한 정보 획득도 이루어졌다.

러시아군 측도 한국인 및 외국인·자국인 첩자 활용 계획을 가지고 있었 다. 연해주 내에서도 블라디보스토크와 한국 국경 사이에 있는 포시에트 만 방비를 위해 러시아 귀화 한인 1,000여 명을 용병으로 모집한 일이 한국 언 론에 보도되기도 하였다.[70] 북청 출신 전 궁내부 서기 박윤욱은 문천군 이현 에서 일본 헌병에 체포되어 엄중 조사를 받고 러시아군의 부탁으로 원산 주 차 일본군 수와 병정 종류 등을 조사코자 한 일을 토설하였다.[71] 함흥 주둔 일본군도 문천의 이근수·이여환·박여근을 체포하였는데, 북청에서 러시아 군 '통변'(통역)과 동모하여 일본 군대 수를 러시아군에게 통보해 준 까닭이 었다.[72]

한국인 첩자 활용을 위해 러시아군은 1만~1만 5,000루블의 비용을 마련 하였고, 그 조직화 임무는 육군 준대위로 서울 주재 러시아공사관 소속이자 러시아어학교 교사로 장기간 근무했던 니콜라이 니콜라예비치 비류코프Ни колай Николаевич Бирюков가 맡았다. 함경도 현지 주민들로 이루어진 비밀 정찰대 조직은 그의 러시아어학교 출신 제자들의 도움을 받았다. 러시아군 의 목적은 낯선 지역에서의 군사행동, 한국어에 대한 지식 부족, 지도의 부 재 그리고 단절된 지형 등의 조건에서 이들로 비밀정찰대를 조직하여 활용 하려는 데 있었다. 한인첩자들은 현지 일본군의 활동·의도 그리고 현장 분 위기 등을 감시하고 이를 러시아 분견대에 통보해 주었다.[73] 예컨대 1904년 11월 함경남도 북청 부근에서는 러시아어 통역관 출신인 김도일金道一이 주

---

70 『皇城新聞』, 1904년 3월 30일.
71 『大韓每日申報』, 1904년 9월 13일.
72 『大韓每日申報』, 1904년 11월 9일.
73 「지리-통계부문」, РГВИА, ф.846, оп.16, д.27184, лл.1-27об.

도한 일신회一新會라는 단체가 조직되었다. 이 단체는 러시아군이 이들을 이용하여 일본군의 행동을 탐정하고 밀정혐의자를 검거하고 억류하는 데 그 목적이 있었는데, 일본군 측은 진보회進步會나 일진회 등과는 하등 관계없는 단체로 이해하고 있었다.[74]

또한 프랑스인 플라르를 첩보요원으로 삼아 1905년 6월부터 매월 1,000 루블, 총 3개월분 3,000루블을 주어 7월 스트렐비츠키 대령의 훈령을 받아 청진으로 출발할 준비를 갖추고 있었다.[75] 9월에는 만주군 제1군단장의 명령에 따른 제13시베리아 보병연대 동방연구소 청강생 중위 듀코프Дюков의 기안으로 러시아 군인으로 구성된 비밀정찰대 구성안도 제출되었다.

이 문서는 한국에서의 러시아 첩보조직의 운영형태·소요자금·첩보내용 등에 대한 자세한 보고로, 교육을 마친 하급 하사관 요원을 서울에 4명, 제물포에 1명, 부산에 2명, 마산포에 1명, 평양에 1명, 원산에 1명씩을 파견한다는 내용이다. 구체적으로는 이들을 군 복무에서 면제시키는 대신 단순한 회화, 간단한 편지를 쓸 정도의 교육과 시험을 실시한다는 것이었다. 모든 요원은 한국 내 자신의 임지에 도착하는 날부터 일기를 작성해야 하였다. 4년 동안 회화를 성공적으로 배우면 상여금 100루블을 지급하고, 간단한 쓰기를 익히면 상여금 150루블을 지불할 예정이었다. 모든 요원은 반드시 한국인들의 개인주택에서 생활해야만 하며, 요원들의 관리에 블라디보스토크 동방연구소를 졸업한 장교를 임명토록 하였다.[76] 그러나 급작스런 종전으로 러시아 측은 소기의 목적을 이룰 수 없었다.

74 外務省 陸海軍省文書, MT(明治·大正文書) 1-194,「北韓方面ニ於ケル露兵ノ行動情報」, 1904년 11월 13일 號外 電報(在京城 落合 참모장→대본영 참모차장). 예식원 참사관 김도일은 일본의 군사경찰 시행으로 러시아 간첩 혐의자(露探)와 일본 배척운동 인사들을 잡아들이는 분위기 속에서 1904년 8월 종적을 감추었다(『大韓每日申報』, 1904년 8월 11일).
75 РГВИА, ф.846, оп4, д.113, л.100; РГВИА, ф.846, оп4, д.113, л.125, 1905. 7. 14.
76 「만주군 제1군단장에게 보내는 비밀보고(1905. 9. 21.)」, РГВИА, ф.846, оп4, д.113, лл.312-315об.

4. 군정 시행과 진위대 폐설

만주 랴오양전투의 승리와 징병제 개정령 이후인 1904년 10월 8일 한국 주차군사령관 하세가와 요시미치長谷川好道는 함경도 내 일본군 점령구역을 두 곳으로 나누어 덕원 이남은 원산수비대장 아마노天野 중좌가, 그 이북은 함흥수비대장 우가키宇垣 소좌가 집행하는 군정(軍政, Military Administration) 시행을 고시하였다.[77] 함경도 군정 시행을 위한 9월 13일 고무라 외상 보고 에서 하야시 공사는 러시아군을 소탕한 연후라도 이 지역은 '한 단계 진전된 방침'을 채용할 것을 제시하였다. 구체적으로는 '점령지'로 간주하거나 적 어도 관찰사나 군수 임면에 개입할 권리를 갖고, 기타 행정의 중요사항은 일 본 관헌 또는 군사당국자와 협의케 하는 방침을 채용하는 것이다.[78]

주차군사령관은 군정 시행의 명분을 함경도민의 반일감정과 비협조에 두 었다. 예컨대 일본군이 전진하면 지방관은 은근히 주민들이 도망하여 숨게 하거나 정치적 당원을 각지에 집합시켜 궤변으로 지역민을 유혹하였다는 것 이다. 당시 와세다대학 교수 마쓰미야 슌이치로松宮春一郞는, 이 지역은 다 수의 한국 관리와 인민의 피난으로 서울에서의 명령이 행해지지 않는 거의 무정부 상태에 빠져 일본군의 행동에 불편함이 많았다는 사실과 일본군과 러시아군의 척후가 여러 차례 충돌하여 교전지대가 되었으므로 일본군 점령 지역에 군정을 실시하게 된 것이라 주장하였다.[79]

군정은 해당 지역 내 광산채굴, 삼림벌채 사업 인가, 퇴거명령권, 관리의 취임 및 직무 집행 거절권, 숙사宿舍의 징발, 인부의 고입雇入 등에 관한 군사 명령 발령권, 민간인 군율 처분권, 한국 군대 이용권, 헌병과 보조원을 통한 군사 경찰사무 집행권, 집회 혹은 신문·잡지 광고 등의 해산 정지 및 금지

77 金正明 編, 『朝鮮駐箚軍歷史』, 巖南堂書店, 1967, 146쪽.
78 『駐韓日本公使館記錄』, 「淸韓國境 森林經營 및 鴨綠江口 各 開港場 制度의 制定, 咸鏡道 行政에 관한 稟申 件」, 1904년 9월 13일.
79 松宮春一郎, 『最近の韓國』(日露戰爭中に於ける韓國の諸問題), 早稻田大出版部, 1905, 107쪽.

권, 관유 민유 물품 조사 사용 이동 및 수출 금지권, 총포 탄약 등 검사 압수
권, 전보 검열과 발송 금지 몰수권, 군사교통기관의 책임을 지방인민에게 부
담하는 권한, 지방비로 도로·교량 수리[80] 등 군사작전뿐 아니라 민간의 생활
일반까지 전 분야에 걸친 광범위한 통제였다.

함경도 일본군 전진지역의 군정 시행에 따라 일본공사는 이를 외부에 조
회하여 피난한 백성은 돌아와 안업安業하라고 고시케 하였다.[81] 그러나 이를
전달받은 내부에서는 함남관찰부에 일본 지휘관의 조회에 '점령'이란 두 글
자는 군용상 임시 필요에 의한 것으로 '영구히 점령'한다는 말이 아니므로,
단지 군용 관련 내용은 부득이 시행하되 토지소유권과 인민의 정치권은 예
전처럼 행하도록 하였다.[82] 그러자 함흥주차 일본군사령관은 함흥·정평·
문천·고원·영흥군 등이 무슨 목적이든지 간에 군부의 허가를 받지 않고서
는 모임을 열거나 당을 모아 다수 인민이 취회聚會하여 통문 등을 반포해서
는 안 되며, 이전부터 조직된 단체라도 군령에 따라 새로 인가를 받아야 한
다고 하였다.[83] 또한 종성지방대가 정평·영흥 부근에서 군비금을 징수하자
군정 구역 내의 일이라고 문제 삼아 파견군인 3명을 구류하였다.[84] 함흥의
사령관은 관내에 직접 일본군령을 포고하여 각 군 인민에게 고시하는 한편,
내용에 "무휼撫恤함에 자애하는 어미가 사랑하는 아이를 보는 것과 같이 함
은 너희도 또한 아는 바이라"며 고압적 언설로 경계하였다.[85]

주차군사령관은 10월 9일 내훈內訓을 원산과 함흥 양 수비대에게 관내에
서 집행토록 하였고,[86] 관찰사로 하여금 공시케 하였다. 함경도 군정 시행 결

80 「咸鏡道＝軍政實施ノ件」, 明治 37년 10월 18일(林 공사→小村 외무대신), 金正明 編, 「日韓外交
　　資料集成』 第5卷―日露戰爭編―, 巖南書店, 1967, 301~305쪽.
81 『大韓每日申報』, 1904년 10월 12일.
82 『大韓每日申報』, 1904년 10월 18일.
83 『大韓每日申報』, 1904년 10월 24일.
84 『大韓每日申報』, 1904년 11월 29일.
85 『大韓每日申報』, 1904년 11월 22일·11월 24일.
86 『朝鮮駐箚軍歷史』, 227쪽.

과 그 7조에 의해 관내 재산권이 제한되었다. 군정 시행 통보 직후 함경도 주재 일본병참소에서 함남관찰사 이헌경에게 전보해 함흥·정평·영흥·고원·문천 등의 광산채굴과 삼림작벌을 병참소에 통고하여 허가받도록 하였다.[87] 나아가 원래 러시아인의 포경기지를 동양포경주식회사東洋捕鯨株式會社 대표 오카 주로岡十郎에게 허용하라고 조회하기도 하였다.[88]

이미 군정 이전부터 호구조사戶口調査가 진행되고 있었다. 일본군 점령지 원산에서는 1904년 7월 영사가 원산항과 함경남도 각 군의 인구·호수·물산·결수 등을 보고할 것을 재촉하였다.[89] 또한 문천과 고원 군수에게는 각 리의 호구 수·육축育畜·식량과 가재전家財錢, 민가 토지소유 상황 등을 성책成冊하여 달라고 독촉하고,[90] 문천군에는 관내 송전리의 가옥 수와 전답 및 관유지 면적을 조사 후 회시하라고 조회하였다.[91] 일본영사는 덕원군수에게도 이 내용을 여러 번 강박했고,[92] 주차군사령관 하세가와도 함흥병참부에 훈령하여 군용상 지점구역 내에서 매매, 전당하거나 기타 소유권 이동 등의 행위를 정지시켰다.[93]

군정 이후 수세권에 대한 간섭도 추진되었다. 1905년 1월 일본군사령부에서 길주군수를 함경남북도 수세감리로 임명하여 그가 함경도 각 둔토의 도전賭錢을 수세한다고 통고하였다.[94] 같은 달 원산 주차 후비보병 제47연대장 하야다 미쓰사토早田滿鄉는 관북 각 지방에 세금·호포전·전결 징수를 위한 파원을 보낼 때는 자신의 인허를 받아야 할 것이며, 만약 이를 태만히 하는 자에게는 특별한 조치를 하겠다고 하였다.[95] 이에 외부에서는 군사상 행동과

87 『大韓每日申報』, 1904년 10월 19일.
88 『大韓每日申報』, 1905년 3월 6일;『皇城新聞』, 1905년 4월 13일.
89 『大韓每日申報』, 1904년 7월 18일·7월 20일.
90 『大韓每日申報』, 1904년 11월 15일.
91 『大韓每日申報』, 1905년 2월 23일.
92 『大韓每日申報』, 1905년 2월 29일.
93 『大韓每日申報』, 1905년 2월 3일.
94 『大韓每日申報』, 1905년 1월 9일.
95 『大韓每日申報』, 1905년 1월 18일.

결세結稅 정공正供은 조금도 상관없는 것임에도 보고하고 인허를 받은 후에야 수세하라는 것은 국권간섭이라고 항의하였다.[96] 또한 이른바 '훈시' 제1항에 지방관이 일본 군대에 불리한, 즉 퇴거함을 명하고 벌에 처하고 적당한 자를 선거하여 지방행정을 시키는 것은 교섭평등의 도리가 아니므로 권한남용을 하지 말라고 하였다.[97]

그럼에도 불구하고 일본의 간섭은 계속되었다. 그 결과 원산 주둔 일본 군정 집행관 명령서에 따라 인민에게 다음과 같이 훈시하였다. 즉, ① 송진강 하구로부터 영흥에 이르는 획정선 이남, ② 영흥·고원·사직·봉가·목정·노인현 획정선 이동, ③ 인현·안변·압룡 동의 획정선 이북 구역 내에 소속된 토지 매매·전당 기타 소유권의 이동 행위를 금한다. 그러나 군용철도 용지와 조계 10리 내는 예외로 이를 범하는 자는 군율에 따라 처분한다는 것이다.[98] 일본은 한국 측의 정당한 수세행위도 거부하였다. 예컨대 원산감리가 군용지로 수용된 토지에 대한 세를 납부하라고 원산병참소로 공문하자 「한일의정서」에 의해 응세應稅할 이유가 없다며 일축하였다.[99] 또한 일본군은 덕원군 관할 봉수대는 군사 수용지라며 측량을 실시하였다.[100] 종전 이후 일본은 1906년 1월 경성군 나남羅南을 주차군 병영지로 선정하여 그해 5월에 토지 매수를 완료하고 경리부파출소 설치 후 공사에 착수하였다.[101]

그런데 일본의 군정 시행시기와 같은 기간 러시아군 점령지에서 행해진 다음과 같은 수세 관련 사례도 주목된다. 주한 일본공사 하야시가 외무대신 고무라에 보낸 1905년 1월 4일 자 공문에 따르면, 1904년 10월 당시 러시아군 점령 함경북도 지역 내의 수세권은 모두 러시아 관헌의 손에 있다는 내용

96 『大韓每日申報』, 1905년 1월 25일.
97 『大韓每日申報』, 1905년 1월 31일.
98 『大韓每日申報』, 1905년 2월 18일.
99 『大韓每日申報』, 1905년 2월 21일.
100 『大韓每日申報』, 1905년 2월 28일.
101 永井勝三, 『咸北案內』, 會寧印刷所, 1924, 165쪽.

의 풍설을 설명하고 있다. 공사는 그 증거인 길주군수 이익호가 자신의 가족에게 보낸 서신 중에 러시아 관헌이 발행한 통고서 별지 사본 2통을 입수하였다는 것이다.[102]

> 한력韓曆 갑진甲辰 9월 21일(양력 1904년 10월 29일)부로 대아大俄 마대馬隊 참장參將 '포일레프' 명의로 길주군수 이익호 편에 보낸다.
> 귀군貴郡 각종 공세公稅 수납의 건은 반드시 귀군 주재 대아장관大俄將官에게 품고稟한 후 수납함에 있어 혹은 계속 대아국大俄國 관할 아래 수납할 것임을 알리고자 모든 면면과 촌촌에 고시하여 인민이 알도록 하고 만약 복종하지 않으면 책임이 돌아가는바 삼가 수행할 것.

> 러시아력 10월 20일(한력 9월 25일, 양력 11월 2일) 러시아 기병대 참장 포일레프 명의로 길주군수 측에 보내는 훈령.
> 경성鏡城으로부터 잡혀온 2명은 '아무르'총독의 훈령이 있어 착수捉囚되었다. 총독 훈령 내에 귀국 북도北道 각종 공세公稅 수납의 절차는 반드시 우리나라 장관將官에 품하여 수납하여야 할 것이다. 이에 다시 고시하니 공전 수납은 하나하나 경성 주재 러시아 대관隊官에게 알려 보고하여 생경生梗함이 없도록 할 것.

또 다른 사례로 12월 단천군 보고에 의하면 러시아 참장參將이 공문을 보내 각종 공세公稅 수세를 러시아 병참에서 전관한다 하였다. 이에 참정 신기선이 내부대신 이용태를 견책하고 이 사건을 논의하자고 상주하였고,[103] 참찬 허위도 함흥관찰부에 러시아 병정의 행동을 조사 보고 후 조치하라고 훈령한 일이 있었다.[104] 군부에서도 북청 이북 러시아군이 결세結稅 등을 거두

---

102 外務省 陸海軍省文書, MT(明治·大正文書), 「北韓方面ニ於ケル露兵ノ行動情報」, 1905년 1월 4일 號外 電報, 大本營(在京城 落合 참모장→참모차장), 167~169쪽.
103 『大韓每日申報』, 1904년 12월 14일.
104 『大韓每日申報』, 1904년 12월 15일.

176 제2부 전쟁과 동원

는 일에 대해 논의하였다.[105] 이상의 내용으로 볼 때 일본과 마찬가지로 러시아 역시 군사 분야를 뛰어넘어 민간의 수세까지도 점령지역 군사령관이 시행하는 일종의 군정軍政 형태를 유지하고자 하였던 것으로 판단된다.

군정 제5조와 6조에 의해 지방관이 교체되고 일부는 부임이 저지되었다. 군정 시행 이전인 1904년 3월 함북관찰사 이윤재李允在가 러시아인을 도운 것은 한일군사동맹을 위반한 것이라며 일본공사가 조힐照詰하였고,[106] 개천군수 전효순全孝舜은 불법 탐학한다는 민원에 따라 체포, 압송되었다.[107] 4월 일본공사가 북청진위대 대대장 참령 장달헌張達獻은 러시아어를 하며 러시아 군대와 긴밀하게 관련되어 있다며 처분할 것을 외부에 조회하자,[108] 외부에서는 육군법원을 경유해서 '러시아를 위해 첩보원 노릇을 한 것[爲俄探探]은 사실무근'이라고 답신하였다.[109] 또한 김인수와 호형호제하였다는 혐의로 원산진위대 참령 박유태를 체포하여 서울로 압송하였고, 일본영사의 조회에 따라 원산항 경무사 홍순국을 박태호로 교체하였다.[110] 군정 시행 직후인 10월 하순 신임 갑산군수 김승표金承杓는 원 북청진위대元 北靑鎭衛隊 부관이자 노탐露探 혐의로, 신포新浦·종성鍾城 주둔대 중대장 정위 김도현金道鉉은 러시아군에 투입하여 참령 김인수金仁洙 및 정위 박유풍朴有豊과 기맥을 통하고 러시아군의 이익을 도모한다는 혐의로 10월 30일 원산에서 부임을 저지당하였다. 한국 주둔 일본군은 11월 4일 군사기밀 누설을 우려하여 북청진위대 부임길에 있던 정위 김굉수金宏洙 이하 2명의 장교를 원산에서 억류해 결국 진위대 해산 후 이들을 풀어주었다.[111]

---

105 『大韓每日申報』, 1904년 12월 24일.
106 『皇城新聞』, 1904년 3월 14일.
107 『皇城新聞』, 1904년 3월 25일·3월 28일.
108 『皇城新聞』, 1904년 4월 11일·4월 21일.
109 『舊韓國外交文書』 제7권, 「日案」 7, #8077 「北靑大隊長等 親露行爲의 無根通報」, 1904년 5월 27일.
110 『大韓每日申報』, 1904년 8월 17일·8월 27일.
111 『朝鮮駐箚軍歷史』, 275쪽.

12월 원산 부영사의 보고에 따르면, 덕원군수 이종완李鍾完은 북청에 있는 가족에게 매월 1~2회씩 갔다 오고, 신임 안변군수 허원許源은 러시아군 점령지에 속하는 길주사람으로 일가가 고향에 있으며, 신임 고원군수 유병율劉秉律도 길주사람으로 그 차남이 러시아어 통역인으로 활동하고 있으며, 문천군수 정우섭丁祐燮은 일본군에게 불친절하여 도로·교량공사에 태만하였을 뿐 아니라 러시아군 탐정의 혐의가 있어 수차례 구금, 심문한 적이 있었다 한다. 그는 영흥군수 홍순욱洪淳旭을 제외하고는 믿을 수 없기에 함경도 군수 대부분을 경질시킬 필요가 있지만, 당장은 위에 언급한 군수들만 퇴출할 것을 요청하였다. 그리고 공사가 적당한 인물을 구하기 어려울 경우에는 현지 사정에 밝은 자신 및 군軍 해당관에게 자문을 받을 필요가 있다고 보고하였다.[112] 같은 기간 원산항 일본군사령부에서는 신임 고원군수가 주차군사령관의 인허가 내려오기 전까지는 부임할 수 없다는 내용을 조회하였다.[113]

일본공사는 외부대신에게 군정 시행 지역인 함경도의 각 지방관은 물론 군용철도 선로 및 병참감부 또는 일본군·관헌 등과 교섭관계에 있는 다른 도의 지방관도 임면에 신중을 기할 것과 반드시 일본어가 가능한 자 중에서 적당한 인물을 뽑아 채용하라고 조회하였다.[114] 공사는 1905년 1월 내부로 공함公函하여 원산경무관 박기호는 신임할 만하고 함흥의 이케다池田 소장이 그를 고원군수에 추천하여 군사령관이 재가한 것이니 승인하라고 요청하였다.[115] 반면 2월 함남관찰사 이헌경은 일본군에 대해 불리한 행동을 많이 한다는 혐의로 신속한 퇴거를 명하고 한국 정부에 통고하였다. 이에 한국 정부는 즉시 파직시키고 함흥군수 이교영을 후임으로 임명하였다.[116] 또한 그

---

112 『駐韓日本公使館記錄』,「郡守 更迭의 件」, 1904년 12월 17일(在元山 副領事 大木安之助→特命全權公使 林權助).
113 『大韓每日申報』, 1904년 12월 17일.
114 『駐韓日本公使館記錄』,「日 軍事關係 地方官 任免의 愼重과 日語 解得者 採用要望」, 1904년 12월 13일(林 公使→外務大臣).
115 『大韓每日申報』, 1905년 1월 26일·2월 24일.
116 『大韓每日申報』, 1905년 2월 17일·2월 21일.

해 8월 진북군進北軍 접응수원 이영식李永植을 길주군수 서임 후 함흥군수로 부임토록 강청하고, 다시 그를 성진감리에 임명케 하였다.[117] 일본대리공사 하기와라 모리이치萩原守一는 한국 정부에 조회하여 경성군수 심헌택이 회령군수 인장 회수 시 빈 광주리를 보내 허보虛報하여 관기를 문란하게 하고 군정 시행을 방해하였다면서 면관을 요청하였다. 결국 그는 '부아당附俄黨'으로 지목되어 일본군 헌병을 경유하여 서울로 압상되고 후임은 지역 참모장이 인장을 전달하였다.[118]

이 같은 일련의 현상에 대해 이미 1905년 4월 3일 외부대신 이하영李夏榮이 일본공사 하야시 곤스케林權助에게 조회하여 함경도 일본군정관 등의 간섭에 항의하고 관찰사에 대한 강박과 감리의 퇴출같은 주권침해 행동이 없도록 요구하였다.[119] 그러나 군정 상황에서 이는 묵살되었고 일본군에 의한 지방관 임면은 계속 진행되었다.[120] 경성병참사령부 사령관 육군 보병중좌 오카 마사쿠마岡正熊가 개성부 거주 종2품 한교조韓教祚가 시세에 적당한 인물이므로 금번 함경북도 개정 시에 부윤이나 군수로 임명하라고 내부內部를 압박하였다.[121] 회령군수 김재원의 경우 일본사령부의 허가를 기다리다가 8달 만에 겨우 부임하였으나 현지 주재 일본 참모장이 경성사령부 문서가 없다고 퇴출한 일도 있었다.[122]

반면 러시아 점령지역인 성진 이북에서는 러시아 장교가 새로 부임하는 수령은 모두 일본당日本黨으로 러시아군의 군정軍情을 정탐하는 자이므로

---

117 『大韓每日申報』, 1905년 8월 31일 · 10월 4일.
118 『大韓每日申報』, 1905년 10월 25일 · 11월 9일 · 11월 17일.
119 『舊韓國外交文書』 제7권, 「日案」, #8557, 1905년 4월 3일.
120 지방관리 퇴출은 함경도뿐 아니라 한국 전 지역에서 종전 시까지 계속되었다. 즉, 1905년 9월 주차군사령관은 신임 각 군수에게 일본군의 군사행동에 위해를 가하지 말 것은 물론 일본 관헌의 지도에 의해 군사상 편리를 계하도록 노력할 것을 선서케 한 후 승인장을 주어 임지에 부임시켰다.
121 『大韓每日申報』, 1905년 9월 17일.
122 『大韓每日申報』, 1905년 11월 7일.

부임할 수 없고, 인민의 보호도 스스로 담당한다고 통보하였다.[123] 그 결과 단천군수 김유직은 러시아군이 주둔하는 관계로 부임치 못하였다.[124] 1905년 1월 10일에 러시아군 장관이 교체된 관찰사의 사저로 들어가 러시아와 일본이 휴전하기 전에는 관찰사를 해촉할 수 없고 군수로서 서리를 하는 것도 불가하다며 인장을 회수하여 결국 해임된 관찰사가 시무하였다.[125] 이렇듯 러시아군과 일본군이 각기 점령한 지역의 지방관 교체 문제로 발생된 갈등에서 새로 임명된 군수들의 입장은 현실적으로 난처할 수밖에 없었다.[126] 그 결과 관찰사는 물론 군수의 자진 면관 요청과 미부임 사태가 속출하였다. 이원은 1904년 7월부터 1906년 1월까지 무려 18개월 동안 군수가 부임하지 않아 군정郡政 공백상태가 지속되었다.[127]

군정 제11조에 의거하여 북청北靑과 종성鍾城의 진위대 폐설이 추진되었다. 이는 일본 측의 입장을 반영한 군부대신 이윤용과 참모부총장 서리인 참모부 부부장 윤웅렬, 교육부 총감 이지용의 발의에 의해 이루어진 것이다. 일본은 러시아와 연결되었다고 단정한 종성 및 북청의 대대장을 경질시키면 향후 유리할 것이라 판단하였다. 군사령관 하세가와는 군부대신에게 북청대대는 러시아군에게 무기와 탄약을 모두 탈취당했고 종성대대 또한 탄약을 분실하였으며, 나아가 러시아군의 동정을 적시에 일본군에 통보해주지 않고 항상 그들의 명령을 받는다며 조치를 요구하였다. 이에 이윤용은 11월 22일 일본군사령관에게 다음과 같이 회답하였다.

1. 북청·종성 주둔 양 대대를 해산하고 대장 이하 직원을 가장 무겁게 처단한다.

---

123 『大韓每日申報』, 1904년 11월 16일.
124 『大韓每日申報』, 1904년 12월 13일.
125 『大韓每日申報』, 1905년 1월 14일.
126 "(군수난처) 함경도 군수들은 부임할 수도 없고 아니할 수도 없는 것이 일본 사령부의 인가가 없이는 부임할 수가 없고 설혹 사령부 인가를 얻어 부임을 하더라도 또 아병俄兵이 핍박하니 새로 부임하는 군수들은 진퇴유곡이라더라"(『大韓每日申報』, 1904년 12월 24일).
127 『大韓每日申報』, 1906년 1월 11일.

2. 한국 군대의 배치행동에 관해서는 군사령관의 동의를 얻은 후 실행한다.

3. 러시아로 귀화한 한인으로서 현재 군직에 있는 자를 면관한다.[128]

군부대신 등은 함경도 2진鎭 대대장들의 군기문란과 보고체계 소홀을 빌미로 이들의 파면을 황제에게 청하였다.[129] 이들은 다시 12월 3일 "해당 진대鎭隊를 둔 것은 전적으로 변경을 방비하고 민심을 휘어잡으려는 것이나, 최근의 일들을 보면 방비에 이미 허술한 것이 많고 진무하는 것도 제대로 하지 못하였으며 한갓 많은 군량과 비용만 허비하였을 뿐입니다. 해당 두 진대를 두는 것은 무익하니 지금 우선 없애버리고 별도로 방책을 연구한 후에 다시 설치하는 것이 현 실정에 맞을 것 같습니다"[130]라고 주장하였다. 이는 러일전쟁 개전 이래 북청·종성 양 진위대대 주력이 러시아군이 연해주 우수리스크에서 관북지방으로 남하할 때 러시아 점령구역 내에서 그들의 명령을 따르고 장교 중에는 심지어 러시아군의 '간첩' 등으로 협조하였는데, 이를 빌미삼아 뒷날 일본 측이 한국 정부에게 「한일의정서」정신을 위반한 것이라며 문제 삼고 그 해체를 주장한 데서 연유한 것이다. 군사령관 하세가와는 일본공사와 협의 후 11월 5일부터 한국 정부와 교섭하였고 그 결과, 12월 1일 북청·종성 대대장의 면관과 위관 소환,[131] 12월 7일 함경도 2개 대대 진위대鎭衛隊의 해산을 발표하게 되었던 것이다.[132]

---

128 『朝鮮駐箚軍歷史』, 332쪽.

129 『高宗實錄』, 光武 8년 11월 28일.

130 「奏本, 北關 兩 鎭衛隊를 廢止하는 件」, 광무 8년 12월 3일『韓末近代法令資料集』Ⅲ, 국회도서관, 1971.

131 함경도 주둔 일본군 헌병사령부와 참모부는 12월 1일 종성 및 북청 진위대 정위 김광수, 참위 최영주·박헌병·이준권·정규국·유범수·신석규·박희은·임참위(이름 미상) 및 병정 2명을 경성으로 송환한 후 다음 날 석방하였다(『大韓每日申報』, 1904년 12월 3일).

132 『朝鮮駐箚軍歷史』, 327~332쪽. 함경도 진위대 해산과 관련하여 하야시 공사는 외무대신 고무라에게 '한성 정부의 명에 따라' 행한 것이라 보고하였다. 당시 헌병대의 보고에 따르면 북청 진위대 해산 과정에서 북청병졸의 급료는 지급하였지만, 예하 삼수·갑산의 각 1개 중대는 후일 지급할 예정이었다(『駐韓日本公使館記錄』, 「北靑鎭衛隊 解散의 件」, 1905년 2월 15일(林 공사→小村 외무대신)].

1905년 1월 하순, 성진 및 북청 부근의 러시아 보병은 점차 북방으로 퇴각하고 일본군 함흥 진출 부대는 2월 27일 성진까지 전진하면서, 군정 시행 지역도 확장되었다.[133] 함경도 군정은 1905년 9월 5일 러일전쟁 종전 후에도 "아직 질서가 회복되지 않았다"는 이유로 지속되다가,[134] 그해 10월 18일 군사령관의 훈령으로 폐지되었다. 그러나 전쟁 이후에도 한국 전 지역에 시행된 군령軍令은 당분간 유지되었다. 군령은 1904년 10월 10일 포고된 후 1905년 5월 11일 개정된 후 한국에 통고된 것이다.[135] 여기서 특히 주목되는 것은 제3항·4항 주차군사령관 또는 독립부대장의 지방관 임명과 퇴임권 발동 권리, 제5항 광산채굴과 삼림채벌 등 경제적 사업의 승인권, 제6항 군정 지역 내에 있는 한국군에 대한 명령을 발할 권리를 규정하고 있는 점이다.[136]

이는 주차군사령관이 러시아와의 전쟁 목적 외에 관리 인사권·사업 승인권·군령권 등 거의 전 부문에 대해 관여할 수 있는 길을 마련해준 것이다. 이에 따라 한국 정부가 가질 수 있는 권리는 그만큼 큰 제약을 받지 않을 수 없었다. 군령은 대체로 군정과 유사한 내용이나 군정보다는 덜 구체적이라는 차이만 있었다. 이 같은 시대 분위기에 대해 『대한매일신보』 논설 「논군율論軍律」에서 "지금은 이미 전쟁이 끝난 이후이거늘 한국 내 반포한 군율은 의연 계속하니 이 어찌 일본의 한국에 대한 호의好意인가? … 군율의 명으로 인하여 일인日人 행패가 하루도 없는 날이 없고 이로부터 한인韓人이 많이 참살慘殺되었으니 이것은 일본이 크게 영명令名을 잃은 것이라"[137]며 비판적으로 기술한 바 있다. 함경도의 군정과 대한제국 전 지역에 대한 군령 시행은 전시라는 비상상황을 빙자한 일본군에 의해 자행된 조직적 폭력이었을 뿐이

---

133 『朝鮮駐箚軍歷史』, 234쪽.
134 『駐韓日本公使館記錄』, 「平和回復後 日本 軍律의 效力持續 및 政治犯檢擧 等에 關한 件」, 1905년 9월 29일.
135 『舊韓國外交文書』 제7권, 「日案」, #8356, 1904년 10월 10일; 「日案」, #8662, 1905년 5월 11일.
136 『朝鮮駐箚軍歷史』, 151~152쪽.
137 『大韓每日申報』, 1905년 11월 15일.

다. 지방치안에 관한 제반 권한은 통감부 설치 이후 그곳으로 이전되었다.

러일전쟁의 전황이 장기화됨에 따라 함경도 지역은 러시아군과 일본군의 강압적인 인력 동원과 식량 징발, 불법적인 세금 징수 등으로 막심한 고통을 겪고 있었고, 게다가 1905년 여름과 가을 당시의 집중호우와 가축 전염병 등으로 민심이 극도로 격앙된 상태였다. 일본군에 의한 주민들의 피해도 컸지만 당시 지역사정에 정통한 신문자료를 면밀히 분석하면 함경북도의 경우 러시아군으로부터 받은 피해가 압도적이었음을 알 수 있다. 러시아의 연해주와 만주, 심지어 중국 관내로의 피난행렬이 이어졌던 것은 이 지역만의 두드러진 현상이었다.

특히 함경도는 주민이 적고 상대적으로 생산성도 빈약한 지역임에도 불구하고 러일전쟁 이후 최초의 반일 의병봉기가 함경도 함흥 지역에서 시작되었다는 사실도 주목된다. 그동안의 연구는 대체로 한국 북부에 대한 러시아의 침략이 일본과는 달리 그 농도가 덜 했다는 것으로 보는 것 같다. 그 이유는 일본군의 동정을 살피는 등 실상 방어전 성격이 강했다는 것이다. 그러나 과연 그런가에 대한 정확한 사실 확인이 필요하다. 저명한 근대 한러 관계 역사학자 보리스 박Борис Пак으로 대표되는 그동안의 연구 등을 바탕으로 한 통념과는 달리 함경도 지역주민들은 러일전쟁 당시 러시아인들에 대해 일방적인 신뢰만을 보인 것은 아니었다.[138] 그 결과 일본군뿐 아니라 러시아군과 한국군의 교전, 지역민의 저항 사례들도 문서상 적지 않게 나타난다. 전후 러시아 측의 평가에서도 초기부터 지역민들의 호감을 제대로 활용하지 못하였고, 전쟁이 진행될수록 일본군에 우호적인 입장으로 전변되는 추세였다는 점을 시인한 바 있다.[139]

---

138 박 보리스 드미트리예비치 저, 민경현 역, 『러시아와 한국』, 동북아역사재단, 2010, 675~686쪽. 그는 방대한 자료를 바탕으로 전쟁 중 한반도 북부지대의 한국인 장교·병사와 관원들이 러시아군과 연합하여 반일연합전선을 전개했던 사실만 기술하였고 그 정반대로 일본군에 협조하였던 사실은 언급하지 않았다.

139 러일전쟁전사편찬위원회, 『러일전쟁 1904~1905(제1부:한반도 동북지역에서의 전투상황)』,

반대로 통역 및 군수품 수송, 첩보활동에서 일본군을 위해 활동하는 경우도 많이 나타난다. 러시아 측도 한국인과 외국인, 러시아인을 활용한 첩보계획을 세우고 실행하였다. 이 같은 러일 양국군에 의한 국가 차원의 경쟁적 동원과는 달리 지역사회 조직에 의한 민간 차원의 대대적인 2차 동원도 이루어졌다. 물리적 전쟁과 총소리 없는 평화의 전쟁, 즉 '상전商戰'이 치열하게 전개되는 과정에서 국제무역과 역내 간 상거래도 형편없는 수준으로 감소하여 지역주민들의 생활고는 가중되었다.

러시아 발트 함대Балтийский флот가 일본 연합함대聯合艦隊에 패한 동해해전 이후 육상전은 일본군이 우세한 상황으로 전변하고 따라서 일본군 점령구역도 확장되었다. 함경도 군정 실시는 일본군의 점령지역 통치가 원활치 않았음을 보여주는 사례였는데, 전쟁 시 계엄령 선포 이상의 의미를 갖고 있었다. 군정이 유독 함경도에만 실시된 이유는 러시아와의 연결고리, 반일의병, 한국 국경 밖 대륙으로의 확전 차단 등 군사뿐 아니라 민생 등에 이르는 전 분야에 걸친 광범위한 통제가 필요했기 때문이다. 그 과정에서 일본군에 비협조적인 북청과 종성 진위대의 강제해산이 이루어졌다. 군정은 1905년 9월 5일 「포츠머스 강화조약」으로 정전이 공식화된 이후에도 1달 반여 동안 지속되었고, 러시아군의 완전철수도 2달 이상이 지난 11월 30일에야 이루어졌기 때문에 이 지역의 전쟁은 여전히 현재진행형이었던 것이다. 일부 지역에서는 '러시아식 군정'도 행해졌지만 전반적인 추세는 러시아에서 일본으로 거대한 권력이 교체되는 기간이기도 하다.

한반도에서 유일하게 지리적으로 러시아와의 접경지대인 함경도는 1863년 연해주로의 생계형 이주가 공식적으로 확인된 이후부터 당대에 이르기까지 국경을 넘나드는 역내권 교류와 일부 상업지역에서는 루블화 유통을 통한 커뮤니케이션이 비교적 원활히 진행되기도 하였다. 역사적으로 볼 때 이

1910(심헌용 편역, 『러시아와 일본의 전쟁 그리고 한반도』, 국방부 군사편찬연구소, 2012, 43쪽 참조).

지역 주민들은 다른 지역보다는 비교적 러시아에 우호적이었던 것은 분명하다. 그러나 그들 대다수는 자신들의 의지와 전혀 관계없이 전개되는 전쟁에 러일 양측으로부터 인적·물적·정신적으로 심대한 손실을 입었다. 정보력과 현실적 입장, 개인과 집단에 따라 양국의 침략성에 대한 이해와 대응수준에 다소 차이는 있을지언정 러시아와 일본 모두 군사적 제국주의 침략국이라는 것이 조야의 공통된 견해였다.[140] 따라서 '남의 전쟁'에 동원되는 객체로서의 인식 틀이 강하게 자리 잡고 있었다.[141] 결국 이들에게 자신이 사는 지역에서 자행되고 있는 양국 간의 전쟁, 즉 러일전쟁은 동일하게 비판받아야 할 후발 '아류 제국주의Secondary Imperialism' 국가들의 생명 및 재산의 야만적인 파괴와 약탈에 불과하였던 것이다.

---

140 뒷날 회고에서 당시 주한 일본공사 하야시 곤스케는 "朝鮮人民은 日本側도 아니요 로서아側도 아니다. 다만 더 强하다고 생각하는 便에 便宜를 보아준 것뿐이다"라고 언급한 바 있다(林權助,「舊韓國政府와 日露戰爭」,『三千里』, 1938년 5월, 119쪽).
141 1904년 8월 일본 국내에서 요란하게 진행된 랴오양전투 승전 경축회는 한국인만 '경축하는 뜻을 보지 못하였다'는 일본계『漢城新聞』의 기사(『大韓每日申報』, 1904년 9월 12일)처럼 싸늘한 시선도 지적하지 않을 수 없다.

러일전쟁과 한국인 포로

1. 전시 동원과 포로

1904~1905년의 러일전쟁은 한국의 제물포를 비롯한 중부 지역, 황해도·평안도·함경도 지역, 울릉도와 거제도 등 동남해 지역, 부산, 마산-서울의 일본군 이동선, 중국 동북 지역, 일본 북서부 지역, 러시아 연해주와 사할린 등에서 진행된 러시아와 일본의 국제전이자 제국주의 침략전쟁이었다. 그런데 전쟁이 본격화되면서 한국인들은 자신들의 의지와는 상관없이 인력과 물자의 동원 대상이 되었고, 고통과 희생도 증폭되었다.[1]

만주, 한국, 동해 등지에서 벌어진 전투에서 러시아, 일본 양국 간에 수많은 포로가 발생하였다.[2] 포로 중 일부는 상대방 국가로 이송되었다.[3] 그 과정에서 한국인들도 군인 신분이 아님에도 불구하고 전쟁의 소용돌이에 휘말려

---

1 심헌용, 『한반도에서 전개된 러일전쟁 연구』, 국방부 군사편찬연구소, 2011; 조재곤, 「러일전쟁 시기 함경도 전투의 전개과정」, 『軍史』 86, 2013; 조재곤, 「전쟁과 변경: 러일전쟁과 함경도의 현실」, 『東北亞歷史論叢』 41, 2013; 조재곤, 「러일전쟁과 평안도의 사회경제상」, 『東北亞歷史論叢』 49, 2015.

일본 군인과 유사한 경로를 통해 오랜 기간 연행되었고, 이후 러시아 영토에 장기 수감되어 크게 고통을 받았다. 강제연행과 장기 수감의 경우는 1904년 3월 김하룡, 4월 하기우라마루萩浦丸 탑승 한국인 선원들, 4~5월 김시함 등 9명, 1905년 2월 길주군수 이익호, 4월 종성군수 주철준 등의 다섯 가지 사례에서 알 수 있다. 이들은 모두 러시아군에 체포되어 핀란드 만 인근 메드베지 지역까지 이송되었다.

일본은 다수의 러시아군 포로를 에히메 현愛媛縣 마쓰야마松山를 비롯한 각지에 분산 수용하였다. 일본은 1904년 3월 18일 마쓰야마에 처음으로 포로수용소를 개설하였고, 이후 마루가메丸龜, 히메지姬路, 후쿠치야마福知山, 나고야名古屋, 시즈오카靜岡 등에 29개 소를 설치하였다.[4] 그런데 포로수용소 개설 이전인 초기 전투에서 일본 해군의 러시아 선박 나포 과정에서 승선한 한국인들도 체포된 바 있다(〈표 2-29〉 참조).

전쟁 발발 직후 러시아 선박에 승선하고 있던 한국인은 총 13명이 체포되었다. 이 중 홋카이도 하코다테函館에서 즉시 석방된 1명을 제하면 나머지 12명은 규슈의 나가사키長崎로 보내져 각기 1달 정도 구금상태에 있었다. 이들의 이름은 기재되어 있지 않았으며 포로로 처리되지는 않은 듯하다.

일본과는 달리 러시아는 극히 일부의 군인과 군속 등 일본 측 포로와 함께

---

2 포로 취급을 둘러싼 국제법규와 러일 간 논의, 일본 측의 포로 대우와 관련해서는 才神時雄, 『松山捕虜收容所 : 捕虜と日本人』, 中央公論社, 1969; 才神時雄, 『ロシア捕虜の記錄』, 新時代社, 1973; 吹浦忠正, 『捕虜の文明史』, 新潮選書, 1990; 松山大学 編, 『マツヤマの記憶 : 日露戦争100年とロシア兵捕虜』, 成文社, 2004가 참고된다. 일본군 포로에 대해서는 才神時雄, 『メドヴェージ村の日本人墓標』, 中央公論社, 1983; 広瀬健夫, 「日露戦争における日本兵捕虜についての一考察」, 『人文科学論集』 22, 信州大学 人文学部, 1988; 藻利佳彦, 「ノヴゴロド州メドヴェージ村日本人捕虜收容所」, 松山大学 編, 『マツヤマの記憶 : 日露戦争100年とロシア兵捕虜』, 成文社, 2004; 吹浦忠正, 『捕虜たちの日露戦争』, 日本放送出版協會, 2005 중 제1부 '日露戦争と日本人捕虜' 등의 연구가 있다.
3 전쟁 기간 일본 측에 잡힌 러시아군 포로는 총 7만 9,367명이었고 러시아 측에 잡힌 일본 측 포로는 군인, 군속, 야전철도대원, 선원 등을 포함한 총 2,000명으로 러시아군 포로가 거의 40배 정도 많았다. 吹浦忠正, 위의 책(2005), 16·19쪽.
4 才神時雄, 앞의 책(1969); 松山大学 編, 앞의 책.

〈표 2-29〉 일본 해군에 의한 한국인 체포와 처리 현황(1904년 2~3월)

선명	용도/상태	나포일	나포지역	한인 수	석방일	석방지
무크던	상선	2월 6일	부산항	3명	2월 10일(1)	나가사키
					3월 10일(2)	나가사키
미하일	원양어선	2월 10일	한국 연안 5해리	1명	3월 10일	나가사키
니콜라이	기선	2월 10일	한국 연안 4해리	7명	3월 10일	나가사키
알렉산드르	원양어선	2월 10일	쓰시마 섬	1명	3월 10일	나가사키
나아-죠다	帆船	2월 17일	하코다테 항	1명	* 즉시 방면	

* 출처: 陸軍省 編, 『明治三十七 · 八年戰役俘虜取扱顚末』, 有斐閣, 1907, 137~138쪽에 근거해 작성.

한국인 포로를 러시아 본토로 집중시켜 노브고로트 인근 메드베지로 이송하는 방침을 택하였다. 그런데 이들 대부분은 포로 대우와 귀환과정에서 일본 군인들과는 달리 민족적 차별을 받았고, 그 결과 군수 2명을 제하면 나머지는 매우 험난한 과정을 거쳐 국내로 돌아오게 된다. 1명의 포로사망자 처리 경위와 일부 포로는 체포와 귀환과정도 확인할 수 없을 정도였다.

러시아와 일본은 이미 1899년 제1회 헤이그 만국평화회의에서 15개국이 조인하고 양국이 가맹한 「헤이그Hague 육전조약陸戰條約」의 「규칙」에 따라 국제조약을 준수하여 상호 인도주의적 입장에서 포로 대우와 송환이 이루어졌다. 그럼에도 불구하고 러일전쟁 과정과 이후 국제질서에서 한국인 포로들에게는 그런 규정이 지켜지지 않았다. 그렇다면 한국에서 육로로 무려 1만km 이상 되는 메드베지까지 끌려간 한국인들은 어떤 과정에서 포로가 되어 생활하였고 어떻게 귀환했으며, 그 과정에서 러시아와 일본 양국 정부 그리고 통감부 시기 대한제국 정부가 이들을 어떻게 대하였는가 살펴보자.

2. 포로가 되는 경위

　러일전쟁 기간 일본군 포로의 수송 루트를 보면, 만주 방면은 펑톈(심양)에서 하얼빈으로 기차로 수송하여 하얼빈에서 동청철도東淸鐵道와 시베리아철도로 30여 일간에 걸쳐 러시아 포로수용소 메드베지에 도착하였다. 연해주 및 블라디보스토크 방면의 포로도 철도로 하얼빈으로 이송되었다. 포로는 체포된 후 가까운 역까지는 도보로 이동하여 다시 철도로 하얼빈으로 이송되었다. 그 다음 2차 집결지는 톰스크였다. 통상 경유지는 동청철도→러청 국경 만주리아에서 시베리아 열차 환승→치타→바이칼호 도선渡船→이르쿠츠크→크라스노야르스크→톰스크→옴스크→첼랴빈스크→우파→사마라→펜자→모스크바→메드베지 순이었다.

　메드베지медведь는 북위 58도 러시아 북서부 노브고로트 서남 약 50km에 위치한 지역으로 1825년 알렉산드르 1세의 명령으로 만들어진 군사기지이다. 2,000명 이상의 농민을 동원하여 건물들을 축조하였다. 이후 러시아 황제 부대의 시설로 이용하다가 크림전쟁(1853~1856) 시기에는 터키 인 포로를 수용하였고, 러일전쟁 시기에는 러시아 제199연대 본부 구내에 일본군 포로수용소로 재구성되었다.[5] 전쟁 중 러시아는 포로정보국을 설치하고 1904년 6월 4일 「포로취급가假규칙」을 공포하였다. 러시아는 처음에는 일본군 포로를 톰스크에 수용한 후 다시 모스크바 부근에 있는 몇 개의 촌락으로 옮겨 분산 수용하였다가 이후 메드베지로 옮겼다. 이곳에는 포로 총 2,000명 중 1,777명이 수용되었다. 나머지 223명은 멀리 이송할 수 없는 부상병이었는데 이들은 하얼빈과 만주에서 치료를 받으며 포로 생활을 하다가 1905년 말부터 다음 해 3월에 걸쳐 순차 귀국하였다.[6]

5　広瀬健夫, 앞의 논문; 藻利佳彦, 앞의 논문, 158 · 161쪽.
6　吹浦忠正, 앞의 책(2005), 21쪽.

〈표 2-30〉 러일전쟁 이후 러시아 측으로부터 인계받은 포로 내역 (단위 : 명)

구분	계급 / 직업	인수	소계
육군	장교	33	1,574
	하사졸	1,541	
해군	장교	4	21
	하사졸	17	
육군군속	鐵道隊	12	95
	통역	2	
	築城團	2	
	和泉丸 선원	71	
	佐渡丸 선원	8	
해군군속	우편선원	2	142
	海軍軍夫	69	
	金州丸 선원	71	
상선원	萩浦丸 선원	25	159
	博通丸 선원	13	
	經一丸 선원	18	
	北征丸 선원	24	
	興榮丸 선원	28	
	太神丸 선원	8	
	占領丸 선원	7	
	八重丸 선원	8	
	八幡丸 선원	1	
	아란톤호 선원	1	
	商船 和泉丸 선원	26	
기타	사진사	2	9
	상인	3	
	石工	1	
	부인	1	
	朝鮮 郡守	2	
합계			2,000

* 출처: 外務省 外交史料館, 『日露戰役ニヨル兩國俘虜員數及階級等調査一件』, 1905년 6월 20일~1906년 4월 23일에 의거해 작성.

총 2,000명의 포로 내역은 〈표 2-30〉과 같다. 이들 포로들은 1905년 12월 15일, 12월 21일, 1906년 1월 2일, 1월 22일, 2월 4일, 3월 22일 총 6차례에 걸쳐 러시아령과 만주로부터 인도되었다. 그런데 당시 외무성에서 작성한 〈표 2-30〉의 '비고'에 따르면 하기우라마루萩浦丸 상선원 포로에 한인

11명이 포함되어 있었음을 알 수 있다. 표에 따르면 한국인은 '조선 군수' 2명을 포함하여 총 13명이었다. 그러나 하기우라마루 승선인원 수는 다른 자료(23명/27명)와 일치하지 않는다.

전쟁 기간 한국인 포로들은 다음의 사례 1, 2, 4, 5처럼 러시아 한국분견대와 일본 북한지대北韓支隊(함경도제대)의 육상전, 블라디보스토크 함대와 일본군 제2함대의 해상전이 지속되던 함경도 지역에서 체포되는 특징이 있다.[7] 사례 3의 경우는 체포된 장소와 동선을 제대로 확인할 수 없기에 아직까지는 정확한 상황을 알 수 없다.

사례 1 : 김하룡金河龍

김하룡의 구두진술서[口供書]를 토대로 런던 주재 일본총영사가 작성하고 보고한 내용을 보면 다음과 같다.[8] 김하룡 25세, 함경북도 함흥군 평리 거주 김병선金炳善의 3남이다. 신장은 크고 코는 낮고 구레나룻을 기른 용모로 일견 일본인과 흡사하다. 일본어를 할 줄 알고 러시아어도 다소 이해한다. 그는 약 9년 전(1897~1898년경) 고향을 떠나 일본의 포경선捕鯨船·객선客船 등의 승무원으로 일본 연안 여러 항구를 왕래하던 중 전쟁이 발발하자 군용수송선 이즈미마루和泉丸 승무원 일본인 이시야마 토미요시石山富吉의 주선으로 이 배에 승선하였다. 그는 1904년 2월 성진항에 도착한 후 두만강가에서 일본의 군사정찰을 보조하던 중 3월 29일 밤 경흥에서 이시야마와 같이 러시아군의 포로가 되어 우수리스크 인근 '미하일로프카' 감옥에 갇혔다. 그후 6월 15일 동해에서 포로가 된 이즈미마루 선원들과 시차를 달리하여 그는 9월 30일 미하일로프카로부터 시베리아 각지를 경유해 메드베지로 호송 수감되었다. 프랑스어와 영어로 기술된 러시아 측의 포로 기록 자료에 의하

---

7 조재곤, 「러일전쟁 시기 함경도 전투의 전개과정」, 『軍史』 86, 2013, 46~47, 53~58쪽.
8 外務省 外交史料館, 『韓國人俘虜送還ニ關スル件』, 1906년 12월 13일(런던총영사 坂田重次郎→외무대신 林董).

면 '김하룡Kim Cha Lun'은 '포경선원Whale man'으로 기재되어 있다.

그런데 이후 진행된 이즈미마루 포로 명단에 김하룡의 이름이 나오지 않는 이유는 6월 탑승자들이 포로가 되기 이전인 3월에 밀정혐의로 체포되었기 때문이었다. 이즈미마루는 6월 15일 동해에서 러시아 군함 '구룸보이호'에 의해 격침된 후 육군 2명, 인부 20명은 이 배에 수용되어 각기 신체검사를 받고 서류와 무기는 모두 몰수되었다. 이들은 6월 19일 블라디보스토크에 입항한 후 22일 러시아군의 호위 하에 화물열차로 이곳을 출발하였다. 우수리스크(니콜리스크)를 거쳐 23일 송화강, 24일 목단강을 통과하여 25일 하얼빈에 도착하였다. 6월 27일 하얼빈을 출발하여 7월 5일 바이칼 호 역에 도착하여 기선으로 갈아탄 후 이르쿠츠크에서 다시 기차로 호송되어 12일 톰스크 외곽에 있는 수용소에 일시 수용된 후 메드베지로 옮겨졌다.[9]

사례 2 : 하기우라마루 한국인 선원들

1904년 4월 25일 블라디보스토크 함대가 돌연 원산 앞바다에 나타나 전진항에 있던 일본운송업자 호리 리키타로堀力太郎 소유로 함경도와 부산 사이를 운항하던 상선 하기우라마루 선원을 강제 상륙시킨 후 수뢰를 발사하여 격침시킨 일이 있었다. 탑승자 전원은 포로가 되어 블라디보스토크에서 시베리아 횡단열차(TSR ; Trans Siberian Railroad)로 우랄 산맥을 넘고 볼가 강을 지나 메드베지 지역에 수감되었다. 뒷날 일본 측 기록에 따르면 하기우라마루 승선 인원 중 선장 시노자키 켄시로篠崎兼四郎 등 러시아로 송환된 인원은 23명이었다. 이들 중 한국인은 사무원 한득청韓得淸, 수부水夫 김치련金致連 · 김봉우金鳳祐, 취부炊夫 야마구치 나가요시山口長吉(개명자), 판방板傍 고영식高永植, 선복船僕 한용운韓龍雲 · 옥암보玉岩甫 · 안지○安志○ · 원서방元

9 防衛省 防衛研究所, 『明治 39年 俘虜 1(3)』, 明治 38년 12월 12일~39년 4월 9일.

書房[10]과 명단에서 누락된 함흥 상인 김자완金子完[11]을 합하면 10명으로, 전체 포로 중 40% 이상을 차지한다. 그러나 같은 외무성 자료의 또 다른 기록에는, "일본 상선 하기우라마루를 임검하여 그 선원인 일본인 12인, 한국인 15인(27인)을 수용하고 보로도니코프 대위가 배를 폭침하였다"고 되어 있어 차이가 난다. 〈표 2-30〉의 원자료 비고란에는 '한인 11명'으로 되어 있다.

사례 3 : 김시함 등 9명

일본 외무성 외교사료관 문서자료(「日露戰役ノ際露國ニ於テ俘虜情報局設置并ニ俘虜關係雜纂」 제2권, 明治 37년 7월)를 보면, 일본 측에서 확인한 프랑스어로 된 포로 명단 중, 한국인은 총 9명으로 이를 정리하면 〈표 2-31〉과 같다.

이들 중 김시함은 이름 옆에 천주교인, 반학한은 직업란에 '투항자(항복)'으로 되어 있다. 그러나 이들이 어떤 과정으로 누구에게 체포되고 이송되었는지, 포로 기간과 현실적 처지 등에 대해서는 알 수 없다. 다만 반학한, 한은수, 심형기, 조명보가 1904년 4월 18일에, 서건무, 조경숙, 안덕호가 5월 4일

〈표 2-31〉 러시아로 압송된 한국인 포로 명단

이름	직업	이송처	체포일	원거주지(고향)
김시함(Kim-si-hami)	통역	'Gunjulin'	5월 17일	서울
반학한(Pan-hagi-han)	투항자(항복)	송화강	4월 18일	함경도 길주
한은수(Han Ensu)	제빵업자	송화강	4월 18일	서울
심형기(Chim Hinegi)	노무자	송화강	4월 18일	함경도 청진
조명보(Cho Menbo)	노무자	송화강	4월 18일	함경도 청진
김성감(Kim Sungami)	통역	'Imampo'	4월 15일	지린 영고탑
서건무(So Genmu)	제빵업자	하얼빈	5월 4일	송도, 서울
조경숙(Cho ken Siuki)	상인	하얼빈	5월 4일	함경도 '부호한부'
안덕호(An-Toko)	지도(도면) 제작자	하얼빈	5월 4일	전라도

---

10 外務省 外交史料館, 『日露戰役ノ際浦塩艦隊元山來襲金州丸, 五洋丸, 萩浦丸遭難一件』, 「極秘 日露戰役ニ關スル個人損害要償事件調査報告」, 1908년 2월 1일.

11 『各司謄錄』 近代篇, 「報告書 제8호」, 1906년 6월 3일(함남관찰사 신기선 → 의정부참정 박제순).

에 체포되어 각기 같은 지역으로 이송된 사실만 알 수 있다.

사례 4 : 길주군수 이익호李翼鎬

1903년 6월 군수에 임명된 이익호는 1905년 2월 러시아군에게 체포되었다. 함경북도 길주는 러일 양국군이 오고가는 지점으로 점령군이 수시로 바뀌고 있었고, 그 과정에서 전황을 중앙 정부에 보고하던 길주군수를 러시아군이 체포한 것으로 판단된다. 1904년 5월 이익호는 외부대신에게, 4월 5일 명천군에 들어온 러시아군 300명이 11일에 길주군에 들어와 연로의 전선이 모두 폐철되었다는 우편 보고를 하였고, 같은 해 6월에는 함경남북도 선유사에 임명되었다. 그는 1905년 1월 함경남북도 봉세감리로 역둔토驛屯土 도조賭租와 식리전殖利錢 수납 등의 역할도 병행하였다.[12]

또 한편으로는 러시아군의 징세 협조 요청에 미온적이었을 개연성도 있다. 주한 일본공사 하야시 곤스케林權助가 외무대신 고무라 주타로小村壽太郎에 보낸 1905년 1월 4일 자 공문에 따르면, 1904년 10월 당시 러시아군 점령 함경북도 지역 내의 수세권은 모두 러시아 관헌의 손에 있다는 내용의 풍설을 설명하고 있다. 공사는 그 증거로 길주군수 이익호가 자신의 가족에게 보낸 서신 중에 러시아 관헌이 발행한 통고서 별지 사본 2통을 입수하였다는 것이다.

> 한력韓曆 갑진甲辰 9월 21일(양력 1904년 10월 29일)부로 대아大俄 마대馬隊 참장參將 '포일레프' 명의로 길주군수 이익호 편에 보낸다.
>
> 귀군貴郡 각종 공세公稅 수납의 건은 반드시 귀군 주재 대아장관大俄將官에게 품품稟한 후 수납함에 있어 혹은 계속 대아국大俄國(러시아) 관할 아래 수납할 것임을 알리고자 모든 면과 촌에 고시하여 인민이 알도록 하고 만약 복종하지 않

---

12 『咸鏡南北道來去案』, 1904년 5월 25일; 『起案』, 1904년 6월 22일; 『訓令照會存案』, 1905년 1월 10일.

으면 책임이 돌아가는바 삼가 수행할 것.

러시아력 10월 20일(한력 9월 25일, 양력 11월 2일) 러시아 기병대 참장 포일레프 명의로 길주군수 측에 보내는 훈령.

경성鏡城으로부터 잡혀온 2명은 '아무르' 총독의 훈령이 있어 착수捉囚되었다. 총독훈령 내에 귀국 북도北道 각종 공세公稅 수납의 절차는 반드시 우리나라 장관將官에 품하여 수납하여야 할 것이다. 이에 다시 고시하니 공전 수납은 하나하나 경성 주재 러시아 대관隊官에게 알려 보고하여 생경生梗함이 없도록 할 것.[13]

그러나 함북관찰사는 그해(1905년) 6월까지도 이익호의 행방을 알지 못해 임시방편으로 주사 김주병金洀炳을 봉세사검관으로 정해 내려보냈다.[14] 10월 길주향장吉州鄕長 이병섭李炳燮도 내부內部 훈령으로 확인해본 결과 러시아군 30여 명이 갑자기 아문에 돌입하여 이익호를 경성군으로 끌고 가 하루 숙박한 후 급하게 두만강을 건넜고, 그를 따르던 품팔이 김한권金漢權이 22일에 돌아왔지만 어디로 간 건지 알 수 없었다. 이에 다시 러시아군에게 탐문하자 '양지역구식포洋地力口息浦(노보키예프스크)'를 거쳐 현재는 '역구식포力口息浦(니콜리스크)'에 있다고 하였다.[15]

그는 연해주 크라스키노와 우수리스크에 일시 억류된 후 피득보彼得堡(페테르부르크) 인근 웅동熊洞(정확한 지명은 메드베지медведь로 '곰'이라는 뜻)으로 호송되었다. 이후 1908년 6월 4일 이익호는 내부대신에게 러시아군에게 잡혀가서 한국으로 돌아오기까지의 사연, 즉 「로국포로기露國捕虜記」를 제출하였는데 이를 정리하면 다음과 같다.[16] 그는 1904년 12월 일본 북진군대가

---

13 外務省 陸海軍省文書, MT(明治·大正文書), 「北韓方面ニ於ケル露兵ノ行動情報」, 1905년 1월 4일 號外 電報(大本營, 在京城 落合 참모장→참모차장).
14 『訓令照會存案』, 1905년 6월 17일.
15 『皇城新聞』, 1905년 11월 3일.
16 『統監府文書』, 「內部大臣에게 提出한 李翼鎬의 露國捕虜記」, 1908년 6월 4일(原 길주군수 現 경

함흥을 거쳐 성진항에 들어오자 백미白米와 우저牛猪 등을 제공하고 러시아군 상황을 정찰하여 군사령관 이케다 쇼우스케池田正介에게 통보하고, 겸임 선유사 훈령으로 각 군수에게 도로, 교량 수축과 전신주 준비를 지시한 사실이 있었다. 그가 체포된 데에는 선유사로서의 역할도 작용하였을 것이다. 「한일의정서」 이후 선유사는 일본의 입장을 전달하는 데 치중하고 있었기 때문이다. 그러던 중 경성 주둔 러시아 기병 300명이 1905년 2월에 길주군에 들어와 그를 끌어내어 총칼로 난자하여 왼쪽 어깨에 큰 상처를 입어 혼절하였다 한다. 이어 경성부鏡城府로 옮겨 3일 동안 위병소에 감금되었다가 다시 연추煙秋(노보키예프스크Новокиевск, 현재 지명은 크라스키노)의 러시아 군영과 소왕령蘇王嶺(니콜스크 우수리스크Никольск-Уссурийск)으로 이송된 후 빈 일본요리점에 5개월간 갇혀 있었다.

그는 음력 3월 3일(양력 4월 7일) 우수리스크 경시총감 겸 병참감에게 '일본과 한국은 한 하늘을 함께할 수 없는 원수不共戴天之讐'로 "한국 임진년 왜란倭亂에 군수의 선조가 왜인에게 죽어서 대대로 원수로 아는데 무슨 마음으로 후대하였겠습니까? 만일 후대할 마음이 있으면 나라의 역적이오, 선조에 불효가 되는 것을 어찌하겠습니까?"라면서 억울함을 호소하였다. 이익호는 러시아군의 요구에 의해 귀리 700석과 마량馬糧 1,000다발을 제공하였고, 일본군의 미곡 50석 요구를 거절한 바 있었음에도 불구하고 일본군의 첩자로 몰리게 된 것은 사실과 다른 것이라 주장하였다.[17] 그러나 석방 요구는 일축되었고 그해 6월 철도로 주야 90여 일에 걸려 메드베지로 호송되어 이곳에서 4개월 동안 일본군 포로와 동거하였다.

성군수 李翼鎬→내부대신 任善準).

17 「1905년 4월 16일 연해주 수비대장(начальник обороны приморской области)이 연해주 군사총독에게 보내는 함경북도 길주군수 이익호의 청원서 첨부 보고서」 #첨부: 「함경북도 길주군수 이익호가 니콜스코 우수리스크Никольско-Уссурийский 시 경시총감에게 보내는 청원서」, РГИАДВ(러시아국립극동역사문서보관소), ф.1, оп.2, д.764, л.15.

사례 5 : 종성군수 주철준朱哲濬

1905년 4월 9일 함경북도 종성에 돌입한 러시아군이 군수 주철준을 체포하여 해삼위(블라디보스토크) 등지로 보냈다는 짤막한 신문 기사가 있다.[18] 주철준은 연해주 우수리스크 감옥에 갇혔고 석방을 위한 2차례 청원서를 러시아 당국에 올렸다. 당시 그는 종성군수 4년, 겸임 회령군수 2년을 하고 있었으며, 러시아군이 관내에 들어오자 군량과 마초馬草를 실심實心으로 제공하였고, 러시아군에게 특별한 죄를 범하지 않았음에도 불구하고 이유 없이 옥중에 가두고 재판도 결정도 없었다는 억울한 사연을 호소하였다. 또한 그의 하인 오상근과 최장손이 그를 따라 오다가 북간도 왕청현 인근인 하마탕[蛤蟆塘]에서 러시아군에게 체포된 후 같이 수감되었고 주철준은 우수리스크 지방관에게 이들의 석방을 청원하였다.

감사 앞에 청원서를 올리노니 밝혀 살피소서. 저는 종성군수 한 지 4년이오, 회령군수를 겸임한 지 2년이온데, 고을 백성을 지휘하여 아라사(러시아) 진중陣中 군량마초軍糧馬草와 결과 차세를 갖추고 진실한 마음으로 받들어 행했습니다. 제가 아라사 진중에 공로가 있사옵고 죄는 없사옵고, 남의 나라 국록을 먹는 관원을 잡아들여 주인 보수도 아니하여 주시고 옥중에다 가두어 재판도 없사옵고 청원서를 올렸더니 판결도 없사오니 무슨 사고인지 알지 못하여 다시 청원서를 올립니다. 대아라사에 명하시어 속히 재판하셔서 무죄한 사람을 석방하여 주시옵소서.[19]

자료가 충분치 않아 오상근 등이 풀려났는지, 이후의 상황 등 자세한 내용은 확인하기 어렵지만 주철준 또한 시차를 달리하여 시베리아 열차로 메드베지 이송 후 다른 포로들과 같이 수감된 것은 자료상 분명하다.

---

18 『皇城新聞』, 1905년 5월 8일.
19 「대한국 함경북도 종성군수 겸임 회령군수 주철준이 대아라사 소항령蘇項領 감사에게」, РГИА ДВ, ф.1, оп.2, д.764, л.70.

군수 재임 당시, 이익호는 "다스리는 방법이 관맹寬猛을 고루 갖추고 적폐積弊의 형국에 고막痼瘼이 가히 떨어졌음", 주철준은 "청렴하여 백성이 칭송하고 의지하여 함께 선정善政을 칭송하고 비요匪擾를 방어하니 두려워하지 않고 성명聲名이 널리 퍼지며 이 같은 능재能才로 가히 거국巨局 시험할 수 있다"는 이유로 1904년 10월 10일 의정부 회의를 통해 황제가 치적을 칭송한 바 있었다.[20] 그러나 체포된 한참 후인 1905년 10월에서야 두 사람은 공식 면관되었다.[21] 해임 사유는 "처음부터 부(내부)에 보고하지 않고 이유 없이 관직을 비우는 것은 사체事體를 헤아려보면 그대로 둘 수 없다"는 것이었다.[22] 주철준과 이익호의 체포와 러시아로의 압송은 「한일의정서」 체결 이후 일본과 밀접한 관계를 갖고 전쟁에 협조하지 않을 수 없었던 전쟁의 최일선 소재 말단 지방관의 비애였다.

3. 현지 생활과 귀환과정

메드베지 수용소 포로들은 각기 계급과 직업에 따라 제1상급자수용소, 제2상급자수용소, 하급자수용소에 수용되었다. 제1상급자수용소는 장교의 대우를 받는 80여 명을, 제2상급자수용소는 20여 명을, 하급자수용소는 하사졸 이하 선원과 인부 등을 수용하였다. 상급자수용소는 각 방에 1명에서 5~6명씩을, 하급자수용소는 크고 작은 방의 사정에 따라 10명 내지 60명씩 수용하였다.[23] 이들에게는 매일 1인당 반백半白 빵(처음은 흑빵) 3근, 각설탕 3

---

20 『官報大韓帝國』, 1904년 10월 10일.
21 『皇城新聞』, 1905년 10월 11일.
22 『皇城新聞』, 1905년 10월 13일.
23 衛翠居士(村上正路), 『配所酒月』(일본국립국회도서관 소장본), 1907. 저자 무라카미 마사미치(1852~1917)는 후비역 제7사단 보병 제28연대장으로 러일전쟁에 참가하여 1905년 3월 10일 평톈대회전에서 부상 후 러시아군에 체포된 '상급포로'였다. 그는 러시아 당국의 특별허가를 받아 메드베지 수용소의 각종 건물, 포로 생활 등에 관한 사진과 지도를 작성하였다.

개 반, 야채스프, 호밀 밥, 소고기 100g과 차茶가 지급되었다.[24]

포로들은 「포츠머스 강화조약」(1905년 9월 5일 조인, 10월 15일 비준) 비준 직후인 1905년 10월 중순부터 조약 제13조의 규정에 따라 귀환준비를 시작하여 러시아 군악대와 메드베지 시민의 전송을 받으며 '우도르고시' 역에서 열차편으로 12월 12일부터 출발하였다.[25] 12월 15일 1,777명(장교 92명, 하사졸과 선원 등 1,684명, 여성 1명)이 독일 국경 비르바렌 역에서 베를린 주재 일본 무관 오이 기쿠타로大井菊太郎 대좌에게 인도되었다.[26] 귀로는 시베리아가 아닌 대서양과 인도양, 태평양을 경유하는 해로가 선택되었다. 러시아군 포로는 1905년 말부터 1906년까지 송환이 실시되었다.[27] 당시 일본 측 기록에 따르면, 나머지 223명은 대부분 이송이 곤란한 부상포로로 이들은 러시아 측에 의해 치료를 받은 후 1906년 3월까지 순차적으로 귀국한 것으로 되어 있다. 그러나 이익호와 주철준을 제하면 한국인 포로 대다수는 각기 다른 험난한 과정을 거쳐 한국으로 돌아오게 된다.

이익호와 주철준

이익호는 「포츠머스 강화조약」 이후인 1905년 12월 일본군 포로들과 함께 석방되어 철로로 독일 항구에 도착한 후 베를린을 거쳐 함부르크에서 영일英日 양국 회사의 윤선輪船으로 10여 국을 경유해 다음 해인 1906년 2월 4일 고베를 거쳐 비로소 서울에 도착하게 된다.[28] 귀환 후 그는 "작년 2월 초 4일에 본인이 러시아인에게 잡혀 1년을 험한 세상[苦海]에 수십만 리를 분주

---

24 藻利佳彦, 앞의 논문, 106쪽.
25 広瀬健夫, 앞의 논문, 155쪽.
26 吹浦忠正, 앞의 책, 118~119쪽.
27 伊藤信哉, 「日露戦争における捕虜経費の支弁について」, 『日露戦争当時のミクロレベルの日露 関係』, 松山大学 法学部 学術研究会, 2003.
28 『統監府文書』, 「內部大臣에게 提出한 李翼鎬의 露國捕虜記」, 1908년 6월 4일(原 길주군수 現 경 성군수 李翼鎬→내부대신 任善準); "前 吉州郡守 李翼鎬氏가 日俄戦争 中 俄國軍隊에 被捉하여 再昨年 日本 俘虜로 兵庫縣으로 前往하였다가 그 후 本國으로 到來하였는데 …"(『皇城新聞』, 1908년 6월 25일).

히 돌아다니다가 다행히 지금에야 고국으로 살아 돌아왔다"면서 억울함을 내부內部에 호소했고,[29] 그 결과 면징계되었다. 그러나 이익호는 1906년 2월 15일에는 통감부 총무장관 쓰루하라 사다키치鶴原定吉의 조회로 러시아군에게 인장을 빼앗긴 일을 추궁받게 된다. 이에 내부에서는 관인官印 등 공용물을 잃어버린 것은 마땅히 논경論警해야 하나 그때의 사정을 참작하여 면징계하는 것이 마땅할 것이라는 조회를 하였다.[30] 또한 과거 1904년 8월부터 함경남북도 봉세감리를 겸임하던 중 상납전 5,359냥 3전을 범용犯用한 혐의로 납부를 독촉받게 되자 한 푼도 횡령한 일이 없다며 억울함을 경리원에 호소하였다.[31] 이익호는 1906년 9월 경성군수에 임명된 후 1908년에도 그 직을 유지하고 있었다.[32]

한편 이익호는 러시아군에게 체포될 당시 몰수당한 군수의 인장과 재산[33]의 반환을 주장하였고, 러시아 측도 이를 수긍하였다. 그 결과 물품금액으로 우편환 수수료 40코페이카(1코페이카는 1/100루블)를 공제한 19루블 20코페이카에 상당하는 일본 화폐 121원 63전으로 바꾸어 마쓰다松田은행을 경유해서 노보키예프스키 국경 사무관 밀류노프로부터 블라디보스토크 주재 일본영사 노무라 모토노부野村基信를 통해 1909년 2월에 전달되었다.[34] 이는 환換과 증서로 일본 외무성 회계과장에게 예치되었다가 통감부 총무관 방장에게 송부되었다.[35]

---

29 『大韓每日申報』, 1906년 4월 17일.
30 『皇城新聞』, 1906년 2월 16일 · 2월 21일.
31 『咸境南北道各郡訴狀』 7冊, 奎.19162, 光武 10년 10월 23일(經理院卿 → 厘正所).
32 『大韓帝國官員履歷書』, 1책 21권 참조.
33 함북선유사 인장 1개, 함경남북 봉세감리 인장 각 1개, 길주군수 인장 1개, 길주부윤 인장 1개, 봉세계자장정捧字章程 2권, 봉세전捧稅錢 책자 4권, 성명도장 1개, 금전 245원 등이다. 『統監府文書』, 「內部大臣에게 提出한 李翼鎬의 露國捕虜記」, 1908년 6월 4일(原 길주군수 現 경성군수 李翼鎬→내부대신 任善準).
34 『統監府文書』, 「露日戰爭 중 러시아 군대에 체포된 前 한국 吉州郡守 李翼鎬의 소유 물건 환부에 관한 件」, 1909년 2월 18일(浦塩 영사 野村基信→외무대신 小村壽太郎).
35 『統監府文書』, 「전 한국 길주군수 이익호의 소유 물건 환부 방법에 관한 건」, 1909년 2월 26일 (외무차관→통감부 총무관방장).

주철준도 이익호와 함께 일본 포로 탑재선에 동승하여 러시아에서 일본으로 향하던 도중에 영국 수송선 벤쿠버호로 갈아타고 1906년 1월 말 싱가포르를 경유하여 2월 9일 효고현兵庫縣 고베神戸에 도착하였다. 이곳에서 '육군부로귀환자취급규칙'에 의한 심문을 받고 청취서聽取書를 작성한 후 11일 오후 8시 시모노세키를 출발하는 기선 이치자키마루壹崎丸로 부산항으로 향하였다.[36] 결국 체포된 후 무려 10개월 만에 탁지부에서 고베-부산 간 여비 41원 30전을 지불한 후 귀국할 수 있었다.[37] 일본 측이 선지불한 이익호와 김하룡의 여비는 1906년 3월 15일 의정부 회의를 거쳐 대한제국 황제의 재가를 받아 탁지부에서 정산하였다.[38] 이들 두 명의 군수만이 일본군 포로와 더불어 정상 루트를 통해 귀환한 사실을 확인할 수 있다.

하기우라마루 한국인 선원들

일본군 포로들은 「포츠머스 강화조약」 이후인 1905년 12월부터 귀국을 시작했고 잔류한 부상자들도 이듬해 3월 이전 돌아오게 되었지만 하기우라마루 한국인 선원들은 한참 후인 1906년 6월 이후에서야 한국으로 송환되었다. 그런데 이들이 초기에 귀국하지 못한 이유는 교전 상대자인 일본군이 아닌 민간인, 그것도 한국인이란 이유가 큰 것이었고 귀국비용 마련도 수월치 않았기 때문으로 판단된다. 그 결과 러시아 주재 일본공사관에 여비 주선을 탄원하여 3,000여 원을 지불받게 되었고, 통감부와 협의 후 송환되었다.[39]

후일 김자완金子完의 소장訴狀에 의하면, 그는 4월 25일 북어 554통同(시가 3,000元)을 하기우라마루에 탑재하고 부산항으로 가다가 포로가 된 후 수

---

36 外務省 外交史料館, 『日露戦役ノ際露国ニ抑留セラレタル韓国人帰還一件』, 1906년 1월 31일(山口縣 지사→내무차관)·1906년 2월 19일(내무차관→외무차관).
37 『東萊港案』, 奎.17867, 1906년 4월 2일(의정부 참정대신 朴齊純→동래감리 李懋榮).
38 『起案』, 奎.17746, 1906년 3월 15일. .
39 "한인 포로 중 11명은 목하 窮境에 있어 구조의 방법을 當館에 歎願. 여비 약 3,000원 지출"[外務省 外交史料館, 『日露戦役ノ際露国ニ抑留セラレタル韓国人帰還一件』, 1906년 10월 20일(本野 공사 → 외무대신)]. 이 기록에 의하면 '한인 포로 중 11명'으로 되어 있다.

년간 러시아에 억류되어 있다가 강화조약 체결 후 한참 뒤인 1906년에서야 겨우 돌아올 수 있었다 한다. 그는 "외병外兵의 싸움에 한민韓民의 피해가 억울하지 않을 수 없다"고 호소하면서 손해배상금을 요구하였다.[40] 귀국 직후 김자완은 이 소장에 이어 7월과 11월, 총 3차례에 걸친 탄원서를 함남관찰사와 의정부에 제출하였다.

7월의 소장에 따르면, 그는 함흥항 감리서에 억울함을 호소하였지만, "이미 잘 알고 있고 일아전쟁日俄戰爭 중에 본국인 손해는 다만 하기우라마루에만 있지 않으니 만국공법萬國公法이 자재自在하니 이를 기준으로 하여 빙고憑考하는 것이 마땅할 일이다"[41]라는 상투적인 답변만 받았을 뿐이다. 이후 11월의 의정부 연명 청원서에서 그는 서상우徐相瑀, 이영준李永俊, 김성서金聖瑞 등과 함께 "오래도록 잡혀 노국露國으로 가서 감옥에 갇혀 고생하여 잔루殘縷(목숨)가 끊어지지 않았으나 세월이 덧없이 빠르게 2, 3년 흘러 금년 2월에 이르러 비로소 석방되어 돌아올 수 있었습니다"라고 하였다.

그런데 그는 자신의 북어 554통과 서상우, 이영준, 김성서의 북어 622통, 총 1,176통을 하기우라마루에 탑재하였다는 선주 호리 리키타로堀力太郎의 영수증이 있음에도 불구하고 호리는 함구로 일관하였고, 함흥부에서도 별다른 처분이 없었다 한다. 이후 호리는 "일본 정부로부터 자기의 선척가船隻價를 상환 후에 우리들의 물건 값을 또한 내어줄 것이다"라면서 상환에 소극적이었기에, 일본공관에 조회하여 만국공법에 따라 계산하여 돌려주게 하라고 청원하였다. 김자완 등은 당시 러시아 해군에 격침된 또 다른 일본인 소유 선박 고요마루五洋丸 선적 한국 상인들의 명태(북어) 문제까지도 거론하였다. 그러나 의정부에서는 '통감부를 경유해서 회답을 받을 일'이라는 간단한 처분만 내렸고,[42] 이후 더 이상의 진행상황은 알 수 없다.

---

40 『各司謄錄』近代篇, 「報告書 제8호」, 1906년 6월 3일(함남관찰사 신기선→의정부참정 박제순).
41 『外部訴狀』제9책, 「咸鏡道咸興郡居金子完請願書」, 광무 10년 7월(김자완→의정부 참정대신).
42 『外部訴狀』제9책, 「咸鏡南北道居商民金子完等請願書」, 광무 10년 11월 30일(김자완 등 15명 →의정부 참정대신).

김하룡

김하룡은 1905년 11월경 전신 수종증水腫症에 걸려 귀국을 미룰 수밖에 없었다. 그는 모스크바 소재 병원으로 옮겨져 잠시 요양 후 현지 미국영사에게 송환 수속을 호소했지만 거절당했고, 러시아 관헌에게 다시 호소하여 겨우 포로증명서를 얻었다. 이후 그는 종이꽃을 만들고 인근 주민들로부터 마모馬毛를 구입하여 시계 덮개를 만들거나 조선공이 되어 겨우 호구糊口를 마련하는 처지였다고 한다. 그는 '펜자', '사마라', '다리우르스카야', '메드베지' 등을 돌아다니다가 1906년 9월 하순 페테르부르크 경찰서에 가서 일본과 중국 영사관, 구한국 공사관원 등을 통해 비자신청을 부탁했지만 뜻을 이루지 못하였다. 그러던 중 10월 하순 러시아 경찰당국의 허가로 페테르부르크에서 출발하는 러시아 기선 '라르가호'에 탑승하여 영국 '뉴캐슬'로 보내졌다. 11월 3일 하선한 김하룡은 이 지역의 '프리스톨, 테르레즈' 5호로 '캐서린 멕버슨'에 체재한 해군기수 야마시타 시게타로山下茂太郎를 만나 그의 집에서 며칠 지내다 같은 달 10일 여비를 주선받아 기선으로 12일 런던에 도착 후 일본총영사관에 귀국과 보호의 방법을 청원하였다.

그는 니혼유센카이샤日本郵船會社 지점과 교섭하여 런던-요코하마 간 하등下等 승객으로 선임船賃 16파운드를 선지불하고 11월 15일 출발하였다. 입체금 합계 9.075파운드는 일본 외무성을 경유해서 통감부와 협의 후 한국 정부로부터 돌려받기로 한 후 귀환에 대한 구체적인 계획이 진행되었다.[43] 김하룡은 다시 1907년 2월 6일 니혼유센카이샤 기선 야마구치마루山口丸로 상하이로부터 고베를 경유해서 가나가와神奈川에 입항한 후 객점 니시무라헤야西村屋에 숙박하였는데, 사복순사 1명이 부속되었다.[44] 그는 2월 17일 오후 4시 니혼유센카이샤 기선 우에가와마루上川丸 편으로 귀국길에 올랐

43 防衛省 防衛研究所, 『明治 39年 俘虜 1(3)』, 明治 38년 12월 12일~39년 4월 9일.
44 外務省 外交史料館, 『俘虜韓國人送還ノ件』, 1907년 2월 7일(神奈川縣 지사→외무대신).

다.[45] 일본 엔화로 환산한 제 비용 청구액 합계 39원 50전은 그해 6월 통감부 총무장관 쓰루하라를 통해 탁지부가 일본 정부에 지불하면서 모든 절차는 끝나게 되었다.[46]

김시함 등 9명

이름과 직업(상황), 이송처, 체포일, 원 거주지만 기재된 이들의 수감 상태, 행로와 귀환과정 등은 현재로서는 확인할 길이 없다. 다만 당시 일본인의 메드베지 포로 생활 체험기에 따르면 포로였던 한국인 통역을 매개로 하여 러시아 적십자 당국으로부터 권련초, 권련연, 여름 저고리와 속옷, 바지, 손수건, 이 닦는 가루, 수첩, 이쑤시개 등 일용품과 의복 및 러일 회화 서적, 러시아 포로 취급 규칙서 등을 받았다는 기록이 있다.[47] 한국인 포로 중 통역으로 확인되는 사람은 5월 17일 체포된 김시함과 김성감 2명뿐이므로 특별히 이름이 기재되어 있지 않더라도 유추할 수 있을 것이다.

4. 전시 국제법에서 소외된 한국인 포로

러일전쟁 기간 일본 측도 러시아 측도 인도주의와 국제법에 따라 상호 간 포로를 대우하였다.[48] 러시아와 일본이 공히 러일전쟁 시 포로 대우의 근거로 삼은 것은 1899년 네덜란드 헤이그에서 개최된 제1회 만국평화회의에서 채택된 「헤이그 육전조약」이었다. 일본과 러시아는 1899년 국제적으로 발

---

45 防衛省 防衛研究所, 『陸軍省密大日記』, 「韓國人金河龍諸費用支出ニ關スル件」, 1907년 1월 10일; 外務省 外交史料館, 『俘虜韓國人送還ノ件』, 1907년 2월 18일(神奈川縣 지사 → 외무대신).
46 『各部通牒』, 제260호, 奎.17824, 1907년 3월 9일(탁지부대신 민영기→의정부참정대신 박제순); 『各部通牒』, 제260호, 奎.17824, 1907년 6월 4일(탁지부대신 고영희→의정부참정대신 이완용).
47 吹浦忠正, 앞의 책, 65쪽.
48 이는 러시아와 일본 모두 구미제국의 외채 획득 필요성이 절박한 시점에서 이루어진 것이다(広瀬健夫, 앞의 논문, 146쪽).

효된 「육전의 법규관례에 관한 조약」[49]과 그 부속서인 「육전의 법규관례에 관한 규칙」에 따라 전쟁포로를 처리하였다. 이 법규는 1900년 비준되었고, 제2장 14조에 의거하여 포로정보국을 설치하였다.[50] 포로정보국에서는 포로의 성명, 계급, 사상 등을 상대방에게 통지하였다. 「헤이그 육전조약」 가맹국은 총 32개국으로 대한제국도 뒤늦게 1903년에 가맹하였다.

그런데 한국인 포로 처리는 당시의 국제법에 근거했는가? 결론적으로 말하자면, 일본인 외에는 외국인 비전투원에 대한 보호와 배려의 의지는 전혀 없었다. 「육전의 법규관례에 관한 규칙」 제1관 '교전자' 제1장 '교전자의 자격' 제3조에는 "교전 당사자의 병력은 전투원 및 비전투원으로 이를 편성할 수 있으며, 적에 체포된 경우는 양자가 동등하게 포로의 취급을 받을 권리를 가진다"라고 되어 있으며, 제1관 제2장의 '포로' 제19조에는 "포로의 사망증명에 관한 서류 및 매장에 관한 것도 또한 동일한 규칙을 준수한다. 그 계급 및 신분에 상당하게 취급하지 않으면 안 된다"라고 되어 있다.

한국인 포로들의 귀환은 대한제국 정부에서 통감부로의 정치 지배체제가 변환하는 시점 전후로 이루어진 것이다. 그 같은 변화과정에서 이들의 의지는 전혀 반영될 수 없었고 전쟁 당사자인 일본과 러시아의 의지만 작용되었다. 일본군의 전면 귀환 시 한국인 포로들은 민족적 차별을 받아 버림받는 신세로 전락하였다. 대한제국 말기 행정부의 무대책도 지적하지 않을 수 없다.

전쟁에 동원된 후 포로가 된 이들 중 김하룡은 가장 먼저 체포되어 가장 늦게 귀환하였고, 하기우라마루 한국인 선원은 귀국여비 마련도 지난하였다. 국경의 행정 관직자인 이익호와 주철준만 그나마 특별대우를 받은 것이다. 그러나 이들마저도 당시 일본 기록에는 일본군 대좌의 '동정'으로 '배를

---

49 정식 명칭은 영어로는 'Convention respecting the Laws and Customs of War on Land'이고, 프랑스어로는 'Convention concernant les lois et coutumes de la guerre sur terre'이다.

50 外務省 外交史料館, 『日露戰役ノ際露國ニ於テ俘虜情報局設置幷ニ俘虜關係雜纂 第2卷』, 1904년 7월.

빌려[用船]' 겨우 귀국한 것으로 되어 있다.[51] 통감부는 이들의 귀환비용 모두를 대한제국 정부로부터 받아냈다.

부상포로의 경우를 보면, 일본 포로 중 질병에 걸린 자 또는 간호치료를 요하는 자 223명은 1905년 10월 이전부터 러시아 정부가 일본 정부와의 협의를 거쳐 송환시키고 있었다. 10월 1일 독일 주재 일본공사 이노우에 가쓰노스케井上勝之助가 외무대신 가쓰라 다로桂太郎에게 보낸 전보에 의하면 러시아 정부는 일본 정부가 편의한 지점에 이송하고자 한다면 러시아와 독일 간 국경에서 인수받게 할 것이고, 기선을 빌려 러시아의 1개 항구에 기항할 수 있다고 공사에게 통보하도록 하였다 한다.[52]

그런데 김하룡 안건과 관련하여 육군대신 데라우치 마사타케寺內正毅는, 외무대신 하야시 다다스林董에 조회하여 어용선 이즈미마루和泉丸는 1904년 2월 4일 육군에 빌려주어 동년 4월 중순경 제1군 수송 때문에 인천 및 진남포 방면에, 이후 6월 격침 때까지 성진 방면에서 사용한 일이 있었지만 이미 2월경 일본군은 성진 부근을 점령하였고 김하룡은 일본 군용선을 타고 군무軍務에 복무한 사실이 없다는 것이 판명되었기에 그가 지불한 제 비용은 육군성에서 지출하기 어렵다고 일축한 바 있다.[53] 군부와 외부의 입장이 동일하였다. 그러나 일본군이 처음 성진에 진출한 것은 1904년이 아닌 1905년 2월부터로[54] 무려 1년의 시차가 있어 육군대신 데라우치의 주장은 사실과 다르다.

포로 중 사망자는 23명으로 그중 한국인 1명, 중국인 1명도 포함되었고,

---

51 "벤쿠버호에 동승하여 고베에 도착한 한국인 2명. 聽取書. 러시아 將官에게 억류되어 本邦(일본) 포로 村上 大佐의 同情을 얻어 用船하여 귀착."[外務省 外交史料館, 『日露戰役ノ際露国二抑留 セラレタル韓国人帰還一件』, 1906년 2월 19일(내무차관→외무차관)].

52 外務省 外交史料館, 『日露戰役ニ依ル兩國俘虜引渡一件』, 1905년 10월 1일(독일 주재 井上전권 공사→桂 외무대신).

53 防衛省 防衛研究所, 『陸軍省密大日記』, 「韓國人金河龍諸費用支出ニ關スル件」 중 「大臣ヨリ外 務大臣へ回答案」, 1907년 1월 10일; 外務省 外交史料館, 『日露戰役ノ際露國ニ抑留セラレタル 韓國人歸還一件』, 1907년 1월 22일(육군대신 寺內正毅→외무대신 林董).

54 조재곤, 앞의 논문, 50쪽.

귀환과정에서 일시 잔류자는 일본군 병자 40명과 중국인 7명과 한국인 23명, 일본인 1명이었다.[55] 수용소에서 사망한 이름 모를 한국인 1명을 제하면 김시함 등 이름만 확인된 9명은 어떤 경로로 체포된 후 어디에 수감되었는지, 어떤 과정을 거쳐 귀환하였는지 현재로서는 확인할 길이 없다. 개별 인물 중 군사정찰 혐의로 체포된 김하룡, 통역 김시함과 김성감, 지도제작자 안덕호 등 4명을 제하면 일본군에 적극 협력한 개연성도 확인되지 않는다. 명태 상인 김자완과 서상우, 이영준, 김성서 등 4명은 포로 기록에는 없고 한국 측 기록에서만 확인된다. 여하튼 이들 모두는 졸지에 험난한 유라시아Eurasia 일주를 한 셈이다.

일본은 1908년 9월 24일과 25일 러시아 당국의 협조로 4구의 유해 발굴을 모스크바와 페테르부르크에서 거행하고, 유해송환식을 9월 28일 거행한 후 메드베지 수용소에서 사망한 19명의 유해와 함께 총 23구를 독일 함부르크로 반출하여 화장 후 기선 카무마루加茂丸로 일본으로 옮겼다. 이들 중 메드베지 사망자 19명과 모스크바에서 발굴된 2명, 페테르부르크에서 발굴된 2명도 모두 일본인 이름으로만 기록되어 있다.[56] 일본 육군성은 1904년 5월 30일「전장 청소 및 전사자 매장規칙戰場掃除及戰死者埋葬規則」을 제정하

---

55 外務省 外交史料館,『日露戰役ニヨル兩國俘虜員數及階級等調査一件』, 1906년 4월 19일(페테르부르크 주재 공사 本野 → 외무대신 西園寺).
56 〈표 2-32〉러시아에서 사망한 '일본인' 포로 명단

번호	이름	계급/직업	사망일	사망지	비고
1	西脇喜一郎	騎兵 軍曹	3월 20일		
2	山田助次郎	二等 水兵	3월 24일		
3	鈴木又三	步兵 二等卒	4월 14일		
4	德富和平	金州丸 水夫	7월 6일		
5	佐藤萬	和泉丸 水夫	8월 9일		
6	中井伊之助	步兵 二等卒	8월 9일	메드베지	病死
7	堀場劍吉	步兵 上等兵	8월 11일		
8	高橋鶴吉	金州丸 水夫	9월 7일		
9	大原愈武	和泉丸 給仕	9월 7일		
10	西田吉松	步兵 二等卒	9월 12일		
11	大沼榮太郎	工兵 一等卒	9월 20일		

제3장_ 러일전쟁과 한국인 포로 **207**

여 전쟁에서 적(러시아군) 전사자에 대해서 일본군은 가능한 한 이름, 신분, 계급, 소속부대 등을 조사기록한 상태에서 매장한다는 방침을 가지고 있었다.[57] 그러나 '규칙'에서의 대상은 국제법 준수국이라는 일본을 서양에 보여주기 위한 입장에서의 러시아군, 즉 '유럽인＝문명국가' 간의 문제였을 뿐이었다. 아무도 말하지 않았고 역사에서 잊혀진 한국인 포로 사망자 1명과 중국인 1명은 누구이고 어떻게 처리되었을까?

12	武田盛次	步兵 一等卒	10월 10일		
13	仁井失岩吉	金州丸 軍夫	10월 26일		
14	岩見庄之助	步兵 一等卒	11월 5일		
15	木花良吉	金州丸 軍夫	11월 21일		
16	東管次	萩浦丸 水夫	12월 5일	메드베지	病死
17	後藤泰三	和泉丸 水夫	12월 5일		
18	吉元袈裟吉	和泉丸 点燈方	12월 10일		
19	大原繩吉	步兵 一等卒	12월 10일		
20	小谷誠之助	步兵第33聯隊 一等卒		모스크바	石山富吉은 김하룡과 동행하던 자
21	松森政吉	騎兵第14聯隊 上等兵	미상		
22	石山富吉	和泉丸 給仕		페테르부르크	
23	坂上鶴吉	步兵第22聯隊 一等卒			

* 출처: 衛翠居士(村上正路), 『配所酒月』과 藻利佳彦, 「ノヴゴロド州メドヴェージ村日本人捕虜收容所」, 松山大学 編, 『マッヤマの記憶: 日露戦争100年とロシア兵捕虜』, 成文社, 2004, 169~171쪽을 근거로 재작성.
** 비고: 사망 연도는 모두 1905년.
57 小森陽一・成田龍一 編, 『日露戦争スタタデイーズ』, 紀伊國屋書店, 2005, 86~87쪽.

제3부

러일전쟁의
경제적 배경과 결과

제1장

러일전쟁 시기 경제적 수탈

러시아와의 전쟁 과정에서 대한제국에서의 정치적·군사적 독점을 인정받은 일본은 식민지화 침탈을 위한 치밀한 정략과 작업을 진행하였다. 그 하나가 제일은행 조선지점 등을 통해 유통시킨 군용수표였고, 다른 하나는 경부철도 부설과 관련된 인력 수탈이었다. 전쟁 기간에 발행한 군용수표는 명목가치와 실질가치가 차이 나는 대표적인 악화로 짧은 기간임에도 불구하고 그 파장은 컸다.[1] 전쟁 과정에서 일본은 경부철도를 완공하였고 군용철도로 경의철도 공사를 착공하는 등 철도부설권을 독점하였다. 그 결과 대한제국 황실이 주도하던 서북철도국은 혁파되어 철도원에 흡수되었고, 철도원 역시 일제 침략의 보조기관으로 기능할 수밖에 없었다. 또한 일본 선박의 자유항 행권을 획득하면서 해운권을 완전히 장악함으로써 자주적인 해운업의 근대화를 방해하였다. 수탈을 위한 근거조항으로 「대한방침」과 「대한시설강령」을 강제 실현하였다. 「대한방침」에서는 침략정책의 기본입장을, 「대한시설강령」으로 구체적 방안을 제시하였다. 일제는 철도 및 우편·전신·전화 사업

---

1 이 책의 제2부 제1장 참조.

등을 자신들의 이익에 맞게 확장시키는 방안을 제시하였는데, 이 중 척식에 관한 항목은 황무지 개간, 두만강·압록강 연안 삼림벌채, 광산 사업 장악, 어업권 확장 등이 주요 내용이었다.[2]

일본 정부는 위장대리인 전직 대장성 관방장 나가모리 도키치로長森藤吉郎를 표면상 내세워 토지 점탈을 추진하기 위해 황무지 개간안을 제시하였다. 황무지 개간권 요구는 '강령'의 척식관계 항목을 구체화시킨 것이다. 또한 일본은 대장성 주세국장 메가타 다네타로目賀田種太郎를 재정고문으로 부임시켰다. 메가타는 전환국과 총세무사를 폐지하여 화폐정리에 관한 제반 사항을 제일은행에 일임하였고, 제일은행권第一銀行券을 공식 법화로 보장받도록 하였다. 화폐정리사업으로 일본 제일은행이 지폐를 발행하는 중앙은행의 역할을 담당함으로써 대한제국이 세운 금융기관은 유명무실해졌다. 그 결과 한국사회는 금융공황에 직면하였고 상인들의 도산이 속출하였다.

이와 관련하여 『황성신문皇城新聞』은 논설에서 러일전쟁 이후 일본에 의해 진행된 정치적 개입과 각종 이권 개입 문제를 압축적으로 지적하고 있다.

무릇 문명국이 다른 나라를 멸망시킬 때는 반드시 내가 정치를 개량한다 하여 내치를 간섭하는 구실로 삼고, 반드시 내가 너의 화폐를 정리한다 하고 재정을 빼앗는 말꼬투리[話柄]로 삼고, 치안방해에 가탁하여 언론의 자유를 속박하고, 내란을 진압한다 평계하고 군대를 배치하며 개혁사업에 이름을 걸어 거액의 차관을 주며, 혹 자기 나라 사람들을 이식하여 전국의 이원利源을 거두어들이며, 혹 몰래 무뢰무치한 무리들을 선동하여 그 앞장서는 창귀倀鬼로 만들고 혹은 교육기관을 주지住持함에 우민지술愚民之術을 오로지 하되 … 기타 전선 철도가 그 세력권의 확장이 아님이 없으며 삼림 개광開鑛이 그 이익 되는 바를 거두어들

---

2 이보다 앞서 러일전쟁 발발 한 달 후인 1904년 3월 19일에 장도, 장지연, 김상연 등이 중추원에 제출한 '정치경장에 관한 주요사항' 55개 조 중 31조에 외국인에게 허가한 철도 부설, 광산 개발, 삼림벌채 및 연해 어업·항해 등의 이권을 회수하여 내국인의 사업으로 돌려야 한다고 주장한 바 있다(『皇城新聞』, 1904년 3월 19일, 최기영, 『한국근대 계몽사상 연구』, 일조각, 2003, 35~55쪽. 「樞院獻議」). 그러나 이들의 건의는 전쟁 통에 묻혀 논의의 대상도 되지 못했던 것으로 보인다.

이는 것이 아님이 없다.[3]

일제 강점에 이르는 동안 한국을 완전한 식민지로 만들기 위한 수탈정책들이 정치, 경제, 사법, 군사, 외교, 사회, 문화 등 전 분야에서 기론되었다. 일본은 이를 통해 전 방위적 수탈과 식민지 경제 지배 기틀을 마련할 수 있었다.

1. 철도부설권 독점과 해운권 장악

러시아와의 전쟁 과정에서 열강과 각종 조약을 맺어 자신들에게 유리한 입장을 마련해 가던 일본은 전쟁 직후부터 노골적으로 한국의 각종 권한을 제약하고 식민지화를 위한 작업을 진행시켰다. 그 하나가 경부철도 부설과 관련된 인력 수탈이었다.

경부철도부설권은 청일전쟁 시기인 1894년 8월 일본이「조일잠정합동조관」으로 확보한 권리였다. 이미 갑오개화파 정부는 철도부설권의 양도가 삼남 지방의 항일투쟁을 격화시킬 수 있을 뿐만 아니라 군사적 위협하에 맺어진 잠정적 조약을 근거로 철도부설권을 요구하는 것은 잘못이라고 주장하여 일본의 요구를 저지한 바 있다.[4]

갑오·을미년간 철도, 광산, 기선업 등에 대한 일본의 이권 추구가 국내 산업의 보호와 육성을 제약하였다는 반성이 이루어지면서 정부는 그 이권을 회수하고 자력으로 육성하고자 하였다.[5] 그 일환으로 1896년 7월「국내철도규칙」을 제정하였다.[6]

---

3 『皇城新聞』, 1907년 5월 4일,「滅國新法論」.
4 李憲昶,「甲午·乙未改革期의 産業政策」,『韓國史研究』90, 1995, 62쪽.
5 위의 논문, 69쪽.
6 『高宗實錄』, 建陽 원년 7월 15일.

대한제국 시기에 접어들면서 독립협회 등을 필두로 하여 철도·광산·전
선·삼림 등의 이권을 외국인에게 양도하지 말자는 이권수호운동 여론도 더
욱 거세게 일어났다. 정부는 일본의 강력한 철도부설권 요구를 거절할 방편
으로 1898년 1월 12일 농상공부의 청의에 따라 의정부 회의에서 국내 철도
및 광산을 외국인에게 허가하지 않는다는 방침을 내외에 천명하였다.[7] 그러
나 이에 대해 1월 26일에 일본 변리공사 가토 마스오加藤增雄는, 1894년의
「조일잠정합동조관」에 의해 경인철도는 이번 1월 19일 관보에 실린 '국내
철도광산을 외국인에게 물허勿許한다'는 것과 하등 상관이 없음을 우리 정
부에 전하고 이미 제출된 약정서에 서로 조인하여 타결을 바란다는 내용의
조회를 외무대신 조병직에게 보내기도 하였다.

원래 노량진-제물포 간 경인철도부설권은 1896년 3월 미국인 제임스 R.
모스James R. Morse가 획득한 권리였다. 그런데 1898년 12월 일본 실업가들
은 경인철도인수조합을 설립하고 철도부설권을 매수하였다. 이때 일본 정부
는 청일전쟁 승리로 청으로부터 받은 배상금 중 180만 원을 5푼分의 이자로
대부하기로 결정한 바 있다.[8]

1900년 9월 5일에는 독일서리영사署理領事 바이퍼트가 대한제국 외부에
세창양행世昌洋行에게 서울-원산 간 철도부설권을 인허해 줄 것을 요청하였
다. 이에 외부대신 박제순은 경원철도는 본국 회사에 이미 인허하였을 뿐 아
니라 외국인에게 철도부설권을 양여하지 않는 것이 정부 방침이라고 거절하
였다.[9] 이에 앞서 러시아 서리공사(또는 대리공사) 스테인도 경의철도부설권
을 서울에 거주하는 러시아 남작 긴스부르크에게 준허해 주도록 요청해 온
적도 있었다. 당시 외부대신 이도재도 마찬가지로 한국 정부에서 직접 철도

---

7 『舊韓國外交文書』 3권, 「日案」, #4563, 1898년 1월 26일.
8 大藏省 編, 『明治大正財政史』 제1권, 財政經濟學會, 1940, 161쪽. 이 액수는 1906년 7월 경부철도
  매수가격과 맞먹을 정도였다고 한다.
9 『舊韓國外交文書』 16권, 「德案」, #2268, 1900년 9월 5일; #2272, 1900년 9월 12일; #2284, 1900년
  9월 18일; #2325, 1900년 12월 20일.

를 부설하겠다는 회답을 하였다. 1903년 2월 14일 스테인은 외부로 다시 조회하여 한국 정부의 부설계획이 변경될 때에는 긴스부르크에게 허가하여 주도록 요청할 정도로 열강의 요구는 집요하였다.[10]

1904년에는 운수회사(경목선京木線) 등이 설립되어 한국을 관통하는 주요 간선 중 경부선을 제외하고는 모두 한국 민간인 회사를 통한 건설이 기획되고 있었다.[11] 그러나 당시 한인 회사들은 기술수준은 물론 자본 조달 능력과 회사 규모를 구비하지 못하고 있었다. 대한제국 정부 또한 이를 지원할 만큼의 재정을 확보하지 못한 상태였다. 그 결과 정부로부터 철도부설권을 허급받았던 부하철도회사釜下鐵道會社 · 대한국내철도용달회사 · 호남철도주식회사 등도 자본 궁핍으로 초기 기획단계에서 중도하차할 수밖에 없었다. 대한철도회사 또한 경의철도부설권만 확보한 상태에서 계획을 성사시킬 규모의 자본 조달은 엄두도 내지 못하였다.[12]

'일본의 한국정책의 핵심'이라 할 정도로 철도 경영은 일본에서 중요하게 취급하는 것이었다. "경의(서울-의주) 간 군사철도를 건설하여 아군我軍(일본군)으로서 그 행동을 민활하게 하는 것은 실로 초미의 급한 것에 속한다. (일본) 제국정부는 해당 철도 부설에 대하여 속히 착수하는 것은 군사상 필요와 관련이 있고, 귀 (한국) 정부 현재의 시국을 고찰하면 헛된 이의도 없을 뿐 아니라 마땅히 부설상 제반 편의를 주어야 할 것"[13]이라는 하야시 곤스케林權助 공사의 1904년 3월 통고에 따라 한국 정부는 그해 5월 경의철도를 일본에 양여하였다. 그런데 이 경의철도는 1903년 9월 다케우치 쓰나竹內綱의 제안으로 서울-의주 간, 의주-안둥安東-랴오둥 잉커우營口에 이르는 장거리 철로 부설을 염두에 둔 것이었고, 경의京義, 영의營義 2개의 철도회사에서 이를

---

10 『舊韓國外交文書』 제18권, 「俄案」, #2002, 1903년 2월 14일.
11 趙璣濬, 『韓國企業家史』, 博英社, 1973, 88쪽.
12 정재정, 『일제침략과 한국철도(1892~1945)』, 서울대학교출판부, 1999, 86쪽.
13 『電報新聞』, 明治 37년 3월 4일.

각기 추진하였다.[14]

러일전쟁 직전인 1903년 11월, 일본공사는 대한제국에게 프랑스가 선점하고 있던 서울-의주 간의 경의철도부설권 제공을 요구하였다. 이에 고종은 프랑스 대리공사에게 프랑스 권리침범에 관해 대한제국 정부에게 공식적으로 항의하라고 주문하였고, 그 결과 일본은 그들의 요구를 철회할 수밖에 없었다. 그러나 1904년 「한일의정서」 체결 후, 일본군은 경의선을 군용·철도로 부설하기 시작하였다. 그 결과 8월 9일 이용익과 대한제국 황실이 주도하던 서북철도국은 혁파되어 철도원에 흡수되었고, 철도원 역시 일제 침략의 보조기관으로 기능할 수밖에 없었다.[15] 결국 국권이 무기력화되는 러일전쟁 과정에서 일본은 경부철도를 완공하였고 경의철도 공사를 착공하는 등 1904년을 계기로 대한제국의 철도부설권을 독점하게 되었다.

경부선은 1905년 1월부터 서울-부산 전 구간이 영업을 개시하였고, 5월 28일에 남대문역에서 개통식이 거행되었다. 일본의 철도 정거장 부지는 몇 천 평에 불과한 데 비해 대한제국에서는 넓은 땅을 차지하였다.[16] 철도 부설 과정에서 많은 사람들의 피해가 있었다. 일본은 철도를 부설하면서 주위의 땅과 민가를 필요 이상으로 헐값에 매입하거나 또는 강제로 편입시키면서 그들의 삶과 터전을 빼앗았다. 또한 철도 역부 징발로 인해 청주, 옥천, 진위, 황간, 김산, 영동, 연기 등의 지역이 큰 피해를 입었다.[17]

철도 부설과 관련한 폐해의 실례를 살피면, 청주에서는 김치안의 처가 친정에서 시댁으로 돌아오다가 철도십장 김득순에게 강제로 붙들려 함께 살자고 다그침을 당한 일이 있었는데, 관원이 체포하려 하자 일본인들이 항의하였다 한다. 옥천의 유성렬은 철도 역부 통역관이 일본인의 권세를 빙자하여 마을에

---

14 朝鮮鐵道史編纂委員會 編, 『朝鮮鐵道史(第1卷: 創始時代)』, 朝鮮總督府 鐵道局, 1937, 148~149쪽.

15 全旌海, 『大韓帝國의 산업화 시책 연구-프랑스 차관 도입과 관련하여-』, 건국대학교 박사논문, 2003, 161쪽

16 許筋山先生紀念事業會, 『國譯 旺山全書』, 아세아문화사, 1985, 66~68쪽.

17 朴殷植 저, 李章熙 역, 『韓國痛史』(下), 博英社, 1996, 66~68쪽.

침입하여 빈한한 집과 부잣집을 가리지 않고 집안에 있는 미곡을 모두 약탈함에도 불구하고 지방관은 어찌할 수 없었다면서 고소장을 제출하였다. 진위에서는 술에 취한 역부들이 읍리와 주점에서 시비를 벌였는데, 일본인이 관청에 뛰어 들어가 문을 파괴하고 이속들을 결박, 구타하였다. 그뿐 아니라 십장은 마을에 들어가 4,000여 금을 토색하고 부녀자를 탈취하였다는 것이다. 김산군의 경우 군수가 철도패장鐵道牌長 등의 무례함을 나무라다가 오히려 역부들과 일본인 수십 명으로부터 쇠몽둥이로 난타당하여 중상을 입기도 하였다.[18]

이렇듯 철도부설권이 일본에게 넘어가고 철도부지 명목으로 민가가 철거되고 토지마저 빼앗기는 상황에서 주민들은 철도공사의 노예노동에 시달렸다. 이렇게 만들어진 철도를 통해 대한제국의 쌀과 콩 등이 일본으로 유출되었고, 일본군 또한 한반도 곳곳에 진주했으니 철도는 곧 침략과 수탈의 상징이었다.

한편 1880년대와 마찬가지로 1890년대에는 전국 각지의 개항장을 중심으로 연차적으로 해운회사가 설립되고 있었다. 이러한 회사들은 정부로부터 특별한 보호를 받았고 전국의 해운권 장악을 위해 경쟁적으로 활동하였다. 그러나 청일전쟁 기간인 1894년 8월 일본은 한국 회사에게 일정의 이익배당금을 지불하고, 한국 함대를 위한 사관과 수병을 교육·훈련하며, 한반도 여러 항구 간의 교통·운수를 유지한다는 내용의 협약을 체결하였다. 이에 따라 한국 정부 소유의 기선관리권은 일본우선회사에게 양도되어 전쟁 시 수송을 담당하였다.[19]

또한 일본인들은 매수 수법 등으로 개항장 외에 한강·대동강·금강 등에까지 진출하여 내륙의 물류 수송체계를 교란하였다. 한국인들도 내륙 주요

---

18 『駐韓日本公使館記錄』, 「金山郡守毆打事件ニ關スル回答」, 1904년 6월 22일(부산영사 有吉明 →임시공사 萩原守一).
19 러시아 대장성 편, 崔璇·金炳璘 역, 『國譯 韓國誌』, 한국정신문화연구원, 1984, 514쪽(원저는 『K OPEИ』).

강을 연결하는 기선업의 발전을 꾀하였으나 겨우 한강과 낙동강에 한정되었다.[20] 일본은 대한제국 시기에 이르면 연안항로의 장악을 둘러싸고 각 개항장에 설립된 한국인 기업과 경쟁하여 커다란 타격을 주는 등 다방면으로 압력을 행사하였다.[21] 이는 당시 일본 정부의 항해장려정책과도 관련되어 있었다.[22] 러일전쟁 직전 대한제국에서 활동하던 일본의 대표적 항운회사는 일본우선회사日本郵船會社와 오사카상선회사大阪商船會社로 정기선과 부정기선을 운행하고 있었다. 일본우선회사는 고베神戸-북청北青선, 고베-블라디보스토크선, 나가사키長崎-인천선을, 오사카상선회사는 오사카-진남포선 등 한국의 연안을 항행하였다. 이들 회사는 이운사利運社 등 한국 기선회사 뿐만 아니라 원산·부산·인천에 대리점을 설치하고 활동하던 러시아 세벨료프기선회사와 러시아 의용함대, 부정기 항운의 독일 세창양행世昌洋行과 한국 항행권을 둘러싸고 치열한 이익경쟁을 전개하고 있었다.[23]

급기야 러일전쟁을 계기로 일본은 항운업의 단독지배를 통해 한국 측 해운업의 발전을 누르고 일본 해운업자의 적극 진출의 기회를 마련할 수 있었다.[24] 러일전쟁 발발 직후인 1904년 3월 14일 하야시 공사는 고무라 외무대신에게 한국 주둔 일본군에게 어류를 공급하기 위해 평안, 황해, 충청 3도 연안에 일본 어민의 출어를 허가하고, 차제에 필요하다면 일본 군대 제반 수요품의 보급을 위해 미개항장에도 일본 선박을 자유롭게 항행토록 하는 양여讓與 방안 연구의 필요성을 언급하였다.[25] 이에 고무라는 미개항장의 항해는

---

20 위의 책, 515쪽.

21 羅愛子, 『韓國近代海運業史硏究』, 國學資料院, 1998, 147쪽.

22 일본 정부는 1900년 10월부터 1905년 9월까지 일본과 러시아, 청, 한국 사이의 교통 요충 항로에 대해 매년 58만 원 이내의 보조금을 지불하였다(大藏省 編, 『明治大正財政史』 제1권, 財政經濟學會, 1940, 149쪽).

23 信夫淳平, 『韓半島』, 東京堂書店, 1901, 615~616쪽.

24 木村健二, 『在朝日本人の社會史』, 未來社, 1989, 114쪽.

25 『韓日漁業關係』, 「韓國沿岸 未開港場에서의 日本漁船 出入保障 件」, 1904년 3월 14일(하야시→고무라)(국사편찬위원회 편, 『韓國近代史資料集成』 5, 2002, 582쪽).

잠정 보류하고 어업권을 우선적으로 한국 정부에 교섭하라고 지시하였다.[26]

이러한 일본 정부의 해운권 침탈에 편승하여 자신들의 이익을 챙기려 하는 일본 상인의 동향도 매우 기민하게 나타나고 있었다. 1904년 3월 경성 거류민단장 나카이 기타로中井喜太郎는 용암포와 웅기를 개항하여 일본의 무역과 어업 근거지로 삼고, 연안과 하천의 운항권을 확보해달라는 내용을 외무대신에게 제출하였다. 그리고 5월에는 전국상업회의소연합회에서 한국의 어업권 및 연해, 하천의 운항권 확보 등에 관한 의견서를 일본 정부에 제출하였다.[27] 한국 각지의 일본 상업회의소 구성원들도 1904년 5월 5일 인천상업회의소에 모여 회의를 개최하고, ① 식산흥업에 관하여 한국 내지에 자본을 풀고 일본인의 권리를 보증받을 일, ② 하천의 항운을 포함한 연안항해권을 획득할 일, ③ 연안어업권을 확장하고, 각 도 강江과 하천의 어업권을 획득할 일, ④ 한국 각 도의 필요한 지역에 농사시험장을 설치할 일, ⑤ 한국 전보사에 일본 문자를 병용시키고 또 일본 전보와 직통의 편의를 열 것처럼 하여 한국 정부에 교섭을 청원할 일, ⑥ 개항 개시장을 증설할 일 등을 결의하였다.[28]

그 결과 6월 4일 일본 정부는 한국 정부로부터 3도 연안 어업권을 특허받게 되었다. 그 요점은 ① 한국의 충청, 황해, 평안 3도 연안에 일본인에게 어업을 특허하고, 일본도 호키伯耆, 이나바因幡, 다지마但馬, 탄고丹後, 규슈九州 연안에 한국인의 어업을 특허한다, ② 3도 연안의 일본인의 어업 기한은 6월 4일부터 20년간이다, ③ 한국인의 일본 연안 어업도 ②와 같다, ④ 일본인은 한국인 점거지를 범하거나 그 어업을 방해하면 엄벌에 처하고 만일 자의로 폭행하면 부근 영사를 통해 엄중 처분한다, ⑤ 상세한 규정은 「통어규

26 『韓日漁業關係』, 「日本漁船의 韓國 未開港場에의 出漁保留指示 件」, 1904년 3월 16일(고무라→하야시)(국사편찬위원회 편, 『韓國近代史資料集成』 5, 2002, 582쪽).
27 權泰檍, 「1904~1910년 일제의 한국 침략 구상과 '시정개선'」, 『韓國史論』 31, 1994, 218~220쪽.
28 幣原坦, 『日露間之韓國』, 博文館, 1905, 169쪽.

칙通漁規則」으로 실행한다고 되어 있다.[29] 그러나 인준과정에서 의정부 회의 내 다수의 거센 반발이 있었으나 하야시의 은밀한 노력으로 외부와 농상공부 대신, 참정 조병식의 찬성과 황제의 재가로 이룰 수 있었다 한다. 또한 '호혜평등'의 원칙하에 적시된 한국인의 일본 연안 어업허가권은 전시상태에서 실현가능성은 불가능한 것으로 문서상의 특허에 불과하였다. 특허 내용은 6월 16일 자 대한제국『관보官報』에 고시되었다.

한편 러일전쟁이 거의 종결될 무렵인 5월 13일 임시대리공사 하기와라 모리이치萩原守一는 3월 외무대신 고무라가 잠정 유보한 일본 선박의 한국 내 자유항행권 문제를 한국 황제에게 공식 제기하였고, 5월 15일 의정부에서 각 대신과 함께 한일 간 연석회의 후 다음의 10개 조 약정서를 의결하였다.

1. 일본 선박은 무역의 목적으로 한국 연해와 내하를 항행할 수 있다.
2. 연안과 내하 항행 일본 선박은 일본영사관을 경유하여 선박 소유자의 성명과 주소, 선명, 종류와 선적량 및 항행구역을 한국 해관에 신고하여야 한다.
3. 일본 선박은 감찰을 받을 때마다 100톤 이하의 서양형 선박은 15圓, 일본형 선박은 15圓, 100톤 이상 500톤 이하의 서양형 선박은 50圓 , 500톤 이상 1,000톤 이하의 서양형 선박은 100圓, 1,000톤 이상의 서양형 선박은 150圓을 한국 세관에 납부해야 한다.
4. 일본 선박은 자유롭게 항행구역 안을 항행할 수 있다.
5. 일본 선박은 항행 중 반드시 감찰을 휴대하고 한국 해관, 지방관 또는 지방관이 위임한 동장 혹은 촌장의 청구가 있을 때는 언제든지 이것을 제시해야 한다.
6. 일본 선박 소유자는 창고 건축을 위해 토지를 차용할 수 있고, 한국 해관의 인가를 얻어 연안에서 부두를 축조할 수 있다.
7. 본 약정을 위반한 때는 한국 해관은 상태가 중한 자에 대해 감찰하고 그 인가를 거부할 수 있다.

---

29 『韓日漁業關係』,「黃海, 忠清, 平安 3道에서 日本漁業權特許承認件」, 1904년 6월 5일(하야시→고무라)(국사편찬위원회 편, 『韓國近代史資料集成』 5, 2002, 583~584쪽).

8. 일본 선박은 승무원이 본 약정, 기타 조약의 규정을 위반하고 또 죄를 범했을 때는 일본영사관은 조약 및 일본 국법에 의하여 이를 처분한다.

9. 장래 일본 정부는 상호주의로써 한국 선박을 일본 연해와 내하에 항행케 한다.

10. 약정의 유효기간은 만 15개년으로 정한다.[30]

이 내용은 「일본 선박의 한국 연안 및 내하항행 종사에 관한 약정」이라는 제목으로 8월 13일 외부대신 이하영과 임시대리공사 하기와라 간에 공식 조인되었고,[31] 8월 31일 각 항구 해관에 전달되었다. 이후 일본 정부는 이를 법적 근거로 하여 일본 어민의 한국 연안 어업권 획득을 통한 어업권 장악[32]과 일본 선박의 자유항행권은 물론 창고 건축, 부두 건설, 토지 차용과 아울러 치외법권까지 획득하는 등 해운권을 완전히 장악하면서 자주적인 해운업의 근대화를 방해하였다.

2. 「대한방침」과 「대한시설강령」 내용 실현

1904년 5월 30일 겐로[元老]회의 다음 날인 5월 31일 일본 정부는 각료회의에서 이토 히로부미가 한국 답사 후 건의한 식민지화의 실천방안 내용을 받아들여 「대한방침對韓方針」과 「대한시설강령對韓施設綱領」을 의결하고 메이지 천황의 재가를 받으면서 기본방침을 구체적으로 실천코자 하였다.[33]

---

30 『駐韓日本公使館記錄』「한국 황제 알현 시 대소 관리 참석하에 沿岸航海 문제에 관한 논의 건」
第183號, 1905년 5월 15일(임시대리공사 萩原守一→외무대신 小村壽太郎).

31 「日本船舶의 韓國沿岸 및 內河 航行 從事에 관한 約定」, 光武 9년 8월 13일, 奎. 23050.

32 러일전쟁을 기점으로 일본의 어업 침탈은 通漁의 방식에서 직접 이주 형태로 바뀌어가고 있었고, 1910년 직전에 가면 이주어촌은 함경북도 雄基부터 제주도 古浦에 걸치는 광범위한 지역을 망라하고 있었다(朴光淳, 「日帝의 韓國漁場 침탈과 漁民의 對應」, 『經濟史學』 18, 1994, 74~78쪽).

33 러일전쟁 직후부터 통감부에 이르기까지 이른바 '시정개선'을 명분으로 한 일제의 식민지화 정책 실태에 대한 상세한 분석은 權泰檍, 「1904~1910년 일제의 한국 침략 구상과 '시정개선'」,

「대한방침」은 침략정책의 기본방침을 "일본은 한국에 대해 정사政事상 군사軍事상 보호의 실권을 거두고 경제상에서 더욱더 우리(일본) 이권의 발전을 도모한다"고 천명하였다. 그 이유로 한국의 존망은 일본의 안위가 걸린 바로, 항상 이 나라의 독립과 영토보전 유지를 위하여 전력을 경주한 소이라는 것이며, 일본이 국가의 운명을 걸고 러시아와 전쟁을 결심하기에 이른 것도 실로 이에 기인하는 것이라 하였다. 「한일의정서」로 한국의 상하는 더욱 일본을 신뢰하지만 한국은 정치의 미란靡爛과 인심의 부패로 도저히 길게 독립을 유지하지 못할 것이 명료하므로 마땅히 정치·군사·경제상으로 일본의 위치를 확립하여 장래 다시 분규의 우려를 끊고 일본 자위의 길을 온전히 하지 않으면 안 된다는 것이다. 더 나아가 국방, 외교, 재정 등에 관하여 한층 확실하고 적절한 조약과 설비를 성취하여 한국에 대한 보호의 실권과 일본이 필요로 하는 이익을 획득하는 것이 급무라는 것이다.[34]

이어 「대한시설강령」으로 침략을 위한 구체적 방안을 제시하였다. 기본방향은 1904년 2월 「한일의정서」에서 일본이 획득한 권한을 '한국에 대한 보호의 실권 확립'으로 강화시키고 '경제상 각반各般의 관계에서 수요須要의 이권을 수득收得'하려는 것이다. 「대한시설강령」은 고문정치 실시 직전 단계의 기본방향을 제시한 것으로 이를 기반으로 일제의 대한제국 병합정책이 단계적으로 추진되었다.[35]

「대한시설강령」은 6개 항목으로 구성되어 있는데, ① 방비防備 완수, ② 외정外政에 대한 감독, ③ 재정 감독, ④ 교통기관 장악, ⑤ 통신기관 장악, ⑥ 황무지 개간, 삼림벌채, 광산 사업, 어업권 확장 등 척식拓殖 도모가 주요 내

『韓國史論』31, 1994 참조.

34 『日本外交文書』37-1, 「對韓方針竝=對韓施設綱領決定ノ件」, 明治 37년 5월 31일.

35 權泰檍, 「統監府시기 日帝의 對韓農業施策」, 歷史學會 편, 『露日戰爭前後 日本의 韓國侵略』, 一潮閣, 1986; 鄭昌烈, 「露日戰爭에 대한 韓國人의 對應」, 歷史學會 編, 『露日戰爭 前後 日本의 韓國侵略』, 一潮閣, 1986 참조.

용이다.[36] 그런데 이 안은 「한일의정서」 직후인 2월 27일 하야시 공사가 고무라 외무대신에게 상신한 내용에 기초한 것이다. 그것은, 즉 외국인 고문관 임용, 경의철도 부설, 연해어업, 연안 및 하천의 통행, 토지소유권, 지상권 등을 일본의 군사행동이 종결될 때까지는 '아주 눈에 뜨이지 않는 방법'으로 순차적으로 획득하자는 것이었다.[37]

①항과 관련하여 한국 내에 일본 군대를 주둔시킴은 한국의 방어와 안녕 유지의 책임을 부담한 것으로 러시아와의 전쟁 종결 후에도 상당한 군대를 한국 요소에 주둔시켜 예측할 수 없는 변變에 대비하는 것이 필요하며 평시平時에도 한국에 대해 일본세력을 유지하기 위하여 유용한 것으로 보았다. 다음으로 한국 내지와 연안의 군사전략상 필요한 지역을 수용함은 불가결하므로 이의 시행은 일본 정부의 당연하고 필요한 권리라는 것이다.

②항과 관련하여 한국 정부는 「한일의정서」 제5조의 취지에 위반하는 협약을 제3국과 체결하지 못하기로 되어 있으나 그 외의 사항에 관하여는 다른 나라들과 조약을 체결하고 각국 인민에 대하여 각종의 특권을 양여할 수 있을 것이다. 그런데 한국 정부의 당국자는 국가를 위하여 우려하는 자가 없고 금전을 위하여 혹은 자가自家의 권세를 유지하기 위하여 여하한 약속도 감히 하는 자라는 것이다. 특히 궁중은 음모의 소굴이므로 만약 외정外政을 일임한다면 암암리에 어떤 위험한 사태를 볼지도 예측할 수 없으므로 이에 적당한 가까운 기회에 한국 정부로 하여금 외국과의 조약 체결, 기타 중요한 외교안건의 처리에 관하여는 미리 일본 정부의 동의를 요하도록 약정케 하여야 한다는 것이다. 이를 위해 첫째, 외국과의 조약 또는 외국인에 대한 특권 양여는 모두 외부外部를 경유하여 은밀한 운동을 두절해야 하며, 둘째, 외부에 한 명의 고문관顧問官을 들여 정무를 감독 지휘시키고, 고문은 외국인을 충용하여 일본공사의 감독하에 그 직무를 집행시키면 일본의 목적을

---

36 『日本外交文書』 37-1, 「對韓方針竝ニ對韓施設綱領決定ノ件」, 明治 37년 5월 31일.
37 崔永禧, 「韓日議定書에 關하여」, 『史學研究』 20, 1968, 253~254쪽.

달성하기 쉬울 것이라는 것이다. 이상 내용은 대한제국을 군사·외교적으로 무력화시키려는 의도에서 작성된 것이다.

③항과 관련하여 한국의 행정 중, 특히 재정은 이미 문란이 극에 달하여 내외인민이 모두 그 폐해로 괴로워하고 있기 때문에 그 정리는 행정 각부의 폐해를 널리 고치고 시정개선의 실實을 올리는 데 가장 편이한 방법이라는 것이다. 따라서 가급적 속히 일본인 중 적당한 고문관을 채용하여 재정 문란을 막고 점차 징세법 개량, 화폐제도 개혁 등에 착수하여 마침내 한국 재무의 실권을 일본의 수중에 넣어야 한다는 것이다. 나아가 일본 정부 관리하에 식염食鹽과 연초煙草 등의 전매를 하는데, 한국 정부로 하여금 이를 실행시킬 것인가에 대하여는 더 연구를 요한다는 것이다.

④항과 관련하여 교통과 통신 기관을 일본이 장악함은 정치, 군사 및 경제상의 여러 관점에서 긴요한 일로, 그중 교통기관인 철도사업은 한국 경영의 골자이기에 경부철도→경의철도→경원철도 및 원산-웅기만 철도→마산-삼랑진 철도 순서로 실행할 필요가 있다는 것이다.

⑤항과 관련하여 통신기관 중 전신선을 일본이 소유하고 관리하는 것은 절대적으로 필요하기에 향후 더 확장하여야 한다는 것이다. 한국의 통신기관은 매우 불완전한 상태로 해마다 30만 원 내외의 손실을 내고 있어 만약 이대로 방기한다면 재정상의 곤란이 증대되고 일반 공중의 편리도 제공할 수 없다는 것이다. 이를 개선하여 일반의 희망을 충족시키려면 일본 기관과 충돌을 면치 못할 것이다. 이 문제를 해결하는 가장 좋은 방법은 한국 정부가 우편·통신 및 전화사업의 관리를 일본 정부에 위탁하고 일본 정부는 본국의 통신사업과 합동하여 양국 공통의 하나의 조직으로 해야 한다는 것이다. 만약 그렇게 할 수 없다면 일본 정부는 부득이 중요한 선로를 선정하여 독립적으로 경영하는 수밖에 없다는 것이다.

⑥항과 관련하여 농업, 임업, 광업, 어업을 들고 있다. 이를 차례로 보면, 먼저 한국에서 일본인 기업 중 가장 유망한 것은 농업이라는 것이다. 한국

은 농업국가로서 오로지 식량과 원료품을 일본에 공급하고 일본은 공산품을 공급해 왔다. 향후 양국의 경제관계는 이 원칙 위에서 발달하지 않으면 안 된다는 것이다. 한국은 토지면적에 비해 인구가 적어 쉽게 다수의 일본 이민을 용납할 수 있을 것이므로 만약 일본 농민이 많이 한국으로 들어가게 된다면 초과인구를 위해 이식지를 얻고 부족한 식량의 공급을 늘려 일거양득이 될 것이다라는 것이다. 일본인 농가를 위해 한국 내지를 개방시키는 수단으로서 다음 두 가지 방책을 취할 수 있다고 하였다. 첫째, 관유황무지官有荒蕪地는 일본 정부의 관리하에 상당한 자격을 갖춘 자로 하여금 경영케 한다. 둘째, 민유지民有地는 경작 또는 목축 등의 목적으로 이를 매매 또는 임차할 수 있게 한다. 즉, 한국 정부로 하여금 일본인의 토지소유권을 인정케 하거나 영구 차지권借地權 또는 용지권用地權을 인정케 하여 경작·목축 등에 지장이 없게 할 것을 규정하였다. 다음은 임업으로 특히 두만강변과 압록강변은 그 면적도 광대하고 운수도 편리하여 한국 부원 중 제일로 손꼽는 지역이다. 그러므로 이 지역들의 삼림벌채권은 수년 전 러시아인에게 주었으나 한국 정부로 하여금 이를 폐기시켜 일본이 대신 경영케 할 것이다. 그 다음은 광업으로, 한국 광산은 유망한 곳이 적지만 금일까지 아직 조사를 충분히 수행한 것이 없기 때문에 속히 조사에 착수하여 그중 특히 유망한 것은 우리가 수득收得하고 그 외는 외국인에게도 이 이익을 공유케 한다면 농단의 비방을 피하고 그들의 좋은 감정을 유지하는 데 편리하다는 것이다. 마지막으로 어업은 한국 내에서 농업 다음으로 가장 유리한 사업이지만, 일본인이 그 권리를 갖고 있는 것은 8도 중 5도이며 충청·황해·평안 3도는 아직 구역 외에 있다는 것이다. 따라서 차제에 이들 도까지 확장하고, 남획을 금하여 어류의 보호를 위해 단속이 필요할 것이라는 내용 등을 결정하였다.

5월 31일의 「대한시설강령」에 이어 7월 8일 외무대신 고무라 주타로는 주한 공사 하야시 곤스케에게 별지 을호乙號에 기재한 방법으로 하려는 뜻을 말하고 그 취지에 따른 실행을 훈령하였다. 특히, '을호'의「대한시설세목對韓施設細目」에서는 외교고문, 재정감독 및 재정정리, 경찰권 장악, 철도부설권 등에 대해 상세히 적기하고 있다.[38]

첫째, 외교고문 문제는, 외국인 한 명을 외부外部의 고문으로 채용하고 일본 정부가 상당한 수당을 지급하고 한국 주재 공사의 지휘·감독을 받아 일본의 이익을 위하여 최선을 다할 것을 미리 그 사람과 내밀히 협의해 둘 것을 당부하였다. 외국과의 조약 또는 외국인에 대한 특권 양여는 모두 외부外部를 경유할 것을 관보에 공시할 것과, 외부고문의 용빙 계약 중 ① 왕복 공문은 모두 그의 열람을 경유할 것, ② 조약 체결, 기타 중요한 외교 안건에 대해서는 반드시 미리 그에게 자문을 구하고, 동의를 얻은 후 처리할 것, ③ 그는 외교 사무에 관해 한국 황제 폐하를 알현하여 상주上奏할 수 있다는 것을 규정토록 하였다.

둘째, 재정감독 문제는, 일본인 한 명을 탁지부에 용빙하여 재무에 관한 것은 모두 그의 의견을 들어 시행한다는 것을 미리 한국 정부와 협정하고, 용빙 계약 가운데 ① 재정에 관한 것은 반드시 미리 그의 동의를 거쳐 시행할 것, ② 그는 재정 사무에 관해 친히 한국 황제 폐하를 알현하고 상주할 수 있도록 규정해 둘 것을 지시하였다.

셋째, 재정정리 문제로 ① 한국 화폐는 제도상으로 일본 화폐의 품위 및 가격과 완전히 동일하므로 현행 법률로 품위 및 가격이 동일한 외국 화폐는 그 나라 화폐와 같이 유통하는 데 차질이 없다는 취지를 부가하여 공공연한 일본 화폐 유통의 길을 열어 보급시킬 방법을 강구할 것. 이것의 일단으로서 경의철도 공사에도 가능하면 일본 화폐를 사용하고, 또 경부철도 및 경의철도 요금 등도 일본 화폐를 사용하는 것을 원칙으로 하고, 어느 정도만 한국 화폐를 시가로 따져 받을 것. 백동화白銅貨의 주조를 정지하고 이미 발행한

---

38 『駐韓日本公使館記錄』,「일본 정부의 對韓施政 방침 훈령 示達 건」, 1904년 7월 8일(외무대신 小村壽太郎→특명전권공사 林權助).

백동화의 처분은 재무감독으로 하여금 자세하게 연구하여 그 방법을 찾을 것. ② 한국 군대를 점차 감원하여 그 비용을 절약할 것, ③ 고용한 외국인 중 (일본인도 포함) 필요 없는 사람은 점차 해고할 것, ④ 재외 한국공사관은 시기를 보아 점차 철폐할 것, ⑤ 징세법을 개정하여 수입의 증가를 도모할 것. 그 방법에 관해서는 재무감독으로 하여금 충분히 강구한 후 입안케 할 것, ⑥ 해관은 탁지부의 관할로 옮겨 적당한 시기에 영국 정부 및 브라운과 교섭한 후 총세무사는 일본인이 맡게 할 것. 황무지의 개간을 허가하여 국고의 수입을 증가시킬 것, ⑦ 수입 증가의 목적으로 식염·담배 등의 전매를 하도록 할 것. 이 문제는 과연 실행하여 득이 있는지 없는지, 만약 실행하여 득이 있다면, 그 방법은 한국 정부 스스로 하게 할 것인지 또는 일본인으로 하여금 이를 청부하게 할 수 있는지 등의 문제는 재무감독으로 하여금 심사·연구하게 할 것, ⑧ 광산도 역시 수입 증액의 한 방법으로 일정한 규칙에 준하여 내외인을 불문하고 개발을 허락할 것. 이에 관해서는 일본 정부에서도 적당한 기사를 파견하여 광산의 조사를 할 것, ⑨ 이상을 위하여 300만 원 정도의 차관을 공급하여 대략 5년 내에 필요에 따라 인출하게 해야 함. 차관은 궁내宮內 수입을 저당으로 6년 내지 8년 거치로 하면 될 것으로 생각됨, ⑩ 궁중의 재무를 감독하며 여러 가지의 규제를 가할 목적으로 상당한 인물을 궁내고문으로 채용할 것 등을 지시하였다.

넷째, 경찰권에 대해서는 한국 내지에 일본의 경찰권을 확장함과 동시에 가능한 한 한국 경무청에 일본인 고문관을 채용케 하여 경찰의 실권을 장악할 것이다.

다섯째, 철도부설권 장악 문제는 경원京元 및 원산으로부터 웅기만에 이르는 철도부설권은 획득 시도, 도로 수선 등에 관해서는 우선 조사·측량을 행하고, 도로 수선과 동시에 때가 되면 철도를 부설해야 한다는 취지를 한국 정부에 통고해 둘 것, 또 원산에서 웅기만에 이르는 선로는 일본의 승낙 없이 다른 나라에 양여할 수 없다는 것 등을 약속해 놓을 것, 마산-삼랑진 철도는 군용 철도로서 전쟁 기간에는 부설할 수 없으므로 경부철도와 같은 조건으로 새로 특허를 얻든가, 또는 한국 정부로 하여금 영남철도회사와의 계약을 승인하게 할 것이다.

여섯째, 통신권 장악 문제에 대해서는 한국 정부로 하여금 우편·전신 및 전화 사업의 관리를 일본 정부에 위탁케 하여 공동으로 이것을 경영하게 할 것, 이것이 실행되지 않으면 전쟁이 계속되는 동안에 중요한 선로를 택하여 일본 군용전선을 가설할 것, 경성에서 일한 전선 기계의 통관은 영구히 유지할 것이다.

일곱째, 황무지 개척과 관련한 것으로 관유官有 황무지 경작 및 목축권을 개인의 명의로 취득하여, 자본가로 하여금 실제 경영하게 할 것, 민유지는 명의 여하를 불문하고 실제 매매·임차가 이루어질 수 있도록 해둘 것, 농사를 위한 민유지 매매·임차를 일본인에게 허용하도록 하고 청국 사람이 똑같은 혜택을 누리지 못하게 할 것이다.

여덟째, 두만강 및 압록강안岸의 삼림 절벌권截伐權을 취득할 것이다.

아홉째, 한국 내지 하천 및 연안 가운데 적당한 장소를 택하여 기선 및 범선의 항행航行을 내외인 일반에게 허가할 것 등이다.

일제는 이를 통해 '한국의 독립 및 영토보전'이란 명목으로 전시뿐만 아니라 평시에도 일본군 주둔 명분을 만들어 대한제국의 군대를 무력화할 수 있었다. 외국과의 조약 또는 외국인에 대한 특권 양여는 모두 외부外部를 경유하여 처리한다는 방침을 정하고, 외부에 고문관을 두어 일본공사의 감독 아래 직무를 담당케 하여 이후 1905년 외교권을 박탈할 수 있는 근거를 마련하였다. 또한 한국의 '재정문란'을 이유로 일본인 재정고문을 불러들여 그로 하여금 징세법 개량, 화폐제도 개혁, 군사비 감축 등을 감독케 하여, 결국 한국 재무財務의 실권을 일제의 손아귀에 넣기 위한 작업을 진행해 나갔다. 이는 이미 10년 전 청일전쟁 시기인 1895년 4월 8일에 주조선 특명전권공사 이노우에 가오루井上馨가 제시한 정부건의안의 많은 부분을 재확인하

는 작업이기도 하였다.[39]

교통 및 통신기관 장악을 위한 일환으로 일본 정부가 한국 정부로부터 위탁을 받는 형식으로 철도 및 우편·전신·전화 사업 등을 일본의 이익에 맞게 확장시키는 방안을 제시하였다. 척식에 관한 항목은 농업뿐만 아니라 임업·광업·어업까지 대상으로 하였는데, 황무지 개간, 두만강·압록강 연안 삼림벌채, 광산 사업 장악, 어업권 확장 등이 주요 내용이었다. 이에 의거하여 1904년 6월 4일에 대한제국 정부는 충청·황해·평안 3도의 어업권을 일본인에게 허가하였다.

3. 황무지 개간안을 통한 토지 점탈 기도

1904년 일본은 전승기세에 편승하여 한국 정부에 황무지 개간권을 요구하였다. 이는 일본이 「한일의정서」 강제 체결 직후 얻은 첫 번째 이권이었는데, 5월 21일 일본 각의를 통과한 「대한시설강령」 6조와 부칙의 척식관계 항목을 처음으로 구체화시켜 추진한 것이다. 6월 6일 일본 정부는 위장대리인인 전직 대장성 관방장 나가모리 도키치로長森藤吉郎를 표면상 내세워 다음과 같은 10개 조항의 황무지 개간안 계약서를 대한제국 정부에 제출하여 추진하였다.

> 1. 대한제국 궁내부 어공원경御供院卿은 산릉·묘·서원·금산·분묘와 현재의 궁내부 소유 및 관유지官有地로서 이미 개간된 땅과 민유지民有地로서 그 소유 사실이 명백한 토지·밭·산림·벌판 등을 제외한 대한제국 8도, 즉 경기·

---

39 당시 이노우에 공사의 건의안은 철도부설, 전신선 관리와 조약 체결, '내정개혁'을 위한 다수의 고문관 채용과 군제의 전면적 개편과 군인 수 감축 등이 주요 내용이었다(『駐韓日本公使館記錄』, 「日淸平和 후의 對韓方針을 정하는 일에 대한 內申」, 1895년 4월 8일(특명전권공사 井上馨 →외무대신 陸奧宗光)].

충청·경상·전라·강원·황해·평안·함경도에 산재하고 있는 토지·산림·벌판·기타 일체의 황무지의 개간·정리·개량·척식 등의 일체 경영을 나가모리 도키치로에게 위임함. 전항의 토지·산림·벌판·기타 일체의 황무지는 본 계약 성립 후라 할지라도 전과 같이 한국 정부 소유에 속하는 것으로 함.

2. 경영에 관한 자본은 나가모리 도키치로가 이를 지불하고 궁내부 어공원은 다시 자금 지출에 관한 의무를 부담하지 않음. 나가모리 도키치로는 전항에 의한 자본을 지출하였을 때에는 그때마다 그 금액과 사용 목적의 대강을 한국 정부에 통지할 것.

3. 대한제국 궁내부 어공원은 전항에 게재한 경영을 나가모리 도키치로 이외에 누구에게도 허가하지 않는 것으로 함.

4. 전항에 게재한 토지의 개간·정리·개량 등을 종료하였을 때에는 나가모리 도키치로는 점차 이 개간지에 쌀·보리·콩·팥·기타의 농작물을 재배하고, 수목과 과수 등을 심거나 또는 목축·어렵漁獵 등을 하며, 기타 유리하게 사용할 권리를 갖는 것으로 함.

5. 나가모리 도키치로는 전조와 같은 농작물을 재배하거나 또는 유리하게 사용하게 된 때부터 시작하여 만 5년간 아무런 상납금도 납부하지 않고 토지를 시험 삼아 이용하되, 만 5년 후에는 한국 정부에서 일반 토지에 부과하는 것과 같은 비율의 세금을 납부하기로 함. 상납 금액을 결정할 때에는 나가모리 도키치로와 해당 지방관의 검정 결과에 의함. 단, 천재지변·기타 불가항력에 의하여 현저하게 수확량이 감소되고 또 수확량이 전혀 없게 되었을 때에는 상납금을 감액 또는 면제할 것.

6. 상기 경영 시행에 관한 세부사항은 본 계약 조인 후 6개월 이내에 대한제국 정부와 나가모리 도키치로 간에 협정하기로 함.

7. 본 계약은 경영에 착수한 각 부분에 대하여 경영 완성 후 50년간 유효함. 하지만 기한에 이르면 쌍방이 협의하여 재계약을 체결할 수 있음.

8. 만기 후 본 계약을 계속하지 않을 경우에는 한국 정부는 나가모리 도키치로에 대하여 이미 투입한 자본과 이에 대한 이자로 연리 5푼의 이자를 가산하여 보상할 것.

9. 본 경영에 관한 나가모리 도키치로의 권리와 의무는 모두 그 상속인 또는 권리
   승계인에 대하여 유효함.

10. 본 계약은 한글과 일본어로 각 2통을 작성하여 1통은 대한제국이, 1통은 나가
    모리 도키치로가 이것을 엄격히 보존하기로 함.[40]

이 안은 이미 러일전쟁 개전 전에 기획된 것으로 1903년 11월 조선과 중
국 답사를 마친 나가모리가 세운 계획에 근거한 것이었다.[41] 이는 일본 정부
의 방침과 수정안 제출을 통한 햐야시 공사의 강력한 의지를 기반으로 한 군
사력을 배경으로 강행된 것이다.[42] 그 주요 골자는 ① 황실 및 정부 소유 및
민유지를 제외한 모든 토지를 황무지라는 명목으로 나가모리에게 독점적 권
한을 부여하고, ② 개간권자의 경영기한은 50년으로 하며, ③ 개간권자가 일
정비율의 상납금을 한국 정부에 납부하되, 계약만료 시 그 투자액에는 연리
5%씩을 가산한 금액을 보상받을 수 있다는 것을 규정한 것이다. 이는 한국
을 일본의 식량보급기지로 활용함과 동시에 당시 약 700만 명으로 산정되는
일본인 이주식민정책의 물적 기반을 확보하는 데 목적이 있었다.

그러나 당시 일본 측의 비밀운동에 의해 개간안이 인준되었다는 설이 시
중에 유포되자, 6월 중순부터 이에 반대하는 수많은 상소와 격문이 쏟아졌
다. 당시 전개된 배일운동은 주로 조신朝臣과 유생이 중심이 되어 일본의 경
제적 침략성을 지적하고 황무지 개간안의 부당성을 규탄한 것으로 비교적
온건하고 소극적인 배일운동의 성격을 띠었다.[43]

황무지 개간에 대한 이들의 반대 이유는 크게 4가지였다. 즉, ① 개간을
빙자하여 황무지를 점유하고, 나아가 한국의 전 영토를 영유하려는 책략,

---

40 『舊韓國外交文書』, 「日案」 7, #8107 「長森諸願荒蕪地原野山林開墾案의 認准慫慂 附上件契約書
   案」, 1904년 6월 6일.
41 松宮春一郎, 『最近의 韓國』, 早稻田大出版部, 1905, 66쪽.
42 君島和彦, 「日露戰爭下朝鮮における土地略奪計劃とその反對鬪爭」, 『旗田巍先生古稀記念編 朝
   鮮歷史論集』下, 龍溪書舍, 1979, 268·280쪽.
43 崔泰鎬, 「光武8年의 荒蕪地開墾事件小考」, 『經商論叢』 8, 국민대학교 한국경제연구소, 1986, 56쪽.

② 일본인을 다량으로 한국 전역에 식민하려는 목적에서 요구하는 것, ③ 많은 일본인의 내주로 지방의 치안이 문란해질 것, ④ 황무지를 다 들어서 일본인에게 양여하면 한국민은 앞으로 산림·천택 등에서 생산되는 자원의 혜택을 받을 수 없고, 해당 업종에 종사하는 사람들은 실업에 빠지게 될 것[44] 등이었다.

7월 중순경부터 다시 재연된 황무지 개간권리 양여 반대운동 측은 민중의 절대적 지지와 동조로 일본의 침략적 요구에 대한 반대투쟁을 조직적으로 전개하고자 하였다. 그것은 7월 13일 창립된 보안회輔安會를 통하여 보다 적극적·발전적인 형태로 변화하였다.[45] 이미 1903년 공제소共濟所를 결성하여 제일은행권第一銀行券 유통반대운동을 전개한 경험이 있던 중추원 의관 송수만, 전 시종 원세성 등이 민의 의지를 반영하여 조직한 보안회는 황제 측근의 보수적 세력의 지도부와 반일 애국민중의 결합이라 할 수 있다.[46] 당시 보안회는 수천, 수만 명의 군중을 종로에 소집하여 일본의 침략을 성토·연설하거나 반대선언문을 발표하고, 대한제국 정부와 일본공사관에 대표를 파견하여 일본의 요구를 강력히 반대하는 한편, 각국 공사관에 서한을 보내 국제여론에 호소하는 운동도 전개하였다.

보안회를 비롯한 반일 구국시위에 위협을 느낀 일본은 7월 21일 헌병으로 하여금 서울 경비를 엄히 하는 동시에 군대를 증원하여 위협하였다. 다음 날인 7월 22일에는 무장군인으로 하여금 보안회를 습격하여 모인 군중을 구타하거나 포박하여 강제로 해산시키고 문서를 탈취하였다. 그러나 보안회의 강렬한 투쟁으로 7월 20일 한국 정부는 일본 측의 개간안을 거절한다는 내용을 일본공사에게 통지하는 한편, 7월 23일 외국인에게 황무지를 제공하는

---

44 尹炳奭, 「日本人의 荒蕪地開拓權 要求에 대하여」, 『歷史學報』 22, 1964, 51~53쪽.
45 보안회에 대해서는 위의 논문 및 신용하, 「구한말 輔安會의 창립과 민족운동」, 『한국사회사연구회논문집』 44, 1994 참조.
46 趙宰坤, 「1902, 3년 日本 第一銀行券 유통과 한국상인의 대응」, 『于松趙東杰先生停年紀念韓國史學論叢』, 나남, 1997, 104~105쪽.

일이 없도록 하라고 각 지방에 고시하였다. 계엄상황에서 강권을 무소불위로 구사하던 일본도 결국 이러한 공세에 이기지 못하고 8월 1일에 이르러 개간안 요구를 취소하지 않을 수 없었다. 그것은 공제소의 경험을 발판으로 삼을 수 있었기에 가능한 것이었다.

그러나 일제는 이 운동에 대한 탄압을 계기로 '치안유지' 명목으로 군사경찰제를 시행하였다.[47] 또한 전국의 황무지 개간권 획득에 실패한 일본은 궁내부 어공원御供院의 폐지와 농광회사農鑛會社의 특권을 취소시켜 대한제국 황실의 영향력을 배제하고자 하였다. 이후 통감부 시기에 이르면 개간권을 농상공부에 이속시킴과 동시에 일본인의 토지 소유와 개간을 합법화하려는 노력을 견지하였다. 그 결과 1907년 7월 4일 「국유미간지 이용법」을 제정하여 일본인들에게 방대한 양의 토지 대부와 개발의 기회를 주었다.[48] 강제 병합 직전에 가면 일본 정부와 지방 자치단체의 경비보조를 받은 일본인들의 집단이민과 토지소유는 늘어났다. 1908년 12월 특권에 기초한 독점적 국책회사인 동양척식주식회사東洋拓殖株式會社 설립 이후 이를 모母기지로 한 일본인의 토지소유와 농업이민이 급증하였다.[49] 이 회사는 통감부 개설이후 일제가 한국의 토지와 자원을 수탈할 목적으로 주로 토지를 강매하고 일본인 농업이민을 장려하는 한편, 한국인에게는 높은 소작료를 징수하고 토지에서 생산된 미곡 등을 일본으로 반출하였다.

일본은 1908년 3월 제24회 의회에서 「동양척식주식회사법」이라는 특수법을 제정하였고, 통감부는 이 법안을 한국 정부에 강요해, 1908년 8월 26일에 순종황제의 재가를 얻어 27일 일본과 한국 양국에서 동시에 공포하였다. 8월 27일 공포된 「동양척식주식회사법」은 6장 49개 조와 부칙 6개 조로 구성되어 있다. 법은 1장 총칙, 2장 임원규정, 3장 영업범위, 4장 증권발행 규

---

47 君島和彦, 앞의 논문, 288쪽.
48 이영호, 「일제의 식민지 토지정책과 미간지 문제」, 『역사와 현실』 37, 2000.
49 東洋拓殖株式會社 編, 『東洋拓殖株式會社三十年誌』, 1939; 高承濟, 『韓國移民史研究』, 章文閣, 1973; 趙璣濬, 「日人農業移民과 東洋拓殖株式會社」, 『韓國近代史論』 I, 知識産業社, 1977.

정, 5장 준비금 조항, 6장 정부 감독 및 보조 조항 등으로 되어 있다. 이 법령에 따라 총 84조에 이르는 동양척식주식회사 정관을 제정해 그해 10월 8일부로 정부의 인가를 얻었다.

1908년 9월 한일 양국 정부로부터 116인의 창립위원이 임명되었는데, 그 가운데 일본 측 위원은 83인, 한국 측 위원은 33인이었다. 설립위원장에는 일본인 오기마치 사네마사正親町實正가 선임되었다. 일본 측 위원은 대장성, 내무성, 법무성, 농상무성, 육군성 등의 고위관리와 통감부 직원들이 임명되었고, 한국 측은 조진태趙鎭泰, 백완혁白完爀, 한상룡韓相龍 등 금융계 인사 및 귀족과 지주들이었다.

동양척식주식회사는 창립자본금을 1,000만 원으로 정했고 이를 20만 주(1주 50원)로 나누었다. 그중 6만 주는 한국 정부로 하여금 토지에 투자하게 했고 나머지 14만 주 중 일본 황실이 5,000주, 황족이 1,000주를 우선적으로 인수하고 한국 황실이 1,700주를 인수하도록 했으며, 그 나머지 13만 2,300주는 일본 국내 및 한국 국내에서 공모키로 하였다. 동양척식주식회사는 1909년 1월 29일부터 서울에 본점을 두고 사무를 개시하였다. 창립 당시 총재는 현역군인인 육군중장 우사가와 가즈마사宇佐川一正, 부총재는 요시하라 사부로吉原三郎와 민영기閔泳綺, 이사는 이와사 마이조岩佐理藏 · 하야시 이치조林市藏 · 이노우에 다카야井上孝哉 · 한상룡, 감사는 마쓰시타 나오히라松下直平 · 노다 우타로野田卯太郎 · 조진태였다.

동양척식주식회사는 설립과 함께 한국 정부로부터 출자분으로 토지 1만 7,714정보(논 1만 2,523정보, 밭 4,908정보, 잡종지 283정보)를 우선 인수받았다. 회사의 토지소유는 토지조사사업이 완료된 뒤 국유지 불하의 혜택을 받아 더욱 확대되었다. 토지는 전국에 걸쳐 있었으며 특히 전라남도 · 전라북도 · 황해도 · 충청남도의 곡창지대에 집중되어 있었다. 이들 토지는 일본인 농업 이민에 불하되었다. 이 회사는 창립 시에는 한일 양국의 이중국적 회사로 발족했으나 1910년 대한제국의 국권 상실과 더불어 일본 국적 회사가 되었다.

당시의 경제 형편상 이는 당연히 조선 농민의 토지 상실과 만주로의 이탈 현상을 초래할 수밖에 없었다.

4. 제일은행권 유통과 화폐정리사업

대한제국은 근대화의 문턱에서 화폐체계를 자주적으로 수립하지 못하고 외국에게 경제적으로 종속되는 방향으로 나아갔다. 특히 1902년 「제1차 영일동맹」은 '한국에서 발생하는 소요사태나 제3국의 간섭'으로부터 일본의 특수이익을 인정해 줌으로써 대한제국에서 일본의 입장은 강화되었다. 그 과정에서 일본은 제일은행 조선지점을 통해 '일람불수형一覽拂手形'이라는 새로운 소액 수표를 만들어 모순을 노출시키고 있었다. 1878년 부산 지점을 개설한 이래 각지에 지점을 개설한 제일은행은 한국에서 활동하는 일본 상인에게 자금을 융자해주고 대한제국 정부에 차관을 제공하는 등 한국에서 강한 영향력을 유지하고 있었다.[50] 일본은 이른바 '폐제幣制 근대화'라는 명목으로 한국 정부의 양해와 동의 없이 제일은행권을 유통시켰다.[51]

갑오개혁 이후 한국 화폐제도의 위기상황은 일본 화폐의 자유로운 유통, 백동화 남발로 인한 화폐 가치의 하락과 그 반대로 일본 화폐의 신용도 강화, 제일은행권 발행 등에 의해서 초래된 것이었다. 특히 지불준비금도 제대로 마련하지 않았던 제일은행권의 유통으로 한국의 상업계는 심각한 문제에 봉착하지 않을 수 없었다.[52] 은행권이 유통되기 시작한 지 얼마 되지 않은 1902년 8월 상민 김덕순 등이 농상공부에 다음과 같은 청원서를 올려 제일은행권 유통의 문제점과 한국 정부의 책임을 거론하고 있다.

---

50 石井寬治,『日本の産業革命 : 日清·日露戦爭から考える』, 朝日新聞社, 1997, 116쪽.

51 羅愛子,「李容翊의 貨幣改革論과 日本第一銀行券」,『韓國史研究』45, 1984 참조.

52 都冕會,「갑오개혁 이후 화폐제도의 문란과 그 영향(1894~1905)」,『韓國史論』21, 1989 참조.

일본은행이 또 5원 지폐를 장차 발행한다는 것은 확신하기 어렵지만 외부 등을 통해 돌려 탐문하여 조사하니 이 종이돈은 권면券面에 정부 자字가 없고 한국 각 지점 자만 있다. 단지 한국에서만 유행하는 것은 한일 간의 통화라 가히 말할 수 없다. 통용시키든 막든 오직 우리 정부의 처분에 달려 있다.[53]

제일은행권과 더불어 이 시기 또 하나의 문제로 제기될 수 있는 것은 청국 상인의 화폐로 서울 내에 큰 영향력을 가지고 있었던 동순태同順泰[54]와 서성춘瑞盛春의 지표紙票였다. 동순태와 서성춘은 1902~1903년에 중국의 강남 및 후베이・자오저우膠州의 채표彩票 등을 월별로 수입하여 각 신문의 광고를 통해 도성 내에 유통시켰다. 채표는 지금의 복권lottery과 같은 것으로 당시에 큰 인기가 있었지만 사행심을 조장하여 이에 현혹된 많은 사람들이 몰락할 정도로 심각한 사회문제를 가져왔다고 한다. 그것은 결국 중국인들의 상회활동 전반에 대한 반감으로 변환될 소지가 큰 것이었다.

1903년 6월 제일은행권 및 청국 상인의 지표를 배척하는 운동이 재연되었다. 물론 당시 동순태, 서성춘 표는 서울에 국한된 것으로 일본 정부의 화폐 침략 정책을 기반으로 한국에 침투한 제일은행권보다는 그 위험성이 덜하였다. 그러나 이 역시 도성 내 한국 상인들의 상권을 잠식하는 것이었기에 상인들은 반발하였다. 이는 외화배척운동의 연장선상에서 같은 범주로 인식되었던 것이다.[55] 공제소共濟所를 구성한 송수만, 심상희, 이상철, 이희두 등은 보부상을 규합, 일본 제일은행권과 청국 상인 동순태표의 사용을 금하는 일로 종로에서 민중을 소집하고 6월 9일 요소에 통문을 돌려 각 방곡 인민에게 윤시輪示한 바 있다.[56]

---

53 『交涉局日記』, 광무 6년 8월 25일(『舊韓國外交關係附屬文書』 제7권, 489쪽).
54 동순태에 관한 최근 연구로는 강진아, 『동순태호―동아시아 화교자본과 근대조선―』, 경북대학교출판부, 2011이 있다.
55 趙宰坤, 앞의 논문 참조.
56 『皇城新聞』, 1903년 6월 12일・6월 15일.

향후 상황은 모든 사람들이 우려하는 바와 같이 전개되었다. 그런데 한국인들의 거센 반발이 지속되는 상황에서 미봉책으로 일본은 한국인이 경영하고 있던 한성은행을 1903년 12월 공립한성은행으로 개편하여 제일은행권을 운용하려는 논의를 추진하였다. 그러나 러일전쟁의 승리로 일본이 대한제국을 실질적으로 지배하면서 이 은행권 문제는 한성은행의 소관 밖의 일이 되었기 때문에 더 이상의 진전을 기대할 수 없게 되었다.[57] 제일은행권은 러일전쟁 이후 대한제국이 준식민지 체제가 되면서 통용범위와 규모도 확대되었다. 1904년 1월 러일전쟁을 계기로 전시 물자 조달을 위해 제일은행권의 유통고는 확대되었고, 그해 5월 제일은행에서는 종전의 1·5·10원권 외에 20·50전에 이르는 소형 은행권까지 발행하였다. 곧바로 제일은행권은, 이토 히로부미의 추천을 받은 대장성에서 20년 이상 근무한 세정전문가 재정고문 메가타 다네타로에 의한 화폐정리사업을 통하여 한국 법화法貨의 위치를 차지하였고, 그 유통도 급속도로 팽창되어 화폐제도 식민지화의 기틀이 마련되었다.[58]

화폐정리사업은 일제 압력에 의해 1904년부터 시작된 구화폐정리사업을 말하는 것이다. 러일전쟁 이후 국권이 무력화된 상황에서 일본은 이른바 '폐제幣制 근대화' 명목으로 화폐정리사업을 통해 식민지 화폐금융정책의 대강을 마련하였으며, 결국 대한제국의 화폐 주권은 일본에게 종속되었다.[59] 1904년 7월 8일의 「대한시설세목對韓施設細目」 제3항에서 화폐정리에 관한 구체적인 방침이 정해졌고, 같은 날 부임 직전의 메가타에게 일본 외무대신

---

57 이에 대해서는 김명수, 「대한제국기 일본의 금융장악 기도와 일본 제일은행―1903년 공립한성은행의 성립과 관련하여―」,『日本文化研究』47, 2013 참고.
58 「目賀田種太郎氏」,『太陽』10-3, 1904년 10월 1일, 40쪽; 目賀田種太郎,『韓國貨幣整理報告書』, 1909, 1~4쪽.
59 吳斗煥,「韓國開港期의 貨幣制度 및 流通에 관한 硏究」, 서울대학교 박사논문, 1984; 都冕會, 「갑오개혁 이후 화폐제도의 문란과 그 영향(1894~1905)」,『韓國史論』21, 1989; 金才淳,「露日戰爭 직후 일제의 화폐금융정책과 조선 상인층의 대응」,『韓國史研究』69, 1990; 이윤상, 『1894~1910년 재정제도와 운영의 변화』, 서울대학교 박사논문, 1996.

은 17개 항목의 '내훈內訓에 속한 시정 요목'을 제시하였다. 이 중 화폐정리
와 관련된 것은 다음의 5개 조항이다.

1. 일본 화폐의 유통을 공인하게 할 것.
2. 백동화白銅貨 주조를 정지시키고, 이미 발행된 백동화의 처분은 자세히 연구
   하여 그 방법을 세울 것.
3. 화폐는 일본에서 주조하고, 한국 전환국典圜局은 폐쇄하며, 만일 전환국을 유
   지할 경우에는 일본 조폐국의 출장소로 하든지, 아니면 그 감독 아래에 두어
   화폐의 신용을 유지할 것.
4. 정부 지폐는 발행하지 말 것.
5. 제일은행 발행의 은행권은 당분간 현재대로 하며, 이것을 공약으로 하여 세출
   로 지불하며, 적당한 정도로 의무를 부담하게 하여 재정에 이용함.[60]

이상을 근거로 그해 10월 「재정고문용빙傭聘계약」을 맺고 재정고문으로
들어온 메가타 다네타로는 한국 재정의 문제점을 화폐제도의 문란, 황실과
정부 재정의 혼동, 세출의 남발과 징세기관의 문란에 있다고 규정하고, 가장
먼저 화폐정리와 금고金庫제도를 추진하였다. 그런데 '용빙계약'에 따르면
메가타는 재정에 관한 모든 사무를 관장하고 그의 동의가 없이는 어떤 재정
사무도 취급할 수 없게 되어 있었다. 그는 재정 문제에서 머문 것이 아니라
군대 감축, 재외공관 철폐, 통신사무의 위임 강요, 내탕금 지불 정지 등 한국
정부의 행정 전반까지도 간섭하였다.[61]

메가타는 같은 해 11월 30일 본위화를 세우지 못하고 보조화만 남발하는
등 재정문란만 야기한다는 명분으로 한국 정부로 하여금 전환국典圜局을 공

---

60 『駐韓日本公使館記錄』, 「目賀田 氏에 대한 內訓 사본 송부의 件」 機密送 第71號, 1904년 9월 10
   일(외무대신 小村壽太郎→특명전권공사 林權助).
61 이윤상, 앞의 논문, 210~213쪽.

식적으로 폐쇄시키고,[62] 총 12개 조의 화폐정리에 관한 구체적 방침을 세웠다. 이를 각 조별로 간단히 정리하면 ① 한국의 '화폐조례'를 개정하여 신화 발행과 구화 회수의 조칙 발포, ② 신화폐의 품위品位·양목量目·호칭·양식은 일본 화폐와 같게 할 것, ③ 보조화 주조량의 제한, ④ 일본 조폐국에서 한국 화폐를 제조하고, ⑤ 제일은행권의 공인, ⑥ 새로 발행한 태환권은 제일은행권으로 충당, ⑦ 일체의 융통자금은 한국 정부와 제일은행이 계약을 정하고, ⑧ 회수되는 구화의 매각 대금과 보조화 주조 이익금은 제일은행 대부금 변제에 충당하고, ⑨ 엽전은 당분간 남겨두지만 교환 내지 소멸토록 할 것, ⑩ 한국 정부의 수지는 간이簡易하고 예금주의預金主義로 할 것, ⑪ 매각되는 구화는 절단하거나 용해[鎔潰]를 요하고, ⑫ 중요한 사항 실행 전 일본 정부와 상의할 것 등을 규정하는 것이었다.[63] 그것은 결국 일본 화폐 혹은 제일은행권이 한국의 법화 역할을 수행하는 것이었다.[64] 다음 해인 1905년 1월 27일 제일은행으로 하여금 한국 정부의 세입·세출과 금고 출납을 담당케 하였다. 동시에 한국 정부와 「화폐정리 사무에 관한 계약」, 「화폐정리 자금 차입에 관한 계약」 등을 체결하여 화폐정리에 관한 제반 사항을 제일은행에 일임하였고, 3월 24일 제일은행권을 공식 법화法貨로 보장받도록 하였다. 이는 일본이 한국의 재정과 화폐를 실질적으로 지배하는 계기였다.

이후 일본은 백동화와 엽전을 신화폐와 교환하는 화폐정리사업을 제도적으로 추진시켜 나갔다. 1905년 1월 18일 당시 일본의 화폐제도와 동일한 「화폐조례 실시에 관한 건」을 발표하여 그해 6월 1일부로 실시하기로 결정하였다.[65] 동시에 한국의 화폐와 형태 및 양목量目이 동일한 일본 화폐는 합법적

---

62 『官報』, 1905년 11월 30일, 「典圜局을 廢止하는 件」.
63 松本重威, 『男爵目賀田種太郎』, 故目賀田男爵傳記編纂會, 1938, 378~380쪽.
64 이 같은 강제적인 화폐정리에 대해 당시 일본의 대표적인 경제신문인 『東洋經濟新報』도 '列國이 環視'함에도 불구하고 이렇듯 난폭하게 처리하는 것은 '한국의 경영을 그르칠 뿐'이라고 우려를 표명하였다(『東洋經濟新報』, 「重ねて對韓經營の方針に就て」, 1905년 12월 15일).
65 『韓國貨幣整理報告書』, 27~28쪽.

으로 유통할 수 있게 함으로써 일본 화폐의 무분별한 침투 여건을 마련하였다. 일본은 4월 17일부로 새로운 화폐도 전환국 대신 일본 오사카大阪 조폐국에서 발행케 하였다. 이어 한국 정부로 하여금 6월 8일에 「신화폐조례의 실시와 구백동화 환수에 관한 건」, 6월 24일에 「구백동화 교환에 관한 건」, 「구백동화 교환 처리순서」 등을 발표케 하였다.[66] 이는 신구 화폐 교환 및 환수에 관한 것으로 이를 통해 구화폐인 백동화를 회수하고, 서울·평양·인천·진남포·군산 등지에 교환소를 설치하여 1905년 7월 1일부로 교환을 개시하였다. 1905년에는 주로 교환, 1906년에는 납세, 1907년 이후에는 매수에 의해 백동화 환수가 이루어졌다.[67] 엽전은 점진적으로 유통량을 감소하는 정책을 취하였다.

이로부터 구백동화와 엽전 대신 일본은행권과 제일은행권이 본위화로 유통될 수 있었다. 또한 보조화로는 반원半圓 20·10전, 은화 5전, 백동화 1전, 반전半錢의 청동화青銅貨 및 일본 국내의 보조화가 통용되었다. 당시 유통된 화폐 중 제일은행권이 가장 많은 액수를 차지하였다. 이 역시 본위화인 금화와 태환되는 것이 아니라 일본은행권과 태환되었다.

화폐정리사업은 1905년 7월 1일부터 1911년 2월 말까지 실시되었는데, 각지의 농공은행·금융조합 및 상인들의 교환조합이 수집을 담당하였다. 1910년까지 엽전 환수액은 327만 8,958원 68전 9리厘였다. 대한제국 정부는 일본 제일은행과 계약을 맺고, 정리자금으로 300만 원을 빌린 후 다시 이것을 제일은행에 주어 정리 사무를 위촉하였다. 아울러 제일은행으로 하여금 국고금을 취급하게 했고 은행에서 발행하는 지폐를 공사公私 일체 거래에 통용시켰다. 이에 따라 제일은행은 1909년 11월 한국은행이 설립되어 업무를 인수할 때까지 중앙은행으로서 역할을 하였다.

화폐정리사업은 일본 제일은행으로 하여금 지폐를 발행하는 중앙은행의

---

66 『韓國貨幣整理報告書』, 53~56쪽.
67 吳斗煥, 앞의 논문, 235쪽.

역할을 담당케 함으로써 대한제국이 세운 금융기관은 유명무실하게 되는 결과를 초래하였다. 백동화는 품위·무게·형태에 따라 갑·을·병종으로 구분하였다. 이 중 갑종의 백동화만이 신화폐와 교환이 가능하였고, 을·병종 백동화는 낮은 가격으로 환수하거나 받지 않았다. 엽전도 비싼 교환가격으로 소유한 사람들과 한국 상인들은 큰 피해를 입었다. 반면 이미 이를 알았던 많은 일본 상인들은 미리 구입한 백동화를 고가에 판매함으로써 큰 이익을 남겼다.

이상과 같은 화폐정리사업으로 1905년 이후 한국사회는 금융공황에 직면하였고, 상인들의 도산도 속출하였다.[68] 안중근도 이토 히로부미를 처단해야 하는 명분 중 하나로 제일은행권 발행을 들고 있다.[69] 통화·금융제도 정비 과정에서 새로운 화폐를 발행하여, 화폐 교환 과정에서 일본인들이 한국인들의 재산을 수탈하였을 뿐만 아니라 전황錢荒을 이용하여 부동산을 매집하는 등 결국 화폐정리사업을 통해 일본은 식민지 경제 지배 기틀을 마련할 수 있었다.[70]

---

68 화폐제도 개혁에 관해 경성상업회의소 부의장 李君弼 등이 일본 총리대신 겸 외무대신 가쓰라 다로桂太郎에게 장문의 청원서를 올려 폐제개혁의 결점, 실시상의 결점, 한국 상인의 파산 등을 거론하면서 그 구제 방안으로 ① 양화, 악화를 묻지 않고 모두 새 화폐로 교환할 것, ② 손해구제를 위해 민간에 신용이 있는 商士農民의 연대책임으로 상당한 자금을 무이자로 빌려줄 것, ③ 정부는 공채 1,500만 원을 발행할 것, ④ 은행을 설립할 것, ⑤ 각 군 및 주요 각지에 국고금 취급의 편리한 방법을 세울 것 등을 주장하였다. 이어 경성상업회의소에서는 '화폐공황'으로 서울에서 크게 파산한 포목상 金榮觀(총 부채 12만 원) 등 상인 23명의 명단과 피해액을 제출하였다(경성상업회의소, 『韓國幣制改革＝關スル情願書』, 1905년 11월 13일). 서울의 대상인들도 이런 상황이었는데 소상인과 지방상인이 어떠했을지는 익히 짐작된다.
69 "10. 하등 충당할 돈이 없는 데도 불구하고 성질이 좋지 못한 대한제국 관리에게 돈을 주어 한국민에게 아무것도 알리지 않고 제일은행권을 발행한 것"(『독립운동사자료』 6, 제1회 피고인 신문조서).
70 吳斗煥, 앞의 논문, 252쪽.

삼림채벌을 둘러싼 러일의 경쟁

이 장은 『국사』 교과서에서 아관파천 시기 러시아의 '브리네르의 이권' 확보의 의미가 정확히 전달되었는가 하는 단순한 의문에서 출발한다. 대다수 교과서에서는 '열강의 이권 침탈' 항목에서 삼국간섭Triple Intervention과 아관파천 이후 러시아가 획득한 이권 중 하나인 압록강·두만강 및 울릉도 삼림벌채권으로 간단히 기록하고 있다. 또한 이는 독립협회의 이권 침탈 반대운동 중 하나로 그 결과는 러시아의 용암포 군사기지화로 이어졌고, 이는 러일전쟁이 발발하는 요인으로 이해하고 있다. 그러나 통념과는 달리 진행 과정에서 그 실체는 '국가자본과 전쟁'이라는 매우 복잡한 역학관계 아래 전개되었다.

그동안 이 분야 연구는 러시아의 이권 침탈 과정과 그 실태를 파악하기 위한 일환으로 수탈사적 관점에서 접근하거나,[1] 용암포를 중심으로 하는 대립 과정에 초점을 두어 삼림채벌권을 통한 러시아의 진출은 일본의 경의철도

---

1 姜英心, 「舊韓末 러시아의 森林利權 획득과 森林會社의 採伐實態」, 『梨花史學研究』 17~18합집, 1988.

부설권 확보 노력에 대응하기 위한 일환으로[2] 삼림이권에 대한 러시아 정부 내의 재정파와 황실파의 정책 대립에 한정하여 서술하거나,[3] 브리네르의 이권을 군사전략적으로 활용하려는 시도가 있었지만 재정 부족과 국제정세 불안으로 결국 실패로 돌아가게 되었다는 점도 강조되었다.[4] 이상의 연구들은 모두 러시아와의 관계, 즉 초기 이권에만 초점을 둔 것으로 이권 진행과정의 전반적 상황과 역관계는 살피지 않는 한계점을 보이고 있다. 그 결과 러일전쟁 직후 일본 측으로 이권이 이전되는 과정에 대해서는 언급하고 있지 않다.

그러나 삼림이권은 처음에는 브리네르의 개인사업으로, 그 후에는 러시아 측의 '주식회사' 형식의 민영회사로, 러일전쟁 이후에는 일본에 이전되어 '정상재벌政商財閥'의 형태로, 그리고 1910년에는 최종적으로 정부사업으로 전환하는 모습을 보인다. 이처럼 운영주체의 형태가 변화하는 양상을 이해하기 위해서는 경제적 요인과 정치·군사적 요인을 같이 보아야 할 것이고, 나아가 러시아와 일본 양국 내부의 군벌軍閥 내지 정상재벌의 역관계까지 살필 필요가 있다. 정부 차원에서 추진된 압록강 삼림이권 확보는 러시아와 일본 모두 대외적 경영과 실제 경영이 다른 형태를 특징으로 하고 있다. 이러한 내용을 파악하려면 주요 당사자인 러시아·일본·한국, 나아가 중국 측 자료를 아울러 살펴야 객관성이 담보될 수 있을 것이다. 또한 정황상의 적합성과 단계별 문제점을 정확히 인식할 필요가 있다. 특히 기존 연구에서처럼 일본 측의 입장이 평면적으로 언급되는 수준에서는 전체적인 논의를 이끌어가기는 쉽지 않다고 판단된다.

러시아 관련 부분인 1절은 선행 연구성과와 관련 문서의 재해석을 통해 서술하였다. 연구의 핵심인 2절과 3절은 그동안 연구에서 다루지 않았던 러

---

2 김원수, 「러시아의 鴨綠江森林採伐權 活用計劃」, 『首善社會』 9, 1998.
3 최덕규, 「니콜라이 II세와 압록강 삼림채벌권」, 『제정러시아의 한반도정책, 1891~1907』, 경인문화사, 2008.
4 이재훈, 「러일전쟁 직전 러시아의 압록강 삼림채벌권 활용을 통해 본 한·러 경제관계의 성격」, 『역사와 담론』 56, 2010.

일전쟁 직전과 그 후 상황으로, 러시아의 이권이 복잡한 경로를 통해 전쟁 이후 일본에게 이전되는 내용과 그 역사적 함의를 설명하고자 한다.

1. 러시아 정부의 논의와 추진방안

(1) 브리네르의 이권 회수와 동아시아회사 설립계획

압록강과 두만강 연안은 예로부터 조선 정부의 변경통치권으로 중앙의 영향력이 미약한 지역이었다. 또한 험준한 산악과 하천으로 구성되어 있어 상대적으로 인구도 희박하여 삼림자원이 비교적 온전하게 남은 유일한 지역이었다. 중국의 청조 정부 역시 청의 발상지인 동북 지역에 대해 오래도록 봉금정책封禁政策을 실시하였기에 19세기 중반인 동치同治 연간(1862~1877)에 산둥山東 지역의 이민자들이 압록강 연안의 삼림지대를 개간하기 전까지는 비교적 잘 보존될 수 있었다.[5]

1900년의 러시아 기록들에 따르면 백두산과 두만강 지역의 숲에는 침엽수로는 북쪽 비탈에 낙엽송과 남쪽 비탈에 전나무가 압도적으로 많았고, 활엽수로는 북쪽에 포플러, 남쪽에 흑자작나무가 많았다. 한편 압록강 유역에는 떡갈나무, 느티나무, 물푸레나무와 검은 자작나무, 포플러, 느릅나무, 주목朱木 등이 무성하였다. 이들 수목은 크기, 나무줄기의 길이, 품질에서 중국과 일본 시장에 내놓아도 손색이 없었으며 미국과 시베리아의 수목과 경쟁해도 손색이 없다고 평가되었다.[6]

1915년 당시 일본 측이 파악한 압록강 목재의 분포를 보면, 해송海松(홍송紅松)은 압록강 삼림 중 가장 주요한 임목의 하나로 수지樹脂가 풍부하고 보

---

5 김규방 외, 『연변경제사』, 연변인민출판사, 1990, 31쪽.
6 알렉산드르 이바노비치 즈베긴초프A. И. Звегинцов, 「한국 북부 여행」, 1898, АРГО(러시아지리협회문서보관소),ф.п-19/6,лл.502-518; 러시아 대장성 편, 崔璇·金炳璘 역, 『國譯 韓國誌』, 한국정신문화연구원, 1984, 471쪽.

존력이 강하여 가옥건축, 기구器具, 관재棺材 등에 사용하였고, 노송나무(어린송魚鱗松 혹은 당회唐檜)는 가옥건축, 맥주통, 다상茶箱, 채, 바퀴 등의 용재用材, 집의 기둥, 전주, 범주帆柱 등에 이용되었다. 또한 백회白檜, 사송沙松, 낙엽송, 적송赤松, 적백송 등도 분포하였다 한다. 특히 적송의 산지로는 평안도 의주, 창성, 벽동이 유명하였는데, 재질이 견고하고 수지가 풍부하며 보존력이 강해 가옥, 교량, 선함, 토공, 기구, 신탄薪炭 용재뿐 아니라 수지 채취에도 활용되었다.[7]

　이 지역의 목재가 세간의 주목을 받게 된 것은 아관파천 기간이다. 그것은 1896년 8월 28일 조선 정부가 러시아의 압력에 의해 외부대신 이완용과 농상공부대신 조병직 명의로 블라디보스토크 1급상인 율리 이바노비치 브리네르Юлий Иванович Бринер에게 압록강·두만강 및 울릉도 삼림벌채권을 허여許與하면서부터였다. 그러나 전 17개 조의 브리네르 채벌권 계약서[8]에서 회사로부터 어떤 관세나 조세도 징수하지 않는다는 조항을 둔 것은 명백한 불평등조약이었다. 또한 조선 정부는 비용 부담 없이 회사의 전 자산 중 1/4을 소유하며, 전체 순익의 1/4을 받을 권리를 가지게 되어 있었다. 조선 정부에 돌아가는 순익분은 매년 서울에서 러청은행을 통해 지급한다는 조항에도 불구하고 후일까지도 조선 측의 이익 공유 흔적을 발견할 수 없다.[9] 조항 16조의 브리네르 사망 이외에는 계약기간의 종료 시까지 제3자에게 권리 양도 규정이 없음에도 불구하고 후일의 러시아 측의 행보에서 보이듯이 이 규정도 지켜지지 않았다. 국왕이 러시아공사관으로 피신해 있던 동안 체결된 계약의 전반적인 내용은 러시아 측의 권리만이 강조되었다.

　계약서에 따라 브리네르가 획득한 이권의 행사 영역은 두만강과 압록강

---

7 滿洲 安東縣 鴨綠江採木公司 편, 『鴨綠江森林及林業』, 1915, 9~13쪽.
8 「조선에서의 러시아 채벌권 문제와 관련한 러일 관계」, АВПРИ, ф. 150, оп. 493, д. 170, лл.
9 벌목대금 명목으로 대한제국 정부에게 1898년 9월 9일 고작 337元의 은행표를 보낸 사실만이 확인된다. 『舊韓國外交文書』, 「俄案」, # 1184 「伐木價의 送付事」, 1898년 9월 9일(러시아공사 마튜닌→외부대신 서리 朴齊純).

두 강 유역의 바다에서 바다까지 한국 북부 전체에 걸쳐 있으며, 도로와 전신선 부설권, 건물 축조권, 기선 보유권 등을 얻었다.

그러나 브리네르는 삼림이권을 확보한 후 두만강 지역 일대에서 약간의 활동 기록이 있을 뿐이다.[10] 그 외에는 별다른 내역이 발견되지 않는다.[11] 이는 그가 방대한 지역의 삼림채벌을 할 수 있을 만큼의 재력을 소유하지 못하였을 뿐 아니라 그의 명의로 삼림권이 확보된 이후에 러시아 정부 측에서 막대한 이익을 창출할 수 있을 것이라는 판단하에 권리를 자신들의 의지대로 활용하기 위해 특별한 압박을 가하지 않았는가 추측해 볼 수 있다. 삼림채벌권을 행사할 자본을 모을 수 없었던 브리네르는 이권을 팔기로 결심하였고 결국 1898년 초에 이 이권이 국제 시장에 나왔다. 당시 브리네르는 내부적으로는 거대 러시아 삼림업자들에게 제안을 하고, 밖으로는 이 이권을 사겠다고 제안한 외국 회사와 교섭하였고, 외국의 거대 은행을 끌어들이려는 시도도 하였다. 한편으로는 울릉도[остров Дажалет] 삼림의 임차 사용권 양도 문제로 일본인들과 교섭을 하였지만 결국 성사되지 않았다.[12] 이 시기는 러시아 극동정책의 변화시점으로 대외적으로는 러일 간의 「로젠-니시협정」, 러시아의 뤼순 항 점령과 한국에 파견된 군사교관과 재정고문 철수, 한러은행 폐쇄 시기와 일치한다.

---

10 러시아공사 마튜닌의 통지에 따르면 1898년 봄에 두만강 '토리村'에서 杉木, 松木, 이팝나무, 黃栢木 도합 2,185개의 圓木을 벌채한 사실이 있었음을 알 수 있다. 『舊韓國外交文書』 「俄案」, #1161 「豆滿江沿邊 伐木數에 對한 通知事」, 1898년 8월 14일(러시아공사 마튜닌→외부대신 임시서리 李道宰).

11 "브리노는 특허 후 얼마 안 되어 무산의 벌목에 착수. 손실을 초래. 그 후는 거의 포기한 상태이며, 울릉도와 압록강 연안에는 아직 한 번도 착수하지 않았습니다"[『駐韓日本公使館記錄』, 「鴨綠江岸 등에서의 露國人伐木權 期限延長에 관한 露公使의 要求」, 1900년 12월 3일(林 공사→加藤 외무대신)].

12 Алексéй Михáйлович Абаза, 「한국의 러시아 기업들」, '1898년~1904년 극동에서 우리의 정책과 관련하여', ГАРФ,ф.543,оп.1,д.185,лл.1-107об. 방대한 분량의 시종무관장(해군소장) 아바자의 글은 러일전쟁 패전 후 압록강 유역 삼림채벌권 문제를 중심으로 러시아의 극동 정책에 대해 재무부, 외무부, 육군부 등 주무 부처 대신들과 그에 대립하는 베조브라조프 일파의 견해에 관한 총괄 보고서의 의미를 갖는다(이하 'А. М. Абаза, 「한국의 러시아 기업들」로 약칭).

러시아 정부사업으로의 전환 가능성을 모색하는 과정에서 근위연대 소속 육군중위 A. M. 볼콘스키A. M. Волконский 남작의 보고서가 1898년 정부에 제출되었다.[13] 이 문서는 그해 3월 알렉산드르 미하일로비치 베조브라조프 Александр Михайлович Безобразов 주도의 동아시아회사Восточно—азиатск ая компания 설립 근거와 방향 설정에 중요 판단자료로 활용된 것으로 보인 다. 볼콘스키는 한국 정부의 무능력을 틈타 해외 열강들이 침투하고 있는 상 황에서, 한국의 호감을 사고 있는 러시아는 '동아시아회사'라는 삼림회사를 설립해 한국 전반을 장악해 가야 한다는 취지로 다음과 같은 내용을 주장하 였다.

러시아인들 입장에서 현재 한국은 상황이 매우 좋고, 지리적 근접성, 여 전히 상실되지 않은 한국 황제의 신뢰, 러시아의 보호와 심지어 구원에 대한 기대 등이 있다는 것이다. 이에 따라 삼림회사의 전제로서 먼저 경험 있는 자가 전반적인 행동 계획을 주관해야 하며, 확실하고 일관되게 작성된 프로 그램의 토대 아래 한국과 동아시아의 천연자원 개발 목적으로 '동아시아'라 는 이름의 큰 회사를 설립하는 것이 이 프로그램의 첫 항목들 중 하나가 되 었으면 한다는 것이다.

그 과정에서 볼콘스키는 러시아 정부의 역할을 강조하고 있다. 즉, 그는 '상 사'를 이끄는 일은 정부에 무조건 충성하며, 정부의 지속적인 감독 아래 페테 르부르크에 이사회를 두고 회장은 정부 명의로 자신에게 만들어진 특별 훈령 들을 반드시 따라야 한다는 것이다. 한국에는 '상사 총 전권대표'라는 직함을 가진 이사회 임원들 가운데 한 명이 상주해야 한다고 주장하였다. 거점을 원계 약자인 브리네르의 본거지인 블라디보스토크에서 페테르부르크로 이전하여 황제와 측근 중심으로 운영해야 한다는 내용임을 암시하고 있다.

그는 주식소유자가 될 수 있는 사람을 다음과 같이 규정하였다. 첫째, 당

---

13 A. M. Волконский, 「한국과 한국 정부의 상황, 그리고 바람직한 한국 목재산업 시설에 관하여 (1898)」; ГАРФ,ф.543,оп.1,д.173,лл.30–34об.

장의 이익배당금을 요구하지 않을 사람들, 동시에 먼 미래에야 비로소 원하는 결과를 가져올 수 있는 경비를 지출해야만 할 때 멈추지 않을 사람들, 둘째, 처음에는 상업적 의미보다는 오히려 전 국가적 의미의 성격을 가질 사람들이어야 하며, 셋째, 주식은 기명이 아니라 무기명이 되어야 한다고 하였다. '상사'에는 공직에 있는 사람들을 채용할 권리가 제공되어야 한다고 주장하였다.

볼콘스키는 향후 추진될 동아시아 삼림회사가 영국의 동인도회사같은 식민회사의 형태로 발전하기를 기대하면서 여러 추진방안을 제시하였다. 예컨대 '상사' 활동에 착수하고 한국 황제의 적절한 허가를 받고 나면, ① 한국의 도시들에서 블라디보스토크까지 전선을 부설하는 일, ② '상사'의 아주 다양한 목표들에 적합한 거대한 창고들을 몇몇 곳에 설비하는 일, ③ 지역의 지리적·지형학적 조건들을 상세히 파악하여 계획표, 도면, 지도를 작성하고, 답사 및 연구를 시행하는 일, ④ 항구의 적당한 장소에 저탄소 및 숙박소 설치 등에 신경 쓸 것 등이었다.

그는 최종목표로 '상사' 대표들은 시간이 지나면 한국의 국가 행정직을 차지해야 하며, 한국 내의 전반적인 사업 진행에 대한 영향력은 점차 '상사'의 수중에 모아져야 한다고 주장하였다. 이 과제를 확실히 경감시키는 현실적 대안은 한국 황제가 자국의 국토와 모든 천연자원의 유일한 소유자가 되는 것이다. 그러면 황제는 독단적으로 규모와 조건을 정하게 될 것이고, 황제가 지금까지 자기가 상대해야만 했던 모든 것보다 더 이익이라는 점을 알게 되면 쉽게 '상사' 대표들의 영향을 받게 될 것이라고 볼콘스키는 판단하였다.

1898년 3월 2일 차르의 신임을 받던 궁내부 실세 베조브라조프는 동아시아회사 설립을 제안하였다. 그는 이 회사에는 외면적으로는 완전히 민간의 성격을 부여하지만 그 활동은 국가적 목표와 연결시켜야 하며, 이를 위해 정부는 이 회사에 지배적으로 참여해야 한다고 하였다. 그 실례로 13세기 영국에서 활동했던 이른바 특권회사를 언급하면서 이 회사는 식민지에 대한 본국의 위력을 확장하는 데 거대한 기여를 할 것이라고 주장하였다.[14] 이는 앞의 볼콘스키 보고서를 그대로 따른 것이다.

이와 관련하여 1898년 당시 한국에서 활동했던 전 주한대리공사 니콜라이 가브리로비치 마튜닌Никола́й Гаври́лович Матюнин의 후일 보고 내용을 통해 다음의 사실을 알 수 있다. 마튜닌은 1898년 1월 1일 귀족학교 동료인 블라디미르 미하일로비치 본랴르랴르스키Влади́мир Миха́йлович Вонлярля́рский를 처음으로 만나 블라디보스토크 상인 브리네르가 한국 정부로부터 이권을 획득한 과정, 대규모의 상업적 이익과 정치적인 혜택에 대한 설명을 들었다. 같은 해 그는 한국에 특파된 니콜라이 이바노비치 네포로즈네프Никола́й Иванович Непорожнев로부터도 조언을 받았다. 네포로즈네프는 마튜닌에게 사적인 기업으로 위장한 채, 정부 스스로가 실질적인 주인으로 나서서 삼림특허권을 획득하는 데 필수적인 정치적 관계 상황을 설명하였다.[15] 네포로즈네프는 러시아 정부의 첩보원으로 한국에서 마튜닌에게 러시아 정부의 입장을 전달하였던 것으로 보인다. 마튜닌은 그를 외무부의 비밀고문으로 알고 있으나 실제로 그는 궁내부 소속 3등관으로 삼림이권 문제에 대해 신속한 결론을 내릴 목적으로 니콜라이 2세의 명을 받고 1898년 특별탐사대원 자격으로 한국에 들어왔던 것이다.[16] 특별탐사대의 목적은 한국 북부 지역을 연구하여 삼림 식수 상태가 어떠한지, 이권 허여 지역에 일본인이 있는지, 이권의 법률적 권리가 아무 문제가 없는지를 확인하기 위해서였다. 탐사대에는 한국 북부 지도를 작성할 군 소속 지형측량기사와 목적에 합당한 기사 및 기타 인물들도 포함되어 있었고, 탐사 결과가 좋을 경우 네포로즈네프 명의로

---

14 А. М. Абаза, 「한국의 러시아 기업들」.
15 「마튜닌 전 서울주재 대리공사의 활동보고서(1905. 10. 25)」, АВПРИ, ф.150,оп.493,д.53,л л.79-87.
16 네포로즈네프는 이듬해인 1899년 10월 대한제국 황제와 궁내부 소유 토지, 광산이권 청원을 교섭하였다(「1899년 10월 27일 보고서, 첨부자료」, ГАРФ,ф.560,оп.28,д.282,лл.6-7об).

브리네르로부터 이권을 얻어서 그 후 앞에서 언급한 간략 보고의 취지대로 그것을 처리하기로 예정되어 있었다.

그 결과 네포로즈네프에게 한국의 삼림채벌권을 조건부로 매각한다는 가계약이 브리네르의 대리인과 1898년 5월 11일 상트페테르부르크에서 체결되었다. 현지의 삼림 가치평가는 네포로즈네프에게 위임되었다. 그에게는 브리네르로부터 권리를 확보하는 임무도 맡겨졌는데, 이와 같은 목적으로 구성된 예비조사위원회(탐사대)는 러시아 국영 기선회사 소속 도브로볼느이 플로트Добровольный флот社의 기선으로 오데사 항을 경유하여 극동으로 출발하였다. 니콜라이 2세는 1898년 6월 13일 네포로즈네프 탐사대 외에도 별도로 참모대위 즈베긴초프를 단장으로 하는 조사단의 추가 파견을 결정하였다.[17] 7월 9일 모스크바를 떠나 9월 14일 두만강을 건넌 조사단의 예비조사로 얻은 가장 중요한 성과는 블라디보스토크와 뤼순 항 사이의 도로 조사, 두만강과 압록강 측량 수행 및 지도 작성, 한국 북부의 삼림지대 시찰, 3,000베르스타(약 3,200km)가 넘는 이동로 촬영, 엄청나게 많은 지점들에 대한 측정이었다.[18]

당시 즈베긴초프 조사단의 보좌관으로 참여했던 육군 중령 니콜라이 안드레예비치 코르프Николай Андреевич Корф 남작은 총사령부에 제출한 간략 보고서 '1898년 한국 북부 가을 원정대의 중요한 결론'에서 압록강 채벌 이권은, ① 천연자원의 합리적인 개발로 대규모 수입을 얻게 될 것이고, ② 한국 북부와 남부의 무역-행정의 독립성이 러시아에 대한 현지 주민들의 호감을 촉발시킬 수 있고, ③ 이곳에 도로 부설, 집하창고와 보루의 건설 등을 통해 대규

---

17 그 자세한 내용은 가린 미하일롭스키 저, 이희수 역, 『러시아인이 바라본 1898년 한국, 만주, 랴오둥반도』, 동북아역사재단, 2010 참조. 말로제모프는 이들을 같은 대원으로 이해하고 있다(A. 말로제모프 저, 석화정 역, 『러시아의 동아시아 정책』, 지식산업사, 2002, 255쪽). 그러나 네포로즈네프는 발트 해와 인도양, 태평양을 통한 해로로, 즈베긴초프는 시베리아를 경유하는 육로로 출발하였다.

18 В. П. Череванский, 「한국에서 예비조사와 압록강 유역에서의 사업(1906)」, ГАРФ,ф.543,оп.1, д.190,лл.27-31об.

제2장_ 삼림채벌을 둘러싼 러일의 경쟁 **249**

모 작전을 펼칠 수 있는 전장戰場을 준비할 수 있을 것으로 적고 있다.[19]

탐사대와 조사단이 수집한 정보를 바탕으로 한 현지의 판단에 의하면, 브리네르로부터 삼림이권을 확보하는 것은 1899년 4월 30일 이후 가능한 것으로 보았다. 브리네르의 삼림이권은 그로부터 몇 달 후 6만 5,000루블에 4등관 마튜닌과 8등관 마트베이 오시포비치 알베르트Матвей Осипович Альберт에게 최종적으로 양도되었다.[20] 마튜닌에게는 8월 13일 궁정 대신министр Д вора을 통해 네포로즈네프, 알베르트와 함께 러시아의 민간 자본을 모으는 임무가 추가로 부여되었다.[21] 그러나 이는 단지 그들이 이 이권사업의 명목상 소유주임을 인정한다는 의무사항을 전제로 한 것이었다.

마튜닌, 네포로즈네프 등의 명의로 된 삼림회사에서는 1900년과 1901년 2차례 주식 발행 계획을 세우고 주주를 모집할 예정이었다. 1900년 5월 20일 45명이 공동출자하기로 서명하였고 1901년에는 68명이 명부에 기입하였다. 한 주는 5,000루블로 총액 200만 루블, 400주를 발행하기로 하였다. 하지만 이 모든 가정들은 이루어지지 않았고 공동출자 주식 발행은 실제 이루어지지 못하였다.

이렇듯 러시아 황실은 마튜닌을 앞세워 브리네르로부터 삼림채벌권을 양도받는 데는 성공하였으나 초기부터 자본을 모아 행사하는 데는 전혀 성공하지 못하였다. 알렉세이 미하일로비치 아바자Алексей Михайлович Абаза는 그 이유로 첫째, 극동은 물론이고 특히 만주에서의 전반적인 정치적 지위가 불분명하다는 점을 들었다. 즉, 러시아는 처음에는 1900년 의화단운동 이후 만주에서 군대를 철수하겠다고 수없이 약속하였지만 이행되지 않았다는 것

---

19 「만주 지도가 첨부된 1903년 6월 29일 자 시종무관장 쿠로파트킨의 보고서」, ГАРФ, ф.568,оп.1, д.183,лл.95-118об. 즈베긴초프와 코르프는 이 기간 한국 북부의 탐사를 토대로 1904년 상트페테르부르크에서 『북한의 군사개관』(총 256쪽)이라는 서적을 공동 간행하였다.

20 『駐韓日本公使館記錄』, 「鴨綠江岸 등에서의 露國人伐木權 期限延長에 관한 露公使의 要求」 1900년 12월 3일(하야시 공사→가토 외무대신). 그런데 아바자는 채벌권의 최종 매입일을 5월 8일로, 체레반스키는 6월 26일로 기록하고 있어 한 달여 이상 차이가 있다.

21 А. М. Абаза, 「한국의 러시아 기업들」.

이다. 둘째, 재무상 세르게이 율리예비치 비테Сергей Юльевич Витте의 한국에서 비非관영 기업은 "완전히 사적인 방식으로 행하라"는 제동과 명분론에 따른 것으로 이는 알렉산드르 미하일로비치 대공도 동의하였기 때문이었다. 셋째, 니콜라이 2세의 미온책도 원인으로 작용하였다. 사업 성사에 큰 관심을 가지고 있었음에도 불구하고 그는 주무 부처들이 반대를 하지 않는 범위 내에서만 사업을 수행하는 조건으로 지원한다고 천명하였다.[22] 결국 동아시아회사는 설립될 수 없었다.

(2) 외견적 '비관영' 삼림회사의 운영

동아시아회사 제안 실패 후 베조브라조프는 다시 1901년 6월 29일 '동아시아산업회사Восточно-Азиатская промышленная Компания' 설립을 제안하였다. 이에 따르면 공동출자 회사 정관이 법적인 형태로 확정되었고, 공직에 있지 않은 표도르 미하일로비치 폰 크루제Фёдор Михайлович фон-Крузе와 알베르트가 설립자가 되었다. 이 회사에는 압록강 유역 이권 외에도 브리네르에게 준 연해주 수찬Сучан[23] 삼림지에 대한 채벌권도 이양될 예정이었다. 그러나 이 권리는 한 번도 행사된 적이 없었고 동아시아산업회사 사업 역시 지체되었다.

이에 대해 후일 외무상 블라디미르 니콜라예비치 람즈도르프Владимир Николаевич Ламздорф는 시말 보고서에서 1901년 계약만료일에 이르자 한국 내의 반발이 컸고 러시아공사의 강청으로 연장했을 뿐,[24] 1896년부터 1903년까지 거의 7년 동안 러시아가 삼림이권을 가지고 있으면서도 권리들을 실

---

22 А. М. Абаза, 「한국의 러시아 기업들」.
23 한국명 水淸. 현재의 파르티잔스크 지역.
24 1901년 4월 11일 외부대신 박제순은 러시아공사 파블로프에게 압록강변에서 청국의 소요사건(의화단)으로 인해 사업 착수가 불가능하였기 때문에 지연되었는데, 이에 대해 1901년 1월 1일을 시점으로 앞으로 3년 이내, 즉 1904년 1월 1일까지 착수치 않으면 그 사업권은 폐지한다고 통고하였다(『舊韓國外交文書』, 「俄案」, #1685 「森林伐採事業의 着手時期를 三年內로 延長하는데 對한 同意」, 1901년 4월 11일(외부대신 朴齊純→러시아공사 파브로프)].

제로 자기 것으로 확보하는 일에 힘쓰지 않았다고 비판한 바 있다.[25]

이렇듯 활동이 지지부진했음에도 불구하고 삼림회사는 1903년 2월 말부터 실제로 영업을 개시하였다.[26] 브리네르의 이권이 자신들의 것으로 확보되었다고 평가한 아바자에 따르면 뤼순 항에는 3월 러시아 삼림회사의 중앙사무소가 개설되었고, 한국인과 중국인 노동자가 고용되어 압록강에 '비교적 간소한 규모'로 제재공장 건설이 시작되었다고 한다. 삼림회사의 3월 이전 주요 지출 내역은, ① 1898년 황제의 관방에서 한국 북부의 사전 답사를 위한 탐험대 및 브리네르의 이권 매입에 지출된 액수 25만 루블, ② 1902년 동안 같은 재원에서 압록강 만주 유역의 삼림채벌권 획득에 지출된 액수 13만 루블, ③ 1903년 1월에 국가 예산에서 예정하지 않은 연간 비상 기금 중에서 계약 조건에 따른 회사의 현지 활동을 보여주기 위한 지출, 그리고 푸순 탄광, 랴오허 강의 기선회사, 묵덴(심양)의 교회·학교·병원 등 부수적 사업에 대한 지출 액수 220만 루블 등으로 총계 258만 루블이었다.

그러나 같은 달 압록강 삼림채벌을 둘러싼 중국의 부정적 반응을 참작한 뤼순 항 극동총독 알렉세예프는 건의에서 "중국인들은 우리의 삼림 사업이 상업적인 문제가 아니라 정치적인 문제라고 간주하면서 우호적이지 않은 태도를 보이고 있다. 압록강에 (탐사대를) 파견하려는 것도 우리에게 불리한 추측을 불러일으키고 있다"[27]면서 탐사대의 파견을 조금 늦추고 또 다른 탐사대 파견계획도 중단할 것을 요청하였다. 이에 니콜라이 2세도 동의하였다.

상황이 이같이 되자 베조브라조프는 압록강 좌안의 러시아 이권지역에 수천 명의 일본인들이 나타났고, 6주 전 중국 신디케이트가 서울 주재 일본 공

25 「압록강의 삼림이권과 한국에서의 광산채굴 이권에 대한 람즈도르프의 보고서(1903)」, ГАРФ, ф.818,оп.1,д.055,лл.1-13об.
26 1903년 2월 27일 러시아공사 스테인은 외부대신 이도재에게 권리매수인이 삼림사업을 시작하니 별도의 보호가 있어야 할 것이라 통고하였다[『舊韓國外交文書』, 「俄案」, # 2008 「豆滿鴨綠江邊의 森林事業을 始役한다는 通告」, 1903년 2월 27일(러시아공사 스테인→외부대신 이도재)].
27 「시종무관장 알렉세예프의 비밀 전문(1903.3.13.)」, ГАРФ,ф.818,оп.1,д.52,лл.1-1об.

사관을 통해 한국 정부로부터 압록강 유역의 삼림개발 이권을 얻었다는 소문과, 이것이 일본군이 한국 북부로 이동하게 된 원인[28]이라면서 강력하게 항의하였다. 이는 사실을 과장한 명백한 허위 보고였다. 그럼에도 불구하고 베조브라조프는 시종무관장 알렉세예프 제독에게 소속 군인들 중 변장한 600명의 병사를 한국으로 파견할 것과 동일한 목적으로 3,000명의 변경 마적인 '홍후즈紅鬍子' 부대를 조직할 것을 요청하였다.[29]

1903년 3월 26일 황제 주재의 회의에서는 새로운 삼림회사 설립을 위한 기구와 역할 확대를 위한 사항을 결정하였다. 주요 내용은, ① 한국 정부가 제공한 이권의 효력과 의의를 조사하는 일을 외무대신에게 위임할 것, ② 압록강 유역의 삼림자원 개발을 위한 주식회사를 러시아 법률에 따라 설립할 것, ③ 회사에 외국 자본, 그중에서도 미국, 프랑스, 벨기에 자본의 참여를 허용할 것, ④ 회사의 주식 자본에 국고의 지분을, 하지만 최대한 작은 규모로 허용할 것, ⑤ 회사의 활동을 압록강 유역의 삼림자원 개발로 제한할 것, ⑥ 회사를 관동주Квантунская область 총책임자의 감독 아래 둘 것 등이었다.[30]

그러나 베조브라조프가 1903년 4월 압록강 연안의 삼림이권 취득을 목적으로 한 극동 출장을 마치고 귀국한 후에 5월 7일 열린 황제가 직접 주재하는 특별협의회에서 압록강 사업에 관한 경과보고를 하였고, 회의를 통해 다음의 7개 조가 결정되었다.

1. 한국 정부가 제공한 이권의 효력과 의미를 조사하라고 외무대신에게 내린 명령을 폐기할 것.
2. 중국 중앙정부로부터 압록강 우안의 삼림채벌권을 얻기 위해 외무부와 재무부가 내린 조치를 철회할 것.

---

28 「베조브라조프의 보고서(1903.3.21.)」, ГАРФ,ф.818,оп.1,д.055,лл.15-18об.
29 「만주문제에 관하여(결론). 쿠로파트킨(1903.11.24.)」, ГАРФ,ф.568,оп.1,д.183,лл.120-135об. 당시 300명의 코사크부대와 함께 실제 홍후즈의 동원이 있었고, 이는 아사히, 요미우리 등 일본 언론의 강한 항의에 직면하게 된다.
30 А. М. Абаза,「한국의 러시아 기업들」.

3. 아직은 삼림채벌을 위한 주식회사의 설립을 위한 사전 조치와 그 활동을 위한 기반을 마련하는 것으로 끝내고, 압록강 유역의 우리 권리의 최종 확정 전까지 미리 이 회사를 완전한 규모로 조직하는 것은 잠시 기다릴 것. ·

4. 이에 상응하여 극동에서 우리의 정치·경제적 상황이 충분히 조성될 때까지, 그곳에서 우리의 이해관계에 대한 보장이 사실적으로 이뤄질 때까지 이 사업에 외국자본을 유치하는 일은 잠시 미룰 것.

5. 이 회사의 주식자본에 대한 국고의 투여 규모는 국가의 실질적인 이해관계 및 극동에서 우리의 필요에 따라 결정할 것.

6. 이 회사의 활동을 압록강 유역의 삼림채벌에 한정짓지 말고, 그 반대로, 1900년 3월 26일의 결의에서 황제 폐하께서 미리 정해 주신 정신으로, 이 회사에 가장 폭넓은 권한을 부여할 것.

7. 이 회사의 활동을 관동성 총책임자의 감독 아래 둘 뿐만 아니라 시종무관장 알렉세예프에게 지역 조건에 맞는 올바르고 책임있는 조직방법을 위임할 것.

베조브라조프의 극동 출장은 정적인 재무상 비테 주도의 동청철도회사의 조사도 포함된 것으로, 이 회의에서 3월 26일의 결정사항은 대부분 재검토되었다. 외무대신 람즈도르프가 언급한 것처럼 여기서 상업적 성격을 강조하는 파와 군사·정치적 의미를 강조하는 파로 이원화되어 동일한 합의를 볼 수 없었고, '축소전략'으로 방향을 수정하였다. 이때 육군대신 알렉세이 니콜라예비치 쿠로파트킨Алексей Николаевич Куропаткин은 회사를 외국인에게 매각하거나 사업을 포기해야 하며, 계속하면 분쟁이 지속되어 군사력 강화의 필요성이 대두된다고 주장하였다. 결론적으로 그는 상업상 이익이 약하기 때문에 일본의 참여를 허용하거나 자생력을 가진 비정치적 기업의 활로 모색을 추구해야 하며, 그로 인해 발생할 손실은 중국에서 받은 배상금으로 지불할 것을 대안으로 주장하였다.[31]

---

31 「만주문제에 관하여(결론). 쿠로파트킨(1903.11.24.)」, ГАРФ,ф.568,оп.1,д.183,лл.120~135об.

삼림회사의 법률적 기초는 이 5월 특별협의회 결정 3항에 의해 시작된 것으로 이날 회의에서 니콜라이가 "일본과의 관계 단절을 최대한 피하라"는 입장을 최종 표명한 것은 '전쟁의 구실을 조금도 주지 않도록' 하려는 의미도 포함한 것이었다. 만주집중책을 채택한 차르는 비군사적 기업 등 외견적으로는 비관영 형태로 존속시킬 것을 희망하였다.[32] 6월 13일 삼림회사 설립을 위한 준비임원을 구성하였는데, 시종무관장 알렉세이 파블로비치 이그나티예프Алексéй Пáвлович Игнатьев 백작과 표트르 파블로비치 게세Пётр Павлович Гессе, 바실리 알렉산드로비치 겐드리코프Василий Александрович Гендриков 백작, 해군소장 아바자, 펠릭스 펠릭소비치 유수포프Феликс Феликсович Юсупов 공작, 펠릭스 펠릭소비치 수마로코프-엘스톤Феликс Феликсович Сумароков-Эльстон 백작, 4등관 마튜닌과 본랴르랴르스키와 미하일 아폴로노미치 세레브랴코프Михаил Аполлонович Серебряков 등이었다. 이들은 주로 베조브라조프 계열의 인사들로, 특히 그의 사촌 아바자는 베조브라조프가 극동에 출장 중일 때(1902~1903) 그와 페테르부르크 사이의 서신 연락을 중개했고, 본랴르랴르스키는 상업적 성격을 갖는 문제들에 대한 조언자로서 참여하였다.

삼림회사에 대한 최종방안은 6월 27일 뤼순 항 협의회에서 확정되었는데, 이 회사를 "군사·정치적 성격의 기업으로 보려는 일본의 모든 구실거리를 제거하기 위해" 현직 장교들이 참여하는 것을 배제하고 예비역 장교들이나 공직에 있지 않은 인물들에게 삼림사업을 인수시키는, 즉 회사를 비군인·비관료에게 인계하는 것으로 결론이 났다.[33] 이에 따라 한국 정부 측과 새로

---

32 「만주 지도가 첨부된 1903년 6월 29일 자 시종무관장 쿠로파트킨의 보고서(1903.6.29.)」, ГАРФ,ф.568,оп.1,д.183,лл.95~118об. "참석한 사람들의 상술한 의견을 듣고서 일본과의 전쟁은 불필요하고 우리는 만주의 안정 정립을 위해 노력을 경주할 필요가 있다고 생각한다. 그러므로 삼림채벌을 위해 압록강에 설립될 기업은 순수한 상업적 원칙에 근거해야만 한다. 상업적 목적을 추구하는 회사에 외국인들 특히 미국인, 프랑스인 그리고 벨기에인들의 참가를 허용할 수 있다. 회사에 참가할 의향이 있다면 軍職을 떠나야만 한다."
33 「한국사안에 대한 새로운 협정체결과 관련한 일본과 협상들(1905.4.)」, ГАРФ,ф.543,оп.1,

운 협상을 마련하고자 하였다. 그 결과 7월 20일 서북변계 울릉도 삼림감리 조성협趙性協과 러시아 삼림회사 대리인 남작 긴스부르크Гинсбург는 1896년 삼림합동 약장約章에 따라 용천 용암포龍巖浦에 삼림회사를 설립하였고, 이 회사는 가옥, 목재제재창, 적치장 등을 한국 정부가 할당한 조차지에 건조한다는 내용으로 하는 8개 조항의 정식계약을 체결하였다.[34]

1903년 8월 8일 삼림회사에 대한 용암포 건축용 토지 할당에 관해 황제가 승인한 최종 합의문에 긴스부르크[35]와 서명하기로 하고 한국 전권대표인 외부대신 이도재가 직접 기일을 정하기로 협의하였다. 그러나 전권대표는 정부회의를 거쳐야 하며 일본의 새로운 보복 위협 구실 등을 이유로 서명을 거부하였고 이후에도 차일피일 회피하였다.[36] 이에 러시아공사 파블로프는 한국 정부에 새로운 서명이 타결되지 않더라도 '브리네르 계약서'를 러시아 측에서는 그대로 받아들일 것이라고 언급하였다.[37] 이때 조약은 체결되지 않았으며 일본의 적극책도 전혀 법적 근거를 찾을 수 없는 것으로 애초부터 논의의 대상이 될 수 없는 것이었다. 한러 간의 다방면의 교섭이 있었음에도 불구하고 조약은 한국 정부의 소극적 정책과 일본과 영국의 강력한 반대로 성립되지 못하고 미해결로 남을 수밖에 없었다.[38]

결국 용암포 조차租借뿐 아니라 정부 차원의 삼림채벌에 관한 러시아와의 후속 계약이 체결된 바 없기에 대한제국 측은 원안인 브리네르 계약서에 즉해서 사실 여부를 계속 판단할 수밖에 없었다. 차르를 정점으로 한 러시아 내

д.186,лл.4a-28об.

34 『駐韓日本公使館記錄』,「機密 제130호, 龍巖浦 租借契約書 사본 進呈의 건」, 1903년 8월 11일 (林 공사→小村 외상).

35 당시 긴스부르크는 삼림회사뿐 아니라 용산의 방직공장 관리와 포경사업에도 관여하고자 하였다. 그는 한국 정부에 한국 북부의 전화, 전신사업 관리, 함경북도의 탄광 경영 등을 요구하였다한다(菊池謙讓, 『近代朝鮮史』下, 鷄鳴社, 1939, 571쪽).

36 『皇城新聞』, 1903년 11월 18일.

37 「4등관 파블로프의 비밀 전문(1903.8.15/28.)」, АВПРИ,ф.150,оп.493,д.108,лл.50-50об.

38 이와 관련한 구체적인 논의과정은 헨리 위그햄 저, 이영옥 역, 『영국인 기자의 눈으로 본 근대만주와 대한제국』, 살림, 2009, 258~293쪽 및 金元洙, 「龍巖浦事件과 日本의 對應」, 歷史學會 편, 『露日戰爭 前後 日本의 韓國侵略』, 一潮閣, 1990, 95~99쪽 참조.

부의 논의가 다양하였지만 외형상 달라진 내용 없이 이후 한동안 그대로 유지되었던 것이다. 그럼에도 불구하고 그해 8월부터 9월 사이에 러시아 측은 거주를 위한 건물을 축조하는 한편, 벌목을 개시하였고 압록강 해안 도로와 경편철도를 부설하고 용암포에서 안동에 이르는 해저케이블을 설치하였다.[39]

그러나 압록강 삼림회사에 대해 반대파는 이 회사는 러시아의 국익과 동일시될 수는 없으므로, 그 활동을 보호하는 데 병력과 자금을 아주 '최소한' 쏟는 것도 해로운 것이라며 기업과 정부, 군대의 완전한 분리를 주장하였다.[40] 한국 문제는 '압록강의 이권'으로 이해하고 있던 육군대신 쿠로파트킨은, 1903년 11월에 황제의 추종자 해군중장 아바자가 베조브라조프에게 보낸 전문 가운데 황제의 압록강 기업에 대한 지나친 관심은 러시아 참모부의 고위 장교들까지 공공연하게 그 회사에 '봉사'하게 만들었다고 비판하였다.[41] 러시아의 각종 신문에서도 압록강 이권을 '일군의 고위 관료들의 범죄적인 탐욕'이라고 폭로하였고, 급기야 러일 간의 전쟁이 진행됨에 따라 고위 관료들이 회사에 직접 참여하여 러시아의 이익보다 이권기업가들의 사적인 이익들을 우선시하였음을 비판하고 있다.[42]

이와 관련하여 비판적 견해를 담은 뒷날의 종합평가보고서에서 체레반스키B. П. Череванский는 다음과 같이 구체적 평가를 하였다. 그는 압록강 유역의 사업은 첫걸음부터 완전히 실패한 것으로 결론지었다. 체레반스키가 말하는 '첫걸음'은 1903년부터로, 실패의 이유로 그는, ① 위임된 과제를 감당하지 못하면서 사업의 조직자들은 처음부터 사업 계획을 확장하였고,

---

39 앵거스 해밀튼 저, 이형식 역, 『러일전쟁 당시 조선에 대한 보고서』, 살림, 2010, 243~245쪽.
40 「극동에 관한 상주 보고서」. ГАРФ, ф.543,оп.1,д.183,лл.136-141об. 이 문서는 러시아연방국립문서보관소 서지사항에 А. М. Абаза가 쓴 글로 분류되어 있으나(ГАРФ,ф.543,оп.1,д.184. 서지사항 참조), 극동특별위원회에서 발행한 "1903~1904년 일본과의 협상 자료집"을 토대로 한 비판적 문서로 당시 러시아 외무부 관련 인물이 쓴 글로 판단된다.
41 Alexei Nikolaievich Kuropatkin 저, 심국웅 역, 『러일전쟁(러시아 군사령관 쿠로파트킨 장군 회고록)』, 한국외국어대학교출판부, 2007, 321쪽, 「부록: 황실목재회사」.
42 「극동특별위원회에서 발행한 "1903~1904년 일본과의 협상 자료집"에 대한 기록」, ГАРФ, ф.543,оп.1,д.184,лл.1-12об.

② 특권사업에 필요한 비용과 그 내용은 100만 루블의 지출로 연 수입 300만 루블을 예상하였으며, ③ 모든 이러한 종류의 추구는 외국세계에 압록강 유역에서의 러시아 사업은 보다 진지한 목적―그중 하나로 한국을 지배하려 한다는 것―이 있는 어떤 장막인 것으로 증명하게 된 것이며, ④ 사업은 점점 더 악화되어 1903년 10월 11일 현장사무소의 계산에 따르면 목재를 판 대금으로 입금된 것은 없고, 11월에 삼림회사의 금고는 이미 완전히 비었으며, ⑤ 그 과정에서 러일 간의 전쟁이 발생했다는 것이다. 이에 더해 일본 언론들에서 삼림회사가 국경의 마적을 추동하고 있다거나 러시아의 작업은 만주를 러시아화한 것과 유사하게 한국을 러시아화할 것이라 보도하고 거의 매일 주요 기관지와 거리 속보의 과장보도로 세계 여론이 들끓은 점도 지적하였다.[43]

결국 상업적인 면에서가 아니라 군사·정치적인 면, 즉 압록강에 완충지대를 형성함으로써 일본이 사전에 한국 북부로 침투해 들어오는 데 성공하지 못했다는 점[44] 외에는 준비 부족과 내부 대립 등의 난맥상으로 러일전쟁이 일어나기까지 '순전히 환상'에 의한 공식정책과 비공식정책이 동시에 추진되었던[45] 삼림회사의 영업활동은 큰 진전이 없이 정체되어 있었던 것이다.

2. 일본의 개입과 '대항이권' 공작

(1) 관제 '일청의성공사' 설립

이렇듯 브리네르로부터 양도받은 삼림회사의 운영주체와 시스템 구축을 위한 내부의 지리한 탁상공론이 이어지는 1903년 봄부터 일본 정부와 군부는 러시아 삼림회사에 대항하면서 한국의 삼림이권에 개입하려고 기도하였

---

43 В. П. Череванский, 「한국에서 예비조사와 압록강 유역에서의 사업(1906)」, ГАРФ,ф.543,оп.1, д.190,лл.27-31об.
44 А. М. Абаза, 「한국의 러시아 기업들」.
45 시드니 하케이브 저, 석화정 역, 『위떼와 제정 러시아』 (上), 한국학술정보, 2010, 169쪽.

다. 그것은 합의된 만주 철병을 거부하고 극동의 긴장감을 그대로 유지하려는 러시아 측에 대해 적극적인 대응책을 마련해야 한다는 현지의 요청에 따른 것으로, 이는 결국 관제회사 '일청의성공사日淸義盛公司' 설립으로 외화되었다. 압록강 입구를 러시아와 일본의 분쟁지역으로 삼아 러시아의 특별한 위치를 일본은 저지하려고 하였다.[46]

1903년 4월 1일 일본인 아베 슌스케阿部準輔, 모모이 이이치桃井以一와 중국인 장시영張時英, 왕화정王化廷, 곡명윤曲明允 등은 총 자본금 4만 원으로 서울 소공동 장시영의 집에 일청의성공사 본사를 설치하였다. 업무 담당 사장 아베, 업무 담당 사원 장시영으로 한국 내의 요지에서 목재 판매, 산림벌채 및 위탁판매업을 목적으로 회사의 존립 기한은 20년으로 정하는 내용의「합자회사 일청의성공사 정관」을 작성하였다. 정관은 4월 2일 서울의 일본영사의 '승인'을 받아, 27일 이를 하야시 곤스케林權助 공사를 통해 한국 정부에 통고하였다. 그런데「일청의성공사 정관」은 브리네르 회사의 그것을 모방한 것이었다.

이보다 며칠 앞선 4월 21일 러시아공사 스테인은 외부대신 이도재에게 "근자에 풍문을 들으니 귀 정부에서 청의 상인에게 압록강변의 나무를 채벌, 매매하게 한다는 취지로 조약을 체결한 것 같다"고 문의하였다. 이에 4월 23일 외부대신은 그러한 풍설은 사실무근이라고 해명하였다. 이 같은 내용을 알게 된 일본공사는 이미 한국인이 설립한 '대한이재회사大韓理材會社' 사장 정인수鄭寅秀, 대리인 이재하李在夏와 중국인이 설립한 '의성공사義盛公司' 왕화정王化廷 사이에 3월 20일 체결되었다는 '계약서' 사본을 대한제국 정부에 제시하였다.[47] 그러나 대한이재회사 사장, 사원은 각본에 따른 위장 대리인에 불과하였고, 의성공사 명의인 역시 그러하였다. 대한이재회사의 설

<hr>

46 앵거스 해밀튼 저, 이형식 역, 앞의 책, 33쪽.
47 『駐韓日本公使館記錄』,「日淸義盛公司의 鴨綠江邊 伐採權 강행에 대한 豫報」, 1903년 4월 27일 (하야시→외부대신 이도재).

립 과정과 활동은 전혀 알 수 없고, 사장인 정인수는 이후 1924년 3월 간도間島 친일교민단체인 보민회保民會 장백지부長白支部 조사원으로 활동한 사실만 확인될 뿐이다.[48] 대리인 이재하와 의성공사의 다구산大孤山 거주 중국인 왕화정 또한 자료상 행적이 확인되지 않는다. 일본 측은 한국인 명의로 대한이재회사라는 유령회사를 설립하여 이를 기정사실화하고 새로 중국인 명의로 서류를 갖춘 의성공사에게 벌목권을 양도하는 형식을 마련하였던 것이다.

그럼에도 불구하고 하야시 공사는 대한이재회사가 농상공부대신이 상주하여 칙허를 받은 평안북도 압록강 연안 상·하류 일대와 그 주변 수목 재료 전부의 작벌처분斫伐處分 권한을 모두 의성공사에 위임 계약하였기 때문에 이들로부터 권리를 위임받은 '일청의성공사' 사장 아베에게 삼림채벌권이 있다며 이를 추인할 것을 주장하였다. 그는 한국 정부에서 이미 러시아 신민臣民 브리네르에게 삼림채벌권을 특허한 이상 일·청 양국 신민도 역시 이를 균점均霑할 수 있으며, 러시아에게만 특권을 준 것은 대한제국 정부의 본의가 아닌 동시에 일본 정부가 단연코 동의할 수 없는 것으로, '기정사실화'된 일청의성공사 소유 벌목권은 조만간 적당한 절차를 거쳐 실행될 것이라고 단호하게 통고하였다.

하야시 공사는 다시 6월 8일에 고무라 주타로小村壽太郎 외무대신에게 '일본 제국의 이익선 증진'이라는 제목의 공문을 통해 차라리 이 문제를 일본 이권의 확장에 이용하자고 주장하였다. 그는 한국 황제의 아관파천 중 성립된 삼림특허는 러시아 세력이 극도로 전성기에 달했을 때에 이루어진 유일한 유물이자 개인 사업이 아닌 정치적 목적을 가진 러시아 정부의 사업으로 규정하였다. 그는 예를 들기를, 일본의 권리인 경부철도부설권은 일청전역日淸戰役 때의 공수동맹攻守同盟과 '독립성명'의 결과에서 나온 것이므로 타국이

48 『朝鮮人에 대한 施政關係雜件-保民會』(3), 「保民會 功勞者 및 關係者 功績調에 관한 件」, 1924년 3월 18일(安東領事→外務大臣).

균점해야 할 성질의 것은 아니지만, 삼림특허는 일본이 균점할 이유가 있다고 보았다. 때문에 어떠한 보수를 한국 조정에 요구할 권리가 있으며 아울러 내지內地의 개방과 경의철도부설권 요구 시도의 필요성까지 언급하였다.[49] 이렇듯 하야시 공사는 일본이 가지지 못한 삼림이권 및 여타 이권의 균점론을 거듭 주장하면서도 경부철도부설권만큼은 일본의 배타적 독점권의 영역이라는 '이권 균점에 대한 이중적 잣대'를 들이대고 있다.

이를 받아들인 외무대신 고무라는 6월 20일 의성공사가 압록강 주위에서 많은 목재를 벌채할 계획에 있으며, "러시아의 벌채권은 결코 압록강가 전부에 걸치는 것은 아니기 때문에 타국인도 벌채를 행할 여지가 있는 것"[50]이라며 하야시의 삼림균점론을 재차 확인하였다.

그런데 다음 날 하야시는 다시 고무라에게 사전에 의성공사가 얻은 삼림벌채의 특권을 확인할 필요성을 제기하였다. 즉, 의성공사의 권리는 경성영사가 승인한 것으로 특허를 부여했음에도 불구하고 한국 정부는 그런 일이 없다고 말하고, 또 특허장 원본은 아직도 그 진부眞否를 판정한 일이 없으며 모모이는 공사의 권고에도 불구하고 원본을 공사관에 제출하지 않고 일본으로 가지고 돌아갔다는 것이다.[51]

당일 평양 주재 서기관 신조 아리사다新庄順貞도 하야시 공사에게 의성공사 대리인인 다케토시 구마타로武藏熊太郎 등이 압록강의 한국인 소유 선박을 탈취하는 등 일본의 위신을 떨어뜨리고 있다고 보고한 바 있다.[52] 이에 대해 공사는 이틀 후인 6월 23일 신조 아리사다에게 "의성공사와 한인 간에 행

---

49 『駐韓日本公使館記錄』, 「러시아인의 鴨綠江岸 경영에 관한 帝國의 利益線 증진 계획의 건」, 1903년 6월 8일(林 공사→小村 외무대신).

50 『駐韓日本公使館記錄』, 「桃井以一의 삼림문제에 관한 詳報 건」, 1903년 6월 20일(고무라→하야시); 『駐韓日本公使館記錄』, 「義盛公司의 伐採材木에 관한 건」, 1903년 6월 20일(고무라→하야시).

51 『駐韓日本公使館記錄』, 「義盛公司의 特許書에 관한 건 (2)」, 1903년 6월 21일(林 공사→小村 외무대신).

52 『駐韓日本公使館記錄』, 「러시아인의 韓人 소유 筏船 탈취 행패의 건」, 1903년 6월 21일(의주 新庄→하야시).

해진 절차 및 매주買主의 목적 여하에 관계없이 표면상 매매가 성립되어 일본인과의 관계가 생긴 이상은 상당한 보호를 해주어도 좋을 것이다"[53]라고 지시하였다. 또한 고무라에게는 러시아공사 면담 시 특허원본은 입수하지 못하였지만, 일본인에게도 벌목권이 있다고 주의시켰음에도 불구하고 러시아 공사가 러시아는 압록강 전반에 걸치는 전속권을 가지고 있다고 주장하였다는 내용을 보고하였다.[54] 이렇듯 일본 균점론과 러시아 독점론이 대립되는 상황에서 양국 간에 특별한 결론은 기대할 수 없었다.

6월 27일 고무라는 하야시로 하여금 평양의 신조 서기관에게 일청의성공사의 벌목에 관한 실황을 조사하여 전보할 것과 당분간 계속해서 해당 지역에 체재를 요할 것과 8월 1일부터 인천-의주 간 우편선 항로를 개시할 예정이지만 이 사실은 공사 본인만 알고 있을 것을 당부하였다.[55] 이러한 내용으로 볼 때 일청의성공사는 원래 일본 정부의 치밀한 각본에 따라 조직된 기업은 아니었지만 진행과정에서 정부가 깊이 개입하고 이를 매개로 새로운 이권을 균점하는 방향으로 추진한 것이 아닌가 한다. 일본 정부가 압록강 일대의 모험상인을 부추기고 있으나 이때까지도 압록강 현지를 오가던 영사관 서기관 신조조차도 일청의성공사의 실체적 진실과 자국 정부의 의도를 전혀 파악하지 못하고 있었다. 또한 외무성과 대본영 간에 첩보 전달 체계가 유기적으로 이루어지지 않아 1903년 10월 10일경 의주 주재 일본인 철수사건과 서울의 러시아 수병水兵 침입 등에 관한 보고 문제에 대해 의주의 히노日野 대위와 신조新庄 영사 사이에 분란을 야기한 일도 있었다.[56]

러시아의 삼림벌채에 일본이 적극 개입책으로 선회하게 되는 계기는 7월 1일 공사의 건의로부터 시작되었다. 하야시는 고무라에게 '각국 대등의 원칙'에 따라 의성공사의 특허를 근거로 회사의 자본을 늘리고 사업을 충실하

53 『駐韓日本公使館記錄』, 「日人 權益 보호 지시 件」, 1903년 6월 23일(하야시→의주 新庄).
54 『駐韓日本公使館記錄』, 「義盛公司의 材木에 관한 건」, 1903년 6월 23일(하야시→고무라).
55 『駐韓日本公使館記錄』, 「義盛公司의 伐木 실황조사 지시 건」, 1903년 6월 27일(고무라→하야시).
56 谷壽夫, 『機密日露戰史』, 原書房, 1966, 254쪽.

게 하지 않으면 오히려 한국과 러시아 두 나라의 모멸을 받게 된다며 일본 정부의 적극개입을 통한 의성공사의 전략적 강화의 필요성을 강조하였다.[57]

이에 고무라는 7월 6일 하야시에게 산둥성 즈푸芝罘 주둔 해군 군령부 제3국 국원 이주인 순伊集院俊이 6월 15일 해군군령부장에게 보낸 보고서를 별지로 첨부하여 일본 군부가 파악한 압록강 일대의 정보를 전달하면서 의성공사를 활용한 구체적 대응방안을 제시하였다. 이에 따르면 현재 용암리龍 岩里에는 러시아인 약 50명, 중국인 약 200명, 한인 약 50명이 있고, 러시아의 소증기선 2척이 청의 안동 현 사이를 왕복하고 있다고 한다. 러시아는 뤼순 군항 설비, 동청철도 공사 등에 방대한 목재가 필요할 것이고 이는 압록강 목재를 판매하는 절호의 기회가 되는 동시에 영구불멸의 상권을 만들 것이라고 전망하였다. 그 대응방안으로 고무라는 러시아의 기득권은 현 상황에서 박탈할 수 없기 때문에 일·청·한 3국민의 합동으로 이루어진 의성공사의 기득권에 의거하여 한국 정부에 그 균점을 강요하고, 궁극적으로는 압록강 대안의 안동 현 및 다퉁커우大東溝를 경영하여 청의 이권 선점까지 도모하고자 하였다.[58] 이 시기 외무대신 고무라 주타로 외교의 특징은 대륙팽창정책에 있었다.[59] 일본은 러시아의 예를 따라 다퉁커우 내 500여 곳의 조차지에 자국인들을 이주시키고 목재저장소를 설치하였다.[60]

같은 날 고무라는 하야시의 앞선 5월 2일 자 브리네르 계약서에 대한 문제제기를 토대로 한 일본 정부의 분석결과와 구체적인 대응방침을 통보하였다. 즉, 원계약서와는 다른 위반사항으로 ① 삼림벌채에 관한 일체 사업은

57 『駐韓日本公使館記錄』, 「森林伐採權 문제에 대한 러시아와 교섭에 관한 稟申 건」, 1903년 7월 1일(하야시→고무라).

58 『駐韓日本公使館記錄』, 「鴨綠江 방면에서의 러시아의 경영 및 일반 정황에 관한 伊集院 海軍大尉 보고 사본송부의 건」, 1903년 7월 6일(고무라→하야시).

59 야마무로 신이치 저, 정재정 역, 『러일전쟁의 세기—연쇄시점으로 보는 일본과 세계—』, 小花, 2010, 124~125쪽.

60 「압록강 삼림채벌권에 관한 비망록(1905. 8. 5.)」, РГИА(러시아국립역사문서보관소), ф.500, о п.28, д.340, лл.1-13об.

개인 사업임에도 불구하고 실제는 완전히 러시아 정부 사업으로 계약의 취지를 근저부터 파괴하는 것이고, ② 울릉도에는 일찍이 무엇하나 착수한 일도 없고, 무산茂山도 1896년에 한 번 손을 댄 이후 포기한 상태이고, ③ 러시아인의 벌채권은 결코 압록강안 전부를 포함하는 것이 아닌 것이 명료하며, ④ 벌채는 9월 15일부터 다음 해 5월 15일까지로 한정되어 있는 데도 불구하고 약정을 무시하였고, ⑤ 고용 외국인은 한국 정부에 내지 통행을 신청해야 할 터인데도, 모두 여권 없이 입국한다는 것을 들었다.[61]

연이어 다음 날 7월 7일 고무라는 하야시에게 1902년부터 한국 북부와 압록강 일대의 조사를 위해 참모본부에서 첩보원 대위 히노 쓰요이日野强를 현지에 파견하여 의견을 지속적으로 보고받고 있음을 뒤늦게 통보하였다. 히노는 러시아 삼림회사에 대항하기 위해서는 일·청인의 합명 회사인 의성공사가 창업되면, 압록강안을 일본의 '세력범위로 점유'하고 의주를 본거지로 러시아에 대항하기가 유리할 것이라는 의견을 조사보고서에서 피력하였다.[62]

이 같은 통보에 고무된 하야시는 7월 21일부터 다시 한국 정부를 강박하기 시작하였다. 하야시는 외부협판 이중하에게 "제국신민 아베 슌스케가 청국 상인 의성공사와 합동하여 귀국의 이재회사로부터 취득한 압록강 일대의 삼림벌채권은 귀국의 이재회사가 농상공부로부터 취득한 특허에서 기인하기 때문에 … 만일 귀국 정부에서 러시아인의 권리를 전속적專屬的인 것으로 한다면, 그 결과 제국신민이 조약상 가지는 각국인 동등의 대우권을 침해당하게 됩니다. 따라서 본사本使는 그런 경우에는 별도로 중대한 이의를 제출할 각오입니다"[63]라고 하였다. 이재회사는 농상공부의 특허로 활동하며, 벌

61 『駐韓日本公使館記錄』, 「러시아측의 森林伐採契約書 約定 위반사항 개진」, 1903년 7월 6일(고무라→하야시).
62 『駐韓日本公使館記錄』, 「大東溝 安東縣 義州의 관계에 대한 日野大尉의 보고」, 1903년 7월 7일(고무라→하야시).
63 『駐韓日本公使館記錄』, 「理材會社소유 鴨綠江邊 森林伐採權의 日人取得 확인 선언」, 1903년 7월 21일(하야시→이 외상서리).

목권도 인가받은 것이기에 이를 승계받은 일청의성공사의 벌목권 인정과 보호가 필요하다고 주장하면서 엄중한 공갈과 협박을 한 것이다.

이에 외부협판은 대한이재회사는 애당초 인허한 바가 없고 청원서도 본시 모르는 일이니, 인장認狀을 받아낸 사람을 찾아 보내라고 하였다.[64] 또한 특허장은 확실히 위조된 것임에도 불구하고 그것에 의거하여 실행하려 한 것은 정당한 법해석이 아니므로 그들을 엄히 단속하는 것이 실로 공정한 처사라면서 강하게 반박하였다. 이에 하야시는 이미 농상공부대신과 외부가 날인하였고, 이 관인은 다른 공문서 날인 진본과 한 점의 상위相違도 없기 때문에 유효하다고 주장하였다. 또한 특허장의 원본은 공사관에서 보존하고 있기 때문에 언제라도 제공할 수 있다고 억설하였다.[65]

이 점에 대해 8월 5일 외부대신 이도재는 하야시 공사에게 만약 공사의 말과 같다면 회사의 특허장은 반드시 수수자가 있을 것이며, 그 사람을 조사하여 위조인지 아닌지의 여부를 판별해줄 것을 요청하였다. 그런데 이전에 농상공부의 내문來文에 이 회사 청원인인 이재하李在夏 등 3명을 조사해보았으나 그런 사람은 없었다고 주장하였다. 그 결과 이도재는 특허장을 조사하여 누가 수수했는지를 명확히 밝혀내지 않고서는 시행을 승인할 수 없다고 통고하였다.[66] 그러자 일본공사는 이틀 후인 8월 7일 외부대신에게 자신의 주장은 전부 사실이며 "모든 개명국가開明國家의 율령에서 분명히 진정한 것을 위조라고 부인할 때에는 그 증명의 책임은 전적으로 부인하는 자에게 있는 것"[67]으로, 대신은 물론 관인 보관 책임자까지 문책 징계해야 한다며 한

---

64 『駐韓日本公使館記錄』,「日人이 취득한 理材會社의 森林伐採權 무효 통지 건」, 1903년 7월 23일(외부협판 이중하→하야시).
65 『駐韓日本公使館記錄』,「日人이 취득한 森林伐採權의 유효주장 건」, 1903년 7월 27일(하야시→이중하). 그러나 이후에도 원본을 제공한 사실은 단 한번도 없었다.
66 『駐韓日本公使館記錄』,「日人이 轉賣한 森林伐採權의 무효 재통고 건」, 1903년 8월 5일(외부대신 이도재→하야시).
67 『駐韓日本公使館記錄』,「義盛公司의 森林伐採特許狀을 위조한 관계관 문책 요구의 건」, 1903년 8월 7일(하야시→이 외부대신).

국 정부의 책임론을 또 다시 강변하였다.

하야시는 22일 목재벌채권을 이용하여 용암포에 자리 잡은 러시아의 삼림경영은 '귀국의 독립과 동양의 위난危難을 일으킬 것'으로 일본 정부의 훈령을 받아 '상세히 경고를 드려둔 바'[68]라면서 거듭 성명하였다. 이는 그동안의 경고성 발언을 다시 환기시키고, 러시아와 새로운 협정을 하지 못하도록 한국 정부를 압박하는 것으로 만약 자신들의 요구가 수용되지 않으면 일본도 동등한 이권 실행에 착수할 것임을 강조한 것이다.

(2) 공작의 관계자들

그러나 일청의성공사의 경우, 사장 명의의 아베는 무기중개상으로 러일전쟁 직전 1904년 1월 15일 이용익과의 계약에 따라 야포용 탄약 등을 도쿄로부터 인천으로 운반한 사실이 확인되고, 1908년 8월에는 전라도 무안항 정상조鄭相朝의 전토(1만 5,000평) 문서 사기 건으로 신문광고에까지 등장한 바 있다.[69] 오사카 출생 모모이는 1895년 5월 대본영大本營의 러시아어 통역생으로 채용된 이래, 1896년 4월 참모본부參謀本部에서 참모총장 아키히토彰仁 친왕親王과 육군대신 오야마 이와오大山巖가 직무상 징집 유예시켜 육군의 러시아어 통역으로 한국에 파견되었고, 1901년 7월 재차 파견되었다.[70]

후일 친일계 중국 상인으로 자료상 등장하는 장시영張時英은 1917년 12월 당시 거류민단 또는 상업회의소와 같은 재조선 중국인 단체인 화상총회華商總會의 회장을 맡고 있었다.[71] 압록강 국경에서 첩자로 활약하던 평황청鳳凰

68 『駐韓日本公使館記錄』,「러시아와의 龍岩浦 租借新約案 거절요구의 건」, 1903년 8월 22일(하야시→이 외부대신).
69 『皇城新聞』, 1908년 8월 19일,「廣告」. 무안항 南橋洞 거주민 鄭相朝가 유달산 소재 田土 1만 5,000평의 토지문서를 사기치고 밤을 타서 도주하였는데, 그 文券은 일본인 阿部準輔의 명의로 작성한 것으로 속지 말라는 광고. 광고주는 車聖述, 金德行, 徐岐見, 車大榮이다.
70 防衛省 防衛研究所,『陸軍省密大日記』,「露語通譯 徵集猶豫の件」, 1896년 4월 3일 및「徵集猶豫に關する件」, 1901년 7월 24일.
71 京城府 編,『京城府史』3권, 1917, 515쪽.

城 출신 곡명윤曲明允은 1903년 참모총장 아키히토 친왕이 육군대신 오야마에게 공문을 보내 '노한露韓 지방의 사정에 정통'한 그에게 '비밀리에 임무를 맡길 것'을 부탁한 바 있었다. 곡명윤은 러일전쟁 직전인 1904년 1월 28일 평황청 주둔 러시아 군대의 동정을 의주의 오카베 사부로岡部三郎 외교관보에게 보고하였다.[72] 2월 2일에는 러시아군의 대형차와 보병 100명이 그곳에 와 있는데, 일본인과 짝이 되어 유흥업을 영위하고 있는 러시아인의 집에 일본인 1명을 잠입시켜 탐정하고 있다고 보고하였다.[73] 또한 육군 보병소좌 도고 다쓰지로東鄕辰二郎의 보고에 의하면 의주의 재류민 중에는 자신에게 전속되어 군사탐정을 행하는 자가 여러 명 있다고 하였다. 러일전쟁 직후인 2월 17일 도고는 "가끔 암호로서 러시아 병사의 동태를 보고하던 자"인 곡명윤曲明允에게 사람을 보내려 한 사실이 있었고, 그 사자가 의주 남문 밖에서 청국인 러시아 탐정 3명에 의해 발견되어 즉시 평황청으로 인치되었다는 내용도 확인된다.[74] 일청의성공사는 출발부터 일본 정부와 참모본부의 합동 기획작품으로 구성원 또한 무기중개상, 통역, 친일상인, 국경의 밀정 등으로 정작 삼림 관련 전문가는 아무도 없었다.

하야시 공사 스스로 고백했듯이 일청의성공사는 명목상의 회사로 존재할 뿐 실제 일본인의 출자도 전혀 없었던[75] 허구적인 회사에 불과하였다. 뒤늦게 내용을 간파한 신조 서기관도 현지 상황 보고에서 "(의성공사는) 노즈野津 씨가 비상한 노력을 경주하여 거의 참모본부의 일과 같이 경영하고 있는 사

---

72 『駐韓日本公使館記錄』, 「安東 龍岩지방 러시아군 동정에 관한 曲明允 보고」, 1904년 1월 29일, (義州 岡部→林 公使).

73 『駐韓日本公使館記錄』, 「鳳凰城 등 러시아군의 開戰 준비설에 관한 건」, 1904년 2월 4일(義州 岡部→林 公使).

74 『駐韓日本公使館記錄』, 「재의주 강본 외교관보의 동 지방 일본인 철수상황 보고서 제출의 건」, 1904년 4월 25일(林 공사→小村 외무대신).

75 "義盛公司의 자금은 전부 청국인의 출자로, 이름은 우리나라 사람과의 조합이라 일컫지만 기실 우리나라 사람의 출자는 없다"(『駐韓日本公使館記錄』, 「義盛公司의 伐木權에 관한 件」, 1903년 9월 19일(하야시→고무라)].

이에"[76]라 하여 의성공사가 참모본부 군사전략의 일환으로 추진된 것으로 파악하고 있다.

한편 그해 10월 25일 하기와라萩原 서기관의 보고서에서 다음과 같은 내용을 확인할 수 있다. 즉, 의성공사 사원 다케토시 구마타로武藏熊太郎, 모치즈키 후쿠타로望月福太郎, 마키 로쿠로牧六郎, 야마카와 나이치로山川奈一郎 등은 현지에서 도주할 우려가 있는 자로 이미 진남포 영사에게 주의를 주었고, 조합의 출납부는 그들이 개삭改刪 또는 파기한 것도 있어 애매모호하기 그지없고, 한인들이 목재 약탈에 관해 속속 고소해 오고 있어 문제가 크다는 것이다. 그는 또한 대위 히노 쓰요이는 '조합의 사실상 주재자'였을 뿐만 아니라 의성공사 '대일본大日本 통령統領 일야日野의 증證' 또는 '일본日本 감약監約 통령統領'이라 하여 계약에 증명을 해주고 있다고 하면서 공사관이 참모본부와 직접 협의할 것을 주장하였다.[77] 이 내용은 하야시가 고무라 외무대신에게 다음 날인 10월 26일 발송하였다.

여기서 거명된 히노 쓰요이, 다케토시 구마타로, 노즈 스네타케野津鎭武의 경력과 활동상을 보면 다음과 같은 사실을 확인할 수 있다.

먼저 첩보활동에 진력하던 히노 쓰요이는 누구인가? 1903년 3월 13일 하야시 일본공사가 외부대신 이도재에게 일본군 육군보병대위 히노 쓰요이가 경기, 황해, 평안, 함경도 등지를 돌아볼 수 있도록 필요한 호조護照(여행권) 및 관문關文(관청공문서) 발급을 청구한 일이 있었다.[78] 일본 측의 극비문서에 의하면, 그해 5월 30일 의주 주재 참모본부 소속 보병대위 히노 쓰요이가 용암포 일대 러시아인의 근황, 즉 ① 용암포 공사 현황(러시아인 약 80명, 중국인 약 200명, 한인 30여 명이 공사에 종사. 건축 가옥 3동, 기선 3척이 뤼순과 안동을 교

---

76 『駐韓日本公使館記錄』, 「雜字號 목재 매입단원의 현지 상황 통보」, 1903년 8월 14일[新庄順貞→鹽川(통역관)].
77 『駐韓日本公使館記錄』, 「退韓命令者의 도주 우려 報告」, 1903년 10월 25일(萩原 서기관→하야시).
78 『駐韓日本公使館記錄』, 「大尉 日野의 北部地方 遊歷 護照請求·關文請求」, 1903년 3월 13일(林公使→李 外相).

통), ② 러시아인 동향, ③ 의주전신국 동향, ④ 인천 러시아영사관 활동 내역 등을 작성한 세부지도와 함께 참모총장 오야마 이와오에게 보고한 사실이 확인된다.[79] 그는 노즈 소좌를 경유하여 참모총장에게 1903년부터 1904년 러일전쟁 직전까지 의주, 용암포 등의 정세를 수시로 보고하였다.[80] 단순히 보병대위라고만 알려진 히노는 러시아군 관련 정찰보고는 물론 함경도 무산 및 평안도 용암포 러시아 삼림회사 등 비군사적인 내용까지도 대본영 참모본부에 보고하던 첩보전문가이자 공작원이었다.[81] 그 결과 참모본부에서는 러일전쟁 종료 후인 1905년 11월 29일 다음과 같은 내용의 공적서를 정부에 상신하기까지 하였다.

> 육군보병 소좌 히노 쓰요이는 메이지 36년(1903) 1월 참모본부의 훈령에 의해 한국 의주義州에 주재하여 그 부근의 일반 상황, 압록강 우안 만주지방에서 군사통계 재료의 수집과 지형 및 교통을 연구할 임무를 받고 동년 3월 의주에 도착하여 러시아 삼림회사의 용암리龍岩里 경영 및 6월 중순경부터 러시아인의 위력으로 행해진 유목流木에 관한 사건과 평황청鳳凰城, 안동 현安東縣, 용암리에 러시아 병사 증가 건 등을 시기에 틀리지 않게 명확하게 보고하여 전역戰役 전에 러

---

79 外務省 外交史料館, 『압록강 좌안에서 러시아의 군사적 경영 잡건(삼림벌채 및 해저전선부설 계획, 용암포 조차요구) 제1권』, 1903년 5월 30일.

80 外務省 外交史料館, 『鴨錄, 豆滿 兩江 연안의 삼림벌채에 관한 日淸人 기업관계 잡건』, 「鴨綠江沿岸森林伐採及販賣權移讓顚末書」.

81 防衛省 防衛研究所, 『陸軍省密大日記』, 「한국 茂山지방 삼림벌채 러시아인에 관한 건」, 1903년 9월 1일. 그는 1903년 10월 압록강 삼림벌채 협상을 위해 용암포 일대를 다녀갔던 남작 긴스부르크의 동정도 파악토록 공사로부터 지시받았다. 참고로 러일전쟁 이전 러시아에 대한 일본의 첩보활동은 주로 공사관, 영사관 및 공사관부 무관 및 각지 주차무관에 의해 외무성 및 육해군성이 이를 수집하였다. 특히 청, 한 양국의 중요지에는 임시 파견 무관을 보냈다. 러일전쟁 초기에도 한국에는 서울, 義州, 鏡城, 元山에 대본영 첩보망을 가동하고 비밀인력을 두었다. 당시 첩보 중추기관인 참모본부 제2부는 서울에 江木 중좌, 의주에 日野 대위, 원산에 阪口 대위를 파견하였고, 참모본부 제2부도 松石安治 보병중좌를 서울에, 경성에는 櫻井久我治 보병 대위, 의주에는 東鄕辰二郞 보병 소좌를 급파하여 첩보활동을 전담시켰다(谷壽夫, 앞의 책, 249~250쪽; 黑羽茂, 『日露戰爭史論―戰爭外交の研究―』, 杉山書店, 1982, 288쪽; 大江志乃夫, 『日本の參謀本部』, 中央公論社, 1985, 110쪽).

시아인의 압록강 방면에 대한 시설을 확인할 수 있었다.[82]

　일청의성공사 사원으로 되어 있는 다케토시 구마타로는 앞의 1903년 10월 25일 사실 외에 이미 1902년 음력 7월 평안도 자성군민 정시흥, 김서봉과 의주군민 김원석, 주승원, 이승근 등의 목재 893장丈을 청국인 역부를 거느리고 총을 쏘며 빼앗은 사건이 있었다.[83] 또한 1903년 10월에는 의주에 거주하면서 일청의성공사 총무 아베 슌스케에게 '군함軍艦 및 육병陸兵을 파송'하여 재류일본인의 생명과 재산을 보호하라는 청원을 일본공사를 통해 고무라 외무대신에게 타전한 적도 있었다.[84] 러일전쟁 직후인 1904년 5월에는 안둥 현 일본군 군단 사령부에 와서 참모부장 마쓰이시松石 대좌의 압록강 일대의 전리품 정리와 제2군단의 다구 항大沽港 상륙 등의 내용을 비밀리에 전달한[85] 기록도 확인된다.

　1894년 청일전쟁 시 평양전투에 참여한 노즈 스네다케는 1896년부터 공사관부 무관으로 활동하면서 이 시기 군부와 일청의성공사 사이의 '알선에 진력'하였다고 한다. 노즈는 러일전쟁 이후 한국 군부고문이 되어 원수부元帥府를 해체시켰고, 1907년에는 주차군사령관 하세가와 요시미치長谷川好道와 함께 대한제국 군대의 강제해산을 주도하였다.

　이상의 활동으로 보아도 일청의성공사는 일본 정부와 군부가 주도한 국제사기극으로, 한국의 이권 침탈과 러일전쟁 준비 과정에서 러일 간의 상사商事 분쟁을 명분으로 삼기 위한 참모본부 참모총장 오야마 이와오[86]의 직접

82　防衛省 防衛研究所,『陸軍省密大日記』,「步兵少佐 日野强 勳績明細書」, 1905년 11월 29일. 참모본부 소속 육군소좌 히노 쓰요이는 이후 1906년 군사정보 수집차 중국 新疆省 伊犁부터 히말라야 산맥을 넘어 인도에 이르는 지역을 답사한 후『이리기행』(1909)을 출간하였다(야마무로 신이치 저, 임성모 역,『여럿이며 하나인 아시아』, 창작과비평사, 2003, 47쪽).

83　內藏院 편,『京畿道各郡訴狀』, 1903년 5월.

84　『皇城新聞』, 1903년 10월 10일.

85　『駐韓日本公使館記錄』,「西征日記」―러일전쟁 시 韓兵 砲兵副尉 魚潭 從軍記―.

86　참모총장 오야마 이와오는 1904~1905년 러일전쟁 시 육군상으로 한국과 만주 방면 陸戰 최고 책임자이자 펑톈전투의 영웅으로 일본 내에서는 기억되고 있다. 그는 사쓰마 번薩摩藩 출신으로

지시에 따른 공작 차원에서 만들어진 위장회사였음을 분명히 알 수 있다. 후일 통감부 기록에서도 일청의성공사의 전신으로 언급되는 대한이재회사는 당시 서울에서 『한성신보漢城新報』 사장 기쿠치 겐조菊池謙讓의 '응원'으로 설립되었다고 밝히고 있다.[87] 인가 공작 과정에 깊이 관여했던 기쿠치 역시 회고에서 일청의성공사는 용암포에서 러시아의 삼림벌채사업에 대항하기 위해 설립된 '정치적 기업'이자 '정치적 기업인 것이 분명'[88]하다는 점을 재차 강조한 점에서도 그 목적과 성격을 분명히 알 수 있다.

한국 측의 거센 반발과 졸속적인 공작 과정에서 문제가 수없이 노출되자 일청의성공사 사장 아베는 뒤늦게 11월 11일 '합자회사 일청의성공사와 하이청 현海城縣 상인 곡난봉曲蘭峯 사이에 청부 처리에 관한 승판합동承辦合同'을 체결하고 계약서를 작성하였다. 그리고 일본공사관 측에 이 '계약서'에 따른 한국 농상공부 대신의 허가증 2통이 필요하니 교부해 달라는 청원서를 올렸다. 그 내용은 양국 합동으로 벌채한 재목은 모두 일청의성공사의 낙인을 찍기로 하고, 이 합동은 1903년 11월에 시작하여 1904년 9월 30일에 종료되는 것으로 정리하였다. 일본 측은 일청의성공사가 여의치 않자 곡난봉이라는 새로운 허수아비를 매수, 활용하여 자신들의 의지를 현실화하려고 노력하였지만, 이 계약서 역시 일방적인 주장일 뿐 한국과 일본 쌍방 간 합의한 내용은 결코 아니었다. 거명된 중국인 곡난봉 또한 '전에 백마산白馬山 벌목에 관계한 자'라는 일본 측 기록 외에는 행적이 전혀 확인되지 않는 인물이다.

일청의성공사는 일본 정부 당국의 공작 차원에서 만들어진 일종의 페이퍼 컴퍼니Paper Company이기 때문에 현지 파견 관리로서도 이를 의아해하지

당시 메이지천황이 정치에는 伊藤博文, 군에는 大山巖, 山本權兵衛(해군상)를 가장 신임하였다고 전해진다(伊藤正德, 『軍閥興亡史』, 文藝春秋新社, 1960, 204쪽).

87 『統監府文書』, 「韓日協定시 압록강 삼림경영의 營林廠 이관에 따른 旣得緣故權 보상에 대한 탄원서」, 1908년 11월(東京市 赤阪區 志岐信太郎→통감 공작 伊藤博文).

88 菊池謙讓, 『近代朝鮮裏面史』, 朝鮮硏究會, 1937, 369~370쪽.

않을 수 없었다. 결국 일청의성공사의 벌목권은 공사와 한국 정부 간의 '미결 문제'라고 믿고 있었던 것이다.[89] 또한 1903년 12월 10일까지도 벌목 사실은 없었다. 겨우 12월 18일부터 21일까지 200명의 중국인 인부를 초산楚山으로 출발시켜 곡난봉을 통한 벌목 준비 계획만 있었을 뿐이었다.[90]

이 같은 상황에서 일본 측은 또 다시 12월 24일 시키 신타로志岐信太郎를 대표로 하는 시키구미志岐組 벌목부伐木部라는 또 다른 페이퍼 컴퍼니를 만들어 그동안 활동이 전혀 없었던 중국인 왕화정王化廷을 의성공사 경리로 내세우고 총 5만 원圓에 시키구미 벌목부에게 양도하는 계약서를 작성케 하였다. 그 양도서에서도 "한국 농상공부에서 대한이재회사에 특허하고 대한이재회사에서 의성공사 경리 왕화정이 승계한 벌목 및 판매권리"[91]라 규정하였다. 그런데 일청의성공사에서 시키구미 벌목부로 이전해가는 과정인 1903년 후반부터 일본 정계와 재계 핵심의 논의가 이루어졌다. 즉, 공사관부 무관 노즈 스네다케의 주선에 의해 경부철도주식회사 발기인 오오에 타쿠大江卓는 후작 야마가타 아리토모山縣有朋에게 그 내용을 협의하였고 야마가타는 다시 이를 총리대신 가쓰라 다로桂太郎와 외무대신 고무라 주타로 등과 논의하였다. 또한 의성공사의 모모이는 경부철도주식회사 경성지점 상무이사이자 자유당自由黨 상의원常議員 다케우치 쓰나竹內綱와 논의하였는데, 이때 다케우치는 '일본인 중 적당한 사람'이 이를 계승하는 내용을 언급하였다.[92]

결국 일청의성공사는 1903년 12월 24일 해산하고 특권은 왕화정에게 환부하여 다시 당일 시키 신타로에게 양도하는 식으로 정리되었다. 즉, 인가

---

89 『駐韓日本公使館記錄』,「義盛公司의 伐木에 관한 지시 요청 件」, 1903년 12월 10일(의주 岡部三郎→林).
90 『駐韓日本公使館記錄』,「高田의 楚山지방 伐木 건 회보」, 1903년 12월 18일(의주 岡部三郎→林).
91 『駐韓日本公使館記錄』,「岡部 外交官補 進退에 관한 건」, 1903년 12월 29일(林→小村); 부속서 「義盛公司 經理 王化廷의 伐木과 매매권 양도서」(사본).
92 『統監府文書』,「韓日協定시 압록강 삼림경영의 營林廠 이관에 따른 旣得緣故權 보상에 대한 탄원서」, 1908년 11월(東京市 赤阪區 志岐信太郎→통감 공작 伊藤博文).

를 받지도 않은 '특허'를 기정사실화하고 제3자에게 다시 양도하는 등 일본 측은 어떠한 형태로라도 벌목권을 이슈화하려고 노력하였던 것이다. 일본 측의 이 같은 집요한 불법적이고 설득력도 전혀 없는 '대항 이권kонтр-кон цессия'[93] 공작은 일정한 효과를 발휘하여 결과적으로 러시아뿐 아니라 한국 도 말려들게 되었다. 사실이 아니기에 정작 무시해야 될 상황임에도 불구하 고 러시아와 한국 측의 거센 항의를 유발하였다. 이것이 러일전쟁 바로 직 전의 상황이었다. 1904년 2월 러일전쟁이 발발하자 의주에 설치된 시키구 미 벌목부 사무소는 공사관의 명에 의해 일단 평양으로 이전하였다.

3. 러일전쟁 이후의 상황 변화

(1) 일본 정부의 이권 확보와 정상재벌政商財閥의 개입

러일전쟁은 '삼림전쟁'이란 표현이 있듯이 전쟁 발단의 경제적 요인의 하 나로 압록강 유역의 삼림자원 쟁탈이 크게 작용하였던 것은 의문의 여지가 없다. 러시아는 삼국개입 이후 한국과 계약서를 체결하였고 특히 의화단운 동(1899~1901) 이후 대규모의 군대를 만주 지역에 집중시켰으며 주로 압록 강 하류 일대의 대규모 삼림개척에 주력하였고, 일본은 전쟁을 통해 러시아 의 자본을 자신의 것으로 돌렸다. 그 결과 삼림개발의 범위가 군사적 진출범 위와 일치하였다. 러일전쟁 진행과정에서 승리를 확신한 일본은 그동안의 한국 정부와의 법리 공방에서 벗어나 압록강 국경의 삼림이권을 독점적 정 상재벌政商財閥에게 이전하는 방향으로 다시 입장을 정리하였다. 러일전쟁 직전 금융 및 주요 산업 부문에서 위력을 가진 미쓰이三井, 야스다安田, 미쓰

---

93 "일본인들은 한국의 탁지부 대신에게, 마치 한국 정부가 러시아인들이 아니라 일본인들에게 압 록강 유역에 대한 이권을 준 것인 양, 한국의 이권 계약서에 찍힌 도장과 官印을 대조해 본다고 관인을 가지고 서울 주재 일본공사관에 출두하도록 강제하면서 대항 이권kонтр-концессия까 지 만들어내는 데 성공하였다"(А. М. Абаза, 「한국의 러시아 기업들」).

비시三菱, 스미토모住友의 4대 재벌과 후루카와古河, 오쿠라大倉, 아사노淺野, 시부자와澁澤, 코우노이케鴻ノ池 등이 그 뒤를 이어 성장하였다. 이들 회사는 천황제 권력의 보호 아래 각종 보조금을 받고 광산, 철도, 해운, 조선, 제당업 등을 독점적으로 운영하였다.[94] 그 결과 또 하나의 가상 기업이자 실재 자본력과 기술도 없던 시키구미 벌목부를 무력화하고 구체적인 후속 절차를 추진하였다. 일본 정부로서는 이는 이권 변경과 실제 경영자를 찾기 위한 작업이기도 하였다.

1904년 4월 9일 공사는 외무대신에게 일청의성공사의 벌목권은 '단지 명의상의 권리'로 도저히 활동할 가능성이 없어 작년 12월 24일 그 권리를 시키구미 벌목부에 양도하였다는 점을 다시 환기시켰다. 그는 시키구미 벌목부는 종래의 의성공사와 같이 전혀 무자격의 업체도 아니므로 적당한 방법으로 '상당한 보호'를 하자고 주장하였다.[95] 하야시 공사는 자신이 한국 정부에 그동안 강요했던 일청의성공사는 '무자격' 회사임을 자인한 것이다. 이는 러일전쟁 후 일본 당국자의 솔직한 고백을 알 수 있는 내용이다. 그러나 시키구미 벌목부의 권리 역시 국가 간의 협정을 통한 것이 아니므로 불법 행위임이 분명하다.

러일전쟁 직후 어느 시기에 제일은행 인천지점 지배인이자 뒷날 인천 일본인 상업회의소 회두를 하게 되는 오다카 지로尾高次郎는 경성공사관 하기와라萩原 서기관을 방문하였다. 이때 그는 이전에 시키志岐가 취득한 압록강 연안 벌채사업은 '국가의 이해가 달린 바 다대하므로' 또한 그것의 경영은 마땅히 거액의 자본과 노력이 필요하기에 한 개인으로서는 사업 감당이 어렵기 때문에 도쿄상업회의소 회두이자 제일은행 두취頭取 시부자와 에이이치澁澤榮一, 도쿄와사회사東京瓦斯會社 두취이자 아사노 재벌 창업자인 아

---

94 井上淸, 『日本の軍國主義―軍國主義と帝國主義―』, 現代評論社, 1975, 185~186쪽.
95 『駐韓日本公使館記錄』, 「鴨綠江 伐林權 및 義州 부근에 산재하는 本邦人 소유 材木에 관한 건」, 1904년 4월 9일(林→小村).

사노 소이치로淺野總一郞 등 일본 거대재벌에 소개하여 공동사업으로 하자고 제안하였다. 이에 하기와라 서기관은 이들과 그 문제를 논의하였고, 거의 계약 직전까지 갔던 듯하다. 그러나 계약교환의 시기에 이르러 시부자와의 병세 악화로 스스로 결재할 수 없었기에 오다카가 그를 대신하여 수차례 교섭을 거듭하여 결국 1904년 5월 4일에 오다카 및 아사노, 시키 3명 사이에 가계약이 체결되었다.[96] 시부자와의 대리인 오다카가 참여한 것은 결국 은행재벌 시부자와의 입장이 개입된 것이었지만 더 이상의 진척은 없었던 듯하다.

비슷한 시기에 압록강전투에서 승리한 일본군은 4월 28일 용암포에 정박장사령부를 특설하고 러시아 육군이 건축한 병영 내에서 사무를 개시하였다.[97] 5월에는 일본군이 압록강을 도하하여 제1군정서, 제2사단후비공병대, 임시철도대대, 용암포건축반출장소, 철도감부, 용암포정박장사령부에서 압록강 양안의 러시아와 청의 환목丸木 및 각목角木 포함 도합 52만 713연(連; 묶음)의 재목을 압수하였다.[98] 일본군이 전리품 목재 조사를 위해 조사위원을 두고 압록강 좌안의 한국 방면 각지의 목재를 정리하면서 상황은 바뀌어 갔다. 일본군은 전지임시건축부의 한 부를 안둥 현 및 용암포에 두어 상류목재를 징발하고 용암포, 산다오랑터우三道浪頭 및 다퉁커우에 있는 목재의 조사에 착수하였다. 당시 다퉁커우의 목재는 약 35~36만 본本, 용암포와 산다오랑터우 부근 목재는 5만여 본 정도였다.[99]

상황이 이같이 되자 시키 신타로는 오사카의 토목건축업자 오바야시 요시고로大林芳五郞와 연명으로 압록강 용암포에 제재공장製材工場 설치인가 청

---

96 外務省 外交史料館, 『鴨錄, 豆滿 兩江 연안의 삼림벌채에 관한 日淸人 기업관계 잡건』, 「鴨綠江沿岸森林伐採及販賣權移讓顚末書」.
97 『朝鮮駐箚軍歷史』, 81쪽.
98 大林區署 技師 永田正吉, 산림국 감독관보 겸 임무관 西田又二, 『北韓森林調査書』(1905. 8~11월 현장 조사 보고서). 이같이 다량의 원목과 제재목을 탈취할 수 있었던 점으로 보아 러일전쟁 직전 실제 벌목사업은 상당히 진척되고 있었음을 추정할 수 있다.
99 『鴨綠江森林及林業』, 37~39쪽.

원서를 5월 16일 육군성에 제출[100]하여 이 지역 삼림벌채는 이미 전쟁 이전 자신들에게 부여된 독점권리이기에 이를 인정하라고 하였다.

그러나 5월 18일 한국 정부는 일본과 영국의 3개월 동안의 집요한 강요에 굴복하여[101] 급기야 러시아와 맺은 모든 조약과 러시아에 제공된 모든 이권이 폐기되었음을 알리는「대로선칙서對露宣勅書」를 발표하지 않을 수 없었다.[102] 이는 5월 9일 고무라 외무대신이 러시아의 삼림경영권 무효와 폐기에 관한 공식안을 마련해서 전달토록 공사에게 지시한 것을 대한제국 정부가 그대로 받아 공표한 것에 불과하였다.

이 '선칙서' 발표로 한국에서의 러시아의 이권은 모두 소멸되었다.[103] 특히 선칙서에 "두만강·압록강·울릉도 삼림벌식森林伐植 특허는 본래 일개 인민에게 허락한 것인데 실상은 아국俄國정부가 자작 경영할 뿐이라. 이 특준特准 규정을 준행치 아니하고 자의로 침략적 행위를 하였으니 이 특준은 폐파廢罷하고 전연 물시勿施할 일"[104]이라 규정하였다. 다음 날인 5월 19일 일본 외무대신은 권리 이전 방안과 후속방법을 만들어 보고할 것을 공사에게 지시하였다. 그러면서 자신의 의견으로 한국과 러시아의 삼림벌채에 관

---

100 外務省 外交史料館,『鴨綠江에 工場設置에 부처 指í相成趣通牒』,「# 부속서 10 : 한국 평안도 압록강연안에 鋸挽機械 공장설치 御認可 청원」, 1904년 5월 16일(志岐信太郞/大林芳五郞→陸軍省).

101 「5등관 클레이메노프의 비밀 전문(1904.5.14/27.)」, АВПРИ,ф.150,оп.493,д.114,лл.7-7об.

102 『官報』, 1904년 5월 18일,「號外」.

103 그러나 최덕규와 이재훈은 역사학자 로마노프의 견해(Б. А. Романов,『압록강 이권, 니콜라이 2세의 개인정책의 특징―러시아의 과거―』1권, 1923, 106쪽)를 그대로 받아들여 뒷날 1906년 9월 니콜라이 2세의 지시로 발라쇼프가 그 권리를 미국인에게 매각하였던 것으로 판단하고 있다(최덕규, 앞의 책, 147쪽; 이재훈, 앞의 논문, 529쪽). 또 일본 문서에 1908년 12월 전『타임』의 통신원으로 러일전쟁 시기 오스트리아 주재 일본공사 牧野 및 총영사 飯島의 秘密用事로 근무했다고 칭하는 매켄너라는 자가 한국 삼림 및 만주에서 압록강 삼림, 무순탄광, 금광채굴업에 관해 러시아의 컨소시엄이 미국 뉴저지에 설립된 회사에 매도하는 것을 담판진행 중이라는 내용을 수 통의 서류로 제시한 사실이 확인된다(外務省 外交史料館,「러시아인이 획득한 한국 삼림사업 및 무순탄광 기타 특권을 米人에게 매도하는 계약에 관한 매켄너로부터의 申出 1건」, 1908년 12월). 그러나 러시아의 삼림이권을 뒤늦게 미국인에게 일괄매각하는 이 같은 내용들은 1904년 5월「대로선칙서」선언 이후부터는 법률적 효력이 없는 것으로 논의의 대상이 될 수 없을 것이다.

104 『官報』, 1904년 5월 18일,「號外」.

한 조약이 취소되었으므로 내외국인 중에서 대신 권리를 취득하고자 획책하는 사람이 속출할 것인데, '더욱 적극적으로 그 권리를 우리가 취득하기를 희망'하므로 수속 방법 등에 대해 의견을 전보하기 바란다 하였다.[105] 요컨대 그 권리를 민간에 이전하기 보다는 정부가 적극 개입하기를 기대하는 내용을 피력한 것이다.

이에 하야시 공사는 시키구미의 권리 양수를 통한 새로운 조합 조직의 필요성과 정부의 기사 파견이나 군사 당국의 보호를 통한 군부의 적극적 개입과 원조를 강조하면서 결론적으로 군부가 전면에 나서는 방안을 제시하였다.[106] 일본 정부에서도 그의 의견을 받아들였고, 이를 5월 31일 「대한시설강령對韓施設綱領」 제6조[107]로 성문화하였다. 이 같은 상황에서 육군성은 6월 3일에 5월 16일 자 시키와 오바야시의 청원에 대해, "① 공장 설치의 건은 당성當省에서 지령할 권한이 없다, ② 용암포에 왕복하는 건은 군사상 방해 없는 한에서만 허가한다, ③ 제2항에 부처 해당 지역 고급사령부의 지시를 받아야 한다"[108]고 회신하여 사실상 공장 설치가 불가하다고 일축하였다. 그러자 6월 24일과 7월 4일 시키는 도쿄에서 하야시 공사를 만나 항의하였지만 공사는 당초와 달리 이 권리를 무시하였다.[109] 일본 정부는 이 사업을 육군 직영으로 두고자 하였기에 그동안 공사관에서 '원조'하여 '장려하며 권유'했던 시키의 사업은 마침내 포기할 수밖에 없는 상황에 이르게 되었다.

---

105 『駐韓日本公使館記錄』「鴨綠江 및 豆滿江岸 삼림벌채권 취득 방법에 대한 의견 제출토록 訓令件」, 1904년 5월 19일(고무라→하야시).

106 『駐韓日本公使館記錄』,「淸韓國境의 森林 경영방책에 대한 의견 稟申의 건」, 1904년 5월 23일(하야시→고무라).

107 "제6조. 拓植을 도모할 것 … 乙. 林業 : 두만강안과 압록강안은 삼림이 울창하며 특히 후자는 그 면적도 광대하고 운수도 역시 편의하여 韓國富原 중 제일로 屈指하는 것이다. 이들 삼림의 伐截權은 수 년 전 러시아인에 주었으나 한국 정부로 하여금 차제 이를 폐기시켜 我邦人으로 하여금 대신 경영케 하는 수단을 취할 것이며, 그리고 한편에서 적당한 장소를 선정하여 새로 植林의 길을 강구키로 할 것이다." 『官報』, 1904년 5월 31일.

108 『統監府文書』,「上件에 대한 陸軍省의 회신」, 1904년 6월 3일.

109 『統監府文書』,「韓日協定시 압록강 삼림경영의 營林廠 이관에 따른 旣得緣故權 보상에 대한 탄원서」, 1908년 11월(東京市 赤阪區 志岐信太郎→통감공작 伊藤博文).

8월 13일 대본영의 명에 따라 한국주차군사령관은 압록강안의 목재남벌 금지에 관해 병참감 및 헌병대장에게 그 단속을 명하고 안동 현 군정관에게 벌목사업 조사를 시켰다.[110] 일본 정부도 12월 7일 압록강과 두만강 일대에 군벌목대를 파견하기로 결정하였다.[111] 다음 날인 12월 8일 공사가 한국 황제를 알현하고 압록강과 두만강 연안 삼림을 일본 정부가 경영할 것을 요구하였고, 그 결과를 외부대신이 성명 발표하였다.[112]

용암포에서 러시아가 건설했던 삼림 설비는 이후 일본군이 점령하여 병참사령부, 정박장사령부 등으로 충용되었다. 용암포 일대 러시아의 목재는 일본군의 점유로 돌아가 1905년 7월 이전부터 전지육군건축부戰地陸軍建築部는 오쿠라구미大倉組에 청부하여 목재를 제재하였다.[113] 그런데 오쿠라구미가 특별히 이곳에 들어오는 이유는 전적으로 하야시 공사의 1904년 9월의 시나리오에 근거한 것이었다. 하야시는 외무대신 고무라에게 사업경영은 결국 일본 정부의 손으로 하더라도 초기에는 개인 또는 회사의 명의로 할 필요를 강조하면서 유력한 조합을 조직할 것을 건의하였다.[114] 오쿠라구미는 오

---

110 『朝鮮駐箚軍歷史』, 269~270쪽.

111 『駐韓日本公使館記錄』,「鴨綠江 · 豆滿江 연안의 삼림벌채 및 감리에 관해 한국 정부에 성명토록 請訓 件」, 1904년 12월 7일(하야시→고무라).

112 『駐韓日本公使館記錄』,「鴨綠 · 豆滿江沿岸 森林 경영에 관한 건」, 1904년 12월 12일(하야시→고무라);『皇城新聞』, 1904년 12월 13일.

113 中牟田五郞,『鴨綠江流域森林作業調査復命書』(1905년 7월 31일), 농상무성 산림국;『北韓森林調査書』(1905. 8~11월 현장 조사 보고서). 그런데 농상무성 파견 中牟田五郞의 조사보고서는 이미 작성된 외무성 밀정 鶴岡永太郞의 조사결과를 이용한 것이다. 일본 만주산업조사회 일원인 법학사 쓰루오카는 1902년 5월 외무성 정무국장 山座圓次郞, 농상무성 상공국장 木內重四郞의 명을 받아 외무성 촉탁 및 농상무성 해외실업연습생(무역시찰원) 자격으로 러시아 삼림채벌 정찰을 위해 현지에 파견되었다. 쓰루오카는 압록강 본류인 초산에 도착하여 이곳을 근거지로 일대의 정황을 조사하였고, 이어 용암포와 그 대안의 大東溝, 三道浪頭 부근을 조사하였다(山名正二,『滿洲義軍』, 月刊 滿洲社 東京出版部, 1942, 12 · 22 · 37쪽; 小島麗逸,「滿洲森林調査史」,『日本帝國主義と東アジア』, アジア經濟硏究所, 1979, 227 · 244쪽 참조).

114 『駐韓日本公使館記錄』,「淸韓國境 森林經營 및 鴨綠江口 各開港場制度의 制定, 咸鏡道行政에 關한 稟申 件」, 1904년 9월 13일. 오쿠라 기하치로는 그해 12월 29일 일본공사 하야시와 함께 고종황제를 알현할 기회를 갖게 되었다. 이때 공사가 시정개선과 예산결정 등을 진술하였는데, 압록강 사업도 논의되었을 가능성이 크다(『駐韓日本公使館記錄』,「漢城政界彙報」, 1905년 1월 3일).

쿠라 기하치로大倉喜八郎 소유의 목재회사로 오쿠라는 철도를 비롯하여 한국의 토목 건축계에서 크게 활동하던 일본 굴지의 정상재벌이었다.[115] 러시아 삼림회사의 제재장製材場을 개량 보수하여 70마력의 증기기관을 구비한 오쿠라구미 제재공장製材工場에 의한 목재채벌은 한국 내 병영 건축재료 공급 등의 전쟁특수로 한동안 매우 융성하였다. 그해 11월경에 이르면 일본인 20명, 한국인 30명, 중국인 40명 총 90여 명을 사역하여 하루 작업량은 6분판分板 200동東(1동은 6매), 1촌판寸板 400~450매 정도였다.[116] 이후 용암포 및 사하진에 오쿠라구미 제재공장, 신의주에는 오바야시구미大林組 제재공장을 두었다.[117]

10월 6일에 이르러 육군성은 군용목재창軍用木材廠을 편성하여 주차군사령관 예하에 소속시키고 그 본창을 안둥에 두고, 분견소를 혜산진에 설치하여 전지임시건축부와 군정서에서 관장하던 목재사업을 계승하여 압록강 삼림에 대해 직접 채벌을 실시하였다. 12월 1일 군사령관은 일본공사를 매개하여 한국 정부에 군용목재창 설치와 작업계획, 영림 보호, 남벌의 교정 및 지방인민의 생업 부여 등에 관해 통고하였고 군용목재창은 12월 하순부터 작업을 개시하였다.[118] 용암포와 안둥 지역 목재 권리의 일부는 1906년 2월 오쿠라토목조의 오쿠라 조마大倉條馬와 오쿠라 기하치로에게 주어 이곳에 서양식 제재공장을 설치하였다.[119]

(2) 영림창營林廠 관제와 국가사업으로의 전환

일본 정부가 주도하는 독점적 관영 벌목사업 개시는 통감부 설치 이후

---

115 秦郁彦 編, 『日本近現代人物履歴辭典』, 東京大學出版會, 2002, 100쪽 참조.
116 『通商彙纂』, 「鴨綠江流域視察報告書」(明治 38年 11月 28日附 在鎭南浦帝國領事館報告).
117 『鴨綠江森林及林業』, 52・55쪽.
118 『朝鮮駐箚軍歷史』, 269~270쪽; 『鴨綠江森林及林業』, 37쪽.
119 外務省 外交史館, 『鴨錄, 豆滿 兩江 연안의 삼림벌채에 관한 日淸人 기업관계 잡건』, 「鴨綠江畔日淸合同木材伐採의 건 請願」, 1906년 2월 1일.

부터였다. 1906년 10월 6일 통감 이토 히로부미伊藤博文는 개인적으로 한국 황제를 알현하는 석상에서 압록강 상류 지역의 채벌이권을 일본에게 이양할 것을 집요하게 요구한 바 있다. 알현이 끝난 뒤 황제는 러시아총영사 플란손에게 비밀리에 덴마크의 전기통신 기술자인 H. J. 뮐렌시테트H. J. Mühlensteth를 통해 서신을 전하면서, 일본인들에게 정식으로 이의신청을 하여 자신을 도와달라고 요청하였다.[120] 그러나 다음 날인 10월 7일 러시아 외부대신 서리 구바스토프는 러시아 정부의 정책 변경을 분명하게 전달하였다. 이는 삼림이권 문제에 관한 총영사의 행동은 '바람직하지 않은 결과'를 초래할 수 있기 때문에 앞으로 황제와의 모든 교류를 삼갈 것을 지시하는 내용이었다.[121]

통감의 강박으로 10월 17일 한일 양국이 자본금을 각자 60만 원씩 지출하는 서북연변 두만강 및 압록강변 삼림영업회사 설립을 정부회의에서 협의하였다.[122] 그 결과 10월 19일 참정대신 박제순, 탁지부대신 민영기, 농상공부대신 권중현 등은 이토 통감과 「압록강두만강삼림경영협동약관」을 의정하기에 이르렀다.[123]

그러나 구체적인 안을 가진 삼림경영은 동절기를 지난 다음 해 봄까지 기다려야 하였다. 한국 정부는 1907년 4월 18일 「서북영림창관제西北營林廠官制」를 발포하여 압록강·두만강 연안의 삼림 사무를 한일 양국 정부가 공동경영하기로 하였다.[124] 그렇지만 창장廠長 육군소장 고지마 요시타다小島好

---

120 「4등관 플란손의 비밀 전문(1906.10.6.)」, ГАРФ,ф.818, о п .1,д.163,л.28; 「4등관 플란손의 비밀 전문(1906.10.14)」, ГАРФ,ф.818,оп.1,д.163,л.30об.

121 「외무대신 서리 구바스토프가 서울 주재 러시아제국 총영사(플란손)에게 보내는 비밀 전문(1906.10.7.)」, ГАРФ,ф.818,оп.1,д.163,л.29.

122 『皇城新聞』, 1906년 10월 18일.

123 『官報』, 1906년 10월 19일. 같은 날 평양이사청에서는 통감부에 成田 대위가 직접 만든 용암포의 지리, 연혁, 군정 상황 등을 상세히 기술한 龍岩浦史 및 용암포 점령지와 부근 도면을 첨부하여 보고하였다(『駐韓日本公使館記錄』, 「平壤 부근 炭坑 수용에 관한 건」, 1906년 10월 19일(평양이사청 이사관 기쿠치→통감부 총무장관 쓰루하라)). 이는 그동안 용암포 러시아 삼림회사에 대한 군대의 조사를 통감부의 자료로 활용케 한 것이었다.

124 『官報』, 1907년 4월 18일, 「칙령 제21호 西北營林廠官制」. 그러나 이는 중추원의장 서정순으

閒 이하 기사·기수 모두 일본인이 주도하였고, 그 내용을 의정부 참정대신 이완용이 압록강 두만강 연안 각 군수에게 훈령하였다.[125] 또한 사업을 일본 정부의 칙령 제72호로 1906년 5월 13일 법제화된 통감부 영림창에 위탁하면서 서북영림창과 통감부 영림창을 합치게 된다. 설립 당시 안동 현 목재창 구내에 본부를 두었고 1908년 9월 벌목사업이 시작되자 10월 신의주로 이전하였다.

이 같은 과정에서 이미 러일전쟁 직전 일본 정부로부터 특허권을 내락받았던 시키 신타로는 '권리'를 포기할 수밖에 없었다. 이에 반발한 시키는 1906년 이토 히로부미 통감을 면회하였고, 통감은 그의 '공로'를 인정하고 상당한 보상을 언명하였다.[126] 이렇듯 그가 반발하자 외무차관 진다 스테미 珍田捨己가 통감부 총무장관 쓰루하라 사다키치鶴原定吉에게 1907년 7월 30일 "한국 농상공부 대신의 특허야말로 처음부터 결함이 있었으므로 시키志岐의 권리라는 것도 이를 유효한 것으로 인정할 수 없다"고 하면서도 현실적 대안으로 가급적 그에게 영림창에서 벌채 예정 목재의 독점판매 권한을 부여할 것을 제시하였다.[127] 하지만 당시 일본 정부의 입장이 명확히 정리되지 않은 상황에서 이 문제는 더 이상 진전되지 못하였다.

목재판매권조차 확보할 수 없었던 시키 신타로는 1908년 11월 다시 이토 통감에게 '탄원서'를 올려 다음과 같은 몇 가지 의문과 문제점을 제기하였다.[128] 탄원서에서 그는 '시키의 권리'를 보장해 주기 위해 1903년 12월에

로부터 중추원에 諮詢하지 않고 미리 반포한 위법이라는 항의를 받게 된다[『中樞院來文』, 1907년 4월 19일, 규장각고문서(奎. 17788)].

125 『各司謄錄』近代編, 「訓令 제 201호~219호」, 1907년 6월 5일.

126 『統監府文書』, 「志岐信太郎에 대한 압록강삼림벌채 특허 건」, 1909년 8월 10일(외무부장 대리 통감부 서기관 小松綠→외무부장 통감부 참여관 鍋島桂次郞). 이 문서에서 신임 曾彌 통감은 "1903년 러시아 압록강 연안 삼림경영 당시 한국의 우리나라 공사관에서 백방으로 이를 막을 방책을 강구하여 마침내 志岐信太郞이라는 자를 奬誘하여(권면하고 꾀어) 삼림사업을 경영시켰다"고 분명히 적시하고 있다.

127 『統監府文書』, 「日淸義盛公司에 관한 件」, 1909년 2월 19일.

128 『統監府文書』, 「韓日協定時 압록강 삼림경영의 營林廠 이관에 따른 旣得緣故權 보상에 대한 탄원서」, 1908년 11월(東京市 赤阪區 志岐信太郞→통감 공작 伊藤博文).

일본공사관이 러시아 및 한국과 교섭을 거듭하였고, 당시 일본 정부가 유효하다고 주장하였으므로 자신의 권리가 효력이 없다고 논하는 것은 전후 모순이며, 공사관이 공인·증명하여 확실한 권리문서가 된 특허서류를 무효라고 하는 것은 불가능하다고 주장하였다. 이렇듯 당초부터 일을 감당한 자신을 배척하고 그 권리를 제3자에 주는 것 뿐만 아니라 정부의 식언 때문에 수많은 자본가와 체결한 계약을 취소하고 수십 명의 직원을 해고하여 손해가 20~30만 원에 달하였다는 것이다. 그 결과 자신은 삼림벌채 권리를 포기할 수밖에 없었지만 그에 대신하여 목재의 독점판매권 만큼은 취득하기를 희망한다고 피력하였다.

그러나 시키 신타로의 이력을 보면, 그의 직업은 토목건축청부업, 총포화약류 판매업, 광업 등으로 1896년 시키구미를 창립하여 일본, 타이완, 북해도 등에서 철도공사 청부를 받았고, 1900년에는 한국에서 각종 철도공사 청부를 맡은 사실이 확인된다.[129] 즉, 그는 토건업자로는 확인되지만 삼림이나 목재업자는 아니었고, 실제 이 방면의 활동도 전무하였다. 1906년 9월에는 나가모리 도키치로長森藤吉郎, 오다카 지로尾高次郎 등과 함께 한국의 황무지 개척 명분으로 자본금 50만 원을 모아 '한국척식회사韓國拓植會社'를 조직하고 1주 당 50원으로 주주를 모집하기도 하였다.[130]

거듭되는 반발 결과 '국가가 개인을 이용한 것'으로 평가한 1909년 8월 소네 아라스케曾彌荒助 통감의 견해에 따라 일본 외무성에서는 비밀리에 상당한 보상금을 그에게 주고 일체의 관계를 끊을 필요성을 인정하지 않을 수 없게 되었다. 따라서 그 해결책으로 외무성에서 1만 8,000원, 한국 정부에서 약 2만 원을 지출하고 다시 외무성에서 7,000원을 내어 도합 4만 5,000원을 그에게 지불할 것을 결정하였다.[131] 결국 10월 9일 일본 정부는 시키에게 4

129 朝鮮公論社, 『在朝鮮內地人紳士明鑑』, 1917, 514쪽; 朝鮮中央經濟會, 『京城市民明鑑』, 1922, 349쪽.
130 『皇城新聞』, 1906년 9월 12일.
131 『統監府文書』, 「志岐信太郎에 대한 압록강 삼림벌채 특허 건」, 1909년 8월 10일(외무부장 대리

만 원의 수령증과 "금후 본인은 본건에 관해 일한 양국 정부에 대해 일체 하등의 요구 등을 하지 않을 것"[132]이라는 각서를 받아 미봉하여 해결하였다.

한편 일청의성공사와 시키구미 벌목부의 권리는 같은 기간 중국인 장시영張時英 등에게 일정한 보상을 요구하던 청 측과도 마찰이 따랐다. 그러나 통감부는 한국 주재 청국 총영사 마정량馬廷亮에게, 1909년 2월 19일 장시영, 왕화정 등이 1903년 중 한국 농상공부로부터 받았다고 칭하는 압록강안 벌목 권리는, ① '당초부터 효력이 없는 것'이므로 그 권리에 대한 보상 등을 할 필요를 인정하지 않을 뿐 아니라, ② 그들의 손해에 대해 하등의 책임을 질 이유가 없고, ③ 시키와 그들 사이의 조합 계약자금 불입 운운은 순전히 개인 간의 거래관계이므로 회답할 필요조차 없는 것이라며 일축하였다.[133] 이렇듯 일청의성공사는 1909년 일본과 청국의 분쟁 재료로까지 재등장하였지만 일본 측은 동일사안을 한국과 청에게 각기 확연히 다른, 당초부터 효력이 없는 권리이자 개인 간의 불법거래라고 주장하였던 것이다.

통감부 영림창의 사업은 1910년 8월 한국의 강제병합과 함께 「조선총독부 영림창관제」를 발포하면서 모두 조선총독부로 승계되었다.[134]

압록강 삼림벌채권은 1896년 블라디보스토크 목재상인 브리네르 이권으로 잘 알려져 있으나 실제로 그가 관여한 기간은 초기의 극히 일부 기간에 불과하다. 그 이권은 1898년부터 시작된 니콜라이 2세를 정점으로 하는 러시아 황실 자본과 황실 측의 인사들로 구성된 일군의 정상관료政商官僚 집단에게 귀속되었다. 그러나 이를 전면화시키지 못한 상태에서 만주와 극동정

통감부 서기관 小松綠→외무부장 통감부 참여관 鍋島桂次郎).

132 『統監府文書』, 「압록강삼림사업 손해보상금 영수증 및 각서」, 1909년 10월 9일(志岐信太郎→통감 曾彌荒助). 일본 정부가 지불한 4만 원은 당초 일청의성공사 설립 시 거명된 총자본금 액수와 같고, 志岐信太郎의 초기자본금 '견적출자액' 전액으로 5,000원은 진행 과정에서 삭감된 듯하다.

133 『統監府文書』, 「日淸義盛公司에 관한 件」, 1909년 2월 19일.

134 『鴨綠江森林及林業』, 168~169쪽. 이후의 상황에 대해서는 姜英心, 「日帝 營林廠의 삼림수탈에 관한 연구」, 『梨花史學硏究』 22, 1995를 참고할 것.

책의 입장 차이로 이권문제를 둘러싼 재무대신 비테파와 황실 측근 베조브라조프파의 치열한 논리공방이 전개되었으나 큰 틀에서 보면 별개의 문제가 아니라 서로 밀접히 연결된 것이었다.

군사적 제국주의의 경제적 실현의 대표적 사례가 삼림이권 쟁탈전으로, 국가-관료 주도 형태는 러시아와 일본 모두의 공통분모였다. 그러나 러일 간의 국제전이 변수로 작용하였고, 러시아군과 일본군의 군사외적 참여로 러일전쟁 이전에 양국 군대가 자국 정부의 경제침략의 일익을 담당하였다. 한국 국경 연안의 삼림채벌권을 둘러싼 러시아 정부와 일본 정부의 이권 싸움에서 러일전쟁 이전까지 민간기업은 장치와 형식에 불과하였다. 따라서 삼림개발계획의 실제 추진단계에 가면 먼저 러시아 참모부가 개입하였고, 일본 또한 군부와 외교 당국의 입장을 전면화할 수 없었던 현실적 상황에서 참모본부 주도[135]의 경제공작, 외무성과 위장대리인을 통한 대외 이슈화에 주력하였다.

불법적인 이권 공작에 일본 정부는 자국민과 한국인뿐 아니라 중국인까지 동원하였고, 그 후유증은 결국 청국 정부에서 자국민의 권리를 주장하기에 이르는 상황까지 처하였다. 일본 정부는 한국 농상공부와 외부의 인장을 위조 날인하면서까지 기정사실화하고자 하였다. 국가 간 합의 없이 브리네르 외에 다른 사람이 이를 경영하는 것은 계약위반이었고, 이는 일본 정부가 전

---

135 1878년 설치된 일본 육군 참모본부의 전신은 1871년 兵部省 내에 설치된 참모국으로 관장업무 중 하나가 地理圖誌를 작성하는 것으로 "평시에 간첩대를 여러 지방에 나눠 파견하여 지리를 측량하게 함으로써 지도를 제작하는 데 이바지한다"라 하였듯이, '스파이' 임무도 포함되어 있었다(中塚明, 『歷史の僞造をただす』, 高文研, 1997(박맹수 역, 『1894년, 경복궁을 점령하라』, 푸른역사, 2002, 92쪽)]. 참모본부 포병대위 사코 가케노부酒匂景信가 1884년 광개토대왕 비문을 변조 탁본 후 본국으로 보냈고, 비밀리에 연구를 진행하여 1888년 조작된 내용을 세상에 공표한 사실이 있었다. 또한 1894년 청일전쟁 과정에서 외무성 등 일본 정부와 조직적으로 결탁하여 일본군의 조선왕궁 점령 전말의 역사 기록의 체계적 위조를 자행한 사실, 『日露戰史』 편찬에도 일본에게 불리한 사실의 삭제를 지시한 적도 있었음이 밝혀졌다. 1895년 10월 조선의 閔王后 살해 또한 참모본부 산하 대본영과 전권공사 미우라 고로三浦梧樓와 협력자에 의해 주도면밀하게 진행되었음도 최근의 상세한 연구를 통해 알 수 있다(金文子, 『朝鮮王妃殺害と日本人』, 高文研, 2009).

면에 나설 수 없었다는 데서도 이해할 수 있다. 외부대신 이도재와 협판 이중하의 강력한 반발도 변수로 작용하였다.

그러나 일본은 러일전쟁의 승리로 결국 러시아 측으로부터 이권 이전을 받았다. 그 과정에서 정부 직영을 모색하였지만 적지 않은 후유증이 노출되었다. 그 대안으로 유력한 재벌이 주도하는 이권 확보 전략으로 방향을 급선회하였다. 이는 결국 정부와 군부를 매개로 한 시부자와澁澤·오쿠라大倉 등 정상재벌이 전쟁특수를 노리는 이권에 개입함으로써, 일본 정부가 재벌과 균점하는 형태의 유기적 결합을 통해 식민지적 이해관계를 실현하는 것으로 귀결되었던 것이다.

제4부

가중되는 탄압과 저항

제1장

반일운동의 탄압 양상

1904년 러일전쟁과 「한일의정서」 체결을 시작으로 반일투쟁이 활기를 띠게 되었다. 이후 1905년 이른바 '을사조약'을 거쳐 1907년 고종황제의 강제 퇴위와 정미조약으로 군대가 해산된 이후에는 전국적 규모의 대규모 반일활동이 전개되었다. 무장투쟁이 전면화하면서 반일의병전쟁으로 발전한 의병들의 항쟁은 1910년 8월 대한제국이 국권을 뺏길 때까지 지속적으로 전개되었다.

의병들의 반일구국항쟁은 그동안의 많은 조사와 연구를 통하여 상세히 밝혀졌다. 그러나 통감부와 일본군을 비롯한 일본 통치당국의 의병탄압책에 적극 앞장섰던 반민족 행위자들에 대한 연구는 별반 되어 있지 않은 것이 작금의 현실이다.[1] 당시 내부대신 등 중앙정부의 주요 관료는 물론 각 도 관찰사를 비롯한 지방의 군수 이하 관리뿐 아니라 이장, 동장, 면장, 지주 중 일부

---

1 이와 관련한 기초연구로는 다음의 글들이 참조된다. 洪淳權, 『韓末 湖南地域 義兵運動史 硏究』, 서울대학교출판부, 1994, 134~168쪽; 홍순권, 「의병학살의 참상과 '남한대토벌'」, 『역사비평』 45, 1998; 홍영기, 『대한제국기 호남의병 연구』, 일조각, 2004, 369~409쪽; 辛珠柏, 「湖南義兵에 대한 日本 軍·憲兵·警察의 彈壓作戰」, 『歷史敎育』 87, 2003.

는 의병탄압 및 살육에 큰 역할을 하였다. 협동작전 등 상호 유기적 시스템을 갖춘 이들의 활동은 국권 회복과 항일구국운동을 방해하는 데 결정적으로 기여하였다.

이들은 의병을 신고 내지 밀고하고 정탐 협력에 적극 참여하였고, 일제는 밀고자를 장려하는 한편, 의병토벌을 위해 큰 상금을 걸어 각 촌락에 광고하고 그 대가로 관직을 약속하기도 하였다. 일본뿐 아니라 대한제국 정부 역시 의병토벌의 대가로 이들에게 금전을 지급하기도 하였다. 그 결과 정부와 일본군 수하로 활동하는 사례가 다수 나타났고, 적극적인 토벌 주도자가 관료 및 민간에서 속출하였다. 일본의 하수인들은 의병장 및 의병진 소재지와 의병의 상황 및 내습의 방향을 내밀히 보고하는 등 밀정의 역할을 하여 일본군과 정부군의 활동을 도왔다. 한편으로는 일반민들에게까지 금품을 강제로 요구하고 살육, 약탈하는 등 토벌 외적인 만행도 자행하여 그 폐해가 적지 않았다. 또한 뒷날 일제하 경찰로 성장한 일진회一進會와 자위단自衛團 등 각급 친일단체 출신들은 일본 헌병 등의 보조원으로 앞장섰으며, 기타 민간에서도 의병토벌에 동원되었다.[2] 일제는 이들을 앞세워 의병 내부의 혼란을 유도하여, 의병활동을 하다 귀순하거나 전향하는 등 일제 측에 설복당하는 사례도 적지 않았다. 그 결과 당시 일반인들은 일제협력자들을 일본과 동일시하여 한민족의 공적公敵으로 간주하였다.

이 장에서는 러일전쟁 이후 일제의 한국의 식민지화 과정에서 '지배-저항-협력'이라는 3대 축에서 지배정책 분석보다는 협력문제에 초점을 맞춰, 군대나 경찰과 같은 전문적 억압기관의 집단적 폭력과 '방어적, 공격적, 예비적 동원defensive, offensive, preparatory mobilization'[3]에 의해 자행된 의병

---

2 일진회와 자위단의 의병토벌에 대한 상세한 서술은 洪英基, 「1907~8년 日帝의 自衛團 組織과 韓國人의 對應」, 『한국근현대사연구』 3, 1995; 姜昌錫, 「日本의 對韓政策과 自衛團의 組織에 관한 硏究」, 『東義史學』 11~12합집, 1997; 이용창, 「일진회와 자위단의 의병사냥」, 『내일을 여는 역사』 30, 2007 등을 참조한다.
3 찰스 틸리 저, 진덕규 역, 『동원에서 혁명으로』, 학문과 사상사, 1995, 127쪽.

탄압의 실상을 살피고자 한다. 이를 위해 첫째, 의병탄압과 관련한 대한제국 정부와 일제 통감부의 진압 정책과 사례 및 방법을 포함한 내용 등을 살핀다. 둘째, 의병탄압의 사례를 구체적으로 파악한다. 여기서는 앞에서 언급한 내용 외에 상호 간의 교전상황과 그 결과 나타나는 피해를 자세히 정리할 것이다. 이를 통해 대한제국 정부가 일본과 연합하여 전개한 의병토벌작전의 실상을 생생하게 이해하고, 또한 이들이 의병에게 입힌 인적·물적 손실, 즉 희생자·부상자·체포자는 물론이고 약탈사실도 확인하고자 한다. 셋째, 이상의 내용을 통해 러일전쟁 이후의 의병탄압의 자발적 참여자와 동원협력자들의 실체와 성격이 파악될 수 있을 것이다.

1. 대한제국 정부 및 지방관의 의병진압

이른바 '을사조약'이 강제로 체결된 이후부터 전국 규모의 의병투쟁운동이 전개되었다. 이에 대한제국 정부는 각급 지방관들에게 의병 실태에 대한 현지조사와 더불어 의병진압 방법을 마련토록 지시하였다. 그렇지만 대한제국 정부의 적극적인 의병탄압책은 일제 통감부 통치하에 있던 당시 현실에서 나왔던 것이라고 할 수 있다. 1905년 10월 일본임시대리공사 하기와라 모리이치萩原守一는 외부대신 박제순에게 공문을 보내 의병의 신속한 진압을 요망하고, 또한 그 결행 조치를 회시해 주도록 요구하였다. 박제순은 이를 군부에 다시 조회하였고, 대리공사에게 군부에서 원주·청주·안동대에 긴급명령을 내려 곧 진압하겠다고 통보한 바 있다.[4] 내부內部 또한 충북·경북·강원 3도에 훈령하여 관하 각 군에서 치열하게 전개되고 있던 의병운동을 진압토록 하였다.[5]

---

4 『駐韓日本公使館記錄』,「1905年 本省往電(3)」, 1905년 10월 14일.
5 『皇城新聞』, 1905년 11월 1일.

정부의 의병진압 기조는 이듬해에도 그대로 지속되었다. 1906년 1월 5일 내부에서 전국 13도에 의병활동 진압령을 내리자 각 관찰사는 백성들을 소집하는 행위를 엄격히 금한다는 내용을 소관 각 군에 전보로 훈령하였다.[6] 이에 각급 지방관들은 군부에 의병진압을 위한 군대 파견을 요청하였다. 그럼에도 불구하고 관리들의 의도와는 달리 의병의 항쟁은 지속되었다. 한국 정부의 병대兵隊 파견이 여의치 못하자 1906년 3월부터 일본군이 의병토벌에 본격적으로 나서게 된다.[7] 그 결과 충청도 홍주의 의병항쟁을 진압하기 위해 1906년 5월 26일 통감부 쓰루하라鶴原 장관長官은 오타니大谷 참모장과 협의하여 홍주성洪州城 의병포획 목적으로 보병 2개 중대를 파견키로 결정했다는 사실을 보고받아 도쿄에 체재 중인 이토 통감에게 보고하였으며,[8] 대한제국 정부에 대해 일본군의 파견을 양해해달라는 성명을 발표하였다.[9]

일본군의 개입과는 또 다른 차원에서 대한제국 정부의 의병진압은 지속되었다. 1906년 6월 내부는 전북관찰사 한진창韓鎭昌이 찬정 최익현崔益鉉과 전 군수 임병찬이 전라도 태인군에서 거병하였다는 보고를 받고 병정을 파견하여 진압할 것을 군부에 조회하였고,[10] 관찰사는 군사 20명을 정탐차 파견하고 수비대 1개 분대로 최익현이 이끄는 의병진을 공격하였다. 그러나 전라북도 인민들은 최익현이 의병을 일으켰다는 소문을 듣고 다투어 합세하였고 그중에는 순창군수 이건용李建鎔도 있었다.[11] 이에 군부는 추가로 진위대鎭衛隊 50명을 파송하여 의병을 토벌하고 의병장은 생포하는 한편, 여당餘黨은 해산시키라는 내용을 관찰사에게 훈령하였다.[12] 또한 군부대신 권중현權重顯은 각 지방에서 봉기한 의병진압을 위해 진위대 100명을 파견하였다.

---

6 『大韓每日申報』, 1906년 1월 5일.
7 홍순권, 앞의 논문(1998), 31쪽.
8 『駐韓日本公使館記錄』, 「往電」, 1906년 5월 26일.
9 『皇城新聞』, 1906년 5월 30일.
10 鄭喬, 『大韓季年史』 下, 光武 10년 6월 4일.
11 『大韓季年史』 下, 光武 10년 6월 5일.
12 『皇城新聞』, 1906년 6월 8일.

이보다 앞서 강원도 영월에서 의병이 봉기하여 관병 2명을 포살砲殺하고, 경상도 예안에서도 관병 2명을 총살했으며, 삼척·봉화·영양 각 군에서도 의병이 일어나 군기軍器와 양식을 탈취하는 등 의병활동이 맹렬히 전개되고 있었다.[13] 1907년 3월 충청도 단양에서는 일본군과 진위대의 합동 진압 작전으로 의병 31명이 체포되었는데 그중 2명이 전사하였고, 의병대는 총탄 등을 탈취당하였다.[14]

1907년 「정미조약」으로 인한 고종황제의 강제퇴위와 군대해산 이후 준식민지적 상황이 전개되자 의병항쟁은 국가생존권 차원에서 전쟁의 규모로 다시 치열하게 전개되었다. 대한제국 정부의 진압도 더욱 강경해졌다. 내각 대신들은 각 지방의 의병진압을 일본 측에 의뢰하였다. 한국주차군 사령관 하세가와 요시미치長谷川好道에게 군함을 내어 소요를 진정시켜 달라 하였고, 하세가와는 내각에서 회의하여 새로 즉위한 순종황제에게 상주한 후에 황제의 전보로 구원병을 청하라 하였다.[15] 정부 관료의 입장 또한 이전보다 강경 입장으로 전개되었다. 정부 대신급인 찬정 허위許蔿가 경기도 연천에서 의병을 일으켜 이강년·민긍호 등과 상응하여 활약하자 내각총리대신 이완용李完用은 우선 그의 품계를 삭제하고 법부로 하여금 즉시 체포, 징벌케 할 것을 청하여 재가를 받은 사실이 이를 반증한다.[16]

대한제국 정부는 강력한 의병토벌과 정찰을 위해 각급 군대 파견뿐만 아니라 군수 등 지방조직의 동원을 계속하는 한편 온건책으로 회유방안을 다각도로 마련하였다. 먼저 강경진압책을 살펴보자. 군부에서 지방 의병의 소요를 진정시키기 위해 1907년 11월 충청북도와 강원도에 200명, 황해도와 평안남도에 400명의 병정을 파송하였다.[17] 그해 12월에 황제는 조칙을 내려

13 『大韓季年史』下, 光武 10년 12월 20일.
14 『駐韓日本公使館記錄』,「出張中接受電信控」, 1907년 3월 2일.
15 『大韓每日申報』, 1907년 8월 27일.
16 『承政院日記』, 隆熙 원년 9월 9일.
17 『大韓每日申報』, 1907년 11월 12일.

지방 의병으로 앞으로도 계속하여 '소요'하는 자는 법에 의하여 처벌하되 성심誠心으로 귀순하는 자는 전죄前罪를 불문하고 안도安堵 낙업樂業케 할 것을 널리 알려 시행케 하였다. 이는 일본 측의 요청에 의한 것이었다.[18] 이 듬해 2월에도 "의병이 봉기하여 해가 지나도록 소요하므로 백성들이 피해를 입어 민가의 피소가 수천 호에 이른다 하니 가련함을 이길 수 없다"[19]며 내 탕금을 내려 의병에 의해 손해를 본 사람들의 구휼사업을 돕고자 한다는 뜻을 선언하였다.

의병활동 중 체포된 자에 대해서는 무거운 형을 내렸다. 12월 19일 법부 대신은 평리원에서 심리한 광주 의병장 정철하와 부하 이봉래·정원집, 양근 의병장 김만수와 부하 손성태, 철원 의병장 박래병과 부하 오인택을 판결 그 대로 각각 유배 10년에 처하였다. 동두천 의병 김창순도 원안대로 10년 유배에 처하였다.[20] 평남재판소에서 심리한 덕천군 의병장 김관수와 대도독 유익현, 재무관 조익종, 충의장 박팔언도 판결 그대로 종신 유배형에 처하였다.[21]

의병진압의 또 다른 방법은 귀순권유문을 전달하는 것이다. 강원도관찰 사 황철黃鐵은 "시국 이래 본 도의 각 군, 촌에 폭도가 봉기하여 재류 일본 관 민을 박해하고 각 군아郡衙에 침입하여 군수와 관리를 강제로 폭도에 가담시 키고 금곡총탄金穀銃彈을 군내에서 징발하고 혹은 촌락에 들어가서는 양민 을 괴롭히고 제멋대로 약탈을 하는 등 폭려暴戾가 이르지 않음이 없어 거의 정령政令이 행해지지 않음을 개탄"하고 10월 초순에 서한을 원주진위대 특 무정교 출신 의병장 민긍호에게 보내 귀순을 권유하였고, 11월 7일에 다시 횡성군수 심홍택을 보내 서한을 전달하였다.[22] 1908년 2월 강원도 평해군수

---

18 『官報』, 1907년 12월 14일 號外.
19 『官報』, 1908년 3월 4일.
20 『官報』, 1908년 1월 7일·8일.
21 『官報』, 1908년 1월 13일.
22 「관찰사의 폭도귀순 권유에 관한 건」(1907년 11월), 『한국독립운동사자료』 8(의병편 I), 국사편 찬위원회, 1979.

서리 군주사郡主事 서철규는 내부대신 임선준에게 평해군 의병에 대한 귀순 권유 사실을 보고하였다.[23] 익산군수 김정기 역시 내부대신에게 의병 중 '오해하여 가담한 자誤解入參者'라도 자수 귀순하면 '면죄'할 뜻으로 설유하였더니 자수 청원 죄복한 자가 나와 전주헌병분견소 헌병대위의 동의를 얻은 후에 '면죄문빙서免罪文憑書'를 반급하는 등 효과가 있다고 보고하였다.[24] 4월 함경북도 성진부윤 이원영은 학서면의 의병상황을 상세히 조사하는 과정에서 의병참여자들을 설득한 바 있다.[25] 순창군수 황기연에 의하면, 같은 해 7월 29일 면장 및 군민을 모아 전주수비대장 나가노가 유세하고, 관찰사가 1시간 훈유한 후 다시 군수가 설득하는 과정을 거쳐 7일 내 귀순한 자는 모두 43명이 되었다 한다.[26] 황기연은 8월에도 의병들을 종용하여 이때 귀순한 자는 10명이고, 이들에게 '면죄문빙免罪文憑' 및 '명심서銘心書'를 발급하였다. 같은 달 전라북도 태인군에서도 관찰사 행차 시 총 22명에게 '면죄문빙'을 주었다.[27] 9월 충청남도에서도 각 지역별 귀순자 명단을 내부대신에게 보고하였다.[28] 1909년 12월 진주수비대장은 하동군수를 동행하고 각 면을 돌며 의병의 귀순을 권유한 결과 6명이 귀순하였다.[29]

정부에서는 선유사宣諭使(선유위원)를 각 지역에 파견하였다. 일본인 순사와 헌병의 호위를 받은 이들은 군청소재지에 가서 선유조칙을 낭독하고 고

23 「본군 폭도 3報. 귀순 이유는」(1908년 2월), 『한국독립운동사자료』 9(의병편 II), 국사편찬위원회, 1980.
24 「현금 지방폭도 진무귀순하기 위하여」(1908년 2월), 『한국독립운동사자료』 9(의병편 II), 국사편찬위원회, 1980.
25 「성진부윤이 폭도를 효유 감오케 한 건」(1908년 4월), 『한국독립운동사자료』 10(의병편 III), 국사편찬위원회, 1981.
26 「폭도귀순자 조사 건」(1908년 8월), 『한국독립운동사자료』 11(의병편 IV), 국사편찬위원회, 1982.
27 「양민 안접 폭도귀순 상황 修報 건」(1908년 8월), 『한국독립운동사자료』 11(의병편 IV). 자료에는 22명의 이름과 나이, 활동지역 등이 기재되어 있다.
28 「폭도에 관한 건」(1908년 9월), 『한국독립운동사자료』 12(의병편 V), 국사편찬위원회, 1983.
29 「폭도귀순에 관한 건」(1909년 12월), 『한국독립운동사자료』 16(의병편 IX), 국사편찬위원회, 1987.

시문을 게시하여 의병의 해산과 귀순을 권유하였고, 자위단 창설을 독려하는 한편, 의병의 동향을 중앙에 보고하였다.[30] 1908년 2월 충청북도 선유위원 송기용은 청주 읍내장 및 청천면에서 의병 두령 2명을 만나 귀순을 권유하였고 그사이 귀순한 자가 6명이라 하였다.[31] 그 과정에서 선유사를 수행하는 일본인 순사보 일행이 원주에서 의병을 사살하는 사건도 있었다.[32] 충청도 노성군에 파견된 정부군 9명이 약 50명의 의병에 사격을 가해 의병장 유치복을 죽였고, 그 과정에서 최석봉을 비롯한 동민 3명도 함께 사망했다는 보고도 있다.[33]

대한제국 정부는 의병진압을 위한 경비도 마련하였다. 1908년 2월 내각조회에 따라 탁지부에서는 의병진압 경비로 1만 2,000원을 지출하기로 청의하였고,[34] 보부상褓負商 조직을 활용하고자 정부 회의를 거쳐 그들에게 20만 원을 지출하였다.[35] 또한 허위를 비롯한 주요 의병장을 체포하는 자에게는 거액의 현상금을 지불하는 계획도 세워 실효를 거두었다.[36]

1909년 남한대토벌 작전 즈음인 8월 22일 전라남도에서는 관찰사 신응희 명의로 각 부윤, 군수 및 경찰서장에게 내훈內訓하여 토벌에 원조를 진력하여 부서를 정해 관내에 출장시켰고, 면장·동장 등을 소집하여 직접 훈령을 내리고 지역민이 토벌대를 돕도록 강제하였다. 즉, 20세 이상 60세 이하의 남자는 업무의 여하를 불문하고 본적, 현주소, 직업, 성명, 연령을 조사하여 각 면장, 동장 및 이장이 명부를 만들고, 부윤 및 군수는 면장·동장을 엄중

---

30 홍영기, 앞의 책(2004), 372쪽.
31 『大韓每日申報』, 1908년 2월 26일.
32 「폭도총살 및 격퇴의 건 보고」(1907년 10월), 『한국독립운동사자료』 8(의병편 I), 국사편찬위원회, 1979.
33 「폭도사살의 건」(1908년 2월), 『한국독립운동사자료』 9(의병편 II), 국사편찬위원회, 1980.
34 『大韓每日申報』, 1908년 2월 26일.
35 『大韓每日申報』, 1909년 7월 27일. 그 과정에서 平壤日日新聞 주필 日戶勝郎은 李奎恒·李學宰와 협의하고 褓負商 보호 명목으로 전국의 보부상들에게서 1인당 30錢씩 염출하고 이들로 하여금 의병활동을 진압케 하며 염출된 30만 원으로 보부상 보호비용에 사용토록 획책한 적도 있었다(『駐韓日本公使館記錄』, 「憲兵隊機密文書」, 1909년 7월 31일, 憲機 제1519호, 「褓負商保護ノ件」).
36 『大韓每日申報』, 1908년 7월 9일.

히 독려하여 군대의 요구에 항상 바로 응하도록 하여 양식 및 기타 수용물자를 공급하는 데 차질이 없게 지역민을 설득하고 인민을 동원하는 데 전력을 다할 것을 지시하였다.[37] 그 결과 의병장 최산홍을 체포하는 데 큰 역할을 한 바 있었던 순창군수 황기연은 1909년 10월 관내 18면 면장에게 훈령을 보내 의병 수색에 큰 도움을 주었다. 나아가 그는 스스로 사령 5명을 독려하여 잠복한 의병을 수색하는 것을 원조하였다.[38] 황기연은 관하 지역에 훈령을 내려 의병을 은닉시키거나 그들이 경과함을 보고도 포박하지 않으면 동리 사람들을 모두 '폭도暴徒'로 인정하고 엄중한 처분을 행할 것이라 하였고, 읍내 부로父老로 하여금 각 면리에서 밀정密偵에게 정보를 제공하여 관헌에 몰래 보고할 것 등을 서약케 하였다. 의병활동이 진정되고 체포 또한 계획대로 진행되는 과정에서 경기도 포천군 내북면의 경우처럼 면회의面會議를 개최하고 의병을 유인하여 관헌에게 밀고하는 방안도 등장하였다. 이 지역에서는 돈 10원을 지역민들에게 제공하여 밀고를 장려하여 의병을 체포하자는 결의도 있었고, 주재순사는 금품을 제공하기보다도 '달콤한 말'로 그 소재를 확인하고 가장 빠르게 밀고하도록 한 적도 있었다.[39]

2. 경찰·순사의 의병 정찰, 진압, 체포 및 살해

1907년 8월 군대해산 이후 의병진압과 관련하여 경찰과 순사들의 역할이 두드러진다. 이들의 활동은 크게 직접 내지 밀정을 활용한 의병 정찰 및 토

---

37 「폭도대토벌에 관한 건」(1909년 9월), 『한국독립운동사자료』 15(의병편 VIII), 국사편찬위원회, 1986.
38 「폭도수색에 관한 건」(1909년 11월), 『한국독립운동사자료』 16(의병편 IX), 국사편찬위원회, 1987.
39 「폭도 격문에 관한 건 양주서장의 보고요령」(1910년 5월), 『한국독립운동사자료』 18(의병편 XI), 국사편찬위원회, 1989.

벌과 체포, 회유, 고문 심지어는 불법적인 살해 등 실로 다방면에 걸쳐 전개되었다.

먼저 의병정찰은 중앙과 지방 차원에서 동시에 이루어졌는데 그 중심단위는 해당 지역 경찰서였다. 경찰서에서는 일본인 혹은 한국인으로 구성된 경시, 경부 내지 순사, 순검 등을 의병 활동지에 파견하였고, 이들로부터 상세한 정탐보고를 받았다. 1908년 1월 15일 전라남도 광주경찰서 소관인 담양순사주재소에서는 의병의 잠복지인 창평군 장수면 가보리에 내정內偵으로 순사 김태원을 파견하였고, 이장과 마을 주민들을 상세히 신문하였다.[40] 같은 달 25일 경상북도 안동경찰서 순사 권만식과 형사 전성우는 영양군 경계에 파견되어 의병장 유시영의 소재를 수사하였다.[41] 8월 29일 경기도 과천군 주재 순사는 의병 약 40명이 광주군 신원동에 나타났다는 사실을 보고하였다.[42] 9월 4일에는 죽산군 주재 순사의 보고가 있었다.[43]

순사들은 의병 출몰지에 직접 가서 변장 수색을 하거나 의병을 습격, 체포하였다. 1909년 1월 경기도 장호원 방면에 의병이 출현하자 여주경찰서에서 순사 이종래, 전영태 2명을 한복을 입혀 변장시켜 의병토벌을 수행토록 하였다.[44] 같은 달 성천경찰서의 순사 3명은 의병장 김치종이 추탄면에 침입한 것을 보고받고 12일 일본인 순사와 박성헌, 변용준, 이승근 등 6명을 변장시켜 정찰하였고, 의병들을 습격하여 4명을 체포하고 총 4정을 탈취하였다.[45] 3월에 경상남도 거창경찰서에서는 자체 수비대 및 거창, 안의 지역 헌

40 「폭도수색에 관한 상황」(1908년 1월), 『한국독립운동사자료』 8(의병편 I), 국사편찬위원회, 1979.
41 「폭도의 상황 보고」(1908년 1월), 『한국독립운동사자료』 9(의병편 II), 국사편찬위원회, 1980.
42 「수괴 불명의 폭도 약 40명은」(1908년 9월), 『한국독립운동사자료』 12(의병편 V), 국사편찬위원회, 1983.
43 「본월 4일 오후 5시 죽산군 서산면 평장동에 폭도 40여 명」(1908년 9월), 『한국독립운동사자료』 12(의병편 V), 국사편찬위원회, 1983.
44 「폭도에 관한 보고」(1909년 1월), 『한국독립운동사자료』 13(의병편 VI), 국사편찬위원회, 1984.
45 「폭도토벌에 관한 상황 보고」(1909년 1월), 『한국독립운동사자료』 13(의병편 VI), 국사편찬위원회, 1984.

병대와 연합토벌을 기획하여 한국인 순사 6명을 변장시켜 정찰, 수색케 하였다.[46] 4월에는 태인군 주재 일본인 순사와 은가, 박가 3명은 헌병과 협의하여 변장토벌대를 조직하여 의병장 이화춘을 체포한 적도 있었다.[47] 같은 해 9월 여수군 정찰대는 순사 5명과 번역관보를 변장시켜 정찰하여 김원석을 체포하고 그의 자백에 의해 강승우의 부하 신태휴, 박우섭을 체포하였다. 이들은 주민으로 변장하여 의병을 체포하고 그들의 진술을 의병체포에 활용하였다.[48] 10월 충북경찰부장은 관내 각 군 촌락에 상시로 3, 4명의 변장순사를 두어 밀행 정찰시키고 체포에 노력하였다.[49] 전북관찰사가 내부대신에게 보고한 바에 따르면, 9월 29일 고부경찰서에서는 한국인 경부 이하 순사 7명으로 '변장수사대'를 조직하였고, 같은 달 30일 흥덕주재소에 도착한 한국인 순사 3명과 고창주재소에 도착한 한국인 순사 4명, 10월 1일 무장주재소에 도착한 한국인 순사 3명을 변장시켜 관내 각지의 의병을 체포토록 하였다. 그 결과 '성적이 양호'하였고, 기밀비를 지출하여 밀정을 사용한 효과도 적지 않았다고 평가하였다.[50]

경찰과 순사의 활동은 의병 진압 및 토벌, 체포에 가장 큰 역할을 하였다. 황해도 수안군에서는 1907년 11월 촌민이 의병 2명을 포박하여 순사에게 넘겼고,[51] 영동경찰서 순사이자 형사탐정 주임 황영진을 보은군 속리산 부근 토벌대에 부속시킨 바 있다. 토벌대는 1908년 1월 의병 약 100명과 교전하여 30명을 살해하였고, 노획품으로 화승총 14정, 양총 2정, 양도洋刀 1자루, 탄약 등을 획득하였다. 이는 형사탐정 주임순사가 의병토벌에 전투적으로

---

46 「폭도토벌에 관한 건」(1909년 3월), 『한국독립운동사자료』 13(의병편 VI), 국사편찬위원회, 1984.
47 「폭도에 관한 건」(1909년 4월), 『한국독립운동사자료』 14(의병편 VII), 국사편찬위원회, 1985.
48 「폭도체포의 건」(1909년 9월), 『한국독립운동사자료』 15(의병편 VIII), 국사편찬위원회, 1986.
49 「폭도상황 월보」(1909년 10월), 『한국독립운동사자료』 15(의병편 VIII), 국사편찬위원회, 1986.
50 「폭도에 관한 건」(1909년 10월), 『한국독립운동사자료』 15(의병편 VIII), 국사편찬위원회, 1986.
51 『大韓每日申報』, 1907년 12월 8일.

참여한 사례이다.[52] 또한 김운로 등 의병 약 31명이 속리면 삼거리에 나타나자 일본인 형사 2명, 한국인 형사 1명 아래에 조장 이하 7명으로 토벌대원을 구성하였다.[53] 같은 해 2월 20일 홍주군 송지면 면장은 군수에게 산양리에 의병 약 40~50명이 내습하였다는 급보를 전하였다. 이에 홍주경찰서는 일본인 순사 사에키 신사쿠佐伯新作가 한국인 순사 박사언, 정진무, 이반보, 나춘삼, 유치하와 같이 결성군 광천에 이르러 수사하였고, 조사면 광제동에 의병이 집합해 있음을 탐지하였다. 그 결과 이계인과 장성당 2명을 포박하고, 의병들과 총격전을 벌였다. 이들 중 의병장으로 추정되는 1명이 순사 이반보의 탄환에 사망하였다. 대체로 의병토벌은 동·면장 신고→군수→순사 파견→수사→체포 및 총살의 순서로 이루어졌다.[54]

이 시기 통감부에서는 내부 경무국과 지방 경찰대, 한국인 순사 3개 부대를 조직하여 충남, 함남, 전남 3도에 각 50명씩을 보내 일본 군대와 협력하여 연합으로 의병을 토벌할 계획을 세웠다.[55] 1908년 4월 23일 전라도 무장읍에서는 기삼연의 부하로 추정되는 의병토벌을 위해 무장순사주재소 순사 최승희와 일본인 순사가 같이 행동하고 순사 김홍학은 고창주재소에 급보한 일이 있었는데, 양국 순사들의 이러한 연합토벌에 대해 일본 측은 '적당한 조치'로 판단하였다.[56] 그해 10월 충청도 음죽군 주재소 순사 김제옥은 10월 1일 관내 장호원 순회 시 의병 윤대길을 체포·취조하였고, 죽산군 서일면에 의병 28명의 체류 정보를 듣고 수비대 5명, 헌병 2명, 보조원 4명 및 순사 김직상과 같이 출장하여 주점에서 의병 신태봉·신천만을 체포하였으며, 의병의 의뢰로 총 2정을 은닉하고 있던 주점주인도 체포하여 헌병대에 이송하였

52 「폭도토벌에 관한 건」(1908년 1월), 『한국독립운동사자료』 8(의병편 I), 국사편찬위원회, 1979.
53 위의 글.
54 「폭도토벌 보고의 건」(1908년 2월), 『한국독립운동사자료』 9(의병편 II), 국사편찬위원회, 1980.
55 『大韓每日申報』, 1908년 3월 14일.
56 「무장순사주재소 폭도 습격 보고의 건」(1908년 4월), 『한국독립운동사자료』 10(의병편 III), 국사편찬위원회, 1981.

다. 김제옥은 같은 달 3일에 헌병 2명, 보조원 4명과 함께 양지군 북방 청룡산 청룡사에 의병 28명이 있음을 확인하고 토벌하기 위해 출장하였다.[57]

의병토벌 과정에서 반대로 의병에게 체포되는 경우도 있었다. 강원도 금성경찰분서 순사 이창수의 다음과 같은 보고가 있다. 1908년 6월 6일 흡곡주재소 순사 김응국, 이응섭, 이창수는 의병을 습격할 때 체포·포박되었는데, 의병들이 3명에게 총살 대신 3,000원을 납부하면 목숨을 살려준다고 하자 김응국이 의병대장에게 "너 폭역暴逆한 비장匪將 놈아, 우리는 금전으로 생명의 대불代佛로 하지 않는다. 어찌 목숨을 아껴 너에게 돈을 주고 우리의 직책을 더럽히지는 않을 것이다"하였다 한다. 그 과정에서 이창수는 틈을 보아 도주하였지만, 이후 두 발의 총성으로 보아 두 순사는 총살당한 듯하다는 것이다.[58]

1909년 3월 13일 전라남도 광주군 마지면에서는 일본인 순사 4명, 한국인 경부 1명, 순사 1명, 보조원 7명 등이 협력하여 의병을 토멸하고, 화승총 4자루, 칼 1자루, 엽전 700문 등을 노획하였는데, 체포한 의병 중 1명을 취조하여 우두머리가 김동수라는 자백을 받고 그를 헌병대로 이첩하였다.[59] 4월에는 광주경찰서에서 광주군 두방면의 의병 이경우, 박돌개를 일본인 순사와 한국인 순사가 공동으로 체포하여 폭동죄로 광주지방재판소 검사국에 송치하였다.[60] 6월에는 충청북도 영춘군 대곡면 하일리 원인석, 충청남도 당진군 군내면 하우두리 박우일이 부안군 줄포에서 경찰상황을 탐지차 배회하던 중 순사 김영식과 은인길에게 체포되었다. 원인석은 자신이 전해산의 부하이고 박우일은 박도경의 부하라고 진술하였다. 박우일은 3일 예정으로 박도경으

57 「폭도에 관한 보고 10월 3일 음죽순사주재소 순사 김제옥 보고」(1908년 10월), 『한국독립운동사자료』 12(의병편 V), 국사편찬위원회, 1983.
58 「흡곡주재소 폭도 내습에 관한 건」(1908년 6월), 『한국독립운동사자료』 11(의병편 IV), 국사편찬위원회, 1982.
59 「폭도토벌에 관한 건」(1909년 3월), 『한국독립운동사자료』 13(의병편 VI), 국사편찬위원회, 1984.
60 「폭도체포의 건」(1909년 4월), 『한국독립운동사자료』 14(의병편 VII), 국사편찬위원회, 1985.

서명 인원		춘천경찰서					금성분서									강릉분서					울진분서		원주분서					총계
		춘천	홍천	인제	양구	화천	금성	평강	이천	안협	철원	김화	회양	통천	흡곡	강릉	간성	양양	고성	장전	울진	삼척	원주	횡성	평창	정선	영월	
경시	일본	1																										1
	조선	1																										1
경부	일본	1							1							1					1		1					5
	조선	1							1							1					1		1					5
순사	일본	13	3		5	3	8		5		3		3	3		10	3	3		1	10	5	10	10	5	5	3	111
	조선	23	4	4	4	4	14	4	4	4	4	4	4	4	4	14	4	4	4	4	17	4	14	4	4	4	4	166

* 출처: 『江原道狀況梗槪』, 春川憲兵隊本部編, 「鎭壓機關 配備 狀況」(1912. 11.), 212~214쪽.

로부터 줄포에 가서 기병, 헌병, 순사 등 경비의 모양과 일본인의 수 및 지리 등을 살피고 오라는 명을 받고 왔다가 체포된 것이다.[61]

1907년 12월 당시 강원도 각 지역별로 배치된 경찰관 배치표를 보면 〈표 4-1〉과 같다. 이러한 상황은 다른 지역에서도 유사하였을 것으로 추정된다. 이들은 의병토벌을 전담하였다.

의병체포에 현상금을 내거는 경우도 있었다. 의병장 이강년의 종사관 김규항은 1908년 11월 충청도에서 서울로 잠입하여 활약하던 중에 동부경찰서 형사순사 어득진, 김인수 등이 그를 잡아 현상금 20원을 받은 후 신문을 거쳐 지방재판소로 넘긴 일도 있었다.[62] 그러나 경쟁적인 체포 과정에서 경기도 양주군 순사대는 일부 면장과 이장을 의병 관련 혐의를 씌워 포박·신문하여 민원을 야기시킨 적도 있었다.[63] 의병과 교전 중 전사한 순사에게 장례비를 지급한 사례도 있다. 1907년 10월 황해도 백천군 분파소 순검 손복현이 의병에게 살해되자 황해도 경무관 이덕응이 내부에 보고하여 그를 승진시키고 보상금 조로 위로금을 지불하라고 제안하였다.[64] 1909년 3월 14일 충청북도 단양순사주재소 순사 강성숙과 이종국은 군내 장현리 산중에서 의

---

61 「폭도체포건」(1909년 6월), 『한국독립운동사자료』 14(의병편 VII), 국사편찬위원회, 1985.
62 『大韓每日申報』, 1909년 4월 25일.
63 『大韓每日申報』, 1909년 4월 2일.
64 『大韓每日申報』, 1907년 10월 26일.

병 약 50명과 교전하다 전사하였다. 이에 제천경찰서장은 한 사람당 21여 원을 들여 북포北布 2필, 농포農布 3필, 백목白木 1반, 명주 1필, 백지 10첩을 매입하고 의복을 새로 만들어 시체를 염습하고, 단양헌병분견소에서는 1원씩 향화료香花料를 기증하였다.[65]

순사들의 의병탄압의 또 다른 방법은 귀순 권유다. 1908년 7월 17일 남원경찰분서 순사 김태룡은 장수군 중번암면 출장 중에 의병 최팔도가 그를 방문하여 귀순할 뜻을 전하면서도 남원서로 같이 가기를 주저하자 그를 강제로 끌고 가 의병의 내정內情 등을 심문하였다. 귀순의병을 의병잔류자의 토벌에 이용하려는 계획을 세우고 있었음을 알 수 있다.[66] 순사의 귀순 종용 과정에서 의병참여자의 구체적인 진술을 청취하는 경우도 있었다. 이는 1908년 8월 충청북도 청풍군 원남면에 거주한 주상酒商 출신 의병 유백수를 처리하는 과정에서 자세히 알 수 있다. 그는 1907년 음력 8월 이후 신기영 및 김규철 의진에 가입하여 여러 곳에서 활동하다가 귀순 청원을 위하여 충주경찰서에 출두하였다. 유백수의 진술에 따르면, 자신은 원래 일진회원一進會員으로 단발하고 있던 중 신기영 일행이 너는 일진회원이므로 의병에 투신하지 않으면 살해하겠다고 하므로 생명을 유지하기 위해 부득이 가입하였다고 주장하였다. 그는 의병 활동 시절 돌아다닌 지방과 기타 상황에 대해 자세히 진술하였다. 귀순 결심을 하기까지에 대해 그는 "자기의 본의에서 폭도에 가입한 것은 아니라 하더라도 일단 폭도가 된 자는 귀순표를 받아두지 않으면 군대 또는 경찰로부터 체포되었을 시 폭도로서 처분을 받을 것이라는 세간의 풍평風評"을 들었으므로 결국 원남면장에게 의뢰하여 그와 같이 청풍순사주재소에 귀순, 출두한 것이라 주장하였다. 그는 귀순표를 받은 이상 어떤 일이 있더라도 의병에 재가입하는 일은 결코 없을 것이라 서약하였다. 통

65 「폭도토벌 및 순사 전사에 관한 건」(1909년 3월), 『한국독립운동사자료』 13(의병편 VI), 국사편찬위원회, 1984.
66 「폭도귀순에 관한 건」(1908년 7월), 『한국독립운동사자료』 11(의병편 IV), 국사편찬위원회, 1982.

역을 대동한 그의 진술은 충주경찰서 경부대리 순사부장 소시키 쓰네조祖式常造의 입회하에 이루어졌다.[67] 해당 지역 경찰서에서 구체적 진술을 확보하고 일종의 '전향서'를 받은 것이다.

귀순자를 자신이 활동하던 의병부대의 토벌 안내 역할을 맡기는 경우도 있었다. 예컨대 1909년 12월 울진군 서면 왕피동의 진용이의 집에 의병 4, 5명이 참입하여 "너는 지난날 울진헌병을 안내하여 우리의 소재를 수색하였을 뿐 아니라 우리 측 사람의 집을 헌병으로 하여금 소훼燒燬시킨 것은 필경 너의 안내에 연유한 것"이라면서 곤봉으로 머리를 난타한 후 집을 전소시켜 그를 불에 태워 죽인 사례가 있다. 경찰부에서 피살자 진용이에 대해 "일찍이 의병에 가입하였다가 귀순한 자로서 의병의 정찰상 편의를 위해 헌병대에서 동행한 것 같다"고 평가한 점으로 보아 그는 귀순 후 의병토벌 안내 역할을 하다가 처단되었음을 알 수 있다.[68] 체포된 의병을 취조하고 고문하여 자백을 받는 경우도 있었다. 1908년 1월 27일 춘천경찰서에서는 화천순사주재소 근무순사 정봉선을 살해한 혐의로 춘천 거주 의병 양석봉, 최자연, 이덕경 등 3명을 체포한 후 2명의 일본인 순사와 한국인 순사 김재성 등이 각종 '고심취조'하여 순사를 결박하고 참살한 것을 자백시키고 공범자도 공술케 하였다.[69]

전투 후 도망 중이거나 체포된 인사들을 참살斬殺하거나 총살형에 처하는 경우도 적지 않았다. 1908년 1월 공주군 광정 장날에 잠입한 의병 백치서를 체포 심문하는 과정에서 그가 작년 11월 은진군, 12월 정산군을 습격하여 살인을 했다는 자백을 받았다. 그러나 포승이 느슨한 틈을 타서 그가 도주하자

67 「폭도귀순자에 관하여 請訓의 건」(1908년 8월), 『한국독립운동사자료』 11(의병편 IV), 국사편찬위원회, 1982.
68 「폭도피해에 관한 건」(1909년 12월), 『한국독립운동사자료』 16(의병편 IX), 국사편찬위원회, 1987.
69 「폭도(순사살) 체포 보고의 건」(1909년 6월), 『한국독립운동사자료』 14(의병편 VII), 국사편찬위원회, 1985.

참살하고 시체는 동장에 인도하였다.[70] 같은 달 일본인 순사 1명과 한국인 순사 2명은 의병들이 노성군 경천지방에서 공주군 익구곡면으로 향하였음을 탐지하고 이를 추적하여 1명을 총살하고 하순오, 한영오 2명을 체포하였다.[71] 2월에는 충주군 신니면 모도원으로 출장한 순사 박준병 외 2명은 의병 약 30명에게 발포하여 1명을 즉사시키고, 1명에게 부상을 입혔다.[72] 안동경찰분서 순사 윤기봉, 신태윤, 권재렴 등은 척후 도중 의병장 박처사의 부하 1명을 체포하였다. 이들은 관내 수색 과정에서 의병 16명을 체포하여 모두 총살하였다.[73] 같은 해 7월 제천경찰서의 일본인과 한국인 순사들은 연합 의병 토벌에 나서 금수산 산록에서 의병 70명에게 사격을 가해 10명을 사살하고 모제르총 4정, 화승총 2정 등을 노획하였다. 이들은 의병의 시체와 노획품 등을 수집하던 중 1명의 청년이 서류와 인장을 휴대한 채 쓰러져 있었으므로 그를 의병장을 따라다니는 자로 보고 인장과 서류를 압수하고, 부상자가 산중으로 도주한 혈흔을 추적하여 결국 모리순사는 의병장 이강년을 체포, 호송하였다.[74]

1909년 4월 전라도 광주에서는 밀정순사 진득운으로부터 급보를 받은 경찰이 출동하여 의병 2명을 사살하고 1명을 생포하였다. 포로는 정광주 혹은 김운길이라는데, 호송 도중 포박을 풀고 도주하자 '부득이' 쏘아 죽였다고 보고하였다.[75] 5월에 순천경찰서 돌산주재소에서는 '거동이 이상한' 2명을 확인하고 임순관에게 미행시켜 그 행동을 정찰시킨 결과, 의병장 이학사의

---

70 「폭도 斬殺의 건 보고」(1908년 1월), 『한국독립운동사자료』 8(의병편 I), 국사편찬위원회, 1979.
71 「폭도토벌 및 생금의 건 보고」(1908년 1월), 『한국독립운동사자료』 9(의병편 II), 국사편찬위원회, 1980.
72 「폭도에 관한 건」(1908년 2월), 『한국독립운동사자료』 9(의병편 II), 국사편찬위원회, 1980.
73 「폭도토벌의 상황 보고」(1908년 3월), 『한국독립운동사자료』 9(의병편 II), 국사편찬위원회, 1980.
74 「폭도토벌과 수괴 생금의 건」(1908년 7월), 『한국독립운동사자료』 11(의병편 IV), 국사편찬위원회, 1982.
75 「폭도토벌에 관한 건」(1909년 4월), 『한국독립운동사자료』 14(의병편 VII), 국사편찬위원회, 1985.

부하인 남원군 시산면에 사는 양영만과 화순군 읍내에 사는 박덕삼임을 확인할 수 있었다. 주재소 순사들은 이들이 체포 과정에서 도주하자 추적하여 결국 총살하였다.[76] 8월에는 그해 3월 순천군 산두면에서 여수우편취급소 우편체송인 야마즈 카네고로山津金五郎를 총살한 의병 중 1명인 여수군 율촌면에 사는 정기채를 순천경찰서 순사 김기수, 박경의, 안중현이 순회 중 체포하였다. 그 과정에서 정기채는 도주를 시도하다가 결국 총살당하였다.[77]

경찰서장과 경부 등 경찰기구의 중책들이 직접 의병토벌을 지휘한 사례도 적지 않다. 1909년 8월 14일에 고부경찰서장은 정읍, 태인, 순창 각 군에서 의병수색 목적으로 경부 정인하 및 한국인과 일본인 순사 8명을 인솔하고 직접 출장하였다. 그 과정에서 15일에 정읍군 읍내에서 의병 이득춘을 체포하였고, 남일면에 파견한 수색대는 박기호, 박공숙, 임원삼, 신덕오 등 4명을 체포하였다. 17일에는 태인군 고현면에서 권금암을, 18일에는 순창군 하치등면에서 윤천만을, 19일에는 순창군 부홍면에서 유한필, 김응선, 신자유, 김재천, 경태경 등 5명을, 21일에는 의병과 기맥을 통하여 군대의 행동을 밀고한 이태우를, 22일에는 정읍군 동면 용하리에서 주막을 하면서 의병과 기맥을 통한 김오현을 체포하였다.[78] 연이어 경부 정인하는 9월 13일부터 16일까지 고부군, 홍덕군, 정읍군 일대에서 대대적인 의병 체포 수색에 착수하여 김공찬, 유공술, 허원칠, 김상관, 설경수, 박중학(토벌대의 행동을 의병에게 밀고), 박송래, 장설동, 최인학, 이자근자, 정자영, 김재규 등을 체포하는 전과를 올렸다.[79] 정인하는 이미 1908년 4월 남원경찰분서 경부로 있을 때에 한국인 순사 5명과 함께 의병으로 가장하고 수사하여 도주하는 의병을 사격하

---

76 「폭도 밀정 체포 총살의 건」(1909년 5월), 『한국독립운동사자료』 14(의병편 VII), 국사편찬위원회, 1985.
77 「폭도체포 총살의 건」(1909년 9월), 『한국독립운동사자료』 15(의병편 VIII), 국사편찬위원회, 1986.
78 「폭도에 관한 건」(1909년 9월), 『한국독립운동사자료』 15(의병편 VIII), 국사편찬위원회, 1986.
79 위의 글.

여 3명을 살해하고 2명에게 부상을 입힌 후 화승총 6정, 화약 8상자, 탄환 등을 노획한 바 있었다.[80]

다음의 경기경찰부 경부 김윤복金允福의 지능적인 토벌 사례를 통해 경찰들의 의병진압 과정에서의 다양하고 적극적인 내용을 파악할 수 있다. 양주 방면의 의병상황을 조사하기 위해 그는 1909년 2월에 순사와 밀정을 상인 혹은 예수교 신자 등으로 분장시켜 각 방면을 정찰시킨 후 수사를 진행하였다.[81] 그는 경기 북부 지역에서 활동하던 의병장 이은찬, 정용대를 체포하기 위해 밀정 등을 활용해 수사하였는데, 일행을 일본인 무장 순사 3명, 한국인 순사 1명, 변장한 한국인과 일본인 순사 4명의 미즈노 대水野隊와 무장한 일본인 순사 3명, 한국인 순사 2명, 변장한 한국인과 일본인 순사 3명을 한 조로 하는 하타 대畑隊의 2개 조로 나누어 의병과 교전하였다.[82] 김윤복이 주도하는 수비대와 경찰토벌대는 이렇듯 의병토벌에 적극적이었고 집요하게 의병들을 추적하였다. 이에 의병장 윤인순은 순사 및 보조원에 보낸 고시문을 통해 "천벌의 큼을 모르는 너희들은 깊이 사려해야 한다. 또 국민으로서 폐하의 덕을 위배하여 적에게 응하여 매국賣國의 비행을 감행하는 일진회一進會의 무리와 같지 않은가"라 하여 이를 맹렬하게 규탄한 적도 있었다.[83] 그럼에도 불구하고 김윤복이 주도하는 의병토벌은 이후에도 지속되었다. 경기 북부 의병토벌을 위해 1909년 3월에 경찰조직을 총 3개 부대로 나누었다. 이때 한국인으로는 제1분대(인천) 소속 박기조, 제1정찰대(인천) 소속 경부

---

80 「폭도토벌의 건」(1908년 4월), 『한국독립운동사자료』 10(의병편 III), 국사편찬위원회, 1981.

81 「폭도수사의 건에 관하여 출장 중의 경부 김윤복의 보고요령」(1909년 2월), 『한국독립운동사자료』 13(의병편 VI), 국사편찬위원회, 1984. 그러나 김윤복이 주로 활용하던 변장정찰대와 밀정은 때로는 의병으로 오인되어 헌병 또는 수비대에 의해 수차례 체포되어 구타당하는 일이 종종 있어 그 활동의 어려움을 토로한 바 있다(「폭도 정찰에 관한 제반 상황 보고」(1909년 3월), 『한국독립운동사자료』 13(의병편 VI), 국사편찬위원회, 1984).

82 「폭도정찰상황 보고」(1909년 2월), 『한국독립운동사자료』 13(의병편 VI), 국사편찬위원회, 1984.

83 「폭도 소탕에 관한 의견 개신의 건」(1909년 2월), 『한국독립운동사자료』 13(의병편 VI), 국사편찬위원회, 1984.

김윤복, 순사 유치덕, 손양홍, 김원상, 제2정찰대(경기경찰부) 소속 경부 정필화, 순사 서상준, 양재수, 허규, 이정재 등이 있었다.[84] 그 결과 같은 달 양주군 광석면에서 의병 고순석을 체포하고 총기, 화약, 탄환 등을 압수할 수 있었다.[85] 김윤복의 말에 따르면 정찰방법으로 정찰대의 순사 및 밀정은 상인, 선교사 또는 걸식 부랑의 무리로 변장하였고, 자신은 항상 이들을 고무하여 실효를 거두는 데 노력하였다 한다. 한편으로는 '불량한 면·이장' 한둘을 체포하여 의병과 정을 통하고 양민의 금품을 사사로이 취한 일을 지역민에게 고지함으로써 그들의 '신뢰'를 얻게 되었고 그 결과 지역민들이 종전과 같이 의병에게 동정을 보내지 않게 되었다는 것이다. 의병진압 후의 민심도 좋아져 '예전의 한국관리'가 아닌 것을 알고 경찰을 신뢰하는 마음이 생겼다고 주장하였다.[86] 김윤복이 효과를 본 의병탄압 방법의 핵심은 변장수사대 조직과 의병과 연결된 면·이장을 체포하고 주민들과 의병의 연결고리를 차단하는 데 있었다.

이 같은 집요한 의병대토벌 작전의 결과 수많은 의병장과 의병들이 체포, 살해되었다. 예컨대 1909년 8월 25일부터 10월 21일까지 의병 사망자는 420명이었고, 체포 또는 자수자는 1,687명으로 그중 자수자는 약 850명이었다. 노획품은 총기 455정, 도창刀槍 51개 등이었다.[87]

---

84 「일찍이 양주경찰서 관내 폭도의」(1909년 3월), 『한국독립운동사자료』 13(의병편 VI), 국사편찬위원회, 1984.
85 「폭도 체포 및 압수의 건에 관한 양주출장 중의 경부 김윤복 보고요령」(1909년 3월), 『한국독립운동사자료』 13(의병편 VI), 국사편찬위원회, 1984.
86 「양주 방면 폭도에 관한 제반상황 보고」(1909년 4월), 『한국독립운동사자료』 14(의병편 VII), 국사편찬위원회, 1985.
87 「폭도대토벌 성적」(1909년 10월), 『한국독립운동사자료』 15(의병편 VIII), 국사편찬위원회, 1986.

3. 헌병보조원 활용

의병토벌에는 헌병과 그 예하의 헌병보조원을 적극 활용하였다.[88] 헌병보조원은 과거 진위대 등에서 하급군인으로 활동하던 자 중 1907년 군대해산 이후 실직한 자들과 지방에서 딱히 일자리가 없던 사람들이 주로 활용되었다. 헌병보조원 활용은 순종황제가 즉위한 이후 일본헌병대의 강압에 의해 '의병을 진압하고 안녕질서를 유지'하기 위한 목적으로 재가하여 반포된 것이었다.[89] 대한제국 정부는 1908년 6월 헌병보조원 4천여 명을 대거 기용하여 일본군 토벌대의 보조 역할을 시켰다. 이 헌병보조원 제도는 주차군사령관 아카시 모토지로明石元二郎의 아이디어에서 나온 것이다.

헌병보조원을 통한 의병진압은 전국적인 현상으로 나타났는데, 그 내용을 가장 상세하게 묘사한 『대한매일신보大韓每日申報』 등을 중심으로 표를 작성하면 〈표 4-2〉와 같다.

〈표 4-2〉 헌병보조원의 의병진압 양상(1908~1910년)

번호	연월일	지역	활동 내용
1	1908. 9. 26.	전남 광양	군 동쪽 6리에서 의병 수십 명이 일본 헌병 및 헌병보조원과 접전
2	1908. 11. 12.	강원 횡성	군 동쪽 50리쯤 되는 곳에서 의병 10여 명이 군 분견소 일본 헌병, 헌병보조원과 접전
3	1908. 11. 23.	평북 성천	군내에서 의병 몇 명이 분견소 일본 헌병, 헌병보조원과 접전
4	1908. 11. 24.	함북 삼사	군 서쪽 30리 되는 곳에서 의병 30명이 군 분견소 일본 헌병, 헌병보조원과 접전
5	1908. 11. 25.	황해 곡산	의병 수십 명이 분견소 일본 헌병, 헌병보조원과 접전
6	1908. 11. 25.	충남 정산	군 서남쪽 10리에서 의병 10여 명이 홍산군 분견소 일본 헌병 1명, 헌병보조원 3명과 접전

---

88 헌병보조원의 운영과 실태에 대한 상세한 내용은 權九熏, 「日帝 韓國駐箚憲兵隊의 憲兵補助員 硏究(1908~1910)」, 『史學研究』 55~56, 1998; 愼蒼宇, 「憲兵補助員制度의 治安維持政策的意味とその實態―1908~1910年を中心に―」, 『朝鮮史研究會論文集』 39, 2001을 참조할 것.
89 『大韓每日申報』, 1908년 6월 13일.

7	1908. 11. 28.	경남 밀양	군 북쪽 60리쯤에서 의병 10여 명이 군 분견소 일본 헌병, 헌병보조원과 접전
8	1908. 12. 2.	전북 무장	군 동쪽으로 10리 되는 지역에서 의병 200명이 분견소 일본 헌병 2명, 헌병보조원 4명과 접전
9	1908. 12. 7.	경기 양주	고주내면 광승리동에서 헌병상등병 1명, 보조원 3명, 일본인 순사 5명, 한국인 순사 5명이 유인순이 인솔하는 약 30명의 의병과 충돌. 교전 약 1시간만에 격퇴하고 잡혀가는 사람 2명을 탈환
10	1908. 12. 9.	강원 창암	산중에서 의병 10여 명이 헌병분견소 일본 헌병, 헌병보조원과 접전
11	1909. 1. 1.	경기 장단	의병 60여 명이 분견소 일본 헌병, 헌병보조원과 접전
12	1909. 1. 10.	경기 여주	의병 10여 명이 음죽군 분견소 일본 헌병 상등병, 헌병보조원과 접전
13	1909. 1. 12.	경기 의정부	의병 60여 명이 헌병분견소 일본 헌병, 헌병보조원과 접전
14	1909. 1. 16.	충남 태안	의병 10여 명이 태안 분견소 일본 헌병, 헌병보조원과 접전
15	1909. 1. 18.	평남 강동	군 서쪽에서 의병 10여 명 분견소 상등병 1명, 헌병보조원과 접전
16	1909. 1. 18.	평남 은산	군 서남쪽 40리쯤에서 의병 수 명이 분견소 일본 헌병 상등병 1명, 헌병보조원과 접전
17	1909. 1. 18.	평남 성천	군 남쪽에서 의병 10여 명이 분견소 일본 헌병, 헌병 보조원과 접전
18	1909. 1. 19.	황해 평산	군 동쪽 40리에서 의병 10여 명이 분견소 상등병 4명, 헌병보조원 6명과 접전
19	1909. 1. 19.	전남 나주	고막원 동남쪽 10리쯤에서 의병 150명이 영산포 일본 토벌대, 헌병보조원 6명과 접전
20	1909. 1. 20.	강원 영월	군내에서 의병 50명이 안흥 분견소 상등 일본 헌병, 헌병보조원과 접전
21	1909. 1. 21.	경기 고양	군 동쪽 20리에서 분견소 일본 헌병 상등병 1명, 헌병보조원 3명과 접전
22	1909. 1. 24.	전북 무주	의병 20여 명이 분견소 일본 헌병, 헌병보조원 5명과 접전
23	1909. 2.	강원 울진	군내에서 의병 3명이 분견소 일본 헌병 3명, 헌병보조원 4명과 접전
24	1909. 3. 9.	경기 적성	군 남쪽 30리에서 의병 80명이 분견소 일본 헌병 4명, 헌병보조원 6명과 접전
25	1909. 3. 11.	경기 양주	의병 20여 명이 마석우리 분견소 일본 헌병 3명, 보조원 6명과 접전
26	1909. 3. 11.	경북 순흥	군 서남쪽 50리 가량에서 의병 80명이 분견소 일본 헌병, 헌병보조원 5명과 접전
27	1909. 3. 13.	황해 간산	의병 40명이 분견소 일본 헌병, 헌병보조원 4명과 접전
28	1909. 3. 13.	경기 구화장	구화장 서북쪽 20리 선교동에서 의병 10명이 분견소 일본 헌병 3명, 헌병보조원 5명과 접전
29	1909. 3. 20.	경기 적성	췌산리에서 의병 10명이 분견소 일본 헌병 3명, 헌병보조원 6명과 접전
30	1909. 3. 22.	충북 진천	군 동쪽 20리에서 의병 17명이 분견소 일본 헌병 하사 1명과 상등병 2명, 헌병보조원 4명과 접전

31	1909. 4. 6.	경기 주포	주포 서남쪽 20리 산중에서 의병 10여 명이 분견소 일본 헌병 10명, 헌병보조원 6명과 접전
32	1909. 4. 8.	경북 봉화	군 동쪽 30리에서 의병 130여 명이 분견소 하사 이하 보조원 5명과 접전
33	1909. 4. 11.	황해 해주	의병 15명이 분견소 일본 헌병 3명, 헌병보조원 8명과 접전
34	1909. 4. 19.	황해 평산	군 서남쪽 40리에서 의병 130명이 분견소 일본 헌병 2명, 헌병보조원 4명과 접전
35	1909. 4. 20.	경기 포천	군 동북방 20리 되는 지역에서 의병 15명이 분견소 일본 헌병 2명, 헌병보조원 몇 명과 접전
36	1909. 5. 5.	경북 봉화	군 동북쪽 80리쯤에서 의병 30여 명이 분견소 일본 헌병 2명, 헌병보조원 4명과 접전
37	1909. 5. 5.	전남 나주	영산포 서남쪽 20리쯤에서 의병 80여 명이 분견소 일본 헌병 5명, 헌병보조원 11명과 접전
38	1909. 5. 9.	경기 포천	군 동쪽 20리쯤에서 의병 20여 명이 분견소 일본 헌병 3명, 헌병보조원 3명과 접전
39	1909. 5. 13.	함남 장진	군내에서 의병 8명이 함경남도 하갈우에 주재한 분견소 일본 헌병 1명, 헌병보조원 4명과 접전
40	1909. 5. 19.	강원 율실	율실리 동남쪽 10리쯤에서 의병 18명이 분견소 일본 헌병 3명, 헌병보조원 2명과 접전
41	1909. 5. 20.	충북 단양	군 남쪽 50리쯤에서 의병 70명이 분견소 일본 헌병 3명, 헌병보조원 3명, 순사 3명과 접전
42	1909. 5. 25.	충북 청풍	의병 100여 명이 분견소 일본 헌병, 헌병보조원 4명, 순사 2명과 접전
43	1909. 5. 29.	경북 월성	월성 서쪽 20리쯤에서 의병 30여 명이 분견소 일본 헌병 2명, 헌병보조원 3명과 접전
44	1909. 6.	경기 장단	고랑포 일본 헌병 파주소 보조원 강기동이 의병에 투입되어 각 군에서 활약하다가 포천군에서 일본 헌병에게 잡혀 경성으로 압송. 새문 밖 수마동 등지에서 포살되었다 함
45	1909. 6. 26.	전남 강진	군 남쪽 20리쯤 고금도에서 의병이 회의하는 데 일본 헌병과 헌병보조원이 와서 접전하였다 함
46	1909. 6. 27.	전남 적천장	적천장 남쪽 20리쯤에서 의병 80명이 분견소 일본 헌병 상등병, 헌병보조원 8명과 접전
47	1909. 6. 29.	전남 나주	영산포 서남쪽 15리쯤에서 의병 30명이 창평군 분견소 일본 헌병 상등병과 헌병보조원 4명과 접전
48	1909. 6. 29.	경기 교하	군 동쪽 15리쯤에서 의병 15명이 분견소 일본 헌병 하사 1명, 상등병 1명, 헌병보조원 5명, 순사 2명과 접전
49	1909. 7. 3.	경기 장호원	동북방 40리에서 의병 4명이 장호원 헌병분견소 상등병 2명, 헌병보조원 5명과 접전

50	1909. 7. 8.	경북 풍기	군 서쪽 25리 땅에서 의병 40명이 분견소 일본 헌병 상등병 1명, 헌병보조원 4명과 접전
51	1909. 9.	경기 양주	일본 헌병과 보조원 5~6명이 양주 등지에서 의병 3명을 포착. 동대문 밖에서 전차를 태워서 데리고 오는데 안갈내 근처에서 의병 1명이 도망가다가 다시 잡힘
52	1909. 9. 13.	전남 동복	군 북쪽 20리쯤에서 의병 10명이 헌병분견소 상등병 2명, 헌병보조원 4명과 접전
53	1909. 9. 14.	전북 일성	일성리 동남쪽 15리에서 의병 5명이 임시 헌병분견소 상등병 1명, 헌병보조원 4명과 접전
54	1909. 9. 18.	강원 춘천	의병 40여 명이 일본 헌병 상등병, 헌병보조원, 순사들과 접전. 의병 중에 보조원 복장을 입은 자가 있어 아마도 이 사람은 헌병보조원으로서 의병에 들었나 했다 함
55	1909. 9. 21.	경북 영천/ 순흥	내성 북쪽 30리쯤에서 의병 20명이 경상북도 영천 헌병분견소 하사 1명, 헌병보조원 3명, 그곳 순사 2명, 순흥군 헌병분견소 상등병 2명, 헌병보조원 1명과 접전. 3일째에 순흥군 북쪽 30리에서 의병 15명이 헌병 등과 접전
56	1909. 9. 27.	함남 안변	군 동남쪽 30리쯤에서 의병 40명이 헌병분견소 상등병 2명 헌병보조원 5명, 순사 2명과 접전
57	1909. 10. 31.	경북 풍기	상리면 근처에서 헌병 6명과 순사 2명이 의병 40여 명과 수시로 맹렬히 접전. 의병 7명 사망
58	1909. 11. 1.	전남 장성	장성군 산중에서 의병장 황재풍이 일본 헌병과 헌병보조원에게 피체. 그때 황재풍은 일본 헌병이 오는 것을 보고 칼을 빼들고 치려다 잡혀 군물도 모두 압수당하고 헌병소로 잡혀가던 중 결박한 포승줄을 끊고 달아나려다 헌병이 쏜 총에 피살되었다 함
59	1909. 11. 11.	경기 양주	향단리에서 의병 13명이 일본 헌병과 헌병보조원을 만나 접전
60	1909. 11. 12.	경기 마전	장동면에서 의병장 김수두의 부하 임우선은 일본 헌병, 헌병보조원과 싸우다가 잡혔고, 동료 추삼만과 정운경도 잡혔다 함
61	1909. 12. 21.	경북 영해	의병장 정문칠이 부하를 거느리고 영해군 서면 등지에서 일본 헌병 및 보조원과 교전하다 패하여 피착
62	1909. 12.	경기 포천	의병장 연기우가 부하 30명을 보내 의병장 강기동을 보호한다는 소문에 일본군사령부에서 보조원 4명을 보내어 고을에 주재한 일본 헌병과 협력하여 잡으라 함
63	1909. 12. 22.	황해 평산	주암면 등지에서 의병장 이진룡의 부하 최순옥, 김정환 2명이 부하 30여 명을 거느리고 일본 헌병, 보조원과 접전
64	1909. 12. 29.	경북 영해	대구분대 일본 헌병과 보조원이 영해군 오서면 보상동에 가서 돈 20환을 얻었는데 의병장 정문칠의 것이라는 말이 있음
65	1910. 1. 6.	경기 연천	의병대장 연기우가 군 동방 산간에서 부하 30여 명을 거느리고 연천 분견소 헌병 및 보조원과 교전

66	1910. 1. 7.	황해 평산	군내 한포 등지에서 지난 1월 7일 일본 헌병 2명, 보조원 2명, 일본인 순사 2명이 나무 장수 모양으로 소를 끌고 장으로 가다가 반석교 근처에서 의병 추칠성, 민수헌을 만나 즉시 포살하였다 함
67	1910. 1. 13.	경기 양주	의병장 한인수가 양주 시북면 민낙리에서 일본 상등병 및 보조원에게 피착
68	1910. 3. 3.	황해 평산	의병장 이진룡의 부하 90여 명이 경의선 계정·잠성 간의 선로에 돌을 쌓고, 선로를 파괴하여 열차가 전복되었으나 인명 피해는 없었음. 이들은 잠성역 부근에서 일본 헌병연합대와 충돌한 후 2대로 나누어 퇴거하여 평산 마남리에서 머물다가 양합리 일본 헌병분견소 일본 헌병 및 보조원의 야습을 받아 10명이 전사
69	1910. 3.	경기 삭녕	남면 등지에서 일전에 의병장 강기동의 부하 30여 명과 연기우의 부하 20여 명이 연합. 그 고을에 주재한 일본 헌병, 헌병보조원과 약 2시간 격렬히 접전, 양쪽에 죽고 상한 자가 있다 함
70	1910. 4.	강원 이천	의병장 채응언의 부하 23명과 강천돌의 부하 43명이 연합하여 강원도 이천군 방장면에서 가려 분견소 일본 헌병 및 보조원 등과 교전
71	1910. 5.	경기 양주	감박산 근처에서 얼마 전에 의병장 강기동의 부하 40여 명이 일본 헌병보조원 5명과 수 시간 접전, 양측에 사상은 없음
72	1910. 5.	경기 양주	일본 헌병사령부는 의병장 강기동, 연기우를 포착하기 위해 헌병보조원 4명을 양주와 포천 등지로 파송
73	1910. 6. 22.	강원 이천	의병장 채응언·강두필이 부하 85명을 거느리고 이천군 해량동에서 고산역분견소 상등병 2명 및 보조원 8명과 충돌하여 보조원 2명을 즉사시킴

* 출처(번호별) : 1. 『大韓每日申報』(이하 『申報』로 줄임), 1908. 6. 13; 2. 『申報』, 1908. 11. 25; 3. 『申報』, 1908. 12. 10; 4. 『申報』, 1908. 11. 25; 5. 『申報』, 1908. 12. 5; 6. 『申報』, 1908. 12. 10; 7. 『申報』, 1908. 12. 10; 8. 『申報』, 1908. 12. 5; 9. 「폭도토벌 보고」(1908년 12월) 한국독립운동사자료 12(의병편 V); 10. 『申報』, 1909. 1. 17.; 11. 『申報』, 1909. 1. 17; 12. 『申報』, 1909.1.28; 13. 『申報』, 1909. 1. 17; 14. 『申報』, 1909. 1. 28; 15. 『申報』, 1909. 1. 28; 16. 『申報』, 1909. 1. 28; 17. 『申報』, 1909. 1. 28; 18. 『申報』, 1909. 1. 28; 19. 『申報』, 1909. 2. 3; 20. 『申報』, 1909. 2. 7; 21. 『申報』, 1909. 2. 7; 22. 『申報』, 1909. 2. 3; 23. 『申報』, 1909. 3. 24; 24. 『申報』, 1909. 3. 19; 25. 『申報』, 1909. 3. 19; 26. 『申報』, 1909. 3. 24; 27. 『申報』, 1909. 3. 24; 28. 『申報』, 1909. 3. 24; 29. 『申報』, 1909. 3. 24; 30. 『申報』, 1909. 3. 31; 31. 『申報』, 1909. 4. 17; 32. 『申報』, 1909. 4. 17; 33. 『申報』, 1909. 4. 25; 34. 『申報』, 1909. 4. 25; 35. 『申報』, 1909. 4. 25; 36. 『申報』, 1909. 5. 16; 37. 『申報』, 1909. 5. 16; 38. 『申報』, 1909. 5. 16; 39. 『申報』, 1909. 6. 5; 40. 『申報』, 1909. 6. 5; 41. 『申報』, 1909. 6. 5; 42. 『申報』, 1909. 6.5; 43. 『申報』, 1909. 6. 5; 44. 『申報』, 1909. 7. 2; 45. 『申報』, 1909. 7. 11; 46. 『申報』, 1909. 7. 11; 47. 『申報』, 1909. 7. 11; 48. 『申報』, 1909. 7. 11; 49. 『申報』, 1909. 7. 21; 50. 『申報』, 1909. 7. 21; 51. 『申報』, 1909. 10. 15; 52. 『申報』, 1909. 10. 17; 53. 『申報』, 1909. 10. 17; 54. 『申報』, 1909. 9. 30; 55. 『申報』, 1909. 10. 17; 56. 『申報』, 1909. 10. 17; 57. 『申報』, 1909. 11. 11; 58. 『申報』, 1909. 11.14; 59. 『申報』, 1909. 11. 14; 60. 『申報』, 1909. 11. 14; 61. 『申報』, 1910. 1. 7; 62. 『申報』, 1909. 12. 25; 63. 『申報』, 1909. 12. 25; 64. 『申報』, 1910. 1. 11; 65. 『申報』, 1910. 1. 11; 66. 『申報』, 1910. 1. 11; 67. 『申報』, 1910. 1. 18; 68. 『申報』, 1910. 3. 5, 6, 12; 69. 『申報』, 1910. 4. 1; 70. 『申報』, 1910. 4. 12; 71. 『申報』, 1910. 5. 29; 72. 『申報』, 1910. 6. 1; 73. 『申報』, 1910. 7. 9.

이 같은 전국적 규모의 의병탄압 및 체포 활동이 전개되자 경기도 의병장 이은찬은 1909년 3월 2일 헌병보조원들에게 보내는 비밀통문에서 일본 앞잡이로서 매국적 활동을 청산하고 의병운동 대열에 동참할 것을 호소한 바 있다.

너희들은 대한인민으로서 오직 생활을 위해 외국인의 노예가 되었어도 그 진심으로 일본에 진력할 이유가 없다. 따라서 만약 너희들이 출장할 때 일본 헌병 1명이 너희들 3, 4명을 이끌고 출장하는 기회를 엿보아 너희들 3, 4명은 헌병 1명을 살해해 그 머리를 우리 의병대에 가져오는 것은 한 나라의 충신이며 또 특별 상여금으로 금 50원을 줄 것이다. 너희들의 숙고는 나라를 위해 충성을 다하는 것이다.[90]

청주군에서는 그해 9월 의병들이 청주 헌병분건소 보조원이자 밀정으로 활동했던 박래승을 살해하였다. 박래승은 의병의 밀정활동에 관해 기록한 수첩을 품속에 간직하고 있었다 한다.[91] 당시 보조원 중 다수가 도망하였고, 강원도 인제군 헌병분건소에서 일하는 김창식은 일본인의 학대를 견디다 못해 도주한 바 있다. 다른 한편에서는 의병이 이를 역이용하여 헌병보조원 복장을 하고 각처에 나타나 일본군 수비대와 수차례 접전을 벌이는 경우도 있었다.[92]

4. 밀정의 파견·제보·정탐 및 지역민의 밀고

군대해산 이후 헌병보조원과 더불어 토벌대의 통역과 밀정을 이용하여 경

---

90 『統監府文書』,「폭도수괴 이은찬의 헌병보조원에의 비밀통문 배부 건」, 1909년 3월 8일.
91 「폭도피해의 건」(1909년 10월), 『한국독립운동사자료』15(의병편 VIII), 국사편찬위원회, 1986.
92 『大韓每日申報』, 1909년 6월 5일.

찰조직을 보조하게 하였고,[93] 순사보 내지 지역민을 활용하여 의병진압에 나섰다. 밀정은 의병들이 출몰하는 지역 사정에 정통하거나 경찰조직 내에 있는 자들을 선발하여 교육한 후 파견되었다. 순사들은 밀정과 함께 의병을 수색, 체포하였다. 밀정 활용의 사례를 보면 다음과 같다.

1907년 1월 영해군 등지에 의병이 봉기하자 경무청에서는 각 서에 순검 4명씩 도합 16명과 일본인 보좌원을 파견하여 비밀리에 탐정케 하였다.[94] 같은 해 11월 2일 춘천수비대에서는 밀정을 파견하여 그 진위를 확인한 후 다음 날 의병과 전투하였다. 이 전투에서 토벌대는 의병장 지용기 등 14명을 살해하고 가평군수 염규환 등을 생포하였다.[95] 1908년 1월 전라도 임실, 순창 지역에서는 '가장 믿을 만한 밀정' 2명으로부터 장성군 백양사에서 의병들이 회합한다는 정보를 얻었다. 순창군의 의병 한韓, 정鄭 등은 이들이 밀정인지 모르고 포수를 모아 의병에 참여하라는 내용까지 언급한 적이 있을 정도로 밀정들의 활동은 집요하였다.[96] 2월 동복군에 의병 약 60명이 출현하자 동복순사주재소에서는 의병토벌을 위해 통역순사 1명과 밀정 3명을 붙여 순사들을 담양 방면으로 급히 파견하였다.[97] 같은 시기에 장성에서는 의병장 기산도의 거처를 정밀탐사하기 위해 밀정을 활용하였고, 거창경찰서에서도 의병체포를 위해 밀정을 파견하였다.[98] 담양읍의 경우처럼 순사를 비롯하여 밀정 5명이 모두 의병으로 분장하여 의병을 체포하는 경우도 있었다.[99] 이들은 지역민 혹은 상인이나 예수교도 심지어는 의병으로 가장하여 정찰활동을 하였다.

93 金正明 編,『朝鮮駐箚軍歷史』, 巖南堂書店, 1967, 338쪽.
94 『大韓每日申報』, 1907년 1월 4일.
95 「폭도토벌 상황 보고」(1907년 11월),『한국독립운동사자료』 8(의병편 I), 국사편찬위원회, 1979.
96 「폭도의 상황 보고」(1908년 2월),『한국독립운동사자료』 9(의병편 II), 국사편찬위원회, 1980.
97 「폭도정황 보고」(1908년 2월),『한국독립운동사자료』 9(의병편 III), 국사편찬위원회, 1980.
98 「폭도수괴 기삼연의 世嗣 등에 관한 건」(1908년 2월),『한국독립운동사자료』 9(의병편 III), 국사편찬위원회, 1980.
99 「폭도토벌 상황 보고」(1908년 2월),『한국독립운동사자료』 9(의병편 II), 국사편찬위원회, 1980.

1909년 1월 17일 의병장 이강년 부대의 핵심 6명의 동태에 관해 음죽군 출신 밀정 유창렬은 다음과 같이 상세히 파악하고 있었다. 그에 따르면, 40세 가량인 유기백은 이강년의 중군장 안성해의 참모장이고, 60세 가량인 임의상은 이강년 외 기타 의병에게 병기탄약을 공급한 자이며, 30세 가량 임병필은 제1위의 서기로 수완을 떨쳤던 자이며, 40세 가량 평국서는 30여 명의 장이며, 30세 가량 유해창은 다소 세력이 있었던 자이며, 40세 가량 강수동은 항상 상인풍을 가장하고 병기, 탄약, 양식 등을 공급하던 자라는 것이다.[100] 그해 7월 밀정 황상삼이 진주군 신풍 방면에 의병 박마야지가 배회한다는 정보를 가져오자, 일본인 순사 후루가와 등 2명과 한국인 순사 1명을 밀정과 같이 출장시켜 의병 1명을 총살하고 1명을 참살斬殺하였다. 이때 박마야지는 중상을 입고 도주하여 민가에 잠복하였는데, 단성수비대에 밀고한 자가 있어 수비대가 출장하여 그를 총살하였다.[101] 이는 밀정과 순사가 의병을 공동 수사하여 참살하거나 총살한 사례이다. 같은 달 전라도 순천군에서는 의병장 강승우가 두모리에 잠복하였다는 밀정의 내보가 있어 밀정을 앞세워 그 부하인 이종삼을 체포하였다. 그 밀정은 이미 6월 17일 의병의 소재를 밀고한 바 있어 순천경찰서 순사 3명은 헌병대와 협력하여 3명을 살해한 일도 있었다.[102] 이는 밀정이 2차례에 걸쳐 의병 소재를 제보한 경우다. 밀정 내지 첩자의 밀고를 통한 의병대장 체포는 13도 창의대장 이인영李麟榮의 사례에서도 나타난다. 1909년 6월 7일 그는 첩자의 밀고로 전라북도 무주군 도동에서 대전헌병대 소속 일본군에게 체포되었다.[103] 그해 9월 이인영은 경성감옥에서 교수형을 당하였다.

---

100 「폭도재거음모 보고의 건」(1909년 1월), 『한국독립운동사자료』 13(의병편 VI), 국사편찬위원회, 1984.
101 「폭도토벌에 관한 건」(1909년 7월), 『한국독립운동사자료』 15(의병편 VIII), 국사편찬위원회, 1986.
102 「폭도를 죽인 건」(1909년 7월), 『한국독립운동사자료』 15(의병편 VIII), 국사편찬위원회, 1986.
103 『大韓每日申報』, 1909년 6월 10일·1909년 7월 7일.

1909년 9~10월의 이른바 '남한대토벌 작전'이 전개될 즈음에는 전국의 각급 경찰서는 의병밀고를 장려하고 있었다. 전남경찰부에서는 각급 면민에게 의병 잠복자를 밀고할 것을 장려하는 한편, 직접 그 요령을 보여주고 의병들에게는 자수를 권유하였다.[104] 경남경찰부는 경찰 단독 혹은 헌병수비대와 연합하여 토벌하는 한편, 밀정을 활용하여 조사와 체포에 노력하거나 의병에 가담한 사람들의 가택 및 가족상태 등에 주의를 기울이게 하고 의병이 활동하는 지방을 정찰케 하는 등의 각종 방법을 동원하였다.[105] 평남경찰부에서는 자위단 및 면·동장 등을 활용하는 방안을 마련하였다.[106] 황해도 경찰부장 역시 의병 정찰과 토벌에 밀정을 사용하고 그 효율성을 높이기 위해 주간 행동을 피하고 백성들의 집 혹은 산속에 숨어서 야간에만 행동을 취하고 있다고 보고하였다.[107] 충남경찰부장은 경찰관으로 하여금 헌병수비대와 서로 기맥을 통해 야경, 변장, 기타 밀정을 놓는 등 의병의 수사검거에 극력 노력하고 한편으로는 민적조사民籍調査를 이용하여 '불량의 무리'의 출입행동을 사찰시켰다. 나아가 부락이 단결하여 이를 방어하고자 하는 등 지방민들로 하여금 '자위적 조치'를 취하도록 하였다. 일제 당국도 경찰과 헌병대의 연합토벌에 밀정을 동원한 정찰 수색은 큰 효과를 보았고, 그 결과 의병이 감소되었던 것으로 평가하였다.[108]

이러한 의병토벌책의 결과, 의병장은 체포되었고 생존한 자는 부대해산 후 잠복하고 남은 부하는 토벌대에 자수하고 잠복한 자도 검거되어 거의 전멸 상황에 이르게 되었다고 한다. 그러나 후환이 두려워 관헌에 신고하지 않

104 「폭도대토벌 성적」(1909년 10월), 『한국독립운동사자료』 15(의병편 VIII), 국사편찬위원회, 1986.
105 「경찰관의 폭도에 대한 조치」(1909년 9월), 『한국독립운동사자료』 19(의병편 XII), 국사편찬위원회, 1990.
106 「폭도상황 월보」(1909년 9월), 『한국독립운동사자료』 19(의병편 XII), 국사편찬위원회, 1990.
107 「9월 중 폭도상황 월보」(1909년 10월), 『한국독립운동사자료』 15(의병편 VIII), 국사편찬위원회, 1986.
108 「폭도상황 월보」(1909년 10월), 『한국독립운동사자료』 15(의병편 VIII), 국사편찬위원회, 1986.

는 자도 적지 않았다 한다.[109] 평안도 또한 이와 다르지 않았다. 평남경찰부는 경찰과 순라들에게 정찰을 게을리하지 말 것을 지시하였고, 한편으로는 자위단 및 면장, 동장, 일반인 들에 대하여 의병의 배회 및 출몰 등을 속히 밀고하게 하는 방법을 강구하여 전 지역민들을 정찰과 밀정으로 동원하려는 노력을 하였다.[110] 이 같은 분위기 속에서 이듬해 3월, 황해도 재령경찰서는 연합 의병토벌대 파견 시 한장韓裝순사 이유화를 해주군 국지동에 파견하여 탐지시키고 나머지 토벌대는 소나무 숲에서 기회를 기다리면서 밀정보고를 토대로 의병 동향을 파악하였다. 밀정의 제보에 따라 이들은 의병 주둔지에 불을 지르고 일제 사격하여 의병장 지관식 이하 6명을 살해하였다.[111] 전향 의병이 일제의 탐정으로 변신하여 의병토벌에 적극적인 경우도 있었다. 민 아무개라는 자는 1908년 8월 의병활동을 하다 서울로 도망한 후 헌병사령부 탐정이 되어 서울 내외 각처로 돌아다니면서 죄 없는 양민들을 의병과 관련이 있다고 거짓 고발하여 민원을 야기하는 경우가 많다는 신문기사도 보인다.[112]

경찰의 의병동태 파악과 수사는 국외 항일의병에까지 미치고 있었다. 1908년 12월 함경도 경흥경찰서에서는 러시아령인 연해주 연추延秋(현 크라스키노)에 고정밀정 및 밀정순사를 파견하여 이범윤, 최재형, 엄인섭, 홍범도, 최봉준 등 그곳 의병장의 상황을 상세히 정찰케 하였다. 경흥의 밀정 김주섭은 15년간 블라디보스토크 지역에 거주하면서 의병장 최재형에게 25년간 고용되어 있었다. 그는 엄인섭에게도 접근하였으며, 러시아령에 지인이 많고 사정에 정통하였다. 당시 경흥경찰서 순사 양기환은 밀정으로 파견되었

109 「9월 중 폭도상황 월보」(1909년 10월), 『한국독립운동사자료』 15(의병편 VIII), 국사편찬위원회, 1986.
110 「폭도상황 월보」(1909년 10월), 『한국독립운동사자료』 15(의병편 VIII), 국사편찬위원회, 1986.
111 「폭도와의 충돌 상보의 건」(1910년 3월), 『한국독립운동사자료』 17(의병편 X), 국사편찬위원회, 1988.
112 『大韓每日申報』, 1909년 4월 17일.

다가 의병에게 체포되어 연추에 있었다.[113] 또 다른 밀정 이보철은 이범윤의 사무원 주용삼으로부터 탐지한 내용이라면서 이범윤 등 의병들이 연해주의 파타쉬를 비롯한 각처에서 연설하였다고 하였다.[114] 연추 방면으로 파견된 밀정 김덕유 또한 정찰한 정보를 보고하였고,[115] 같은 지역에서 활약하던 안성범은 우수리스크에 있던 홍범도 등의 동정도 조사해 보고하였다.[116] 그런데 이 지역에서는 밀정 산하에 밀정조직을 가동하고 있음이 특징이다.

의병의 수색과 체포, 처형에는 일부 주민과 동장, 면장의 제보와 밀고도 큰 역할을 하였던 것으로 판명되었다. 먼저 주민의 신고 및 밀고 상황을 보면 다음과 같다. 1907년 12월 13일 강원도 춘천에서는 이교림이 의병 20~30명이 모여 불을 피우고 있다고 현지 주둔 기병대에게 밀고하자, 기병대는 토벌을 위해 즉시 소대장 이하 17명이 밀고자의 안내로 출동하였다. 이들은 총기를 소지한 20~30명을 발견하고 의병으로 판단하고 발포하였지만, 뜻밖에 춘천 주둔 한국 병사가 의병 3명을 체포하여 돌아오는 중임을 알게 되었다.[117] 이는 한국군의 의병체포 작전 시 주민이 오인하여 밀고한 사례이다. 같은 달 충청도 청양군 남하면에 200여 명의 의병이 와서 조반을 먹었다는 주민의 밀고도 있었다.[118] 또한 일본군에게 정탐 정보를 주는 한국인이 죄 없는 인민을 의병과 관련 있다 지목하여 잘못 잡혀 죽은 자가 경상북도 김천에서만 6~7명이나 되었다 한다.[119] 탐정 과정에서 이같이 치명적인 오보도 있었다.

---

113 「폭도 상황의 건」(1908년 12월), 『한국독립운동사자료』 12(의병편 VI), 국사편찬위원회, 1983.
114 「폭도의 상황에 관하여」(1909년 1월), 『한국독립운동사자료』 13(의병편 VI), 국사편찬위원회, 1984.
115 「폭도에 관한 정보」(1909년 3월), 『한국독립운동사자료』 13(의병편 VI), 국사편찬위원회, 1984.
116 「'니꼬리스크' 부근에 있어서 폭도의 소집에 관한 보고」(1910년 4월), 『한국독립운동사자료』 18(의병편 XI), 국사편찬위원회, 1989; 「폭도에 관한 정보」(1909년 3월), 『한국독립운동사자료』 13(의병편 VI), 국사편찬위원회, 1984.
117 「폭도상황 보고」(1907년 12월), 『한국독립운동사자료』 8(의병편 I), 국사편찬위원회, 1979.
118 「청양군 폭도 배회의 건 보고」(1908년 1월), 『한국독립운동사자료』 8(의병편 I), 국사편찬위원회, 1979.
119 『大韓每日申報』, 1908년 1월 10일.

1908년 1월 12일 전라북도 운봉군 산내면에 거주하는 박문달은 운봉순사주재소에 면내 묘동 유평촌에 의병 10여 명이 배회한다는 밀고를 하였다. 이에 일본인 순사 2명이 한국인 순사 2명과 동반 출장가서 의병장 김동신의 부하 김점삼과 최채화를 체포하고 취조를 통해 자백을 받았다. 밀고자 박문달은 운봉읍 내의 이족吏族으로 산내면에 첩의 집이 있고 지역에서 이름이 알려진 사람으로 군대해산 이후 일본 측으로부터 한때 '내란사건'의 혐의를 받았고, 이후 남원경찰분서장 경부 고마쓰 미오小松巳生의 회유를 받고 있었다 한다. 박문달처럼 자신의 현실타개책으로 의병을 밀고하는 경우도 있었음을 알 수 있다.[120] 함평군의 김규창은 직접 내부대신에게 의병 수백 명이 군의 분파소, 취급소를 부수고 군수의 의관을 뺏어갔다는 내용을 보고한 적도 있었다.[121] 같은 해 2월 경상남도 함양군 마천면의 백재원과 김서윤은 함양순사주재소에 의병의 내습을 신고하였고,[122] 6월 함경도 북청군 인창사 풍헌 한봉우가 의병 약 80명이 와서 김진필, 김경익, 김우경 등 3명을 포박하여 그곳에 머물고 있다는 제보를 하였다. 이에 일본인 순사와 한국인 순사 다수는 통역을 대동하고 연합토벌을 전개하였다.[123] 1909년 5월 충청북도 청풍군 및 충주군 일대 의병 출몰에 대해 연풍군 주민 이유신 등 6명의 현지 주민이 제보하였는데 이 중에는 이장과 도기상도 있었다.[124] 8월에 평안도 평양에서 자산가 김맹중의 납치와 그 과정에서의 도주상황, 전라북도 임실군의 의병내습 등도 지역민들의 밀고를 통해 확인되었다.[125]

---

120 「폭도를 체포한 뒤 도주한 건」(1908년 1월), 『한국독립운동사자료』 8(의병편 I), 국사편찬위원회, 1979.
121 「본월 3일 미명에 폭도 수백 명이」(1908년 1월), 『한국독립운동사자료』 8(의병편 I), 국사편찬위원회, 1979.
122 「폭도 내습 상황의 건」(1908년 2월), 『한국독립운동사자료』 9(의병편 II), 국사편찬위원회, 1980.
123 「폭도에 관한 건」(1908년 6월), 『한국독립운동사자료』 11(의병편 IV), 국사편찬위원회, 1982.
124 「폭도출몰에 관한 건」(1909년 5월), 『한국독립운동사자료』 14(의병편 VII), 국사편찬위원회, 1985.
125 「폭도정찰에 관한 건 보고」(1909년 8월)·「폭도에 관한 건」(1909년 8월), 『한국독립운동사자료』 15(의병편 VIII), 국사편찬위원회, 1986.

의병 제보, 토벌의 순서는 지역민의 보고 내지 고용인의 신고→밀정과 변장순사의 토벌로 이루어지는 경우가 많았다. 1908년 2월 전라남도 담양 주재 순사부장의 보고사례를 보면 그 내용을 잘 알 수 있다. 19일 밤에 의병 약 20명이 관내 가면화촌을 습격하여 일진회원 정찬주를 살해하고 그의 집에 불을 놓고 도주하였다는 주민의 연서보고와, 광주수비대 고용 마부 아무개는 22일 신홍리 가로 상에서 의병들로부터 '너는 일본인의 편을 드는 자'라는 힐책을 받고 구타를 당한 후 도망하여 신고한 사실이 있었다. 이에 일본군 수비대는 대대본부 배속부대의 상등병 이하 3명, 통역 1명, 밀정 2명과 일본인 변장순사를 파견하여 정찰활동을 하였다.[126]

다음은 의병탄압에 관한 일부 동장, 면장의 역할이다. 1908년 1월 1일 충청남도 홍산군 외산면 면장은 의병 140~150명이 관내 장항에 와서 계속 주재하였는데, 이들이 백흑적白黑赤 등의 한복을 입고 엽총 5~6정, 조선식 화승총 100여 정을 휴대하고 있다고 홍산분견소에 신고하였다.[127] 같은 달 3일 충청남도 노성군 장구동 면장 이민생은 노성순사주재소에 의병 수십 명이 관내에 와서 의류와 식료품을 강취하였다고 신고하였다. 급보를 받은 일본인 순사 2명, 양梁 · 박朴 등 한국인 순사 2명 등이 현장에 출동하여 사격을 가하였다.[128] 또한 11일에는 충청북도 음성군 대도면에 의병 60여 명이 내습하였다는 면장의 급보에 의해 음성순사주재소에서 동지 수비대에 통지한 사실도 있었다.[129] 13일에는 의병 60여 명이 공주 관내 북면 대목장에 침입하였다는 동장의 급보에 따라 헌병분견소에서는 의병들을 추격 후 격전하여 1명에게 부상을 입히고 물품을 노획한 일도 있었다.[130] 10월 5일에는 경기도

126 「폭도토벌 상황」(1908년 2월), 『한국독립운동사자료』 9(의병편 II), 국사편찬위원회, 1980.
127 「보령석성비인남포에 폭도 배회의 건 보고」(1908년 1월), 『한국독립운동사자료』 8(의병편 I), 국사편찬위원회, 1979.
128 「노성군 폭도 배회의 건 보고」(1908년 1월), 『한국독립운동사자료』 8(의병편 I), 국사편찬위원회, 1979.
129 「폭도토벌에 관한 건」(1908년 1월), 『한국독립운동사자료』 8(의병편 I), 국사편찬위원회, 1979.
130 「폭도 격퇴의 건」(1908년 1월), 『한국독립운동사자료』 8(의병편 I), 국사편찬위원회, 1979.

이천군 가면 면장 남주희의 보고에 따라 합동 토벌대가 출동하였고,[131] 같은 달 19일에는 경기도 삭령군 대전면 괴음동의 이장 유현석이 의병들이 마을에 침입하여 일진회원 김치숙을 총살하고 사라졌다는 보고를 올렸다.[132] 11월 13일에는 강화도 서사면 송산동 이장 김낙중과 강화군수 한영복이 각기 의병 60명의 출현 사실과 정찰 내용을 해당 경찰서에 보고하였다.[133] 12월에 전라북도 고부군 거마면장 손성란은 의병 약 10명이 자신의 조카를 구타한 사실을 보고하였고, 관내 신정면 반월리 이장 노자선과 성포면 원두리 이장 김순경도 의병상황을 보고하였다.[134] 1909년 3월에 홍해군 기계면 면장 정기수는 면의 동남 산중에서 '화적' 18명이 휴식하고 있다고 밀고하였고, 이에 군주재소 일본인 순사 가와노와 한국인 순사 박재하는 동민의 두루마기를 빌려 변장하고 정찰, 추격하여 포로 1명, 거동수상자 2명을 체포하고 단발총과 화승총 등을 노획한 일도 있었다.[135] 8월에는 전라북도 순창군 팔등 면장이 신보원이 이끄는 의병 약 20명이 내습하여 세금징수에 종사하던 김순천을 살해한 후 도주하였다는 사실을 보고하였다.[136]

지역 의병체포에는 '면장회의'가 큰 효과가 있었던 것으로 보인다. 그 두 가지 예는 다음과 같다. 1908년 12월 경기도 양주군 망우리면 묵동 동민이 협력하여 의병 4명을 체포하여 양주경찰서에 송처하였는데, 체포된 의병들은 이익삼의 부하였다. 이렇듯 지역민들이 의병을 체포한 것은 일찍이 양주군 면장회의 시에 11월 9일 고양군 사리대면 지영동에서 지역민이 직접 의

---

131 「폭도 내습에 관한 건」(1908년 10월), 『한국독립운동사자료』 12(의병편 V), 국사편찬위원회, 1983.
132 「폭도에 관한 건 개성경찰서장 보고요령」(1908년 10월), 『한국독립운동사자료』 12(의병편 V), 국사편찬위원회, 1983.
133 「강화도 폭의 상황 보고」(1908년 11월), 『한국독립운동사자료』 12(의병편 V), 국사편찬위원회, 1983.
134 「폭도에 관한 건」(1909년 1월), 『한국독립운동사자료』 13(의병편 VI), 국사편찬위원회, 1984.
135 「폭도상황 보고」(1909년 3월), 『한국독립운동사자료』 13(의병편 VI), 국사편찬위원회, 1984.
136 「폭도살인행위의 건」(1909년 8월), 『한국독립운동사자료』 15(의병편 VIII), 국사편찬위원회, 1986.

병을 체포한 것을 예시하고 각 동리에서도 협력일치하여 의병내습 등의 경우에는 그들을 체포하여 '폭도섬멸'에 노력할 것이라고 효유한 것에 따른 것이었다. 이는 면장회의의 결과가 반영된 사실로 경찰 당국도 큰 효과를 본 것으로 인정하였다.[137] 1909년 8월 화승총을 휴대한 의병 5명이 경상남도 남해군 남면 석교리에 나타나자 동민 수십 명이 이들이 머문 집을 포위하였는데, 의병 1명을 포박하고 나머지 4명은 주재순사가 동민을 소집하여 산중에서 잠복하여 체포하고 총기를 노획한 일이 있었다. 그런데 동민이 소집에 응한 것은, 이틀 전 의병 30명이 같은 군의 송천면에 내습하여 일본인을 살해하자 이곳 주재순사가 군수 홍성욱과 협의하여 군내의 각 면장을 소집해서는 의병내습 때 면과 동의 주민이 일치방어와 질서유지의 방법을 강구하자고 했는데, 이러한 '타이름의 효과' 때문이라고 일본 측은 이해하였다.[138]

이렇듯 현지 밀고자의 활동은 의병토벌에 큰 기여를 했지만, 적지 않은 희생도 감수해야만 하였다. 일제 협력자는 의병의 주요 처단대상의 하나였기 때문이다. 1908년 9월 경기도 광주군 오포면에서는 의병이 한경오를 잡아 한도韓刀로 목을 반쯤 잘라 방치하여 사망한 사실이 있었다. 한경오는 일본 병의 척후가 되어 의병의 소재지를 밀고하였고 의병가담자에게 귀순을 권고하는 등의 활동을 하였다.[139] 같은 지역에서 그해 10월 의병 40명이 습격하여 촌민 1명을 살해하고 3명을 구타한 일도 있었는데, 살해당한 촌민은 수일 전 의병의 소재를 밀고하고 토벌 시 길 안내를 한 자였다고 한다.[140] 같은 달 경기도 영평군 일동면 화대리 의병 8명은 평소 수비대, 헌병대, 경찰 등에게

137 「폭도체포의 건에 관하여 양주경찰서장 보고요령」(1908년 12월), 『한국독립운동사자료』 12(의병편 V), 국사편찬위원회, 1983.
138 「폭도체포에 관한 건」(1909년 8월), 『한국독립운동사자료』 15(의병편 VIII), 국사편찬위원회, 1986.
139 「폭도살인사건 보고」(1908년 9월), 『한국독립운동사자료』 12(의병편 V), 국사편찬위원회, 1983.
140 「10월 10일 오전 4시경 광주군 오포면 상삼리에 폭도」(1908년 10월), 『한국독립운동사자료』 12(의병편 V), 국사편찬위원회, 1983.

의병의 행동을 밀고하였던 이영석을 납치해 총살하였다.[141] 1909년 4월 강원도 정선군 신동면의 신규집은 '항상 의병의 내습을 관민에게 밀고한 자'라는 이유로 의병 11명에게 척살되었고,[142] 그해 10월 경기도 고양군에서는 이웃집의 의병내습을 동민에게 밀고한 이한주를 의병들이 체포하여 총으로 난타, 타박상을 입힌 일도 있었다.[143]

의병이 동장, 면장을 처단한 내용을 보면, 경기도 포천군 동촌면 마근담리에 의병장 이은찬이 인솔하는 의병 약 30명이 내습하여, 항상 동민에게 '금일에 배회하는 의병은 진정한 의병이 아니고 공연히 양민을 괴롭히는 적배에 불과'하다고 하는 등 주민을 설득하고 의병 반대에 앞장섰던 동장 김재기를 처단하였다.[144] 의병장 김수민의 인척으로 알려진 마전군 하신면 호곡리 면장 윤중구는 의병 군자금의 제공에 응하지 않고 오히려 이들을 관헌에게 밀고하였다. 당시 김수민이 체포된 것도 그의 밀고에 의한 것이라고 판단하여 복수 차원에서 의병들이 그를 처단하였다.[145] 이 때문에 동장, 면장일지라도 개인과 지역분위기에 따라서는 의병의 상황을 제대로 보고하지 않는 경우도 적지 않았다.

이상에서 러일전쟁 이후 의병탄압에 협력한 조선인들의 활동을 살펴보았다. 그 주요 활동은 다음과 같이 정리할 수 있다.

먼저 대한제국 정부 및 지방관과 관련하여 시행된 내용이다. 1905년 '을사조약' 직후부터 의병활동이 전개되자 일본 측은 국가적 차원에서 그 탄압

---

141 「폭도에 관한 건 양주경찰서장 보고요령」(1908년 10월), 『한국독립운동사자료』 12(의병편 V), 국사편찬위원회, 1983.
142 「폭도 인민살해사건 보고」(1909년 4월), 『한국독립운동사자료』 14(의병편 VII), 국사편찬위원회, 1985.
143 「폭도내습의 건 양주경찰서장 보고요령」(1909년 10월), 『한국독립운동사자료』 15(의병편 VIII), 국사편찬위원회, 1986.
144 「폭도 내습 인민살해의 건 보고」(1908년 12월), 『한국독립운동사자료』 12(의병편 V), 국사편찬위원회, 1983.
145 「폭도에 관한 건 개성경찰서장 보고요령」(1909년 9월), 『한국독립운동사자료』 15(의병편 VIII), 국사편찬위원회, 1986.

을 종용하였다. 그 결과 정부는 의병활동 지역에 관찰사를 파견하였고, 이들은 산하 각급 지방관들에게 현지의 의병조사와 그 진압방법을 마련하도록 지시하였다. 1907년 「정미조약」으로 인한 고종황제의 강제퇴위와 군대해산 이후 준식민지적 상황이 전개되자 의병항쟁은 국가생존권 차원에서 전쟁의 규모로 다시 치열하게 전개되었다. 그에 따라 대한제국 정부의 진압도 더욱 강경해졌다. 정부는 강력한 의병토벌과 정찰을 위해 각급 군대파견 및 군수 등 지방조직의 동원을 계속하는 한편, 온건책으로 회유방안을 다각도로 모색하였다. 강경진압책으로 군부에서는 각도에 수백 명씩 병정을 파송하였다. 순종황제는 칙령을 내려 의병탄압을 지시하였고, 의병참여 후 체포된 자들에 대해서는 무거운 형을 부과하였다. 지역에 따라서는 귀순권유문을 전달하였고, 의병을 설득하기 위해 도 단위로 선유사를 파견하였다. 또한 경비와 큰 액수의 현상금을 마련하였고, 의병을 은닉시키거나 그들이 경과함을 보고하지 않은 지역민들을 처벌하였다.

둘째, 경찰·순사의 의병 정찰, 진압, 체포 및 살해 관련 내용이다. 경찰과 순사들의 활동은 직접 또는 밀정을 활용한 의병 정찰 및 토벌과 체포, 회유, 고문 심지어는 불법적인 살해 등 다방면에 걸쳐 전개되었다. 의병정찰은 중앙과 지방 차원에서 동시에 이루어졌는데 그 중심단위는 각 지역 경찰서로, 여기서는 일본인 혹은 한국인으로 구성된 경시, 경부 내지 순사, 순검 등을 의병활동지에 파견하였고, 이들로부터 상세한 탐정 보고를 받았다. 순사들이 의병 출몰지에 가서 변장수색을 하거나 의병을 습격하여 체포하는 경우도 있었다. 그런데 의병토벌은 면장 신고→군수→순사 파견→수사→체포 및 총살의 순서로 이루어졌고, 내부 경무국과 지방 경찰대, 한국인 순사는 일본군대와 연합으로 의병을 토벌할 계획을 세워 수행하였다. 또한 의병진압 과정에서 반대로 의병에게 체포되는 경우도 있었다. 의병과 교전 중 전사한 순사에게는 장례비를 지급하였다. 순사의 의병탄압의 다른 방법은 귀순권유이며 심지어 체포된 의병에게 전향서를 받기도 하였다. 의병귀순자에게 그가 활동하던 의병부대의 토벌 안내 역할을 맡기는 경우도 있었다. 체포된 의병을 심문하면서 가혹한 고문을 통해 자백을 받기도 하였다. 전투과정에서 의병들을 살해하거나 도망 중이거나 체포된 인사들을 참살하거나 총살형하는 경우도 적지 않았다. 경찰서장과 경부 등 경찰의 핵심중책들이 직접 의병토벌을 지휘한 사례도 있다. 특히 경기경찰부 경부 김윤복이 효과를 본 주요 의병탄압 방법은 변장수사대 조직과, 의병과 연결된 면장·이장을 체포하고 주민들의 의병과의 연결고리를 차단하는 데 있었다. 이 같은 집요한 의병대토벌 작전 결과 수많은 의병장과 의병들이 체포, 살해되었다.

셋째, 의병 수색과 체포, 처단에 헌병보조원을 활용하는 경우였다. 헌병보조원은 과거 대한제국 진위대 등에서 하급군인으로 활동하던 자 중 1907년 고종황제의 강제퇴위와 군대해산 이후 실직한 자들과 지방에서 딱히 일자리가 없던 자들이 주로 활용되었다. 헌병과 헌병보조원의 의병진압은 전국적인 현상이었다. 그러나 그 과정에서 헌병보조원이 도망하는 사례도 수없이 보인다.

넷째, 밀정 파견과 이들의 제보, 탐정과 면장·이장을 비롯한 지역주민의 밀고도 큰 역할을 하였다. 1907년 이후부터 경찰조직에서는 순사보와 밀정 내지 지역민을 활용하여 의병진압에 나섰다. 밀정은 의병들이 출몰하는 지역 사정에 정통하거나 경찰조직 내에 있는 자를 선발하여 교육한 후 파견하였다. 이들은 지역민 혹은 상인이나 예수교도, 심지어는 의병으로 변장하여 활동하였다. 1909년 9~10월 남한대토벌 작전이 벌어질 무렵에는 전국의 각급 경찰서에서는 일반민들로 하여금 의병들을 밀고하도록 장려하고 있었다. 그 결과 각지에서 밀고행위가 이루어졌다. 경찰의 의병동태 파악과 밀고행위는 국외 항일의병에까지 미쳤다. 러시아령 연해주의 경우 밀정 산하에 밀정조직을 가동하는 예도 보인다. '면장회의' 결과를 통해 효력을 발휘하는 경우도 지역에 따라 있었다. 이렇듯 현지 밀고자의 활동은 의병토벌에 큰 '기여'를 하였지만, 반면 적지 않은 '희생'도 감수해야만 하였다. 반민족 일제 협력자는 의병의 주요 처단대상의 하나였기 때문이다.

제2장

일본의 국권 침탈 양상

1. 을사늑약과 민영환의 자결

  제국주의 일본은 대한제국 정부의 각료들을 겁박하여 1905년 11월 17일 이른바 '을사조약'을 강제 체결함으로써 국권을 강탈하였다. 이에 『황성신문』 주필 장지연의 논설 「시일야방성대곡是日也放聲大哭」을 시작으로 전국적인 저항운동이 거세게 일어났다. 당시 시종무관장에 있던 민영환閔泳煥은 매국 대신들을 성토하고 조약 파기를 위해 11월 27일 오후 원임 의정대신 조병세와 함께 백관을 거느리고, 조병세가 소수疏首가 되어 매국 5적의 처단과 조약 파기를 상소하였다.

  민영환과 조병세는 28일 재차 상소를 올렸다. 상소에서 민영환은 "매국한 역적들을 모두 꾸짖어 벌을 하신 다음 다시 강직하고 충성스런 신하를 뽑아 외부대신을 제수하시어 성명聲明을 내고 회동하여 담판하게 하소서. 그런 연후에야 강제 조약이 파기되고 나라가 보존될 것입니다"[1]라면서 서명한 총

---

[1] 『承政院日記』, 光武 9년 11월 28일.

리대신 이완용 등 매국적을 처형하고 늑약을 폐기할 것을 주장하였다.

그는 같은 날 두 번째 상소를 올려, "다만 명령을 좇는 것을 의리의 방법으로 여겨 서로 이끌어 물러간다면 말하는 자와 나라가 일시에 모두 망할 것이오니 어찌 가슴 아픈 일이 아니겠습니까? 또 여기에서 청하는 바는 폐하가억지로 하지 못할 일을 억지로 하자는 것이 아니옵고 우리의 법을 우리 조정에 시행하고 마땅히 죽일 자를 죽이고 사무를 주장하는 신하를 뽑아서 조약을 폐할 방법을 도모하자는 것입니다. 하온데 또한 허락하지 않으시니 나라는 비록 있으나 이는 망한 것과 같습니다. 하오니 망하는 것보다는 우리 법을 시행해서 뒷세상에 할 말이 있게 하는 것이 어떠하겠습니까?"[2]라 하여 나라가 망하는 지경에 더 이상 황제의 명령을 따를 수 없으니 약조를 파기할것을 거듭 주장하였다. 그러나 황제는 이 상소도 일축하였다.

같은 날 전 의정이자 궁내부특진관 조병세도 민영환과 같은 내용의 상소를 세 차례에 걸쳐 황제에게 올렸다. 이들의 비장한 상소의 영향을 받아 동조하는 관리들도 많았고 상점들도 동맹휴업에 들어갔다. 사태의 심각성을우려한 일본공사는 조병세에게 면담을 요청하였지만 이에 응하지 않았다.그 결과 일본공사는 황제에게 권유해서 조병세의 대궐 앞 상소운동을 멈추게 하라고 하여 해산을 명했지만 이 또한 받아들이지 않자 마침내 그를 면관시켰다.[3] 민영환과 조병세는 재차 상소를 올리고 대한문 밖에 엎드려 가부결정을 기다렸다. 그를 비롯한 백관들의 상소로 조약 체결에 대한 반대 여론은 더욱 고조되어 갔다. 이렇게 되자 일제는 헌병을 출동시켜 백관들을 강제로 해산시키고 법부로 하여금 민영환과 조병세를 평리원에 잡아 가두게 하였다.

평리원 감옥에 갇혀 있다가 11월 29일 해질 무렵 석방된 민영환은 이미 기

---

2 『承政院日記』, 光武 9년 11월 28일.
3 『駐韓日本公使館記錄』, 「韓日協約 반대자 趙秉世 면관처분과 동조자에 대한 해산칙명 발포 건」,
　1905년 11월 29일(林 공사→도쿄 桂 대신).

울어진 대한제국의 운명을 바로잡을 길이 없음을 개탄하였다. 그는 아무리 상소해도 별다른 효과가 없으리라 깨달았다. 이제 남은 길은 스스로 목숨을 끊어 황실의 은혜에 보답하고 국민들을 깨우쳐 나라와 민족이 자유 독립을 회복하는 데 초석이 되는 것뿐이라고 생각하였다. 그리하여 11월 30일 오전 6시경, 회나무골[檜木洞] 의관醫官 이완식의 집에서 2천만 동포와 각국 공사, 고종황제에게 보내는 유서 3통을 남기고 품고 있던 단도로 목을 찔러 자결하였다. 민영환의 옷 속에서 3통의 유서가 발견되었다. 첫번 째 유서는 「각국 공사에게 고함」으로 그 내용은 다음과 같다.

> (민)영환의 나라 사랑이 부족하여 나라의 형세와 민중의 생계가 여기에 이르렀으니 한갓 죽음으로써 황은皇恩에 보답하고, 우리 2천만 동포에게 사과하려 합니다.
>
> 죽는 자는 죽는다 하더라도 지금 우리 2천만 국민이 생존경쟁 중에서 진멸할 것이오니 공사들께서는 아무쪼록 천하의 공의를 소중히 여기시고 돌아가 귀국 정부와 국민에게 보고하여 우리 인민의 자유독립을 도와주시면 죽고 난 후에라도 마땅히 저 세상 땅속에서 기뻐 웃으며 감사하겠습니다.
>
> 오호! 각하는 아무쪼록 우리 대한을 경시하거나 우리 국민의 혈심血心을 오해하지 마시옵소서.[4]

다른 하나는 우리 동포에게 남기는 「경고 대한2천만동포 유서」라는 것으로, 그 내용은 다음과 같다.

> 오호! 나라의 치욕과 백성의 욕됨이 이에 이르렀으니 우리 인민은 장차 생존경쟁 가운데서 진멸하리라. 대개 살기를 바라는 사람은 반드시 죽고, 죽기를 기약하는 사람은 도리어 삶을 얻나니 제공諸公은 어찌 이것을 알지 못하는가. 단

---

4 국사편찬위원회, 『閔忠正公遺稿集』 5권, 부록, 1958.

지 영환은 한 번 죽음으로 황은에 보답하고 우리 2천만 동포형제에게 사죄하려 하노라. 그러나 영환은 죽어도 죽지 않고 저승에서라도 제공을 기어이 도우리니 다행히 동포형제들은 천만 배 더욱 분려奮勵하여 지기志氣를 굳게 하고 학문에 힘쓰며 한마음으로 힘을 다하여 우리의 자유 독립을 회복하면 죽어서라도 마땅히 저 세상에서 기뻐 웃으리라. 오호! 조금도 실망하지 말지어다. 대한제국 2천만 동포에게 이별을 고하노라.[5]

그러나 황제에게 바친 또 하나의 유소遺疏 1통은 자결 과정에서 선혈鮮血이 낭자한 관계로 전달할 수 없었다 한다. 민영환은 현 상황은 조국을 위해 훌륭히 복무하지 못한 자신의 무능력으로 인해 발생한 것이라며 스스로를 책망했고 그 결과는 자결로 이어졌던 것이다. 이 같은 민영환의 죽음과 유서는 일제히 각 신문에 상세하게 보도되어 온 국민에게 큰 충격을 주었다.

민영환의 뒤를 이어 전 좌의정 조병세, 전 대사헌 송병선, 전 이조참판 홍만식, 학부 주사 이상철, 병사 김봉학 등도 자결하였다. 잘 알려지지 않은 내용이지만 민영환 집 하인(낭속)으로 있던 계동의 인력거꾼 아무개도 그가 순절하였다는 비보를 듣고 종로로 달려가 조의를 표한 후 귀가하여 종일 통곡하다가 그날 밤 경우궁 뒷산에서 목매어 자살하였다 한다.

'을사조약' 강제 체결 여파로 민영환 등이 자결하자 일본공사는 하세가와 요시미치長谷川好道 대장의 권유를 받아 민심 진정에 착수하였다. 그럼에도 불구하고 전국 각지에서 상소투쟁이 이어졌고 지방의 유생들은 서울로 상경하였다. 상인들의 철시투쟁이 있었고, 서울 시민들은 종로에 주둔한 일본헌병소를 습격하였는데, 이때 헌병 분견조장과 순사 여러 명이 부상당하였다.

12월 1일 한국주차군 참모장 오타니 기쿠조大谷喜久藏가 참모차장 나가오카 가이시長岡外史에게 올린 「11월 30일 종로폭동사건 보고」[6]에 따르면 다

---

5 위의 책, 부록.
6 防衛省 防衛研究所, 『陸軍省大日記』, 「副臨号 書類綴 38, 12월」, 明治 38년 12월 1일.

음과 같이 급박했음을 알 수 있다.

11월 30일 오전 9시경 서울 시민들은 종로 근방으로 달려갔는데 무려 1,000명이 모였다. 동시에 한국 상류上流의 선비 30명이 표훈원 안에 모인다는 첩보를 접수한 일본군 헌병대는 오전 10시경 대위 나이부 타케시內部斌를 종로분견소에 보내 만일에 대비케 하였다. 그러던 중 오후 4시 15분경 검은 옷을 입은 시민 2, 3명이 종로 큰길에서 연설을 하자 근방에 있던 70~80명의 시민이 일제히 그 주위에 모여들었다. 격앙된 시민들은 파견된 일본인 순사 다케무라竹村를 구타하여 넘어뜨렸고, 약 1,000명의 군중들은 일제히 함성을 지르며 이를 응원하였다. 이 같은 상황에서 순찰을 위해 종로에 파견된 헌병조장 사메지마 료스케鮫島亮輔는 순사를 구하기 위해 말을 풀어 위협하였다. 이에 시민들은 조장을 포위하고 그를 구타한 후 칼을 빼앗고자 하여 그 과정에서 한때 격투가 있었다.

이후 시민들은 자갈을 던져 일본 헌병과 순사에게 격렬히 저항하였고 그 과정에서 나이부 대위는 이마와 손발을 부상당하는 위기 상황에 닥치자 권총을 하늘로 향해 발사하면서 분견소로 도주하였다. 이를 추격한 시민들은 분견소 앞에 이르러 기와 조각을 던지고 유리창을 부수었다. 이에 맞서 일본 헌병이 세 차례 총을 쏘면서 저항하자 시민들도 물러설 수밖에 없었는데, 그 과정에서 조장 이토 스케구마伊藤祐熊와 헌병 상등병 고지마 세이이치로小島靜一郎 등도 코와 관자놀이 등을 크게 다쳤다.

사태가 수습되자 일본 헌병 순사와 순찰대는 민가를 수색하고 시민들의 도주를 막고 방어를 엄히 하였다. 그 결과 오후 6시경까지 126명의 시민을 체포하였고, 오후 8시경에 이르러서야 사태가 진정되었음을 상부에 보고하였다. 이 사건 후 일본군은 순찰부대를 증파하여 계엄상태를 유지하였다.

정부 고위관료인 의정부 참찬 이상설은 민영환의 자결소식을 듣고 종로에 나와, "우리 정부의 여러 대신들이 이 지경에까지 이르렀는데 아직도 구차한 삶을 누리려는 망상을 갖겠소? 이러한 때를 당하여 나라가 자립하지 못하고 다른 나라 사람들의 보호 하에 들어간다면 종사가 망하는 데 그치지 않고 종족 또한 멸망하리니 우리 동포 형제는 깊이 생각하라. 지금 민보국(민영환)의 마지막 날이, 즉 우리 국민이 죽을 시기이다. 내가 민보국 한 사람을 위해 곡하는 것이 아니요, 실로 우리 전국의 동포를 위해 통곡하는 것이라"[7]며 매우 비통한 어조로 연설하였다.

민영환의 자결 당일부터 각급 학교 학생들은 동맹 휴업을 통해 시국을 성토하고 순국열사들의 넋을 기렸다. 학부의 엄한 훈령에도 불구하고 일부 학교에서는 이를 허가하기도 하였다. 외국어학교장, 소학교장 등은 출근을 거부하였다. 학생들은 훈령을 따르지 않고 모두 퇴교할 것이라 하였다. 이 같은 학생들의 거센 반발 결과 학부 참여관 시데하라 타이라幣原坦도 하야시 곤스케林權助 공사에게 엄중 문책보다는 잠시 기다렸다가 상황을 보아 수업을 계속할 수 있게 조처하자고 보고하였다.[8] 그러나 경무고문 마루야마 시게토시丸山重俊는 경찰력으로 상점의 강제 개점을 종용하였다.

민영환은 을사늑약 반대투쟁의 선구이자 자결 순국의 상징이다. 민영환을 비롯한 많은 우국인사들의 순국 자결로써 일제 침략에 대한 강력한 투쟁 방략의 하나로 의열투쟁이 자리 잡게 되었다. 나아가 그의 순국은 국권 회복을 위한 의병운동과 구국 계몽운동이 발흥하는 기폭제가 되었고, 죽음으로라도 조국과 민족의 독립은 지켜야 한다는 교훈을 남겨준 것이다.

장지연은, 고려 말 충신 포은 정몽주와 선죽교의 일화를 비유로 들면서 죽지 않는 영혼으로 묘사하였다.[9] 을사늑약 얼마 후 민영환, 조병세, 홍만식 등 관리들이 잇달아 자결하자 우국시인 황현黃玹은 '팔애시八哀詩'를 지어 이들을 추모하였다. 이 중 민영환에 대해서는 다음과 같이 썼다.

---

7 『大韓季年史』下, 光武 9년.
8 『駐韓日本公使館記錄』,「元老大臣들의 殉國 등으로 인한 학생들의 동요 대책에 관한 件」, 1905년 11월 30일(幣原坦→林權助).
9 張志淵, 『閔忠正公泳煥傳』.

외척이라 작게 볼 것도 아니네

민씨 집안에서 이 사람이 나왔으니

큰소리 한번 내어 오랑캐족 뒤흔들더니

부덕한 왕비까지 용서받은 것이네

소년 시절 귀하게 자라서

반드시 잘못이 없지 않겠지만

(중략)

비분강개한 민영환 시종무관장이여

그대 어찌 옛사람만 못 하겠는가

종묘사직 좀 더 지탱했고

그에 의지하여 나라의 운명도 점칠 수 있었네[10]

　같은 해에는 민영환을 추모하는 '혈죽血竹'이라는 시를 지어 나라를 위해 목숨을 바친 민영환의 숭고한 생애와 혈죽으로 환생하는 모습을 표현하면서 후손들에게 나라 사랑을 강조하였다.

　박은식은 '자유독립 정신'으로 몸을 던져 2,000만 동포를 구하려 한 민충정공을 기리는 제문을 지었다.[11] 또한 '금주'와 '단연斷煙'을 통한 국채보상운동을 주도했던 광문사 사장 김광제도 『대한자강회월보大韓自强會月報』에 '민충정공閔忠正公 혈죽血竹'이란 시를 써서 민영환은 죽어서도 '삼천만 그루의 대나무'가 되었기에 '죽지 않고 홀로 천년토록 영원할 것'을 축원하였다.[12] 법관양성소 학도 고인석 등 10명이 신문新門 밖에 있는 민영환의 정자에서 도원결의桃園結誼를 모방한 '동원결의桐園結誼'라는 모임을 조직하기도 하였다.[13]

---

10 黃玹, 『梅泉集』 권4, 詩, 乙巳稿.
11 朴殷植, 「祭閔忠正公文」, 『西友』 제10호(1907년 9월 1일).
12 『大韓自强會月報』 제3호(1906년 9월 25일).
13 『皇城新聞』, 1908년 9월 30일.

당시 역사학자이자 언론인으로 활동하던 신채호는 『대한매일신보』에 「천희당시화天喜堂詩話」라는 시론을 연재하였다. 그 내용 중 하나를 보면, 외부대신으로 1904년 「한일의정서」와 1905년 을사늑약에 각기 관여했던 이지용과 박제순이 용산 한강의 정자에서 술을 마시고 뚝섬의 남사당패에게 노래한 곡을 부르라고 한 일이 있었다 한다. 이들이 부른 노래 내용은 "처자 죽은 귀신은 도령의 방으로 몰아넣고, 도령 죽은 귀신은 처자의 방으로 몰아넣고, 우리 죽은 귀신은 민충정 대감의 넋을 따르리"[14]였다. 이 노래를 들은 박제순은 "인생은 누구나 한 번 죽지 않겠냐만 저같이 죽을 바를 얻는 자가 능히 몇 명인고?"라면서 화를 내고 손에 든 술잔을 던졌다고 한다. 막강한 힘을 가진 매국 관료에게 힘없는 광대패들도 이처럼 은유적인 저항을 하였던 것이다.

국망 이후 중국으로 망명하여 독립운동가로 변신한 신채호는 1912년 8월 29일 경술국치 2년째를 맞이하면서 쓴 '이날[是日]'이라는 시에서 "우리의 나라 없어지는 날 방성대곡放聲大哭하고, 슬픔을 이기지 못하여 한칼로 목을 찔러, 국은을 갚고자 한 민충정공의 일도 이날이오"[15]라고 하였다. 상하이 임시정부 국무총리를 지냈던 이동휘도 1913년 러시아 연해주 블라디보스토크의 권업회勸業會 연설 석상에서 "살기를 요구하는 자는 반드시 죽고 죽기를 바라는 자는 반드시 산다"[16]는 민충정공의 유언을 항일 독립운동을 위한 벼리로 삼아야 한다는 점을 강조하였다. 일제의 보호정치를 거부했던 그의 충절을 식민지 시기 국내에서 공공연하게 일반에게 알리는 것은 당연히 가능할 수 없었다. 그러나 민영환의 뜻은 국외로 망명한 독립운동가나 지식인들을 통해 지속적으로 계승되었고, 그들의 애국과 독립의지를 확산시키는 데 크게 기여하였다.

---

14 『大韓每日申報』, 1909년 11월 9일.
15 『勸業新聞』, 1912년 8월 29일.
16 『勸業新聞』, 1913년 10월 19일~11월 2일, 「리성재선생의 연설」.

2. 헤이그 특사와 파장

헤이그 특사들이 외교활동을 전개하던 1907년은 한국 역사에서 중요한 분기가 되는 한 해였다. 1904년 러일전쟁, 1905년 을사늑약 직후 국운이 기울어가던 이 시기 대한제국 황실은 또 다른 측면에서 국가의 명운을 되돌리려는 노력을 하였다. 1907년 6월부터 7월 사이 네덜란드 헤이그Hague의 제2회 만국평화회의에 전 의정부 참찬 이상설李相卨, 전 평리원 검사 이준李儁, 전 러시아공사관 참서관 이위종李瑋鍾 등 3명의 특사를 파견하여 국제여론에 대한제국의 독립을 호소한 것이었다.[17]

헤이그 특사 일행의 활동은 당시 서구 언론에 크게 부각되었다. 일본 외무성 보고문서에서는 특사들에 대해 일본과 입장을 같이하거나 달리하는 유럽의 언론은 물론이고, 이견을 가진 러시아 각지 신문의 논평을 상세하게 소개하여 차별성을 강조하였다.[18] 또한 이들 3명의 특사와 더불어 네덜란드에서 합류한 후 미국으로 돌아가 운동을 전개한 호머 B. 헐버트Homer B. Hulbert에 대한 내용도 지속적인 관심의 대상이었다. 헐버트의 미국 체류 중 행동을 보고하고, 『뉴욕헤럴드New York Herald』의 '한일조약은 서명이 없다고 말함'이라는 제목의 헐버트의 말을 기사화한 내용을 전재하였다.[19] 또한 헐버트가 샌프란시스코 상업회의소에 보낸 서한도 전문이 보고되었다.

헤이그 주재 일본대사는 5월 27일 자 현지발행 『만국평화회의보Courrier de la Conférence de la Paix』에 실린, 3명의 특사들이 일본이 한국 황제의 뜻에

---

17 헤이그 특사의 활동에 대한 종합적 이해는 독립기념관 한국독립운동사연구소 편, 『헤이그특사와 한국독립운동』, 2007과 이태진 외 『백년 후에 만나는 헤이그특사』, 태학사, 2008이 참고된다.

18 이하 주요 내용은 일본 외무성 외교사료관 소장 자료(제1권은 『韓國ニ於テ第二回萬國平和會議ヘ密使派遣幷ニ同國皇帝ノ讓位及日韓協約締結一件』이라는 제목의 1907년 5월 13일부터 7월 24일까지 2달 11일간의 기록이고, 제2권은 같은 제목으로 1907년 7월 25일부터 1912년 2월 23일까지의 4년 반 정도의 기록문서)를 중심으로 정리하였다.

19 外務省 外交史料館, 「電受 13953号, 韓國皇帝ノ讓位ニ關スル美國新聞進達ノ件」, 1907년 8월 14일.

반하여 병력을 이용해 법규관례를 유린하여 한국의 외교권을 빼앗은 것, 그 결과 특사들이 한국 황제가 파견한 위원임에도 불구하고 평화회의에 참여할 수 없는 것을 유감으로 생각하는 것, 일본의 비행을 서술한 문서를 첨부한 것, 자신들로 하여금 평화회의에 참여하여 일본의 행위를 폭로할 수 있도록 조력해 줄 것 등의 내용을 언급하면서, 문서는 아직 입수하지 못하였다고 보고하였다. 현지 대사는 3명에 대해서 계속 정탐하고 있었다. 러시아 주재 공사 모토노 이치로本野一郎는 외무대신에게 한인韓人쪽으로부터 여러 가지 '음모적인 상담'을 해오는 자가 있다는 내용을 본국에 보고하였다.

일본의 활동에 부정적인 서방 언론도 많았지만 그와 반대인 경우도 적지 않았다. 특히 외교사료관 문서 중에는 영문으로 된 것뿐 아니라 여러 언어로 인쇄된 신문스크랩 자료도 다수 포함되어 있다. 그중 『스코츠맨The Scotsman』은 헤이그회의에 대표단을 파견한 것을 '무분별한 탈선행위'[20]로 규정하였다. 또한 『뉴욕트리뷴New York Tribune』은 "한국은 아주 오래된 제국이다. 하지만 지나 온 과거를 보면 한국은 결코 독립주권국임을 입증하지 못하였다. … 한국은 세계가 진보하고 있는 것과는 관계없이 잔인, 부패, 무지, 나태하고 독립정신이 결여되어 있었다. 한국은 독립국가의 필수적인 요소 중 어느 것도 보여주지 못하였다"[21]고 하여 일본의 주장을 액면 그대로 인식하는 경향도 있음을 알 수 있다.

헤이그 주재 쓰즈키 게이로쿠都筑馨六 대사는 외무대신에게 영문으로 타전한 보고서에서 특사 3명의 '격렬한 공격연설'은 '같은 종류의 실험을 시도'하고 있는 그루지야인, 폴란드인, 기타 민족처럼 이곳에서 큰 인상을 주지 못하고 있다며 평가절하하였다.[22]

6월 27일 이상설 등 3명의 특사는 네덜란드 수석대표 W. H. 드 보포르W.

---

20 『The Scotsman』, 1907년 7월 30일.
21 『New York Tribune』, 1907년 7월 26일.
22 外務省 外交史料館, 「No. 2774, 재헤이그 한인의 행동 및 제2평화회의 위원의 태도 보고의 건」, 1907년 7월 7일.

H. de Beaufort에게 다음과 같은 장문의 탄원서를 보냈다.

헤이그 평화회의 대한제국 대표단 전 의정부 참찬 이상설, 전 평리원 검사 이준, 상트페테르부르크 주러시아 한국공사관 서기관 이위종은 대한제국 황제가 보낸 특사로서 대한제국의 독립은 1884년에 여러 강국들로부터 인정받고 보장받았음을 각국 대표 여러분께 알려드림을 영광으로 생각합니다. 또한 대한제국의 독립은 현재까지 인정받아 왔습니다.

1905년 11월 17일 대한제국 전 의정부 참찬 이상설은 일본의 교활한 음모를 목격하였습니다. 대한제국과 우방 국가들 간에 맺은 친외교적 관계를 단절시키기 위해 일본은 국제법을 무시한 채 군대를 움직여 무력을 사용하였습니다. 우리는 일본이 사용했던 방법들과 음모를 여러분들에게 알리기 위해 이렇게 어려운 결정을 하게 되었습니다. 일본은 우리나라의 법과 인권을 짓밟았으며, 폭행과 협박을 서슴지 않았습니다. 일본이 대한제국에 저지른 혐의를 크게 세 가지로 나누어 보겠습니다.

1. 일본은 대한제국 황제의 아무런 동의 없이 한일협상조약(을사늑약)을 진행하였습니다.
2. 일본은 그들의 목표를 얻기 위해 대한제국을 상대로 무력을 사용하였습니다.
3. 일본은 대한제국의 모든 관습과 법을 위배하였습니다.

위에 나열한 일본의 혐의들은 국제협정을 직접 위반했음을 공명정대한 여러분들께서 결정을 내려주시기를 당부드립니다.

오늘날까지 존재했던 대한제국과 우방 국가들 사이의 평화적인 외교관계를 단절한 일본의 교활한 음모와 이로 인해서 아시아 평화가 위협받고 있음을 알려드리고자 합니다.

일본의 위배를 알리기 위해 중요한 임무를 지니고 대한제국 황제로부터 급파되었음에도 불구하고, 네덜란드 헤이그 평화회의에 참석할 가능성을 박탈당했음을 진심으로 유감스럽게 생각합니다.

네덜란드 헤이그로 출발하기 직전까지 일본이 대한제국에 저지른 모든 행위와 음모들을 정리하여 편지와 함께 첨부하였습니다. 대한제국에 극히 중대한 문제임을 알려드리오니 부디 고려하여 주실 것을 부탁드립니다. 대한제국 황제로부터 전권을 위임받았다는 사실을 확인하고자 하신다면 우리들에게 알려주시기 바랍니다. 저희는 최선을 다해 도와드릴 것을 약속드립니다.

대한제국과 우방 국가들 사이의 외교적 관계는 대한제국의 의도가 아닌 일본의 독단적 결과였음을 고려하여 주십시오. 부디 우리를 대신하여 중재하여 주실 것을 거듭 말씀드리며, 네덜란드 헤이그 회의에 참석하여 일본의 교활한 방법들을 천하에 밝힘으로써 우리나라의 권리를 지킬 수 있도록 하여 주십시오. 각국 대표 여러분. 미리 감사드리며 존경을 표합니다.

이상설, 이준, 이위종[23]

이위종은 7월 5일 자 『만국평화회의보』의 윌리엄 T. 스테드William T. Stead와의 기자회견에서 다음과 같이 역설하였다.

이른바 '1905년의 조약'이라고 불리는 것은 합법적인 조약treat이 아닙니다. 그것은 대한제국 황제의 지시를 받지 않은 한국 외부대신에 의해 만들어진 협정convention에 불과할 뿐입니다. 그리고 서명한 문서는 절대로 승인이 되지 않았습니다. 그렇다면 무효이고 영향력이 없습니다. 대한제국 입장에서 말하자면, 우리는 그 조약이 발생하였다는 것을 인정할 수 없습니다. 그러나 여전히 불법적이고 가치 없는 문서로 인해 대한제국이 회의로부터 제외당하고 있습니다.[24]

쓰즈키 공사의 또 다른 영문보고에 따르면 이위종은 『만국평화회의보』 편집인인 영국인 윌리엄 스테드가 주재하는 7월 8일의 '꽤 붐비는 회의'에서 강연하였는데, 그는 프랑스어로 유창하게 말하였으며 일본의 정책을 격렬하게 공격하였다.[25] 이 연설의 제목은 '한국의 호소A plea for Korea'였다.

---

23 네덜란드국립문서보관소 소장 문서.
24 『Courrier de la Conférence de la Paix』, 1907년 7월 5일.
25 外務省 外交史料館, 「No. 2808, 재헤이그 한인들의 帝國 對韓정책 공격에 관한 건」, 1907년 7월 9일.

청중 가운데 1명은 이들에게 동감을 표하며 일본을 비난하는 결의안을 제출하기도 하였다. 쓰즈키는 '고양이를 더 이상 격노시키지 말아야 한다'면서 이위종이 프랑스어로 한 연설은 그가 여타 대표들에게 연설하였던 인쇄된 문서의 건의 강연에 불과한 것이라고 의미를 축소해 보고하였다.

이준의 사망원인에 대해 현지 일본대사는 얼굴 종기의 단독丹毒으로 사망한 후 매장하였다고 본국에 보고하였다. 그는, 자살이라는 풍설을 말하는 자가 있지만 사실이 아닐 것이라 보았다.[26] 일본대사는 이위종 일행이 동료들과 헤이그를 출발해 런던으로 향하여 3일간 체재한 후 뉴욕으로 향한다고 보고하였다. 이들은 잠시 러시아 수도에 머무른 후에 런던, 파리, 뉴욕에서 한국 독립을 위하여 신문지상의 논전을 시도할 예정이라고 보고하고 있다.

동행했던 헐버트에 관한 보고를 보면, '그는 러일전쟁 중에 한국 정부의 중학교 고용교사를 그만두고, 대한제국 황제의 친서를 휴대하고 미국으로 향하였으며, 한국의 독립운동을 기도하였다. 그 후에 재차 한국에 들어와『코리아리뷰Korea Review』를 주도하면서 한국민을 선동하는 언론을 전개했으며, 폐간 후에는 영국인 베델과 신문사업에 관계하여 일본의 대한정책을 저해하는 행동에 나선 자'로 규정하였다. 특사 파견 기간에는 그가 일본 고베神戶와 쓰루가敦賀를 거쳐 블라디보스토크로 건너가, 이후 시베리아철도로 러시아 수도에 이르렀고 미국으로 돌아갈 준비를 하고 있다는 사실도 현지 관리들에 의해 보고되었다. 네덜란드 주재 공사 사토佐藤는 헐버트가 시베리아철도로 그곳에 들러 평화회의 시 '무언가 한국을 위하여 행할 바가 있다고 한다'는 풍설을 들었다고 보고하였다. 유럽을 경유하여 미국에 도착한 헐버트의 현지 활동도 수시로 파악되었다. 특히 현지 영사관은 그가 샌프란시스코 상업회의소에 제출한 영문 서한 사본을 입수하여 본국에 보고하였다.

---

26 外務省 外交史料館,「No. 2941, 재헤이그 한인 李俊 顔 사망 통지의 건」, 1907년 7월 16일. 이준의 사망은 '의사가 즈결', '義士自裁'란 제목의『大韓每日申報』, 1907년 7월 18일 자 국문 및 국한문 2건의 호외를 통해 국내에도 널리 알려지게 되었다. 그러나 이준의 死因에 대해서는 그 당시부터 지금까지도 논의만 분분할 뿐 정확히 정리되지 않은 실정이다.

1894년 청일전쟁에서는 러시아-프랑스-독일이 일본의 보호국화 정책에 제동을 가하였으나, 1904~1905년 러일전쟁으로 마지막 보루인 러시아가 일본에 패한 이후에는 대한제국을 도와주려는 국제 열강의 힘이 많이 약화된 상태였다. 네덜란드 수석대표 드 포보르만이 인도적 차원에서 세 특사들을 방문하였을 뿐이었다.[27] 더욱이 1907년 헤이그의 만국평화회의는 제국주의 열강들만의 잔치에 불과하였고, 의장국인 러시아도 예전의 영향력을 상실하여 힘을 쓸 처지가 못 되었다. 오히려 신임 외무대신 알렉산드르 페트로비치 이즈볼스키Александр Петрович Извольский는 전임 블라디미르 니콜라예비치 람즈도르프Владимир Николаевич Ламздорф가 추진했던 한반도 정책을 포기하고 한국을 일본을 견제하고 협상하는 카드로 이용하고자 하였을 뿐이다.[28] 따라서 이상설, 이준, 이위종 3명의 특사와 미국인 헐버트의 국제외교를 통한 대한제국의 독립청원운동은 일부 여론들만 반향하였을 뿐 큰 이슈를 만들지 못하였고 결국 실패로 돌아갈 수밖에 없었다. 황제가 서명하지 않은 을사늑약은 일제의 위협과 강압에 의해 몇몇 대신이 서명한 법률적으로 무효라는 내용의 대한제국 황제의 위임장을 소지하고 갔음에도 불구하고 열강 간의 담합과 식민지 쟁탈 경쟁 과정에서 대한제국의 거취 문제는 큰 이슈가 되지 못하였다. 평화회의 의장국인 러시아 황제 니콜라이 2세에게 보낸 황제의 간절한 친서도 끝내 전달할 수 없었다. 이는 일본의 집요한 방해공작과 열강에 대한 대대적인 로비에도 기인한 바 크지만, 제국주의 열강들의 속성을 유추해보면 어쩌면 당연한 현상이다. 그러나 이에 좌절하지 않고 정사 이상설은 헤이그를 떠나 유럽 일대와 미국을 방문하면서 한국의 독립을 호소하였고, 말년까지 간도와 연해주 일대에서 지속적인 항일운동을 전개하였다.[29]

---

27 「드 포보르 일기」, 1907년 7월 1일~17일(네덜란드국립문서보관소 소장).
28 최덕규, 「1907년 헤이그 평화회의와 러시아의 대한정책」, 『한국사학보』 30, 2008.
29 이상설의 독립운동 활동과 생애 전반에 대해서는 尹炳奭, 『增補 李相卨傳─海牙密使 李相卨의 獨立運動論─』, 一潮閣, 1998이 참고된다.

3. 광무황제 폐위

헤이그에 3명의 특사와 헐버트를 보낸 것을 문제 삼아 일본 당국은 통감 이토 히로부미伊藤博文를 전면에 세워 고종을 협박하였다. 결국은 황제를 강제로 퇴위시키고 그의 아들 순종을 새로운 황제로 삼았다. 고종이 퇴위당함과 동시에 대한제국의 운명은 종지부를 찍은 것이나 다름없었다. 새로운 어린 황제가 자기 의지를 가지고 국정을 장악하고 선황제가 국가를 운용했던 것과 같은 상황으로 돌리기에는 제국주의의 마수가 너무 가깝게 와 있었던 것이다.

대한제국 초대통감 이토 히로부미와 정무총감 야마가타 이사부로山縣伊三郎는 본국의 외무대신 하야시 다다스林董 등과 수시로 비밀 전보문을 주고받으면서, 이상설 등 3명의 헤이그 특사 및 미국인 특사 헐버트의 거취와 만국평화회의와 관련한 현지 여론 동향, 서양 각국 및 러시아, 중국의 여론 동향과 관련한 내용을 협의하였다. 1907년 8월 8일에는 평리원에서도 궐석재판을 하여 이상설을 『형법대전刑法大全』 제352조 '사명使命을 승承한 관인官人이라 사칭詐稱한 자者 율律'을 적용하여 교형絞刑에 처하고 이위종과 이준은 동 법률 제135조 '종범從犯은 수범首犯의 율律에 1등一等을 감減'을 적용하여 종신징역으로 판결하였다.[30] 뿐만 아니라 일본 내의 여론 동향, 예컨대 대동구락부, 유흥회 등 재야단체 및 조선인 망명객들의 동향을 수시로 파악하였고, 심지어 유학생들의 동정까지도 상세하게 감시하고 있었다.[31]

먼저 외무성에 보고된 일본인들의 동향이다. 일본 재야의 대외강경파 인사들로 구성된 대동구락부大同俱樂部에서는 요코타 토라히코橫田虎彦를 한국에 파견하고자 하였고, 또 다른 단체인 유흥회猶興會에서는 회원들이 한국

---

30 『官報』, 1907년 8월 12일.

31 外務省 外交史料館, 「機受 1806号, 韓國問題ニ關スル猶興會員ノ行動內報ノ件」, 1907년 7월 13일; 「乙秘 904号, 大同俱樂部ノ決議」, 1907년 7월 25일; 「機受 1829号, 한국밀사사건에 관한 在本邦 한국유학생의 행동 內報의 件」, 1907년 7월 15일.

문제와 관련한 회의를 하였다. 대동구락부의 행동과 관련하여 이 단체의 집회와 참가자 명단을 기재하면서 「정미 7조약」(한일신협약)에 관한 결의문 채택과 그 내용을 보고하였다. 보고서에서는, 대동구락부가 이 조약은 '일본 제국 당초의 목적을 향하여 일보 전진한 것'으로 인식하고 있으며 '제국의 국시國是 확립을 기대'한다는 발언까지 언급하였다. 유흥회 회원들은 한국의 재정 보조 문제와 관련한 집회를 하였다. 헌정당원, 외교주사위원과 일부 사회주의자들의 한국 관련 동향도 보고되었다. 이들 중 특히 코토쿠 덴지로 幸德傳次郎(필명은 코토쿠 슈스이幸德秋水) 등 사회주의자 그룹이 한국문제에 대한 결의문을 신문기자들에게 발송한 사실도 알 수 있다. 일본 진보당원의 태도와 관련하여 한 당원이 언급한 내용도 보고되었다. '표면으로는 일한의 친목을 도모하고 동양의 평화발전을 기대한다고 칭'하는 일한동지회원의 '시정개선에 관한' 회합과 토론도 보고되었다. 그 회원 나카무라 미로쿠中村彌六는 특사사건에 대하여 양위를 강요한다든가, 일본에 와서 사죄하게 한다든가의 풍설이 있는데 이것들은 모두 지엽적인 이야기에 지나지 않으며, 이 시기에 "한일신협약을 근본적으로 개혁하여 일한의 기초를 강고히 하는 것이 가장 필요하다. 오늘날 국민이 침묵의 태도를 취하고 있는 것은 그만큼 사태가 중대하기 때문임에 틀림없다"고 주장하였다는 내용도 보고되었다. 그뿐 아니라 일본 내 각 세력, 주요 정치가들의 집회와 그들의 여론 동향, 재한 외교고문 스티븐스의 동향까지도 외무성 자료에 기술하고 있다.

일본은 이 기간 한국인들의 동향에도 각별한 관심을 기울이고 있었다. 먼저 일본을 방문한 이지용 일행의 동정, 궁내부대신 박영효朴泳孝 등의 정치적 음모와 관련하여 포박에 관한 주차군사령관 보고 등이 있다. 망명객들의 동정 관련 보고에서 최정덕崔廷德의 언동이 부각되었다. 최정덕이 「한일신협약」 관련 신문논설을 읽고 비분하여 장황하게 언급한 내용을 소개하였는데, 주요 내용은 이완용과 송병준은 국적이자 매국노로 신협약은 이들의 무책임한 조치에서 나온 것으로 묵과할 수 없다는 것이다. 다른 주요 망명자의 동정도 보고되었다. 유길준兪吉濬·이범래李範來·조희연趙羲淵·이두황李斗璜·이진호李軫鎬·장박張博 등 6명의 동정이 그것이다. 이들은 7월 25일 일본군 보병 제1연대장 우쓰노미야 타로宇都宮太郎의 초대로 술을 마시며「한일신협약」에 대해 오래도록 논의한 사실이 있었다.[32] 또한 의화군義和君 이강李堈의 수행원인 유세남劉世南의「한일신협약」에 대한 언급 등이 보고되었다.

일본유학생 동정에 관한 전문電文 보고서에서는 한국인 특사사건 및「제3차 한일협약」과 관련한 유학생의 집회 상황, 특히 한국공사관과 태극학교太極學校 등지에서 회합한 사실도 보고되었다. 그 요지는 한국 황제는 일본에 사죄하고 혹은 일본에 오라는 등의 기사, 일본은 한국을 그 영역의 일부로 하려는 목적을 명확히 해야 한다는 내용 등이었다. 당시 한국유학생 감독 신해영申海永은 이들을 타일렀고, 유학생 중 정영택도 동일한 발언을 하였다는 등의 내용이 서술되어 있다.「한일신협약」과 관련하여 신해영은 '한국국민은 지금 대통한'에 빠져 있으며, 이는 수십 년 이래 자국 정사가 부패한 결과이며 지금은 '일청한 삼국 동양평화의 시점'이라는 내용으로 학생들을 설득 중에 있다는 것이다. 한국유학생 귀국 관련 내용도 있다. 도쿄 와세다대학 유학생 이진우가 유학생들을 중심으로 하는 토론회를 개최하였는데, 그는 총을 사서 귀국하여 이완용·이지용을 위해할 것이라 하였고, 나아가 신바시新橋에서 7명의 학생이 한국으로 귀국하는 중이라는 지역 행정관리의 보고도 있다.

밀사의 활동을 문제 삼아 일본 정부는 논의를 거쳐 '한국처분안韓國處分案'을 마련하였다.[33] 여기에서는 일본 내의 다양한 논의를 기술하고 있는데, "갑. 러시아와 같이 한국을 토멸하자, 을. 보호국으로 하자, 병. 평화적으로

---

32 宇都宮太郎關係資料硏究會 編,『陸軍大將 宇都宮太郎日記(I)-日本陸軍とアジア政策』, 岩波書店, 2007, 16~17쪽.
33 外務省 外交史料館,「附錄 一韓國處分案一」.

합병하자"는 안을 언급하고 각 안건에 대한 구체적인 방법을 서술하고, 또한 한국 경영 방침 관련 내용을 제시하였다.

통감 이토 히로부미는 외무대신에게 특사들의 활동을 기화로 이들의 활동이 한국 황제의 칙령에 입각한 것이라면 일본 정부에서도 이 기회에 한국에 대해서 국면을 한번 바꿀 수 있는 행동을 취할 호시기라고 주장하였다. 그는 '음모'가 확실하다면 세권稅權, 병권兵權 또는 재판권을 일본의 수중에 넣을 좋은 기회로 보았다.[34] 그러나 당시 일각의 한국병합 주장에 대해 이토는 1907년 7월 29일 기자단 강연에서 합병은 일본에 성가신 일만 증가시킬 뿐으로 한국의 자치능력을 양성시켜 이를 지도하는 것이 일본에게 이익이 되는 것이라고 주장하였다.[35] 그는 독일식 연방제 형태로 한국을 병합하려는 기도를 하고 있었던 것으로 보인다.[36]

일본 정부는 특사 파견을 빌미로 고종황제를 권좌에서 밀어내고 대한제국을 직접 경영하려 하였다. 그 일환으로 이토 통감은 외무대신 하야시 다다스를 통해 총리대신 사이온지 긴모치西園寺公望에게 '특별 비밀' 전문을 보냈다.[37] 이토는 만국평화회의에 위원을 파견한 것에 대해 책임 전부가 황제 한 사람에게 돌아감을 선언하고, 아울러 그 행위는 일본에 대하여 공공연히 적의를 발표하여 협약을 위반했음을 면할 수 없기에, 일본은 한국에 대하여 선전宣戰의 권리가 있음을 총리대신 이완용으로 하여금 보고케 하였다. 이토는 황제는 내가 모르는 일이라고 '변명'을 하지만, 헤이그 파견위원은 폐하의 위임장을 소지하였다고 공언하였고, 또한 신문을 통하여 일본을 악의적으로 비난한 이상 황제가 그들을 파견하였다는 것은 세상이 아는 바라고 언

---

34 小川原宏幸, 「伊藤博文の韓國倂合構想と第三次日韓協約體制の形成」, 『靑丘學術論集』 25, 2005, 73쪽.

35 『東京朝日新聞』, 明治 40년 8월 1일.

36 오가와라 히로유키 저, 최덕수·박한민 역, 『이토 히로부미의 한국병합 구상과 조선사회』, 열린책들, 2012, 210~211쪽.

37 外務省 外交史料館, 「電受 2760号, 밀사파견에 관하여 한국황제로의 항의 및 對韓정책에 관한 廟議의 결정방식 稟請의 건」; 1907년 7월 7일.

급하였다. 그는 한국 정부도 '국가와 국민을 온전하게 유지'하기 위해서는 어쩔 수없이 양위를 기정사실화하여야 한다고 강박하였다.

이 사안과 관련하여 사이온지 긴모치는 메이지천황의 재가를 받아 이를 이토 통감에게 통보하였다. 그는, "제국정부는 지금의 기회를 놓치지 말고 한국 정부에 관한 전권을 장악할 것을 희망한다. 그 실행에 대해서는 실지實地의 정황을 참작할 필요가 있음에 따라서 이것을 통감에게 일임할 것. 만약 전기前記의 희망을 완전히 달성할 수 없는 사정이 있으면 적어도 내각대신 이하 중요 관헌의 임명은 통감의 동의로써 행하고, 또한 통감의 추천을 받은 본방인本邦人을 내각대신 이하 중요 관헌에 임명할 것. 전기의 주지에 기초하여 우리의 지위를 확립할 방법은 한국 황제의 칙령에 의거하지 않고 양국 정부 간의 협약으로써 할 것. 본건은 극히 중요한 문제이므로 외무대신이 한국에 향하여 친히 통감에게 설명할 것" 등을 언급하였다.

그 여러 방안으로 사이온지는 한국 황제로 하여금 그 대권에 속하는 내치정무의 실행을 통감에게 위임하게 할 것(제1안), 한국 정부로 하여금 내정에 관한 중요사항은 모두 통감의 동의를 얻어서 그것을 시행하며 또한 시정 개선에 대한 통감의 지도를 받을 것을 약속하게 할 것(제2안). 군부대신과 탁지부대신은 일본인으로 임명할 것(제3안) 등을 제안하였다. 또한 한국 황제로 하여금 황태자에게 양위하게 만들 것을 주장하면서 "장래의 화근을 두절시키는 데는 이 수단으로 나가는 것도 어쩔 수 없을 것이다. 다만 본 안건의 실행은 한국 정부로 하여금 실행하게 만드는 것을 득책으로 할 것"이라면서 대한제국의 황제는 통감의 부서副署 없이는 정무를 실행할 수 없고, 주요 부서는 일본 정부가 파견한 관료로 하여금 대신 혹은 차관의 의무議務를 실행하게 할 것도 제안하였다.

결국 일제는 헤이그 특사 파견을 빌미로 고종황제에게 퇴위를 강요하여 1907년 7월 19일 황태자 대리조칙을 받아내어 곧바로 양위식을 거행한 후, 경찰과 주차군을 통해 폐위에 저항하는 시위군중들을 진압하였다.

양위 문제와 관련하여 시위대 제2연대 제3대대가 박영효 등과 연계하여 반대 쿠데타를 일으킨다는 '첩보'를 명분으로 주차군사령관 하세가와는 주차군 보병 제51연대 1개 대대로 하여금 7월 19일 밤 경운궁을 점령하도록 하였다. 또한 서대문 밖의 포병 제17연대 1개 중대는 야포 6문으로 입성하여 남산 왜성대에 포를 설치하였다. 또한 기관포 2문을 소유한 일본 군대가 군부 화약고와 용산의 육군 화약고를 접수하여 탄약 보급을 차단하였다. 이는 한국군들의 저항을 엄두에 둔 예방조처였다.[38]

1907년 7월 20일 대한제국 황제를 강제퇴위시킨 통감 이토 히로부미는 총리대신 이완용과 협의한 후 같은 달 24일 대한제국 정부를 강박하여 「정미 7조약」을 체결하였다. 그 주요 내용은 한국 정부는 시정 개선에 관하여 통감의 지도를 받고, 법령 제정 및 중요한 행정상의 처분도 미리 통감의 승인을 받아야 한다는 것이다. 또한 이 조약에 의해 한국 정부는 통감의 동의 없이 고위관료를 임명하거나 파면할 수 없었고, 그가 추천하는 관리를 임명하게 되었다. 통감의 동의 없이는 외국인 고문관을 기용할 수도 없었다.[39] 모든 통치권한을 통감에게 주고 새로 등극한 순종황제는 일본 정부의 꼭두각시에 불과하였다. 인사권을 장악한 일본은 통치정책에 부담이 되는 한국 측 관리를 배제시키고 새로 일본인으로 관리를 임명하였다. 이들은 대한제국의 내정, 외정, 재정, 치안 전반을 장악하여 기존의 통치권은 유명무실하게 만들었다.

일본은 서양 각국에게 "일본제국 정부는 지난 메이지 38년(1905) 11월 일한협약 체결 이후 더욱더 양국의 교의交誼를 존중하여 성실히 조약상의 의무를 수행했음에도 불구하고 한국은 누차 배신행위를 감행하여 그 때문에 대단히 제국의 인심을 격앙시켰으며 또한 한국의 시정 개선을 저애沮礙하는

---

38 山邊健太郎 저, 安炳武 역, 『한일합병사』, 汎友社, 1982, 239쪽; 서영희, 『대한제국 정치사 연구』, 서울대학교출판부, 2003, 355~356쪽.
39 국회도서관 입법조사국, 『舊韓末 條約彙纂』上, 東亞出版社, 1964, 87~89쪽.

것이 심하여" 장래 이러한 행위 재연을 미리 방지하기 위해 새로운 조약을 체결하였다는 내용을 통지하였다. 황제 양위에 관한 청국 상하이의 『신보新報』는 논설 제목을 '아주독립국조선망亞洲獨立國朝鮮亡'이라 하였고,[40] 또 다른 신문인 『신초일보新抄日報』는 논설 제목을 '오호 고려嗚呼高麗'[41]라 하여 1907년 황제권 양위로 대한제국이 끝난 것으로 평가하였다.

4. 일제의 한국주차군 배치와 군사력 감축

일본이 전쟁 초기에 지속적인 관심을 보였던 것은 전쟁 수행을 위한 배후 치안의 확보였다. 이를 위해 러일전쟁 시작 직후인 1904년 2월 28일 일본군 제12사단장 이노우에 미쓰사다井上光貞는 서울에서 「부로俘虜(포로) 간첩間諜에 관한 군령軍令」을 공포하여 러시아에 협조하거나 전쟁 수행에 방해가 되는 자들을 처벌할 것을 선언하였다.[42] 이는 한국인들에게 군법을 일방적으로 적용시키겠다는 일종의 계엄령이었다. 또한 일본 정부는 3월 11일 한국임시파견대韓國臨時派遣隊를 한국주차군韓國駐箚軍으로 개칭하는 한편, 대본영大本營 직속의 주차군사령부를 서울에 두고 육군소장 하라구치 켄사이原口兼濟를 사령관에 임명하였다. 참모본부와 육군성에서 발표한 3월 7일 자 '한국주차군사령관에게 주는 훈령'에 의하면 주차군의 주둔 목적은 일본 공사관·영사관 및 거류민을 보호하고 한국의 치안을 유지하고 작전군의 배후에서 제 설비를 보전하여 그 운동을 용이하게 한다는 것이었다.[43] 한국주차군의 병력 규모는 설립 초기에 1개 연대(약 1,721명), 4개 대대(약 570×

---

40 外務省 外交史料館, 「電受 11906号, 한국황제 讓位에 관한 청국신문 송부의 건」, 1907년 7월 24일.
41 外務省 外交史料館, 「電受 12978号, 한국문제에 관한 청국신문 송부의 건」, 1907년 7월 29일. 앞의 것과 이 두 가지는 상하이 일본영사관에서 보고한 내용이다.
42 『皇城新聞』, 1904년 3월 4일.
43 『朝鮮駐箚軍歷史』, 25쪽.

4=2,280명), 2개 중대(약 136×2=272명), 총 4,273명에 달하였다.[44]

의도한 대로 전쟁이 진행되어가자 일본 측으로서는 더 많은 수의 주차군을 한국에 주둔시킬 필요가 있었다. 왜냐하면 전쟁 개시부터 서울을 점령한 일본이 전시체제라는 명목으로 각종 수탈을 일삼자 이에 대항하는 반일 민중운동과 의병운동이 서서히 전개되고 있었기 때문이었다. 따라서 주차군에게는 앞의 '훈령'에서 밝힌 목적 외에 또 다른 임무도 부여되었다. 그것은 지방관과 지방민의 감시·회유, 간첩활동 지원, 첩보 및 서신 감시, 반일운동의 진압 등이었다. 이에 1904년 8월 21일 내각 회의에서 일본은 러시아의 공격 대비와 의병봉기 진압을 목적으로 「한국주차군확장안韓國駐箚軍擴張案」을 결정하였다.

한국주차군을 ①「일한의정서」 제3조에 의해 한국의 독립 및 영토보전을 확보하고, ② 대륙 방면에서 오는 적의 습격에 대해 제국 국방의 주축이 되는 두 요지에 의해 2사단 및 약간의 특종으로 된 1군을 확장한다(사단의 병력은 대략 내지 內地와 같다).

배병配兵

인방隣邦의 형세와 한국 진압을 고려하여 1사단을 평안도에, 다른 1사단을 각도에 배치하고 군사령부를 경성에, 각 사단 사령부를 경성 및 평양에 두고 제諸 병참부를 주둔시킨다. 기병騎兵은 유사시의 이용을 고려해 대부大部를 의주에 둔다.[45]

이 '확장안'에 따라 부서를 막료(참모부, 부관부), 경리부, 금궤부金櫃部, 양향부糧餉部, 군의부, 수의부獸醫部, 우편부의 8개 부서로 개편하였고, 1개 사단은 러시아 방비차 평안도에, 나머지 1개 사단은 의병진압 목적으로 전국 각도에 배치하였다.

---

44 柳漢喆, 「日帝 韓國駐箚軍의 韓國 侵略過程과 組織」, 『한국독립운동사연구』 6, 1992, 137쪽.
45 『朝鮮駐箚軍歷史』, 10~11쪽.

한국주차군은 한국주차군사령부, 한국주차군수비대, 한국주차헌병대, 주차군사령부 예하 각 부대로 구성되어 있었다. 창설 당시 한국주차군사령부는 막료(참모부, 부관부), 경리부, 군의부軍醫部 등 3개의 부서로 되어 있었다. 이 중 한국주차수비대는 창설 이후 1910년까지 8차례 배치를 변경하였다. 1905년 10월부터 1907년 11월까지는 3개 내지 4개 수비대 체제로, 1907년 12월 이후에는 2개 수비관구 체제로 운영되었다. 수시로 편제배치를 바꾼 것은 전국적인 의병항쟁의 효과적인 진압과 러시아에 대한 경계 때문이었다.[46]

철도 및 전신 경비, 치안경찰을 임무로 1904년 3월 편제된 한국주차헌병대는 1905년 10월 경성, 부산, 원산, 인천, 의주, 평양, 안주, 개성, 임영, 수성, 전주, 대구 등 12개 지역에 분대를 설치하고 그 아래 56개 처의 분견소를 두었다. 특히 정미조약 이후 의병항쟁이 전국적으로 확산되자 1907년 10월 4일 일본 칙령 제323호로 「한국주차헌병韓國駐箚憲兵에 관關한 제制」를 공포하여 헌병을 증원하였다.[47]

기타 한국주차군 예하 부대로는 진해만 요새사령부, 영흥만 요새사령부, 한국주차육군 병기지창兵器支廠, 한국주차육군 군악대, 한국주차육군 창고, 한국주차 위수병원衛戍病院(경성, 평양, 나남), 한국주차 위수감옥 등을 두었다.[48]

일본의 국권 침탈은 군사 부분에도 크게 작용하고 있었다. 랴오양전투의 승리와 징병제 개정령 직후인 1904년 10월 8일 한국주차군사령관은 당일부터 함경도 내 일본군 점령구역을 덕원 이남과 이북 두 곳으로 나누어 군정軍政을 시행하겠다고 고시하였다.[49]

한편 전선에서 일본군이 승승장구함에 따라 일본은 1905년 1월 6일부터 서울에서 군사경찰을 시행하면서 이른바 '공안질서를 유지할 필요'라는 명

---

46 柳漢喆, 앞의 논문, 168쪽.
47 統監府, 『韓國施政年報』(1906~1907), 「附錄」, 1910.
48 『朝鮮駐箚軍歷史』, 56~76쪽.
49 『朝鮮駐箚軍歷史』, 146쪽.

목 아래 전시 개념의 '군령軍令'을 적용하였다. 한국 정부의 경찰권을 배제하면서 시행된 이 포고문은 적용범위가 매우 광범위한 것이었으며 군사작전보다는 서울의 치안 확보와 밀접한 관련이 있었다. 예컨대 군령 적용 대상자 중 "4. 당을 결성하여 반항을 기도하거나 기타 아군(일본군)에 대해 항적 행위를 하는 자, … 15. 집회결사 및 신문잡지, 광고 기타의 수단으로 치안질서를 문란시키는 자, 16. 일정한 지역 내에 출입 및 체재를 금하는 장소에 있어 그 금령을 범하는 자" 등이 그것이다.[50] 이에 따라 일본에 반대하는 어떠한 정치단체의 설립도 근본적으로 봉쇄되었고, 일본 경찰의 허가와 입회 없이는 정치문제를 토의하기 위한 집회도 가질 수 없었다. 그것은 이 시기에 대도시를 중심으로 전개된 항일 민족운동에 대한 탄압을 더욱 강화하려는 것이다.

원래 주차군사령관은 외교사안은 전권공사와, 병참·전신·군용철도 등과 관련된 사안은 병참총감과 협의토록 되어 있었다. 그러나 을사늑약 이후 한국의 상황이 바뀌어 통감부가 설치되고 통감이 부임하게 되자 한국주차군의 병력 지휘권은 통감이 갖도록 하였다.[51] 다시 1906년 7월 31에는 일본칙령 제205호로 「한국주차군사령부조례」를 공포하여, 주차군사령부는 천황에 직예直隷하며 주차군사령관은 군정과 인사에 관한 사안은 육군대신, 작전과 동원계획에 관해서는 참모총장, 교육에 관해서는 교육총감의 지시를 받도록 하였다. 또한 한국의 '안녕질서'를 위해 주차군사령관은 통감의 명령이 있을 경우 병력을 사용할 수 있는데, 사안이 급박한 경우 추후 보고하고 이를 바로 육군대신과 참모총장에게 보고토록 하였다.[52]

러일전쟁을 구실로 한국에 주차군을 설치하여 주권을 제약하게 되면서 일본은 그동안 대한제국이 추진해 온 군비증강 계획을 무산시키고 군사 주권

---

50 「京城附近一帶에 있어 治安警察駐箚軍으로 擔當하는 件」, 明治 38년 1월 12일, 『日韓外交資料集成』 제5권 ―日露戰爭 編―, 367~372쪽.
51 『朝鮮駐箚軍歷史』, 97쪽.
52 「韓國駐箚軍司令部條例」, MF 52232-28, 『日本外務省陸海軍省文書 116권』, 국회도서관 소장본(柳漢喆, 앞의 논문, 142쪽).

침탈을 본격화하였다. 원수부의 각 총장도 이근택·구영조·박제순·현영운·양성환 등 친일적 인물들로 교체되었다. 군부대신도 그동안 황제와 소원한 관계에 있었던 민영기와 이윤용李允用이 차례로 임명되었다. 일찍이 황제의 측근으로 1898년 군부대신과 경무사를 역임했던 민영기는 1899년 1월 황제를 경복궁으로 이어하여 정권을 장악하려다 발각되어 오랜 기간 유배되었다가 이근택李根澤의 도움으로 러일전쟁 발발 직후인 1904년 3월 비로소 징계에서 벗어난 후 8월 군부대신이 되었다. 아관파천을 주도하고 이후 건양 연간 군부대신과 농상공부대신을 역임했던 이윤용도 대한제국 출범 이후 중앙정계에서 두드러진 활동을 보이지 못하다가 일본의 주선에 의해 1904년 9월 다시 군부대신이 되었다.

1904년 3월에는 일본군인 노즈 스네다케野津鎭武를 군부고문으로 초빙하였다. 이는 대한제국 군대의 개혁을 명목으로 한 군사 주권을 침탈하기 위한 준비로 일본 측의 의도를 반영한 것이었다. 하야시 곤스케 공사도 일본 귀국 시 보고서에서 "한병韓兵은 이른바 국가의 일종의 장식품에 불과하여 흉도兇徒 조차도 토평討平할 수 없고", "쓸데없이 국비를 낭비하는 하나의 기관에 불과한 것"으로 "이런 군대를 개조하기 위해서는 우선 국민의 정신을 함양하고 다음으로 간부를 양성하여 징병법, 군제 등을 개혁하여 이른바 근본적으로 개조하는 데 있다"고 역설하였다.[53] 그 첫 시도로 1904년 7월에는 군부관제를 개정하여 원수부가 가졌던 모든 군령권과 군정권을 군부에 환원시켰으나, 환원된 군부의 군령·군정권도 형식에 불과하였다.[54]

이어 일본은 1904년 8월 26에는 군제를 이정釐改한다는 명목으로 군부 고문관 노즈를 포함한 장령관將領官으로 군제이정관 12인, 즉 육군 부장 민영환·이지용·이윤용·민영기·권중현, 육군 참장 박제순·구영조·엄준원·현영운, 군부고문관 노즈 스네다케, 육군 참령 이병무·이희두를 선임하여

---

53 『駐韓日本公使館記錄』, 「韓國에서의 군사적 경영요령 송부 件」, 1904년 6월 14일.
54 「칙령 제17호, 軍部官制 改正」, 광무 8년 7월 6일, 『韓末近代法令資料集』 III, 국회도서관, 1971.

군제개혁을 단행토록 하였다. 군부관제의 새로운 개정을 이루자마자 일본은 군제이정관들로 하여금 원수부 정리작업에 착수하도록 하여 한 달 후인 9월 24일에는 원수부관제가 다시 개정되었다. 1898년 제정된 일본 「원수부조례元帥府條例」[55]를 일부 적용하여 새로 개정된 관제에 따르면, 원수부의 군령권을 모두 폐지하고 '훈공과 근로가 최다最多한 육해군 대장으로' 부원수를 두어 대원수, 즉 황제와 원수인 황태자에 자순諮詢하는 책임과 육해군 검열을 맡게 하였으며 1900년 3월 20일 반포된 관제는 완전히 폐지하였다.[56] 대신 같은 날 참모부를 설치, 군제에 관한 실질적인 권한은 일본에 의해 조종되는 참모관을 통하여 수행토록 하였다.

이 시기에 일본뿐 아니라 일부 관료들도 군제의 축소를 주장하였다. 1904년 7월 15일 중추원의관 안종덕은 상소에서 관직제도의 복잡함을 강조하면서 탁지부가 있는 이상 내장원은 둘 필요가 없고, 군부가 있는 이상 원수부는 승격시킬 필요가 없다고 주장하였다.[57] 연이어 같은 달 25일 봉상사 부제조 송규헌은 안종덕과 마찬가지로 중첩 설행하였던 관제를 마땅히 없애야 하며, 이를 위해 원수부·내장원·어공원御供院·예식원·비원祕苑 등을 즉시 폐지하여 관제를 함부로 하지 않고 경비를 줄이는 일에 늑장 부리지 말아야 한다고 주장하였다.[58]

같은 기간 일본공사관 측에서 파악한 세출 내용을 보면 군부 예산은 1902년 2,786,290원(총지출 6,932,037원), 1903년 4,123,582원(총지출 9,697,371원), 1904년 5,180,004원(총지출 12,370,455원)으로 지속적인 증가추세에 있었다. 군부 소관 경비가 증가한 이유를, 공사관에서는 우선 근년에 백동화가 하락

---

55 1898년 1월 19일 메이지 칙령 제5호로 제정된 「원수부조례」는 총 4개 조항으로 1. 육해군 대장을 원수元帥로 칭하고, 2. 원수부는 군사상 최고고문으로 하고, 3. 원수는 칙령을 받들어 육해군 검열을 행하고, 4. 원수에는 부관으로 위관 각 1인을 부속시키는 것으로 되어 있다(日本國立公文書館, 「元帥府條例」, 明治 31년 1월 19일).

56 「詔勅, 元帥府官制」, 광무 8년 9월 24일, 『韓末近代法令資料集』 III, 국회도서관, 1971.

57 『高宗實錄』, 光武 8년 7월 15일.

58 『高宗實錄』, 光武 8년 7월 25일.

한 결과 1903년에 서울의 각 대 및 재경 평양대平壤隊 병사의 급료를 매일 1원씩 증가시켰고 1904년도에 다시 매일 1원 50전을 증가시켰고, 그 위에 재경 각 대 및 지방 제대諸隊도 병사 1명에 대해 부식비를 하루 2전 5리씩 증가시킨 데 따른 것으로 파악하였다. 또한 양무호揚武號 매입 결과 군함비로서 45만 1,605원을 지출하게 되었고, 더하여 정보대情報隊에 200명을 증원함에 따라 상당한 경비가 증가한 것이 그 주된 원인으로 파악하였다.[59] 일본 도쿄에서 발행하는 『니혼보日本報』 제5,421호에 기재된 '한국 시정개선 방책'에서도 한국의 재정정리 과정에서 군비軍備를 감축하여 전국 병정 2만 명을 1,000명으로 감축하는 한편, 경성을 수비하는 각 지방 병정을 철퇴시키고, 「한일병기동맹韓日兵器同盟」을 체결하여 군기軍器를 정리하고, 경위원警衛院을 폐하여 경무청警務廳에 합치고 원수부를 폐하여 군부에 합칠 것을 제시하였다.[60]

이러한 내외의 여론 몰이에 따라 군제의 개편과 축소는 대세가 되고 있었다. 육군무관학교를 통한 근대적 고급장교 양성 시도는 대한제국의 자주적 개혁이 시행되던 러일전쟁 이전까지는 지속될 수 있었다. 그러나 1904년 9월 24일 황제는 조령詔令에서,

나라에는 군사가 있어야 하고 군사에는 규정이 있어야 한다. 현재 시행하는 원수부元帥府와 군부軍部의 관제와 제반 규정에 혹 미흡한 점이 있는 것들은 시대에 맞게 잘 제정하지 않을 수 없다. 군사제도를 의논하여 정하는 조치를 취한 것은 대개 그것을 개혁하려는 것이다. 시종부侍從府·배종부陪從府와 친왕부親王府의 무관武官은 마땅히 구별되는 규정이 있어야 하고 나라 방위와 군사를 이용하는 일을 옳게 참획參劃하려면 참모부參謀府를 신설해야 하며 중요한 군사 문제를 일제히 성취하려면 교육부가 확장되어야 한다.[61]

59 『駐韓日本公使館記錄』, 「雜(48) 韓國의 財政一般」, 1904년.
60 『皇城新聞』, 1904년 9월 13일.
61 『高宗實錄』, 光武 8년 9월 24일.

고 하면서, 이에 여러 사람들의 의견을 널리 듣고 외국의 제도를 서로 참작해서 개정해야 할 것은 개정하고 신설해야 할 것은 신설해야 한다는 내용을 언급하였다. 그러면서 같은 날 원수부元帥府 관제 6개 조를 개정, 반포하였다. 이날의 원수부 관제 개정으로 원수부가 무력화되고 다시 군부로 환원되는 과정에서 무관학교도 그 역할을 제대로 할 수 없었다.[62] 이후 무관학교는 유명무실한 상태로 있다가 1909년 9월 15일 칙령 제77호로 폐지되었다.

1904년 12월 26일 주차일본군사령관 하세가와 요시미치는 한국군제 개혁에 관하여 대한제국 황제에게 장문의 의견을 상주上奏하였다. 하세가와는 현재 한국의 병제兵制는 용병법傭兵法에 의하지만 이는 결코 양호한 제도가 아니라면서 이를 폐하고 의무병역제도를 채용할 것을 주장하였다. 그러나 이는 정신교육이 필요한 것으로 '국가교육'의 보급이 선행되어야 하기에 일정 기간이 소요된다고 하면서 한국군제의 근본적 개량은 먼 미래에나 가능하지만 이에 앞서 우선적으로 다음과 같은 내용이 필요하다고 강요하였다.[63]

첫째, 군비軍備는 국가의 재정상황을 참작하여야 한다고 주장하였다. 예컨대 서구 각국들은 다수 병력을 비치하고 있어도 세입과 군사비의 비율은 1/4을 초과하지 않고 있지만, 반면 한국은 세입의 1/3을 생산적이지 않은 군사비에 사용하고 있는데 무엇 때문에 이와 같은 다대한 군사비를 쓰고 있는지 모르겠다는 것이다.[64] 그 해결방안으로 당분간 군대의 역할을 내란內亂 진압에 두고 소수의 정예병만 설치하여 병력을 감소시켜 잉여비용을 교육과 생산시설에 투입하면 국운國運이 융성할 것이라 주장하였다. 이를 위해 하세가와는 ① 보병은 독립 8대대로 8도에 분치分置하고 현재의 군대 중에서

---

62 임재찬, 「구한말 육군무관학교에 대하여」, 『慶北史學』 4, 1982, 16~17쪽.
63 『日本外交文書』, 明治 38년 1월 4일; 『皇城新聞』, 1905년 1월 31일.
64 그러나 하세가와의 주장과는 달리 일본은 육군 13개 사단, 해군 66함대 완성을 위한 군비의 대증강에 진력하였고, 그 결과 일본의 총세출 중 군사비 비율은 청일전쟁 기간인 1894년 69.2%, 1895년 65.5%, 사단 중설 기간인 1897년 49.2%, 이후 1902년 29.6%로 비율이 상당히 감소하지만, 러일전쟁 시기에는 1904년 81.8%, 1905년 82.3%로 더 증가한다(遊就館 編, 『日露戰爭百年』, 2005, 7쪽 참조).

정예의 장교와 하사졸을 특선, 친위 2대대로 편제하여 궁궐수비에 전념케 하는데, 각 보병대대는 4중대가 적당하며, ② 기병, 포병, 공병 따위는 내란 진압에 불필요하기에 존치할 필요성이 없지만, 기병은 황실의장용 정도만 두고 포공병砲工兵은 장래에 군비 확장 시 장교, 하사졸을 양성하기 위한 1개 부대 편제만 필요하고, 기포공騎砲工의 3병종은 각각 1중대만 필요하며, ③ 헌병은 현재와 같이 경성에만 둘 필요가 없기에 각 보병대대 소재지에 나누어 둘 필요가 있으며, ④ 호위대扈衛隊 따위의 구식 군대는 국방상으로나 내란진압상 필요 없을 뿐 아니라 국가의 체면만 손상할 것이니 전폐全廢하여야 하며, ⑤ 치중병輜重兵(군수품을 나르는 군사)은 편성해 둘 필요가 없다고 주장하였다.

둘째, 참모부와 교육부를 군부에 편입할 것을 주장하였다. 한국은 여러 강대국과는 달리 외적에 대해 공방의 대작전을 연구 계획할 필요가 없고 다만 내란 진압과 토비土匪 토벌에 있어 대규모의 관아가 필요치 않으므로 군부의 일부에 편입해도 조금도 지장이 없을 것이라 하였다. 이는 군사 제반시설을 통일하고 필요 없는 비용을 절약할 수 있는 이점이 있다는 것이다.

셋째, 장교의 보충 진급의 규정 확립과 무능 장교의 도태, 넷째, 무관학교와 연성학교의 개설, 다섯째, 기타 군대의 위생 경리 문제 진척 등을 주장하였다. 이상의 내용을 제시하면서 하세가와 요시미치는 결론적으로 재정의 여유가 생기는 대로 서서히 준비하여야 한다는 점을 강조하였다.

대한제국 정부는 하세가와의 주장을 반영하여 1905년 1월 황제의 친위부대인 호위대를 폐지하고 경위원(황궁 내외의 경비 등을 관장하는 기관)에 부속시켰다.[65] 같은 해 2월 22일 군부관제를 비준하여 반포하였다. 그 주요 내용은, ① 군부대신은 육해군의 군정을 총독하면서 군인과 군속을 총감독하고 군인 교육 사무를 총관할하여 군대 및 관하 여러 부의 장교, 그와 상당한 관리 및

---

65 「칙령 제6호, 軍部官制」, 광무 9년 2월 22일, 『韓末近代法令資料集』 IV, 국회도서관, 1971.

주임관, 군속들의 임명과 파면, 승급과 보충 등 일체 군사상의 행정을 상주하여 재가받아 시행한다. ② 국방과 군사 동원에 관한 사무인 경우 군부대신은 황제폐하에게 직속되어 군사 통수부의 기밀계획 작성에 참여한다. ③ 군부대신은 대장 혹은 부장副將으로써 임명하고, 협판은 부장 혹은 참장參將으로써 임명한다. ④ 군부에는 군무, 참모, 교육, 경리 4국을 두는데 모두 1등국이다. 군무, 참모, 교육 3국의 국장은 참장 혹은 각 병과 정령正領으로써 임명하며 경리국장은 사계감司計監 혹은 1등 사계司計로써 임명한다. ⑤ 광무 8년(1904) 9월 24일에 반포한 군부관제는 폐지한다 등이었다. 이는 원수부총장에서 군부대신으로 군령권을 변경한 것으로 결국 관제개혁을 통한 원수부의 실질적 기능을 군부로 이관한 것이다.

또한 같은 날 「장관회의소 규정將官會議所規程」을 재가, 반포하였다.[66] 그 내용은, ① 장관회의소를 군부 안에 별도로 설치하고 육해군 부장副將인 칙임관勅任官으로 군사찬모관軍事贊謀官 5인을 둔다. ② 회의 조례는 아래와 같다. 동원動員, 작전, 요새 위치, 징병조례의 증감과 개정, 각 단團이나 대隊의 편제 변환, 군인과 군속의 임명과 진급 등의 일이다. 그해 12월 15일에는 군부대신 이외의 군인들이 정치에 관여하는 것을 허락하지 않는다는 내용의 조령을 반포하여 만일 군부에서 정치에 개입하는 경우가 나타나면 엄히 징계하겠다는 조치까지 행하였다.

이처럼 일본 입장에서의 식민지적 군제를 법으로 규정하였고 이후 군비축소, 인원도태 등 군대해산을 위한 준비작업이 진행되었다. 이어 1905년 4월 시위 2개 연대를 1개 연대로, 포병대대와 기병대대를 각 1개 중대로 감축하였고, 이를 1907년 4월 칙령 22호로 시위혼성여단사령부로 통합하였다. 1906년 2월 22일에는 칙령 제15호 「통감부 육해군 무관관제」를 제정, 통감에게 육해군 무관 각 1명을 소속시키고 이들은 통감의 명령을 받도록 하였

---

66 「칙령 제7호, 將官會議所規程」, 광무 9년 2월 22일, 『韓末近代法令資料集』 IV, 국회도서관, 1971.

다.[67] 이어 2월 8일에는 칙령 제18호로 한국에 주둔하는 일본 헌병이 통감의 지휘를 받아 군사경찰 외에 행정경찰과 사법경찰을 수행하는 법률안을 공포하였다.[68]

5. 군대해산

1904년 5월, 일제가 파악한 실병력은, 1905년 4월 친위대 폐지와 1907년 4월 2단계의 대대적인 감축 결과, 16,000여 명에서 해산 당시 시위보병 2개 연대 약 3,600명, 기병·포병·공병·치중병 약 400명, 수원·청주·대구·광주·원주·해주·안주·북청 8개 소의 지방군 8개 대대 약 4,800명 등 도합 8,800여 명으로 줄었다.[69] 이후 중앙의 시위대는 1907년 8월 1일 훈련원에서 군대해산식을 거행하고 해산시켰다. 지방 진위대 역시 9월 초에 강제해산을 완료하였다.

반면 통감부는 한국주차군을 대규모로 증강하였다. 그 내용은 우선 '한국 질서유지'를 위해 일본 제국군대를 급히 파견할 뿐 아니라 대한제국의 시위 대해산과 관련하여 병사들을 궁중에 소집하는 것 등이었다. 1907년 7월 24일의 「정미 7조약」에는 한국군해산 실행의 법적 근거로 마련한 3개 조항의 비밀각서가 수록되어 있다. 그 내용은 다음과 같다.

1. 육군 1대대를 존치하여 황궁皇宮 수위守衛의 임무를 담당케 하고 기타를 해대解隊할 것.
2. 교육받은 사관士官은 한국 군대에 남을 필요가 있는 자를 제외하고, 기타는 일

---

67 국회도서관 편, 『統監府法令資料集 上』, 1973, 30~31쪽.
68 위의 책, 31~32쪽.
69 서인한, 『대한제국의 군사제도』, 혜안, 2002, 216~226쪽.

본 군대로 부속케 하고 실지 연습케 할 것.

　3. 일본에서 한국 사관 양성을 위하여 상당한 설비를 할 것.[70]

이 각서의 '부속이유서附屬理由書'로 되어 있는 제3항의 '군비軍備의 정리'에 다음 내용을 추가하여 군대해산의 구체적인 방법을 제시하였다.

　한국 육군의 현상을 보면 교육은 불완전하고 규율도 엄명치 못하여 일조 유사시에 진실로 국가의 간성으로서 신뢰하기에 족하지 않다. 이는 필경 용병주의傭兵主義를 취하기 때문에 의용봉공義勇奉公의 마음이 풍부한 연소기예의 장정을 모집할 수 없다는 것과 사관士官 중 군사의 소양을 가진 자가 적기 때문이다. 따라서 한국에서 장래 징병법徵兵法을 시행하여 정예한 군대를 양성시킬 것을 기약하면서 지금부터 그 준비에 착수하기 위해 현재의 군비를 정리한다.[71]

그러나 이 내용들은 한국 정부에 보내지 말 것도 문서에 명기하고 있다. '군사지식이 없고', '무능하며 신뢰할 수 없는 군대'라는 이유를 들어 통감부는 대한제국군의 해산을 준비하였다. 그러나 이는 표면상의 이유일 뿐 실제는 대한제국을 지배하기 위해서는 잠재적인 저항세력인 군사력을 해체시켜야만 안정적으로 식민통치를 할 수 있다는 극도로 계산된 정책적 조치에서 나온 것이었다. 군대해산 준비와 관련하여 통감 이토 히로부미는 본국 정부에 예상되는 시위대의 봉기에 대비하여 무기를 빼앗고, 일본으로부터 다수의 병력을 출동시킬 것을 주장하였다. 주차군사령관은 만일의 경우에 대비하여 서울에 위치한 여러 부대는 경계를 엄히 하였고, 용산의 보병 3개 중대를 서울로 불러들였다.

---

70 「朝鮮の保護及倂合」, 金正柱 편, 『朝鮮統治史料』 제3권, 韓國史料硏究所, 1970, 158~159쪽.
71 위의 책, 161쪽.

순종이 황제로 등극한 지 며칠 만인 1907년 7월 31일 드디어 다음과 같은 「군대해산조칙軍隊解散詔勅」이 선포되었다.

짐이 생각하건대, 나랏일이 매우 곤란한 때를 만났으므로 쓸데없는 비용을 극히 절약하여 요긴하게 이용하여 백성들의 생활을 풍족하게 하는 도리가 오늘의 급선무이다. 가만히 생각하면 지금의 우리 군대는 고용병으로 조직되었으므로 상하가 일치하여 나라의 완전한 방위를 돕지는 못하고 있다. 짐은 이제부터 군사제도를 고칠 생각 아래 사관을 양성하는 데 전력하고 뒷날에 징병법을 발포하여 공고한 병력을 구비하려고 한다. 짐은 이제 해당 관리에게 지시하여 황실을 호위하는 데 필요한 사람들을 뽑아 두고 그 밖에는 일시 해산시킨다. 짐은 너희들 장수와 군졸의 오랫동안 쌓인 노고를 생각하여 계급에 따라 특별히 은혜를 베푸는 돈을 나누어주니 너희들 장교, 하사, 군졸들은 짐의 뜻을 잘 체득하고 각기 자기 직분을 지켜 허물이 없도록 할 것이다.[72]

그런데 이 조칙은 이토 통감이 직접 일본어로 초안을 잡은 것을 한글로 번역하여 공포한 것으로[73], 이미 7월 28일 이토 통감이 사이온지 긴모치西園寺 公望 총리대신에게 보고한 내용을 반영하여 발표한 것에 불과하다. 이토는 한국 정부로부터 받을 각서 조건 중 장래 징병법을 반포하고 유력한 군대를 조직하는 요건으로 사관 양성은 계속한다는 점을 강조할 것을 요청하였다.[74] 그리하여 7월 31일 밤 재정부족과 군제쇄신을 이유로 총리대신 이완용과 군부대신 이병무가 순종을 강박하여 재가의 형식을 통하여 받아낸 것이다. 이어 이완용은 이토에게 "법제개혁을 위하여 공포한 칙어를 받들고 군대를 해산시킬 때 인심이 동요하지 않게 예방하며 … 또는 칙어勅語를 어기고 폭동

---

72 『承政院日記』, 隆熙 원년 7월 31일.
73 이태진, 「1876~1910년 한·일 간 조약체결에 관한 중요 자료 정리」, 『한국병합의 불법성 연구』, 서울대학교출판부, 2003, 160~161쪽 참조.
74 「往電 제105호, 韓國軍隊 解散計劃 件」, 1907년 7월 28일, 국사편찬위원회 편, 『統監府文書 4』, 1998, 157쪽.

을 일으키는 자들이 있으면 그것을 진압할 것을 각하에게 의뢰한다는 황제 폐하의 칙서를 받아두는 것이 좋겠다"고 제의하였다.[75] 이는 일본군을 동원하여 예상되는 반일봉기에 대비하려는 권리를 확보하기 위한 술책이었다.

군대해산 당시 주요 군대의 편성상황을 보면, 서울에는 시위 제1, 2연대가 있어 산하에 각기 3개 대대 규모를 두었고, 그 외에 기병대, 포병대, 공병대를 두었다. 지방에는 수원을 비롯하여 청주, 원주, 대구, 광주, 해주, 북청, 안주 등 8개의 주요 지역에 진위대대를 두는 한편, 각 진위대에는 분건대(파견대)를 각기 두고 있었다. 군대해산의 순서와 방법은 다음과 같았다.[76] 먼저 군대해산의 순서를 보면,

제1. 군대해산 이유의 조칙을 발포.
제2. 조직과 동시에 정부는 해산 후의 군인 처분에 관한 포고를 발표. 이 포고 중에는 다음과 같은 사항을 명시하고 있다.
  1. 시위보병 1대대를 둔다.
  2. 시종무관 약간 명을 둔다.
  3. 무관학교 및 유년학교를 둔다.
  4. 해산 시에 장교 이하에게 일시금을 급여한다. 그 금액으로 장교에게는 봉급의 1개년 반에 상당하는 금액을, 하사 이하는 1개년에 상당하는 금액을 준다. 단, 1개년 이상 병역에 복무한 자이다.
  5. 장교와 하사로서 군사학에 소양 있고 체격이 장건하고 장래 유망한 자는 1, 2, 3호의 직원 또는 일본 군대에 부속시킨다. 단, 하사는 일본 군대에 붙이지 아니한다.
  6. 장교와 하사로서 군사학 소양이 없어도 보통의 학식을 가지면 채용한다.
  7. 병기 탄약의 반납을 받는다.

---

75 山邊健太郎 저, 安炳武 역, 앞의 책, 204쪽.
76 金正明 編, 『朝鮮獨立運動 I—民族運動篇』, 原書房, 1967, 15~16쪽; 「往電 제105호, 韓國軍 解散에 관한 件」, 1907년 7월 28일, 국사편찬위원회 편, 『統監府文書 3』, 1998, 241~242쪽.

군대해산의 방법은 다음과 같다.

제1. 군부대신은 군부의 주요 직원 및 헌병사령관, 여단장, 보병연대장, 보병대대장, 기병·포병·공병대장을 불러 조칙을 전한다. 또한 해산 순서는 제2항의 포고로 제시한다.

제2. 전항 제관諸官은 곧바로 각기 부하에 대하여 대신으로부터 전해 받은 조칙 및 포고를 전달한다. 이때 각 대장과 같이 일본 병력 약 2중대를 각 병영에 동행시켜 필요한 병력으로 사용한다.

비고. 제1항 보병대대장 중에는 지방의 사람도 포함한다.

이상과 같은 절차를 거쳐 시위대, 원수부, 헌병사령부, 육군감옥, 유년학교, 장관회의소, 육군법원, 연성학교, 군기창, 위생원, 시위혼성여단, 군악대, 홍릉수호대, 헌병대, 치중병 1개 대대, 지방의 진위보병 8개 대대가 해산되었고, 군부, 시종무관부, 동궁 무관부, 친왕부 무관, 무관학교, 근위보병대대만 그대로 유지되었다.[77] 당시 량치차오는 대한제국 황제의 양위, 군대해산, 「한일신협약」 성립으로 한국은 완전히 망한 것이라고 강조하였는데, 그 공통의 단초를 제공한 것은 황제와 인민 모두로 이해하고 있다.[78]

통감부 시기인 1908년 8월 6일 군부, 본부와 근위대, 무관학교를 대상으로 군물품을 조사하였다. 일본총리 가쓰라 다로桂太郎가 각의에 제출한 1909년 3월 30일 자 「한국병합에 관한 건」이 그해 7월 6일에 결정되었다. 이때 마련된 「대한시설대강對韓施設大綱」 중 군대문제와 관련한 제3항에서는 일본 정부는 한국 방어와 질서유지를 담당할 군대를 주둔시키고, 가능한 한 다수의 헌병 및 경찰을 증파하여 질서를 유지하는 방침을 세웠다.[79]

이어 1909년 7월 30일 칙령 제68호로 군부 및 무관학교를 폐지하고 현재

---

77 『朝鮮駐箚軍歷史』, 337~338쪽; 山邊健太郎 저, 安炳武 역, 앞의 책, 243쪽.
78 량치차오 저, 최형욱 역, 『량치차오, 조선의 망국을 기록하다』, 글항아리, 2014, 82~83쪽.
79 『日本外交文書』 42-1, 「對韓政策 確定의 件」, 明治 42년 7월 6일.

의 군사는 신설한 궁중의 친위부親衛府에 흡수하고 사관 양성은 일본 정부에 위탁시컸다.[80] 그리고 황실경호 및 의장대의 기능만 수행하던 친위부의 감독 또한 일본군 장교들이 담당하였고, 병기와 탄약의 처분은 한국주차 일본군 사령관이, 군인·군속의 범죄에 대한 처리는 주차일본군 군법회의가 맡았다.[81] 이어 같은 해 9월 15일 총리대신 이완용이 통감 소네 아라스케曾彌荒助에게 무관학교 폐지 시기의 건을 공포하는 일을 내각에서 의논한 후 황제에게 보고하고 재가를 받았다는 내용을 통보[82]함으로써 무관학교는 공식적으로 사라지게 되었다. 이로써 대한제국의 실질적인 군사력은 모두 해체되었고, 전국에 헌병과 경찰 배치를 통해 일본은 지배체제를 공고히 하였다(〈표 4-3〉 참조).

〈표 4-3〉 경찰 직무를 행하는 헌병분대

도	명칭	위치	관할구역
경기도	수원	수원	광주군, 진위군, 양지군, 용인군, 과천군
	경기(제일)	대화정	한성부, 양평군, 광주군, 양주군, 가평군
	경기(제이)	광화문	한성부, 고양군, 파주군
	용산	용산	과천군, 한성부
	양주	양주	양주군, 포천군, 적성군, 영평군, 마전군, 가평군, 연천군
	개성	개성	삭령군, 개성군, 장단군, 풍덕군, 연천군
	여주	여주	여주군, 이천군, 음죽군, 죽산군
충청북도	청주	청주	회인군, 청안군, 보은군, 청주군
	진천	진천	진천군, 청주군, 청안군
	충주	충주	충주군, 청풍군, 연풍군
	옥천	옥천	옥천군, 청산군, 영동군, 황간군

80 『官報』, 1909년 7월 31일 「號外」, .
81 서영희, 앞의 책, 360쪽. '헌병경찰제도'는 1907년 10월 9일 칙령 제323호로 제정된 것으로, 제1조에 따르면 "한국에 주둔하는 헌병은 주로 치안유지에 관한 경찰을 장악하며 또 그 직무의 집행상 통감에 예속된다. 또 한국주차군사령관의 지휘를 받아 군사경찰을 담당한다"고 되어 있다(山邊健太郎, 저, 安炳武 역, 앞의 책, 272~273쪽).
82 『統別勅令往復案』 제6책(奎.17851-2), 1909.

충청남도	공주	공주	공주군, 연산군, 중성군, 진암군
	부여	부여	부여군, 청양군, 남포군, 정산군, 홍산군
	천안	천안	천안군, 직산군, 목천군, 전의군, 연기군, 평택군
	예산	예산	예산군, 덕산군, 면천군
전라북도	익산	익산 大場村	익산군, 여산군, 고산군, 용안군
	남원	남원	남원군, 순창군, 운봉군
	고부	고부	태인군, 김제군, 고부군, 금구군, 순창군, 부안군
	금산	금산	무주군, 장성군, 용담군, 금산군
전라남도	장성	장성	광주군, 장성군, 담양군, 영광군, 나주군
	영산포	영산포	나주군, 남평군, 영암군, 함평군, 무안군
	장흥	장흥	장흥군, 보성군
	순천	순천	순천군, 구례군, 흥양군, 광양군
	동복	동복	동복군, 후주군, 창평군
경상남도	진주	진주	진주군, 사천군, 곤양군, 단성군
	거창	거창	거창군, 삼가군, 산청군, 함양군, 안의군, 합천군
	마산	마산	창원부, 김해군, 고성군, 거제군
	부산	부산	양산군, 언양군, 밀양군, 영산군
경상북도	대구	대구	인동군, 칠원군, 군위군, 의흥군, 신령군, 영천군
	김천	김천	김천군, 지례군, 상주군, 인동군
	함창	함창	상주군, 함창군, 문경군, 용궁군, 예천군
	순흥	순흥	순흥군, 풍기군, 봉화군, 문경군
	영양	영양	영양군, 예안군, 영해군
	청하	청하	청하군, 흥해군, 청송군, 영일군
강원도	춘천	춘천	춘천군, 양구군, 화천군, 인제군, 홍천군
	철원	철원	이천군, 안협군, 철원군, 평강군
	김화	김화	김화군, 철원군, 금성군, 화천군
	회양	회양	금성군, 통천군, 회양군
	양양	양양	양양군, 횡성군, 인제군, 홍천군, 강릉군, 평창군
	고성	고성	고성군, 간성군, 양양군, 인제군
	삼척	삼척	삼척군, 정선군
	울진	울진	울진군, 평해군
	영월	영월	정선군, 영월군, 울진군, 삼척군
	원주	원주	원주군, 횡성군, 영월군, 평창군
함경남도	함흥	함흥	함흥군, 정평군, 강원군, 장진군
	고원	고원	고원군, 영흥군, 문천군
	원산	원산	안촌군, 덕원부, 문천군
	북청	북청	이원군, 북청군

	단천	단천	단천군, 이원군
	갑산	갑산	갑산군
	혜산진	혜산진	갑산군, 삼수군
	장진	장진	장진군
함경북도	나남	경성군 나남	경성군, 부령군, 명천군
	부령	부령	부령군, 회령군, 경성군
	길주	길주	명천군, 길주군
	경흥	경흥	경흥부, 경원부
	훈융진	온성군 훈융진	온성군, 종성군, 경원군
	회령	회령	회령군, 종성군, 무산군
	무산	무산	무산군
평안북도	의주	의주	의주부, 단천군, 벽동군, 창성군
	정주	정주	정주군, 구성군, 가산군, 태천군
	희천	희천	희천군, 영춘군, 운산군, 강계군, 희산군
	초산	초산	초산군, 위원군, 벽동군, 강계군
	강계	강계	강계군, 자성군
	후창	후창	후창군, 자성군
	중강진	자성군 중강진	자성군, 후창군
평안남도	강서	강서	평양군, 강서군, 증산군, 영유군, 순안군, 용강군
	성천	성천	강동군, 순천군, 성천군
	장림리	성천군 장림리	양덕군, 성천군, 맹산군
	안주	안주	안주군, 개천군, 숙천군, 맹산군
	영원	영원	영원군
황해도	해주	해주	해주군, 옹진군, 재령군
	재령	재령	재령군, 신천군, 안악군, 봉산군, 송화군
	송화	송화	송화군, 장연군, 옹진군
	신막	서흥군 신막	서흥군, 평산군, 금천군, 토산군
	수안	수안	수안군, 곡산군, 서흥군, 신계군, 황주군
	연안	연안	해주군, 연안군, 백천군, 재령군, 평산군

* 출처: 「統監府令 第42號, 警察署의 職務를 行할 憲兵分隊의 名稱 位置 及 管轄區域表」, 明治 43年 8월 5日, '公報 號外', 국회도서관 편, 『統監府法令資料集 下』, 1973, 660~667쪽을 근거로 작성.

국제적인 여론 호소에도 불구하고 결국 대한제국은 일제의 식민지로 전락하는 처지가 되었다. 1894~1895년 청일전쟁에서는 러시아-프랑스-독일이 일본의 보호국화 정책에 제동을 가하였으나, 1904~1905년 러일전쟁으로 한국의 마지막 보루인 러시아가 일본에 패한 이후에는 형식적이나마 대한제국을 도와주려는 국제 열강도 없었다. 나라의 망조가 명확하게 예견되는 시점에 도달한 것이다. 1907년 헤이그 밀사 파견 이후 이어지는 황제의 퇴위, 군대해산과 그에 반발한 무장의병들의 항쟁, 이러한 일련의 처절한 과정을 거쳐, 1897년 조선에서 대한제국으로 국체를 바꾼 지 불과 10년 만에 제국의 황혼은 진행되고 있었다. 물론 그 과정에서 현실을 따라가는 다양한 군상들의 약삭빠른 활동도 배가되었음은 말할 나위가 없다는 점도 지적되어야 할 것이다.[83]

---

83 러일전쟁 직후 한국의 상황을 정리하면서 량치차오梁啓超는 "조선을 망하게 한 자는 처음에는 중국인이었고, 이어서 러시아인이었으며, 끝은 일본인이다. 그렇지만 중·러·일인이 조선을 망하게 한 것이 아니라 조선이 스스로 망한 것이다"(「지난 1년 동안의 세계 대사건 기록—朝鮮의 亡國—」, 량치차오 저, 최형욱 역, 앞의 책, 53쪽)라고 주장하였다.

제3장

반일운동의 전개 양상

한반도를 그 중심으로 하여 동아시아를 무대로 전개된 러일전쟁은 열강의 구도를 재편할 정도로 역사상 큰 사건이었다. 러일전쟁은 크게는 제국주의 국가 동맹 사이의 동아시아 분할투쟁이자, 작게는 독점자본주의가 제대로 발달되지 못한 국가 간 경쟁으로, 러시아의 혁명을 추동하는 한편 일본이 명실상부한 제국주의 국가로 발돋움하는 계기로 작용하였다.

그러나 러일전쟁의 주요 원인이 한국문제에 국한된 것이 아니었음에도 불구하고 한국은 청일전쟁과 마찬가지로 전쟁터로서 막대한 피해를 입을 수밖에 없었다. 즉, 한국은 이 전쟁의 최초·최대의 희생자라 할 수 있다. 전쟁으로 말미암아 한국의 지속적 발전은 철저하게 부인·왜곡되었다. 일본은 한국의 완전한 지배권 확보를 위해 군사적 억압으로 반일민족운동을 여지없이 진압하면서 전쟁을 성공리에 마무리지었다.

1910년 병합을 통해 한국은 일본에 강제 예속되지만 사실상 러일전쟁 시기부터 일본의 지위 강화와 더불어 일본에 종속되었다고 할 수 있다. 즉, 1905년 이후는 지배권 확립을 위한 식민지화 작업이 진행되는 시기에 불과하였으며, 일본제국주의는 강력한 민족적 저항에 폭력적으로 대응하면서 한국 침략을 완성하였다. 망국적 위기의식은 이 시기에 농민의식의 성장과 이들의 반제국주의·반봉건운동 참여와 더불어 '독립'이나 '보호국화' 등의 수사로 위장한 제국주의 침략의 실상을 충분히 이해할 수 있게 하였다. 이에 따라 국권의 수호를 열망하는 광범위한 계층의 참여가 이루어졌다.

러일전쟁과 일본의 침략 강화는 한국의 앞길에 커다란 장애요소로 작용함을 당시의 대다수 사람들이 인식하였다. 그렇지만 자신의 계급적 처지와 현실적 입장에 따라 대응하는 양상이 제각기 달랐다. 대한제국 정부와 황실은 수세적 입장에서 애매모호한 태도로 일관하고 있었고, 일부 개화인사들은 '황인종연대론'을 제시하였다. 심지어 극단적 개화지상주의자들은 오히려 당시의 어려운 상황을 기회로 생각하기까지 하였다. 대체로 문명개화론자들은 일본의 전쟁 승리를 환영하였다. 한편 '을사조약'으로 인한 외교권 박탈 이후 국권 회복에 대한 기대감을 전혀 가지지 못했던 일부 인사들은 스스로 '절명'의 길을 선택하기까지 하였다. 그러나 그 같은 방법으로는 위기를 해결하는 데 큰 도움이 되지 못하였다. 결국 시대적 위기의식과 모순을 극복하려는 논리와 힘은 특히 일제 지배에 강하게 저항한 일반민중과 의병참여자에게서 찾을 수 있을 것이다.

그러한 관점에서 당시 반일운동의 명분과 이념, 조직적 체계화, '공적 목적과 사적 목적' 등의 관점에서 인민과 의병들의 다양한 동향을 폭넓게 살피는 것은 중요한 과제의 하나로 설정되어야 하나, 이 장에서는 주안점을 두어 다루지 못하였다. 따라서 '함축적 정리'라는 과정이 축소된 측면이 적지 않다. 향후 이에 대한 보충과 치밀한 분석이 필요할 것이다. 사실 인민들의 운동과 의병운동을 구분하기에는 어려움이 있다. 이 장에서는 의병을 '성리학적 명분에서 이루어지는 조직적 운동'으로 규정하고자 한다.

1. 민중과 반일의병

정부 당국자와 개화인사들은 일본의 침탈에 대해 우유부단한 태도를 취하거나 일본의 입장을 옹호, 동조하는 방향으로 나아가고 있었다. 이에 반해 민중들은 새로운 수탈체제인 일본제국주의에 적극적으로 저항하는 모습을 보였다.

러일전쟁 직전부터 일본의 침탈 야욕을 감지한 지방 민중들의 움직임은 기민하게 전개되었다. 1903년 12월 13일 평택에서는 권총을 휴대한 주민들이 군청에 난입하여 세금을 약탈하였다. 또한 온양에서도 민중들이 일본인 2명에게 부상을 입히고 천안지방으로 향하여, 다음 날인 14일에 온양-천안 간 매곡에 도착하였다는 소식이 일본의 첩보망에 포착되었다.[1] 이 시기에 특히 충청도 일대는 민중들의 움직임이 강하였다.

당시 이들을 '폭도'라 몰아세우고 있던 일본 군사당국자는 러일의 개전을 두려워 도망한 한국 병사의 변형이라고 추단하지만 근거가 있는 것은 아니었다. 특히 러일 간의 전쟁이 임박한 1904년 1월경에는 일본군 및 각국 병사가 서울에 들어온다 하여 민심이 매우 비등하고 있었다.

한편 러일전쟁이 진행되는 와중에 민중들은 일제의 토지 점탈 위에서 이루어지는 철도 운행에 저항하였다.[2] 전쟁 수행과 한국 침탈의 첨병 역할을 하는 철도 부설을 근대화·문명화란 미명으로 위장한 일본은 철도 부설에 한국인 역부를 강제 동원하여 물의를 일으켰으며, 군용지 수용이라는 명목으로 필요 이상의 방대한 면적의 토지를 약탈하였다.

이러한 상황이 되자 일본군 군사시설과 철도시설 파괴 활동이 연이어졌다. 민중들은 4월 25일 충청도 경부철도회사 하리파출소 부근에서 일본인 1명에

---

1 幣原坦, 『日露間之韓國』, 博文館, 1905, 83~84쪽.
2 이에 대해서는 朴萬圭, 「韓末 日帝의 鐵道敷設·支配와 韓國人의 動向」, 『韓國史論』 8, 서울대학교 국사학과, 1982 및 정재정, 『일제침략과 한국철도(1892~1945)』, 서울대학교출판부, 1999가 참조된다.

게 상해를 입혔고, 27일 밤 오류동에서 일본인에게 총을 쏘았으며, 5월 4일 충청도 영동에서는 일본인 1명을 살해하였다. 또한 5월 10일에는 경인철도 노선인 소사 부근에 철도 파괴를 위해 출몰한 자들을 체포하고자 헌병 순사가 동분서주하였다. 그리고 대전 방면에서는 민중들이 봉기하여 철도를 파괴하고 역부들의 동맹파업을 선동하였다. 일본은 같은 달 12일 서울과 부산 양 방면으로부터 철도수비대를 파견하여 영동·옥천·연기·목천에 주둔시켰다.[3]

이어 8월 29일 용산 부근에서 일본 군용철도인 경의선을 부수다 체포된 김성삼, 이춘근, 안순서를 9월 20일 군법회의에서 '철도방해'의 명목으로 사형을 선고하고 곧바로 다음 날인 21일 오전 마포가도 도화동의 야산에서 총살하였다. 9월 경기도 시흥에서는 군민 1만 명 가량이 철도 역부의 노임 지급 촉구와 인부 모집에 항의하고 농간을 부린 군수 박우양과 그 아들을 처단하였다.[4] 10월에는 황해도 곡산군에서 인부의 강제모집과 임금 체불에 반발하여 향장 최자범, 김경로 등의 주도로 일본인 6명과 한국인 통역 1명을 타살한 사건도 있었다.[5] 민중소요 이후 이곳에는 일본군을 파견하여 주둔시켰고, 일본군사령부에서는 군민 수십 명을 체포하였다.[6]

군용지 수용과 노동자 강제 동원에 대한 소요 외에 민중들은 기차 전복 기도와 투석 등을 통해 저항하였다. 또한 군용지 수용에 대해 내부대신에 호소하는 자가 줄이었고, 정부의 무능을 통렬히 비판하는 자도 있었다. 이에 내부와 외부에서도 1904년 9월 15일 역부의 강제모집을 중지하라고 13도 관찰사와 각 향시에 훈령하였다.

1904년 러일 간의 전쟁터로 변한 한국은 「한일의정서」 강제 체결로 일본의 준準 식민지가 되고 말았다. 이에 따라 일제 침략에 대항하여 국권을 회복하려는 구국의 일념에서 반일의병이 전국 각처에서 일어났다.

3　幣原坦, 앞의 책, 192쪽.
4　『大韓每日申報』, 1904년 9월 17일.
5　『大韓每日申報』, 1904년 10월 3·4·12일.
6　『大韓每日申報』, 1904년 10월 17·22일.

1904년 3월 20일 함경도 함흥에서 의병 200여 명이 화승총·권총·칼·창 등 구식무기를 들고 기의한 것을 시작으로,[7] 5월에는 충청도 괴산·진천·청안에서 1,000여 명의 의병이 일어났다. 이어 충주·청주 등지에서 300여 명의 의병이 일본군과 교전한 것을 시작으로 죽산에서도 20여 명의 의병이 일본 헌병대 소속 순검과 교전하였다. 이와 같이 1904년의 의병봉기는 5월을 시발로 충청도 지역을 중심으로 일어나고 있었다.

이로 인해 일본군은 충주에 군대를 주둔시키는 한편, 청주와 수원에도 진위대를 보내 의병들을 '폭도토벌'이라는 명목으로 진압코자 하였다. 이후 6월에 들어서 의병의 봉기는 점차 경기도 지역으로 확대되어 갔다. 광주·양근·지평 등에서 일어난 의병들은 주로 의병 모집과 총기 확보, 일진회원一進會員 등 친일파를 포살砲殺하는 등 의병조직 강화와 친일협력자에 대한 처단을 행하고 있었다.

9월 14일, 강원도 홍천 의병진에서 배일궐기를 촉구하는 거사 통문이 나돌았고, 이보다 앞선 8일 횡성 의병장 김성아도 춘천 향교에서 '보국안민' 4자를 새긴 도장을 찍은 통문을 강원도 각 군에 돌리는 한편 일본인의 산림山林, 천택川澤 요청과 전쟁 역부 모집을 방해하려는 의도로 여주에서 포군砲軍을 인솔하였다.[8]

의병 모집 통문은 9~10월경에 이르면 삼남지방에까지 나타났다. 10월과 11월 경상도 풍기에서 의병 200명이 읍내를 점령하고 진위대에서 파견한 병사와 교전하였으며, 충청북도 단양에서는 많은 의병봉기로 인해 일본군 측에서 진위대 파병을 요구하기도 하였다. 뿐만 아니라 충청남도 보은의 김동주 의병부대와 경상북도 영천 의병 300명의 오록동 부호가 습격, 연풍 의병 200명의 원주진위대와의 격전 등이 보고되었다. 이듬해 정월 무렵에는 평안

---

7 「咸興派遣隊로부터 元山守備隊편의 報告電報의 件」, 明治 36년 3월 21일, 『日韓外交資料集成』 제5권 —日露戰爭 編—, 122쪽; 「咸興事件에 관한 陸軍 측의 情報報告의 件」, 明治 37년 3월 22일, 『日韓外交資料集成』 제5권—日露戰爭 編—, 125~126쪽.
8 『大韓每日申報』, 1904년 9월 16일.

북도 각 군에서도 반일진회 의병이 연이어 봉기하였다.[9]

한편 1905년 3월 일본군은 만주 펑톈전투에서 러시아에 승리하면서 그 여력을 의병토벌로 돌리기 시작하였다. 이에 따라 1905년 4~5월에는 경기·강원·충청·경상도 일대에서 의병이 일어났는데, 이들은 대개 '토왜討倭' 또는 '척왜차斥倭次 창의倡義' 등을 명분으로 내세우면서 활동하였다.[10]

또한 6월에는 북간도 관리사로 파견되어 있던 이범윤이 함경도 무산·회령·종성·경원 지방의 각 진위대로부터 모제르 단발총 약 300정을 징집하고, 사포대射砲隊를 조직하여 일본군과 치열한 전투를 전개하기도 하였다.[11] 이 외에도 당시 일본과 러시아가 치열한 전투를 벌였던 함경북도 지역에서는 사포를 모집하여 반일항전을 통해 지방 치안에 주력하는 사례가 많이 보인다.

8~9월에 접어들어 강원도 원주군 주천에서 을미의병 당시 제천진영의 중군장이었던 원용팔과 박정수가 재봉기하면서 이후 의병의 활동은 강원도를 중심으로 전개되었다. 이 시기에 유림 출신 의병의 선봉을 이룬 원용팔은 각국 공관에 성명서를 발송하여 일제의 침략상을 폭로하는 한편, 항일의병을 훈련시키던 중 원주진위대와 일진회원의 공격으로 횡성에서 체포됨에 따라 재봉기에 실패하고 말았다. 이 소식을 접한 유생 정운경은 10월 강원·충청북도 지방에서 의병을 모집하여 단양에서 진영을 조직하던 중, 역시 원주진위대의 공격을 받아 영춘에서 체포되었고, 그의 진영도 해산될 수밖에 없었다.[12]

러일전쟁을 계기로 봉기한 1904~1905년의 의병은 원용팔과 정운경처럼 일부 유생 출신 의병장을 제외하면 대개가 이름 없는 소규모 농민의병부대

---

9 『大韓每日申報』, 1905년 1월 5일.
10 鄭昌烈, 「露日戰爭에 대한 韓國人의 對應」, 歷史學會 編, 『露日戰爭 前後 日本의 韓國侵略』, 一潮閣, 1986, 236쪽.
11 『朝鮮駐箚軍歷史』, 154쪽.
12 조동걸, 『한말 의병전쟁』, 독립기념관 한국독립운동사연구소, 1989, 83~84쪽; 『大韓每日申報』, 1905년 10월 27일.

가 중심을 이루었다는 점이 특색을 이루고 있다. 이는 10여 년 전 을미년과는 달리 의병운동이 민중운동으로 그 외연을 확산시켜가고 있다는 사실을 말해주는 것이기도 하다.[13]

그러나 1905년 11월 '을사조약' 체결을 전후한 시기부터 의병투쟁은 급격히 확대되었다. 1904~1905년에 농민들의 의병투쟁을 관망하고 있던 유생들은 을사늑약으로 인한 국가의 망국사태를 인식하게 되면서 재차 봉기하였다. 따라서 농민의병은 유림의병과 합류하여 대부대의 의병진영을 형성해 나갔다.

이때 일어난 의병장은 전라도 태인의 최익현, 충청도 홍주의 민종식, 경상도 영천의 정환직·정용기 부자, 전라도 남원의 양한규, 담양의 고광순, 광양의 백낙구, 강원도 홍천의 박장호 등 대개가 유림출신이었다. 이들 의병장은 유림이면서 관리 출신이 많다는 점에서 이전 을미의병과는 그 성격을 달리한다.[14]

1906년 이후 의병장은 양반관료와 유생층이 주류를 이루었지만, 경상도 영해의 의병장 신돌석처럼 대규모 의진義陣을 형성한 평민층도 있었다. 이처럼 다양한 계층의 의병 합류는 민중의 반침략 의식을 더욱 고양함과 동시에, 양반과 일반 대중의 계급적 연합 가능성을 제고하였다. 따라서 의병운동은 이전의 척사·시위적 성격에서 탈피하여 러일전쟁을 계기로 전투적 성격을 강화하여 갔으며, 전투형태도 점차 소부대 유격전술로 전환해가고 있었다. 그리고 공격 범위도 일본군, 일본인 거류지, 일본 상인, 철도·전선, 친일관리, 일진회원으로 확산되는 등 민중적 민족운동으로 점차 자리를 잡게 되었다.

그러나 스스로 상황을 해결할 만한 힘을 가지기에는 그들의 현실적 처지는 너무나 미약했고, 또한 개화세력들과의 연합 기회도 끝내 갖지 못하였다. 향후 어느 특정 계층의 의지대로 상황은 전개되지 않았고 대한제국은 결국 일본의 식민지가 되었다. 국권 회복의 노력과 운동세력의 계급적 연대와 조

---

13 위의 책, 107쪽.
14 위의 책, 80쪽.

화는 국망과 연이은 무단통치의 고통을 충분히 겪은 후인 3·1운동 시기가 되어서야 그나마 일정 정도 거리를 좁힐 수 있었던 것으로 보인다.

2. 서울 시민의 투쟁

헤이그 밀사 파견, 고종황제 퇴위, 군대해산 등에 대한 일본 정부의 실질적인 대책은 비공개로 이루어졌다. 그 이유는 당시의 상황에서 일본이 투명한 정책을 취하지 못하고 비밀리에 진행하여 대한제국의 내부사정은 물론이고, 예견되는 국제여론의 비판을 감수할 자신이 없었을 뿐 아니라 불법적이고 비정상적인 방법으로 국면을 이끌어가고자 하였기 때문이다.

황제 퇴위를 전후로 하여 시위보병 제1연대 제3대대의 군인들과 서울 시민이 합류하여 일본의 군대·경찰과 저항전을 전개한 적이 있었다. 이에 앞서 헤이그 밀사 사건 처리를 위해 일본 외무대신 하야시 다다스가 내한하자 당시 서울 내의 민심이 들끓었다. 당시 사이온지 긴모치 총리의 방한과 더불어 황제양위설과 일본 도쿄 이어설移御說이 널리 유포되었는데, 7월 17일에는 동우회同友會와 대한자강회大韓自强會, 황성기독교청년회 회원들의 주도로 반일 전단이 발행되었다. 7월 18일 서울에서는 1,000여 명이 동우회에서 특별회의를 개최하여 윤이병尹履炳을 회장으로, 김재붕을 부회장으로 선출한 후 민중운동을 일으키기로 결정하고 종로로 몰려갔다. 윤이병은 대한제국 초기에 한성재판소 수반판사를 역임한 인물로 1898년 황국협회 회원, 중추원 의관이 되었고, 1902~1903년 송수만·원세성 등과 공제소共濟所를 결성하여 일본제일은행권 유통반대운동을 주도하였다. 그는 1904년 1월 시폐상소를 올리고 이근택·이용익 등을 탄핵한 바 있었다.[15]

---

15 조재곤, 『한국 근대사회와 보부상』, 혜안, 2002, 236~240쪽 참조.

윤이병은 종로에서 일반군중에게 다음과 같이 연설한 후, 이들과 함께 대한문 앞으로 갔다.

우리 백성들은 폐하의 행행 소식을 들었다. 헤이그 밀사 사건으로 일황에게 용서를 빈다는 말을 듣지 않은 것처럼 한다면 절대 우리 대한의 신민이 아니다. 모두 남대문 밖 정거장에 모여 만약 대가大駕가 와서 기차가 나가면 철로에 엎드려서, 폐하께서 민중의 원통한 죽음을 불쌍히 여기서서 환어하게 되면 다행이고 만약 돌아보지 않고 출발하면 깔려 죽어야 할 것이다. 우선 일대를 궐문 밖에 파견하여 궁문을 나가는 것을 살피고 정거장의 모임에 연통하자.[16]

이때 대한문 앞에는 내각대신들이 황제에게 양위를 강요한다는 소문을 듣고 분개하여 몰려든 많은 군중이 있었는데 이들과 함께 일본 경찰과 충돌하였다. 이때 시위대 군인 김학인은 일본 순사에게 투석전으로 항거하였다. 반면 착검한 일본 순사와 헌병들의 난타로 많은 학생들이 상해를 입었다. 그 당시의 상황을 『매천야록』에 황현은 다음과 같이 기록하고 있다.

이토 히로부미伊藤博文가 임금을 일본으로 옮기고자 하여 차를 궁 밖에 숨겨 두고 임금을 위협하여 태우려 한다 하여 도성 시민들이 이 소식을 듣고 남녀노소 할 것 없이 몽둥이를 들고 달려 나와 순식간에 거리를 메웠고, 각급 학교의 생도들도 서로 연락하여 불러 모아 조수처럼 밀려들어 크게 부르짖으며 죽기로 덤벼들었다.[17]

이날 밤 서울 시민 수만 명은 다시 '(국민)결사회'를 조직하고 최원석을 대표로 선출하였다.[18] 결사회에서는 다음 날인 7월 19일에 군중들에게 연설하

16 「判決文 刑第61號, 尹履炳 等 判決文」, 융희 원년 12월 29일(국가기록원 소장 자료).
17 黃玹, 『梅泉野錄』, 광무 11년 丁未 6월.
18 『日本外交文書』, 「韓國關係雜件」, 明治 40년 9월 3일; 『梅泉野錄』, 광무 11년 丁未 6월; 『東京朝

였는데, 이때 종로에서는 군중과 경찰이 충돌하여 사상자가 발생하였다. 이 날 오후 4시 50분경 전동典洞의 시위보병 제1연대 제3대대 병사 약 40명이 무기를 가지고 병영을 탈출하여 종로에 나타나 2개 부대로 나누어 1부대는 종로순사파출소를 습격하여 건물과 전화기 등을 파괴하였으며, 다른 1부대는 전방 도로를 경계하고 일본 경찰관에게 사격하여 30여 명의 사상자를 냈다. 또 약 30분 후에 제2대대 병사 수 명이 병영을 나와 경무청에 발포하였다. 이날 밤을 기해 포덕문 앞의 평양의 징상徵上 시위대(侍衛隊: 근위병) 병사들은 궁중으로 들어가 각 국무대신을 살해할 계획까지 하였지만 이 일이 알려져서 군부대신과 법부대신이 밤 11시경 궁중을 탈출하여 통감부로 도망하여 보호를 요청하였고, 하세가와 군사령관은 주차군을 서울 요처에 배치하였다.[19] 육군연성학교陸軍研成學校 생도들도 교내의 화약고를 파괴할 계획을 세우기도 하였다. 격분한 시민들은 이날 밤 11시경 일진회 기관지인 국민신보사國民新報社를 습격하여 건물을 파괴하고 사원들을 구타하였다.[20]

7월 20일 황제의 강제퇴위 소식이 알려지자 이른 아침부터 동우회원과 시민 수만 명은 석고단(石鼓壇 : 원구단)에 집합하여 서소문 밖 약현에 있는 총리대신 이완용의 집을 불태우고 부근의 순사파출소를 파괴하였다. 한편 시위보병대 병졸 약 30여 명은 종로순사파출소를 향하여 사격하였다.[21] 분노한 학생을 포함한 서울 시민 수만 명은 종로에서 '결사회決死會'라고 쓴 깃대를 앞세우고 시가행진을 하였고, 당황한 일본 군경은 총검을 휘두르며 말을 타고 결사회 회원들이 모여 있는 곳으로 돌진하였다. 그러자 시위대 병사 수십

日新聞』, 明治 40년 7월 20일. 동우회와 결사회에 관한 연구는 金祥起, 「高宗의 헤이그특사 파견과 국내항일운동」, 『헤이그특사와 한국독립운동』, 독립기념관 한국독립운동사연구소, 2007이 참고된다.

19 外務省 外交史料館, 「電受 3010号, 韓國皇帝 讓位時 同國 侍衛兵의 暴行 및 帝國軍隊의 警備에 관한 보고의 건」, 1907년 7월 20일.

20 『日本外交文書』, 「韓國關係雜件」, 明治 40년 7월 19일 · 明治 40년 9월 3일; 『大韓季年史』 下, 光武 11년 7월 19일; 「朝鮮の保護及倂合」, 金正柱 編, 『朝鮮統治史料』 제3권, 韓國史料研究所, 1970, 143쪽.

21 『日本外交文書』, 「韓國關係雜件」, 明治 40년 7월 20일 · 明治 40년 9월 3일.

명은 나무 몽둥이로 무장한 시민 결사대와 합류하여 일본인에게 총을 발사하여 3명을 사살하였다. 그러나 그 과정에서 시민, 군인 등도 많은 사상자를 내었다. 서울의 각 관아는 휴무하였고, 상인들은 점포를 닫는 철시투쟁을 단행하였다. 이에 동조하여 개성과 평양 및 각 항구에서도 철시투쟁을 하였다. 21일에는 결사회 회원이 내부대신 이지용과 군부대신 이근택의 별장에 방화한 일도 있었다. 당시의 분위기는 군대해산이 조만간 있을 것으로 여겨지는 추세였지만, 구체적인 날짜는 아무도 확증할 수 없었다.

3. 시위대·진위대의 항쟁

8월 1일 오전 7시 군부대신 이병무는 각 대대장을 주차군사령관 하세가와 요시미치長谷川好道의 관저인 대관정大觀亭에 소집하여 조칙을 낭독하였다. 이때 사령관 하세가와와 군부고문 노즈 스네다케野津鎭武가 배석하였다. 조칙 낭독 후 도수체조를 실시한다는 명목으로 오전 10시까지 시위대 장졸들을 훈련원에 모이도록 하였다. 이곳에는 이미 일본주차군 참모장 무다牟田, 군부고문 노즈 및 한국군 간부들이 대기하고 있었다. 무장하지 않은 군인들이 훈련원으로 가는 길옆인 경운궁 대한문 등 서울 주요처에는 기관총을 설치하고 중무장한 일본군이 철통같이 경계하였다. 그런데 훈련원에 도착한 병사들은 얼마 되지 않았고 미리 상황을 파악한 많은 병사들도 해산식에 참여하지 않았다.[22]

이때 모인 일부 병사들은 간단한 해산의식과 함께 정부로부터 계급에 비례한 '은사금恩賜金'을 각기 지급받았다. 그 내역은 참장 1,500원, 정령 1,000원, 부령 800원, 참령 600원, 정위 500원, 부위 400원, 참위 300원, 특무

---

22 박성수, 「대한제국군의 해산과 대일항전」, 『한민족독립운동사연구』 1, 국사편찬위원회, 1987, 432쪽.

정교 200원, 시위대 하사 80원, 시위대 1년 이상 복무 병졸 50원, 시위대 1년 이하 복무병졸 25원, 진위대의 하사 30원, 진위대의 1년 이상 복무 병졸 30원, 진위대의 1년 이하 복무 병졸 15원이었다.[23]

'은사금'을 받고 돌아가는 일부 병사들을 본 서울 시민들은 분노하여 "너희들이 군인이 되어 헛되이 나라의 녹으로 배만 불리고 조금도 보답하는 효과가 없이 단지 몇 조각의 종이를 사서 달게 그들의 노예가 되었다"고 욕하기도 하였다. 이에 군인들은 더욱 분통해 하였고, 일부 병사들은 돈을 찢어 버리고 통곡하며 병영으로 되돌아갔다. 그러나 일본군들이 시위대 병사들이 일시 자리를 비운 틈을 타서 병영에 들어가 총포를 모두 거두어갔기 때문에 이들은 무장봉기를 준비하지 못하고 제각기 고향으로 돌아갈 수밖에 없었다. 군부대신 이병무를 통하여 일본 측이 걷어 들인 총기 6만 정은 용산 병기창에 일시 보관하였다.

민족사학자 박은식은 "이날은 흐리고 부슬비가 소리 없이 내리고 있었다. 아아! 훈련원은 국가 오백 년 무예를 닦던 장소이며, 오늘날의 군인들도 역시 다년간 뛰면서 무예를 익힌 곳인데 갑자기 오늘부터 헤어져야 하니 하늘인들 어찌 슬퍼하지 않겠는가!"[24]라 하여 그 비참한 광경을 묘사하였다.

그런데 해산식 거행 당시 시위대 제1연대 제1대대장 박승환朴昇煥은 병고를 핑계로 참석치 않았다. 군대의 해산에 분개한 그는 "군인으로서 나라를 지키지 못하고 신하로서 충성을 다하지 못하면 만 번 죽어도 아까울 것이 없다軍人不能守國 臣不盡忠 萬死無惜"는 비장한 유서를 남기고 권총으로 자결하였다. 중대장인 보병정위 오의선도 칼로 자결하였다. 같은 시간 한국군 교관 구리하라栗原 대위는 시위 제1연대 제1대대를 정렬시켜 훈련원의 해산식장으로 유도하였지만 대대장 자살 소식을 접한 병사들이 울분에 차 그에게 해를 가하려 하자 병영으로 도망하였다. 이때 인근 병영인 시위 제2연대 제1대

---

23 『駐箚日本軍歷史』, 336~337쪽.
24 朴殷植 저, 李章熙 역, 『韓國痛史』(下), 博英社, 1996.

대는 일본인 교관 이케池 대위의 지휘로 훈련원으로 향하여 영문을 출발하려던 중 1대대의 소식을 듣고 그에게 폭행을 가하였다.

시위 제1연대 제1, 2대대의 병사들은 곧바로 탄약고의 탄약을 탈취하고 무기를 휴대하여 영외로 빠져 나와 병영 주위에 초병을 배치시키고 일본군에게 총을 쏘기 시작하면서 적극적인 대일항전을 전개하였다. 이로써 일본군과 시위대의 격렬한 시가전이 시작되었다.[25]

당시 남대문 내에 있는 일본군 제13사단 산하의 보병 제51연대 제3대대는 훈련원을 향해 출발하였고, 산하 중대 중 시위대의 병영을 접수하고자 했던 일본군 제9, 10중대는 병영을 나온 시위대 병사들과 사격전을 개시하였다. 이에 일본군 제9중대의 1개 소대는 시위대 제1연대 제1대대를, 제10중대의 1개 소대는 제1연대 제2대대를 향해 전진하였고, 초병 및 영내의 병사들은 그들을 향하여 난사하였다. 시위대 병사들이 남대문 수비병에게도 맹렬히 사격하자 일본군들은 더 이상의 접근이 불가능하였다.

시위대의 저항이 예상 이상으로 맹렬하다는 보고를 받은 일본군 제13사단장은 보병 제51연대 제3대대장 사카베 요시오坂部義男 소좌에게 명령하여 오전 9시 30분 남대문 병영에 있는 2중대와 기관총 3문으로 남대문 수비병 및 소의문(서소문) 수비병과 협력하여 시위 제1연대 제1대대의 병사들을 속히 진압하도록 지시하였다. 또한 종로에 있던 일본군 제51연대 제2대대장은 약 1개 소대의 장교와 척후를 소의문 방향으로 파견하였다.[26]

오전 9시 50분 경운궁 포덕문에 있던 일본군 제1대대의 약 1개 소대의 장교와 척후도 소의문 방향으로 나갔다. 그런데 일본군 척후병은 경운궁 중화전의 서쪽 방향 300미터의 벽에 있던 약 1개 소대의 한국 병사로부터 사격을 받았고, 곧바로 이에 응사하여 그들을 서북방 및 서남방으로 격퇴시켰다.

---

25 成大慶, 「韓末의 軍隊解散과 그 蜂起」, 『成大史林』 1, 1965; 국방부 전사편찬위원회 편, 『의병항쟁사』, 1984; 조동걸, 앞의 책.

26 『駐箚日本軍歷史』, 337쪽.

서남방으로 후퇴한 시위대 병사들은 부득이 소의문 내의 병영으로 도피하였다. 일본군 지휘관 한자와半澤가 이끄는 소대는 제10중대와 협력하여 병영 공격에 착수하였고, 포덕문에 있던 제1대대장은 이를 지원하기 위해 제3중대로서 소의문으로 나갔다. 그러나 이들이 도착했을 때는 한국 병사들은 이미 퇴각한 후였다.

일본군 수뇌부는 오전 10시 제2연대 제3대대가 훈련원으로 향해 출발하였고, 일본군과 접전하는 시위대원을 제외한 한국군 각 대대는 10시 15분 모두 훈련원에 집합하였다는 보고를 들었다. 이에 종로 주둔 보병 제7중대를 사카베 소좌에게 소속시켜 퇴각한 병사들을 속히 진압케 하였다. 오전 10시 20분 사카베 소좌는 제9중대 및 공병대로 병영 밖에 있는 초병을 축출하고 곧바로 시위 제2연대 제1대대를 향해 공격하였다. 이때 한국 병사들은 병영의 벽 위쪽과 창문에서 맹렬히 사격하여 전진하는 일본 병사들을 저지하였다. 이 과정에서 일본군 부상자가 적지 않았다. 일본군은 제9중대에 배속되었던 기관총 1문 및 남대문 담 위의 기관총 2문을 동원하여 격렬히 응사하였다.

오전 10시 40분 지원병으로 일본군 제12중대가 도착하자 이들을 제9중대에 배속시켰다. 제9중대장 가지하라 요시히사梶原義久 대위는 시위대 장교 2명의 목을 베고 부하들과 함께 시위대 병영 내정에 돌입하였는데, 사방으로부터 집중적인 사격을 받아 많은 부상자가 생겼다. 영내에 들어간 일본군들은 포복 사격하였으나, 그 과정에서 가지하라가 시위대의 탄환에 맞아 사망하였다.[27] 가지하라는 1904~1905년의 러일전쟁 기간 만주의 뤼순전투에서 여러 차례 승리한 용맹스러운 군인으로 러시아 병사 19명을 살해하여 '도깨비대장鬼大將'이란 별명을 갖고 있었다고 한다.

이후의 전투상황은 더욱 치열하였다. 양측이 접근전을 벌일 무렵 일본군 오타太田 공병소위는 수류탄에 점화하여 영내에 던졌고, 다수의 한국 병사들

---

27 국사편찬위원회, 『한국독립운동사』 1, 1965, 256쪽.

이 전사하였다. 이 틈을 노려 일본군 제12중대 또한 영내에 돌입하였고, 이때 백병전이 전개되었다. 백병전과 이후 일본군의 총격으로 시위대 병사들은 다수의 사상자를 내고 오전 10시 50분에 부대 밖으로 퇴각하지 않을 수 없었고, 일본군이 병영을 완전히 점령하였다. 전투에서 패한 한국 병사들은 사방으로 탈출하였고 그 일부는 성벽을 넘어 소의문 밖으로 나갔다. 성문을 수비하고 있던 일본군은 이들을 맹추격하여 타격을 입혔다.

한편 일본군 제10중대는 그날 아침에 시위 제1연대 제1대대 정문을 향해 출발하던 중 정문 부근에 흩어져 있던 한국 병사 약 2개 중대의 맹렬한 사격을 받았다. 오전 10시경 시위대원들이 더욱 증가하자 일본군은 새로 추가한 제7중대 및 공병 1분대와 함께 오전 10시 50분 제2연대 제1대대가 점령하고 있던 정문을 공격하였고 오전 11시 40분경 병영을 완전히 점령하였다. 패퇴한 다수의 한국 병사는 대관정과 병영의 중간인 태평동과 축동 부근으로 가서 군복을 벗고 민가에 숨었다. 그중 일부는 성벽을 넘어 교회의 고지 부근에서 일본군 남대문 정거장 호위병을 향해 사격하였다. 일본군은 철도노선의 연변에 흩어져서 교전하여 30분 후에 저항하는 시위대 병사들을 격퇴시켰다.

일본군은 점령한 병영에서 대오를 정돈하고 시내에 흩어져 있던 패잔병을 수색하는 한편, 사상자와 무기 등을 수습하였다. 시위대와의 접전 과정에서 주 전투 병력이 아닌 소의문 수비병과 서대문 밖 일본군 포병병영의 보병, 수비병 및 포병도 시위대 병사들에게 응사하였다. 패잔병 중 약 30명은 부득이 평양가도를 따라 북쪽으로 도주할 수밖에 없었다.[28] 이때 많은 병사들은 탄환이 다 떨어지자 도주하여 목숨을 구제하였다. 그런데 그 상황을 관전한 사람들에 따르면, 탄약이 끊이지 않았으면 일본군은 크게 패했을 것이라 한다.

군대 해산 직전 군부대신 이병무는 일본군으로 궐문을 파수하고자 본부에

---

28 이상의 내용은 당시 위수사령관 오카사키岡崎 중장의 전투 공보로 山邊健太郎 저, 安炳武 역, 『한일합병사』, 汎友社, 1982, 248~252쪽을 참조하여 서술하였다.

전화까지 하였다. 그것은 일본 측의 입장을 적극 받아들인 것이었는데, 최고 지휘관의 명령에도 불구하고 정위 조성근은 다른 나라 병사가 궁궐을 지키는 것은 국제적으로 관례가 아니라며 거절하였다. 이에 이병무가 일본인의 명령을 들먹이며 재차 지시하자, 조성근이 화를 내며 "다만 일본인만 알고 있으니 이 군부를 어디에 사용하겠는가"하며 주먹으로 전화기를 부수고 일어났다. 이후 이병무는 참령 임재덕을 불러 문을 열어주라 하였다. 임재덕 역시 '칼을 차고 입궐하는 것은 나라에서 금지하는 사항'으로 외국 병사에게 문을 열어줄 수 없다고 주장하였지만 군부대신의 의지가 확고하자 일본군의 입궐을 저지할 수 없었다. 일본군이 수비군의 무기를 빼앗으라고 하자, 임재덕은 "이 부대의 병기는 모두 상황上皇의 칙명勅命이 있어야 줄 수 있는 것인데 어찌 사사로이 외국 병사들에게 줄 수 있는가?"라 하자, 일본인들도 더 이상 어쩔 수 없었다 한다. 이병무가 임재덕을 수감하자 그는 "비록 저지하지는 못하였지만 이것은 병사의 충의심忠義心에서 나온 일인데 장관은 부끄럽지도 않느냐?"고 질타하였다 한다.

시위대 군인들의 해산거부뿐 아니라 무장봉기 후 일본군과의 백병전 과정에서 시위 제2연대 제1대대 참위 남상덕南相悳의 역할은 지대하였고, 그의 결사 항전은 박승환의 자결과 함께 역사적으로 결정적인 역할을 하였다.[29] 그는 일찍이 군부의 견습 보병 참위가 되어 시위 제2연대 제1대대에서 근무하였다.

1907년 8월 1일 군대해산 시 시위 제1연대 1대대장 참령 박승환이 자결하자 남상덕은 비분을 이기지 못하고 부하들에게 "윗장교가 나라를 위해 죽음으로 의로움을 보였는데 내가 어찌 홀로 살기를 바라겠는가? 마땅히 저 적들과 더불어 결사 항전하여 나라의 원수를 갚자"[30]고 하였다. 이때 그는 부하들을 이끌고 총과 칼을 가지고 병영을 나가 일본군을 공격하였다. 이에 놀란

---

29 조재곤, 「1907년 군대해산과 남상덕의 의열투쟁」, 『월간 殉國』 139호, 2002.
30 宋相燾, 『騎驢隨筆』(국사편찬위원회 복간본), 1955, 121쪽.

일본군은 남대문 담 위에서 총을 쏘았고 남상덕과 시위대원들은 이를 맞아 맹렬히 싸웠다. 이것이 앞서 언급한 남대문 시가전이다. 이 전투에서 일본군 사망자도 적지 않았다. 일본군 장교 가지하라도 이때 사망하였다.

일본군이 병영을 넘어 들어오자 남상덕은 칼을 빼들고 크게 소리치며 사격을 명하였다. 그러나 군사들의 총알이 떨어졌고 그 또한 그 사이에 총탄을 맞아 27세의 젊은 나이로 장렬히 순국하였다. 한편 참위 이충순은 군대해산 소식을 듣고 그의 서모와 결별하면서, "저의 직책이 비록 미약하지만 나라에 난리가 일어났으니 부득이 죽어야 하겠습니다"[31]라고 하며 남상덕과 더불어 일본군과 접전 중 사망하였다.

이날의 전투에서 일본 측이 파악한 일본군 전사자는 3명, 경상자는 2명, 부상자는 20명(이 중 뒷날에 1명 사망)이며, 시위대 측 전사자는 장교 11명, 준사관과 하사 57명이고, 부상자는 100명, 포로는 516명이지만 늘어날 것으로 보았다. 또한 일본군이 소요한 탄환 내역을 보면 수류탄은 보병 7,215발, 포병과 기병 8발, 공병 350발, 기관총탄은 1,038발, 황색탄은 1,600발이었다.[32] 일본군과 시위대의 시내전투는 대단히 치열하게 전개되었음을 알 수 있다.

영국의 『데일리 메일Daily Mail』 신문기자 프레더릭 아서 매켄지Frederick Arthur Mackenzie도 "그들(시위대)의 용전은 심지어 적군(일본군)에게서도 높은 찬사를 받았다"고 하면서 "적어도 며칠 동안 일본인들이 과거 어느 때보다도 더 한국과 한국인들을 칭송하였다는 것은 주목할 만한 일이다"[33]라고 기록하고 있다.

전투 과정에서 부상한 병사들은 제중원濟衆院으로 보내져 치료를 받았다. 이때 연지동의 여중학교 학생들이, "저 동포들은 곧 나라를 위해 목숨을 바쳤다. 우리들은 비록 여자이나 의로서 그들을 구하지 않을 수 없다" 하면서 이날

---

31 『梅泉野錄』, 광무 11년(丁未), 6월.
32 「衛發 제14호, 南大門 附近 戰鬪報告 件」, 1907년 8월 3일(제13사단 참모장 若見虎治→비서관 古谷久綱), 국사편찬위원회 편, 『統監府文書 3』, 1998, 266~269쪽.
33 F. A. 매켄지 저, 申福龍 역, 『大韓帝國의 悲劇』, 探求堂, 1981, 192쪽.

밤 병원으로 달려가서 열심히 간호하였다.[34] 영어와 일본어를 잘 구사하던 양장의 어느 신여성은 총알이 비 오듯 하는 상황을 무릅쓰고 군중들에게 "우리 동포를 우리들이 만약 구하지 않는다면 누가 가히 그들을 구하리오"라고 외치면서 부상병들을 찾아 병원으로 보내는 데 앞장섰다. 한 간호부는 직접 전장에 가서 쓰러진 병사들의 피가 옷을 적실 정도로 극진하게 간호하여 보는 사람들이 감격하여 눈물을 흘리지 않을 수 없었다 한다.[35] 미국인 의사 올리버 R. 에비슨Oliver R. Avison과 목사 조원시 등도 부상자들을 실어다가 제중원으로 옮겨 그들을 치료하는 데 전력을 기울였다. 서울 시민인 김명철, 기인홍, 김창기, 이원선 등도 금액을 갹출하여 사망한 장졸들의 장례를 치렀다.

송상도宋相燾가 저술한 『기려수필騎驢隨筆』에서는 그날의 서울 시가전 이후 "나머지 군인들은 각자 흩어져 정미丁未의 팔로八路 의려義旅(의병)로서 다시 일어섰다"[36]고 하여 남상덕을 중심으로 한 시위대 병사들의 강인한 저항전이 정미의병이 발화되는 시점으로 파악하고 있다. 우리 민족사에서 전국적 · 전 민족적 항일민족투쟁의 큰 획기가 되는 정미의병의 도화선은 일제에 의한 대한제국 군대의 강제해산이었지만, 이를 거족적 차원의 민족운동으로 승화시킨 요인은 시위대 참령 박승환의 자결 순국과 참위 남상덕 등의 남대문 무장시가전이라고 할 수 있다.

전투 직후, 일본 측은 시위대 병사들이 여전히 서울 시내에서 '물건을 사거나 음주하면서 불온을 모색'한다고 파악하였다. 이에 집집마다 병사들의 수색에 혈안이 되었고 하층 계급 노동자들도 수십 명씩 떼를 지어 다니면서 항병抗兵으로 의심되는 사람들을 눈에 띄는 대로 구타하고 칼로 찌르고 살해하였다.[37] 심지어 일본인 부인들까지 동원하여 내실까지 샅샅이 탐지하였다. 그런데 일본인 부인들은 수색을 핑계로 많은 재산을 약탈하여 도둑들보

---

34 『梅泉野錄』, 광무 11년(丁未) 6월.
35 『騎驢隨筆』, 121쪽.
36 『騎驢隨筆』, 121쪽.
37 F. A. 매켄지 저, 申福龍 역, 앞의 책, 192쪽.

다 더 심할 지경이었다고 한다. 한편 전투 당일 서울 시내 대부분의 상점들은 폐점하였는데, 일본 측은 다음 날인 8월 2일 아침부터 강제로 종로 등지의 주요 상점을 열게 하였다.

통감 이토 히로부미는 무력으로 시위대를 강제해산시킨 직후 지방 진위대의 해산에 착수하였다. 그 절차는 서울과 마찬가지로 군인들을 훈련장에 모이게 하여 맨손으로 무예를 시험하게 하고, 그때 일제히 총을 거두어 가는 방식이었다. 8월 3일 개성, 청주를 시작으로, 4일 대구, 5일 안성, 6일 공주, 해주, 평양, 7일 안주, 8일 수원, 9일 광주, 의주, 10일 원주, 홍주, 11일 강화, 문경, 13일 강릉, 진남포, 14일 전주, 16일 안동, 17일 울산, 강진, 19일 경주, 23일 강계, 24일 함흥, 9월 2일 전주, 9월 3일 북청에 이르기까지 약 1개월간에 걸쳐 강제해산을 완료하였다. 그 결과 진위대 군사들 또한 제각기 흩어지지 않을 수 없었다. 원래 대한제국 초기에 군사권 강화정책과 관련하여 지방 진위대가 처음 창설될 무렵에는 착취가 심하였다. 당시 재야사학자로 명망이 있던 황현黃玹의 『매천야록』에 의하면 지방민들은 '호랑이처럼 두려워하고 원수처럼 미워하여, 그들이 해산되었을 때는 모든 백성이 손을 들고 경축'하였다 한다.

그러나 서울의 시위대해산 소식과 군인들의 무장봉기 소식을 접한 원주진위대가 8월 2일부터 대대장 대리 정위 김덕제와 특무정교 민긍호의 지휘를 받아 무기고를 열고 소총 1,200정과 탄환 약 4만 발로 의병부대를 편성하여 8월 5일에 봉기하였다. 해산군인을 중심으로 인근의 농민, 포수를 규합한 민긍호 부대는 군대해산 이후 조직화된 최초의 지방 의병봉기로 우편취급소와 경찰분견소 등을 공격하여 여러 지역에서 수차례 접전을 벌였다. 근대적 군사훈련을 기반으로 한 유격전술을 감행하여 '오합지졸' 형태의 이전 의병과는 질적으로 달라 상당한 전과를 올렸고, 일본군에게 심대한 타격을 가하였다.[38]

---

38 朝鮮駐箚軍司令部 編, 『朝鮮暴徒討伐誌』, 1913, 662~663쪽.

다음 날인 6일 여주분견대의 군인들도 소식을 듣고 곧바로 원주에서 합류하였고, 이후 김덕제가 이끄는 600여 명의 의병진은 평창과 강릉, 양양을 비롯한 영동 지역에서, 민긍호 부대 1,000여 명은 충청북도 북부와 경기도 동남부 각 지역과 강원도까지 진출하여 활동하였다.[39]

그 뒤를 이어 8월 9일 수원진위대 산하의 강화분견대를 비롯한 수많은 해산군인이 의병진에 합류하였다. 전 강화진위대장 이동휘의 영향과 대한자강회 등의 지원을 받아 전 참교 유명규와 부교 지홍윤, 연기우 등이 주도한 강화분견대의 해산군인 600여 명은 일본 순사주재소를 습격하고 일진회 회원인 군수 정경수를 살해하였다. 이들은 일본 군경 및 수원진위대와 전투 후 같은 달 11일 경기도와 황해도로 들어가 개별 의병진으로 계속 활동하였다.[40]

4. 해산군인의 독립군으로의 전환

1907년 「정미조약」으로 인한 고종황제의 강제퇴위와 군대해산 이후 식민지에 준하는 상황이 전개되자 의병항쟁은 국가생존권 차원에서 전쟁의 규모로 다시 치열하게 전개되었다. 특히 원주진위대와 강화분견대의 봉기는 이후 전국적인 의병의 신호가 되었다.[41] 초기의 봉기에는 참여하지 않았으나 해산한 진위대원들은 각기 지방에 돌아가 의병항쟁에 참여하였다. 또한 경기도의 허위나 충청도의 이강년 등을 비롯한 많은 관료·유생 의병장들도 이에 호응하여 새로운 의병진을 형성하여 구국항일운동 대열을 구성하여 지

---

39 신용하, 「민긍호 의병부대의 항일무장투쟁」, 『한국독립운동사연구』 4, 1990, 64~65쪽; 홍영기 저, 한국독립운동사편찬위원회 편, 『한말 후기의병』, 독립기념관 한국독립운동사연구소, 2009, 25~26·75~86쪽

40 홍영기, 위의 책(2009), 27·66~68쪽.

41 山邊健太郎 저, 安炳武 역, 앞의 책, 253쪽.

속적인 전투에 돌입하였다.[42]

이렇듯 해산군인을 중심으로 한 의병이 계속 일어나 일본군과 항쟁을 벌이다가 사망하거나 가산을 탕진한 사람들이 많이 나오게 되자 일반인들의 반응도 처음 진위대 창설 당시와는 전혀 다르게 나타났다. 해산군인으로 의병항쟁에 참전한 의병장급 인물로 확인되는 사람은 〈표 4-4〉와 같다.

〈표 4-4〉 해산군인 의병장

지역	이름(직책)
경기도	허준(정위) 황재호, 조재호(참위) 이경한, 정용대, 김석하(정교) 박종한(특무정교) 연기우, 지홍윤(부교) 하상태, 이익삼, 윤전, 연기우(하사) 김운선, 김동수, 제갈윤신, 신창호(병사) 황순일(포군) 현덕호(향관)
충청도	민창식(참위) 노병대, 오명수(부위) 박관실, 심상희(참교) 진성구, 이덕경(하사) 한봉수, 김형식(상등병) 김규환(일등병) 김순오(이등병) 장윤석, 한치만, 장기수, 이헌영, 이인환(병사)
전라도	정원집(정위) 이초래(참위) 강재천(영관) 서안경, 문태수(하사) 양상기(병사) 강사문, 염기준(포군)

42 이와 관련한 주요 연구로는 다음의 글들이 참조된다. 洪淳權, 『韓末 湖南地域 義兵運動史 硏究』, 서울대학교출판부, 1994; 홍영기, 『대한제국기 호남의병 연구』, 일조각, 2004; 홍영기, 앞의 책(2009).

경상도	백남규, 김황국(부위)
	신중근(정교)
	강진선(하사)
	최웅선, 정연철(상등병)
	김용복, 우재룡(병사)
강원도	박준성(참령)
	김구성(정위)
	손재규, 김규식(참위)
	장현소, 민긍호, 한갑복, 김익현(정교)
	이금가, 변학기(하사)
	이주순, 권용길, 김시영(병사)
	황주일(포군)
황해도	지홍률(부위)
	황찬성(부교)
	조병화, 김봉기, 고원직(병사)
평안도	신병두(부교)
	김승호, 노희태, 김창희(하사)
	오기형, 김선생(병사)
함경도	김명학(참령)
	김덕제, 장석호(정위)
	홍범도(하사)
	윤동섭, 김국선, 김명봉, 현학술, 최인복, 유기운, 최동률(병사)

* 출처: 독립운동사편찬위원회, 『의병항쟁사』, 1970, 484쪽(조동걸, 『한말 의병전쟁』, 독립기념관 한국독립운동사
연구소, 1989, 122~124쪽에서 재인용하여 표로 구성).

1905년 을사늑약을 전후해 국권 회복을 목표로 하여 도시에서는 실력양
성론을 앞세운 계몽운동이, 지방에서는 항일의병운동이 전개되었다. 1910
년대의 독립운동은 한말의 의병전쟁과 계몽운동으로 전개된 구국운동을 정
비하는 작업으로 시작되었다. 그러한 정비작업은 의병전쟁을 독립군 조직으
로 발전시키는 한편, 계몽운동을 반성하면서 이를 독립군 양성교육으로 개
편하는 것으로 이루어졌다.[43] 이러한 변화된 상황에 대응할 새로운 운동론으
로 모색된 것이 독립전쟁론이다.

---

43 趙東杰, 「1910년대 獨立運動의 變遷과 特性」, 『韓國民族主義의 成立과 獨立運動史硏究』, 지식
산업사, 1989, 362쪽.

독립전쟁론이란 군국주의 일본으로부터 민족해방과 조국독립을 달성하기 위한 가장 확실하고도 바른 길은 한민족이 알맞은 시기에 일제와 독립전쟁을 결행하는 것이라는 독립운동의 한 이론체계라고 할 수 있다. 독립전쟁론의 첫 실천 방안으로는 나라 밖에 독립운동기지를 설치하여 독립군을 양성하는 일이었다. 이 일은 1910년 한일병합 선언 직후 신민회新民會를 중심으로 만주 이민 계획과 함께 구체화되었지만, 이미 1908년 이후 국내의 일부 의병들의 북상 망명에 의해 간도와 연해주를 중심으로 추진되고 있었다.

함경도의 북청·삼수·갑산 일대에서 포수단을 조직하여 항일전을 벌이던 홍범도와 차도선이 의병을 이끌고 압록강을 건너 간도와 연해주로 갔고, 평안북도 태천에서 의병을 일으킨 조병준과 황해도 평산에서 의병을 일으킨 이진룡을 비롯한 조맹선·전덕원·백삼규 등도 한일병합 선언을 전후하여 북상 망명을 단행하여 서북간도와 연해주 등지를 전전하며 활동을 벌이고 있었다. 1909년 7월에는 함경북도 경성에서 의병을 일으킨 김정규 등 경성의병의 핵심 인물들이 옌지로 북상 망명하였다.[44]

북상 망명한 의병 가운데 일부는 연해주로 건너가 1908년 이곳에 망명하여 항일투쟁의 근거지를 개척하고 있던 유인석과 결합하여 1910년 6월 13도 의군十參道義軍으로 통합되기도 하였다. 또한 1908년 이후 유인석·안중근·이범윤 등 연해주 의병 및 홍범도 등은 수시로 국내진공전을 벌여 일제의 침략기관을 공격하기도 하였다.

그런데 북상 망명한 의병 홍범도·박장호·이진룡·김정규·전덕원·백삼규 등이 1919년 3·1운동 이후 독립군 단체의 지도자로 다시 등장하듯이, 의병의 북상 망명은 곧 의병이 독립군으로 전환해가는 과정이었다. 안중근은 뒷날 법정 진술에서 자신의 하얼빈 의거에 대해 "의병의 참모중장으로서 독립전쟁을 하여 이토 히로부미를 죽였고, 또 참모중장으로서 계획한 것인데

---

44 한국독립유공자협회, 『中國東北지역 韓國獨立運動史』, 集文堂, 1997, 50쪽.

도대체 이 법원 공판정에서 심문을 받는다는 것은 잘못되어 있다"[45]라고 하며 자신을 독립전쟁을 수행한 의병으로 인식하고 있었다.

을사늑약 이후 대한제국의 황제와 정부는 실제적으로 민족의 의사를 대변할 처지가 아니었고 일본과 전쟁을 결정할 처지는 더더욱 아니었다.[46] 이러한 국가 현실과 항일투쟁에 대한 의병의 인식에서 장기적 항일투쟁을 목적으로 북상 망명한 의병은 1910년 국권 상실 이후 자연스럽게 독립군으로 전환되었던 것이다.

45 국사편찬위원회 편, 『한국독립운동사자료 ―안중근 I ―』 6, 1976, 480쪽.
46 조동걸, 「義兵戰爭의 特徵과 意義」, 『한국사』 43, 국사편찬위원회, 1999, 514쪽.

제5부

인식론과 논의의 지점

제1장

허위의 개혁론과 시국인식

    왕산旺山 허위許蔿는 척사론자에서 혁신유림으로 성격을 탈각한 인사로, 특히 대한제국 시기에는 황실의 권위와 국권 회복을 위한 여러 활동을 펼친 인물이다. 그는 사회모순 해결을 위한 정치참여와 항일무장투쟁을 실천한 것으로 유명하다. 허위는 황제 측근의 '황실파 관료'로서 대한제국이 명실상부한 황제국으로 기능하기 위한 여러 방향을 제기하는 한편, 일제의 침략에 적극 맞서는 정책을 기획하고 추진하던 고위관료였다. 러일전쟁과 을사늑약으로 대한제국이 일제에 의해 준 식민지가 되기 직전에 정치생활을 청산하고 향제에서 항일의병에 투신하여 의병장으로서 각종 전투를 주도하다가 일제에 피체되어 순국하였다.

    1895년과 1907년 이후 의병장으로서 허위의 활동은 비교적 잘 알려져 있고 이와 관련한 논저도 적지 않다.[1] 그러나 그 사이인 대한제국 초기부터 러일전쟁 시기 서울에서의 관직생활과 정치활동에 대해서는 별다른 연구가 없

---

[1] 『왕산 허위의 나라사랑과 의병전쟁』(구미시 · 안동대학교박물관 편, 2005) 중 제2, 4, 5부가 최근의 연구 성과를 반영한 것이다.

어 그에 대한 종합적인 이해를 하는 데 많은 어려움이 있었다. 허위는 을미의병 당시 일본에 의한 국권 침탈에 대항하는 척사유림의 모습에서 점차 대한제국을 둘러싼 국제정세의 이해와 일본제국주의의 본질을 인식하고 이에 대한 논리적 반박에서 보이는 것처럼 혁신유림으로 그 실천적 성격이 변화하였다. 그러한 본질적 인식의 변화는 정부와 재야의 논객으로서 활동하던 서울 생활 시기에 이루어진 것으로 생각된다. 이 장은 허위의 인식변화를 통해 당시 근대화된 유림들이 등장하는 과정과 계기, 이들의 인식태도를 조명하는 데 일정부분 역할을 할 것이다.

이 장에서 대상으로 하는 기간은 대한제국 시기인 1898년부터 1905년까지이다. 이 기간은 허위가 1차 의병활동을 청산하고 서울에서 활동한 시기이자 국가적 차원에서 정국운영 방안을 꾸준히 제시하던 때였다. 이하에서는 러일전쟁을 전후한 시점에 고위관료임에도 불구하고 반일운동의 가장 핵심인물로서 정국의 변화과정을 보고 자신의 의지를 비교적 명료하게 제시한 하나의 사례로서 허위의 정치활동의 내용과 성격을 살피고자 한다.

1. 활동과 인맥

허위는 1895년 '국모시해'와 단발령, 복제개혁을 단행한 일제에 대항하여 의병에 참여하였다. 1896년 의병진이 해산된 직후 허위의 활동을 자세히 알 수는 없지만, 1898년 '복수소청復讐疏廳'을 만들고, 이어 황국협회에 참여하였던 사실이 확인된다. 즉, 허위는 의병해산 이후 고향인 선산으로 하향하지 않고 서울에 계속 남아서 정치적 활동을 하고 있었던 것이다.

복수소청은 비교적 보수적 인사들이 주축이 되어 왕후시해에 대한 복수와 반일운동을 지속시키기 위한 정치적 목적을 띤 단체였다. 여기에는 허위를

비롯하여 이상천, 황보연, 이문화, 이건중, 채광묵 등이 참여하였다.[2]

그러던 중 1898년 봄부터 독립협회의 윤치호, 이상재 등이 주도하는 민권과 국정개혁운동이 본격화되었고, 그 활동은 대한제국 정부에게 커다란 위협으로 작용하였다. 황제는 이에 대항하는 하나의 단체로 보수적 인사들을 중심으로 황국협회皇國協會 설립을 기도하였다. 황국협회는 이기동, 고영근, 홍종우, 길영수 등 대한제국 초기 황실측근세력이 주도하고 각부대신과 협판 등 정부고관 다수가 후원하였다. 이들은 갑오개혁 시기에 해체된 상리국商理局과 각 임방任房의 복설운동에 주력하고 있던 보부상褓負商과 연합하였다. 그런데 황국협회 발기인에는 허위, 이상천, 이문화, 황보연, 이건중, 채광묵 등이 포함되어 있었다. 근왕주의·보수주의 입장의 이들은 아관파천 이후 재기를 도모하면서 도약소都約所와 복수소청, 건의소청建議疏廳 등을 설립하고 주도하면서 정치색이 강한 인물들이었다.

황국협회 인사 중 허위·이상천·황보연·채광묵·민용호·심상희·김홍제(김광제) 등은 1896년 의병 출신이다. 민용호는 주로 강원도 지역에서 활동한 의병장이었고,[3] 이상천·황보연·채광묵 등은 홍주의병을 주도하였다. 허위는 경상도 김산의병장, 심상희는 여주의병장, 김홍제는 남포의병장이었다.[4] 황제는 농상공부 상공국장 길영수를 13도 도반수로 삼아 황국협회 소속의 보부상을 거느리게 하였다. 이들은 독립협회와 폭력적으로 대치하였다. 그러한 상황을 황국협회 주요인물인 민용호는 다음과 같이 묘사하였다.

---

2 閔龍鎬, 『關東倡義錄』, 「江北日記」, 국사편찬위원회, 1984, 120쪽.

3 "선생(민용호)은 허위, 이상천, 황보연 등과 함께 皇國協會를 설치하여 각도 보부상 수만 명을 경성에 불러모으고 동지들과 함께 측근자들을 격려하여 獨立協會를 격파하였다. 또 그 남은 도당들이 함부로 날뛸까 염려하여 곧 전국에 商社를 만들어서 불의의 일을 막기로 하였다"(『國譯 復齋集』, 「行狀」, 소문출판사, 1988, 561쪽).

4 이상찬, 「대한제국시기 보부상의 정치적 진출 배경」, 『韓國文化』 23, 1999, 223쪽.

나와 심상희, 홍종우, 이기동, 김찬규, 김홍제, 송진옥, 이재화, 나유석, 허위, 이상천, 황보연 등 수백 인은 좌우로 말처럼 바삐 몰아 대안문(지금의 대한문) 밖에서 독립협회를 부수었다. 남은 무리는 회를 탈퇴하여 용산, 마포 등지로 갔다. 또 계속 쫓아가 몇 명을 때려 죽였고, 부상당한 자는 이루 헤아릴 수 없었다. 수령은 모두 니현泥峴의 일본 조계로 숨어들었다.[5]

일제의 대한제국 강제병합 직전인 1909년 일본공사관의 비밀 기록에는 허위뿐 아니라 그와 밀접하게 관련되어 있는 많은 정치적 인사들에 대해 평가되어 있다. 먼저 허위에 대해서는 다음과 같이 기록하였다.

경상북도 선산의 유생이다. 무술년(1898) 독립협회 반대운동 상소에 이름을 탁托하고 이에 인연하여 처음 벼슬하고 항상 을미복수의 대의를 논담하고 다수의 동지자와 결합하다. 현영운의 처와 형제의 의를 맺고 스스로 남매라 칭하고 궁중에 품주稟奏되다. 곽종석과도 결하여 갑자기 참찬에 올랐다. 각도 관찰사가 되다. 폭도를 이동시키는 혐의가 있었다. 유생으로서는 일꾼으로서 남으로는 이유인, 곽종석과 결탁하고 북으로는 상하이에 있는 현상건, 이학균과 통하고 서로는 유인석과 연락하여 각종의 운동에 관계하고 일시 이 나라 제1의 활동가로 일컬어진 일이 있다. 후에 경기도의 폭도 수괴가 되다. 광무 2년(실은 융희 2년) 6월 헌병에 체포되어 경성감옥에서 사형되다.[6]

한편 김세기金世基에 대해서는 "부인富人이다. 일찍이 영암군수에 임명되어 민영휘에 붙어 개성부윤이 되고 현영운으로 인하여 광주관찰사가 되었으며 허위와도 교제가 친하다"[7]고 하였고, 김연식金璉植에 대해서는 "허위, 이상천과 결하여 형제가 되고 항상 복수의 일로써 자기의 임무로 삼고 있다.

---

5 『關東倡義錄』, 「江北日記」, 121쪽.
6 崔永禧, 「駐韓日本公使館記錄 收錄 韓末官人의 經歷一般」, 『史學研究』 21, 1969, 413쪽.
7 위의 논문, 383쪽.

현영운에 붙어 처음으로 몸을 일으켰다. 수원隨員으로 대사 이지용과 일본에 가고 재판소 판사가 되고 이용태, 허위와 가장 친하다"[8]고 하였다. 신기선에 대해서는 "이용태, 조병식, 김영진, 허위, 민영기, 강석호, 김종한, 김가진, 이봉래, 이인영, 민경식, 윤덕영 등과는 특히 친한 사이이다. 보민회保民會, 공제회共濟會, 보부상 등과도 관계하였다"[9]고 기록하고 있다. 순종황제의 장인인 윤택영도 현영운, 허위, 김영진 등과 가까이 지냈다고 한다.[10] 내부대신을 역임했던 이용태도 조병식, 허위, 신기선과 친밀하였다. 특히 허위와 절친했던 이상천에 대해서는 다음과 같이 기록하고 있다.

> 한성인이다. 운동상의 일은 관계하지 않은 것이 없다. 허위와 결하여 형제가 되어 이용태의 모주謀主로서 복수운동으로써 처음으로 벼슬을 얻다. 현영운과 가깝다. 평리원판사가 되어 시찰이라 하여 일본에 붙어 망명객 정탐의 요건을 띤 바 있다. 광무 10년 홍주폭도와는 기맥을 통하고 있었다.[11]

그 외에 평안감사 출신의 이중하와 뒷날 경북관찰사가 되는 장승원도 허위와 절친한 관계였다는 것이다.[12] 이상의 인맥을 보면 의병장 출신, 보수적 인사 내지는 권력 지향적인 관료군들이 대부분을 차지하고 있음을 알 수 있다.

허위는 1899년 처음으로 관직생활을 시작하였다. 이때 그의 나이 45세로 남들에 비하면 매우 늦은 정치적 진출이었다. 그가 관직생활을 시작하게 된

---

8 위의 논문, 383~384쪽.
9 위의 논문, 391쪽.
10 위의 논문, 396쪽.
11 위의 논문, 401~402쪽.
12 위의 논문, 409쪽. 그러나 장승원은 뒷날 1917년 허위의 제자인 대한광복단장 박상진의 지령에 의해 살해되었다(경상북도 경찰부, 『高等警察要史』, 1934, 179쪽). 임은 허씨가와 오태 장씨가의 혼맥과 구체적인 길항관계는 김도형, 「한말, 일제시기 구미지역 유생층의 동향」, 『한국학논집』 24, 1997이 참조된다.

계기는 신기선의 추천에 의해서였다.[13] 이 점은 하나의 연결고리로 볼 수 있을 것이다. 그러나 그보다는 오히려 황국협회 활동 경험이 더 중요한 계기였을 것으로 판단된다. 신기선은 보부상 단체와 밀접한 관련이 있었는데, 1898년 12월 독립협회와 황국협회가 동시에 강제해산되자 1899년 7월에는 황국협회의 후신인 상무사商務社의 도사장으로 보부상의 최고지도자가 되었다. 이상의 내용으로 비추어 볼 때 대한제국 초기까지도 허위는 황국협회를 주도하고 독립협회에 적대적이었던 근왕주의의 보수적 인물이자 척사론적 입장을 견지하였음을 알 수 있다.

1899년 3월 9품인 원구단 사제서 참봉으로 관직을 처음 시작한 허위는 같은 달 영희전 참봉 판임관 7등으로 승진하였다. 같은 해 4월에는 성균관 박사, 5월에는 소경원 봉사로 있다가 1903년 10월 승훈랑에 임명되었다.

2. 러일전쟁 전후의 개혁론과 인식변화

(1) 제일은행권 유통과 화폐제도 개혁 반대운동

1902~1903년에 허위는 잠시 관직에서 떠나 있었는데, 이 기간에는 일본 제일은행권 유통반대운동을 주도하였다. 제일은행권은 1902년 「제1차 영일동맹」 이후 한국을 본격적인 경제침략의 대상으로 설정하고 식민지로 만들기 위한 일본의 대한국 정책의 차원에서 발행된 것이다. 제일은행권 발행은 또 한편으로는 대한제국의 고질적인 백동화白銅貨 인플레이션 문제와 맞물려 전개되었다. 이에 따라 일본은 이른바 '폐제幣制의 근대화'라는 명목으로 한국 정부의 양해와 허가 없이 제일은행권을 유통시킬 수 있었다. 이에 대해 보부상들은 일본 화폐 침투 반대운동을 전개하였다. 이는 1902~1903년의

---

13 『國譯 旺山全書』, 「解題」, x쪽.

제일은행第一銀行 일람불수형一覽拂手形 유통반대운동이다. 이를 주도한 기구는 공제소共濟所였다.[14]

공제소는 전국에 제일은행권 유통반대를 위한 방문을 붙이고, 서울의 각지에 정찰대를 파견하여 은행권을 주고받는 것을 저지하였다. 또한 종로에서 대규모 군중집회까지 열었다. 이에 대해 일본공사 하야시 곤스케는 대한제국 정부에 엄중 항의하고 공제소의 활동을 강력히 금압하라는 공문을 외무대신 이도재에게 보내는 한편, 종로의 대중집회를 강제로 해산시키라 요구하였다. 거듭되는 항의에 굴복한 대한제국 정부는 결국 순검을 파견하여 군중을 강제로 해산시키고 주모자 송수만 등을 체포하였다. 급기야 정부는 1903년 7월 공제소에 대한 완전 해산령을 내렸다. 그러나 송수만, 허위, 윤이병, 심상희, 김홍제, 이문화 외 여러 명은 제일은행권 유통저지운동을 계속적으로 전개하기 위해 자금을 모집하고 동료를 규합하였다.[15]

이후 허위의 제일은행권 반대운동은 러일전쟁이 한창 진행 중이던 1904년 일본에 의한 강제적인 백동화 개혁에 대한 반대입장을 분명히 하고 있었던 점에서도 보인다. 그는 그해 10월 초 참정 신기선과 함께 화폐개혁을 주도하고 있던 탁지부고문관 메가타 다네타로目賀田種太郎를 찾아가서 이를 강력히 항의하였다. 이에 메가타는 "하루 바삐 한국 화폐를 개량할 터인데 원위화를 새로 만들 수는 없으니 불가불 일본에서 쓰던 대은전大銀錢을 내어다 쓰자"고 하여 이들의 제의를 거절하였다.[16] 이상과 같은 사태가 이어지자 허위는 10월 11일 탁지부 예산 외 지출에 관한 정부회의에서 "일반예산 외

---

14 趙宰坤, 「1902, 3년 日本第一銀行券 유통과 한국상인의 대응」, 『于松趙東杰先生停年紀念論叢 II, 韓國民族運動史研究』, 나남, 1997 참조.
15 "제일은행권 유통저지자 송수만 등의 한 무리인 허위, 윤이병, 심상희, 김홍제, 이문화 등 수 명은 이달 초 共濟所의 명칭을 철수하였는데도 불구하고 여전히 운동을 계속. 김홍제, 이문화의 집에서 회동하여 다수의 該黨을 취집하여 각 상민들을 위협하며 …"(『駐韓日本公使館記錄』, 「宋秀萬外 數名의 上件繼續에 따른 韓國政府에의 中止交涉要請」, 1903년 7월 16일(경성영사 三增久米吉→공사 林權助).
16 『大韓每日申報』, 1904년 10월 10일.

지출 조건을 일체 선자규용先自撥用하고 후청지출後請支出한즉 해당 비용의 허실虛實을 난지難知하겠으니, 한 번 조사 후에 의결하자"고 주장하였고, 고문관 메가타와의 합동 조약에 대해서는 "일체 정부 재정을 고문관을 반드시 경유한 후 시행한다 함과 재용사財用事로 상주할 시에 반드시 고문관의 가인加印을 선유先由한 후 상주한다 함은 재정전권財政專權을 특여特與함에 불가하니 우右 2조를 대개 협의協議 2자로 개정함이 타당하다"[17]면서 강력히 반대하였다.

한편 그는 한반도가 '새 일본'이라는 말을 퍼뜨리면서 일본이 발행한 제일은행권을 유통시키고, 통상지역이 아닌 내륙지방까지 일본인들을 거주시켜 우리 땅에 일본인들이 횡행한다고 하였다. 또한 울릉도의 삼림을 불법으로 사들여 벌채하고, 한국인들에게 제멋대로 세금을 부과하며, 제주도의 목장과 어장, 직산과 창원의 금광을 강제로 차지하였다고 통박하였다.[18] 이러한 대한제국에 대한 일본의 각종 경제적 침탈문제의 지속적인 제기를 통해 허위의 경제주권론의 한 단면을 살필 수 있다.

(2) 시정개혁론

보수적 재야지식인으로서 허위는 1903년 윤이병, 송수만, 이상천, 정훈모, 박정빈, 김연식 등과 연명해서 시사를 논하는 상소(「논시사소論時事疏」)를 올려 자주적인 정치·경제 개혁론을 주장하였다. 그는 "우리가 약함은 땅덩어리가 작기 때문이 아니고, 인민이 적기 때문도 아니며, 재력이 가난하기 때문인 것도 아니옵고, 정사政事가 밝지 못한 때문입니다. 정사를 한번 일으킨다면 비록 덴마크, 포르투갈 같이 작은 나라도 일찍이 남의 압제를 받은 적이 없었습니다"[19]라면서 '동쪽 이웃'인 일본과 '북쪽 이웃'인 러시아의 위협

---

17 『皇城新聞』, 1904년 10월 13일.
18 『國譯 旺山全書』, 72쪽.
19 『國譯 旺山全書』, 34쪽.

에 철저히 대비하는 마음이 필요하다는 점을 역설하였다.

그 해결책으로 황제가 어질고 공정한 정사를 할 것을 제기하였다. 이를 위해 먼저 궁중에서 환관의 발호를 막고 궁중의 사술邪術, 기생 등을 물리쳐야만 궁중이 엄숙하고 성심聖心이 맑고 깨끗해질 것으로 보았다. 또한 어질고 유능한 사람을 뽑아 공경公卿 자리에 두고 정사 책임을 지우자고 하였다.[20]

다음으로 국가 재정문제의 심각성과 해결 방안을 제시하였다. 허위는 "재용財用이란 나라의 혈맥입니다. 재물을 생산하는 방도가 없는데, 한갓 거두어들이는 것을 재물을 생산하는 방도로 하여, 하민下民의 살림에 손해를 끼쳐서 지위 높은 사람을 이익되게 하며, 백방으로 긁어 모읍니다. 벼슬을 팔고 뇌물을 받아서 원망이 무리지어 떠들고 도적이 무더기로 일어납니다"[21]라고 하였다. 그는 국가재정이 위태롭게 된 근본적 원인을 마구 거두어들이고 백성의 재물을 착취해서 뇌물이 성행한 데 있다고 보았다. 첫 번째 문제에 대한 해결책으로 허위는 "무릇 재정에 관계되는 것은 모두 탁지부에 맡겨서, 수입을 요량한 다음 지출토록 할 것입니다. 궁내부 1년 경비를 참작해서 결정하는데, 이런 어려운 때를 당해서는 억제하고 절약하는 방도를 평시보다 열 곱절 더할 것입니다. 무릇 토목공역과 제작하는 물품으로서 매우 긴급하지 않으면서, 조금이라도 겉치레인 것은 모두 정파停罷하고 오직 농상공업農商工業을 확장·제조하는 데와, 군비軍備 군물軍物을 넉넉한 예산으로 마련하는 데에만 오로지 뜻을 두어 실사구시實事求是토록 하는 것입니다"[22]라고 주장하였다.

뇌물문제에 대해서는 "또 근래에 백성의 재물을 착취해서 백성의 원망을 받고 뇌물을 긁어 들이면서 재주 가진 자에게 죄를 줍니다. 무릇 관직에 있으면서 탐장貪贓이 더욱 드러난 자는 죄를 성토해서 율律대로 다스리며, 수

---

20 『國譯 旺山全書』, 37쪽.
21 『國譯 旺山全書』, 37쪽.
22 『國譯 旺山全書』, 39쪽.

령방백을 임용하는 데에는 천거하는 자의 보증으로 선택한 다음, 기간을 정해 오래도록 맡기는 것입니다. 승진과 파면을 오직 공정하게 해서 털끝만 한 사정私情도 그 사이에 간여됨이 없게 합니다"[23]라 하였다.

결론적으로 허위의 주장의 핵심은, 조정의 명령은 오로지 정부에서만 나오고 백성과 관계되는 일은 오로지 지방관만이 맡게 하자는 것이었다. 그 외에 법을 만들고 율을 정하는 것과 학교를 일으키고 무술을 훈련하는 일, 도둑을 없애고 풍속을 엄숙하게 하는 제반규칙을 모두 이로써 미루어 마련해야 할 것이라는 점을 부연하였다.

국제관계와 관련해서는 1903년 용암포 사건이 발생하면서 러일 간의 전운이 감지되던 시기에 국제공법에 준하면서 어느 특정 국가에 치우침과 신용을 잃지 않는 선상에서의 중립외교 노선을 외부外部가 전적으로 주도하여 해결할 것을 주장하였다. 또한 러시아는 불법 점령한 의주 용암포에서 철수해야 하며, 수십 년 동안 외국인들이 불법으로 차지한 우리나라의 이익과 우리의 무지로 함부로 허가한 이권을 하나하나 밝혀 점차 바로 잡아 나가자고 하였다. 그러기 위해서는 우리가 자립의 모습을 보여 세계 각국이 이것을 인증토록 하는 것이 시급하다고 보았다. 그래야만 저들이 우리를 깔보고 조롱하는 버릇을 다시는 하지 않을 것이며, 나아가 을미년의 왕후시해에 대한 복수도 할 수 있다는 것이다.[24]

그는 당시 일반인들과 마찬가지로 대외적 모순구조를 대한제국을 둘러싼 러시아와 일본의 대립구도 때문이라 파악하고 있었다. 이는 양국 문제에 관해 어느 한 국가에 의지함이 없는 중립적 외교노선을 선택함으로써 해결할 수밖에 없다는 고육책 제시로 나타난다. 허위는 정치가들이 러시아와 일본 측에 각기 의탁하여 국사를 제대로 돌보지 않음을 우려하고 있다.

---

23 『國譯 旺山全書』, 38~39쪽.
24 『國譯 旺山全書』, 40쪽.

대개 아라사(러시아)를 지지하는 패거리와 일본을 지지하는 무리가 나와서는 나라가 될 수 없습니다. 아라사가 성상을 호위한 공은 있지마는 동양을 온통 삼키려는 뜻이 없지 아니하고 일본은 국모를 시해한 원수지마는 동양을 함께 지키려 합니다. 여기에 대해 말할 것이 있습니다. 아라사의 공은 감사하지마는 강토를 빼앗길 수 없고 일본의 원수는 반드시 갚아야겠지마는 종사宗社를 돌보지 않을 수 없습니다. 오늘날 왜인倭人들과 아라사가 서로 버티면서 만주에서 사단을 일으키다가 우리 한국에서 끝장내려 합니다. 우리 한국은 우리의 강토와 종사를 보존하는 데에만 마음 씀이 마땅하건만 도리어 아라사와도 왜인과도 의논을 결정하지 못하고 있습니다. 오랑캐는 벌써 강을 건너왔건만 경대부卿大夫가 그 이로움과 해로움을 말하지 않음은 왜입니까?[25]

예컨대 러시아에 아부하지 않는 자가 반드시 모두 일본의 당패가 아니고 왜인에게 붙지 않은 자가 반드시 모두 러시아의 패거리가 아닌데, 근래 조정에서는 만약 러시아를 의지할 수 없다고 하면 문득 왜인의 당패라 한다는 것이다. 더욱 심한 것은 황제 앞에서는 러시아 세력을 강조하다가 퇴궐하면 일본공사관으로 달려가 '꼬리를 흔들며 애걸해서 제 몸 온전하기만을 도모'하는 데 있다고 하였다. 그러므로 결국 '왜국 당패, 아라사 패거리가 따로 있는 것이 아니고, 이른바 아라사 패거리가 바로 왜인의 당패'라는 것이다. 이 같은 대표적인 인물로 내장원경 이용익과 경위원총관 이근택을 거론하였다.

이 「논시사소」 단계에 이르면 허위는 대한제국의 정치적 현실을 비판함과 아울러 국제정세에 민감할 뿐 아니라, 근대적 질서를 인정하는 토대 위에서 새로운 논리를 제시하는 혁신유림으로서 일정하게 변화한 모습을 보이고 있음을 알 수 있다. 이러한 계기는 이 시기 『황성신문』 주도세력과 비슷하게 당시의 시국현실을 망국적 사태라고 인식한 결과 대외적으로 납득이 될 수 있는 대응책을 제기하려는 데서 나타난 것으로 보인다.

---

25 『國譯 旺山全書』, 41쪽.

「두 번째 올린 소장」의 정확한 제작 시기는 알 수 없지만 문맥의 내용상 1904년 2월 러일전쟁과 「한일의정서」체결 직후에 작성된 것으로 보인다. 그는 우리의 내정이 어지럽기 때문에 나라의 형편이 급박하게 돌아가고 있음을 언급하였다.

허위는 일본인들이 '원조'를 빙자하여 대한제국 정부 내의 '간적奸賊'과 비밀리에 결탁한 다음, 위엄으로 협박하고 이익으로 유혹하여 이들을 앞세워서 나라의 모든 권한을 움켜쥐려는 것으로 보았다. 그는 이를 '강도가 남의 집 몹쓸 자식을 속여서 그 집 살림을 다 빼앗는 것과 다름이 없다'고 하면서 전혀 원조의 뜻은 없는 것이라고 하였다.[26] 허위는 국제공법國際公法 문제로 이 같은 난제를 해결하는 방식을 제안하였다. 그는 "진실로 우리가 옛 버릇을 고치고 우리 정사를 다스려서 하나같이 공법公法을 준수하며 맹약盟約을 함께 해서 자주하는 권리를 잃지 않는다면, 위태함을 변해서 편하게 하는 것도 방책"[27]이라는 것이다. 이는 공법에 대한 무한한 신뢰와 당시 국제정세를 낙관적으로 보고 있었던 그의 인식이 녹아 있는 것으로 볼 수 있다. 자주적 개혁을 주장하면서 허위는 국제공법의 엄격한 준수를 강조하고 있다.[28]

다른 한편, 내부적으로는 나라를 그르치고 팔아서 제 몸만을 보존하려는 '간적'을 쫓아내서 궁궐 안을 깨끗이 하고, 뇌물을 막아 '공기公器(벼슬자리)'를 중하게 하며, 진언進言하는 길을 열어서 어진 이를 불러오고, 옥수獄囚를 빨리 다스려서 백성들의 억울함을 풀어주며, 재물을 절약해 써서 백성이 힘을 펴게 하고, 모든 관료에게 위임해서 임금의 위엄을 높게 할 것을 주장하였다. 그 결과 무너지고 어지러워진 모든 내정을 밝게 고쳐서 '자강自强'할 기초를 세운다면 외국인의 압박과 업신여김도 저절로 사라지게 될 것으로

---

26 『國譯 旺山全書』, 47쪽.
27 『國譯 旺山全書』, 46쪽.
28 조선의 만국공법 비판과 수용에 관해서는 김세민, 『韓國 近代史와 萬國公法』, 景仁文化社, 2002; 김용구, 『만국공법』, 小花, 2008이 참고된다.

보았다.[29]

　그러나 아직까지 「한일의정서」에 관한 허위의 특별한 언급은 발견되지 않는다. 이는 아마도 러일전쟁 직후인 4월에 허위가 주일본공사 수행원으로 관직을 제수받기 때문에 노골적인 반대의사를 표명하기 어렵지 않았을까 한다.[30] 또한 일본의 대러시아 전쟁과 대한제국 지배정책의 강화 과정에서 「한일의정서」가 함의하는 내용에 대한 나름대로의 분석시간도 필요했을 것이다. 그렇지만 허위가 일본을 갔다 왔다는 별다른 기록이 없는 점으로 보아 단지 러일전쟁 과정에서 관직만 제공된 것으로 보인다. 또한 같은 해 5월 중추원의관 허위와 이상천이 의원면직되었다는 정부기록과 신문기사[31]로 보아 이 기간에 잠시 중추원의관을 지냈음을 알 수 있다. 그러던 중 같은 달 28일에 허위는 평리원 수반판사에 임명되었으며,[32] 6월 8일에 사직상소를 제출하였으나 관철되지 않았고, 결국 같은 달 13일부터 관직활동을 공식적으로 재개하였다.[33]

3. 러일전쟁 이후 상황과 시국인식

(1) 「한일의정서」 반대운동

　허위가 고위관직에 오르는 것은 러일전쟁 이후부터였다. 즉, 1904년 4월에 주차일본공사관 수원, 통훈대부, 5월에 통정대부, 평리원 수반판사, 8월에 평리원 재판장, 의정부 참찬, 관제이정소 의정관, 1905년 3월에 비서원승 등을 역임하였다.

---

29 『國譯 旺山全書』, 48쪽.
30 『皇城新聞』, 1904년 4월 4일.
31 『日省錄』, 1904년 4월 2일;『皇城新聞』, 1904년 5월 16일.
32 『皇城新聞』, 1904년 5월 30일.
33 『皇城新聞』, 1904년 6월 13일.

그런데 평리원 수반판사로 재직하자마자 전국 13도에 허위 등의 명의로 다음과 같은 장문의 격문이 살포되었다.

백성들에게 삼가 대의大義를 통고한다. 우리들은『춘추春秋』라는 역사책에서 복수를 중요시하고 왕은 강토를 지키기에 힘써야 한다고 들었다. 원수가 있으되 복수를 아니 하면 사람이 사람 노릇을 할 수 없고, 국토가 있으되 지키지 못하면 나라가 나라 노릇을 할 수 없다. 이것이 바로 고금에 통하는 뜻이다. 일본은 우리 나라에 대하여 전번에 두 번이나 왕릉을 욕보였고, 근래 을미사변으로 국모를 죽여 우리의 원수가 되었으니, 저들과 같은 하늘 밑에 살 수 없음은 어린아이와 부녀자도 모두 아는 사실이다. 저들은 최근 용암포 사건으로 러시아인을 내쫓을 구실을 삼아서 의로운 깃발을 올린다고 하여 돌연히 출병하여 우리의 외부外部를 위협하고 협약을 맺었다.

첫째, '시정施政을 개선하고 충고를 받아들인다.' 이것은 언뜻 보기에 좋은 것 같으나 실은 우리 내정을 간섭하려는 것이다.

둘째, '대한의 황실 및 영토가 위험한 경우에는 필요한 임기응변의 조치를 빨리 취한다.' 이것은 겉으로는 우리를 위하는 것 같으나 실은 우리의 국권을 빼앗으려는 것이다.

셋째, '군략상 필요한 지점을 때에 따라 사용한다.' 이것은 말과 행동이 어긋남을 나타내는 것이요, 우리 나라를 집어삼키려는 뜻을 부드럽게 나타낸 것이다.

이 협약은 구절마다 공법公法에 위배될 뿐 아니라, 전국의 이권을 취하는 데 털끝 하나 놓치지 않았다. 서북 지방의 고기잡이와 철도는 이미 저들의 손아귀에 들어갔으며, 말이 뛰어 달리듯 우리 땅에 들어와 섞여 사니 국내가 황폐하게 되었는데, 여기에다 또 이 조약을 인정하였으니 한 나라의 강토는 어찌 되는가. 의리로 보더라도 악독한 원수는 꼭 보복해야 하고, 시세로 보더라도 강토는 꼭 보존해야 한다. 앉아서 망하기를 기다리느니보다 온갖 힘을 다하고 마음을 합하여 빨리 계책을 세우자. 진군하여 이기면 원수를 보복하고 국토를 지키며, 불행히 죽으면 같이 죽자. 백성의 마음이 단결하여 한소리에 서로 응하면 용기가 백배하고 충신의 갑옷과 인의의 창이 분발되어 곧 나아가니 저들의 강제와 오만은 꺾일 것이다. 여러 동지들에게 원하노니 이 피 쏟아지는 원한을 같이하자. 비밀히 도내 각 동지에게 빨리 통고하여 옷을 찢어 깃발을 만들고, 호미와 갈퀴를 부셔 칼을 만들고, 곳곳에 모여서 형세가 서로 돕고 머리와 끝이 서로 닿으면 우리들은 의군義軍을 규합하여 순리에 좇게 되니 하늘이 도울 것이다. 저들과 러시아 군대가 서로 싸우니 병사가 전쟁 때문에 피곤하고 백성이 보급품 옮기기에 응접할 틈이 없다. 또 저들의 정당, 민당民黨이 서로 갈등하여 국론이 미정未定되니 이러한 난국은 틀린 전략을 가져올 것이다. 이것이 바로 우리들의 필승의 기회이니 때를 놓치지 말고 지지부진한 의심을 말자. 5월 30일 일시에 거사하면 종사가 다행하며 백성과 신하가 다행이다.

광무 8년 (음) 5월 5일 평리원판사 허위, 전 의관 이상천, 농상공부 상공국장 박규병, 한성재판소 수반판사 김연식, 전 참봉 정훈모[34]

이는 「한일의정서」의 내용을 강도 높게 반박하는 한편, 반일의병의 총궐기를 권유하는 것이었다. 그런데 허위 이하 여러 사람의 명의로 만들어진 이 통문의 작성 주체에 대해 당시 논의가 분분하였다. 『황성신문』에서는 어떤 사람이 배일창의排日倡義하자고 13도에 통문을 발송하였는데 평리원판사 허위 등의 성명을 도용하였기에 내부에서 각 도에 훈령하여 도착 즉시 소각케 하였다고 기록하고 있다.[35] 또한 진주관찰사와 전남관찰사 서리도 각기 자신의 관할지역에 허위, 이상천 등의 '가짜 통문'이 도착하여 불태우고 인민을 잘 타일렀다고 내부에 보고하였다.[36] 즉, 명의를 도용한 가짜 통문이라고 인식하였던 것이다. 반면 같은 기간 신사소청紳士疏廳에서는 신문에 "윤병尹秉 통문이 허위의 통문과 의미가 다름에도 정부에서 잘못 이해하여 전보로 훈

---

34 『駐韓日本公使館記錄』,「平理院判事 許蔿 等 排日通諭文에 대한 調査要請」, 1904년 6월 25일(萩原 代理→李 外相).
35 『皇城新聞』, 1904년 7월 1일.
36 『皇城新聞』, 1904년 7월 5일 · 7월 25일.

령하여 금지했으나 구애되지 말 것"[37]이라는 특별고시特告를 실어 허위 등이 실제 통문을 작성한 것으로 파악하고 있다. 일본을 배척하는 통문은 평안도 영변과 안주 등지에까지 배포되었다. 특히 영변에서는 격앙된 민중들이 일본군에게 발포하기까지 하였다.

이러한 사태에 직면하게 되자 일본 측은 허위 등이 통문을 직접 작성한 것으로 보고 서울의 대중집회 금지의 필요성을 강조하였다. 하기와라萩原 대리공사는 대한제국 정부는 금지 수단을 취하지 않을 뿐만 아니라 격문의 주도자를 방면하고 황실에서는 금전을 내려 반일집회의 기세를 돋우고 있다고 분석하였다.[38] 이에 대한 대책으로 일본공사관에서는 평리원판사 허위를 송수만 등의 황무지 개간권 반대운동 등과 연관이 있을 뿐 아니라 '인심을 선동하여 일본을 배척한다'는 이유로 권한정지를 내리고자 하였다.[39] 그러나 허위가 격문을 직접 작성했다고 주장한 바가 없었기 때문에 정부로서도 일본 측의 항의에 별다른 조치를 취하지 않았다. 따라서 허위는 평리원에서 계속 활동할 수 있었다.

허위는 같은 해 7월 토지소송과 관련하여 한 세력가의 압력과 청탁에도 불구하고 법 조목에 따라 김태식이라는 자를 소송에 지게 하고 엄히 가둔 적이 있었다. 그러나 그의 의지와 전혀 관계없이 김태식이 하룻밤 사이에 방면되었다. 이에 허위는 "법관으로서 법률을 행하지 못하니 마땅히 그 직책을 사직해야 한다"는 내용의 상소를 올렸다. 그러자 황제는 허위의 뜻을 받아들여 소송 사건은 공정히 판결 내리게 하는 한편, 계속 공무를 수행할 것을 명령하였다.[40] 오히려 그를 승급시켜 그해 8월 3일 평리원재판장 서리로 발령하였다. 이는 일본의 끊임없는 해임 압력에도 불구하고 법관으로서의 허

---

37 『皇城新聞』, 1904년 7월 15일.
38 『駐韓日本公使館記錄』, 「排日檄文ノ張本人處理ノ件」, 1904년 7월 7일(萩原→小村 大臣).
39 『法部來案』, 외부편 13책 奎. 17795, 照覆 제13호, 광무 8년 7월 26일(법부대신 박제순→외부대신 이하영).
40 『皇城新聞』, 1904년 7월 8일.

위의 공정성과 황제의 신임을 반영한 파격적인 인사조치였다.

평리원재판장 서리로서 허위의 활동은 『사법품보司法稟報』에 몇 가지 언급되어 있다. 이를 차례대로 보면 8월 4일 법부대신 박제순에게 죄수를 압송할 순검의 여비를 마련해 주도록 요청한 일과 같은 날 김성업을 구타 살해한 부상負商 정성보, 정사순의 죄를 감면할 것을 법부대신에게 문의한 일이 있었다.[41] 같은 달 5일에는 약수를 마시러 추성문秋成門을 통해 입궐한 이소사와 서소사를 태 100에 처하였음을 법부대신에게 보고하였다.[42] 6일에는 성주군수와 옥과군수 재임 시 공전을 포탈한 김동만의 공전을 추심하고 징역에 처하는 방안을,[43] 8일에는 역시 공전을 포탈한 전 진주군수 엄주영도 공전을 모두 환수한 후 석방할 것을 법부대신에게 보고하였다.[44] 10일에는 공금을 범용한 부평수령 신찬희를 압송하기 위하여 순검 1명과 청사廳使 1명의 여비를 지출해줄 것을 법부대신에게 요청한 바 있다.[45]

이 같은 그의 적극적인 활동은 언론에서도 크게 주목하였다. 『황성신문』에서는 평리원재판장 서리 허위가 업무 시작 며칠 만에 쌓인 송안訟案을 일체 공평하고 분명하게 판결하여 칭송이 자자하다는 기사를 실었다.[46] 같은 달 9일 자 「평원격쟁平院激爭」이라는 제목의 잡보 난을 보면, 평리원재판장 서리 허위가 적체한 옥안을 해결하는 데, 전 전라어사 이승욱을 석방하라 함에도 불구하고 검사들이 석방하지 아니함에 재판장이 고원雇員을 잡아 태 10에 처하고 이승욱을 즉각 석방하였다 한다. 이에 검사 한 사람이 일전에 석방한 정우묵을 다시 잡아 가두겠다고 선언하여 재판장과 일장 격렬한 말다툼이 있었다고 한다.[47]

41 『司法稟報』乙 44, 奎. 17279, 법부편 52책, 광무 8년 8월 4일.
42 『司法稟報』, 광무 8년 8월 5일.
43 『司法稟報』, 광무 8년 8월 6일.
44 『司法稟報』, 광무 8년 8월 8일.
45 『司法稟報』, 광무 8년 8월 10일.
46 『皇城新聞』, 1904년 8월 6일.
47 『皇城新聞』, 1904년 8월 9일.

(2) 반일진회反—進會 운동과 반일격문

1904년 8월 10일 허위는 의정부 참찬에 임명되었다. 관리로서의 등급이 올라간 것이다. 이때 허위는 국가의 폐단을 고칠 10가지 조목의 개혁안을 건의하였다. 그 내용은 봉건적 구습을 청산하고 백성들이 풍요롭게 살기 위한 방책을 제시한 것이다.

첫째, 학교를 세워 인재를 기를 것. 그 재주가 우수한 자를 골라서 외국에 유학시킬 것.

둘째, 군정軍政을 닦아서 불시의 변에 대비할 것. 군사는 농사에서 나오고, 농사는 군사에서 나오는 것이니 봄, 가을에 무술을 연습하고 출입하면서 농사꾼과 교환할 것.

셋째, 철도를 증설하고 전기를 시설하여 교통과 산업에 이바지할 것.

넷째, 연탄을 사용하여 산림을 보호, 양성할 것.

다섯째, 건답乾畓에는 수차를 써서 물을 대도록 할 것.

여섯째, 뽕나무를 심어 누에를 치고 못을 파서 물고기를 기르며, 또 육축六畜을 기르도록 힘쓸 것.

일곱째, 해항세海港稅와 시장세市場稅를 날로 더하고 달로 증가시켜 장사꾼들에게도 공평한 이익을 얻도록 할 것.

여덟째, 우리나라 지폐는 폐단이 심해서 물가는 몹시 높고 화폐는 지극히 천하여 공사公私의 허다한 재용財用이 고르지 못한, 즉 은행을 설치하여 금, 은, 동전을 다시 통용시킬 것.

아홉째, 노비를 해방하고 적서嫡庶를 구별하지 말 것.

열째, 관직으로 공사를 행하고, 실직實職 이외에는 차함借啣하는 일은 일체 없앨 것.[48]

자료상 보이는 의정부 참찬 직책으로서 허위의 활동은 일본군사령부를 방

---

48 독립운동사편찬위원회 편, 「왕산허위선생 거의사실 대략」, 『독립운동사자료집』 2, 1971, 237쪽.

문하는 것으로부터 시작되었다. 8월 말 허위는 일본군사령부를 방문하였는데 이 자리에서 철도 역부役夫 모집문제로 인한 피해를 거론하였다. 그는 역부를 강제로 모집하는 폐단 때문에 백성들이 두려워하고 소요하기 때문에 스스로 원하는 자를 제외하고는 일체 뽑지 말 것을 일본군사령부에서 각지 병참소에 전보하라고 주장하였다. 당시 신문에서는 일본군사령부에서도 이를 받아들이기로 했다고 기록하고 있다.[49]

나아가 허위는 주한일본공사 하야시 곤스케를 수차례 방문하여 공사관에서 각 도와 각 항에 철도 역부를 배정한 것을 취소하여야만 강제로 모집하는 폐해가 없어지고 민중들의 소요도 그치게 될 뿐더러 지원자가 오히려 많아져 일본군의 군수품 수송이 편리할 것이라고 주장하였다. 일본공사도 그의 주장을 받아들여 각처 사령부와 병참소에 전칙電飭하고, 대한제국의 내부와 외부에서는 각 관찰부와 감리서에 전보로 훈령하였다. 그러나 8월 29일 하야시 공사는 허위를 다시 청하여 각 도에 다시 전보하여 철회할 것을 강요하였다. 이에 허위는 어제 발송한 전보를 고치는 것은 불가하고 역부 지원자는 차차 많아질 것이니 과히 재촉하지 말라고 일축하였다.[50] 철도 역부 문제와 그에 대한 해결책은 허위의 지속적인 관심사였고 이후에도 다시 제기되었다.

비슷한 시기인 1904년 9월에 허위는 의정부 참찬의 관인 신분임에도 불구하고 대한협동회大韓協同會 활동에 주도적 역할을 한 것으로 되어 있다. 대한협동회는 일본의 황무지 개간 반대운동을 주도했던 전 보안회 도총무 이준이 주동하여 결성한 단체로 일본의 황무지 개척권과 토지 침탈에 대한 반대운동을 전개한 단체였다. 대한협동회는 이상설을 회장, 이준을 부회장으로 선출하였다. 이하 총무 정운복, 평의장 이상재, 서무부장 이동휘, 편집부

---

49 『大韓每日申報』, 1904년 8월 30일.
50 『大韓每日申報』, 1904년 8월 31일.

장 이승만, 지방부장 양기탁, 재무부장 허위 등의 임원을 구성하였다.[51] 얼마 후 새로 이준을 회장으로 선출하고, 황무지 개간 요구에 협조하였던 궁내부대신 민병석, 외부대신 이하영의 탄핵을 계획하기도 하였다.[52] 그러나 대한협동회는 별다른 기록을 남기지 못하였고, 민병석과 이하영의 방해공작과 황제의 명령으로 해산된 것으로 되어 있다.[53]

허위는 일본공사의 정부관리 인사권 개입에도 강하게 자신의 소신을 펼쳤다. 10월 하야시 공사는 공주관찰사 심건택의 면관을 대한제국 정부에 요구한 바 있었다. 당시 준 식민지 상태라고는 하나 엄연한 독립국가로서의 위신과 체면이 손상되는 일이 아닐 수 없었다. 허위는 황제에게 상주上奏하여 "근일 일본공사가 우리 정부관리 임면任免에 참견하고 정부에서도 또한 공사의 말에 따라 물리치고 채택하는 경향이 있으니 이는 실로 우리 정부의 위신을 손해함이니 이후로는 결코 일본공사의 말참견을 배척하고 단연히 정부의 위신을 보전함을 엎드려 바라옵니다"라 하였다.[54]

같은 달 27일 일본의 압력에 따라 의정부 내에 관제이정소官制釐正所가 설치되었다. 이때 허위도 관제이정소 의정관으로 임명되었다. 이는 대한제국 정부와 일본공사관이 유기적 관계를 맺어 관제를 개혁한다는 명목에서 시작하였으나 실제로는 일본공사가 주도하는 대한제국 관제의 식민지적 재편을 염두에 둔 것이었다.

이때 허위는 신병을 이유로 관제이정소 활동에 직접 참여한 것으로 보이지는 않는다. 그 원인에 대해 신문에서는 애첩을 얻어 신병이 발작하여 관직 업무를 볼 수 없게 되었다라고 기술하기도 하였고,[55] 다른 한편에서는 '병을

---

51 柳子厚, 『李儁先生傳』, 東邦文化社, 1947, 103쪽.
52 유영렬, 「애국계몽운동의 전개」, 『한국사』 43, 국사편찬위원회, 1999, 298쪽.
53 柳子厚, 앞의 책, 107쪽.
54 『大韓每日申報』, 1904년 10월 13일.
55 『大韓每日申報』, 1904년 11월 4일.

칭하고' 집에 누워서 손님을 사절하였다는 새로운 해석도 있었다.[56] 그러나 이는 일본 정부의 대리인 노릇을 할 수밖에 없는 관제이정소 활동을 피하기 위한 그의 고육책으로 보여진다.[57] 얼마 후 그의 정치적 활동은 재개되었다. 같은 해 11월부터 그는 일진회一進會에 대한 반대운동을 시작하였다.

당시의 기록에 의하면, 그의 활동에 대한 해석이 달리 되어 있는 부분이 보인다. 12월 6일 공진회共進會가 창설되었는데, 소문에 따르면 그 배후에는 참청 신기선과 내부대신 이용태, 참찬 허위 등의 정부대신이 있다는 것이었다.[58] 반면 같은 달에 허위가 일진회와 공진회를 타파하기 위하여 정부 대신들과 '정우회政友會'를 조직한 것으로 되어 있다.[59] 그러나 공진회는 일반회원이 보부상 중심으로 되어 있고 이준이 주도하였던 단체로서 과거 황국협회에 참여한 경험이 있던 허위와는 연결될 소지가 많은 단체였다. 또한 당시 신기선과 이용태 역시 허위와 각별한 교분이 있었던 점으로 보아 그가 공진회 타파에 앞장섰다는 주장은 현실성이 없는 것으로 판단된다.

허위는 일진회 활동에는 대단히 부정적이었다. 그는 이용태, 신기선 등과 더불어 일진회를 타파할 목적으로 일당 2원씩을 주고 장정 500~600명을 고용하였다. 이들로 하여금 일진회에 단발 입회토록 하여 한밤중에 회장 이하 주모자 수십 명을 타살하고 남은 무리들을 모두 체포하려는 계획을 세웠다. 그러나 이 계획은 일진회 측에서 미리 알아차리고 엄중히 경계하여 불발로 끝나고 말았다.[60] 한편 그는 「일진회를 성토하는 글」에서 일진회 회원들은 일본을 위한 매국역적이기 때문에 죽여야 한다고 강경한 입장을 견지하였다.

---

56 『大韓每日申報』, 1904년 11월 16일.
57 법부대신 김가진도 신병을 이유로 관제이정소에 불참하였다 한다. 『大韓每日申報』, 1904년 12월 24일.
58 松宮春一郎, 『最近の韓國』, 早稻田大出版部, 1905, 176쪽.
59 "참찬 허위씨가 정우회를 조직하였는데, 그 목적은 일진, 공진 양 회를 타파 차로 정부 대관과 연일 회의하여 期於 朔設한다더라"(『大韓每日申報』, 1904년 12월 24일). 이 정우회는 1908년 결성된 친일단체 정우회와는 성격이 다른 단체였다.
60 『大韓日報』, 1904년 11월 1일(『나라사랑』 27 왕산 허위 특집호, 외솔회, 1977, 191쪽에서 재인용).

명색 일진회란 것도 또한 대한에 태어난 것들이면서 저 사람들(일본인)의 앞잡이로 됨을 즐거이 여기며, 방자하게 보호하는 말을 전국에 선언하여 저 사람들의 핑계거리를 준비하고 있다. 저들도 사람의 낯짝이고 사람의 마음이면서 어찌해 이런 극도에 이르렀는가. 진실로 그들의 심보를 따져보면 역적의 형적이 이미 싹텄으니 절대로 우리 대한의 신자臣子가 아니다. 『춘추春秋』에 '난신적자亂臣賊子는 사람마다 죽일 권리가 있다' 하였다. 지금 공법公法에 '역당逆黨은 타국의 간예干預를 칭한 것'이라는 것도 또한 합리하지 못함이 있다.[61]

또한 11월 18일 맏형 허훈許薰에게 보내는 편지에서도 거듭 일진회 타파의 의지를 표명하였다.

민회民會란 이름으로 조직한 일진회一進會에서 외국에 의뢰해서 조정을 업신여겨 협박하고 있으니 이 또한 큰 변고이옵고, 정부에서는 아직도 정령政令을 개선해서 일진회를 타파하는 조치를 못하고 있으니 어떻게 이것을 막을 수 있겠습니까? 오직 두렵고 부끄러울 뿐입니다.[62]

허위의 둘째 형 허겸許蒹도 일진회 지방지회의 타파를 위해 수만 원의 운동비를 마련하여 삼남으로 내려가 반일진회 세력을 모으려 한다고 일진회에서 회원들에게 경계하라고 하였다.[63]

이 기간 허위와 허겸은 중앙의 전현직 관리와 경상·충청도 재지유생 133명과 더불어 '충의사忠義社'를 조직하고 참여하였다. 이 단체는 '국가에 대하여 권익을 향상케 하고 잔해殘害는 철저히 배제하되 위급할 때에 처해서는 생명도 고려치 않는다'는 목적으로 서울에 총사를, 지방에 분사를 설립하고

---

61 『國譯 旺山全書』, 74쪽.
62 許蔿, 「兄主前上書」, 甲辰 10월 11일.
63 『大韓每日申報』, 1904년 12월 29일. 일진회 측에서는 이들을 '패류悖類'로 규정하였다.

활동한 단체였다.[64]

허위는 자신이 주도한 반일진회 운동이 성공을 거두지 못하고 국가의 운명이 나날이 일본에 의해 좌우되는 모습을 보면서 더 이상 희망을 가질 수 없다고 판단하였다. 이에 그는 1905년 1월 8일 사직상소를 올리고 참찬직을 내놓았다. 참정 김성근과 탁지부대신 민영기도 사직소 제출에 동참하였다.[65]

참찬을 사임하자마자 허위는 자신을 따르는 10여 명과 함께 「일본을 배격하는 격문」을 작성하였다. 민족사학자 박은식朴殷植에 따르면 "죽음을 결심하고 항의하여 국민에게 외치면서 동시에 분발코자 전국에 격문을 포고"[66]하였다는 것이다. 이 격문은 1905년 1월 일본군의 뤼순 함락 직후에 작성된 것으로 추정된다. 허위는 원래 동방 안위의 차원에서 러시아보다는 일본의 승리를 축하하였다고 한다. 이 격문에서 허위는, 다행히 일본은 만주의 뤼순에 들어가 '탐폭한' 러시아의 예기銳氣를 꺾고 "우리 한국과 수호하여 우리의 강토를 보전하고 우리의 독립주권을 공고히 하고자 하였다"는 점에 대해, 우리 한인이 가장 감사하게 여기는 바이며, 동아의 안보가 실상 금번의 전역戰役에 힘입은 바라 하였다. 즉, 러시아에 대한 일본의 승리를 서양에 대한 동양의 승리란 측면에서 축하하고 있다. 그러나 일본은 오히려 '매국간당과 결탁'하여 대한제국 황실을 위협하고 대한제국의 주권을 강탈하였고, "그들 병민兵民들은 난폭한 짓을 저지름이 러시아인의 탐악하고 잔인했던 것에 비해 더 지나치다"고 통탄하면서 "그 공을 핑계로 해 그 집 살림을 다 빼앗는다면 집의 임자는 도적에게 잃는 것이 도리어 나을 것"으로, 지금의 정세가 이와 다름이 없다고 하였다. 이에 대한 적극적인 대항책으로 허위는 전국적인 반일의병봉기를 권유하였던 것이다.

그는 또한 일본 측의 경부철도 부설과 관련한 허다한 작폐문제를 지적하

---

64 충의사 자료와 활동에 대해서는 權大雄, 「韓末 在京 嶺南儒林의 救國運動」, 『日帝의 韓國侵略과 嶺南地方의 反日運動』, 韓國近代史硏究會, 1995, 75~79쪽 참조.

65 『皇城新聞』, 1905년 1월 9일.

66 朴殷植 저, 李章熙 역, 『韓國痛史』(下), 博英社, 1996, 63쪽.

였다. 먼저 철도 부지 문제였다. 허위는 일본 국내에서도 철도 정거장 부지는 몇 천 평에 불과한데 우리나라에서는 넓은 땅을 차지할 이유가 없다는 것이다.[67] 더불어 철도 역부로 인한 폐해를 거론하면서 극심한 피해를 입은 지역으로 청주, 옥천, 진위, 황간, 금산, 영동, 연기 등의 실례를 상세히 들었다.

> 일본인 역부 또한 많았는데 모두가 무뢰건달배들이었다. 우리 역부들은 그들을 믿고 호가호위狐假虎威하였으며, 일본인 역부는 오직 통역관의 종용만을 듣고 불법행위를 하지 않음이 없었다. 마을에 들어가 약탈을 자행하며 부인을 강간하고 사람을 때려 다치게 하고 죽이며 관청을 어지럽힌다. 지방관이 혹 잡아서 다스리게 되면 일본인은 역부를 비호하여 지방관을 끌어내어 도리어 모욕을 주니, 이제 이러한 환해患害가 화적떼보다 심해서 관리나 인민들은 모두 그들의 기염을 무서워하여 경원京院에 고소조차 하지 못하였다.[68]

이러한 현상이 빈번히 일어나게 된 원인은 일본 정부가 그들을 비호했기 때문이라고 하였다. 그에 따라 충청도 진위 이남 500, 600리 땅은 거의 폐허가 되었고, 청주와 회덕 이남 지방이 더욱 극심하다고 하였다. 그리고 황간 등에서는 일본인이 공공연하게 부녀자를 겁략劫掠하는 현상을 보고도 아무도 감히 호소할 수 없었다 한다. 또한 김산군수 이성해는 일본인들의 불법행위를 금하자 일본공사가 우리 외부에 조회하여 철도공사를 방해한다고 하여 그를 처벌할 것을 요구하였는데, 군수가 철도패장鐵道牌長 홍명선 등의 무례함을 나무라다가 역부들과 일본인 수십 명이 쇠몽둥이로 군수와 관리들을 난타하여 중상을 입히기까지 하였다. 또한 영동에서는 무전취식하고 술집 주인을 구타한 역부 김영복과 허성오를 군수 천세현이 체포하자 쇠몽둥이를 든 일본인 10여 명이 관청에 난입하여 관속 두 사람을 구타, 살해하고 군수

---

67 『國譯 旺山全書』, 66~68쪽.
68 朴殷植 저, 李章熙 역, 앞의 책, 66~68쪽.

역시 심한 구타를 당하여 기절까지 한 일이 있었다. 연기에서는 옥문을 파괴하고 관리를 때리고 관청의 물건 등을 부수었다. 허위는 이 같은 변은 하도 많아서 모두 다 기록할 수조차 없다고 통분하였다.

러일 간의 국제전이라는 비상계엄 상황임에도 불구하고 허위 등이 이같이 일본의 침략정책에 조목조목 반대하는 준엄한 격문을 선포한 것에 일본공사는 크게 노하였다. 하야시는 곧바로 우리 외부에 조회하여 그를 엄히 다스릴 것을 요청하고, 일본 군인과 순사를 파견하여 관련된 사람들을 포박하고 격문을 압수하는 조치를 단행하였다.[69]

4. 면직·구금·강제귀향

참찬을 사직하고 재야활동을 시작한 허위를 황제는 만 두 달여도 안 된 1905년 3월 1일 최측근에서 자신을 보좌하는 비서원 승지로 임명하였다.[70] 그러나 일본공사관 측에서는 그의 임명과 연이은 반일활동에 강력히 대처하였다. 당시 경기관찰사인 면암 최익현崔益鉉과 더불어 허위는 배일운동의 양대 거두로 부상하였다. 최익현은 「한일의정서」를 성토하고 의정서에 서명한 대신들을 사형에 처하고 대중의 신임을 받는 인사들로 하여금 정부를 맡게 하여 일본을 물리칠 것을 청하였다. 그 내용은 3월 6일과 7일 양일에 걸쳐 『황성신문』에 게재되었다. 이에 3월 9일 일본공사 하야시 곤스케는 외부대신 이하영에게 조회하여 일본을 가리켜 '수적讎敵'이라 하는 등 국교에 손상을 가져왔다면서 최익현과 더불어 비서원 승지 허위를 엄중히 처벌할 것과 반일활동이 전국적으로 확산되는 것을 막기 위해 일본 측에서 '필요한 조

---

69 朴殷植 저, 李章熙 역, 앞의 책, 68~69쪽.
70 『承政院日記』, 光武 9년 1월 26일.

치'를 취할 것이라고 통고하였다.[71] 이는 이들의 강제 퇴임과 반일활동의 무력진압이 임박하였음을 암시하는 것이었다.

또한 같은 날 주한일본주차군사령관 하세가와 요시미치長谷川好道는 공사와 협의한 후 최익현과 허위가 「한일의정서」를 비난하여 서울의 안녕과 질서를 파괴하였다는 이유로, 이들을 일본군헌병대에 구금하여 조사하였고 이 사실을 외부대신 이하영에게 통고하였다.[72] 하세가와는 두 사람을 협박한 후 돌려보냈다. 일본 측에서는 다음 날 3월 10일 저녁에도 일본공사관 통역관 시오가와鹽川가 허위를 일본공사관으로 소환하여, 그의 배일운동은 양국의 국교를 방해하는 것이니 급히 사직하고 향제로 내려가라고 협박하였다. 이에 허위는 격렬히 항변하다 돌아갔다. 이날은 만주의 평톈대회전에서 일본군이 대승을 거두고 평톈을 점령한 날이었다. 이 시기에 허위는 김학진, 이일직과 함께 서울 주재 각국 공사에게 일본제국주의의 불법적 침략을 규탄하고 각국이 대한제국의 독립을 보호해줄 것을 요청하는 서한을 발송하였다.[73]

통역관을 통한 최후통첩마저 받아들여지지 않자 마침내 주차군사령관은 그 다음 날인 3월 11일 아침에 최익현과 허위, 판서 김학진 등을 남대문 창동 병참사령부로 압송하여 가두고, 일본 헌병들이 허위의 집을 수색하여 문서 등을 압수해갔다.[74]

이렇듯 반일고위관료들에 대한 체포와 가택수색에 들어가자 대한제국 정부에서도 강력히 항의하였다. 같은 날 외부대신 이하영은 일본공사에게 최익현의 상소가 설혹 시의에 합당치 못한 것이 있더라도 채납 여부는 모두 한국 황제가 결정할 일이므로, 일본군이 함부로 잡아 가두는 것은 대단히 무례한 일이라고 강경히 항의하였다. 동시에 최익현, 허위를 즉시 집으로 돌려보

71 『舊韓國外交文書』 제7권, 「日案」, #8507, 1905년 3월 9일.
72 『舊韓國外交文書』 제7권, 「日案」, #8507, 1905년 3월 9일.
73 釋尾春仿, 『朝鮮倂合史』, 朝鮮及滿洲社, 1926, 274쪽.
74 『皇城新聞』, 1905년 3월 13일.

낼 것을 요구하였다.[75] 그러나 일본 측은 대한제국 정부를 계속 압박하였고 결국 이에 굴복한 정부도 '배일운동으로 한성의 치안을 방해'[76]한 혐의를 물어 12일 허위의 비서원 승지 직책을 거두어들일 수밖에 없었다.

그러나 러일전쟁 이후 국권의 무력화와 연이은 대관들의 강제연행과 구금에 대한 비난 여론이 들끓고 있었고, 더불어 반일의병봉기도 새로운 각도에서 준비되고 있었다. 이에 외부대신 이하영은 13일과 14일에 하야시에게 다시 조회하여 일본군이 최익현과 허위, 김학진을 석방하지 않기 때문에 우리나라의 여론이 더욱 시끄러워지고 따라서 양국의 국교도 단절될 수 있다며 이들을 즉시 석방할 것을 촉구하였다.[77] 그러나 일본 측은 거듭되는 외부대신의 요구를 받아들이지 않았고, 오히려 13일에는 일본을 비난한 혐의로 일본 헌병이 이세직李世稙(李逸稙의 다른 이름)을 잡아갔다.[78]

김학진은 며칠 만에 석방되었지만 최익현과 허위는 오랜 기간 구금되었다. 그러다가 허위는 옥살이의 후유증으로 병이 심해져 구금된 지 만 4개월여 만인 7월 13일에 석방되었다. 일본사령부에서 석방되던 날, 그는 다음과 같은 상소를 올렸다.

일로전쟁은 실상 동양 대세에 관계되는데, 일본이 노국을 항거함은 실로 동양을 보전하려는 뜻에서 나왔습니다. 이러므로 싸움을 개시할 적에 외무대신 고무라 주타로小村壽太郎가, 일본이 노국과 교섭한 시말을 여러 나라에 발표하면서 '한국의 독립과 영토보전을 유지하도록 한다' 했습니다. 그리고 일본 천황의 선전칙서에 또 '한국을 보전하는 데에 중점을 둔 것이고 일본 한 나라 때문이 아니다' 했습니다. 한일의정서 제3조에는 '일본은 대한의 독립과 토지에 대한 주권

75 『舊韓國外交文書』제7권, 「日案」, #8507, 1905년 3월 9일 · #8508, 1905년 3월 11일 · #8509, 1905년 3월 11일 · #8510, 1905년 3월 12일; 『皇城新聞』, 1905년 3월 14일.
76 『大韓每日申報』, 1905년 7월 15일.
77 『舊韓國外交文書』제7권, 「日案」, #8511, 1905년 3월 13일 · #8512, 1905년 3월 13일 · #8516, 1905년 3월 14일; 宋相燾, 『騎驢隨筆』, 「崔益鉉條」.
78 『皇城新聞』, 1905년 3월 15일.

을 보전하는 것을 전쟁하는 제1목적임을 확증한다'했습니다. 그리고 가네코 겐타로金子堅太郎를 서구에 파견하여 전쟁 일으킨 원인을 설명하면서 반드시, '한국의 독립을 공고히 하고 지나支那의 영토를 보전해서 서구의 동정同情을 잃지 않겠으며 일본은 조금도 야심이 없다'라고 일컬었습니다. 이런 여러 가지에 의거하면, 일본은 본래 우리의 독립과 영토에 대한 권리를 억지로 빼앗을 수 없음을 환하게 알 수가 있었습니다. 비록 야심을 비밀히 품었다 하더라도 전일의 말을 위반하면 그 만국萬國의 공의公議에 용납되지 않을 것입니다.[79]

이 내용을 보면 허위의 러일전쟁에 대한 인식을 알 수 있다. 그는 국제공법國際公法을 통해 열국이 보장하는 대한제국의 주권을 회복하는 데 심혈을 기울이고자 하였다. 허위는 일본이 대한제국 및 중국과 협력하여 러시아를 막고 동양 삼국의 안위를 보장할 수 있을 것으로 믿었으나, 오히려 「한일의정서」의 약속과는 달리 침략의 야심을 노골적으로 드러내어 우리의 국권이 보장받을 수 없는 지경에 이르게 되었음을 설파하였다. 그는 공법으로 해결되기를 기대하였다. 당시 많은 지식인들은 만국공법International Law을 인식하고 있었으며, 유길준 같이 이에 상당한 지식을 가진 이도 있었다. 위정척사론적 시각을 가진 일부 보수적인 유생층을 제외한 대부분의 논자들은 공법에서 말하는 '균세均勢와 자주自主'가 조선에도 적용되기를 기대하였다.

국제공법을 무조건 옹호하는 것도 문제였지만, 더 심각한 문제는 무력을 기반으로 하는 제국주의 국가들이 무한한 욕심에 사로잡혀 공법을 제대로 지키지 않는다는 것과, 공법을 옹호하는 이들조차 그 배후에 숨겨진 패권주의 논리를 발견하지 못했다는 점이다. 심지어 보수적 성향을 지닌 허위도 아직까지 공법에 실타래 같은 희망을 걸고 있었으며, 한국이 공법을 준수하는 것이 국제간의 신용을 잃지 않고 편안하게 지낼 수 있는 방책이라고 하였다. 그러나 이는 제국주의 일본으로서는 지킬 수 없는 내용이었다.

---

79 『國譯 旺山全書』, 60쪽.

거처로 돌아온 허위는 일본 측의 감시 아래 간단한 치료를 받았다. 치료 직후 그는 9년여에 걸친 서울생활을 모두 청산하고 일본 헌병의 '보호'를 받으며 7월 19일 오전 9시 경부철도 제2열차 편에 태워져 고향인 경상북도 선산으로 강제 추방되었다.[80]

왕산 허위는 을미의병운동의 연장선상에서 대한제국 초기에는 보수적 지식인이자 재야운동가로서 황국협회와 건의소청 등을 통해 큰 활약을 하였다. 결국 그 공을 인정받아 40대 중반의 나이에 하급관료로서 관직생활을 시작할 수 있었다. 관직에 있으면서도 허위는 주로 민족문제에 큰 관심을 가지고 이를 해결하기 위한 적극적인 행동을 전개하였다. 그는 많은 인맥을 활용하였고 그들의 우두머리가 되어 제일은행권 유통반대운동을 비롯하여 시폐時弊 및 국제관계와 관련한 내정개혁론과 자주적 개혁론을 주장하는 운동을 주도하였다. 그 결과 면암 최익현과 더불어 대중정치인으로 크게 부상되었다. 당시 일반인들의 바람을 명망가인 이들이 대변하였다고 볼 수 있다. 그 과정에서 이전의 전형적인 이미지인 척사론적 유림에서 탈각하여 혁신유림으로서 방향 전환을 하게 된다.

허위는 친일인사가 아님에도 불구하고 러일전쟁 이후에 정치적 역할이 강화되는 것이 특징이라고 할 수 있다. 이때 그는 의정부 참찬과 비서원 승지라는 고위 관료직에 임명되었다. 그동안 대한제국 황실의 집사 역할을 하던 내장원경 이용익李容翊이 1902년부터 엄순비嚴淳妃를 중심으로 하는 정치세력의 견제에 의해 권력이 제약되는 상황에서 최익현과 더불어 허위는 마지막 카드로 활용되었던 것으로 보인다. 정부관리로서는 드물게 당시 그는 일진회로 대표되는 친일정치세력을 논박하는 한편, 일본의 정치·경제적 침탈에 적극적인 반대의사를 공개적으로 표명하였다.

---

80 『大韓每日申報』, 1905년 7월 21일. 당시 신문 기록에는 善山 鄕第로 되어 있으나, 허위가 김천 지례의 삼도봉 두대동으로 갔다는 설도 있다(李東英,「許蔿」,『韓國人物五千年 6近代의 人物 Ⅰ)』, 日新閣, 1978, 434쪽).

그러나 러일전쟁 이후 시대적 상황에서 황실을 지탱할 수 있는 힘을 가진 관료가 되기에는 허위의 권력기반은 너무도 미약하였다. 또한 일본 측의 거부도 그가 정치활동을 지속하는 데 큰 방해가 되었다. 결국 '준 식민지 상황'에서 러일전쟁도 일본의 승리가 확실시되고 이른바 '을사조약'이 강제 체결되기 직전에 허위는 일본 측의 거듭되는 강요에 의해 정계에서 완전히 축출되었다. 이는 단순한 인사조처라기보다는 황실과 관료를 축출하기 위한 일본 측의 집요한 공작의 최후결정판이었다. 1905년 이후 고향 집에서 은거하던 그는 1907년 고종황제가 강제퇴위당하고 군대마저 해산되는 국가 존망의 비운에 처하자 또 다시 의병장으로 나서지 않을 수 없게 되었다.[81]

---

81 항일의병장으로 변신한 허위는 경기도 연천군과 강원도 철원군 접경에서 1908년 5월 23일 일본군 오타太田 대위에게 체포 후 취조를 받는 과정에서도 동양평화를 유지하는 길은 일본이 성심성의로 한국을 감싸고 다시 중국을 원호하여야만 그 맹주로서 동양의 영원한 평화를 유지할 수 있을 것이라 주장하였다(小森德治,『明石元二郞』上, 原書房, 1968, 428쪽). 서울로 압송된 그는 한국주차 헌병대 사령관 아카시 모토지로明石元二郞가 입회한 가운데 추가로 심문을 받고 서대문형무소에서 처형되는데, 이때 아카시는 허위에 대해 "적의 괴수지만 실로 국사國士의 풍모가 있다"고 평가한 바 있다(위의 책, 429쪽).

제2장

삼국제휴론의 논의 기저

지금까지 근대 변혁운동 연구에서 '주체적 민족주의'로서 척사위정론의 저항적 측면을 강조하여 이를 민족주의로 규정하기도 하였고, 개화파의 운동과 민중의 운동을 중심으로 연구자의 입장에 따라 일찍부터 논쟁이 제기되었다. 그러나 대체로 국권 회복과 구국운동이라는 측면에서 저항적인 면만이 주로 강조되어, 논의를 다양하게 검토하지 못한 한계가 있다. 따라서 개항 이후 지식인들의 대외인식과 논리에 관한 그동안의 연구는 일본인 연구자들의 작업이 주종을 이룬 것이 현실이다. 그것도 일본인들의 한국관과 중국관에 초점이 맞추어져 있다. 때문에 동아시아 삼국 간의 유기적 연관성과 인식의 차별성 등과 관련해서는 별다른 연구가 진행되고 있지 못하다. 그 원인은 일본의 침략으로 귀착되는 동아시아 사회질서에서는 일본을 제외하고는 이러한 문제를 거론하는 자체가 다른 사람들이 과학적 · 객관적 평가를 내리기 힘들 정도로 오해할 수 있는 분위기가 지배적이었다는 데 있다.

그러나 본 주제와 관련하여 볼 때 적지 않은 원전 자료가 있음에도 불구하고 아직까지 학계에서 크게 주목하지 않고 단지 부분적인 작업에 머무는 관계로 종합적인 연구는 미진한 편이다. 그것은 일개인의 작업으로는 해결하기 쉽지 않은 방대한 자료 섭렵 문제와도 어느 정도 관련이 있다. 또한 한국사 연구자 내부에서도 단지 외부압력 문제를 강하게 반영하여 주체적 입장에서 이를 적용하고자 하였던 부분조차도 간단하게 처리하려는 경향이 적지 않다. 결국 당대의 지식인들의 인식논리를 충분히 인식하지 못한 상황에서 현재적 기준에서 평가하려는 경향이 강하다 하겠다. 한국에서는 한국근대 정치사상사[1] 내지는 '동아시아 담론'[2]에 대한 관심이 일어나면서 연구 성과들이 나오고 있다.

이 장에서는 추상적인 입장 혹은 식민지 경험을 염두에 둔 패배주의적 내지는 민족주의적 입장에서 일도양단一刀兩斷식의 연구방법론을 탈피하여 당시 동아시아의 역사적 조건과 관련하여 지식인들이 한·중·일 삼국 간의 제휴문제를 어떻게 인식하고 논리를 펼쳤는지를 알아보고자 한다. 이를 통해 다음과 같은 몇 가지 측면에서 기대효과를 볼 수 있을 것이다.

첫째, 개항 이후부터 식민지 시기에 이르는 기간의 전 과정에 걸쳐 조선 지식인들의 대외인식론의 전환 문제를 전망할 수 있는 기회가 될 것이다.

---

1 대한제국기 전후 한국 지식인들의 시대 인식과 논리를 역사학적 입장에서 정리한 글로서는 다음의 연구들이 참고된다. 李光麟, 「開化期 韓國人의 아시아連帶論」, 『開化派와 開化思想 研究』, 一潮閣, 1989; 박찬승, 『한국근대정치사상사연구』, 역사비평사, 1992; 金度亨, 『大韓帝國期의 政治思想研究』, 知識産業社, 1994; 白永瑞, 「大韓帝國期 韓國言論의 中國 認識」, 『歷史學報』 153, 1997; 조재곤, 「한말 조선지식인의 동아시아 삼국제휴 인식과 논리」, 『역사와 현실』 37, 2000; 金度亨, 「대한제국기 계몽주의계열 지식층의 '삼국제휴론'—'인종적 제휴론'을 중심으로—」, 『한국근현대사연구』 13, 2000; 현광호, 「대한제국기 삼국제휴방안과 그 성격」, 『한국근현대사연구』 14, 2000; 정문상, 「19세기말~20세기초 '개화지식인'의 동아시아 지역 연대론」, 『亞細亞文化研究』 8, 2004.

2 논문 내지 자료로는 최원식, 「비서구 식민지 경험과 아시아주의의 망령」, 『창작과 비평』 제24권 제4호(통권 94호), 1996; 최원식·백영서 편, 『동아시아인의 '동양'인식 ; 19~20세기』, 문학과 지성사, 1997; 백영서, 「20세기형 동아시아 문명과 국민국가를 넘어서」, 『창작과 비평』 제27권 제4호(통권 106호), 1999 및 김광억, 「동아시아 담론의 문화적 의미」; 김경일, 「동아시아와 세계체제 이론」; 임현진, 「'근대화'를 통해 본 동아시아의 발전 : 신화와 현실」(이상 3편의 논문은 '동아시아의 형성과 발전'이라는 기획으로 『정신문화연구』 21-1(통권 70호), 1998에 수록되었다); 야마무로 신이치 저, 임성모 역, 『여럿이며 하나인 아시아』, 창작과비평사, 2003; 쑨꺼 저, 류준필 역, 『아시아라는 사유공간』, 창작과비평사, 2003; 다케우치 요시미 저, 서광덕·백지운 역, 『일본과 아시아』, 소명출판, 2004; 사카이 데쓰야 저, 장인성 역, 『근대일본의 국제질서론』, 연암서가, 2010; 김경일, 『제국의 시대와 동아시아 연대』, 창작과비평사, 2011 등이 있다.

즉, 이 장에서는 한말 지식인의 입장을 중심으로 살펴지만, 그와 연관된 일본 및 중국의 논리들과의 비교 분석적 방법을 통해 논리의 특징과 한계를 객관적으로 검출할 수 있을 것이다.

둘째, 일본자료와 그들의 논리 중심으로 분석된 그동안의 일본학자들의 연구결과와는 일정한 차별성을 제시할 수 있을 것으로 기대된다. 즉, 삼국제휴 문제 인식과 관련된 연구분석의 기초를 확대하여 보다 객관적인 해명에 도달할 수 있을 것이다.

셋째, 제국주의 질서가 팽창, 만연되는 가운데 일제에 협력하는 식민지의 길을 갈 것인가, 아니면 자주적 근대화의 길을 갈 것인가라는 기로에 서 있던 근대 지식인의 자기 고뇌와 번민을 현실적 측면에서 이해하게 될 것이다. 그럼으로써 해방 이후 70여 년간 주변 강대국에 규정되어 격변기를 겪고 이를 극복하면서 새로운 21세기를 시작하는 동시대의 지식인들에게 적지 않은 경험의 장을 제공해줄 수 있지 않을까 한다.

1. 삼국제휴론의 대두와 수용

(1) 삼국 연대의식의 대두 배경

후쿠자와 유키치의 '일본맹주론', '탈아론脫亞論'

19세기 후반 당시 조선의 대다수 지식인들은 전통적인 화이사상華夷思想에 입각해서 일본과 서양을 비문명화된 국가이자 침략적 속성만이 강한 나라로 보고 있었다. 중국 중심의 국제질서를 인정하고 있던 토양에서 박규수朴珪壽 등 개화를 생각하는 극히 일부 인사들만이 일본을 우리와 대등한 국가라는 새로운 국제관과 세계인식을 가지고 있었다. 이는 흥선대원군이 권좌에서 물러나고 민씨 집정기에 들면 개국론으로 진척되었다. 그것은 당시 새롭게 성장하고 있었던 김옥균, 박영효, 김윤식, 홍영식 등 개화파 청년들의 인식변화에 적지 않은 영향력을 주었던 것은 분명하다.[3]

이들의 인식전환은 당시 개화파 중 특히 문명개화론적 입장을 견지하였던 인사들에게 큰 영향을 미쳤던 일본의 대표적 계몽사상가인 후쿠자와 유키치福澤諭吉의 조선과 동아시아에 대한 인식을 통해서도 충분히 유추해 볼 수 있다.[4] 후쿠자와는 자신이 주간하고 있던 『지지신보時事新報』1882년 3월 11일 자 사설에서 동아시아 삼국이 서양인의 침략을 막아내기 위해서 '협심동력'할 역사적 당위성이 있다는 점을 제시하고 있다. 그러나 현 단계로서는 '보거상의輔車相依하고 순치상조脣齒相助한다고 하여도' 중국과 조선이 '일본을 위해 능히 그 굴대[輔]가 되고 입술[脣]이 되는 실효를 거둘 수 있는' 위치에 있다고 보장할 수 없으므로 일본이 삼국의 맹주盟主가 되고 나머지 국가가 이를 본받음으로써 문제를 해결해야 한다고 주장하였다.[5] 후쿠자와는 결국 그러한 길만이 서양의 유린을 막는 최선의 해결책임을 강조하였다.

그는 같은 해 12월 조선으로 떠나는 제자 이노우에 가쿠고로井上角五郎에게 '조선경영의 요지要旨'를 설명하였다. 이 자리에서 후쿠자와는 임오군란 직후 청에 대한 예속성이 강화되는 상황에서는 한국의 독립은 어려운 일이며 오직 일본만이 그것도 '무력'으로 한국을 계도할 수 있다고 하였다. 후쿠자와는 결국 서양 열강의 일본 침입 우려는 한국을 자국의 세력범위 안에 넣어 긴밀하게 제휴하는 길 밖에 없다고 판단하였다.[6]

---

3 李光洙, 「朴泳孝氏를 만난 이야기―甲申政變回顧談―」, 『李光洙全集』17, 三中堂, 1962, 401쪽.
4 조선문제에 대한 후쿠자와의 논리변화 과정에 대해서는 青木功一, 「福澤諭吉の朝鮮觀―その初期より'脫亞論'に至るまで―」, 『朝鮮歷史論集』下, 龍溪書舍, 1979; 崔德壽, 「淸日·露日戰爭期 日本人의 朝鮮論 硏究」, 고려대학교 박사논문, 1987; 吉野誠, 「福澤諭吉の朝鮮觀」, 『朝鮮史硏究會論文集』26, 1989 등이 참고된다.
5 "이때에 즈음하여 亞細亞洲 중에서 協心同力하여 그로서 서양인의 侵凌을 막고자 하는 데 있어 어느 나라를 우두머리로 하여 盟主로 삼을 것인가 … 亞細亞 東方에서 首魁 盟主가 될 나라는 우리 日本이라고 하지 않을 수 없다. 우리는 이미 맹주다"(『時事新報』, 明治 16년 3월 11일, 「朝鮮의 交際를 論함」).
6 近藤吉雄, 『井上角五郎先生傳』, 井上角五郎先生傳記刊行會, 1943, 35~36쪽.

이러한 아시아연대론적 입장을 가진 그의 '일본맹주론'은 갑신정변을 계기로 다시 한번 변화를 겪게 된다. 1884년 12월의 쿠데타에 깊게 관여하고 있었던 후쿠자와는[7] 정변이 성공적으로 이루어지리라는 낙관론적 전망을 가지고 있었다. 그러나 자신의 예상과는 달리 정변은 실패로 돌아갔고, 조선에 대한 일본의 영향력도 이전보다는 크게 위축되는 현상을 보였다. 이러한 급변하는 상황에서 그는 연대론적 입장의 맹주론을 스스로 파기하였다. 후쿠자와는 이제는 조선과 조선 민족을 '문명의 적'이자 '소야만국', '요마악귀妖魔惡鬼의 지옥도地獄圖'로 인식하는 등 극단적인 멸시의 대상으로 설정하고, 이를 개조하는 것이 당면 급무라는 점을 강조하였다. 이는 조선과 중국에 대한 최소한의 우호적인 관계를 청산하고 스스로 군국주의적 입장에 서서 적극적으로 양국의 정치에 강경하게 개입하고자 하는 방향으로 전개되었다. 즉, 일본만이라도 아시아적 입장에서 벗어나 근대화할 수 있는 방안을 마련하자는 주장으로 변개된 것이다. 그러한 후쿠자와의 동아시아관은 '탈아입구론脫亞入歐論'으로 나타났다.[8]

이 같은 급작스런 입장변환은 일본 국내의 정치적 동향과 긴밀한 관련을 맺고 있었다. 갑신정변에 적극적으로 개입했던 일본 정부는 정변 과정에서 그것이 실패로 돌아갈 것으로 판단하고 스스로 발을 빼버렸다. 정변 실패 이후 조선에서 청의 입장이 다시 강화되는 방향으로 나가게 되었다. 이는 일본이 1868년 메이지유신 이후 적극적으로 추구하던 대륙침략 정책의 일정부분 수정이 불가피한 것이 아닐 수 없었다. 따라서 그동안의 맹주론이나 연대론의 주장들이 일시 조용해지면서 그들의 '치욕'에 대해서 매우 분통해 하는 강경한 입장을 표명하는 논의들이 서서히 자리를 잡기 시작하였다.

---

7 그 예는 정변 직전 김옥균이 후쿠자와 유키치와 고토 쇼지로後藤象二郎에게 보낸 의견서에서, "만약 무력을 사용하게 되면 일본인을 고용하지 않으면 안 됩니다. … 우리들과 일을 같이 할 수 있는 사람은 오직 각하뿐입니다"(山邊健太郎 저, 安炳武 역, 『한일합병사』, 汎友社, 1982, 92쪽)라는 내용에서 증명된다.

8 高城幸一, 「福澤諭吉と甲申政變」, 『日本學報』 51, 2002.

이미 1883년 청프전쟁 시기부터 구상되었던 것으로 평가되는[9] '탈아론'은 후쿠자와가 1885년 3월 16일 자 『지지신보』에 발표한 것이다. 그는 일본이 새로운 전기를 삼기 위해서는 '탈아脫亞' 두 글자를 주의로 하여 구투를 벗어나는 한편, 아시아 주洲에서 새로운 한 기축을 이루어야 할 것이라는 점을 설정하였다. 그러나 아직까지 '불행'하게도 발전 가망이 전혀 없는 중국과 조선이 이웃에 있는 관계로 상호 제휴를 통한 발전은 기대할 수 없다는 것이다. 그는 탈아론의 핵심골자로서 다음을 강조하였다.

보거순치輔車脣齒라는 것은 이웃 나라가 서로 돕는다는 비유지만 지금의 지나支那와 조선朝鮮은 우리나라를 위하여 털끝만큼의 도움이 되지 않을 뿐더러 오히려 서양 문명인의 눈으로 본다면 삼국의 지리가 상접하고 있기 때문에 때로는 동일시하고 지支·한韓을 평가하는 그 정도로 우리 일본을 평가하는 일이 없지 않다. 가령 지나·조선 정부가 여전히 전제정치를 하고 국제법을 무시하면 서양인은 일본 또한 그러한 국가라 할 것이고, 지나·일본 사인士人이 혹닉惑溺이 심하여 과학이 어떤 것인가를 모른다면 서양학자는 일본도 음양오행만 아는 나라라 생각할 것이고 지나인이 비굴하여 수치를 모른다면 일본인의 의협도 이 때문에 가려질 것이고 조선에 사람을 놀라게 하는 참혹한 일이 있으면 일본도 그와 같이 무정할 것이라고 추측하게 될 것이니 그러한 사례는 이루 헤아릴 수 없다.[10]

즉, '털끝만치도 도움이 되지 않는' 중국 및 조선과의 '보거순치輔車脣齒'의 연대론적 입장을 스스로 폐기하고, 참혹한 전제정치와 국제법을 무시하고 비과학적 행동을 일삼는 이웃 나라들과 동일하게 서양의 멸시를 받을 필요 없이 홀로서기를 해야 한다는 것이다.

---

9 崔德壽, 앞의 논문, 24쪽.
10 『時事新報』, 明治 18년 3월 16일.

결론적으로 후쿠자와는 청과 조선은 '도저히 독립을 유지할 길이 없어 보이는' 아시아 동방의 '나쁜 친구惡友'로서 그들의 개명開明을 기다려 함께 아시아를 일으킬 시간이 없다는 점을 부연하였다. 그는 1884년 기대했던 김옥균·박영효 등 조선의 진보적 개화파들 주도의 정변이 와해되는 상황을 보고, 양국 간 더 이상의 제휴를 거부하자는 것이었다. 반면 일본만이 근대화될 수 있는 방안은 오직 아시아적 입장에서 벗어나는 '탈아脫亞와 입구入歐'를 통해 가능하다고 보았다.

그렇지만 이는 조선과 중국으로부터의 완전한 이탈을 의미하는 것은 아니었다. 오히려 연대론적 입장을 추구하기 어려웠던 현실적 상황에서 일본의 정신적·물질적 협조는 거부하면서도 그들의 영향력은 계속 유지하려는 논리로 방향을 바꾼 것에 불과한 것이다.[11] 이런 인식은 당시 대다수 일본 지식인들의 공통적인 속성이었다.[12] 시국이 다시 한번 변화를 겪게 되는 청일전쟁과 갑오개혁 시기인 1894년 11월에 후쿠자와는 이전의 탈아론에서 다시 "국무國務의 실권을 우리(일본) 손에 쥐고 한인韓人에게는 다만 사무의 집행을 담당하게 한다"는 '보호국론'으로 입장을 재차 변개한다.[13] 평소부터 조선과 조선인을 비열함과 재물 탐닉, 노예 근성 등으로 비유하면서 '문명개화'의 동반자로 보지 않았던 그의 속내는 시종 큰 변화가 없었던 것으로 보인다.[14] 결국 이와 같은 후쿠자와의 임기응변적 인식전환은 일본 정부의 단계별 침략논리와 긴밀히 상호 조응하고 있는 것이다.

---

11 鄭源文, 「福澤諭吉의 「脫亞論」에 관한 研究」, 중앙대학교 박사논문, 1987, 32, 78쪽.
12 小田實, 「日本의 近代化와 知識人의 變遷」, 韓國日本學會 編, 『日本의 近代化와 知識人』, 敎學研究社, 1981, 166쪽.
13 후쿠자와는 자서전에서 일본이 관민일체로 나라의 개진과 진보에 힘을 기울인 성과가 청일전쟁의 승리로 나타난 것으로 이해하면서, "살아 있다 보니 이렇게 좋은 구경도 하는구나. 먼저 죽은 친구들은 불행하다. 아, 보여주고 싶구나"하며 몇 번이고 눈물을 흘렸다고 술회하였다(후쿠자와 유키치 저, 허호 역, 『후쿠자와 유키치 자서전福翁自傳』, 이산, 2013, 363~364쪽).
14 위의 책, 291·299~300·303쪽 참조.

다루이 도키치의 「대동합방론」

비슷한 시기 후쿠자와는 다소 입장을 달리하면서도 삼국제휴를 논리화한 것으로는 다루이 도키치樽井藤吉의 「대동합방론大東合邦論」이 있다. 다루이가 1885년 초고를 작성하고 1893년 간행한 것이다. 다루이는 서구인의 동양 진출에 대응하여 일본과 한국은 상호 간에 "성친誠親·성화誠和의 협의를 수행하고, 무사공평의 맹약을 체결하여 합방"을 하여야 한다는 점을 주장하였다. 그런데 앞의 후쿠자와의 입론과는 달리 그가 주장하는 논리의 특색은 '공존공영'을 위해 일본과 조선 양국이 '대등한' 입장에서 '대동大東'이라는 국가를 세워 청과 동맹하여 백인들의 아시아 침략을 공동으로 방어하여 아시아의 쇠운을 만회하자는 데 있었다.[15]

그러나 대동합방론은 다음과 같은 여러 가지 문제점이 있다. 첫째, 조선이 일본과 대등한 관계로 설정되는 듯하여 서양의 침략에 공동 대응하기 위해 마치 '공존공영'을 위한 노력을 상호 대등한 입장에서 추구하는 것처럼 보일 소지가 있으나 결코 그렇게 볼 수 없다. 예컨대 그는 국가적·민족적 차별성을 규정하고 있다.

> 조선은 빈약한 국가이며 지금 조선과 합방하는 것은 마치 부자가 가난한 자와 재산을 함께 하는 것이다. 조선의 문화는 뒤떨어져 있으며 국민의 식견도 뒤떨어져 있다. 양국의 합방은 현자가 우둔한 자를 불쌍히 여겨 함께 하는 것이다.[16]

다루이의 논리는 1910년 무력 사용 없이 한국을 병합하려는 '일한합방'의 이념적 논리를 제공하였다.[17] 당시 부일협력자들의 명분을 '합리적' 논리로 전환시키는 것도 그를 통해 가능할 수 있었다. 그의 합방론은 일본의 침

---

15 樽井藤吉, 『譯文大東合邦論』, 長隆書林, 1975, 85~86쪽.

16 위의 책, 75쪽.

17 楠原利治 外, 「『アジア主義』と朝鮮-判澤弘, 「東亞共榮圈の思想」について-」, 『歷史學研究』 289, 1964, 24쪽.

략과 흡수합병을 은폐하려는 고도의 테크닉이 내재되어 있었던 것으로[18] 형태는 다르지만 최종 목적은 후쿠자와와 대동소이하다. 그러나 대아시아주의적 입장을 가진 그는 연합정부인 대동국大東國의 권력기구 등에 대해서는 하등의 구체적인 언급이 없었다.[19]

이상의 내용으로 볼 때 결국 다루이의 언급은 다분히 정략적인 표현에 불과하다고 하겠다. 따라서 향후 이를 뒷받침할 만한 방향 제시 없이 일단 현상을 호도하고 그 후 일본의 침략이 적극화되었을 때는 정작 별다른 후속논리를 제시하지 못하고 침잠할 수밖에 없었다. 그럼에도 그의 논리구상은 뒷날 일본의 한국병합과 대동아공영권 실행의 본격화와 더불어 많은 실마리를 마련해주는 호재로 사용되었다.[20]

(2) 삼국제휴론의 수용과 추이

1880년대 초반 일부 개화인사들은 제국주의 질서가 동아시아에 적용될 수 있으며 그것은 향후 적지 않은 우려가 될 것임을 공통적으로 걱정하고 있었다고 보인다. 따라서 그들은 국제적 위기를 타결하기 위한 적극적인 노력이 필요할 것이고, 각국의 경험들을 통해 조심스럽게 조선에 적용해 보고자 하였다. 1883년 12월 『한성순보漢城旬報』에는 「오스트리아 · 프러시아 · 이탈리아가 동맹하다」라는 제목의 기사가 실렸다.[21] 여기서 이들 삼국이 동맹한 이유는 안으로는 상호 간의 우의를 돈독히 하고 밖으로는 적국 프랑스를 비롯한 대국들의 침략 위협에 힘을 합쳐 공동 방어한다는 데 주안점이 있는

---

18 『대동합방론』에 대해 하타다 다카시旗田巍는 "이윽고 청일 · 러일 전쟁에서 승리하여 한국에 대한 독점적 지배를 확립하는 단계가 되자 합방론은 한국병합의 관념적 무기가 된다"라고 하여 그 문제점을 지적한 바 있다[旗田巍, 『日本人の朝鮮觀』, 勁草書房, 1969(李基東 역, 『日本人의 韓國觀』, 一潮閣, 1983, 58쪽)].

19 楠原利治 外, 앞의 논문, 24쪽.

20 이에 대해서는 蔡數道, 「초기 대동아공영권 구상에 관한 일고찰―1868년부터 1910년까지―」, 『日本文化硏究』 35, 2010 참조.

21 『漢城旬報』, 1883년 12월 9일(제5호).

것이라 하였다. 그것은 러시아의 위협에 동아시아 삼국이 공동 대응해야만한다는 당시 조선 측의 위기의식과 직결될 수 있는 내용이다.

이 시기 척사론자들에 비해 오히려 개화인사들의 러시아에 대한 경계의식은 대단하였던 것으로 보인다.[22] 그럼에도 불구하고 러시아의 힘은 미국과영국 등 서구 열강의 힘에 미치지 못할 것이라는 점도 지적하고 있음은 주의를 요한다.[23]

이와 같은 인식의 구체화는 당시 일본과 중국에서 제기되고 있던 논의를반영하자는 것으로 표출되었다. 그 대표적인 기사가 1884년 7월 3일 자『한성순보』에 실린 「인교론隣交論」이다. 이 내용은 중국『신보申報』에 실린 것을 옮겨 적은 것으로, 앞부분은 일본의 흥아회興亞會 회원인 미나모토源仲 모謀가 쓴 '인교론'을 소개하고, 뒷부분은 신보 기자가 언급한 것이다. 미나모토가 주장하는 골자는 다음과 같다.

먼 것을 사귀는 것은 가까운 것을 사귀는 것만 못하고, 가까운 것을 사귀는 것은 이웃을 사귀는 것만 못하다. 이는 저것이 어리석고 이것이 지혜롭기 때문은아니다. 대체로 이것을 사귀는 것이 본本이고 저것을 사귀는 것이 말末이니 본이란 정이 친밀하여 사랑이 깊고 말이란 정이 소원하여 사랑이 얕다. 사랑이 얕은 자는 염려도 단순하고 사랑이 깊은 자는 염려도 자상한 것이 이치이고 또한형세이다. (중략) 아, 우리 아시아주의 여러 나라는 어찌 사사로운 의사를 마음대로 하여 이웃 나라와의 우호를 던져 버린다면 어떻게 나라를 부강하게 하며 어떻게 국가를 편안하게 할 것인가?[24]

그의 논리는『신보』기자의 인식과 깊이 부합되는 것이라고 기술하고 있

---

22 裵亢燮,「朝露 수교(1884) 전후 조선인의 러시아관」,『歷史學報』194, 2007.
23 "더욱이 고려는 현재 미국과 이미 통상을 하였고 또 영국과도 조약을 맺었으며, 그리고 중국의
   도움을 받을 수 있고 일본의 후원이 있으니 러시아가 어찌 감히 私志를 드러내겠는가?"(『漢城旬
   報』, 1884년 6월 23일(제25호),「俄約近聞」).
24 『漢城旬報』, 1884년 7월 3일(제26호),「隣交論」.

다. 기자는 미국, 프랑스, 러시아가 욕심을 가지고 극동 진출을 위한 부단한 노력을 펴고 있는 상황에서 이를 극복하기 위한 구체적인 방법으로 중국과 일본의 '협심동력協心同力'을 통한 공동대처 방안을 주장하였다.

「인교론」에서 언급한 내용은 중국과 일본 양국의 협력문제에만 한정되어 있다. 그렇지만 조선의 신문에 소개될 수 있었던 것은 개화인사들도 이 같은 인식을 공유하여 중국·일본과 제휴하여 동아시아 번영을 희구하는 새로운 질서에 적극적으로 참여하고자 하는 의도를 강하게 내포하고 있었음을 유추해 볼 수 있다.

1882년 임오군란 전후 시기에 '흥아회興亞會' 등의 경험이 있었던 조선의 문명개화론자들은 일본 재야지식인들과 긴밀한 관계를 맺는 한편, 일본에서 구체화되던 '순치보거脣齒輔車', '인보(교)론隣保[交]論', '삼국동맹론'으로 대표되는 삼국제휴 연대론을 본격적으로 수용하였다. 이들은 글이나 상소 등을 통해 이를 조선의 현실에 적용코자 하였다.

문명개화론자들의 인식의 핵심은, 조선이 하루빨리 자주적이고 부강한 근대자본주의 국가로 발전해야 하며 그러기 위해서는 청으로부터 '독립'해야 한다는 것이었다. 그러나 이를 위해서는 조선이 발전하지 않으면 안 된다는 점을 그들은 잘 알고 있었다. 이들은 특히 일본이 힘을 가질 때 우리를 적극 도울 수 있을 것으로 인식하였다. 따라서 조선이 청의 압제로부터 자주自主를 모색하게 될 수 있게 될 때까지는 부득이 현실의 대세에 순응하면서 자신들의 입장을 정리하지 않을 수 없었다.

이들 중 가장 앞선 시기부터 일본과 적극적인 제휴를 모색한 인사는 이동인李東仁이다.[25] '개화승'으로 당시 밀항하여 일본에 머물고 있던 그는 후쿠자와 유키치를 비롯한 일본의 지식인들과 적극적인 교유관계를 유지하였다. 그는 일본을 '형제국'으로 규정하면서 조선이 유사시 의뢰할 수 있는 모범

---

25 李光麟, 「開化僧 李東仁」, 『開化黨研究』, 一潮閣, 1973 참조.

적인 국가로 인식하고 있었다. 이동인은 조일무역 문제를 적극 검토할 것을 주장하였으며, 양국 공동으로 광산과 전야田野를 개발하고 그 수입으로 조선은 대포와 선박을 만들 수 있을 것으로 보았다. 그 일환으로 일본으로부터 차관을 도입할 것과 우리의 조사단을 파견할 필요성을 제기하였다.[26] 그는 1880년 9월 수신사 김홍집의 수행원인 이조연 등과 함께 홍아회에 참석하기 이전부터 몇 번에 걸쳐 이 모임에 참석한 경험이 있었다. 이동인의 행동이나 글을 보면 일본과의 적극 제휴 입장은 구체화되어 있으나, 반면 청에 대한 비판 또는 제휴 등의 문제는 전혀 제기하지 않고 있는 점이 특색이다. 이로 보아 그는 한중일 삼국의 제휴보다는 한일 간의 관계 설정만 염두에 두고 있었던 듯하다.

문명개화론자들은 일본을 방문하여 홍아회의 행사에 참석 내지 관심을 통한 직간접적인 관계를 맺게 되면서부터 동아시아 삼국의 공존을 위한 문제에 본격적인 관심을 갖기 시작하였던 것으로 보인다. 이동인의 초기 교류를 제하면 홍아회와 조선 측 인사의 교류는 1880년 수신사 김홍집 일행, 1881년 조사시찰단朝使視察團, 1882년과 1883년 2차에 걸친 김옥균의 일본 방문 등 여러 차례에 걸쳐 이루어졌다.

일본에서 아시아주의의 원류로 평가되는 홍아회는 1880년 2월 도쿄에서 일본의 관료와 군인·언론인들이 결성한 것이다. 이 모임은 동양 삼국이 동심동력同心同力하여 서양으로부터의 굴욕을 막고자 하는 목적을 표방하고 있지만 그 배경에는 러시아의 아시아 침략에 대한 위기감도 작용하였다.[27] 초대 주일청국공사 하여장何如璋도 설립취지에 찬동하였다 한다. 번주藩主 출신인 회장 다데 무네나리伊達宗城는 같은 해 8월 일본을 방문한 수신사 일행에게 참석을 권유하였다. 대표인 김홍집은 직접 참여하지는 않았으나 적

---

26 朱鎮五, 「19세기 후반 開化 改革論의 構造와 展開─獨立協會를 中心으로─」, 연세대학교 박사논문, 1995, 23~24쪽.
27 黑木彬文, 「興亞會のアジア主義」, 『法政研究』 71-4, 九州大學, 2005, 619쪽.

극적인 관심을 표시하였고 수행원 이조연·윤웅렬·강위 등을 9월 5일의 월 례회에 참석시켰다. 이때 일본에 머물고 있던 이동인도 동참하였고, 이조연 등은 일본인 회원들과 의견을 교환하고 같이 시를 짓기도 하였다.[28] 김홍집 이 이에 큰 관심을 갖고 있었다는 사실은, 그가 귀국 후 국왕에게 "일본인들 이 최근 사사로이 한 사社를 만들었는데 이름하여 홍아회라고 합니다. 청국 공사 및 중국 인사들도 많이 참여합니다. 그 의욕은 청·일본 및 우리나라 삼 국이 마음과 힘을 같이하여 구라파로부터 수모를 받지 않는 데 있다고 합니 다"[29]라는 보고에서도 잘 나타난다.

홍아회와 관련을 맺고 있었던 인사로는 조사시찰단원들도 있었다. 1881 년 6월 23일 조사시찰단원들이 홍아회에 참석하여 시로서 환담을 나누었다. 홍영식洪英植은 같은 대륙에 살면서 삼국이 형제지기兄弟知己로 만나 서로 협력하자는 내용의 시를 보내, 삼국제휴를 통한 동아시아의 공존공영을 강 조하는 홍아회의 취지에 적극 동조하였던 듯하다.[30] 동행했던 김용원金鏞元 은 아시아가 합종合縱하고 뭉쳐 부강에 힘쓰면 외국의 모욕을 막을 수 있으 니 서로 힘쓰자는 내용의 서한을 홍아회에 보냈다. 어윤중魚允中 역시 이와 유사한 시를 보냈다.

다음으로 주목할 것은 그로부터 1년 후인 1882년 6월 1차로 일본을 방문 하였던 김옥균과 홍아회와의 관계이다. 그는 이때 후쿠자와 유키치를 처음 만났는데, 후쿠자와는 김옥균에게 자신의 지론인 아시아연대론을 설명하면 서 동양 삼국이 힘을 합칠 것을 주장하였다. 이에 김옥균은 메이지유신 후 일본의 발전모습에 감명 받았다는 점을 밝혔다.[31] 김옥균은 일행인 서광범·

---

28 李光麟, 앞의 책(1989), 140~142쪽.

29 金弘集, 『修信使記錄』 卷二, 국사편찬위원회, 1958, 151쪽.

30 1881년 8월 10일 간행된 『興亞會報』 18집의 4행시 중 "(2행 생략) … 同生斯世又同洲三國衣冠 共一樓 / 今逢兄弟兼知己 不負扶桑作壯遊"라는 내용에서 이를 알 수 있다(李光麟, 「洪英植 硏 究」, 『開化期 硏究』, 一潮閣, 1994, 39쪽에서 재인용).

31 위의 책, 63~64쪽.

강위·유길준 등과 더불어 같은 달 21일 흥아회에 참석하였고, 1883년 1월 27일 아세아협회(1월 21일 이후 명칭 변경)에 다시 참석하였다.[32]

그러나 김옥균이 흥아회와 아세아협회에서 어떠한 내용의 발언을 하였고 그들과 무엇을 주고받았는지 더 이상의 내용을 알기는 어렵다. 그렇지만 당시 어느 누구보다 일본과 협력하여 문명개화 문제에 지대한 관심을 기울이고 있었던 그가 흥아회의 취지에 적극 찬동하였고 구체적인 자신의 의견을 개진하였을 것임은 충분히 유추해볼 수 있을 것이다.

이후 1884년 『한성순보』에서도 아세아협회의 활동을 "협심동력協心同力하여 피차가 서로 유익하게 하여 부강의 위치에 나아가 힘써 아시아 전주全洲의 대세를 진작하려고 하는 것이다"[33]라고 규정하여 동아시아 국제관계에 대단히 유익한 단체로 인식하고 있었다. 이보다 조금 앞선 같은 해 3월 18일자 동 신문의 「기화형세箕和形勢를 논論함」은 당시 국제 역학관계 측면에서 조선[箕]과 일본[和]을 서양과 비교하기도 하였다.[34] 내용에 따르면, 일본은 동양의 영국이고 조선은 이탈리아와 같다고 한다. 서양의 이 두 나라가 수많은 강국 사이에 끼어 있음에도 의젓하게 버틸 수 있는 것은 그 지형조건과 긴밀한 관련이 있는데, 그 점 역시 조선, 일본 양국과 유사하다는 것이다.

32 李光麟, 앞의 책(1989), 144쪽.
33 『漢城旬報』, 1884년 7월 3일(제26호), 「隣交論」.
34 『漢城旬報』, 1884년 3월 18일(제15호), 「箕和形勢를 論함」.

2. 문명개화론자의 인식과 논리

(1) 갑신정변 주도세력의 동아시아 삼국 인식

김옥균의 인식―대청독립론, '삼화주의三和主義'

김옥균이 일본과의 제휴를 모색하기 시작한 것은 그의 1882년 1차 도일 시기부터로 보인다. 그는 조선을 '독립국'으로 규정한 일본 정부에 호의를 느꼈고, 귀국 후 박영효와 이와 관련한 논의를 하는 한편 자신 스스로 '뜻을 기울여 일본에 의뢰하게 되었다'는 점을 밝히고 있다.[35] 이 같은 김옥균의 우호적 일본관은 갑신정변 이전 그가 일본의 육해군 군비 확장의 모습을 보고 '자국을 튼튼히 할 뿐만 아니라, 겸하여 조선 독립을 위하고 동양대세를 보존하려는 큰 뜻'에서 나온 것이라 하여 매우 긍정적으로 파악하고 있었음에서도 알 수 있다.[36]

민씨집정기에 들어 개화인사들의 근대화 인식은 더욱 고양되었다. 그러나 입론을 정치무대에 펼칠 수 있기에는 이들의 조직력과 힘은 부족하였다. 당시 조선의 집권 관료세력의 경제적 입장을 대변하고 있던 묄렌도르프(Paul Georg von Möllendorf, 穆麟德)는 자신이 쓴 『조선약기朝鮮略記』에 '조선왕은 청제淸帝의 유명무실한 노복奴僕'[37]이라 언급할 정도로, 임오군란 이후 조선의 정치적 형국은 청의 입장에 크게 규정되고 있었다.

김옥균이 일본의 농상공부 대신이자 자신의 후원자인 고토 쇼지로後藤象二郎에게 보낸 「조선개혁의견서」는 세 번째로 일본을 방문한 1883년 6월 ~1884년 5월에 쓴 것으로 보인다.[38] 그는 "각하와 내가 맺은 의기는 공생공사生共死 4자가 있을 뿐입니다"라 하여 두 사람 간의 결속을 재확인하였

---

35 金玉均, 『甲申日錄』(한국학문헌연구소 편, 『金玉均全集』, 아세아문화사, 1979, 23쪽).
36 『甲申日錄』(『金玉均全集』, 64~65쪽).
37 尹致昊 저, 宋炳基 역, 『尹致昊國漢文日記』上, 「1884년 2월 10일 자」, 탐구당, 1975, 112쪽.
38 「朝鮮改革意見書」, 『金玉均全集』, 118쪽.

다. 이 글에서 김옥균은 조선이 청의 굴레에 긴박되는 한 크게 발전할 희망을 가질 수 없기 때문에, 그것으로부터 벗어난 완전한 근대적 독립국가를 만들어야 할 것이라고 주장하였다.[39]

그는 또한 당시 개화인사 일반과 마찬가지로 '공로恐露' 의식을 가지고 있었던 것으로 보인다. 1883년 보빙사로 미국에 파견되었던 민영익이 귀국 후 건백서를 국왕에게 올린 일이 있었다. 그 내용의 골자는 조선이 외교적으로 취할 수 있는 가장 좋은 방책은 향후 러시아의 보호를 받아야 한다는 것이다. 당시 김옥균이 이 건백서를 보고 민영익이 미국에 대해서는 옳게 관찰하였으나, 자국의 독립과 자주책을 버리고 러시아의 강대함에 복종하려는 것은 '국적國賊의 소론所論'이라고 맹렬히 반론을 제기하였다.[40] 반면 그는 미국에 대해서는 우호적이었다. 1883년 1월 일본에 가 있던 김옥균이 윤치호를 통해 미국 상원에서 「조미수호조약」이 비준되었다는 소식을 듣고 크게 기뻐하였다는 내용으로 이를 잘 알 수 있다.[41]

갑신정변 직전부터 김옥균은 인도차이나반도 패권을 둘러싼 청과 프랑스의 전쟁을 계기로 동아시아의 질서가 재편되리라는 판단을 가지고 있었다. 그는 그 와중에서 청과 일본의 공존공영을 위한 노력이 성과를 거두기보다는 교전을 통한 방식으로 귀결되리라고 확신하고 있었다. 그러나 어느 한쪽의 우위를 예측할 수 없기 때문에 청이 궁지에 몰린다면 일본과 프랑스가 힘을 합쳐야만 승리를 보장할 수 있을 것으로 예측하고 있었다.[42] 이 시기 김옥균은 국왕에게 일본이 급속히 군비를 확장하는 이유는 스스로의 방위뿐 아

---

39 서재필의 회고에 따르면 당시 김옥균은 "朝鮮도 世界 各國 中에 平等과 自由의 一員이 될까 晝晝夜夜로 勞心焦思"[徐載弼,『回顧 甲申政變』(閔泰瑗,『甲申政變과 金玉均』, 國際文化協會, 1947, 82쪽에 재수록)]하였다고 한다.

40 金道泰,『徐載弼博士自敍傳』, 乙酉文化社, 1972, 112~113쪽.

41 『尹致昊國漢文日記』上,「1883년 1월 5일 자」.

42 "이때를 당하여 조선은 일본과 청국 간의 전쟁터가 될 것이 틀림없사오나 … 일본과 佛國이 합세한다면 승산은 결코 일본에 있습니다. 하니 주상은 그렇다면 우리의 독립을 위한 모책도 또한 여기에 있는 것이 아닌가 하신다"[『甲申日錄』(『金玉均全集』, 70~71쪽)].

나라 청과의 전쟁을 준비하는 데 있다고 진언하였다. 그는 그 과정에서 조선은 필연적으로 전장으로 변하고 고욕을 치루지 않을 수 없을 것이라면서 면할 수 있는 계책을 물었다.

결국 그때까지도 김옥균은 동아시아 삼국이 공동번영의 길을 모색한다는 것은 현실적으로 어렵다고 보았음을 알 수 있다. 그는 이 시기 개화인사들처럼 우승열패의 논리에 규정되고 있었다. 김옥균은 영국과 프랑스 등 서구 강국의 군사적 침략에 대해 일정 부분의 위협을 느끼는 상태에서도 비교적 우리에게 도움이 될 수 있는 나라라는 호의적 입장을 가지고 있었다.[43] 또한 동양에서는 우리나라의 근대화 모델이 될 수 있는 나라로서 일본을 설정하였다. 반면 그에게 청은 철저히 부정되고 배제되어야 할 나라로 인식되었다. 이는 '조공朝貢 허례虛禮를 폐지한다'는 1884년 정변의 '정령政令' 제1조항에서도 분명히 제시되어 있다.[44]

김옥균이 그간의 '대청독립론'을 폐기하고 새로운 동아시아 국제질서를 모색하게 되는 것은 갑신정변 실패 이후 일본 망명 시기부터이다. 망명 후 1년 반 정도 지난 시점에 이르면 그는 자신이 믿고 '의뢰'했던 일본 정부가 더 이상 도움이 되지 못할 뿐더러 군비 확충을 통한 동아시아 제패에 국운을 걸고 있음을 목격한다. 1886년 6월 그는 고종에게 올리는 상소문에서 중고中古 이전 우리나라는 동아시아 삼국 중 과학기술이 빼어났는데, 지금은 모두 폐절廢絶되어 다시 그 흔적도 찾을 수 없음을 아쉬워하였다. 김옥균은 결국 조선은 지금 상태로는 가장 떨어지는 나라로 남을 수밖에 없다고 보았다. 또한 자국 유지에 여념이 없는 청과 일본 모두 신용할 수 없는 나라로 조선은 결코 이들에게 의지해서는 안되고, 밖으로는 구미와의 교제에 힘쓰면서 안으로 내정을 개혁하는 것이 급선무라는 점을 강조하고 있다.

---

43 잘 알려진 이야기지만 김옥균이 서재필 등에게 "日本이 東方의 英國 노릇을 하려 하니 우리는 우리나라를 亞細亞의 佛蘭西로 만들어야 한다"는 말은 그와 같은 인식을 잘 반영하는 예라 하겠다 [徐載弼, 『回顧 甲申政變』(閔泰瑗, 앞의 책, 84~85쪽)].

44 『甲申日錄』(『金玉均全集』, 95~96쪽).

그는 같은 해 7월 청국 북양대신 이홍장李鴻章에게 보낸 서한에서 청을 맹주로 한 조선의 중립화를 주장하였다.

각하는 대청국 황제폐하를 추존推存하여 천하의 맹주盟主로 삼아 구미 각 대국에게 공론公論으로 알리고 더불어 조선을 중립국中立國으로 삼아 만전무위萬全無危의 땅으로 만들어야 할 것입니다. 각하는 노련한 수단으로 선린우목善隣友睦의 의리를 다하고 보거輔車의 맹盟을 굳게 맺어 동아의 정략을 펴면, 이것은 단지 조선의 행복일 뿐만 아니라 또한 귀국의 득책得策일 것입니다.[45]

이는 조선문제에 대한 청의 영향력을 부정하려고 했던 갑신정변 시절의 자세와는 크게 달라진 모습이다. 이로써 볼 때 망명 시절 김옥균의 최종안은 중립국론으로 결정이 난 것이 아닌가 한다. 그는 일본의 원조를 통해 부르주아민족운동을 전개하려 했고, 일정 부분 그들의 협조를 얻기는 하였으나 조선 정벌과 대륙 침략을 목전에 둔 일본 정부로부터 더 이상 얻어낼 것이 없다는 결론을 내리지 않을 수 없었다. 여기서 김옥균이 '청국맹주론'을 제기한 이유는 정확히 알 수 없지만 일본 정부에 대한 실망과 이후 청국행을 위한 정략적 차원으로 이해하면 될 것이다.

김옥균은 청으로 가기 직전 일본에서 쓰던 이름인 이와다 슈샤쿠岩田周作를 이와다 산와岩田三和로 바꾸었다. 그의 또 다른 개명에서 알 수 있듯이 말년의 김옥균은 이른바 '삼화주의三和主義'에 심취해 있었다. 그는 「흥아지의견興亞之意見」을 기초하여 삼화주의를 설명하였는데 그 골자는 '삼국제휴三國提携 서력방알西力防遏'이라는 것이다. 여기서 '삼화'란 "한중일 삼국의 공존과 화맹을 통하여 서양 침략에 대응한다"는 것이다. 그런데 재일사학자 강재언의 주장에 따르면, 그의 삼화주의는 일본을 맹주로 한 동아시아 삼국이 문명화하여 서양의 침략에 대항해야 한다는 후쿠자와의 '일본맹주론'의

---

45 「與李鴻章書」(『金玉均全集』, 152쪽).

영향을 받았다고 한다.[46] 김옥균은 이홍장을 만나 자신이 제안한 삼화주의와 조선중립국론의 취지를 설명하고 청 정부로부터 긍정적인 반응을 얻어내려 한 것으로 보인다. 한편 김옥균의 청국행은 '한일청 삼국이 함께 협조'하기 위해 더불어 논의하여 '동양 백년의 대계를 정'해 보자는 이홍장의 유인책에 의한 것이라는 견해도 있다. 민태원에 의하면, 이홍장은 아들 이경방李經芳에게 그 같은 내용의 친서를 김옥균에게 발송하도록 하였다 한다.[47]

김옥균의 「흥아지의견」은 큰 틀에서 후쿠자와의 "(일본은) 근동近東에서 중국과 조선과 같이 협력 일치하여 서세동점西勢東漸의 형세를 막아야 할 것이다"[48]라는 입론과 유사점이 많다. 그러나 유감스럽게도 「흥아지의견」은 현재 남아 있지 않아 과연 후쿠자와와 같은, 일본이 주도하는 삼국제휴의 입장을 김옥균이 가지고 있었던가, 아니면 삼국이 대등한 관계에서 평화롭게 공존공생하자는 것인가는 정확히 알 수는 없다. 또한 그가 1894년 3월 청 재류 직후 암살당함으로써 더 이상의 논리 전개는 기대할 수 없게 되었다. 그러나 망명 이후 분명한 논리 전환이 있었던 것으로 미루어 볼 때 후쿠자와식의 일본맹주론적 입장을 추구한 것은 아니었다. 그보다는 동아시아 삼국이 강고한 화맹和盟체제를 유지함으로써 러시아를 비롯한 서구 침략을 방어하고 나아가 조선을 완전한 중립국으로 만들어 국체를 보존할 수 있게 하자는 것으로 보인다.[49] 그것은 다른 한편으로는 당시 삼국 간의 현안과제인 '협력과 충돌'의 두 기로에 서 있던 청 정부에게 자신의 입지를 호소하고 상호 협력을 통하여 정치적으로 재기하려는 생각을 가지고 있었던 것이다.

---

46 姜在彦, 「甲申政變의 좌절과 金玉均」, 『思想과 政策』, 1984년(가을호), 51쪽.

47 閔泰瑗, 앞의 책, 105쪽.

48 近藤吉雄, 앞의 책, 35쪽.

49 김옥균 자신이 동아시아의 화맹을 위해 三和主義를 주장하였고 이를 내외에 천명하려는 입장을 가지고 있었다지만, 그를 암살한 洪鍾宇의 다음과 같은 논리 있는 주장은 흥미롭다. 살해 이유를 묻는 上海縣令의 신문에 그는 김옥균이 '本國 및 日本 支那의 삼국, 즉 아세아의 國際上 큰 해를 주었다'는 점을 강조하면서, 그의 생존은 한중일 삼국의 화맹에 방해가 되어 '동양의 亂階를 헤쳐갈 수 없는 우려'가 있다고 주장하였다(外務省, 『日本外交文書』5, 「金玉均渡來並ビ=暗殺ノ情況報告ノ件」, 明治 27년 3월 30일).

박영효의 인식—부정적 공법관公法觀

박영효의 논리는 김옥균에 비해 상대적으로 적다. 이는 그가 많은 글을 남기지 않은 데서도 연유하는 것이다. 박영효가 동아시아 삼국과의 관계설정 문제를 어떻게 인식하였는가는 일본 수신사 시절인 1882년 제출한 『사화기략使和記略』을 통해서도 딱히 알 수 없다. 그러나 그가 김옥균과 같이 갑신정변을 주도하였던 사실로 볼 때 적어도 정변 이전까지는 '대청독립론'을 주장하는 김옥균과 비슷한 견해를 가졌을 것으로 추정된다.[50]

그런데 이상적인 입장에서 삼국관계를 발전시키고자 했던 김옥균과는 달리 박영효는 현실적 입장에서의 국제관계 설정을 모색하고 있었다. 그는 일본 망명 기간인 1888년 국왕에게 올린 장문의 건백서에서 조선이 처해 있는 국제적 위기와 당시 봉건적 규제를 탈피하고 부국강병한 근대국가로 나아가기 위해 취해야 할 여러 가지 개혁방안을 제시하였다. 이 '조선국 내정에 관한 박영효 건백서'는 갑신정변 실패 후 망명 3년여간 일본의 근대화 과정을 직접 목격한 그가 구상한 조선개혁 내용이다.[51] '건백서'에서는 열강의 각축 과정에서 근대적 법치국가 확립을 통한 조선의 근대화와 부국강병을 위한 개혁을 지향하였던 개화당의 입장을 잘 보여주고 있다.

총 8개의 각 부분별로 나누어 서술한 첫 번째의 '우내지형세宇內之形勢'는 열국의 식민지 쟁탈로 인한 조선의 급박한 현실과 그 해결책을 논한 것이다. 여기서 박영효는 당시 만국공법萬國公法의 외형적 내용을 그대로 신빙하고 있던 유길준 등의 인식과는 다르게 부정적 입장을 보이고 있었다.

바야흐로 지금 세계 만국은 오히려 옛날의 전국시대와 같아 한결같이 병력으로써 강국이 됩니다. 강자는 약자를 병합하고 큰 자는 작은 자를 삼킵니다. (중

---

50 박영효는 이력서 중에서 갑신정변의 목적을 '정부를 개혁하고 청을 배제하여 독립한다'라고 적었다 한다(靑木功一, 「朴泳孝의 民本主義·新民論·民族革命論二」, 『朝鮮學報』81, 1977, 211쪽).
51 원문 전문은 『日本外交文書』21, 「朝鮮國關係雜件」, 明治 21년, 292~311쪽에 실려 있다.

략) 비록 만국공법萬國公法이나 균세均勢와 공의公義가 있다고 하나, 나라가 자립자존의 힘이 없으면 반드시 삭렬削裂에 이르게 되고 유지할 수 없으므로, 공법公法 공의公義도 본래 믿을 만한 것이 못됩니다. 서구의 문명하고 강대한 나라도 패망함이 있는데 하물며 아주亞洲의 미개하고 약소국이야 말할 필요가 없습니다. 무릇 서구인들은 입으로는 법의法義를 칭하나 마음에는 호랑이와 이리 같은 마음을 품고 있으니 (중략) 아주의 동부가 흥망성쇠의 때를 당했으니 우리 동족同族은 분기하여 난難을 물리쳐야 할 때입니다.

즉, 그는 중국 고대의 전국시대를 방불케 하는 제국주의 시기 열강들의 경쟁에서 터키와 폴란드의 예를 들면서 약소국이 부흥하기는 매우 어려운 것임을 냉철히 인식하고, 제국주의 강국이 제기한 공법公法체제도 믿을 만한 것이 못된다고 보았다. 또한 나라는 반드시 자립자존하는 힘을 갖추어야만 세력균형을 유지할 수 있을 것인데, 동아시아가 쇠퇴의 계절에 들어선 지금 우리 민족은 대동단결하여 이 같은 위기를 극복해야 한다고 주장하였다.

그렇지만 박영효는 동양문화의 우수성을 강조하면서 그 자체로서도 발전 전망의 가능성을 찾을 수 있을 것으로 전망하였다. 즉, 그는 "아시아는 천하의 영기靈氣가 모여 있는 곳이기 때문에 유교와 불교, 기독교, 회교의 원조가 모두 이 지역에서 나왔다"[52]는 점을 부각시켜 예전에는 문명국으로 역할하였음을 예시하였다. 이러한 인식은 그가 조선인에게는 자국의 역사와 국문 교육이 우선임을 강조하는 점에서도 나타난다. '건백서'에서 박영효는 "본국의 역사와 문장을 가르치지 아니하고 단지 청의 역사와 문장을 가르치는 고로 인민이 청을 본本으로 삼아 중하게 여기고 결국 자기 나라의 전고典故를 알지 못하니 이는 가히 '근본을 버리고 말단을 취하는捨本取末' 것이다"라고 하였다.

이렇듯 그는 서양문화의 단순 모방과 청국 문화를 추수하는 당시의 현실

---

52 『日本外交文書』21, 明治 21년, 297쪽.

에 경종을 울리고 우리의 역사적 조건과 현실을 결부시킬 것을 주장하였다. 일본의 정치제도를 이식시키는 것에도 강한 거부감을 표시하였다. 갑오개혁 당시 일본공사관 1등서기관 스기무라 후카시杉村濬에 의하면, 박영효는 일본 고문관의 간섭과 일본인들의 정책 관여에 강한 우려를 표고하고, 현재의 급무는 그들의 도움을 받지 않고 빨리 자립할 수 있는 계책을 세우는 일이라고 주장하였다 한다.[53] 그는 조선의 근대화를 위해서는 주체적 정치구조의 틀을 그대로 유지하는 선에서 일본의 적극적 간섭을 배제한 자립의 길을 모색한 것이다.

그러나 그 역시 일제 침략정책의 본질을 정확히 꿰뚫어 볼 수 있는 국제적 안목을 가지지 못하였다. 박영효는 일본의 정치와 문화를 일방적으로 추종하지는 않았을지라도, 갑오개혁에 내무아문 대신으로 참여하여 동학농민군과 의병 진압 등 일제의 조선 침략에 도움을 주는 역할을 하였다. 이로 인해 자신이 1884년에 목숨을 걸고 추진하였던 갑신정변의 역사성마저 훼손당하는 결과를 초래하였던 것이다.

(2) 갑오개화파의 인식과 논리

갑오개혁 시기 많은 개화인사들은 주로 군국기무처軍國機務處에서 활약하면서 일본의 조선정책에 적극 참여하였다. 그러나 1894년 조선의 근대 부르주아 개혁의 중추적 역할을 맡았던 군국기무처 평의원 중 유길준과 안경수를 제하면 나머지는 조선을 둘러싼 외교문제 해결방안에 대한 특별한 논리 제시가 없다.

일찍이 일본 체류와 미국 유학의 경험을 갖고 있었던 유길준兪吉濬은 조선에 대한 청의 지배력 강화에 부정적 입장을 보이고 있었다. 만국공법적 인식에 근거하여 그는 조선은 청의 '증공국贈貢國'으로서 청이 주장하던 '속방屬

---

53 杉村濬,『在韓苦心錄, 1894~1895』, 1932(한상일 역,『서울에 남겨둔 꿈』, 건국대학교출판부, 1993, 200쪽).

邦'과는 다른 개념으로 대내외적으로 주권국가의 권리를 가지고 있다고 하였다.[54] 유길준은 그 모티프를 서구와 일본의 역사적 경험에서 찾았다. 특히 그에게 일본은 구미와의 조약을 체결한 이후 30여 년 만에 부강을 이룬 국가로, 그 요인은 서구의 기술문명을 적극적으로 수용한 데 있다는 것이다.[55]

이와 같은 유길준의 긍정적 일본관은 갑신정변 이후 일시 변화를 보이게 된다. 1885년 후쿠자와가 탈아론脫亞論을 표방할 무렵부터 그의 동아시아 국제관에 일대 혼란이 야기된 듯하다. 유길준은 정변 처리 과정에서 일본 정부와 지식인들의 방향전환에 크게 실망하고 현실적인 힘의 논리에서 그 해결방안을 찾고자 하였다. 이러한 변화된 인식에서 그는 일본이 경제적으로는 조선과의 무역에서의 전횡, 해안의 어채漁採, 도성 내의 장사 등으로 큰 피해를 주고, 군사적으로는 도성 내에서의 행패 등으로 피해를 주고 있음을 지적하였다. 유길준에 의하면, 이 같은 현상이 초래된 것은 일본이 조선과 청을 모두 경시한 데서 기인한다는 것이다.

그는 일본식 근대화를 통한 조선의 발전에 미련을 두고 있었을지라도 냉엄한 국제적 현실에서 청의 힘이 아직까지 강고히 작용하고 있음을 인정하지 않을 수 없었다. 유길준은 러시아의 잠재적 침략 위협을 항상 염두에 두고 이를 청의 힘을 통해 극복할 것을 예시하였다.

> 중국이 맹주盟主가 되어 영국·프랑스·일본·러시아 등 아시아 지역과 관계 있는 나라들을 모으고 여기에 조선도 참가하여 중립화를 위한 조약을 맺어야 할 것이다. 조선의 중립화는 조선만을 위한 것이 아니라 중국의 이익을 도모하는 것이며 또 관계 제국의 안전보장책이 되는 것이라.[56]

---

54 『西遊見聞』, 제3편 「邦國의 權利」, 『兪吉濬全書』 IV, 88쪽.
55 『西遊見聞』 序, 『兪吉濬全書』 IV, 1쪽.
56 「中立論」, 『兪吉濬全書』 IV, 324, 327쪽.

즉, 그는 청이 동아시아의 맹주가 되고 조선은 그들에 의존하여 국제무대에서 입장을 고양시키면 우리의 두려운 상대인 러시아도 국제간의 합의에 따라 견제할 수 있다고 보았다. 이는 결국 조선을 둘러싼 열강 간의 세력균형에 목적을 둔 것이고, 최종 귀착점은 조선의 외교적 '중립'보장에 있었다. 유길준은 또한 국내적으로는 '인아거일引俄拒日'이라는 집권층의 일본 배척과 러시아 접근 정책을 저지하는 역할을 할 것으로 믿었던 것이다.

유길준은 비슷한 시기 박영효의 부정적 공법관과는 달리 낙관적 입장에서 그것을 이해하고 있음이 특징이다. 그는 만국공법에 대한 자신의 신뢰를 기반으로, 예상되는 러시아의 침략이 보이지 않는 것은 공법公法을 두려워함에 있다고 주장하였다.[57] 이러한 긍정적인 인식에서 그는 공법을 '천지의 무편無偏한 정리正理'로 평가하는 한편, 이에 근거하여 국가 간의 교제뿐 아니라 대등한 외교도 가능할 것으로 보았다. 그러나 이상과 같은 입론은 그가 갑신정변 이후 귀국하여 연금되어 있는 상태에서 마련된 것이었다. 당시는 개화인사들이 그동안 해온 근대화 작업이 제동이 걸리던 시기였던 관계로 조선 정부의 정책에도 전혀 반영될 수 없었다.

'만국공법' 문제를 풀어가는 방식을 보면 당시까지도 거의 대다수 인사들은 공법의 맹점을 제대로 인식하지 못하고 있었다. 서구화, 근대화, 국수보전은 공법으로 가능하다고 보았던 것이다. 왜냐하면 조선 말기, 대한제국 시기 동시대는 '공법지상주의의 시대'로 공법을 맹신하고 있었다. 이것이 일본 문명개화론자와의 차이점이었다.

이미 독일과 일본에서는 1870년대 초부터 공법회의론이 크게 부각되고 있었던 것과는 차이가 있었던 것이다. 1871년 3월 13일 독일재상 비스마르크는 연설을 통해 "이른바 만국공법은 열국의 권리를 보전하기 위한 원칙적 약속이긴 하다. 하지만 대국이 이익을 추구할 때에는 자신에게 이익이 있으

---

57 유길준전서편찬위원회 편, 許東賢 역, 『愈吉濬論疏選』, 一潮閣, 1987, 9~11쪽.

면 만국공법을 잘 지키지만, 만약 만국공법을 지키는 것이 불리하면 곧장 군사력으로 해결하려 하므로 만국공법을 지키는 것이 불가능하다. 소국은 만국공법의 내용을 이념으로 삼고 이것을 무시하지 않는 것으로 자주권을 지키려 노력하지만 약자를 번롱翻弄하는 실력주의의 정략에 휘둘리면 자신의 입장을 전혀 지킬 수 없다는 것은 자주 있는 일이다"[58] 라고 하였다. 1874년 12월 독일 군사총재 몰트케 백작도 "만국공법은 오로지 국력의 강약에 따라 그 의미가 달라진다. 국외중립의 입장에 서서 만국공법을 준수하려는 것은 소국의 행동이다. 대국이라면 국력으로 그 권리를 관철시켜야 한다"[59]고 주장하였다. 일본은 이미 메이지유신 시기부터 공법에 대한 부정적 견해가 다수 있었는데, 기도 타카요시木戸孝允는 자신의 일기에서 "병력이 갖추어지지 않은 때는 만국공법도 처음부터 믿을 수 없다. 약한 나라에 대해서는 공법의 이름으로 이익을 도모할 것이 대단히 많다. 그 때문에 나는 만국공법은 약국을 빼앗는 하나의 도구라고 본다"[60]고 주장하였다. 이와 같은 인식은 조선과 중국을 멸시했던 후쿠자와 유키치에게서도, 서구 근대를 배우고자 유럽과 미국을 벤치마킹하고 있던 1872년 이와쿠라 도모미岩倉具視 사절단에서도 보인다.[61]

중국의 경우도 이와 별다르지 않았다. 예컨대 1894년 정관응鄭觀應은 나폴레옹의 경우를 들어 "한 국가가 지나치게 강하거나 약하면 공법을 집행하기가 쉽지 않다"면서 "공법은 본래 의지할 만한 것이지만 그렇다고 무작정

---

58 구메 구니다케 저, 박삼헌 역, 『特命全權大使 米歐回覽實記(제3권 유럽대륙/상)』, 소명출판, 2011, 371쪽.
59 구메 구니다케 저, 박삼헌 역, 앞의 책, 382~383쪽.
60 『木戸孝允日記』, 「1868년 11월 8일 자」(야마무로 신이치 저, 정재정 역, 『러일전쟁의 세기―연쇄시점으로 보는 일본과 세계―』, 小花, 2010, 29쪽에서 재인용).
61 이와쿠라 사절단의 눈에 비친 근대 서구의 국제질서는 '열국평등' 보다는 '약육강식', '만국대치 萬國對峙'에 가까운 것이었다. 후쿠자와도 화친이나 만국공법은 실제 '권위를 다투고 이익을 탐하는 것에 불과한 것'으로 '100권의 만국공법은 여러 대의 대포만 못한 것이며, 여러 화친조약은 1발의 탄약만 못한 것이다'라고 주장하였다(姜相圭, 「근대 일본의 '萬國公法' 수용에 관한 연구」, 『震檀學報』 87, 1999, 40~41쪽 참조).

의지할 수만은 없는 것이다"라고 주장하였다. 그는 결론적으로 공법을 '속 빈 강정'으로 표현하였는데, 그 이유로 "강국은 이를 이용해 다른 나라를 제 압할 수 있지만 약소국은 참아야 한다. 힘을 키워 강해져야만 공법의 혜택을 볼 수 있지, 약하면 수백 개의 공법이 있다 한들 무슨 도움이 되겠는가"[62]라 고 하였다.

조선의 경우, 공법만능론만 있었던 것은 아니었다. 일찍이 1886년『한성 주보漢城周報』에서는, "저들 각국은 일단 자신들에게 이익이 있는 것을 보 면 공법을 저버리고도 두려워하지 않고, 강자가 약자를 무시하는 형세를 이 루게"[63]되는 현실을 비판하였다. 신문에서는 "조약과 공법이란 다만 부강한 자들이 자기들의 잘못을 합리화하고 남을 꾸짖는 도구"이며 "부강한 자들이 조약과 공법을 빌려 저희들에게 편리하게 하는 방편에 불과할 뿐"[64]이라고 허구성을 지적한 바 있다. 이러한 논리들은 우리의 입장에서 당시 공법을 둘 러싼 국제질서에 관해 가장 정확히 보고 지적한 것으로 평가할 수 있을 것이 다. 그러나 박영효와『한성주보』의 견해는 당시 조선의 일반론적 인식과는 적지 않은 차이가 있었다.

유길준의 동아시아 국제사회 인식에 대한 새로운 변화를 알 수 있는 것은 1887년 '박정양사건' 이후부터라 할 수 있다.[65] 이는 국교 확대 이후 독자적 노선을 걷고 있었다고 평가되던 조선의 외교권이 청의 개입으로 무력화된 사건이었다. 그것은 청을 통한 외교적 교섭은 더 이상 조선의 국익에 도움이 되지 않을 뿐더러 조선의 주권을 크게 침탈하여 향후 영향력이 더 강화된다 면 조선이 청에 종속될지도 모른다는 의구심을 갖기에 충분하였다.

일반인들의 청에 대한 부정적 인식이 한층 심화되는 시기는 1894년부터

---

62 정관응 저, 이화승 역,『성세위언盛世危言—난세를 향한 고언—』, 책세상, 2003, 44~45쪽

63 『漢城周報』, 1886년 3월 8일,「私議: 論天下時局」.

64 『漢城周報』, 1886년 5월 24일,「私議: 論西日條約改証案」.

65 月脚達彦,「開化思想の形成と展開—俞吉濬の對外觀を中心に—」,『朝鮮史研究會論文集』28, 1991, 22~23쪽.

였다. 이해는 청일전쟁의 패배로 조선에 대한 청의 영향력이 형해화된 반면, 일본의 보호국화 정책과 갑오개혁이 추진됨에 따라 개화인사들의 정치적 활약이 두드러지는 시기이다. 유길준은 이 시기에 군국기무처 평의원으로 참여하여 1896년 망명 직전까지 일본의 조선지배정책에 적극 협조하였다. 그것은 그 자신이 이전부터 모델로 삼아오던 일본이 조선에 지도적 역할을 해줌으로써 우리의 근대화가 급속히 진행될 것이라는 기대가 현실적으로 체현된 것이라 하겠다. 때문에 이 기간에 그는 삼국의 화맹이나 제휴에 관한 어떤 글도 남기지 않았던 것이다.

1904년 러일전쟁 직전 유길준이 간략히 언급한 9개 조항의 「보국지책保國之策」에서도 대한제국이 망하지 않고 생존하기 위해서는 오로지 일본을 믿고 그들의 도움으로만 가능한 것으로 보았다.[66] 여기서 그가 말하는 '보국保國'은 '애국'과 같은 뜻이자 'Patriotism'의 번역어로 후쿠자와 유키치가 일본의 전통 용어를 처음 바꾸어 사용한 말이다.[67]

이러한 유길준의 입론이 더욱 일본에 기울게 된 것은 1905년 러일전쟁의 일본 승리와 1907년 「정미조약」으로 대한제국이 자주권을 상실하고 준 식민지화되는 이후부터였다. 그해 9월 그는 의병들의 투쟁이 활발히 전개되는 시기에 우리 민족의 '국가심國家心'에 기대를 거는 등 가냘픈 회생의 가능성을 제시하면서도 '지엽'적인 독립에 대한 희망을 접고 '근간'이 되는 일본 지배기구에의 협력을 통한 번영의 길로 나가자고 주장하였다.

일청사변(청일전쟁)까지는 일본이 한국의 독립을 옹호하더니 이래 몇 차례 변천한 후에 금일의 관계된 지라. 사변이 일어나는 바는 반드시 일본으로 하여금 노하게 하고 사건이 일어남은 반드시 일본으로 하여금 번뇌케 함에 있지 아니하

---

66 "一. 조선의 운명은 일본과 러시아에 달려 있다. 二. 일본과 러시아가 만약 조선의 문제로 인해 開戰에 이른다면 조선은 망할 것이다. … 六. 이때 조선은 당연히 일본과 연합하여 국력을 기울여 서로 도와 그의 분노를 사서는 안될 것이다"(「保國之策」, 『兪吉濬全書』 IV, 260쪽).
67 마루야마 마사오 저, 김석근 역, 『'문명론의 개략'을 읽는다』, 문학동네, 2007, 593~594쪽.

라 … (신 협약을 정한 후) 사람들은 한국민을 지목하여 무기무력하고 국가심이 없다 하나 이는 크게 그렇지 않은지라 … 금번 신 협약을 본 국민은 다소의 동요를 면치 못할 지라. 일본에서 이를 작은 일로 진정鎭靜함을 얻으면 이에 최후단락을 고할지니 근간根幹을 기단旣斷하면 지엽枝葉이 하사何事가 있으리오?[68]

이는 유길준이 10월 순종황제에게 올린 「평화광복책平和光復策」에서 더욱 발전된 형태로 제시되었다. 그 주요 골자는 다음과 같다.

일본은 동족보치同族輔齒의 가까운 이웃으로 예전에는 우리보다 후진이었지만 지금에는 스스로 미리 깨달아 병자丙子의 약조로 우리와 더불어 우호를 맺고 우리의 독립을 인정하였다.[69]

전후 2차례의 조약(을사늑약과 정미7조약을 말함)의 안案은 우리가 스스로 취한 것이지 그들이 강제로 우리에게 부가시킨 것이 아니다.[70]

동양의 영원한 평화를 확보하기 위해서는 (일본의 도움을 받아야 한다).[71]

'평화광복책'이란 제목 자체에서 보듯이 유길준은 「정미조약」이후 일본의 힘의 논리가 대한제국에 완전히 전파되었음을 기정사실화하고 무장투쟁이나 비판을 통한 극복보다는 일본의 입장에 순응하는 선에서 점진적인 발전논리를 제기한 것이다. 이는 자신의 초기 입론을 다시 확인하는 것이자 '동족보치同族輔齒', '동양평화' 등 1880년대 초반 일본의 후쿠자와 등이 주장한 일본이 맹주로서 역할을 해야 한다는 것이 다시 부연된 것이다. 그것은 최종 귀착점을 일본의 대한제국 지배에 두고 있는 것이다. 그는 일본의 외교

---

68 「新協約에 對한 談」,『兪吉濬全書』IV, 345~346쪽;『漢陽報』제1권 제1호, 1907년 9월 11일.
69 『兪吉濬全書』IV, 268쪽. 이는『皇城新聞』, 1907년 10월 29~30일 자 잡보에 「兪氏의 光復策」이란 제목으로 게재되었다.
70 『兪吉濬全書』IV, 272쪽.
71 『兪吉濬全書』IV, 279쪽.

권 박탈은 우리 내부에서 담당할 힘이 없기 때문이다라고 치부하고 평화를 사랑하는 일본의 지도를 통해 우리도 문명국으로 성장할 것으로 기대하고 있었다. 일찍이 『서유견문西遊見聞』의 「개화의 등급」에서 나타나는 '개화, 반개화, 미개'라는 분류는 결국 이 시기에 이르기까지 유길준에게 '근대화'라는 명제에서 벗어난 부분들은 비문명 내지 야만적인 것에 다름 아니었다.

이로써 볼 때 식민지화를 목전에 둔 상황에서도 유길준은 낙관적인 국제관을 견지하면서 현실적인 힘의 논리를 인정하는 선에서 명분을 축적하는 데 주력하고 있었다. 결국 그는 힘의 향배에 의해 입론이 좌우되는 나약한 지식인형 이론가에 불과하였다고 평가할 수밖에 없다. 그는 일본의 침략적 본질을 제대로 알기 어려웠고 정계의 선배인 김옥균이나 박영효보다 주체적 입장에서도 약한 모습을 보여주었다.[72]

(3) 독립협회 계열 인사들의 삼국제휴론

『독립신문』의 일본 중심 한일제휴론

건양 연간부터 대한제국 시기에 이르기까지 『독립신문』과 독립협회를 기반으로 활동하던 인사들의 논의를 분석하고자 한다. 대한제국 성립 전후 열강의 세력균형이라는 새로운 국면이 전개되면서 이들을 통해 이전의 입장과는 다른 복합적 형태의 훨씬 구체화된 인식과 논리를 추출할 수 있다. 나아가 이후 그러한 논리가 확산되는 가운데 일본의 주도적 역할이 더욱 강조된 형태의 삼국제휴 논의가 급부상되고, 20세기에 들면 삼국의 군사·상업동맹론으로 발전되어 '식민지 협력화'의 논거로 제공되는 문제까지 살필 수 있을 것이다.

---

72 이와 관련하여 윤치호의 독설에 가까운 다음과 같은 평가는 자못 흥미롭다. "유길준은 자신을 뽐내는 일에는 가장 뛰어난 모사꾼이다. 그는 거짓말을 밥 먹듯 하고 원칙이나 예의나 자존심도 없는 사람이다"(「Tchi-Ho Yun's Diary」, Jan 15, 1896).

아관파천 시기에 한청일 삼국제휴 논리는 급격히 퇴조한다. 이 시기는 그 동안 쌓여 있던 일반인들의 반청의식이 표면화된다. 특히 1882년 군란부터 1894년 청일전쟁에 이르기까지 청이 강력한 종주권을 행사한 것이 문제가 되었다. 동시에 1895년 왕후 민씨 살해와 단발령 직후의 의병봉기 등 반일감 정도 가장 충만했던 때였다. 이 시기 개화론자들의 삼국인식의 논리를 살펴면서 그들이 제시한 내용을 정확히 이해하는 것이 필요하다.

아관파천 시기는 제 열강의 조선 침략과 관련한 경계의식이 보인다. 『독립신문』에서는 국왕의 환궁 직전 상황에서 향후 조선을 지배할 가능성이 있는 나라로 북으로는 러시아, 남으로는 일본, 서로는 영국이나 프랑스 등을 열거하였다. 그런데 이들 나라는 조선으로부터 특별한 권리를 차지할 것이고 그 결과 동양의 정치는 몇 해 되지 않아 결말이 날 듯하다고 예견하였다.[73] 그러면서도 다른 한편으로는 1894년 청일전쟁과 1895년 「시모노세키조약」 결과로 '못된 일 하던' 청이 조선에서 세력을 접은 국제적 상황에 대해 "조선에 천만번이나 다행한 일이라"[74]는 매우 감격어린 논조를 펴고 있다. 반면 청의 억압으로부터 벗어나게 해준 일본은 우리의 '독립'을 보장해준 은인국으로서 감사함과 동시에 후쿠자와 등이 제시하는 방향성과 기대감에 대한 환상을 가지고 있었다.

> (조선과 일본) 양국 정부와 인민이 서로 친밀히 지내고 (중략) 일본이 청과 두해 전에 싸워 이긴 후에 조선이 분명한 독립국이 되었으니 그간 조선 인민이 일본을 대하여 감사한 마음이 있을 터이나 (중략) 복택유길福澤諭吉 제씨들이 힘을 다하여 정부를 개혁하고 인민의 교육을 힘쓰고 상무와 농무를 넓히며 물건 제조하는 것과 각색 높은 학문을 외국에 가서 배우게 한 고로 (중략) 감사한 마음이 있을 터이나 (중략)[75]

---

73 『독립신문』, 1897년 9월 18일, 「논설」.
74 『독립신문』, 1897년 3월 9일, 「논설」.
75 『독립신문』, 1896년 4월 18일, 「논설」.

따라서 한일제휴론은 더욱 논리화되어 급부상한 것이 당시의 특징이다. 그것은 결국 그동안 잠재해 있던 일반인들의 부정적 대청관과 반청감정을 신문논설을 통해 재확인하는 것으로 표현되었다. 예컨대 '청국 개화된 모양이 조선만도 못'할 뿐더러 '세계에서 제일 천대받고 세계에서 제일 약한 청국'을 본받으라고 말하는 조선 사람들은 다 '원수'라고 언급할 정도로 청은 가장 열악한 모습으로 비추어졌다.

그러던 것이 러시아공사관에서 국왕이 환궁하고 대한제국 출범이라는 새로운 정국변화와 연관되어 다음과 같은 다각외교 모색 방안이 제기되었다.

> 대한사람들은 (중략) 청국에 의지 말라. 종이나 사환에 지나지 못 하리로다. 일본에 의지 말라. 내종에는 내장을 일으리라. 노국에 의지 말라. 필경에는 몸둥이까지 삼킴을 받으리라. 영국과 미국에 의지 말라. 청국과 일국과 노국에 원수를 맺으리라.[76]

이는 당시 일본이 강조하던 서양세력의 침략문제와도 밀접한 관련이 있는 것으로 보이는데, '구라파의 침입을 동심同心으로 막아야' 그들의 속지屬地가 안 될 것이라고 주장하였다. 이를 위해 어느 특정국가가 주도하기보다는 '종자가 같고 글은 서로 통용하며 풍속에도 같은 것이 많이 있는' 삼국이 균세론적 입장에서 공동으로 협력하여 공존의 방안을 모색하자는 것이다. 그렇지만 아직까지도 청은 이를 제대로 이해하지 못하고 '자살지계自殺之計(스스로 죽을 꾀)'만 세우는 고로 삼국이 형편을 보존하기 위해서는 한일 양국이 억지로라도 그들을 개명시켜야 한다고 주장하였다.[77]

그러나 1898년 4월 「로젠-니시협정」으로 일본의 정치·경제적 영향력이 강화되자 점차 맹주론적 입장에서 일본이 삼국을 주도해야 한다는 논조로

---

76 『독립신문』, 1898년 1월 20일, 「유지각한 사람의 말」.
77 『독립신문』, 1898년 4월 7일, 「논설」.

강화되었다. 신문에서는 일본이 청일전쟁을 일으킨 것은 우리나라의 '독립'과 '동양을 보존하기 위한 불가피한 조치'라고 주장하였다. 더 나아가 동양을 지켜주고 수치를 면하게 할 수 있는 유일한 나라는 가장 근대화된 일본뿐이라 하여 대중의 일반적 정서와는 달리 동양 삼국의 맹주국으로서 일본을 분명히 상정하고 있다.[78] 이와 같은 입장에서는 한국문제와 관련한 일본의 노력은 긍정적으로 보였고, 그 이면에 가려 있던 제국주의적 침략속성을 간과할 수밖에 없었다.[79]

안경수의 「일청한동맹론」

이 시기를 통틀어 한국인으로서 삼국제휴 논리를 가장 체계적으로 제시한 인물은 안경수安駉壽였다. 갑오개혁에 적극 참여하고 초대 독립협회 회장을 지낸 그는 건양 연간부터 민영환·이윤용·이완용 등과 '한일제휴론'을 협약하고 이들을 대표하여 일본공사관과 접촉하면서 러시아의 침략에 대한 견제를 주장하였다.[80] 그런데 이는 일본뿐 아니라 그들과 친밀한 영국과 미국도 조선문제에 개입하여 러시아를 막아야 한다는 것으로 구체화되었다. 이 시기 안경수와 비슷한 주장을 펼친 관료로는 유기환, 민영기 등이 있었다. 당시의 국제적 형편상 일본과의 전쟁에서 진 청은 배제될 수밖에 없었다.[81] 그러나 대한제국 초기의 정치적 갈등을 겪은 이후 고종의 황제권이 공고화되는 상황과 1898년 이른바 '대한청년애국회'의 쿠데타 기도 실패 후 그가 일본 망명을 떠남으로 인해 논의는 더 이상의 발전 없이 잠복한 것으로 보인다.

---

78 『독립신문』, 1899년 11월 9일, 「논설」.
79 이러한 인식은 이후에도 계속 이어졌다. 예컨대 독립협회의 핵심 주도세력인 윤치호처럼 '황인종의 명예를 영광스럽게 옹호'한 러시아를 물리친 일본에 대해 같은 황인종으로서의 존경심을 갖는 등 그들이 동아시아 외교의 중심적 역할을 해주기를 바라는 경우도 있었다(「Tchi-Ho Yun's Diary」, Sep 7, 1905).
80 『駐韓日本公使館記錄』, 「安駉壽와의 談話內容報告(2)」, 1896년 12월 22일.
81 『駐韓日本公使館記錄』, 「露韓密約一件」, 1897년 11월 17일.

안경수는 1900년 망명지 일본에서 일본 국수주의자들의 잡지인 『일본인 日本人』에 「일청한동맹론日淸韓同盟論」이라는 글을 작성하였는데, 내용을 보면 이전 입론인 한일 양국제휴론에서 삼국동맹론으로 방향을 전환하였음을 알 수 있다.[82] 그 목차 구성은 다음과 같다.

제1장 총론
제2장 동아의 형세. 1. 청국과 열국 2. 한국과 열국(상) 3. 한국과 열국(하)
제3장 일청한 삼국의 동맹
제4장 삼국동맹의 실질
제5장 결론－일청한 삼국민의 각오

안경수는 총론에서 "사사로이 일본국이 청국 및 우리 고국과 동맹을 체결하여 서구세력의 동점東漸을 방알防遏하는 대책을 작성"하기 위해 글을 쓰게 되었다는 점을 밝히고 있다. 즉, 삼국동맹을 통한 서양세력의 동아시아 진출을 적극 저지해야 한다는 것이다. 이점에서는 1894년 김옥균의 삼화주의三和主義 내용과 일맥상통한다. 그러나 안경수의 논리는 훨씬 구체화된 것이다.

그는 동아시아 삼국이 동맹하기 위해서는 국력과 병력이 엇비슷해야 된다고 보았다.[83] 그러나 현재 일본을 제하면 한국과 청은 체면을 유지할 수 없지만 '순치보거脣齒輔車'의 형세에 있기 때문에 반드시 동맹관계를 유지할 수밖에 없다는 점을 강조하였다. 또한 안경수는 청은 청일전쟁 이후 내외적으로 심각한 위기상황에 빠져있기 때문에 인접국가인 한국과 일본에게도 영향을 미칠 것으로 판단하였다.

안경수는 한국은 청보다는 희망적이지만 자립적인 경제개발과 국방의 능

---

82 이에 대해서는 李光麟, 앞의 책(1989), 145~147쪽 및 宋京垣, 「韓末 安駉壽의 政治活動과 對外認識」, 『韓國思想史學』 8, 한국사상사학회, 1997, 260~271쪽 참조.
83 「日淸韓同盟論」, 『日本人』 116호, 1900년 6월 5일, 25쪽.

력은 부족한 현실이라고 하였다. 따라서 구체화된 해결 방법으로 먼저 삼국 간에 군사동맹을 체결하여 '강병'을 이루고, 이어 상업동맹을 통한 '부국'을 달성하자고 하였다. 그런데 안경수는 전제조건을 제시하고 있다. 그것은 일본이 중심적 역할을 맡아야 하고, 반면 한국과 청은 원조를 받아 근대화의 길에 들어서야 한다는 것이다. 군사동맹 시 원조는 일본 유학을 통한 장교 양성 등 간접적인 방식을 통하고, 상업동맹의 일환으로 조선은행朝鮮銀行을 설립하고 그 대가로 경원·경의철도 부설권을 일본에 주어야 한다고 주장하였다. 안경수는 철도가 준공되면 한국군의 진퇴뿐 아니라 군사의 청국 파견도 용이하기 때문에 이는 결국 동아시아 삼국의 군사동맹 문제까지 어느 정도 해결될 것으로 보았다.

그는 총론에서 말한 서양세력의 침략을 막아야 한다는 것을 다시 말미에 부연하면서, 일본이 한국과 청을 지도하는 것만이 함께 공존할 수 있는 길이며 결국 일본도 살 길을 찾는 것이라 하였다. 삼국의 군사 및 상업 동맹 논리를 토대로 출발한 안경수의 최종귀착점은 '국민적 동맹'으로 발전시키는 데 있었다.

> 나는 지금 일청한 '삼국동맹론'을 마치려는 데 있어 절망하지 않을 수 없는 것은, 즉 일청한 삼국의 국민적 동맹이다. 아무리 삼국 정부가 동맹의 필요를 느끼고 여기에 힘쓰려는 뜻이 있어도 그것을 후원하든 하지 않든 그 근거가 되는 것은 삼국민으로 서로 반목질시하는 현상이라면 이 동맹은 결코 성립될 수 없다.[84]

그는 이러한 국민적 동맹을 달성하기 위해서는 상업적 측면에서의 제휴가 필요한 것으로 보았다. 즉, 인구와 자원이 풍부한 청은 일본의 기술 및 자본의 지원을 받고, 한국은 자원의 공동개발과 연근해 어업에서 일본 어민과 제휴한다면 그 결과 한국·청 양국의 부강도 기대할 수 있을 것으로 보았다.

---

84 「日清韓同盟論」, 『日本人』 123호, 1900년 9월 20일, 24쪽.

그러나 이 같은 안경수의 입론은 이 시기 일제의 대륙침략 논리와 일맥상통하는 것이었다. 그것은 아시아 연대론적 입장에서 시작한 것인데, 일본 중심의 경제동맹 방식을 구체적으로 제시함으로써 결국 일본을 맹주로 하는 동아시아 군사·경제블록을 쌓자는 것에 다름 아니었다. 왜냐하면 그것은 삼국의 대등한 공존공생이 아니라 근대화한 일본만이 이를 주도할 유일한 국가로 인식하고 있었기 때문이다. 안경수의 '삼국동맹론'은 일제의 조선과 중국 침략을 우회적으로 적극 수용 협력하는 논리였고, 이후 한반도에서 일본의 영향력이 더욱 강화되는 상황에서 병합의 논리를 마련하는 한 방향타가 되었다.[85]

개항 이후 정국변화와 현실적인 이해관계에 따라 조선지식인들의 한중일 삼국에 대한 인식과 논의의 방향은 일정부분 달랐다. 척사론자들은 제국주의 질서를 거부하면서 저항적 측면으로 나갔고, 점진적 개혁론자들은『조선책략』의 논리를 수용하면서 청 주도의 조선정책을 수용하였다. 반면 문명개화론자들의 입장은 삼국 간 상호 제휴를 통해 문제를 풀어가려는 방향으로 정리되었다. 그런데 문명개화론자들은 삼국 중 '가장 근대화한 국가=일본'과 제휴를 모색하는 데는 적극적이었지만 상대적으로 청을 의도적으로 배제하고자 하는 경향이 지배적이었다. 1894년 이전 단계의 청은 버거운 상대이자 이전과 같은 중화질서로 조선을 보호해줄 것으로 생각할 수 없었다. 오히려 우리와 비슷한 처지로 생각했던 일본의 발전 모습은 그들에게는 환상적으로 보였고 지도적 역할을 바라는 계기가 되었다.

이들은 대체로 일본의 문명개화에 큰 충격을 받았고, 특히 후쿠자와 유키치의 '일본맹주론'적 입장을 계속 염두에 두고 있었다. 유길준과 안경수의 단계에 이르면 수평적 관계를 스스로 포기하고 일본 측의 논리를 적극 수용하는 방향으로 나아갔다. 김옥균을 비롯한 이들 모두는 약소국의 자립방안

---

85 1910년 대한제국의 강제병합 직후 일제 당국이 안경수의 유족에게 공채 1만 원을 지급한 사실은 그러한 내용을 반영하는 하나의 예라 하겠다.

을 마련하기 위한 교육책으로서 의견을 개진하였지만 자기 내치(內治)에 대한 확고한 자신감이 결여 내지는 상실되어 있었다. 이들은 정책입안에 주도적으로 참여하기 어려웠던 현실적 상황에서 정부의 개혁능력을 믿지 않았던 것이다. 또한 박영효의 일부 입론을 제하면 그들에게는 우리문화의 전통과 독자성은 당초부터 중요한 것으로 부각시킬 의지가 없었고 오히려 버려야 할 것으로 상정되어 있었다.

냉혹한 우승열패의 인식이 지배적이었던 제국주의 질서에서 애초부터 코스모폴리타니즘을 기대하기 어려웠던 것이 19세기 말 20세기 초의 역사적 현실이었다. 그런데 당시 이들이 주장하는 바처럼 '서세'의 침략이 가장 결정적 외압이었고 이를 막는 것만이 민족적 모순을 극복할 수 있는 길이었던가. 그것이 우리에게 청과 일본 문제보다 더 큰 변수인가는 충분한 연구를 통해 검토해볼 필요가 있다. 당시 편협한 배외주의, 국가주의도 문제가 있지만 추상적인 지역주의도 큰 맹점을 가지는 것이다.

그런데 문명개화론자들에게 동아시아 삼국은 대항적 관계로 설정되어 있지 않았다. 따라서 자신들이 기대했던 삼국의 민족적 공존 문제는 일본의 영향력이 강화되는 문제만 계속 남게 되었고, 일본의 지배를 용인한 것은 아닐지라도 우리의 국체를 강조하는 입장으로는 계승되지 못하였다. 왜 삼국이 제휴하여야만 하는가에 대한 진정한 의미의 고민도 찾아보기 어렵다. 결국 러일전쟁 전후 이들의 논리가 급격히 일본의 입장에 흔들리는 모습을 보이게 되면서 반(反)침략적 입장을 강조하는 많은 당대인들에게는 개화인사들의 과거 활동 전반까지 부정적으로 이해될 수밖에 없었고, 그러한 측면에서 국민적 통합과 발전적 전망은 기대하기 어려웠다.

제3장

동양평화론의 대두와 논리

21세기 한중일 동아시아 삼국의 현실은 동북공정, 독도 영유권을 비롯한 영토 분쟁, 전후 책임문제 등 국가 이기주의의 극대화로 화해와 상생보다는 대립과 패권이 더욱 심화되는 상황이다. 이에 따라 고전적이자 현실적 의미로서의 '평화'가 절실히 요구되는 시점이다. 그러나 청일전쟁과 러일전쟁 등 광적인 전쟁 시기에 역설적으로 평화를 강조하는 논리로 나타난 것이 '동양평화론'이었다. 이는 동 시기 다이너마이트 제조업자 알프레드 B. 노벨 Alfred. B. Nobel을 기린 노벨평화상을 제정한 것과는 정반대 현상이었지만, 특히 러일전쟁 이후 큰 반향을 일으키면서 침략전쟁에 정당성을 부여하기도 한다.

19세기 후반부터 20세기 초반에 대두된 '삼국제휴론, 삼국공영론, 아시아연대론, 동양평화론' 등은 한중일 동아시아 삼국에서 공통적으로 논의되던 시대 어젠다였다. 동양평화의 논의는 일본의 경우 천황가와 군부, 관료, 극우 팽창주의자의 침략주의와 극히 일각의 사회사상가, 목사 등을 통한 인도주의가 혼합되어 있었다. 중국은 일본의 '동양평화'와는 일부만 유사하고 대체로 다른 지향성으로, 예컨대 쑨원은 '대아시아주의', 리다자오는 '신아시아주의'를 주창하였다.[1] 한국에서는 러일전쟁 전후 시기부터 논의가 다양해지면서 수용과 배제의 논의가 지속적으로 교차되었다. 을사늑약 이후에야 성찰적 논의가 일부 이루어지기 시작하였음에도 불구하고 여전히 언설이 개별 주장 내에서도 삼국제휴론, 세계평화론 등과 편의적으로 섞여 있는 경우가 많다. 그런 관점에서 근대이행기 동아시아 삼국에서 논의되었던 동양평화론을 현시점에서 분석하고 재해석할 필요성이 있다.

그동안의 연구를 통해 보면 일본의 러일전쟁 승리 이후 논의의 추이는 '삼국제휴론'에서 점차 '동양평화론'으로 이전하였다고 판단된다. 그러나 '동양평화'와 관련해 한국 측의 연구는 안중근의 유작 「동양평화론」의 동양공동체론과 공판기록을 중심으로 한 분석이 대세이다. 그렇지만 동시대에 전개된 다양한 논의들이 사상되었고, 원론적 내용 이상의 비교 분석적 정리까지는 이루어지지 못하였다. 동양평화론에 대한 긍정론과 부정론이 대립하고 있고, 삼국공영론·삼국동맹론에서 발전한 동양평화론은 일제의 침략에 대항하는 자주적 논리로 발전 정착하였다고 보는 견해[2]와 1880년대 초반부터 시작된 일본의 아시아연대론과 맥락을 같이하는 것이라는 주장이 양립하고 있다.[3] 근대 동아시아 국제관계의 현실을 반영한 정치언어이자 현실로부터 유리된 허구로 보면서도 한국의 동양평화론은 일본 동양평화론의 대항담론으로 형성되었다고 이해하거나,[4] 대한제국 시기 정치세력의 행위의 정당성 확보 차원에서 '동양평화'란 수사를 활용한 것이라는 논의도 제기되었다.[5]

---

1 최원식·백영서 편,『동아시아인의 '동양' 인식: 19~20세기』, 문학과지성사, 1997, 163~165쪽.
2 신운용,「安重根의 '東洋平和論'과 伊藤博文의 '極東平和論'」,『역사문화연구』23, 2005.
3 姜在彦,「아시아主義와 一進會」,『한국사회연구』2, 한길사, 1984; 李光麟,「開化期 韓國人의 아시아 連帶論」,『개화파와 개화사상 연구』, 일조각, 1989; 김현철,「개화기 한국인의 대외 인식과 '동양평화' 구상」,『평화연구』11, 2002.
4 장인성,「근대 한국의 평화관념: '동양평화'의 이상과 현실」(와타나베 히로시·박충석 편,『한국·일본·'서양'』, 고려대학교 아연출판부, 2008).
5 김윤희,「1909년 대한제국 사회의 '동양'개념과 그 기원」,『개념과 소통』4, 2009.

이상의 연구들은 동양평화를 이해하는 데 시사점과 방향타 설정에 많은 모티프를 제공하고 있지만 용어 생성의 시대상, 담론의 전개과정과 성격, 제한성 등을 종합적으로 정리할 수 없었다. 이러한 입장에서 한 연구자는 동아시아 연대 연구의 난점을 "구체적인 방안이나 구상이 지속적으로 추구된 것은 아니었다. 따라서 이들 대부분이 단기성 혹은 일회성으로 끝나고 말았으며, 또 자료가 단편적·산발적이라는 점에서 이들을 본격적인 연구대상으로 할 수 없었다"[6]고 술회한 바 있다.

이러한 분절적인 수준을 넘어서기 위해서는 부조적인 방식에서 벗어나 전체를 유기적이고 종합적으로 파악해야 할 단계에 와 있다. 이는 21세기 세계사적 보편성 확보를 위한 현실적 대안 마련의 필요성과도 연관되기 때문이다. 이 장에서는 청일전쟁 시기부터 시작하여 러일전쟁 이후 확산되었던 동양평화 논의가 내포하는 시기별 함의의 변화상과 이에 따른 계열별 인식과 논점의 차이를 중심으로 분석할 예정이다. 그러나 그동안 참고할 만한 별다른 선행연구가 없었던 현실에서 이 글은 동양평화론 전체의 입체적 담론상을 그려내기 위한 예비적 고찰에 불과하다. 앞으로 이 분야 연구에 조금이나마 도움이 되었으면 한다.

1. '동양평화론'의 출현과 확장

에도江戶시대 전통 일본사회에서의 '평화' 논의는 고전적 의미인 '화평', '태평', '평안' 등과 동등한 것이었다. 영어 'calm', 'peace', 'cosmopolitanism'에 해당하는 이 용어는 같은 시기 조선과 중국에서도 유사한 방향에서 이해하고 있었다. 당시 문헌에서 '평화'를 사용하는 것은 극소수에 불과하

---

6 김경일,『제국의 시대와 동아시아 연대』, 창작과비평사, 2011, 11~12쪽.

였고, 현대 일본어에서 전쟁과 분쟁을 한정해서 그것이 없다는 의미로서 사용하는 '평화'와는 다른 개념이다. 메이지 초기까지도 나라 안과 민족 간에 일어난 분쟁과 전쟁의 종결 등의 상태에 이른다는 제한된 의미로서 사용되고 있었다.[7]

그런데 '동양평화'에 관한 언설은 일본이 제국주의 체제로 본격 이행하는 청일전쟁 단계인 '동학당 변란' 진압을 명분으로 한 조선 출병 과정에서 처음 시작되었다. 1894년 7월 5일 외무대신 무쓰 무네미쓰陸奧宗光는 구미 주재 각국 공사와 하와이·멕시코 영사에게 보낸 문서에서, "영구한 동양대국東洋大局의 평화 유지를 도모하는 것은 진실로 목전의 급무이다"[8]라고 언급하였다. 이는 대외적으로는 「청국에 대한 선전의 조詔」(1894년 8월 1일)부터 알려지기 시작하였다.

> 짐은 메이지 15년 조약(1882년 제물포조약)에 의거, 군대를 파견하여 변란에 대비케 하였다. 나아가 조선이 화란에서 벗어나 앞으로의 치안을 확보해 동양 전국의 평화를 유지하기를 바라고 우선 청에 고하기를 협동해서 일을 처리하자고 하였다. (중략) 청은 제국의 권리와 이익을 손상시켜 동양평화를 영원히 담보하지 않게 하려는 것은 의심할 여지가 없다. (중략) 짐은 평화와 서로 처음부터 끝까지 제국의 광영을 중외에 선양하는 것을 오로지 하고 비록 또한 공적으로 싸움을 선포하지 않을 수 없었지만 너희들의 충실용무에 의뢰해서 속히 평화를 영원히 극복함으로써 제국의 광영을 온전하게 할 것을 기약하라.[9]

청이 '보호속방' 명분을 내걸고 조선에 출병한 데 대해 천황 메이지明治는

---

7 欒竹民,「中日兩國語に於ける'和平'と'平和'について」,『國語學攷』186, 廣島大學 國語國文學會, 2005, 5~6쪽.

8 外務省 外交史料館,『東學黨變亂ノ際韓國保護ニ關スル日淸交涉關係一件第一卷』,「10. 朝鮮事件一」, 1894년 7월 5일.

9 陸軍省 編,『東洋平和ニ關スル詔勅』, 1933. 이 자료는 천황과 일본 정부의 '동양평화' 관련 언설 모음집이다.

풍도해전 직후 시점에서 조선이 화란에서 벗어나 앞으로의 치안을 확보해서 '동양 전국東洋全局의 평화'를 유지하고 동양평화를 영원히 담보하기 위해서는 평화를 영원히 회복하여 '제국의 광영'을 찾자는 내용의 선언을 하였다.[10] 이는 일국사적 시각에서 출발한 것으로 현실적 힘의 우위와 일본의 입장만 강조한 것이다. 청일전쟁 승리 후 「시모노세키조약」 무렵의 조서 본문 내용에서는 '치평治平'이라는 선택적 용어만 나올 뿐, '평화'란 표현은 전혀 없었다.[11] 이 시기 메이지가 '제국의 영광을 안팎으로 떨치고 평화를 위한 싸움의 선포'라는 내용의 조칙에서 일관되게 언급한 동양평화는 전쟁 명분의 용어였고, 전쟁이 끝나면 평화가 회복된 것으로 이해하는 방식이었다. 메이지 중반부터 쇼와 초기까지 대체로 이러한 기조가 유지되었다. 초기 사회주의자 고토쿠 슈스이幸德秋水 또한 '일본이 조선의 독립을 무시하고 평화를 보존하는 데 힘쓰는 것'은 청일전쟁 이래의 '국시'이자 '국가의 존립을 위한 필요조건'으로 규정하면서, '조선의 위협은 일본의 위협이자 동양평화의 위협'이라고 주장하였다.[12]

러일전쟁 단계에 가면 메이지는 '극동의 평화', '속히 평화를 영원히 극복함으로써 제국의 광영을 보전할 것', '동양의 치평', '평화와 광영光榮' 등을 제기하였는데[13], 이 또한 제국 일본 중심의 평화로 주변국은 시야에 없었다. '평화'와 '치평'이 함의하는 차이도 분명치 않았다. 천황은 평화회복을 위해

---

10 그런데 이보다 하루 앞서 외무대신 무쓰 무네미쓰는 주조선공사 오토리 게이스케에게 "조선의 독립이 동양평화의 근본임을 인정하고, 동양평화를 위해 다년간 전력을 기울였어도 아직도 부족하다고 여겼던 우리 정부가 어찌 그 의뢰를 마다하겠으며, 하물며 조선 조정의 이와 같은 의뢰는 우리가 간절히 바라던 바가 아니겠는가. (중략) 우리의 군대는 모두 용기를 떨치고 일어나 28~29 양일에 걸쳐 크게 아산에 있는 청국 병사를 크게 격파하였다"(『駐韓日本公使館記錄』, 「豊島沖ノ海戰及朝鮮政府ノ依賴ニ應シ在牙山淸兵ノ驅逐幷日淸兩國宣戰ノ詔勅公布ノ事」, 1904년 7월 31일)면서 풍도해전부터 아산전투까지의 전황을 자세히 설명하고 있다. 여기서 무쓰가 언급한 '동양평화'는 각의 결정사항을 천황 조서 발표 바로 직전에 주지시킨 것이다.
11 「日淸平和克復ノ詔」, 1895년 4월 21일, 『東洋平和ニ關スル詔勅』.
12 『万報』, 1900년 8월 23일, 「朝鮮の動亂と日本」.
13 「露國ニ對スル宣戰詔勅」, 1904년 2월 10일 ·「日露平和克復ノ詔勅」, 1905년 10월 16일, 『東洋平和ニ關スル詔勅』.

서는 부득이 무력 사용도 가능하다는 언설에서 제국의 안전, 즉 일본의 이익에 한국은 매개에 불과한 것으로 보았고, 동양이 어떠한 형태로 조화를 유지할 것인가에 대한 언급도 없었다. 이는 단지 패권과 평화의 패러독스만 보여주는 것이다.

러일전쟁 이전, 즉 1895년 삼국간섭 직후인 6~7월에 외무대신 하야시 다다스林董는 「일본외교정책의 미래」라는 『지지신보時事新報』 기고문에서 일본이 러시아·프랑스·독일 삼국의 충고를 받아들인 것도 동양평화를 유지하기 위한 것이었으며[14], 1902년 「제1차 영일동맹(일영협상)」도 동양평화를 위해 '한국 독립을 방해하는 자는 배제'한다는 내용으로 이해하고 있었다.[15] 러일전쟁 시기 일본 정부 내의 대외 강경파의 대표적 인물인 고무라 주타로小村壽太郎 외상은 전쟁에 돌입하게 되기까지의 경과에 대한 언론과의 담화 중 동아시아의 평화를 유지하기 위해서는 일본의 평화와 안전과 더불어 한국의 독립이 필요하다는 내용을 피력하였고,[16] 이는 「한일의정서」에 반영되었다.[17] 동 시기 주한 공사 하야시 곤스케林權助도 「제2차 영일동맹」을 설명하면서 장래의 동양평화는 한일 양국이 '향유해야 할 행복'으로 규정한 바 있다.[18]

러일전쟁이 시작되자 도쿄철도회사 중역 이노우에 케이지로井上敬次郎는 침략전쟁을 수행하는 자국 군대를 일청한 삼국의 행복뿐 아니라 동양평화의 기초를 공고히 하는 '평화적 원정군'으로 비유하였고,[19] 한국을 시찰하던 농학박사 혼다 코스케本田幸介는 독일연방의 예를 들면서 일본이 맹주가 되어

---

14 A. M. 폴리 편, 신복룡·나홍주 역, 『하야시 다다스(林董) 비밀회고록』, 건국대학교출판부, 2007, 125~127쪽.

15 『皇城新聞』, 1902년 2월 17일.

16 나카무라 기쿠오 저, 강창일 역, 『이등박문』, 도서출판 중심, 2000, 225쪽.

17 "제1조 : 한·일 두 제국 간에 항구불변의 친교를 유지하고 東洋平和를 확립하기 위하여 대한제국 정부는 대일본제국 정부를 확신하며 施政改善에 관하여 그 충고를 받아들인다"(『駐韓日本公使館記錄』, 「韓日議定書 國漢文 寫本」, 1904년 2월 23일).

18 『駐韓日本公使館記錄』, 「日英新協約締結通報」, 1905년 10월 9일(林 공사→朴 외부대신).

19 『活動の日本』 2, 「朝鮮經營と海外移民」, 1904년 6월 1일.

'동양의 영원한 평화와 이익'을 보전해야 한다고 역설하기도 하였다.[20] 이 시기에 추밀원의장 이토 히로부미伊藤博文는 한국의 황제를 알현하고 한국과 청이 일본을 모델로 황인종 결속을 이루어야 한다고 주장하였다. 그는 천황 메이지에게 러일전쟁 승리로 동양평화가 회복되어 동아시아 장래를 위해 화근이 완전히 근절되었으므로 한국 정부의 위임을 받아 일본 정부가 이를 실행하는 조약('을사조약')으로 이를 실현해야 하며, 그것이 평화를 항구히 유지하는 길이라 역설하였다.[21] 백작 오쿠마 시게노부大隈重信도 영국의 이집트에 대한 역사적 경험에서 보이는 것처럼 다른 나라로 하여금 한국을 도발케 하여 동양평화를 파기시킬 우려가 있다는 점을 환기시킨 바 있다.[22]

일본 내에서 이에 대한 반성이 없었던 것은 아니었다. 대표적 반전론자인 우치무라 간조內村鑑三는 「일청전쟁의 목적 여하」라는 제목의 논설에서 청일전쟁을 '의전義戰'이자 중국의 잠을 깨게 해야 동양평화는 오는 것으로 주장하였다.[23] 그렇지만 다시 러일전쟁 직전인 1903년 6월에는 '전쟁은 사람을 죽이는 일이다. 사람을 죽이는 것은 큰 죄악이다"라고 호소하였고, 10월에는 '제가 러일 개전에 동의하는 것은 일본국의 멸망에 동의하는 것이라 확신'한다고 주장하였다.[24] 우치무라는 전쟁 직후 '일로전쟁을 통해 내가 받은 이익'이라는 연설에서는 동양평화의 염원은 청일전쟁과 러일전쟁을 야기했고, 그 명목으로 계속 진행되는 유기체로 파악하였다.[25]

일청전쟁은 그 이름은 동양평화를 위함이었습니다. 그런데 이 전쟁은 한층 커

---

20 『太陽』10-14, 「韓國の農業經營」, 1904년 11월 1일.
21 『駐韓日本公使館記録』, 「韓國特派大使伊藤ノ復命書」, 1905년 12월 8일.
22 『朝鮮之實業』8, 「日韓新協約を評す」, 1906년 1월 1일.
23 『國民之友』, 1894년 10월호.
24 『万朝報』, 1903년 10월 12일.
25 야마무로 신이치 저, 정재정 역, 『러일전쟁의 세기―연쇄시점으로 보는 일본과 세계―』, 小花, 2010, 250~251쪽; 武市英雄, 「言論人 內村鑑三의 對韓觀―日淸·日露 兩戰爭을 中心으로―」, 『明治日本言論의 對韓觀』, 探求堂, 1987, 36~37쪽.

다란 일로전쟁을 낳았습니다. 일로전쟁도 동양평화를 위함이었습니다. 그러나 이 또한 더더욱 커다란 동양평화를 위한 전쟁을 낳을 것이라 생각합니다. 전쟁은 만족을 모르는 야수입니다. 그것은 인간의 피를 마실수록 더 많이 마시려 하는 야수입니다.

목사이자 비전주의자 가시와기 기엔柏木義円은 1914년에 "원래 일청·일로 2대 전역의 외침은 한국 독립의 부식이었던 것이 아닌가?"라고 묻고 일본이 양대 전쟁은 한국 독립의 부식이라 하였지만 실은 세계를 속인 일로 규정하였다.[26] 미술사가로서 독자적인 문명관을 제시한 오카쿠라 덴신岡倉天心은 『Ideals of The East(동양의 이상)』(1903년 출간)에서 문화단위로서의 '단일한 아시아적 평화'론을 주장하였다.[27] 그러나 조선 문제와 관련해서 볼 때 오카쿠라는 일본 재래의 진구神功 왕후의 조선정벌설을 그대로 답습하고 있었고, 일본이 승리한 청일전쟁에 대해서도 '한 세기 반 동안 자기를 발현하려고 힘썼던 새로운 국민적 활기의 자연적 산물'이라는 긍정적 평가를 하고 있었다.[28]

당시 일본의 이권을 신장하고 동양평화를 영구히 유지하기 위해서는 전쟁이 필요하다는 여론이 팽만한 상태에서, 대아동지회對俄同志會와 조선문제동지회 등 재야국수주의자는 '한국은 실로 동양 화근을 인도하는 근원지'이자 '동양평화의 문설주'로, 동양평화는 일본 국시에 한국이 어떻게 부응하

---

26 금병동 저, 최혜주 역, 『일본인의 조선관』, 논형, 2008, 245쪽.
27 '아시아는 하나'라는 아라비아와 서남아시아까지 포함하는 대아시아주의 관점의 오카쿠라의 낭만적 '아시아일체론'은 이후 일본 파시즘 강화에 이용되었다는 비판(다케우치 요시미 저, 서 광덕·백지운 역, 『일본과 아시아』, 소명출판, 2004, 277쪽)과 함께, 동서양을 대립적으로 보면서 확정개념으로 파악하는 변종 오리엔탈리즘이라는 지적이 있다(쑨꺼 저, 류준필 외 역, 『아시아라는 사유공간』, 창작과비평사, 2003, 73·75쪽). 만주사변 이후 滿洲國協和會의 주요 목표의 하나로 東洋平和와 大亞細亞主義가 표방되었음은 이를 반증하는 것이기도 하다(防偉省 防衛研究所, 「協和會의 重大使命」, 1932년 8월(哈爾濱 事務局長 近藤義晴)].
28 오카쿠라 덴신 저, 정천구 역, 『동양의 이상-일본 미술의 정신-』, 산지니, 2011, 38·217쪽.

느냐 여하에 달린 것이라 주장하였다.[29] 러일전쟁 직후 이는 한국의 지방(파주군)에 파견된 일본인 교사 타루이 주垂井樹에게도 영향을 미쳐 한국 독립과 동양평화를 위해서는 교육밖에 다른 방법이 없다는 언설로까지 발전되었다.[30] 더 나아가 서울 주재 일본인 신문기자단도 '합방은 동양평화 유지'의 길이자 양국 평화 행복 증진의 길이라 보았다.[31] 러일전쟁 직전 경의선과 의주義州-잉커우營口 선 관련 회사 창립취지서에서도 철도부설과 경영은 동양의 평화를 유지하고 청한淸韓 양국의 국방과 영토보전을 위한 것으로 특허청구의 정신과 목적도 여기에 있다는 주장도 대두되었다.[32] 심지어 철도감부원 마키노 기요히토牧野淸人 같은 기술 관리도 한국의 토지수용 등 이권 관련 경제수탈을 '대한보전'과 동양평화를 위한 것으로 강변하는 일까지 있었다.[33] 신민회 105인사건 1심 공판에서도 일본인 판사가 이승훈의 주문 이유를 "세계의 대세를 알지 못하고 동양평화의 근원을 살피는 데 밝지 못하여 구한국에 있는 일본제국의 세력을 배척하고자 하였다"고 적고 있다.[34] 일본 내각에서는 친일인사의 과거 행적을 '동양평화의 확립'을 위한 것으로,[35] 반면 항일독립운동가의 행위는 재판장이 '일본이 제창하는 동양평화에 대한 역행'으로 규정하기도 하였다.[36]

러일전쟁 직후 한국과 필리핀 독점을 둘러싼 미국과 일본의 담합인 「가쓰라-태프트 밀약」에서도 '극동의 항구적 평화 유지에 공헌'[37]할 것이라 평하였는데, 이러한 분위기는 다이쇼大正 시대에도 그대로 유지되었다(「독일국에

---

29 『大韓每日申報』, 1909년 12월 11일, 논설 「일본인의 죠선문데 동지회 선언서」.
30 『皇城新聞』, 1906년 7월 18일.
31 『大韓每日申報』, 1909년 12월 25일, 논설 「한성에 잇난 일본인 신문 긔쟈단」, 대한매일신보는 "이거시 사람을 죽이고 ᄒᆞᄂᆞᆫ 말이 너는 죽기ᄂᆞᆫ ᄒᆞ여도 턴당으로 갈터이니 복이라 홈과 무어시 다르리오"라고 혹독히 비판하였다.
32 朝鮮鐵道史編纂委員會 編, 『朝鮮鐵道史(第1卷 : 創始時代)』, 朝鮮總督府 鐵道局, 1937, 148~152쪽.
33 『仁川港案』 제9책, 1905년 5월 13일(奎. 17863-2).
34 『京城地方法院判決文』, 1912년 9월 28일.
35 日本國立公文書館, 「故朝鮮總督府中樞院參議男爵朴箕陽敍勳ノ件」, 昭和 7년 12월 6일.
36 독립기념관 한국독립운동사연구소 편, 『광복군 김문택 수기(下)』, 2005, 172쪽.
37 日本外務省, 『日本外交年表並主要文書』 上, 1995, 240쪽.

대한 선전 조칙」, 1914년 8월 23일). 쇼와昭和「즉위식 칙어」(1928년 11월 10일)와
「국제연맹 탈퇴 조서」(1933년 3월 29일)에서는 '세계평화', '국제평화'로 전
변되었다. 그러다가 중일전쟁 이후 '동양의 평화'라는 언급이 줄어들고, 대
신 '동아신질서 건설', '동아협동체', '대동아공영권' 등의 새로운 상황논리
로 전변되었다.[38]

2. 대한제국 관료와 황실

청일전쟁 기간에 흥선대원군이 '동양평화'에 대해 언급을 한 바 있다. 이
는 전쟁의 장기지속이 '동양평화에 매우 해가 될 것'으로 조속히 종결되어
야 한다는 것으로 입론의 수준은 아니었다.[39] 한국에서 '동양평화'는 주로
러일전쟁 이후에 논의가 집중된다. 외부대신 서리 이지용은 전쟁 발발 직후
일본군의 한국 출병(그는 이를 일본이 '만리에 있는 용병로를 우리나라로 택한 것'
으로 표현)은 '동양평화' 보존을 위한 것이라 진언하였다.[40] 또한 후임 외부대
신 서리 김가진은 일본군의 의주 점거와 만주 진출로 '동양의 무위威武를 발
휘'하게 되었고, 한국 정부가 '영원한 평화 실현'을 희망한다는 점을 일본공
사 하야시 곤스케에게 밝혔다.[41]

그 결과 1904년 5월 황제의 윤허를 받은 외부대신 「칙선서勅宣書」 초안은
러일전쟁을 대한제국 독립 유지와 동양전체의 평화를 확고히 하는 것으로
규정하고 있다.[42] 외부대신 이하영은 지방관들에게 "'대일본제국이 백만 생

---

38 사카이 데쓰야 저, 장인성 역, 『근대일본의 국제질서론』, 연암서가, 2010.
39 『駐韓日本公使館記錄』, 「俄使ウエバー氏大院君ヘ面謁ノ件」, 1894년 8월 4일(大鳥 공사 →陸奧
    외상).
40 『駐韓日本公使館記錄』, 「皇帝・皇太子倂ニ英親王ノ日軍慰問下賜金呈交ノ件」(李址鎔), 1904년
    2월 27일.
41 『皇城新聞』, 1904년 4월 16일.
42 "대한 정부는 일본이 러시아에 대하여 전쟁을 선포한 것이 오직 대한국의 독립을 유지하고 동양

령과 거억의 국재國財를 들어 원정하여 노고를 아끼지 않은 것은 포악한 러시아를 정벌하여 동양평화를 보전하고 대한독립을 옹호함이니, 비록 같이 싸우지는 못할지라도 군수품 수송과 조달은 한국인민이 사절할 수 없는 의무이다'라고 설득할 것"[43]이라 하여, 전쟁을 수행하는 일본군의 전쟁 역부로 참여하고 군수품 징발에 협조하는 것도 '동양평화를 보존하고 대한독립을 옹호'하는 것으로 표현하고 있다. 러일전쟁을 철저하게 인종전쟁으로 이해하고 있던 외부협판 윤치호도 제국연합 함대의 발트 함대 격파소식을 듣고 일기에 "일본의 승리를 자랑스럽게 생각한다. 일본은 황인종의 명예를 옹호하였다"고 기록하였다.[44]

1907년 표훈원총재 민영휘는 상소를 통해 동양 삼국은 '입술과 이의 관계'로 '연합하면 강해지고 분열되면 고립'된다는 원론적 입장에서 삼국제휴론적 시각의 동양평화론을 말하면서 결론을 교육에 두었다.[45] 궁내부특진관 유길준은 폴란드[波瀾]와 미얀마[緬甸]의 예를 들어 우리나라가 스스로 부강해져서 우리의 권한을 회복해야만 '동양의 영원한 평화'가 보장될 수 있을 것으로 보았다.[46] 이는 국내문제로 시각을 돌리는 것인데, 그러나 이를 위해서는 우리는 일본을 믿고 그들과 이해관계를 같이하고 그들도 우리를 믿게 만들어야 한다는 주장이었다. 같은 시기에 그는,

> 일본이 동족보치同族輔齒의 가까운 이웃으로 … 지금은 선각이 되어 병자丙子의 약조는 우리와 더불어 잘하고 우리의 독립을 인정하였거늘 우리는 꿈꾸는 것처럼 어지러워 (갑신에 상반, 갑오 일청의 역에) 일본이 분연 출의出義하여 대신하여 군사를 일으켜 우리의 독립을 부식하였거늘 … 일로의 갑진지역甲辰之

전체의 평화를 확고히 하는 데 있다는 것을 헤아려 이미 의정서를 체결하고 협력함으로써 일본이 교전하는 목적을 달성하는 데에 편리하게 하였다"(『高宗實錄』, 光武 8년 5월 18일).

43 『各司謄錄』近代編, 1904년 9월 4일.
44 「Tchi-Ho Yun's Diary」, Jun 2, 1905.
45 『高宗實錄』, 光武 11년 1월 15일.
46 『純宗實錄』, 隆熙 원년 10월 23일.

役 … 광무 9년 11월의 협약으로 우리의 외교권을 차수借受하고 … 본년 7월의 협약 … 폭동·항명·소요에 매우 위험하여 진실로 해산하였다. 되돌아보건대 한 나라의 체면이 모두 우리가 욕欲하고자 한 것이 아니나 … 2약二約의 안은 우리가 실로 스스로 취한 것이오. 그들의 강함을 우리에게 가한 것이 아니다 … 우리는 오히려 병자요 그들은 양의良醫라 … 우리의 독립을 보호하는 것이요 파멸하는 것이 아니라. 우리의 독립을 도와 이루게 하는 것이요 폐탈廢奪하는 것이 아니다 … 감히 말하기를 오직 우리 광복의 길은 한결같이 평화에서 연유하는 것이오.[47]

라 하여, 유사 이래 일본과 한국은 '동족보치'의 관계이자 그들이 「조일수호조규」 이래 우리의 '독립'을 위해 막대한 노력을 기울였고, 외교권을 '빌려받아들인 것借受'도 우리가 스스로 취한 것이자 일본이 병자를 구하는 양의의 고육책에서 나온 부득이한 것으로 설명하고 있다. 그럼에도 불구하고 일본이 우리를 '폐탈'한다고 생각하는 것은 '경거망동'으로 규정하면서, 반일의 움직임을 봉쇄하려는 논리로까지 발전시켰다.

순종황제는 1909년 이토 히로부미 변사에 즈음해서, 그의 계책은 오로지 '동양평화'에 있어 서로 사이좋게 의지하여 함께 살아갈 생각을 피력한 것으로 정리하였다. 순종은 나약한 국가 대한제국이 일본의 보호에 의지해야만 국가의 존립이 보장되고 이토는 동양평화로 일관하였으며, 그의 사망은 '고약한 백성의 흉측한 손', '고약한 도당', '짐의 국가와 사직을 해치는', '흉악한 것'이라는 매우 강한 표현으로 정리하였다.[48] 형식은 백성에 내린 조서지만 내용은 경고의 메시지였다. 1910년 8월 강제병합 시 양위교서에도 '짐이 동양평화를 공고키 위하여 (중략) 서로 합쳐 한 집안이 됨은 호상 만세의 행복을 꾀하는 소이'라고 하여 동양평화 문제가 집중 거론된다.

---

47 「平和光復策」,『兪吉濬全書』IV, 268~279쪽:『皇城新聞』, 1907년 10월 29~30일,「兪氏의 光復策」.
48 『純宗實錄』, 薩熙 3년 10월 29일·11월 4일.

그 결과 '병합조약'에서는 강제병합의 논리로 양국 간의 특별히 친밀한 관계를 고려하여, 상호 행복을 증진하며 동양의 평화를 영구히 확보하기로 결정한다고 하였다. 양도의 논리에서도 밖으로는 동양의 평화를 공고히 하고, 안으로 팔역八域의 민생을 보전하고 민중을 구제하는 적극적 뜻에서 나온 것이므로 신민들이 알아야 할 것이라 하였다.[49] 대한제국 마지막 황제의 교서는 논리가 매우 궁색한 궤변에 불과한 것이었음에도 '병합'이 기정사실화되고 문서도 통감부에서 만들어 이름만 빌려 발표하게 된 상태에서는 어쩔 수 없는 것이었다. 그 결과 같은 날 일본 천황 조서와 통감 데라우치 마사타케寺內正毅의 포고문, 즉 병합 실행의 논리와 통치권 양여 수락도 이러한 내용에 맞추어 진행되었다.[50]

3. 일진회 계열과 친일인사

동양평화론은 논자와 분량상으로만 보면 당시 일진회 계열과 친일인사들의 논의가 가장 많다. 일진회 기관지 『국민신보』 1904년 4월 기서에서 오철용은 하야시 곤스케 공사에게 「한일의정서」를 반기면서 러일전쟁 과정에서 러시아에 대한 한일 합공合攻이 동양평화 보전의 길이라 건의하고 있다.[51] 12월 일본인이 발행하는 『대한일보』 창간 광고에서 신문 창설의 의무를 '동

---

49 『純宗實錄』, 隆熙 4년 8월 22일; 「附錄」, 1910년 8월 29일.

50 "짐이 동양의 평화를 영원히 유지하여 제국의 안전을 장래에 보장하는 필요를 생각하며, 또 항상 한국이 화란의 연원임을 돌아보아 지난번에 짐의 정부로 하여금 한국 정부와 협정케 하고 한국을 제국의 보호 하에 두어 화의 근원을 두절하고 평화의 확보를 기하였다"(日本國立公文書館, 『韓國併合ニ關スル詔書』, 明治 43년 8월 29일); "무릇 강역이 상접하고 기쁨과 근심에 서로 의지하며 民情 또한 형제의 우의가 있어 서로 하나로 합쳐서 일체를 이룸은 자연의 이치요 반드시 이르는 형체이다. 이러므로 대일본국 천황폐하는 조선의 안녕을 확실하게 보장하고 동양의 평화를 영원히 유지하는 것을 간절하게 생각하여 전 한국 원수의 희망에 응하여 그 통치권의 양여를 수락한 바이다"(『純宗實錄』, 「附錄」, 1910년 8월 29일, '통감 자작 데라우치 마사타케의 포고문').

51 『駐韓日本公使館記錄』, 「露國의 凶計와 그 對處方案提示 및 協助用意披瀝」, 1904년 4월 12일(鶴南居士 吳哲鎔→林權助 공사).

양평화의 영원한 유지'로 규정하고 있다.[52] 같은 달 송병준은 '일본 황제 폐하의 성덕'이 '동양평화의 보장'으로 이를 지키기 위해 죽기를 결심했고, 1905년 3월 일진회장 윤시병은 러일전쟁은 동양평화와 한국의 독립 부식과 강토유지를 위한 것이라 주장하여 일본의 입장을 추수하고 있었다.[53] 당시 일진회의 입장에서는 회원들을 살해하던 항일의병을 '동양평화의 방해자'로 보았고, 일진회와 입장을 같이하던 동아개진교육회도 그 규칙에서 한일청韓日清 삼국제휴가 동양평화의 길임을 역설하였다.[54] 일본 유학생 최석하 같은 경우는 '동양평화를 교란하는' 러시아를 응징하고 '동양평화를 위해' 일본군 통역으로 자원 종군하였다.[55]

을사늑약 전후 일진회의 입장 표명을 보면, '선진이자 선각의 나라'인 일본이 동양평화를 위해 청일전쟁·러일전쟁을 일으켰고, 만일 일본이 패전하였다면 지금과 같은 동양평화는 결코 없었을 것이라 하였다.

무릇 일본은 선진이자 선각의 나라이다. 동양의 평화를 회복하는 데 뜻을 두고 십수 년 전부터 간절하게 주선하였고, 갑오년에 일청전쟁과 오늘날의 일러전쟁이 모두 의협심에서 나온 것이다. 일러 평화조약과 일영동맹 개정 이 두 가지는 선명한 것이다. … 오직 우리 일진회의 주의와 강령은, 위로는 황실의 존엄을 보존하고 아래로는 인민의 안녕을 도모하여 국가의 독립을 공고히 하고자 하는 것이다. 이른바 존엄이라는 것은 허영이 아니라 곧 신민이 존숭하고 믿는 것이다. 안녕이라는 것은 고식적인 것이 아니라 곧 영구적 평화이다. 독립이라는 것

---

52 『大韓日報』, 1904년 12월 9일 광고.
53 『駐韓日本公使館記錄』, 「一進會首領宋秉畯ノ信書寫本送付ノ件」, 1905년 1월 10일(외무대신 小村壽太郎→주한공사 林權助); 「一進會ノ運動方向闡明ノ件」, 1905년 3월 28일(일진회 회장 尹始炳→林 공사).
54 『皇城新聞』, 1905년 6월 22일, 잡보「東洋開進教育會規則」.
55 細井肇, 『現代漢城の風雲と名士』, 日韓書房, 1910, 227~228쪽. 최석하는 청일전쟁 이후 러시아가 청국에 대한 조약을 지키지 않았고 마침내 러일전쟁을 만들어 내어 이로써 세계 열강이 주목하게 되었는데, 동양의 평화와 분란의 분기점이 이로부터 시작되는 것이라 주장하였다[崔錫夏, 「國際交際論」, 『太極學報』 제2호(1906년 9월 24일)].

은 형식이 아니라 곧 실체이다.[56]

그 연장선에서 일진회 간부 홍긍섭은 러일전쟁 이후의 동시대를 '동양평화의 시대'로 규정하였다.[57] 1907년 2월 이후 작성된 것으로 추정되는 「일진회창립약사」에서 이용구 등은, 러일전쟁 시기 만주로 북진하는 일본 군대를 돕기 위한 10만 명 이상 일진회원의 역부 참여는 동양평화를 위해 분발하고 떨쳐 일어난 것이라 하여 전쟁 동원 협력의 자기명분화를 기하면서, 일본을 믿고 따르는 것이 동양평화를 유지하는 길이라 주장하고 있다.[58] 군대해산과 고종황제 강제퇴위 이후의 의병에 대항하고자 한, 같은 해 9월 「거의선언서舉義宣言書」에서는 청일전쟁으로 한국의 '독립을 보증'하였고, 러일전쟁은 '평화극복'을 위한 것이라는 일본의 표현을 그대로 차용하면서 '동양의 안녕을 방해'하지 말 것을 촉구하고 있다. 최영년은 「경고지방폭도문警告地方暴徒文」(10월 12일)에서 한국 정부의 외교 실패는 일본의 보호를 받는 '을사조약'을 초래하였고, 그 결과 동양평화 보존 불능의 상황이 왔다는 논리로 항일의병운동에 대한 경고를 표하였다. 반면 통감 이토의 건강 회복은 일진회장 이용구에게는 '비단 우리 한국의 행복이 아니라 동양의 행복'이었다.[59] 교육자 현채 또한 일진회 입장과 비슷하게 이웃 나라(일본)와 화목하고 성심으로 그들을 따르면 교의는 물론 영원한 동양평화가 이루어질 것이라고 하였다.[60]

1908년 이완용은 통감교대식에서 전임 이토 통감이 동양 전체의 평화에 공헌한 결과 동양의 일부분인 한국의 안녕이 스스로 이루어졌고,[61] 일본의 지도권유로 지식증진과 산업발달을 통해 양국민의 친교가 두터워질 것이고,

56 李寅燮, 『元韓國一進會歷史』 卷之二, 「1905年 11月 一進會의 外交權移讓 宣言書」, 文明社, 1911.
57 『皇城新聞』, 1906년 3월 23일, 잡보 「一進演說」.
58 『元韓國一進會歷史』 卷之二, 「一進會創立略史」.
59 『元韓國一進會歷史』 卷之六, 「自衛團援護會文簿」.
60 玄采, 『幼年必讀』 卷四, 第二十三課 「日本」, 日韓圖書印刷株式會社, 1907.
61 金明秀, 『一堂記事』, 大東印刷株式會社, 1927, 446쪽.

이는 영원한 동양평화의 기초를 굳게 다지는 것이라고 주장하였다.[62] 강제 병합 직전인 1909년 이용구 등 '100만' 일진회원들은 '합방은 동양의 안녕과 아세아 전반의 평화를 담보'하여 세계 대세에 순응하는 것이자 우리의 사직과 인민을 영원히 보전할 수 있는 길이라 규정하였다.[63] 그런데 이는 당시 학부차관 타와라 마고이치俵孫一의 "일본의 진의는 밖으로 한국에 대한 다른 나라의 억압을 배제하고 안으로 한국의 요란을 다스려 이를 부식하며 보도輔導하여 문명의 영역에 나가게 하여 영구히 동양평화의 화근을 끊는 데 있다"[64]는 '동양평화 화근'의 저해요소에 대한 대책 및 병합의 논리와 일맥상통한다. 서창보와 김헌영 또한 동양평화의 유지와 한일 친선 증진을 위한 '정합방론政合邦論'을 주장하였다.[65] 1910년 이용구는 일본 귀족원과 중의원에 보낸 글에서 '동양평화'의 키워드는 일본이 잡고 있는 것으로 평가하면서 일본의 역할을 기대하였다.

합방이라는 것이 동양을 위해 오래되고 끊이지 않는 화의 근원을 막아 구하는 것이 아니겠습니까. 귀국이 동양에서 평화의 근본을 잡고 있으니 어찌 한 시대의 이익을 위하여 만대의 걱정을 남길 수 있겠습니까. 우리 사직이 이로써 영구히 보존하고 우리 인민이 이로써 영구히 편안하며 매번 전쟁터가 되는 고통으로부터 영구히 벗어난다면 인민의 뜻이 한번 정하여져 움직이지 않을 것입니다.[66]

이러한 내용은 이후 '상서上書' 형태의 군소 친일인사들의 주장과 대동소이하다. 청도의 일진회원 박대현 등은 당시 무력투쟁론을 강조하고 있던 『대한매일신보』는 동양평화를 저해하고 황인종 절멸을 몰래 바라고 있다고

---

62 위의 책, 431~434쪽.
63 『元韓國一進會歷史』卷之七,「上內閣長書」.
64 「伊藤公爵 薨去에 관하여 官立學校 職員에 대한 俵 學部次官의 訓示要領」, 『한국독립운동사자료』 7, 국사편찬위원회, 1976, 78~79쪽.
65 『國民新報』, 1909년 12월 17일,「上統監書」· 1909년 12월 26일,「上統監書」.
66 『國民新報』, 1910년 1월 5일,「一進會長 長書」.

하였으며, 대구유생 강학수 등은 청일전쟁과 러일전쟁 등 일본의 공으로 '동양 전국의 평화'가 유지될 수 있었던 것으로 보고 있었다.[67] 일진회 지방지회 원들의 수많은 논의는 결국 1910년 단계에 이르면 '합방론'으로 발전하였다. 대표적인 것은 송병준의 합방구상으로 그는 '합방의 대업'은 크게는 동양의 화근을 없애고 작게는 양국의 평화행복 구가로 이를 간절히 바란다는 것이다.[68] 이완용 또한 '병합'은 '문명을 보급하는 방법'이자 '피할 수 없는 필연의 운명'으로 '국제평화와 인류행복을 의미하는 것'으로 규정하였다.[69]

이후 1919년 3·1운동 당시 민족운동 선상에서 동양평화의 허구성을 심각하게 비판하는 시대 현상에 대해 이완용은 반박하였다. 그는 『매일신보』를 통한 경고문에서, '동종동족·동조동근론'의 지리적·인종적·문화적 한일 양국 제휴론에 입각한 동양평화론의 당위성을 언급하였다. 그 결과 3.1운동은 이를 위반한 조선민족 스스로 자멸을 취한 것이라 강변하고 나아가 세계의 대세와 민족을 알지 못한 민족멸망과 동양평화를 파괴하는 '적'으로 표현하였다. 반면 한국은 동양평화를 위한 조금의 노력도 없었고 오히려 이를 교란한 역사가 많을 뿐 아직도 그 큰 이상을 이해 못하고 있는 것이라는 경고성 발언으로 결론을 맺었다.[70] 같은 시기에 '신일본주의'를 선언했던 민원식도 1905년 '보호조약'으로도 동양평화의 화근을 '삼제芟除'치 못하였고 그 결과가 한일병합이자 열강이 이를 승인한 이유도 여기서 나온 것[71]이라 하여 이완용과 마찬가지로 일본의 논리를 그대로 전달하는 차원에 머물고 있었다.

1920년대 동민회同民會의 최헌식은 "일한병합의 정신은 '동양평화'와 '양 민족의 행복을 도모'하기 위한 것으로 헌신적으로 노력해야 할 것을 강

---

67 『國民新報』, 1910년 1월 26일·2월 19일·3월 23일.
68 『公文別錄；韓國倂合ニ關スル書類』제1권(明治 42~43년).
69 金明秀, 앞의 책, 275~476쪽.
70 『每日申報』, 1919년 5월 30일, 「李伯 3차 경고」.
71 『每日申報』, 1919년 4월 15일, 「기고문」.

조하였다. 상임이사 조병상은 조선인은 "약소계에서 용출하여 세계 열강인이 됨과 동시에 동양평화의 주인이 되어 세계의 번민 민족을 올바른 길로 이끌 수 있을 것이다"라면서, 일본과 조선의 병합은 "침략적이거나 식민지적이 아니라 완전한 동양평화를 위한 것이다"라고 주장하였다.[72] 이들은 일본의 침략전쟁의 명분을 따른 것이었다. 한편 1930년대에 최린은 중일전쟁을 "지나支那 민중의 적이요 동양평화의 장애물인 군벌과 정치가를 응징하여 동양평화의 건설을 목표로 하는 정의의 기치다"라고 하였다.[73] 서울의 700여 단체와 3만여 명이 동원된 1938년 7월 7일 국민정신총동원조선연맹 결성식 채택 선언문에서는 동양평화 확보를 '(일본)제국 부동의 국시'라고 표현하였다.[74] 나아가 박희도는 조선인은 황도皇道정신을 앙양하고 폐하의 적자이자 황국일본의 공민으로서, 동양의 평화는 물론 '팔굉일우八紘一宇의 이상'을 펴서 인류의 발달과 강령 복지 증진에 공헌하고, 조선인 스스로 마음속부터 일본인이 되는 것이 가장 필요하다는, 이전 논자들보다도 더욱 강한 주장을 하기에까지 이르렀다.[75]

4. 민족주의 계열

(1) 언론

여기서는 대한제국 시기 가장 전파력이 높던 『황성신문』과 『대한매일신보』 양대 신문 중심으로 분석하였다. 『황성신문』에서는 청일전쟁은 '동양

---

72 曺秉相, 「新日本의 20年을 맞이하며」 『同民』 52, 1929. 내선융화를 표방한 동민회 활동에 대해서는 박수현, 『일제의 친일과 육성과 반민족세력』, 독립기념관 한국독립운동사연구소, 2009, 137~138쪽 참조.
73 『每日申報』, 1937년 8월 15일, 崔麟, 「東洋平和의 大精神」.
74 林鍾國, 『親日文學論』, 민족문제연구소, 2002, 84~85쪽.
75 朴熙道, 「創刊に際して」, 『東洋之光』 창간호(1939년 1월호).

삼국이 우의'를 잃은 것이고, 1900년 의화단운동(신문은 '의화단의 난'으로 규정)은 '동양의 화란禍亂'과 '동양의 화근'이자 '근심'으로 '동양질서의 안녕'을 바랄 수 없는 것으로 규정하고 있었다.[76] 이 부분에서는 동학농민군을 보는 일본 정부의 입장과도 일맥상통한다. 나아가 "지금 세계 강대국은 평화와 신의를 칭하고 밖으로 친밀한 척 하나 이웃 나라가 방심하면 하루아침에 잔학해져 삼켜버린다"며, 그 결과 누구의 주도로 중국과 한국이 달라질지 알 수 없다는 우려 섞인 전망을 하였다. 그러나 신문은 의화단의 반외세 민중봉기 그 자체보다는 서양 등 외세의 개입을 통한 청의 멸망과 그로 인해 파급될 수밖에 없다고 본 '동양질서의 안녕'과 황색인종의 위기의식을 강하게 피력하였다. 그 대안은 '우리의 평화'를 스스로 지키는 것이 '세계의 자연적 공도公道'라는 것이다.[77] 한편 1902년 「제1차 영일동맹」 이후 우리의 평화가 유지되었으나 영일동맹에서 말한 '동양평화'는 한·청 보호가 아닌 일본을 보호하기 위한 자국중심의 평화론이라는 비판적 시각에서 접근하고 있다.[78]

또한 러일전쟁 발발 직전 정3품 경광국이 정부에 올린 글에서 제기한 일본과 힘을 합쳐 동양대국을 도모하자는 논리에 더하여 동아시아 삼국 동맹은 동양평화 유지를 위한 '보거순치輔車脣齒'라 하여 삼국제휴는 동양평화이자 방아책防俄策이라고 주장하고 있다.[79] 같은 패턴으로 일본의 전쟁 발발은 동양평화의 회복이고 한국의 강토 보전과 정치쇄신을 위한 것으로, 러일전쟁은 '천하평화의 유지책'과 갑오년과 같은 조선개혁의 의지에서 나온 것이고 또한 강한 러시아를 막기 위한 일본의 '육박혈전'도 동양평화 유지를

---

76 『皇城新聞』, 1898년 12월 24일 · 1900년 6월 22~23일 · 8월 2일 · 1901년 2월 13일 · 2월 26일.
77 『皇城新聞』, 1902년 12월 19일.
78 『皇城新聞』, 1903년 6월 30일, 논설 「辨日俄密約成立之說」. 이 논설에서는 일본이 말하는 '한청의 보호는 곧 자국의 平和를 보호하는 바'라고 하였다.
79 『皇城新聞』, 1904년 2월 22일.

위한 것이라 하였는데[80], 이러한 논리는 이후에도 지속되었다.

그 결과 동양평화와 동종상애同種相愛는 실제로 '백년의 대계'를 보는 아시아 황인종의 행복이 도래한 것이라며 황인종 연대론의 측면을 강조하였다.[81] 그러나 이후 동양평화는 '동서양 형편과 한일관계'상 일각에서 제기된 합방·합병론과는 다른 '크게 불가'한 것[82]이라 하여 분리적 측면에서 이해하고 있다. 이는 '동양 삼국 정족鼎足의 안녕'에서 '동양 삼국이 분열'하는 조짐을 나타낸 것이 '을사조약'이라는 장지연의 논설「시일야방성대곡」과 동일 맥락이었다. 시종『황성신문』은 일본의 역할과 각성을 적지 않게 기대하고 있었다.

『대한매일신보』의 논의를 보면, 1905년 10월 삼국공영론의 입장에서 청일전쟁·러일전쟁까지는 신뢰하였으나 '을사조약'이 동양평화를 깬 것이므로 이전으로 돌아갈 것을 주장하고 있다. 이후 신문은 외적으로는 천하의 공론을 환기하여 동양평화를 보유하고 내적으로는 '동포의 중심衆心을 결합'하는 대동단결을 강조하였다.[83] 통감부 시기에는 현실과 관련한 강경한 표현을 하였다. 동양평화의 부지는 한국의 독립, 재산 환수, 자유권 환수 연후에나 가능한 것이고 그렇지 않으면 한국 인민은 죽음 밖에 없다는 것이다.[84] 나아가 '동양평화'는 '꿈'이자 '천치의 생각'인데도 한국인은 망할 지경에 있으면서도 이를 알지 못한다고 개탄하고 있다.[85] 또한 일본인의 한국 보호, 시정 개선, 동양평화 유지는 한국인의 재산과 신체, 권리를 박탈하는 거짓말로 규정하고,[86] 대안으로 양국의 '자유행복'을 추구할 것을 제시하였다.[87]

---

80 『皇城新聞』, 1904년 2월 29일, 논설「愛國誠驗於人心向背」·1904년 6월 25일, 논설「韓日交之憾情所由續」.
81 『皇城新聞』, 1909년 5월 27일, 논설「宇內大勢觀」.
82 『皇城新聞』, 1909년 12월 25일, 논설「時局의 現狀」.
83 『大韓每日申報』, 1907년 7월 17일, 잡보「北美大韓人大同保國會趣旨書」.
84 『大韓每日申報』, 1908년 1월 19일, 기서「한일 관계(윤병규)」.
85 『大韓每日申報』, 1909년 6월 26일, 논설「새 통감이 부임훈 후에 한국 사름 들의 감정」.
86 『大韓每日申報』, 1909년 10월 22일, 논설「대판미일신문의 허망훈 말」.
87 『大韓每日申報』, 1909년 12월 28일, 논설「일본인에게」.

이는 양국의 '복'이나 그렇지 못하면 죽음을 무릅쓴 투쟁으로 해결해야 할 것이라 하여 무력투쟁론으로 발전하고 있다. 강제병합 직전 단계에 가면 '동양평화'와 '한국 인민의 행복'이라는 말은 강제병합을 위한 분식된 표현이라고 말한다.

> 오호ㅣ라 일본아 뎌 쟝창 대포와 륙군 히군의 셰력으로 능히 이 삼쳔리 강토의 산쳔을 숨키며 이 이쳔만 국민의 싱명을 업시ᄒᆞᆯ손가. 뎌 나파륜의 병력으로 뭇사름에게 원망을 밧다가 필경은 실패ᄒᆞ고 죽엇ᄂᆞ니. 오호ㅣ라 일본아 이 이쳔만 민족을 경홀히 보지 못ᄒᆞᆯ지니라. 이왕에는 일본이 한국의 독립을 보젼ᄒᆞᆫ다고 렬강국에 셩명ᄒᆞ면셔 한인을 롱락ᄒᆞ야 누에가 쏭을 먹듯ᄒᆞᄂᆞᆫ 계교를 일우웟거니와 지금에 또 동양평화니 한국 인민의 힝복이니 ᄒᆞᄂᆞᆫ 등 셜노 합병을 실힝코져 ᄒᆞᄂᆞᆫ가.[88]

이 글과 이어지는 논설에서 '진정한 동양평화'는 '동양의 행복 유지'에 있고 이는 일본만의 독점이 아닌 세계 사람들과 공유함으로써 가능하다는 것이다.[89] 즉, 일본식의 기만적 평화가 아닌 한국 독립 보장이 전제된 진정한 의미의 평화논리로 발전시켰다. 한편 1910년 5월 3일 하와이 호놀룰루 발행 『신한국보』의 논설 「한일관계에 대하여 이천만 동포에게 경고함」에서도 '천벌'을 받을 일본의 죄악과 동포의 '의전-분발' 등을 강조하면서 일본이 제기한 '동양평화'와 '인국교의' 주장의 표리부동함을 비판하고 있다.

> 대저 일본이 동양에 선진국이 됨은 세계의 공인하는 바나 그 심장을 궁구하건대 궁흉극악한 사갈이 뱃속에 반연하여 겉으로는 동양평화라 인국교의라 하면서 속으로는 강제박탈과 살인겁략을 무소부지하니 저놈의 죄악은 천벌이 자재

88 『大韓每日申報』, 1910년 1월 8일, 논설 「한국과 일본을 합병ᄒᆞᆯ 의론을 ᄒᆞᄂᆞᆫ 쟈에게 고ᄒᆞ노라 (속)」.
89 『大韓每日申報』, 1910년 1월 12일, 논설 「만쥬와 일본」.

하려니와 우리 국민이 행할 바 유일수단은 의기를 높이 들고 의전을 시작하는 데 있다 하노라. 진실로 이같이 할진대 수수방관하던 세계 열국이 다 동정을 표할 것이오, 다 우리의 친구가 될 터이라. 어찌 우리 국가의 백년지계가 아니며 우리 국민의 만전지책이 아니리오. 때를 잃지 말고 분발할지어다. 동포형제여.

(2) 개인과 단체

러일전쟁 기간 전 의관 여영조 등은 한중일 삼국이 제휴하는 동양평화의 필요성은 인정하면서도 러일전쟁과 「한일의정서」는 그것을 소멸시키는 불행한 사건이라고 주장하였다. 또한 일본은 밖으로는 러시아 정벌을 명분으로 동양평화를 말하지만 속으로는 한국을 속일 계책을 펼친다면서 그 허구성을 설파하였다.[90] 박장현은 『황성신문』 기고문에서 일본이 제창한 동양평화를 믿었지만 러일전쟁 이후 일본은 한국의 토지로써 보상받으려 하고, 독립 부식과 강토 보안·동양평화를 침해하여 결국 분란만 야기한 것이라 주장하였다.[91] 이 같은 원론적 입장의 동양평화론도 적지 않았으나 일본 측은 검열 과정에서 핵심 주장을 삭제하거나 공란으로 처리하였다.

1905년 8월 나인영(나철)과 오기호는 「한일의정서」는 '극동평화'와 '동양평화'에 위배되는 것으로 성약을 통해 일본의 전쟁 수행에 협력했지만 결과는 우리의 의지와는 별개이고 일본 또한 처음과 끝이 같지 않았다는 점을 강조하였다.[92] 상동청년회 서기 정순만도 러일전쟁이 동양평화를 위한 것으로 알아 이준·이현석과 함께 적십자 의연금을 내는 등 처음부터 같은 뜻을 표했으나 일본이 우리를 업신여겼고, 우리가 주장하는 것은 실로 세계 여러 나라가 '공공으로서 의의로서 하는 것'[93]이라고 주장하였다. 보다 구체적으로

---

90 『駐韓日本公使館記錄』, 「韓日議定書反對運動者李昇宰·吳周赫·呂永祚·金斗星ノ聽取書」, 1904년 7월 2일(警部 關谷勇, 渡邊鷹次郎); 『皇城新聞』, 1904년 7월 11일, 잡보.

91 『皇城新聞』, 1904년 8월 11일, 기서.

92 『皇城新聞』, 1905년 8월 31일, 기서 「전 주서 나인영, 전 주사 오기호 장서」.

93 『皇城新聞』, 1905년 9월 5일, 기서 「講和를 傍聽하고 獨立을 鞏固케 함」.

오주혁 등은 「포츠머스 강화조약」과 「제2차 영일동맹」 제2조 3관의 내용인 한국의 '보호 지도 감리'는 동양평화 유지 및 한국의 독립 부식과는 다른 것이고,[94] 김익수를 비롯한 15명은 통감 이토 히로부미에게 공문을 보내 '동양평화 유지'와 '독립' 등 진정성 없는 언설의 수시 남발은 속이고 빼앗고 명령하는 약탈적 내용만으로 점철된다는 점을 강조하였다.[95] 최익현도 의병을 일으키면서 일본의 군신君臣들이 천하에 주장하는 '동양평화와 우의익친友誼益親'은 '다른 사람의 국가를 멸하고 다른 사람의 토지를 빼앗는' 기만책에 불과한 것이라 지적하고 있다.[96]

이 시기 안중근은 뤼순감옥에서 작성한 「동양평화론」에서 일본의 '기신배의棄信背義'를 강조하면서, 청일전쟁과 러일전쟁 시 천황의 선전포고 칙령에서 언급한 '동양평화'와 '한국의 독립을 유지한다'는 설을 믿었지만 실제 이루어지지 않았고 결국 자신이 살해한 이토의 죄는 '동양평화를 깨뜨린 것'에 있다는 점을 강조하였다.[97] 동아시아 평화 제안자로서의 안중근이 보는 동양의 범주는 거의 전 동아시아를 망라하는 폭넓은 구상으로 오늘날 유럽연합European Union과 유사한 개념이라 할 수 있다. 그러나 식민지의 현실을 볼 수 없었던 한중일 공동체의 평화를 강조한 그의 입론은 영토확장과 국가주의 등으로 압축되는 당시 일본의 주류 논리와는 전혀 다른 지향성을 갖는 것이었다.[98]

반면 신채호는 그동안 한국은 '동종동문'론적인 '동양주의'에 취하고 이를 주창하다가 결국 일본에게 이용당한 것으로 그 결과 한국은 '동양'이

---

94 『皇城新聞』, 1905년 11월 13일, 잡보.
95 『皇城新聞』, 1907년 8월 3일, 별보.
96 崔益鉉, 「倡義討賊疏」, 『勉菴先生文集』 卷之五, 丙午 윤4월 11일.
97 尹炳奭 편, 『安重根傳記全集』, 국가보훈처, 1999, 183~199쪽.
98 민족주의와 세계주의를 동시에 실현하려고 했던[김경일, 앞의 책(2011), 89쪽] 안중근의 동양평화 담론은 동 시기 문화권 단위의 대아시아주의를 표방한 오카쿠라 덴신岡倉天心과도 다루이 토키치樽井藤吉의 大同思想과도 완전히 다른 차원이고, 한국을 배제한 중일관계를 논한 孫文과도 차이가 있다. 한중일 공조라는 점에서는 李大釗와 일부 유사점이 있다.

주가 되고 '국가'가 객이 되어 민족이 영원히 멸망하는 길로 가게 된다고 주장하였다.

> 동양은 일가이며 황인은 동종이라 하여 이를 믿음으로써 국가주의를 망忘하고 동양주의에 취케 하였다. 국가가 주요, 동양은 객인데 금일 동양주의를 주창하는 자를 관觀하건대 동양이 주되고 국가가 객되어 국가의 흥망은 천외天外에 부付하고 유惟 동양을 시보是保하려 함으로써 … 한국이 영망永亡하며 한족이 영멸永滅하여도 다만 이 국토가 황종黃種에만 귀歸하면 이를 낙관 (이하 생략)[99]

이는 철저한 국가론적 시각에서 본 것으로, 국망國亡 분위기 속에서 일본식의 동양평화론을 내걸고 식민정책 추진에 동조하는 대한제국 내부 한편에서 싹트고 있던 분위기를 지적하고 경종을 울리기 위해서 쓴 것으로 판단된다. 동양주의를 주장하는 것을 신채호는 '술주정꾼이나 몽유병자의 말'이라 비판하고 있다.

10여 년의 식민지 경험을 거친 1919년 이후에는 과거와는 형태를 크게 달리하면서 새로운 패러다임에서 논의가 전개되었다. 도쿄에서 발표한 「2·8독립선언서」에서는 러일전쟁 이전의 러시아는 동양의 평화와 안녕을 위협하였고, 일본은 공수동맹(「한일의정서」)을 통해 동양평화와 한국의 독립 보전을 위한 결과를 마련하였다고 규정하였다. 러일전쟁 시기까지는 일본의 동양평화 의지를 믿었던 것이다. 그러나 1910년 한국의 병합으로 동양평화를 교란하였고 따라서 독립을 주장하는 이유도 여기에 있다는 점을 부각하였다. 「3·1독립선언서」에서도 2천만 조선인을 위력으로 구속하는 것은 '동양의 영구한 평화'를 보장하는 것이 아니며, 세계평화와 인류행복이 동양평화에 우선하는 것이라 주장하였다. 3·1운동의 평화정신은 동양평화를 이루기

---

99 『大韓每日申報』, 1909년 8월 10일, 논설 「東洋主義에 대한 批評」.

위해서라도 조선의 독립이 이루어져야 한다는 것이다.[100]

보다 발전된 안인 3·1운동의 「통고일본서」에서도 '이른바 동양평화란 어떤 것인가?'라 하여 근본적 의문을 제기하였다. 여기서는 "진정한 동양평화란 으레 공존주의의 터전에 입각하여 확고하게 공의로써 이뤄지며, 결코 한 나라의 욕망이나 한때의 세력으로 함부로 남의 나라를 병탄해서 성립되지 아니한다"고 주장하였다. 그러면서 현재 러시아제국이 붕괴되었고 독일도 전쟁에서 패한 침략주의·군국주의가 '역사상의 고물'이 되어 '동양평화에 대한 위협도 완전히 제거된 시기'에 조선의 병합은 동양평화를 위해 불행할 뿐이자 양국의 가장 큰 화인으로 규정하였다.[101]

3·1운동 직후인 5월 23일 경성부 종로정 5정목에서 발견된 「진정서」에서는, 일본의 목적은 처음부터 동양의 공존과 동양평화에 있지 않았고 실은 동양병탄의 의지만 있다는 점을 부각시켰다.[102] 결론적으로 진정한 의미의 동양평화는 '정의'와 '평화'에 있는 것으로 조선인들의 자주실권 회복에 있다는 것이다. 또한 그동안의 문제점을 총정리하면서 그 대안으로 제시한 「선언」에서 '동양평화에서 세계평화'로 갈 것을 주장하였는데, 이는 정의 인도를 통한 인류양심과 세계평화의 길로 가자는 것이다.[103] 같은 시기에 제출된 조선민족대동단의 3대 강령에서도 '세계 영원의 평화를 확보'할 것을 강조하였다.[104] 33인의 한사람인 한용운은 취조과정에서 동양평화는 조선 독립 여부와 관계있다고 주장하였다.[105] 이후 한용운은 동양평화를 언급한 것

---

100 반면 같은 해 2월 25일 워싱턴의 이승만과 정한경은 미국 대통령 윌슨에게 보낸 서한에서 한국을 국제연맹의 위임통치하에 두게 할 것을 청원하였다. 논리는 위임통치를 통해 한국을 극동의 완충국으로 만들면 어느 한 나라도 동양 대륙에서 침략정책을 쓰지 못하게 되어 '동양평화를 영원히 보전할 것'이라는 것이다. 이는 3·1운동 이후에 알려졌고 신채호 등으로부터 강한 비판을 받게 된다.

101 朴殷植 저, 南晚星 역, 『韓國獨立運動之血史』, 瑞文文庫, 1981, 174쪽.

102 국가보훈처 편, 『3·1運動 獨立宣言書와 檄文』, 태웅문화사, 2002, 349쪽.

103 『3·1運動 獨立宣言書와 檄文』, 366~367쪽.

104 『3·1運動 獨立宣言書와 檄文』, 397쪽.

105 만해한용운선생전집간행위원회, 『한용운전집』 1, 신구문화사, 1974, 363쪽.

은 아니나 시국해결방안으로 '참된 자유', '참된 평화'의 상호침투를 제안하였다.[106] 이러한 것은 당시 민족주의 계열의 새로운 대안적 담론의 하나라 할 수 있다.

안창호는 그해 10월 상하이에서 "중한 양국의 청년이 상의상부相倚相扶하여 일본의 압박에 대항하여 그들을 물리치고 동양의 평화를 유지"[107]하는 목적으로 중한청년협회를 조직하였다. 1920년 1월 임정 국무총리 이동휘는 중국 신문과 인터뷰에서 "동양평화 파괴의 근저는 가장적假裝的으로 동양평화를 역설하는 일본의 군국주의와 침략주의 오직 한 뜻이라"며 진정한 동양평화를 이루기 위해서는 '중국의 사활문제로 각오하고 동심협력하여 같이 일할' 것을 기대하였다.[108] 박건병은 "독립치 못한 자에게는 평화가 없다"[109]고 주장하였고, 강우규도 자신의 의거 명분을 '동양평화를 교란'하는 일본과는 달리 한중일 삼국의 진실성 있는 '동양평화를 위함'에 두었다.[110] 간도 광복단은 「격고문」에서 일본을 '인도정의의 설적鼠賊이자 동양평화의 악마'로 규정하였다.[111] 그해 10월 상하이에서는 '조선인 교육진흥'을 주의로 하는 동양평화단이 창립되기도 하였다.[112]

한편 1921년 2월 신채호는 「조선 독립과 동양평화」라는 논설에서 조선과 조선인의 동양평화 보전을 위한 역사적 사례를, 예로부터 중국과 일본 사이에 끼어 있어서 양국의 울타리 역할을 하여 일본의 해적이 경상도 연안을 침범하였으나 중국을 집어삼키는 데는 이르지 못한 것 등을 들었다. 그는 동양평화의 가장 좋은 방법은 '조선의 독립'인데, 그 이유는 일본은 방자하게 탐욕스러운 데 이르지 않게 되고, 러시아도 약소민족을 돕는다는 핑계를 대지

---

106 金承學, 『韓國獨立史』, 獨立文化社, 1965, 176쪽.
107 防衛省 防衛研究所, 『中韓靑年協會組織こ關する件』, 1919년 12월 15일.
108 『獨立新聞』, 1920년 1월 10일.
109 『獨立新聞』, 1920년 1월 8일.
110 『獨立新聞』, 1920년 3월 1일 및 5월 6일.
111 梶村秀樹·姜德相 編, 『現代史資料』 27, みすず書房, 1972, 14~15쪽.
112 金正明 編, 『朝鮮獨立運動』 2, 「上海在住不逞鮮人の狀況」(1921. 4. 29), 原書房, 1967.

않고, 중국 역시 수 년의 혁명으로 어지러운 국면을 정돈할 수 있다는 것이다. 그러나 현실은 '지상공론'으로 대안이 될 수 없음을 한탄하였다.[113] 신채호는 다시 「한한韓漢 두 민족의 친밀한 결합」에서 '평화'와 '행복'의 두 가지 의제를 제시하였다.

> 평화와 행복은 비록 내가 바라는 것이지만 강한 적을 제거하고 동양을 평화롭게 유지하는 것은 '유혈'이라는 두 글자를 떠나서는 얻을 수 없다. 양국인은 적들의 흉악한 음모를 힘을 다해 제거할 것을 널리 선포하고 그로써 서로의 경계로 삼으며 그들의 잔인하고 폭력적인 행위를 일일이 열거하여 세계가 함께 토벌할 것을 구하려 한다면 적들과 최후의 혈전을 벌일 것을 더욱 합심하고 맹세하여야 할 것이고 또 깊이 새겨두어 잊어서는 안 될 것이다.[114]

여기서 신채호는 강한 적을 제거하고 동양평화를 유지하는 방법은 결국 '유혈'과 '혈전'이라는 무력투쟁 밖에 없다는 대안을 제시한 것이다. 그는 보다 구체적 방법으로 세계와 함께, 미시적으로는 중국과 함께 하는 반일협력투쟁이 필요함을 역설하였다. 이는 자주와 투쟁 논리로서의 평화론으로, 침략전쟁과 수탈을 합리화하는 아시아연대론의 변형논리로서의 동양평화론을 비판한 것이다. 신채호의 동양평화론 허구성에 대한 반박은 1923년 「조선혁명선언」에서도 이어진다.

1928년 7월 도쿄의 조선청년동맹 소속 청년조선사에서는 당시 조선총독 야마나시 한조山梨半造가 말한 '동양의 평화'와 '조선의 안녕질서'는 '개수작'이자 "동양의 평화란 미명의 탈을 쓰고 이미 우리의 조국을 빼앗지 않았더냐?"고 반문하면서, 이는 '조선에 주둔하는 일인 군대와 경관놈들의 밥 먹듯이 하는 흉동兇動'이라 주장하면서 국제적 연대까지 상정한 반제국주의

---

113 震公, 「朝鮮獨立及東洋平和」, 『天鼓』 제1권 제1호, 1921년 2월(독립기념관 한국독립운동사연구소 편, 『단재신채호전집』 제5권, 2008, 314~316쪽).
114 震公, 「韓漢兩族之宜加親結」, 『天鼓』 제2권 제2호(『단재신채호전집』 제5권, 399쪽).

투쟁을 호소하였다.[115] '동양평화'가 얼마나 허구였는가 하는 점은 1937년 12월 천도교 구파인사 주도의 '멸왜滅倭'를 염원하는 특별기도祈禱 계획에 대한 일제 관헌의 탄압을 '기만하기 위한 수단'으로 '동양평화의 기초가 하루바삐 확립되기를 기원'[116]하는 모임으로 위장하였던 사실도 이를 단적으로 반영하는 하나의 예일 것이다.

평화의 고전적 개념은 '사회정의' 혹은 '공평과 정의'가 실현되는 것으로, 진정한 의미에서 당시 동아시아와 한국의 현실에 즉해서 이 내용을 실천하기 위한 노력이 얼마나 있었는가가 평가의 중요한 기준점이 되지 않을 수 없다. 2014년 8월 한국을 방문한 교황 프란체스코도 평화는 단순히 전쟁이 없는 것이 아니라 '정의의 결과'라고 언급하였다. 결국 모든 공약수는 '정의Justice'로 압축된다.

반면 '동양평화론'은 청일전쟁 시기 초국가적 지역질서로 상정되면서 동아시아 지역협력의 담론으로 처음 나타난 것이다. 일본 정부가 이후 중일전쟁 시기까지 충분히 정의되지 않은 개념인 동양평화 논리를 계속 천황가의 메시지로 유지시켰던 이유는, 외적으로는 제국 일본을 정점으로 하는 주변국의 결속과 팽창주의의 명분을, 내적으로는 식민지형 사회통합을 이끌어가는 기제로 효과를 보고자 했던 것이다.

국가 간에 처해진 상황의 차별성을 언급하지 않거나 의도적으로 무시한 채, 일본 정부의 입장은 처음부터 끝까지 한결같이 전쟁을 위한 상황논리로 점철되는 특징이 있다. 일부 재야의 비판적 논조 내지 성찰을 위한 새로운 대안도 당시의 논의구조에서는 배제되거나 원래의 의도와는 다르게 오용되고 애매하게 처리되었다. 이는 결국 청일전쟁 기간 후쿠자와의 '문명과 야만'이라는 인식 틀이 이후에도 그대로 연장되는 것이다. '정의'가 사상된 '독점과 배제를 위한 연대'는 하나의 수사에 불과하기 때문이다. 적어도 후

---

115 『靑年朝鮮』 제2호, 1928년 7월 21일, 「朝鮮增兵 警察增置는 決死的 反對다!!」.
116 『東亞日報』, 1938년 5월 2일.

자의 경우는 그 반대의 현상으로 이해될 수밖에 없다. '그 무엇이, 어느 쪽이 더 야만적이었던가?' 라는 역설적인 질문을 던져 본다. '평화'와 '문명'이라는 그럴듯한 외피로 가장한 군사적 제국에 의한 '폭력과 야만'이라는 일탈의 자행이 전쟁 기간과 그 이후에도 일상적으로 지속되었던 것이다.

이 시기의 '평화'란 일본과 한국 정부 및 대다수 문명개화론자들에게는 레토릭에 불과한 것이었다. 1905년 러일전쟁의 종전선언이 '평화극복에 관한 조칙'이고, 이토 히로부미의 행적도 '동양평화'로 평가하는 당대의 사례가 많았다. 그 결과 러일전쟁 전후 시대상황에서 논의의 '주류'는 일진회 계열과 친일인사들이었다. 이들은 시류에 편승하여 일본의 입장을 그대로 대변하거나 확장주의 입장에서 동양평화론을 '독점'하였던 것이다.

러일전쟁 직후부터 동양평화론의 논의가 본격화되고 일제 강점 시기에 이르면 한국의 현실과 관련한 논의가 구체화되지만 이에 대한 비판도 나오기 시작한다. 특히 이토 히로부미의 사망과 합방논의가 진전될 무렵에 민족주의 진영에서 동양평화에 대한 근본적 의문과 이는 침략논리에 불과하다는 허구성을 논하기 시작하였다. 신채호의 동양주의 비판도 이 무렵 출현하였다. 국권 피탈 직전 처형된 안중근은 여전히 동양평화에 대한 희망과 확신을 가지고 있었다. 이와는 달리 동양평화에 대한 신뢰와 기대가 전혀 없었다고 해도 과언이 아닌 신채호는 처음 동양평화론이 대두될 무렵에는 이에 대한 논평이 없었지만 이후 시대현상과 추이를 보고 변증법적으로 발전하면서 그 허구성과 대안을 꾸준히 설파하였다.

그러나 많은 인사들은 대한제국이 망하고 식민지가 되었음에도 '동양평화'의 꿈에서 깨어나지 못하고 있었다. 민족주의 선상의 지식인들의 입장은 불확실한 미래에 대한 분명한 전망 없이 온정주의적 입장에서 일부는 받아들이거나 아니면 '동양평화론자' 혹은 그것을 믿지 않더라도 '자주적 평화'로서의 자기 정체성을 표명하고 인도주의적 무저항 비폭력의 입장을 고수하였다. 그 결과는 일본의 의지에 한 가닥이나마 희망을 걸고 동양평화와 세계평화, 인류행복을 주장한 「2·8독립선언서」와 「3·1독립선언서」로 표출되었다. 반면 신채호와 조선청년동맹 등의 논의는 전쟁 수행을 통한 해법을 제시한 일본식 동양평화의 병리적 현상을 언급하고, 일본제국주의의 구조적 폭력, 즉 식민지 상황에 대해 중국과 국제사회와 연대하여 반제국주의 무력투쟁으로 대응하자는 적극적 논리였다.[117]

---

117 안중근이 제창한 동양평화론의 세계사적 보편성을 설명하기 위한 재료로 많은 연구자들이 임마누엘 칸트Immanuel Kant의 '영구평화론(Zum ewigen Frieden : 1795)'을 활용하고 있다. 그러나 칸트의 논리는 '상호균형' 문제에 약점을 가진, 자율권을 행사하는 국가들의 연맹을 통한 '국제적 평화질서' 확립에 목적을 둔 것이다. 반면 노르웨이 평화학자 요한 갈퉁Johan Galtung은 '체계화된 집단적 폭력이 없는 상태'인 '소극적 평화'를 넘어서는 협력과 통합, 조화, 회복 그리고 존엄성이 존중받는 사회정의가 실현된 형태의 평화를 '적극적 평화'로 규정하고 있다(Johan Galtung, *Peace by Peaceful Means*, Thousand Oaks, London, 1996). 그는 제국주의 지배하의 눈에 보이지 않는 폭력에 의해 유지되는 질서도 평화로 보게 될 수 있다는 맹점을 지적하면서 '구조적 폭력이 없는 상태'가 진정한 의미의 적극적 평화가 실현되는 것으로 이해하고 있다. 우리의 현실과 관련하여 동양평화론 전체의 외연을 이해하고 설명하기 위해서는 후자의 논리가 보다 설득력 있고 시사하는 바가 커 보인다.

참고문헌

1. 사료

(1) 한국

경상북도 경찰부, 『高等警察要史』, 1934.

京城商業會議所, 『韓國幣制改革ニ關スル情願書』(1905년 11월 13일).

高麗大學校 亞細亞問題研究所 編, 『舊韓國外交文書』3~4(「日案」3, 4). 12(「美案」2). 13 ~14(「英案」1, 2). 17(「俄案」1). 高麗大學校 出版部, 1967~1969.

국가보훈처 편, 『3·1運動 獨立宣言書와 檄文』, 대웅문화사, 2002.

국사편찬위원회, 『한국독립운동사』1, 1965.

──, 『韓國近代史資料集成』5, 2002.

國會圖書館 立法調査局, 『舊韓末 條約彙纂』上, 東亞出版社, 1964.

──, 『舊韓末 條約彙纂』中, 東亞出版社, 1965.

국회도서관 편, 『統監府法令資料集』上·中·下, 1973.

국회도서관 편, 『韓末近代法令資料集』Ⅰ~Ⅳ, 1971.

金允植, 『續陰晴史』下, 국사편찬위원회(복간본), 1960.

內藏院 편, 『京畿道各郡訴狀』, 1903년 5월.

內藏院 편, 『咸鏡南北道各郡訴狀』.

獨立運動史編纂委員會 편, 「왕산허위선생 거의사실 대략」, 『독립운동사자료집』2, 1971.

閔龍鎬, 「江北日記」, 『關東倡義錄』, 국사편찬위원회, 1984.

朴琪淙, 『韓末外交秘錄』, 成進文化社, 1972.

朴殷植 저, 南晚星 역, 『韓國獨立運動之血史』, 瑞文文庫, 1981.

朴殷植 저, 李章熙 역, 『韓國痛史』(下), 博英社, 1996.

宋相燾,『騎驢隨筆』, 국사편찬위원회(복간본), 1955.

안중근, 「동양평화론(1910)」, 최원식·백영서 편, 『동아시아인의 '동양'인식 : 19~20세기』, 문학과 지성사, 1997.

兪吉濬, 「保國之策」(全書編纂委員會, 『兪吉濬全書』 IV, 政治·經濟編, 一潮閣, 1995).

────, 「平和光復策」, 위의 책.

李寅燮, 『元韓國一進會歷史』(卷之一~卷之九), 文明社, 1911.

鄭喬, 『大韓季年史』 下, 국사편찬위원회(복간본), 1957.

許舫山先生紀念事業會, 『國譯 旺山全書』, 아세아문화사, 1985.

黃玹, 『梅泉野錄』.

『各部通牒』, 제260호, 奎.17824. 1907년 3월 9일; 6월 4일.

『各司謄錄』近代篇, 「報告書 제8호」, 1906년 6월 3일; 「訓令 제201호~219호」, 1907년 6월 5일; 1904년 9월 4일.

『高宗實錄』.

『官報』.

『舊韓國外交關係附屬文書』 제7권, 『交涉局日記』.

『國民新報』.

『國譯 復齋集』, 소문출판사, 1988.

『勸業新聞』.

『단재신채호전집』 제5권, 독립기념관 한국독립운동사연구소 편, 2008.

『大東公報』.

『大韓每日申報』.

『大韓帝國官員履歷書』, 1책 21권.

『東萊港案』 奎.17867, 1906년 4월 2일.

『每日申報』.

『司法稟報』.

『純宗實錄』.

『承政院日記』.

「日本船舶의 韓國沿岸 및 內河 航行 從事에 관한 約定」, 光武 9년 8월 13일, 奎.23050.

『日省錄』.

「조선독립과 동양평화」(震公), 『天鼓』 제1권 제1호, 1921년 2월.

『駐韓日本公使館記錄』, 국사편찬위원회(복간본), 1986~1991.

『中樞院來文』, 奎.17788, 1907년 4월 19일.

『統別勅令往復案』(奎. 17851-2), 제6책.

「韓漢 두 민족의 친밀한 결합」(震公), 『天鼓』 제2권 제2호(1921년 이후 발간 추정).

『海潮新聞』.

『皇城新聞』.

(2) 일본

京城府 編, 『京城府史』 3卷, 1917.

高尾新右衛門, 『元山發展史』 上, 啓文社, 1916.

――, 『元山港』, 東書店, 1922.

谷壽夫, 『機密日露戰史』, 原書房, 1966.

구메 구니다케(久米邦武) 저, 박삼현 역, 『特命全權大使 米歐回覽實記(제3권 유럽대륙/상)』, 소명출판, 2011.

菊池謙讓, 『近代朝鮮裏面史』, 朝鮮硏究會, 1937.

――, 『近代朝鮮史』 下, 鷄鳴社, 1939.

金正明 編, 『日韓外交資料集成』 第5卷-日露戰爭 編-, 巖南堂書店, 1967.

――, 『朝鮮獨立運動 I-民族運動篇-』, 原書房, 1967.

――, 『朝鮮駐箚軍歷史』, 巖南堂書店, 1967.

金正柱 編, 「倂合以前における朝鮮問題の推移」, 『朝鮮統治史料』 第3卷, 韓國史料硏究所, 1970.

――, 「朝鮮の保護及倂合」, 위의 책.

――, 「保護より倂合に至る日本側の記錄」, 위의 책.

羅津商工會, 『大羅津』, 近澤印刷所, 1935.

大林區署 技師 永田正吉, 山林局 監督官補 兼 林務官 西田又二, 『北韓森林調査書』(1905년 8~11月 現場調査報告書).

大藏省, 『明治三十七·八年戰役後財政整理報告』, 1911.

大藏省 理財局, 『軍用切符=關スル調査(上卷)』, 「韓國ノ部」(1908년 8월).

大藏省 理財局, 『軍用切符ニ關スル調査(下卷)』, 「第一銀行ノ部」(1908년 8월); 「第一銀行
    ノ部」(1904년 3월 23일); 「軍用手票 使用에 關한 第2回 報告 및 意見(제1군, 4월 19일)」;
    「第12師團 經理部 報告(4월 1일 順川)」.

大藏省 編, 『明治大正財政史』(第1~20卷), 財政經濟學會, 1936~1959.

渡邊千春, 「日露戰爭の意義」, 『外交時報』 75, 1904년 1월호.

滿洲 安東縣 鴨綠江採木公司 編, 『鴨綠江森林及林業』, 1915.

目賀田種太郎, 『韓國貨幣整理報告書』, 1909.

防衛省 防衛研究所, 『明治 38年 2止 40年 恤兵金關係書類 3止(14)』, 明治 38년 8월 23일.

――, 『陸軍省密大日記』, 「步兵少佐 日野强 勳績明細書」, 1905년 11월 29일.

――, 『陸軍省密大日記』, 「韓國人金河龍諸費用支出ニ關スル件」, 1907년 1월 10일.

――, 『海軍省公文備考類』, 「日本戰時機關部記事 平遠」(1), 1904년 4월 18일.

후쿠자와 유키치(福澤諭吉) 저, 허호 역, 『후쿠자와 유키치 자서전(福翁自傳)』, 이산, 2013.

山名正二, 『滿洲義軍』, 月刊 滿洲社 東京出版部, 1942.

山本四郎 編, 『寺內正毅日記』(1900~1918), 京都女子大學研究叢刊 5, 1980.

釋尾春芿, 『朝鮮併合史』, 滿洲及朝鮮社, 1926.

松宮春一郎, 『最近の韓國(日露戰爭中に於ける韓國の諸問題)』, 早稻田大出版部, 1905.

永井勝三, 『咸北案內』, 會寧印刷所, 1924.

外務省 外交史料館, 「機受1829號, 韓國密使事件에 關한 在本邦 韓國留學生의 行動 內報
    의 件」(1907년 7월 15일), 『韓國ニ於テ第二回萬國平和會議ヘ密使派遣並ニ同國皇帝
    ノ讓位及日韓協約締結一件』.

――, 「附錄:韓國處分案」, 『韓國ニ於テ第二回萬國平和會議ヘ密使派遣並ニ同國皇帝ノ
    讓位及日韓協約締結一件』.

――, 『俘虜韓國人送還ノ件』, 1907년 2월 7일; 2월 18일.

――, 『鴨綠江 左岸에서 러시아의 軍事的 經營 雜件(森林 伐採 및 海底電線敷設 計劃, 龍
    巖浦租借要求) 第1卷』, 1903년 5월 30일.

――, 『鴨錄, 豆滿 兩江 沿岸의 森林伐採에 관한 日淸人 企業關係 雜件』, 「鴨綠江沿岸森
    林伐採及販賣權移讓顚末書」.

――, 『日露戰役ノ際露國ニ抑留セラレタル韓國人歸還一件』, 1907년 1월 22일.

――, 『日露戰役ノ際露国ニ抑留セラレタル韓国人帰還一件』, 1906년 1월 31일; 2월 19

일; 10월 20일.

――, 『日露戰役ノ際浦塩艦隊元山來襲金州丸, 五洋丸, 萩浦丸遭難一件』, 「日露戰役ニ

關スル個人損害要償事件調査報告」, 1908년 2월 1일; 「請願書」, 1918년.

――, 『韓國人俘虜送還ニ關スル件』, 1906년 12월 13일.

――, 『韓國電信局占領一件』, 「馬山電信局占領ノ件」, 1904년 1월 22일; 2월 8일.

――, 『韓國電信局占領一件』, 「鎭南浦電信局占領ノ件」, 1904년 3월 14일.

外務省 陸海軍省, MT(明治·大正文書) 1-194, 「北韓方面ニ於ケル露兵ノ行動情報」.

宇都宮太郎關係資料研究會 編, 『陸軍大將 宇都宮太郎日記(I)―日本陸軍とアジア政策』,

岩波書店, 2007.

有賀長雄, 『保護國論』, 早稻田大學出版部, 1906.

陸軍省 編, 『東洋平和ニ關スル詔勅』, 1933.

――, 『日露戰爭統計集』 第1~7卷, 原書房(復刊本), 1994.

日本國立公文書館, 「故朝鮮總督府中樞院參議男爵朴箕陽敍勳ノ件」, 1932년 12월 6일.

日本國立公文書館, 「元帥府條例」, 明治 31년 1월 19일.

日本國立公文書館, 『韓國倂合ニ關スル詔書』, 明治 43년 8월 29일.

日本外務省 編, 『日本外交年表竝主要文書』 上, 1995.

林權助, 『わが七十年を語る』, 第一書房, 1935.

――, 「舊韓國政府와 日露戰爭」, 『三千里』, 1938년 5월호.

朝鮮公論社, 『在朝鮮內地人紳士明鑑』, 1917.

朝鮮中央經濟會, 『京城市民明鑑』, 1922.

朝鮮鐵道史編纂委員會 編, 『朝鮮鐵道史(第1卷：創始時代)』, 朝鮮總督府 鐵道局, 1937.

樽井藤吉, 『譯文大東合邦論』, 長隆書林, 1975.

中牟田五郎, 『鴨綠江流域森林作業調査復命書』, 農商務省 山林局 , 1905년 7월 31일.

參謀本部 編, 『明治 三十七·八年日露戰史』(第1~10卷), 偕行社, 1914.

春川憲兵隊本部 編, 『江原道狀況梗槪』, 「鎭壓機關 配備 狀況」, 1912.

幣原坦, 『日露間之韓國』, 博文館, 1905.

『公文別錄; 韓國倂合ニ關スル書類』 第1卷(明治 42~43년).

『官報(日本國)』.

『國民新聞』.

『讀賣新聞』.

『東京朝日新聞』.

『每日新聞』.

『北韓森林調査書』(1905年 8~11月 現場調査報告書).

『時事新報』.

『郵便報知新聞』.

『二六新報』.

『日本外交文書』.

『電報新聞』.

『朝鮮人에 대한 施政關係雜件-保民會』(3),「保民會 功勞者 및 關係者 功績調에 관한 件」,
　　1924년 3월 18일(독립기념관 소장 자료).

朝鮮駐箚軍司令部 編,『朝鮮暴徒討伐誌』第1~3編.

『中外商業新報』.

『統監府文書』.

『通商彙纂』.

「韓國駐箚軍司令部條例」, MF 52232-28,『日本外務省陸海軍省文書116卷』(한국국회도
　　서관 소장본).

(3) 러시아

Алексе́й Миха́йлович Абаза,「한국의 러시아 기업들」, '1894년~1904년 극동에서 우
　　리의 정책과 관련하여', ГАРФ(러시아연방국립문서보관소),ф.543,оп.1,д.185,лл.1-
　　107об.

А. М. Волконский,「한국과 한국 정부의 상황, 그리고 바람직한 한국 목재산업 시설에
　　관하여」, 1898, ГАРФ.ф.543,оп.1,д.173,лл.30-34об.

А. И. Звегинцов,「한국 북부 여행」, 1898, АРГО(러시아지리협회문서보관소),ф.п
　　-19/6,лл.502-518.

Б. А. 로마노프,『압록강 이권, 니콜라이 2세의 개인정책의 특징—러시아의 과거—』1권,
　　페트로그라드, 1923.

В. П. Череванский,「한국에서 예비조사와 압록강 유역에서의 사업」, 1906, ГАРФ,

ф.543,оп.1,д.190,лл.27-31об.

러시아 대장성, 『КОРЕИ』, 1900(崔璇・金炳璘 역, 『國譯 韓國誌』, 한국정신문화연구원, 1984).

러일전쟁전사편찬위원회, 『러일전쟁 1904~1905(제1부:한반도 동북지역에서의 전투상황)』, 1910(국방부 군사편찬연구소 편, 『러시아와 일본의 전쟁 그리고 한반도』, 2012).

「1905년 4월 16일 연해주 수비대장(начальник обороны приморской области)이 연해주 군사총독에게 보내는 함경북도 길주군수 이익호의 청원서 첨부 보고서 #첨부: 함경북도 길주군수 이익호가 니콜스코-우수리스크(Никольско-Уссурийский) 시 경시총감에게 보내는 청원서」, РГИАДВ(러시아국립극동역사문서보관소),ф.1,оп.2, д.764,л.15.

「4등관 파블로프의 비밀 전문(1903. 8. 15/28.)」, АВПРИ(제정러시아대외정책문서보관소),ф.150,оп.493,д.108,лл.50-50об.

「4등관 플란손의 비밀 전문(1906. 10. 6.)」, ГАРФ,ф.818,оп.1,д.163,л.28.

「4등관 플란손의 비밀 전문(1906. 10. 14.)」, ГАРФ, ф.818,оп.1,д.163,л.30об

「5등관 클레이메노프의 비밀 전문(1904. 5. 14/27.)」, АВПРИ,ф.150,оп.493,д.114,л л.7-7об.

「극동에 관한 상주 보고서」, ГАРФ, ф.543,оп.1,д.183,лл.136-141об.

「극동특별위원회에서 발행한 "1903~1904년 일본과의 협상 자료집" 에 대한 기록」, ГА РФ,ф.543,оп.1,д.184,лл.1-12об.

「마튜닌 전 서울 주재 대리공사의 활동보고서(1905. 10. 25.)」, АВПРИ, ф.150,оп.493, д.53,лл.79-87.

「만주군 제1군단장에게 보내는 비밀보고(1905. 9. 21.)」, РГВИА(러시아군역사문서보관소),ф.846,оп4,д.113,лл.312-315об.

「만주문제에 관하여[결론], 쿠로파트킨(1903. 11. 24.)」, ГАРФ,ф.568,оп.1,д.183,л л.120-135об.

「만주 지도가 첨부된 1903년 6월 29일 자 시종무관장 쿠로파트킨의 보고서(1903. 6. 29.)」, ГАРФ,ф.568,оп.1,д.183,лл.95-118об.

「베조브라조프의 보고서(1903. 3. 21.)」, ГАРФ,ф.818,оп.1,д.055,лл.15-18об.

「시종무관장 알렉세예프의 비밀 전문(1903. 3. 13.)」, ГАРФ,ф.818,оп.1,д.52,лл.1-1об.

「압록강 삼림채벌권에 관한 비망록(1905. 8. 5.)」, РГИА(러시아국립역사문서보관소), ф.500,оп.28,д.340,лл.1-13об.

「압록강의 삼림이권과 한국에서의 광산 채굴 이권에 대한 람즈도르프의 보고서(1903)」, ГАРФ,ф.818,оп.1,д.055,лл.1-13об.

「외무대신 서리 구바스토프가 서울 주재 러시아제국 총영사(플란손)에게 보내는 비밀 전문(1906. 10. 7.)」, ГАРФ,ф.818,оп.1,д.163,л.29.

「전문[1905. 4. 29(음력)]」, РГВИА,ф.ВУА,оп.??,д.10385,л.29.

「지리-통계부문」, РГВИА,ф.846,оп.16,д.27184,лл.1-27об.

「프리아무르 군관구 사령관의 금년 6월 28일 자(7/11) No.1495) 암호 지급전문의 사본」, РГВИА,ф.846,оп.16,д.31866,лл.41-42об.

「프리아무르 군관구 참모부 소속 급양계 장군의 보고서」, РГВИА,ф.846,оп.16,д.31866, лл.45-45об.,48.

「프리아무르 군관구 참모부의 전문」, РГВИА,ф.846,оп.16,д.31866,лл.32-32об.

「프리아무르 군관구 참모장의 보고서」, РГВИА,ф.846,оп.16,д.31866,лл.26-31об.

「한국과 관련한 일본 정부의 조치에 대해 외국 주재 러시아 외교대표들에게 보내는 회람 통지문(1904. 2. 20.)」, ГАРФ,ф.818,оп.1,д.74,лл.1-2об.

「한국사안에 대한 새로운 협정체결과 관련한 일본과 협상들(1905. 4.)」, ГАРФ,ф.543,оп.1,д.186,лл.4а-28об.

「훈령(1905. 7. 20.)」, РГВИА,ф.ВУА,оп.??,д.28207,лл.26-27.

2. 논저

(1) 국문

가린 미하일롭스키 저, 이희수 역, 『러시아인이 바라본 1898년 한국, 만주, 랴오둥반도』, 동북아역사재단, 2010.

가스통 루르 저, 이주영 역, 『러일전쟁, 제물포의 영웅들』, 작가들, 2006.

가와시마 신(川島真) 저, 천성림 역, 『중국근현대사―근대국가의 모색(1894~1925)―』, 삼천리, 2013

가토 요코(加藤陽子) 저, 박영준 역, 『근대일본의 전쟁논리』, 태학사, 2003.

姜相圭, 「근대 일본의 '萬國公法' 수용에 관한 연구」, 『震檀學報』 87, 1999.

姜英心, 「舊韓末 러시아의 森林利權획득과 森林會社의 採伐實態」, 『梨花史學研究』 17~
    18합집, 1988.

강인구, 「러시아인의 한국인식―19세기말~20세기초―」, 『서울학연구』 16호, 2001.

강진아, 『동순태호―동아시아 화교자본과 근대조선―』, 경북대학교출판부, 2011.

姜昌錫, 「日本의 對韓政策과 自衛團의 組織에 관한 研究」, 『東義史學』 11~12합집, 1997.

高麗學術文化財團 편, 『러시아國立極東歷史文書保管所 韓人關聯資料 解題集』, 2004.

구대열, 「다모클레스의 칼?―러일전쟁에 관한 한국의 인식과 대응」, 정성화 외, 『러일전
    쟁과 동북아의 변화』, 선인, 2005.

구미시·안동대학교박물관 편, 『왕산 허위의 나라사랑과 의병전쟁』, 2005.

국방부 전사편찬위원회 편, 『의병항쟁사』, 1984.

君島和彦, 「日本에서의 日露戰爭觀과 歷史敎育」, 『歷史敎育』 90, 2004.

權九薰, 「日帝 韓國駐箚憲兵隊의 憲兵補助員 研究(1908~1910)」, 『史學研究』 55~56합
    집, 1998.

權大雄, 「韓末 在京 嶺南儒林의 救國運動」, 『日帝의 韓國侵略과 嶺南地方의 反日運動』,
    韓國近代史研究會, 1995.

權泰檍, 「統監府시기 日帝의 對韓農業施策」, 歷史學會 編, 『露日戰爭前後 日本의 韓國侵
    略』, 一潮閣, 1990.

―――, 「1904~1910년 일제의 한국 침략 구상과 '시정개선'」, 『韓國史論』 31, 1994.

―――, 「자강운동기 문명개화론의 일본인식―일본유학생을 중심으로―」, 권태억 외, 『한
    국근대사회와 문화』 I, 서울대학교출판부, 2003.

―――, 『일제의 한국 식민지화와 문명화』, 서울대학교출판문화원, 2014.

권희영, 『한국과 러시아: 관계와 변화』, 국학자료원, 1999.

금병동 저, 최혜주 역, 『일본인의 조선관』, 논형, 2008.

吉田和起, 「日本帝國主義의 朝鮮併合―국제관계를 중심으로―」(楊尙弦 편, 『韓國近代政
    治史研究』, 사계절, 1985).

김경일, 『동아시아와 세계체제이론』, 『정신문화연구』 21-1(통권 70호), 1998.

김광억, 「동아시아 담론의 문화적 의의」, 『정신문화연구』 21-1(통권 70호), 1998.

김규방 외, 『연변경제사』, 연변인민출판사, 1990.

金度亨, 『大韓帝國期의 政治思想研究』, 知識産業社, 1994.

――, 「한말, 일제시기 구미지역 유생층의 동향」, 『한국학논집』 24, 1997.

――, 「대한제국기 계몽주의 계열 지식층의 '삼국제휴론' ― '인종적 제휴론'을 중심으로
―」, 『한국근현대사연구』 13, 2000.

――, 『근대 한국의 문명전환과 개혁론―유교비판과 변통―』, 지식산업사, 2014.

김동춘, 『전쟁과 사회』, 돌베개, 2006.

김명수, 「대한제국기 일본의 금융장악 기도와 일본 제일은행―1903년 공립한성은행의
성립과 관련하여―」, 『日本文化研究』 47, 2013.

김세민, 『韓國 近代史와 萬國公法』, 景仁文化社, 2002.

金炳來, 「러시아의 極東進出과 露日戰爭」, 『軍史』 8, 1984.

김영수, 「러일전쟁 패배를 보는 두 시각―비떼와 꾸라빠뜨킨의 논쟁을 중심으로―」, 『역
사비평』 69, 2004.

김용구, 『만국공법』, 小花, 2008.

金元洙, 「龍巖浦事件과 日本의 對應」, 『露日戰爭前後 日本의 韓國侵略』, 一潮閣, 1990.

――, 「러시아의 鴨綠江森林採伐權 活用計劃」, 『首善社會』 9, 1998.

――, 「한국의 러일전쟁연구와 역사교육의 과제―개전원인을 보는 시각―」, 『歷史敎育』
90, 2004.

――, 「러일전쟁과 만한문제의 국제화(1905~1912)―4국 앙탕트와 연계하여―」, 『만주
연구』 16, 2013.

――, 「러일전쟁의 역사를 다시 읽기―변경/경계와의 접속―」, 『역사교육연구』 19, 2014.

――, 「일본의 대한제국 보호국화와 영국의 대한정책―영일동맹과 러일전쟁을 중심으
로―」, 『한국독립운동사연구』 51, 2015.

金才淳, 「露日戰爭 직후 일제의 화폐금융정책과 조선 상인층의 대응」, 『韓國史研究』 69,
1990.

김종준, 『일진회의 문명개화론과 친일활동』, 신구문화사, 2010.

羅愛子, 「李容翊의 貨幣改革論과 日本第一銀行券」, 『韓國史研究』 45, 1984.

――, 『韓國近代海運業史研究』, 國學資料院, 1998.

나카무라 기쿠오 저, 강창일 역, 『이등박문』, 중심, 2000.

나카쓰카 아키라 저, 정해준 역, 『근대 일본의 조선인식』, 청어람미디어, 2005.

盧英順, 「러일전쟁과 베트남 민족주의자들의 維新運動-東遊運動과 東京義塾을 중심으로-」, 『歷史敎育』 90, 2004.

다케우치 요시미 저, 서광덕・백지운 역, 『일본과 아시아』, 소명출판, 2004.

都冕會, 「갑오개혁 이후 화폐제도의 문란과 그 영향(1894~1905)」, 『韓國史論』 21, 1989.

동국대학교 대외교류연구원, 『대외교류연구원자료총서 I: 러시아국립역사문서보관소소장 근대한러관계자료』, 선인, 2008.

─────, 『근대한러관계연구: 러시아문서 번역집』(II ~VII), 선인, 2011.

량치차오 저, 최형욱 역, 『량치차오, 조선의 망국을 기록하다』, 글항아리, 2014.

로널드 핀들레이・케빈 H. 오루크 저, 하임수 역, 『권력과 부』, 에코리브르, 2015.

루돌프 차벨 저, 이상희 역, 『독일인 부부의 한국 신혼여행, 1904』, 살림, 2009.

마루야마 마사오(丸山眞男) 저, 김석근 역, 『'문명론의 개략'을 읽는다』, 문학동네, 2007.

마이클 하워드 저, 안두환 역, 『평화의 발명 : 전쟁과 국제질서에 대한 성찰, 전통과 현대』, 전통과현대, 2002.

武市英雄, 「言論人 內村鑑三의 對韓觀-日淸・日露 兩戰爭을 中心으로-」, 『明治日本言論의 對韓觀』, 探求堂, 1987.

朴光淳, 「日帝의 韓國漁場 침탈과 漁民의 對應」, 『經濟史學』 18, 1994.

박노벽, 『한러 經濟關係 20년 : 1884~1903』, 한울, 1994.

朴萬圭, 「韓末 日帝의 鐵道敷設・支配와 韓國人의 動向」, 『韓國史論』 8, 1982.

朴敏泳, 「柳麟錫의 국외 항일투쟁 路程(1896~1915)-러시아 연해주를 중심으로-」, 『한국근현대사연구』 10, 2001.

박 보리스 드미트리예비치 저, 민경현 역, 『러시아와 한국』, 동북아역사재단, 2010.

朴相喆, 「러시아 역사교과서 속의 러일전쟁」, 『歷史敎育』 90, 2004.

박성수, 「대한제국군의 해산과 대일항전」, 『한민족독립운동사연구』 1, 국사편찬위원회, 1987.

朴羊信, 「러일전쟁 개전론과 '7박사'」, 『震檀學報』 95, 2003.

朴英宰, 「近代日本의 아시아認識 -脫아시아주의와 아시아주의-」, 歷史學會 編, 『露日戰爭前後 日本의 韓國侵略』, 一潮閣, 1990.

朴鍾涍 譯, 『러시아 國立文書保管所 所藏 韓國 關聯 文書 要約集』, 한국국제교류재단,

2002.

──,『한반도 分斷論의 起源과 러·일戰爭(1904~1905)』, 선인, 2014.

박찬승,『한국근대정치사상사연구』, 역사비평사, 1992.

裵亢燮,「朝露 수교(1884) 전후 조선인의 러시아관」,『歷史學報』194, 2007.

白永瑞,「大韓帝國期 韓國言論의 中國認識」,『歷史學報』153, 1997.

── 외,『동아시아의 지역질서―제국을 넘어 공동체로―』, 창작과비평사, 2005

步平,「黑龍江省 社會科學院 歷史 研究所의 史料 搜集·整理」,『史學研究』70, 2003.

사카이 데쓰야(酒井鐵哉) 저, 장인성 역,『근대일본의 국제질서론』, 연암서가, 2010.

──,「20세기형 동아시아 문명과 국민국가를 넘어서」,『창작과 비평』제27권 제4호(통
권 106호), 1999.

서영희,『대한제국 정치사 연구』, 서울대학교출판부, 2003.

──,『일제침략과 대한제국의 종말―러일전쟁에서 한국병합까지―』, 역사비평사, 2012.

서인한,『대한제국의 군사제도』, 혜안, 2000.

成大慶,「韓末의 軍隊解散과 그 蜂起」,『成大史林』1, 1965.

성진시사편찬위원회,『城津市史』, 元一印刷社, 1993.

송정환,『러시아의 조선침략사』, 범우사, 1990.

시드니 하케이브 저, 석화정 역,『위떼와 제정 러시아』(上·下), 한국학술정보, 2010.

申相溶,「英日同盟과 日本의 韓國侵略」, 歷史學會 編,『露日戰爭前後 日本의 韓國侵略』,
一潮閣, 1985.

신용하,「민긍호 의병부대의 항일무장투쟁」,『한국독립운동사연구』4, 1990.

──,「구한말 輔安會의 창립과 민족운동」,『한국사회사연구회논문집』44, 1994.

辛珠柏,「湖南義兵에 대한 日本 軍·憲兵·警察의 彈壓作戰」,『歷史教育』87, 2003.

심헌용,『한러군사관계사』, 국방부 군사편찬연구소, 2007.

──,『한반도에서 전개된 러일전쟁 연구』, 국방부 군사편찬연구소, 2011.

쑨꺼(孫歌) 저, 류준필 역,『아시아라는 사유공간』, 창작과비평사, 2003.

아마르티아 센 저, 이상환·김지현 역,『정체성과 폭력―운명이라는 환영―』, 바이북스,
2009.

Alexei Nikolaievich Kuropatkin 저, 심국웅 역,『러일전쟁(러시아 군사령관 쿠로파트킨
장군 회고록)』, 한국외국어대학교출판부, 2007.

앙드레 슈미드 저, 정여울 역,『제국 그 사이의 한국』, 휴머니스트, 2007.

앵거스 해밀튼 저, 이형식 역,『러일전쟁 당시 조선에 대한 보고서』, 살림, 2010.

A. 말로제모프, 석화정 역,『러시아의 동아시아정책』, 지식산업사, 2002.

A. M. 풀리 엮음, 신복룡·나홍주 역,『하야시 다다스(林董) 비밀회고록』, 건국대학교출판부, 2007.

F. A. 매켄지 저, 申福龍 역,『大韓帝國의 悲劇』, 探求堂, 1981.

야마무로 신이치(山室信一) 저, 임성모 역,『여럿이며 하나인 아시아』, 창작과비평사, 2003.

───, 정재정 역,『러일전쟁의 세기─연쇄시점으로 보는 일본과 세계─』, 小花, 2010.

梁泰鎭,「러·일전쟁 첩보기」,『軍史』17, 1988.

오가와라 히로유키 저, 최덕수·박한민 역,『이토 히로부미의 한국병합 구상과 조선사회』, 열린책들, 2012.

오길보,『조선근대반일의병운동사』, 과학백과사전종합출판사, 1988.

吳斗煥,「韓國開港期의 貨幣制度 및 流通에 관한 研究」, 서울대학교 박사논문, 1984.

오카쿠라 덴신 저, 정천구 역,『동양의 이상─일본 미술의 정신─』, 산지니, 2011.

와다 하루키 저, 이경희 역,『러일전쟁과 대한제국』, 제이앤씨, 2011.

외교통상부,『이범진의 생애와 항일독립운동』, 2003.

요시다 유타카 저, 이애숙·하종문 역,『일본인의 전쟁관』, 역사비평사, 2004.

유영렬,「애국계몽운동의 전개」,『한국사』43, 1999.

───,「개화지식인 윤치호의 러시아인식─그의 문명국 지배하의 개혁론과 관련하여─」,『한국민족운동사연구』41, 2004.

柳子厚,『李儁先生傳』, 東邦文化社, 1947.

柳鏞泰,「환호 속의 警鐘 : 戰場 中國에서 본 러일전쟁」,『歷史教育』90, 2004.

柳漢喆,「日帝 韓國駐箚軍의 韓國 侵略過程과 組織」,『한국독립운동사연구』6, 1992.

柳海信,「露日戰爭期 日本軍의 韓國駐屯과 抵抗」, 서울대학교 석사논문, 1989.

육군군사연구소,『한국군사사 9(근현대 1)』, 경인문화사, 2012.

尹炳奭,「日本人의 荒蕪地開拓權 要求에 대하여」,『歷史學報』22, 1964.

───,『(增補) 李相卨傳─海牙密使 李相卨의 獨立運動論─』, 一潮閣, 1998.

李光麟,『開化派와 開化思想 研究』, 一潮閣, 1989.

──,『開化黨研究』, 一潮閣, 1973.

──,『開化期 研究』, 一潮閣, 1994.

이리에 아키라(入江昭) 저, 조진구 · 이종국 역,『20세기의 전쟁과 평화』, 연암서가, 2016.

이상찬,「대한제국시기 보부상의 정치적 진출 배경」,『韓國文化』23, 1999.

李升熙,「청일·러일전쟁기 일본군의 군용전신선 강행가설 문제─한국 파견 '臨時憲兵隊'를 중심으로─」,『日本歷史研究』21, 2005.

이영호,「일제의 식민지 토지정책과 미간지 문제」,『역사와 현실』37, 2000.

이용창,「일진회와 자위단의 의병사냥」,『내일을 여는 역사』30, 2007.

이윤상,『1894~1910년 재정 제도와 운영의 변화』, 서울대학교 박사논문, 1996.

이은자,『의화단운동 전후의 산동─민간종교결사와 권회에 관한 연구─』, 고려대학교출판부, 2004.

이재훈,「러일전쟁 직전 러시아의 압록강 삼림채벌권 활용을 통해 본 한·러 경제관계의 성격」,『역사와 담론』56, 2010.

이태진,『한국병합의 불법성 연구』, 서울대학교출판부, 2003.

李憲昶,「甲午·乙未改革期의 産業政策」,『韓國史研究』90, 1995.

李昊宰,「露日戰爭을 前後한 韓國人의 對外認識變化─大韓每日申報의 內容을 中心으로─」,『社會科學論集』6, 高麗大學校 政經大學, 1977.

林在瓚,「舊韓末 陸軍武官學校에 대하여」,『慶北史學』4, 1982.

임현진,「'근대화'를 통해 본 동아시아의 발전: 신화와 현실」,『정신문화연구』21-1(통권 70호), 1998.

張學根,「'東洋平和論'이 大韓帝國에 미친 영향」,『研究報告』13, 해군사관학교, 1980.

全旋海,『大韓帝國의 산업화 시책 연구─프랑스 차관 도입과 관련하여─』, 건국대학교 박사논문, 2003.

정관응 저, 이화승 역,『성세위언(盛世危言)─난세를 향한 고언─』, 책세상, 2003

정문상,「19세기말~20세기초 '개화지식인'의 동아시아 지역 연대론」,『亞細亞文化研究』8, 2004.

정재정,『일제침략과 한국철도(1892~1945)』, 서울대학교출판부, 1999.

鄭昌烈,「露日戰爭에 대한 韓國人의 對應」,, 歷史學會 編,『露日戰爭前後 日本의 韓國侵略』, 一潮閣, 1986.

잭 런던 저, 윤미기 역, 『잭 런던의 조선사람 엿보기: 1904년 러일전쟁 종군기』, 한울,
　2011.

曺健, 「日帝 '韓國駐箚軍' 經理部의 활동과 韓國民의 대응(1904~1910)」, 동국대학교 석
　사논문, 2005.

조경달 저, 박맹수 역, 『이단의 민중반란』, 역사비평사, 2008.

趙璣濬, 『韓國企業家史』, 博英社. 1973.

趙東杰, 『韓國民族主義의 成立과 獨立運動史硏究』, 지식산업사, 1989.

──, 「義兵戰爭의 特徵과 意義」, 『한국사』(43), 국사편찬위원회, 1999.

조명철, 「일본의 러일전쟁에 대한 인식」, 『아시아문화』 21, 2004.

조재곤, 「한말 조선지식인의 동아시아 삼국제휴 인식과 논리」, 『역사와 현실』 37, 2000.

──, 「대한제국 시기 許蔿의 在京 정치활동과 시국인식」, 『鄕土서울』 69, 2007.

──, 「해제」, 『헤이그특사100주년기념자료집』 II, 독립기념관 한국독립운동사연구소,
　2007.

──, 「러일전쟁 이후 의병탄압과 협력자들」, 『한국학논총』 37, 2012.

──, , 「러일전쟁 시기 함경도 전투의 전개과정」, 『軍史』 86, 2103.

──, 「브리네르 삼림이권과 일본의 대응」, 『역사와 현실』 88, 2013.

──, 「전쟁과 변경 : 러일전쟁과 함경도의 현실」, 『東北亞歷史論叢』 41, 2013.

──, 「동양평화론의 논의기저와 역사상」, 『역사와 현실』 94, 2014.

──, 『대한제국의 마지막 숨결, 민영환』, 역사공간, 2014.

──, 「러일전쟁과 평안도의 사회경제상」, 『東北亞歷史論叢』 49, 2015.

──, 「러일전쟁과 한국인 포로 문제」, 『軍史』 97, 2015.

──, 「청일전쟁의 새로운 이해 : 한국 내에서 전개된 상황을 중심으로」, 『한국 근현대사
　연구』 74, 2015.

조지 린치 저, 정진국 역, 『제국의 통로─시베리아 횡단철도와 열강의 대각축─』, 글항아
　리, 2009.

차경애, 「러일전쟁 당시 전쟁견문록을 통해서 본 전쟁지역 민중의 삶」, 『중국근현대사연
　구』 48, 2010.

찰스 틸리(Charles Tilly) 저, 진덕규 역, 『동원에서 혁명으로』, 학문과 사상사, 1995.

蔡數道, 「초기 대동아공영권 구상에 관한 일고찰─1868년부터 1910년까지─」, 『日本文

化硏究』35, 2010.

최규진, 「러일전쟁 전후 한국인의 러시아 이미지 형성 경로와 러시아 인식」, 『마르크스주의연구』 제7권 제3호, 2010.

崔起榮, 『韓國近代啓蒙運動硏究』, 一潮閣, 1997.

──, 『한국근대계몽사상연구』, 일조각, 2003.

최덕규, 「러일전쟁에 대한 러시아의 역사인식─러시아 중등역사교과서를 중심으로─」, 『슬라브연구』 19권 2호, 2003.

──, 『러시아國立極東歷史文書保管所 韓人 關聯 資料 解題集』, 高麗學術文化財團,, 2004.

──, 「1907년 헤이그평화회의와 러시아의 대한정책」, 『한국사학보』 30, 2008.

──, 「니콜라이 II세와 압록강 삼림채벌권」, 『제정러시아의 한반도정책, 1891~1907』, 경인문화사, 2008.

최문형, 『러일전쟁과 일본의 한국병합』, 지식산업사, 2004.

──, 『러시아의 남하와 일본의 한국침략』, 지식산업사, 2007.

崔永禧, 「韓日議定書에 關하여」, 『史學硏究』 20, 1968.

──, 「駐韓日本公使館記錄 收錄 '韓末官人의 經歷一般'」, 『史學硏究』 21, 1969.

최원식, 「비서구 식민지 경험과 아시아주의의 망령」, 『창작과 비평』 제24권 제4호(통권 94호), 1996.

최원식·백영서 편, 『동아시아인의 '동양'인식; 19~20세기』, 문학과 지성사, 1997.

崔泰鎬, 「光武8年의 荒蕪地開墾事件小考」, 『經商論叢』 8, 국민대 한국경제연구소, 1986.

카르네프 외 저, A. 이르계바예프, 김정화 역, 『러시아 첩보장교 大韓帝國에 오다』, 가야미디어, 1994.

카알 폰 클라우제비츠 저, 김만수 역, 『전쟁론』(제1~3권), 갈무리, 2006~2009.

테사 모리스 스즈키 저, 임성모 역, 『변경에서 바라본 근대』, 산처럼, 2006.

한국독립유공자협회, 『中國東北지역 韓國獨立運動史』, 集文堂, 1997.

韓翼敎, 『韓相龍君を語る』 第一卷, 韓相龍氏還曆記念會, 1941.

한철호, 「우리에게 러일전쟁이란 무엇인가」, 『역사비평』 69, 2004.

허동현, 『유길준논소선』, 일조각, 1987.

허진, 「왕산 허위의 동양평화사상」, 『朴永錫教授華甲紀念韓國史學論叢』(下), 1992.

헨리 위그햄 저, 이영옥 역, 『영국인 기자의 눈으로 본 근대만주와 대한제국』, 살림, 2009.

玄光浩, 「대한제국기 삼국제휴 방안과 그 성격」, 『한국근현대사연구』 14, 2000.

———, 『大韓帝國의 對外政策』, 신서원, 2002.

洪淳權, 『韓末 湖南地域 義兵運動史 研究』, 서울대학교출판부, 1994.

———, 「의병학살의 참상과 '남한대토벌'」, 『역사비평』 45, 1998.

———, 「'을사늑약' 전후 개화 지식인들의 정국인식과 대응」, 『한국독립운동사연구』 24, 2005.

洪英基, 「1907~8년 日帝의 自衛團 組織과 韓國人의 對應」, 『한국근현대사연구』 3, 1995.

———, 『대한제국기 호남의병 연구』, 일조각, 2004.

———, 한국독립운동사편찬위원회 편, 『한말 후기의병』, 독립기념관 한국독립운동사연구소, 2009.

홍웅호 외, 『동국대학교 대외교류연구원 연구총서 1: 수교와 교섭의 시기 한러관계』, 선인, 2008.

(2) 일문

岡田和裕, 『ロシアから見た日露戰爭』, 潮書房光人社, 2012.

高城幸一, 「福澤諭吉と甲申政變」, 『日本學報』 51, 2002.

古屋哲夫, 『日露戰爭』, 中央公論社, 1970.

高村直助, 『日露戰後の日本經濟』, 塙書房, 1988.

広瀬健夫, 「日露戰爭における日本兵捕虜についての一考察」, 『人文科学論集』 22, 信州大学 人文学部, 1988.

君島和彦, 「日露戰爭下朝鮮における土地略奪計劃とその反對鬪爭」, 『旗田巍先生古稀記念編 朝鮮歷史論集』 下, 龍溪書舍, 1979.

金文子, 『朝鮮王妃殺害と日本人』, 高文研, 2009.

大江志乃夫, 『日露戰爭の軍事史的研究』, 岩波書店, 1976.

———, 『日本の參謀本部』, 中央公論社, 1985.

———, 『兵士たちの日露戰爭』, 朝日新聞社, 1988.

———, 『世界史としての日露戰爭』, 立風書房, 2001.

―――,「世界史における日露戰爭」,『日露戰爭』, 新人物往來社, 2003.

大東國男,『李容九の生涯―善隣友好の初一念を貫く―』, 時事新書, 1960.

大濱徹也,『庶民のみた日淸・日露戰爭-帝國への步み-』, 刀水書房, 2004.

―――,『天皇の軍隊』, 講談社, 2015.

稻葉千晴,「日露戰爭史再考―戰爭の性格・目的・責任―」,『日本學報』84, 2010.

東アジア近代史學會 編,『日露戰爭と東アジア世界』, ゆまに書房, 2008.

藤原彰 外,『近代日本史の基礎知識(增補版)』, 有斐閣, 1983.

馬場明,『日露戰爭後の滿洲問題』, 原書房, 2003.

梅谷敏彦,『日露戰爭, 資金調達の戰―高橋是淸と歐米バンカーたち』, 新潮社, 2012.

木村健二,『在朝日本人の社會史』, 未來社, 1989.

茂澤祐作, 兵頭二十八 編,『ある步兵の日露戰爭從軍日記』, 草思社, 2005.

梶村秀樹,「朝鮮からみた日露戰爭」,『史潮』7・8號, 1980(「러일전쟁과 조선의 중립화론」, 楊尙弦 편,『韓國近代政治史硏究』, 사계절, 1985).

山邊健太郎,『日韓合邦小史』, 岩波書店, 1966.

三谷太一郎,『近代日本の戰爭と政治』, 岩波書店, 1997.

森山茂德,『近代日韓關係史硏究―朝鮮植民地化と國際關係―』, 東京大學出版會, 1987.

上塚司 編,『高橋是淸自傳(上・下)』, 中央公論新社, 1976.

石井寬治,『日本の産業革命: 日淸・日露から考える』, 朝日新聞社, 1997.

―――,『日本經濟史(第二卷)』, 東京大學出版會, 2000.

石川亮太,「帝國의 인프라와 仁川華商―러일전쟁 전후를 중심으로―」(2012. 11. 2. 인천 시립박물관・동국대학교 대외교류연구원 주최 한러국제학술회의 발표문).

―――,「日露戰爭軍票の流通實態と日本の對應―滿洲通貨政策の起點として―」,『軍事史學』第40卷 第2・3合倂號, 2004.

小島麗逸,「滿州森林調査史」,『日本帝國主義と東アジア』, アジア經濟硏究所, 1979.

小木曾照行・櫻井敏照・藤村道生・義井博,「日淸・日露戰爭の硏究史」,『國際政治』19輯, 1962.

小森德治,『明石元二郎』上, 原書房, 1968.

小森陽一・成田龍一 編,『日露戰爭スタディーズ』, 紀伊國屋書店, 2005.

小川原宏幸,「伊藤博文の韓國倂合構想と第三次日韓協約體制の形成」,『靑丘學術論集』

25, 2005.

――, 「日露戰爭と朝鮮」, 趙景達 編, 『近代日朝關係史』. 有志舍, 2012.

沼田多稼藏, 『日露陸戰新史』, 岩波書店, 1940.

松本重威, 『男爵目賀田種太郎』, 故目賀田男爵傳記編纂會, 1938.

松山大学 編, 『マツヤマの記憶: 日露戰爭100年とロシア兵捕虜』, 成文社, 2004.

松下芳男, 『日清戰爭 前後』(近代日本歷史: 第5册), 白揚社, 1939.

――, 『近代日本軍事史』, 高山書院, 1941.

信夫淸三郞・中山治一 編, 『日露戰史の硏究』, 河出書房新社, 1959.

神山恒雄, 『明治經濟政策史の硏究』, 塙書房, 1995.

――, 「日露戰爭時公債の發行とその影響」, 東アジア近代史學會 編, 『日露戰爭と東アジア世界』, ゆまに書房, 2008.

愼蒼宇, 「憲兵補助員制度の治安維持政策的意味とその實態-1908～1910年を中心に-」, 『朝鮮史硏究會論文集』39, 2001.

室山義正, 『近代日本の軍事と財政』, 東京大學出版會, 1984.

煙山專太郞, 「日淸・日露の役」, 『岩波講座 日本歷史』, 岩波書店, 1934.

永江太郎 監修; 靖國神社 編, 『日露戰爭百年 靖國神社遊就館: 図錄』, 靖國神社, 2005.

奧武則, 『ロシアのスパイ-日露戰爭期の‘露探’-』, 中央公論新社, 2011.

原朗, 『日淸・日露戰爭をどう見るか-近代日本と朝鮮半島・中國-』, NHK出版社, 2014.

月脚達彦, 「開化思想の形成と展開-兪吉濬の對外觀を中心に-」, 『朝鮮史硏究會論文集』 28, 1991.

葦津泰國, 『大三輪長兵衛の生涯-惟新の精神に夢かけて-』, 葦津事務所, 2008.

由井正臣, 『軍部と民衆統合-日淸戰爭から滿州事變期まで-』, 岩波書店, 2009.

伊藤正德, 『軍閥興亡史』, 文藝春秋新社, 1960.

日露戰爭硏究會 編, 『日露戰爭硏究の新視点』, 成文社, 2005.

才神時雄, 『松山捕虜收容所: 捕虜と日本人』, 中央公論社, 1969.

――, 『ロシア捕虜の記錄』, 新時代社, 1973.

――, 『メドヴェージ村の日本人墓標』, 中央公論社, 1983.

井口和起 編, 『近代日本の軌迹(3): 日淸・日露戰爭』, 吉川弘文館, 1994.

――, 「日露戰爭史硏究の現代的課題」, 東アジア近代史學會 編, 『日露戰爭と東アジア世

界』, ゆまに書房, 2008.

井上清, 『日本の軍國主義-軍國主義と帝國主義-』, 現代評論社, 1975.

齊藤壽彦, 『金本位制下の在外正貨』, 國連大學人間と社會の開發プログラム研究報告, 1981.

藻利佳彦, 「ノヴゴロド州メドヴェージ村日本人捕虜收容所」, 松山大学 編, 『マツヤマの記憶: 日露戦争100年とロシア兵捕虜』, 成文社, 2004.

中塚明, 『歷史の僞造をただす』, 高文研, 1997(박맹수 역, 『1894년, 경복궁을 점령하라』, 푸른역사, 2002).

楫西光速 外, 『日本資本主義の發展』 II, 東京大學出版會, 1969.

秦郁彦 編, 『日本近現代人物履歴辞典』, 東京大學出版會, 2002.

千葉功, 『舊外交の形成-日本外交, 1890~1919』, 勁草書房, 2008.

――, 『桂太郎-外に帝國主義, 内に立憲主義-』, 中公新書, 2012.

千早正隆, 『寫眞圖說帝國連合艦隊―日本海軍100年史―』, 講談社, 1969.

清水威久, 『ソ連と日露戦争』, 原書房, 1973.

吹浦忠正, 『捕虜の文明史』, 新潮選書, 1990.

――, 『捕虜たちの日露戦争』, 日本放送出版協會, 2005.

片山徹, 「日露戦争以降の財政・金融構造」, 『經濟論叢』 第138卷 第5·6號, 京都大學 經濟學會, 1986.

河田宏, 『日清戦争は義戦にあらず』, 彩流社, 2016.

海野福壽, 『韓國併合』, 岩波書店, 1995.

和田春樹, 『日露戦争: 起源と開戦』(上·下), 岩波書店, 2009.

丸山眞男, 「超國家主義の論理と心理」, 『世界』 1946년 5월호.

横山篤夫·西川壽勝, 『兵士たちがみた日露戦争-從軍日記の新資料が語る坂の上の雲-』, 雄山閣, 2012.

黒木彬文, 「興亞會のアジア主義」, 『法政研究』 71-4, 2005.

黒羽茂, 『世界史上より見た日露戦争』, 至文堂, 1960.

――, 『日露戦争史論-戦争外交の研究-』, 杉山書店, 1982.

Дмитрий Павлов. Б, 「ロシアにおける日露戦争研究の動向」(日露戦争研究會 編, 『日露戦争研究の新視点』, 成文社, 2005).

(3) 영문 외

А. А. Керсновский, *История русской армии, Т. 1-4*, Белград, 1933-1938.

Б. А. Романов, Россия в Маньчжурии(1892-1906), Ленинград, 1928.

В. А. Золотарев, Соколов Ю. Ф. Трагедия на Дальнем Востоке. Русско-японск ая война 1904-1905. М., 2004.

В. И. Шипаев, Колониальное закабаление Кореи японским милитаризмом (1895-1917). М., 1969.

В. Я. Аварин, *Империализм в Манъчжурии, Т. 1-2*, Москва, 1931-1934.

Вячеслав Шацилло · Лариса Шацилло, *русско-японская война, 1904-1905*, Моло дая гвардия, Москва, 2004.

Denis and Peggy Warner, *The Tide at Sunrise, A History of the Russo-Japanese War*, Frank Cass, London, 1976.

Институт Военной Истории, История русско-японской войны, 1904-1905, 1977.

Ю. Е. Пискулова, Российско-корейские отношения в середине XIX-начале XX. М.: Восточная литература, 2004.

Johan Galtung, *Peace by Peaceful Means*, Thousand Oaks, London, 1996.

Mikhail Iroshnikov, Liudmila Protsai and Yuri Shelayev, *The Sunset of the Romanov Dynasty*, TERRA Publishing Centre, Moscow, 1992.

찾아보기

조재곤趙宰坤

국민대학교 국사학과를 졸업하고, 연세대학교 사학과에서 석사학위를, 국민대학교 국사학과에서 박사학위를 받았다. 서울대학교, 동국대학교를 거쳐 현재 서강대학교 연구교수로 있다. 개항 이후 일제 강점기에 이르는 시기의 한국근대 경제와 정치·사회변화에 관해 연구하고 있다. 주요 저서로는『한국 근대사회와 보부상』(혜안, 2001),『보부상: 근대 격변기의 상인』(서울대학교출판부, 2003),『그래서 나는 김옥균을 쏘았다』(푸른역사, 2005),『해천추범: 1896년 민영환의 세계일주』(편역, 책과함께, 2007),『민영환: 대한제국의 마지막 숨결』(역사공간, 2014) 등이 있고,「청일전쟁의 새로운 이해: 한국 내에서 전개된 상황을 중심으로」(2015),「1894년 일본군의 조선왕궁(경복궁) 점령에 대한 재검토」(2016) 등 다수의 논문이 있다.

전쟁과 인간 그리고 '평화'
— 러일전쟁과 한국사회 —

초판 1쇄 펴낸날 2017년 4월 30일

지은이 | 조재곤
펴낸이 | 김시연

펴낸곳 | (주)일조각
등록 | 1953년 9월 3일 제300-1953-1호(구: 제1-298호)
주소 | 03176 서울시 종로구 경희궁길 39
전화 | 734-3545 / 733-8811(편집부)
        733-5430 / 733-5431(영업부)
팩스 | 735-9994(편집부) / 738-5857(영업부)

이메일 | ilchokak@hanmail.net
홈페이지 | www.ilchokak.co.kr

ISBN 978-89-337-0731-9 93910
값 38,000원

* 지은이와 협의하여 인지를 생략합니다.
* 이 도서의 국립중앙도서관 출판예정도서목록(CIP)은 서지정보유통지원시스템 홈페이지(http://seoji.nl.go.kr)와 국가자료공동목록시스템(http://www.nl.go.kr/kolisnet)에서 이용하실 수 있습니다. (CIP제어번호: CIP2017012834)